[英] 彼得·格林 著
詹瑜松 译

马其顿的亚历山大

"As one reads through Peter Green's enthralling life of Alexander...one feels every strand of the mythical story coming apart....Green takes a very bold revisionist stand against the imperial vainglory of antiquity."
—Christopher Hitchens, *Los Angeles Times Book Review*

ALEXANDER
OF MACEDON
356–323 B.C.
A HISTORICAL BIOGRAPHY

PETER
GREEN
WITH A NEW PREFACE BY THE AUTHOR
AND A FOREWORD BY EUGENE N. BORZA

民主与建设出版社
·北京·

后浪出版公司

纪念恩斯特·巴迪安
依旧"更卓越的匠人"

- ποῦ εἶναι ὁ Μεγαλέξανδρος;
- ὁ Μεγαλέξανδρος ζεῖ καὶ βασιλεύει

——亚历山大大帝在哪里？
——亚历山大大帝活着并统治着。

——中世纪希腊谚语

Ἡδέως ἂν πρὸς ὀλίγον ἀνεβίουν, ὦ Ὀνεσίκριτε, ἀποθανών, ὡς μάθοιμι ὅπως ταῦτα οἱ ἄνθρωποι τότε ἀναγιγνώσκουσιν. εἰ δὲ νῦν αὐτὰ ἐπαινοῦσι καὶ ἀσπάζονται, μὴ θαυμάσῃς· οἴονται γὰρ οὐ μικρῷ τινι τῷ δελέατι τούτῳ ἀνασπάσειν ἕκαστος τὴν παρ' ἡμῶν εὔνοιαν.

奥涅西克里托斯，如果我死后能活过来一小会儿，看看那时的人们是如何诠释现在这些事情的，那么我会很开心的。如果现在他们赞美并欣然接受这些事情，不要惊奇；他们中的每个人都以为这是取得我的青睐的上好诱饵。

——亚历山大大帝，引自卢奇安
的文章《如何书写历史》第 40 章

目 录

前　言	3
2012年版序言	6
1991年重印序言	13
序言与致谢	17
地图和战役平面图目录	19
略语表	20
年　表	28
谱系图	32
第一章　马其顿的腓力	1
第二章　弥达斯花园	31
第三章　壮志未酬身先死	59
第四章　王国的要害	97
第五章　统　帅	131
第六章　通往伊索斯之路	159
第七章　永生的宣示	203
第八章　亚洲之主	253
第九章　探寻大洋	297

第十章　巴比伦之路有多远？　　　　　　　347
附　录　在格拉尼科斯河的宣传　　　　　　407

注释及引文　425
资料来源　473
译名对照表　489

前　言

在一篇发表在爱荷华古典协会的新闻通讯中的非常富有启发性的自传性访谈里，彼得·格林曾形容自己为"本质上我是一位作家"。他接着引用哈姆雷特对"您在研究什么，殿下？"这一问题的回答，哈姆雷特回答说："言语，言语，言语。"就是言语！对格林来说，不仅是英语，还有拉丁语、古代和现代希腊语、德语、意大利语以及法语。他在著名的卡特豪斯公学接受古典学的训练，但是二战期间他在英国的远东军队中服役数年，这打断了他的正常教育。战争结束时，他成为了剑桥三一学院古典学系的研究生，在那里他于1954年获得了博士学位。

那时候，他为古典学专业的僵化而感到幻灭，于是格林决定回到他最爱的文学世界（据说他六岁时就把丁尼生的《国王的叙事诗》全部读完了），然后就变成了一位文学批评家、影评人、电视解说员以及古代和现代文学翻译家。由于早年对希腊的热爱，他携全家离开英国到累斯博斯岛定居，在那里他专心翻译法语和意大利语著作，同时也翻译希腊语和拉丁语。最终，他加入了雅典年岁学院，教授希腊和拉丁文学以及古代史，于是重新唤醒了对他先前放弃了的东西的热爱。1971年，他移居美国，在奥斯汀的得克萨斯大学得到了一个终身教职，此后他一直在该机构服务直到退休。在得克萨斯，他指导过许多研究生的学习，并且是一位成功的本科生任课教师。1997年，他以杰出的荣休教授的身份从大学中退休，这时他迁到爱荷华大学去和他的妻子卡琳（Carin）团聚，当时他妻子是那里的古典学系的一员。自此以后，他成了爱荷华大学古典学系的兼职教授，同时还担任爱荷华大学的古典学期刊《古典学集刊》（*Syllecta Classica*）的编辑。

有两个彼得·格林。一个是古典学者，在希腊史领域笔耕不辍，创作过针对希腊和拉丁文学的文学批评，并因其将几位希腊和拉丁作家的作品翻译成英语而受到高度赞扬，其中包括尤维纳利斯、奥维德、罗得岛的阿波罗尼奥斯和卡图鲁斯。他是我们这个时代最多产的操英语的古典学者之一。另一个彼得·格林是评论家和记者。大西洋两岸的读者对他的艺术批评、特别是文学批评不会陌生。他是《纽约书评》(New York Review of Books)、《新共和周刊》(New Republic)和《泰晤士报文学副刊》(Times Literary Supplement)定期评论员。他以其强大的阅读和写作能力而卓然于众，例如他惊人地给二十五本（！）关于古埃及的书籍写过批评性书评，在1979年图坦卡蒙国王的展览在华盛顿的国家美术馆开幕时发表在《纽约书评》上。1981年，在辛辣地评论国家美术馆的"探寻亚历山大"展览时，他也创作了规模稍小的关于马其顿的书籍的一系列书评。在这些评论中，他不仅奉献出针对相关对象的令人深思的叙述，而且对那些站在背后、促成古代财宝到外国展览的政治力量也有着鞭辟入里的分析。

近来没有其他的古典学家——或许加里·威尔斯（Garry Wills）和已故的伯纳德·诺克斯（Bernard Knox）除外——能把文学与学术技艺如此完美地结合起来。但是，格林的天分更为广泛：在他的人生中，除了是古典学者和艺术批评家外，他还是一位小说作家和诗人（"言语，言语，言语"）。他这部卓越的亚历山大传记展现了他的两大兴趣是如何相得益彰的：格林对描绘人类境况的文学艺术的深切热爱，丰富了对亚历山大之形象的刻画，而这种刻画又是源于对古代史料的精细研读。这不仅仅是亚历山大的历史，还是一部全方位的传记（正如标题所示），意在阐释这位人类有史以来最为著名的人物之一的性格和动机。格林完全理解普鲁塔克的《亚历山大传》的开场白：

我不是在写历史，而是在写传记。那些最著名的成就未必都能很好地阐释美德或者邪恶；比起尸堆如山的战役、最为庞大的军阵和围城战，微不足道的行动、言辞和玩笑反而常常更能表现人物的性情。因而就像画家在刻画人物时，着重面容与眼神而较少关注身体的其余部分一样，我将更专注于灵魂的种种表征，据此描绘每个人的生平，而把鸿业与战功留给他人去写。

近年来出版了一大批的亚历山大传记，其中多数是为了满足大学本科生市场的课程需求。这些著作主要是重述国王的政治和军事功绩——用普鲁塔克的话来说，是历史但不是传记。有些批评者反驳说格林经常越出古代史料所允许的范围，对此他在本版的序言中有详细的回应。在其初版近四十年之后，彼得·格林的《马其顿的亚历山大》依旧是对这位著名国王的最博学、最优美全面的现代评述。

尤金·N·博尔扎

古代史荣休教授

宾夕法尼亚州立大学

2012年版序言

去年我的被题献人去世，随后他的《论亚历山大大帝文集》(Collected Papers on Alexander the Great) 最终出版，这两件事提供了一个天然的契机，让我得以回顾自 1991 年以来本书是如何在持续不断的学术洪流中幸存下来的。当我经过深思熟虑，故意模仿艾略特（T. S. Eliot）把 il miglior fabbro（"更卓越的匠人"）附加到献辞上时，普遍的反应是我明显没有理解艾略特事实上有多么获益于埃兹拉·庞德（Ezra Pound），庞德为他的《荒原》(The Waste Land) 做了全方位的编辑工作。相反，我知道其中的每一个细节，也知道恩斯特·巴迪安多么耐心和全面地审阅了《马其顿的亚历山大》的初稿。显然，要是我先前没有发现恩斯特的文章，这本书就不可能写出来；在那些文章中——正是这些文章驱使我首先跟他取得联系——恩斯特在方法论上是无可挑剔的，在史学方面他比我在研究过程中所遇到的其他一般理论都更令人信服。最近在本传记初稿完成约四十年后，重读这些文章，看看本书多大程度上要归功于它们，我不禁要惊讶于它们彻底的逻辑，对支配人性的霍布斯式"现实"的悲观承认，它们把每一条古代证据都放在语境中根据常识进行分析，在形成判断时，只有将古代或现代的偏见作为历史因素时，才会对其有所让步将其纳入考虑范围。

在本传记中，被归到亚历山大身上的政治、家庭和个人的动机，就是全然基于恩斯特在其漫长的学术生涯中非常谨慎地得出的诸多结论。恩斯特对史料审视得极为透彻，对人们在追逐权力时所能做出的事情有着冷峻的认识——这是以一种痛苦的方式获得的；今天我感觉无论怎样都很难反驳那些结论，这正是对以上两点的证明。（作为一个奥地利犹太人，当他听说暴徒在水晶之夜捣毁犹太会堂，叫嚣着要进行屠杀时，他还是个孩子；一直到1938年奥地利与德国合并时他才和父母一块从维也纳逃到新西兰。）从一开始，对我著作的批评（据我所知，最近的是在沃辛顿的著作［Ian Worthington, *Alexander the Great, Man and God*, 2004］的第329页中），总是说我过于轻信古代可疑史料中的各种故事，一般认为这些故事乃恶俗、野蛮、血腥和拙劣的小说家言，并非真实历史。过去几年的历史，特别是近东和中东的历史，实际上已经使这些故事看起来相对温和了许多。古代的 *andrapodismós*（变卖为奴）和现代的种族清洗几乎毫无区别；跟已灭亡或尚存的阿拉伯各王朝相比，马其顿的宫廷阴谋并没有更加残忍、贪婪或下流，更不用说跟第三帝国相比了。

因此，尽管学术界已经取得了很多的有益成果，但这并没有从根本上影响本传记的基本论点：亚历山大是一个在军事方面才华横溢的着魔之人，痴迷于征服事业；随着一个个无与伦比的胜利接踵而来，他迷信般的自恋很容易就滑入妄自尊大和升格为神的幻想之中；为了获得至尊地位，他在内部与马其顿的权势贵族不断斗争，这种斗争贯穿了整个的亚洲远征，其残酷不亚于希特勒；他洗劫了阿契美尼德帝国的财宝，然后用这些财宝来大规模地讨好疲乏的军队，由此度过了一个又一个的危机；他对反对他的阴谋的猜疑日渐增长，验证了那句古老的箴言，即猜疑之人总有可猜疑之事；到了他短暂一生的末年，他的目标与他所领导者的目标之间有着根本的分歧，以致他一死他所制定的每一个计划，无论军事的还是其他的，统统被取消掉，可以说就是一夜之间的事，而且此后再也无人提起。

不可避免地会有人想把这种冷峻的形象修饰一番。保罗·卡特利奇（Paul Cartledge）所写的关于亚历山大的作品醒目地题作《亚历山大大帝——对一种新的过去的探寻》（*Alexander the Great: The Hunt for a New Past* ［2004］）。此书明显理智而稳健，在书中卡特利奇反对所谓的巴迪安式的"冷嘲热讽"，而支持塔恩（W.W. Tarn）的"相信人类团结的空想家"的说法；他强调事实很明显，亚历山大几乎是唯一一个"想要在一种永久和相对平等的基础上，把希腊人与东方人的合作推广到各个角落的人"（第338—339页）。但是，事实上这种举动是迫在眉睫的，正如其动机是非常实际的：征服者需要军队，而对马其顿人的持续疏远意味着亚历山大必须往其他地方去征募新兵。有些姿态，譬如苏萨的集体婚礼（不幸的是，这让我想起了文鲜明［Sun Myung Moon］牧师为统一教而举行的类似的公共婚礼），就意在为未来的远征军提供有意愿的军人，目的在于把亚历山大所期望的波斯—马其顿混合体，打造成一个一直处在运动之中的军人社会。

另一方面，恩斯特革命最杰出的继承者布赖恩·博斯沃思（Brian Bosworth），就其整体而言亦是当前最好的亚历山大历史学家，他则强调亚历山大对屠杀的纯粹喜好；在《亚历山大与东方——胜利的悲剧》(Alexander and the East: The Tragedy of Triumph［1996］) 中，他把相关记载与中美洲的西班牙征服者的屠杀做了比较并得出结论说，"亚历山大把大量的时间用于杀戮和指导杀戮，大概杀戮是他最擅长的事情"（第 v 页）。这一次我要站在分歧的另一边。这种激进的简化论其实跟塔恩的理想主义一样容易引起误解：只需稍微想一下便可以知道，亚历山大的情况要比科尔特斯（Cortés）复杂得多。在遥远的东方，他梦想着到达大洋和世界的尽头，然而却受挫于雨季的暴雨、热带的潮湿、地理方面的致命错误、强悍的印度战士、前线的大象以及最后不堪重负的军队的抗命，于是，亚历山大心中生发一种充满愤恨和受挫的狂暴，不仅指向敌人，还指向他自己的过分膨胀的远征军（因此故意利用格德罗西亚沙漠中的臭名昭著的死亡行军来清洗商贩和其他随从人员）。自那以后，猜疑支配了他的余生。

亚历山大一向残酷无情，特别是对那些曾挫败他意志的人（他对加沙当地指挥官的处置就是明证：就像阿基琉斯对待赫克托尔那样，他把此人拖在战车的后面，但与赫克托尔不同，此人当时还活着），但其波及的范围从来没有这么广，也从来没有这么明显地失控过。

在本传记的主要事实方面，我可以说（当然，我可能遗漏了一些，但我不这么认为）最近的学术发展并没有表明，它们跟当前的研究相比已经完全过时了，或者急需重写一遍——这种情况自然会促使我去努力出一个新版。另一方面，这些内容总的来说并没有为新颖的研究模式所触动，无论性别研究还是叙述学,抑或后殖民主义,这些研究模式更多地是与如何看待旧事实而非与发现新事实相关。再者,由于它们多数还处于发展阶段,当需要对证据进行评判时,它们仍然不够可靠(或者说至少容易为短期的变革所影响)。不管任何时候,要做出长久的历史判断都是很不容易的。我想我可以毫不自大地说,自其在英国初版近四十年来,《马其顿的亚历山大》在这方面还不至于太糟;我不想把那些从长远来看可能只是一时之风尚的东西,运用于对本书主角的人生的评价,由此削弱它如今已取得的成就。

另一方面,如今出版了大量的学术著作,它们可以帮助受过良好教育的读者更好更容易地理解亚历山大及其世界,这篇序言的主要目的在于引导此类读者去了解对补充本书内容特别有价值的书目。例如,在往日唯一可用的(但是对英美读者来说并不容易获得)亚历山大世界的人物志指南是两卷本的贝尔佛的《基于人物志的亚历山大王国》(H. Berve, *Das Alexanderreich auf prosopographischer Grundlage* [Munich, 1926]),但现在我们有了沃尔德马·赫克尔的《亚历山大大帝时代的各色人等——亚历山大帝国人物志》(Waldemar Heckel, *Who's Who in the Age of Alexander the Great: Prosopography of Alexander's Empire* [Malden, 2006]),这本人物汇编兼具完全的学术性与引人入胜的可读性,可以查阅数百个吸引人人物的资料,甚至比最啰唆的传记作家都更详细得多。最近新出的三部指南为了解过去数十年关于马其顿和亚历山大研究的主要成果和参考文献,提供了便利的一般性入门指引:罗伊斯曼(J. Roisman)主编的《博睿亚历山大大帝指南》(*Brill's Companion to Alexander the Great* [Leiden, 2003]);罗伊斯曼和沃辛顿(I. Worthington)主编的文学和历史学方面的《古代马其顿指南》(*A Companion to Ancient Macedonia* [Blackwell, Oxford, 2010]);和福克斯(R. Lane Fox)主编的以考古学为主的《博睿古代马其顿指南》(*Brill's Companion to Ancient Macedon* [Leiden, 2011])。

关于亚历山大远征实际过程,阿里安的叙述是我们的主要史料;现在远征的经过可以比之前更有深度地探讨下去,这得益于两部杰出的作品:

卓越的牛津古代史学者布伦特（P. A. Brunt）修订的两卷本的洛布版阿里安（Loeb Arrian［1976, 1983］），和詹姆斯·罗姆（James Romm）编的《路标版阿里安——亚历山大征远征记》（*The Landmark Arrian: the Campaigns of Alexander*［New York, 2010］）。前者提供了可靠的希腊文本，并带有经过修订的对照译文；后者则是全新的译文，并带有路标版惯有的精良的地图和照片；二者都提供了关于重要话题的极好的附录，从"拜访西瓦"到"亚历山大之死：毒杀的谣言"，全部基于顶级学者最新的研究成果。我本人也大大发展了我最初关于亚历山大里亚选址和建设的观点：详情可参见我的文章《亚历山大的亚历山大里亚》（*"Alexander's Alexandria"*），最方便获得的是在《从伊卡里亚到星星》（*From Ikaria to the Stars*［Austin, 2004］）的第172—196页。

某些时段和地区会研究得比其他的更好一些。现在关于古代波斯和阿契美尼德帝国，我们所知道的要比半个世纪之前多得多。即使这些知识很少可以直接运用于这场因马其顿入侵而引起的最后冲突，进一步认识到阿契美尼德王朝所享有的广大权力和声望，也会大大提升我们对亚历山大在推倒这个东方的庞然大物时所取得的军事成就的尊敬。有两部概括了最新发现和研究成果的著作有着特别的重要性。皮埃尔·布里昂（Pierre Briant）的《从居鲁士到亚历山大——波斯帝国史》（*From Cyrus to Alexander: A History of the Persian Empire*［Winona Lake, Indiana, 2002］），由彼得·T·丹尼尔斯（Peter T. Daniels）翻译，既更新了布里昂原始的法文版，又订正其中的许多错误。阿梅莉·库特（Amélie Kuhrt）的《波斯帝国——阿契美尼德时期史料集》（*The Persian Empire: A Corpus of Sources from the Achaemenid Period*［2 vols., London and New York, 2007］），提供了所有现代史学阐释所依赖的原始资料的译文。库特本人还写过对该时期的阐述：参见她所写的《古代近东：约公元前3000—330年》（*The Ancient Near East, c. 3000–330 BC*［London and New York, 1995］）的第二卷第13章。

另一个极大得益于学者弗兰克·霍尔特（Frank Holt）的上乘研究的古代地区是巴克特里亚——大致相当于现代的阿富汗。巴克特里亚对亚历山大的顽强抵抗，犹如阿富汗在过去一个半世纪里先后落入英国人、俄罗斯人和现在的美国人之手：《进入白骨之地》(*Into the Land of Bones*［Berkeley, 2005］；第 2 版于 2012 年出版)，此书将古代历史和现代结合起来，透彻地说明了无比崎岖的地形、好战的部落和暧昧的忠诚，这些因素合起来形成了一种令人生畏的前景，对亚历山大如此，对一心想要入侵此地的当代后继者亦是如此。五角大楼里的每一位乐观的指挥官都应当读一读这本书，然后严肃地自问是否觉得自己比亚历山大更聪明，在后者远征亚洲期间从未有一个地方像巴克特里亚这样差点儿让他栽了跟头。《进入白骨之地》——以及同一作者的《亚历山大大帝与巴克特里亚》(*Alexander the Great and Bactria*［New York, E. J. Brill, 1988］)——对任何叙述亚历山大的巴克特里亚征战及其后果的著作、特别是本书来说，都是一部基本的指南。以更为轻快但同样深入的风格写就的，是霍尔特精巧的侦探性作品《亚历山大大帝与大象钱币之谜》(*Alexander the Great and the Mystery of the Elephant Medallions*［Berkeley, 2003］)。他的研究很大程度上总是基于他的钱币学背景，在此他巧妙地揭示出，亚历山大之所以能用宣传手段引导他疲乏的军队，关键在于他自称的不可战胜的领导力。正如霍尔特所说，"他在钱币上夸耀的领导力确实是不可超越和不可替代的"(第 164 页)——亚历山大死后的那些年就清清楚楚地证明了这一点。但是当然，那是另一故事了。

关于最后一个问题，那个多年来读者们反复询问的话题，我不得不坦承有些失败。这个问题便是我在附录"在格拉尼科斯河的宣传"中所处理的著名难题。人们会想起关于那场战役有两种不可调和的叙述。在阿里安所给的且得到普鲁塔克支持的版本中，亚历山大在他抵达的当天下午强行渡河，并赢得了随后的战斗。而在狄奥多罗斯所用的版本中，亚历山大和马其顿军队等了一夜，未遇抵抗地渡过了河流，然后打了一场仗，在大部分细节上都和阿里安和普鲁塔克记载的一样。我的解决方案是假定当天下午的第一次进攻失败了，于是撤退，在河流下游未遇抵抗地渡河(可能是在晚上)，次日赢得了像其他版本所记载的那样的战斗。我认为(并且现在依然认为)这是非常巧妙的，但正如恩斯特马上指出而我当即紧张地记下的,"在两种叙述之中,一个(阿里安)蓄意篡改,粗略地把第一次战斗的前一半和第二次战斗的后一半整合在一起;而另一个(狄奥多罗斯)则非常凑巧地,遗漏第一次战斗,只给了关于第二次战斗的叙述。"尽管阿里安的版本在我所假定的情况中是可以理解的,但狄奥多罗斯的却完全讲不通,更糟的是我违背了在处理史学证据时所应遵循的准则,试图在重重困难中调和两种根本对立的文本。我也无法解释矛盾是如何产生的——这里必须说一下,恩斯特在其支持阿里安版本的详尽而有说服力的文章《格拉尼科斯河战役》(*"The Battle of the Granicus"*,注释15,见于他的《文集》第224—243页)中也忽视了这一问题,因而违背了他自己的史学准则之一。

  这些年我绞尽脑汁想要找到对这些问题的满意解释,但没有成功。我不像1991年那样确信我的假说"绝对错了",但是根据史料来看,我的假说依然站不住脚,而矛盾依然无解。在古代史领域经常出现这样的情况,证据不足要求我们承认一个特定的问题是无解的,这种情况比我们愿意承认得更多,而此处便是这样的状况。由于缺乏新的史料或更加有力的论据——未来几年也不会出现——正如戴维斯(E.W. Davis)所说,围绕格拉尼科斯河战役的谜团仍将是个谜团,而对此我们根本没有答案。

彼得·格林
爱荷华城,2012年6月

1991年重印序言

自我收拾好初步的笔记和基本的文本——阿里安、普鲁塔克、狄奥多罗斯、昆图斯·库尔提乌斯·鲁福斯、查斯丁等的,然后退居到当时不为人知的希腊岛屿阿斯堤帕莱亚岛上去创作《马其顿的亚历山大》的初稿,现在已经二十二年过去了。我沉浸在亚历山大的学术史中,包括英国的、美国的、法国的、德国的、意大利的和现代希腊的(作为爱国象征的亚历山大——不止是在上校军政府的统治下——值得另写一部专著),直到我觉得快要淹死了。我需要脱身一下,清理一下我的脑袋,找回透视感,清楚地看一看亚历山大,跳出那让人分心的相互冲突的意识形态大合唱。当然,这种努力是徒劳的。宣传(有些是自发产生的)贯穿国王的一生,而且他一死就被人神话化了——其实在他生命的最后几年这种神话化就已经在以惊人的速度发展了。

尽管如此,我最初进行叙述时的境遇还是在本书中留下了印记,正如类似的限制对琼斯(A. H. M. Jones)的出色且独树一帜的斯巴达研究(1967年)所造成的情况一样。特别是,我不得不比其他任何时候都更为仔细地把注意力集中在现存的史料,依靠他们现存的状态来做判断(即便最早的狄奥多罗斯也是生活在他所写事情的约三个世纪之后了),而不是去进行复杂的史源探究训练,这种史源探究是专门推断并评价现存史料所利用的更早的作家作品的学问。

作为初步的研究方法,这既有优点也有缺点。也就是说,做出判断经常是基于常识而非学术论证或共识;但那时候我不认为,现在回顾的时候也不认为这必然是件坏事。我所沉浸于其中的学术史——尤其是当时恩斯特·巴迪安提出非常有说服力的极简主义论点——不可避免地在我身上留下了印记（就像后来评论者指出的那样）；而且住在希腊的时候，我比多数人都更清楚马其顿研究正在发生怎样激动人心的转变。但是，很大程度上《马其顿的亚历山大》依然只是一部基于文本的史学尝试，另外还受惠于对希腊的地貌、气候和只有长年定居才会产生的对风俗习惯的熟悉。1971至1973年间我在本版出版前做了大量的修订，但其中的基本特点并没有发生根本的改变。修订是在大学院系里进行的，那里可以充分接触到学术文献。做此修订是为了提供一个平台，以补充初稿中经常忽略的学术背景和争论。

结果便形成了一部有趣的混杂之作。由于一些与文学或史学都无关的原因（版权纠纷、出版商之间的分歧），本书只作为一本厚厚的平装书在英国问世，此后——因为此版很快就脱销了——像一个学术幽灵一样存在了几年，之所以没有被人不公正地遗忘，只是因为有少数学者发现了我的研究的价值，引用并向他们的学生推荐了本书。不幸的是，要找到本书成了一件不容易的事。在过去的十六年里，重印的念头一再出现，但直到现在这个念头才最终有了结果，只是有人觉得实际上已经太迟了。

由于已过去了很长时间，亚历山大研究自1974年以来也在不断发展，在过去一两年里，我的想法逐渐倾向于在第二版中做一次相对彻底的修订；加利福尼亚大学出版社同意出版我准备编写的这一文本。任务十分繁重，很可能——我还有其他事务——要花三四年的时间才能完成。

许多领域已经完成大量研究，我需要加以了解。最明显的例子是马其顿史，由于博尔扎、考克威尔（Cawkwell）、埃林顿（Errington）、格里菲斯（Griffith）、哈蒙德（Hammond）和沃尔班克（Walbank）等学者的工作，以及安德罗尼科斯（Andronikos）在维吉纳大墓（Great Tumulus of Vergina，现在已确认是古代的埃盖，正如哈蒙德早就预测过的）中所取得的著名考古发现，这个领域已经有了长足的发展。海伦·桑启西-威尔登堡（Heleen Sancisi-Weerdenburg）、苏珊·舍温-怀特（Susan Sherwin-White）和阿梅莉·库特等学者对波斯和其他东方档案的最新研究，阐明了亚历山大的东方联系和帝国管理制度。铭文得到重新解读，钱币得到研究，地形图得到修订；军事后勤这一大块问题也因我从前的学生唐·恩格斯（Don Engels）的研究而有了全新的基础。任何修订都需要参考这些丰富的学术成果，而我就是这么打算的。

在准备修订和更新文本的过程中，我想我还找到了一个重新发行1974年版——实际上该版从未在美国发行过——以满足（迟做总比不做好）学院和大学持续增长的需求的有力理由。确实，我目前的著作还缺少额外的一个方面，即最近二十年的学术发展所能够且应当提供的东西（包括关于阿里安的第一种批判性注疏，虽然这听起来令人难以置信）。通常很小但令人不快的各种印刷错误以及文学或事实方面的笔误仍然存在（例如，第 53 页"学园"〔Academy〕误作"吕刻昂"〔Lyceum〕，第 405 页"源头"〔headwaters〕误作"总部"〔headquarters〕），足够挑剔的评论者作靶子用。

但是，最近重读全文——再加上一个雄心勃勃的研究生组成的研讨班提出的那种不仅尖锐而且有时还很激烈的意见——以出人意料的方式使我重获信心。的确，有好多地方我都需要再考虑考虑（例如在菲罗塔斯事件中，阴谋是实有的还是被人捏造来反对他的？）。有些难题（例如哈尔帕罗斯的第一次出逃）依旧令人困惑。而更为突出的例子便是本书关于格拉尼科斯河战役的附录，最新的研究使我确信我绝对错了。但是，总的来说我找不到理由说我 1968 年对亚历山大的性格、天赋或动机的分析是错误的，却可以找到大量的论据来支持我通过仔细研究古代史料而不得不得出的结论——对于某些人来说这并非乐事，他们或者相信马其顿统治者是国际法的支持者，相信法治原则；或者相信马其顿统治者是热衷冒险的浪漫理想主义者，依旧热切地固守着塔恩的博爱幻想。此外值得一提的是，我从事这项寂寞的任务时所在的希腊岛屿，恰好是上校军政府用来放逐保皇派军官和那些拥有独立想法的思想家的地方。当"不做我兄弟，便做刀下鬼"这句革命笑话在我的日常生活中真实出现时，我正看着亚历山大把它运用到忒拜人、小亚细亚的希腊人、提尔或奢羯罗的防御者身上。当我回顾这一切的时候，我可以清楚地看到当代的事件促进了我的判断的形成，正如塞姆对奥古斯都的论断——20 世纪 20 年代在美国驻罗马古典研究院中构思出来的——不可能不受墨索里尼派法西斯主义活动的影响。

在学术界中有一种贬低这种偶然的个人经历的倾向，认为这种经历会影响我们进行客观和公正的历史书写。我不同意。修昔底德和波利比奥斯都非常清楚，要书写历史就得参与到历史当中去，无论其角色多么边缘。吉本（Gibbon）明白，担任汉普郡近卫步兵第一团上尉对他成为罗马帝国史专家不无裨益。正好，上校军政府把亚历山大宣传成伟大的希腊英雄——特别是对军队新兵：公元前4世纪的希腊人把亚历山大看作半马其顿半伊庇鲁斯血统的野蛮征服者，他们定会和我一样觉得这种变换太过讽刺。

此外，我花了十年时间研究希腊化时代，特别是亚历山大继承者们（Diadochoi）——这些瓜分了战利品的坚忍不屈的元帅们——的帝王习性，这大大加强了我的信念，即亚历山大不仅是有史以来最才华横溢（且雄心勃勃）的战场统帅，而且与所有的管理才能和理想主义追求全然无涉，那些都是后人，特别是那些单纯觉得这位征服者对于他们的自由主义情感来说有点难以接受的人偷偷赋予他的。我非常肯定，经过修订的第二版不会根本改变这一论断。毕竟在最宽泛的意义上说，无论我们在细节方面如何计较，关于亚历山大一生的历史事实确实没什么争议。说到底，关键在于我们对它们的阐释。在此基础上，我很高兴看到当前的版本连同它所有的不足，竟能够获得新生。

彼得·格林
得克萨斯大学奥斯汀分校
1990年10月

序言与致谢

本书的缘起或许需要做一番解释。我对亚历山大一直很感兴趣,六年前魏登菲尔德和尼科尔森出版社邀请我给他写一部简短的传记。我为承担这项任务而做的研究,使我对这一主题的处理变得更加广泛,大大超出了我和出版商的预料。我的初稿最终写得太长了;于是我做了删减,去掉了文献资料,由此形成了第二个版本。之后又做了大规模的削减和编辑,最终在1970年出版,题为《亚历山大大帝》。至于当前的版本,我返回去以原始的第一稿为底本进行修订,最后的文本其篇幅是先前版本的三至四倍。最初的构想的内核仍然保留在基本的章节安排当中,但正文得到了彻底的修订和扩充,得要一位哲学家来判定这两本书到底是不是同一作品。实际上,我也不是简单地重新拿出初稿并把初稿的文献资料恢复。我在无数的地方修正了自己的观点(有时是因为公开和私下的中肯的批评,有时是因为读到了1968—1969年以来的新书和新文章),最后通过整合此类修订而成当前呈现出来的版本。

我非常受益于亚历山大研究领域的同行:这次我很高兴可以在注释和引证中以个人名义就我所得到的各种各样的益处逐一表示感谢,这些益处是我从同行的学术出版物中获取的。然而出于敬意,我禁不住要再次提及恩斯特·巴迪安教授的名字,他是这一领域的研究者公认的耆宿和在世的最杰出的古代史学者之一,无论我何时向他请教,他都不吝时间,慷慨地拿出他无可匹敌的知识。每当我发现我与他的观点存在分歧,我都会有一种强烈的鲁莽之感。因而在此我不是出于纯粹的客套才强调,无论他还是这里所提及的任何学者,都毋须为书中所表达的观点以及书中众多且不可避免的缺陷负责。献辞只是对诸多恩德和启迪的不成其为回报的回报。

此次终稿的研究和写作是1971—1972年间我在得克萨斯大学做古典学系客座教授期间进行的，那里的条件近乎完美，任何学者都会觉得那是个天堂。我衷心感谢古典学系的同仁，他们以各种方式做了许许多多，使我住得非常开心。1971年秋，我开了一次亚历山大研究的研究生研讨班，可以肯定地说我从中学到的至少和我的学生学到的一样多；我非常感谢他们提出众多极有见识的意见，其中有些在经过同意之后融入了我的文本。战役藏品室的管理员安妮·范德胡夫（Anne Vanderhoof）夫人给了我无尽的帮助——远远超出了职责的要求——不仅是在这项特定的项目上，而且在我研究工作的方方面面。

最后，我要表达一下我对尤金·N·博尔扎教授的感谢，他不仅以超乎应有的友善态度评论了我最初的简本，而且邀请我到美国古代史年会上演讲，间接使我的附录"在格拉尼科斯河的宣传"在出版前至少去掉了部分不足和错误。在此，我又一次深深地感激巴迪安教授，他对这篇文章的敏锐的批评（最初是在演讲时提的，后来通过讨论和通信做了补充），证明他是一位完美的批评家：既有同情心，又有想象力，但完全不能容忍谬论。

这里所用的阿里安著作的译文（我多有改动）是已故的奥布雷·德塞林科特（Aubrey de Selincourt）的译文（企鹅经典丛书），现在又有了修订版，带有杰出学者汉密尔顿博士（Dr J. R. Hamilton）所撰新导言和注释。我所引用的（同样偶有改动）狄奥多罗斯的著作是已故的C·布拉德福德·韦尔斯（C. Bradford Welles）教授的洛布丛书版（由海涅曼出版社出版）；同样，普鲁塔克的《亚历山大传》是贝纳多特·佩林（Bernadotte Perrin）的洛布丛书版（海涅曼出版社）。第364页欧里庇得斯的《安德洛玛刻》的引文是约翰·弗雷德里克·尼姆斯（John Frederick Nims）先生的译文，见于芝加哥大学出版社出版的《希腊悲剧全集》系列；第377页欧氏的《酒神的伴侣》的引文是威廉·阿罗史密斯（William Arrowsmith）的译文，见于同一系列。

古典学系　彼得·格林
得克萨斯大学奥斯汀分校
1972年3月

地图和战役平面图目录

希腊大陆	62
喀罗尼亚战役	67
小亚细亚	135
波斯行省	148
格拉尼科斯河战役平面图	151
伊索斯战役	194
埃及、腓尼基和美索不达米亚	215
从塔普萨科斯到高加美拉的路线	242
高加美拉战役	247
伊朗中部和东部	256
巴比伦平面图	258
阿富汗、俾路支、印度河河谷	301
杰赫勒姆河战役范围	329
杰赫勒姆河（叙达斯佩斯河）战役	335

略语表

[] 表示缩略语的其他形式

Acta Class.:	*Acta Classica.* Proceedings of the Classical Association of South Africa. Cape Town, Balkema.

Aelian:	Claudius Aelianus (*c.* A.D. 170-235).
	   VH: Varia Historia
	   H A: Historia Animalium

Aeschin.:	Aeschines, Athenian orator (*c.* 397-*c.* 322 B.C.)
	   De Fals. Leg.: De Falsa Legatwne
	   In Ctesiph.: In Ctesiphontem

AHR:	American Historical Review, New York, Macmillan.
AJA:	*American Journal of Archaeology.* Princeton, 231 McCormick Hall.
AJPh:	*American Journal of Philology.* Baltimore, Johns Hopkins Press.
AM:	*Ancient Macedonia.* Papers read at the First International Symposium held in Thessaloniki, 26-9 August 1968. Ed. Basil Laourdas and Ch.Makaronas. Institute for Balkan Studies, Thessaloniki, 1970.
Andoc.:	Andocides, Athenian orator (*c.* 440-c. 390 B.C.).
Ann. Serv. Ant. Egypt.:	*Annales du Service des Antiquités d'Egypte.* Cairo, Impr. de l'Inst. français d'Archéol. Orientale.
ANS*MusN*:	*The American Numismatic Society Museum Notes.* New York, Broadway between 155th and 156th Streets.
A[nt]. C[l].:	*L'Antiquités Classique.* Lou vain, Vlamingenstraat 83.
A[nth]. P[al].:	*Anthologia Palatina, Planudea.*
Ant. Kunst.:	*Antike Kunst.* Hrsg. von der Vereinigung der Freunde antiker Kunst in Basel. Olten, Urs Graf-Verlag.

Appian:	Appianos of Alexandria, Greek historian (first-second century A.D.).
	   BC: Bella Civilia
	   Syr: Syriaké [Syrian Wars]

Aristoph.:	Aristophanes, Athenian comic playwright (?445- ?385 B.C.). *Thesmoph.: Thesmophoriazusae.*

Arist.:	Aristotle of Stagira, Greek philosopher (384-322 B.C.).
	   Eth. Eud.: Ethica Eudemia [Eudemian Ethics].
	   Pol.: Politica [Politics].
	   Rhet.: Rhetorica.

Arrian:	Aulus (or Lucius) Flavius Arrianus Xenophon, Greek historian (second century A.D.).
Athen.:	Athenaeus of Naucratis (*fl. c.* A.D. 200).
Athenaeum:	*Athenaeum. Studi periodici di Letteratura e Storia dell 'Antichità.* Pavia, Università.
Aul. Gell.:	Aulus Gellius, Roman author (*c.* A.D. 130-180). *NA: Noctes Atticae.*
Badian, *Stud. Ehrenb.*:	*Ancient Society and Institutions.* Studies presented to Victor Ehrenberg on his 75th birthday. Ed. E. Badian. Oxford, 1966.
Badian, *Stud. GRHist.*:	E. Badian, *Studies* in *Greek and Roman History.* Oxford, 1964.
Bellinger:	A. R. Bellinger, *Essays on the Coinage of Alexander the Great* (Numismatic Studies 11). New York, 1963.
Beloch, *GG*:	K. J. Beloch, *Griechische Geschichte.* 2nd edn. Vols. III i-ii, IV i. Leipzig-Berlin, 1922-5.
Berve, *APG*:	H. Berve, *Das Alexanderreich auf prosopographischer Grundlage.* 2 vols. Munich, 1926.
Bickennan, *Chronology*:	E. J. Bickerman, *Chronology of the Ancient World.* London, 1968.
Bieber, [*Portraits*]:	M. Bieber, *Alexander the Great in Greek and Roman Art.* Chicago, 1964.
B Mus B:	*Bulletin* of the Museum of Fine Arts, Boston.
Bonner Jahrb.:	*Bonner Jahrbücher des Rheinischen Landesmuseums in Bonn und des Vereins von Altertumsfreunden im Rheinlande.*
Bull. Class. Lett. Acad. R. Belg.:	*Bulletin de la Classe des Lettres de l'Académie Royal de Belgique.* Brussels.
B[*ull*]. C[*orr*]. H[*ell*].:	*Bulletin de Correspondence Hellénique.* Paris.
Bull. Inst. Egypt.:	*Bulletin de l'Institut Egyptien.* Cairo.
Bull. Inst. Franç. d'Arch. Orient.:	*Bulletin de l'Institut français d'Archéologie Orientale.* Cairo.
B[*ull*]. V[*er*.] A[*nt*.] B[*eschaving*]:	*Bulletin van de Vereeniging tot Bevordering der Kennis van de Antieke Beschaving.* Leiden, Brill
Burn, [*AG*]:	A. R. Burn, *Alexander the Great and the Hellenistic World.* 2nd rev. edn, New York, 1962.
CAH:	The *Cambridge Ancient History.* Cambridge, 1923-39.
Cary, *GB*:	M. Cary, *The Geographic Background of Greek and Roman History.* Oxford, 1949.
Cic[ero]:	Marcus Tullius Cicero, Roman scholar and orator (106-43 B.C.). *Pro Arch.: Pro Archia* *Tusc. Disp.: Tusculanae Disputationes*
Classical Folia:	*Classical Folia.* Studies in the Christian perpetuation of the Classics. New York.

Clem. Alex.:	Clement of Alexandria (Titus Flavius Clemens Alexandrinus) (*c.* A.D. 150-*c.* 215) *Protrept.*: *Protrepticus*
Comp. Rend. Acad. Inscr.:	*Comptes rendus de l'Académie des Inscriptions et Belles-Lettres.* Paris.
CPh:	*Classical Philology.* Chicago, University of Chicago Press.
CQ:	*Classical Quarterly.* Oxford University Press.
CW:	*The Classical World.* Bethlehem, Pa.
Deinarch.:	Deinarchus, Greek orator (*c.* 360-*c.* 290 B.C.). *In Demosth.*: *In Demosthenem* *In Philocl.*: *In Philoclem*
Demades:	Demades, Athenian politician (*fl.* 350-319 B.C.). *Twelve Tears*: Ὑπὲρ τῆς δωδεκετείας, attributed to Demades but almost certainly not by him.
Demetr.:	Demetrius, Greek literary critic (late Hellenistic or Roman period). *De Eloc.*: *De Elocutione [On Sryle]*
Demosth.:	Demosthenes, Athenian orator (384-322 B.C.). *C. Aristocr.*: *Contra Aristocratem* *Chers.*: *De Chersoneso* *De Cor.*: *De Corona* *Halonn.*: *De Halonneso* *In Leptin.*: *In Leptinem* *Olynth.*: *Olynthiaca* *Phil.*: *Philippica*
Dio Chrys.:	Dio Cocceianus or Chrysostomus, Greek orator and philosopher (*c.* A.D. 40-*c.* 115).
Diod.:	Diodorus Siculus of Agyrium, Greek historian (first century B.C.).
D[*iog.*] *L*[*aert.*]:	Diogenes Laertius, Greek biographer (? third century A.D.).
Dion. Hal.:	Dionysius of Halicarnassus, Greek rhetorician and antiquarian (first century B.C.-first century A.D.). *De Camp. Verb.*: *De Compositione Verborum*
Diss. Abstracts:	*Dissertation Abstracts.* A guide to Dissertations and Monographs available in microfilm. Ann Arbor, Michigan.
Eddy:	S. K. Eddy, *The King is Dead. Studies in the Near Eastern Resistance to Hellenism, 334-331 B.C.* Lincoln, Nebraska, 1961.
Eur.:	Euripides, Athenian tragic playwright (*c.* 425-406 B.C.). *Androm.*: *Andromache* *Hipp.*: *Hippolytus* *IA*: *Iphigeneia at Aulis*
Eustath.:	Eustathius, Metropolitan of Thessalonica (d. *c.* A.D. 1194).
Festschr.:	*Festschrift.*
FGrH:	F.Jacoby, *Fragmente der griechischen Historiker*, 1923- Leiden, Brill.
fl.:	*floruit.*

Front.:	Sextus Julius Frontinus, Roman consul and technical writer (*c.* A.D. 30-104). *Strat.: Strategemata*
Fuller:	J. F. C. Fuller, *The Generalship of Alexander the Great.* London, 1958.
F[*orsch.*] und F[*ortschr.*]	*Forschungen und Fortschritte.* Berlin, AkademieVerlag.
Geogr. Journ.:	The *Geographical Journal.* London, Geographic Society.
GR:	*Greece and Rome.* Oxford, Clarendon Press.
GRByS:	*Greek, Roman and Byzantine Studies.* Durham, N.C., Duke University.
Grote, *HG*:	G. Grote, *A History of Greece.* Rev. edn, 12 vols. London, 1888.
Hamilton, *PA*:	J. R. Hamilton, *Plutarch: Alexander.* A Commentary. Oxford, 1968.
Hammond, *HG*:	N. G. L. Hammond, *A History of Greece.* 2nd edn. Oxford, 1967.
Hammond, *Epirus*:	N. G. L. Hammond, *Epirus. The geography, the ancient remains, the history and topography of Epirus and adjacent areas.* Oxford, 1967.
Harv. Theol. Rev.:	*Harvard Theological Review.* Cambridge, Mass., Harvard University Press.
Harv. Stud. [*Class. Phil.*]:	*Harvard Studies in Classical Philology.* Cambridge, Mass. Harvard University Press.
Hdt:	Herodotus of Halicarnassus, Greek historian (*c.* 485-*c.* 425 B.C.).
Head-Hill-Walker, Guide:	*A Guide to the Principal Coins of the Greeks from circ. 700* B.C. *to A.D. 270.* Based on the work of B. V. Head, rev. G. F. Hill, john Walker. London, British Museum, 1959.
Hellenica.:	Ἑλληνικά. Φιλολ., ἱστορ. καὶ λαογρ. Περιοδικὸν Σύγγραμμα τῆς Ἑταιρεία Μακεδονικῶν Σπουδῶν. Thessalonica.
Hermes:	Hermes. Zeitschrift für klassische Philologie. Wiesbaden.
Hesperia:	*Hesperia.* Journal of the American School of Classical Studies at Athens. Athens American School.
Historia:	*Historia.* Wiesbaden.
Hist. Ret.:	*History of Religions.* Chicago, University of Chicago Press.
Hist. Today:	*History Today.* A monthly magazine. London, Bracken House.
Hist. Zeitschr.:	*Historische Zeitschrift.* Munich, Oldenbourg.
Hogarth:	D. G. Hogarth, *Philip and Alexander of Macedon.* New York, 1897.
Homer, *Il.*:	Homer, The *Iliad.*
Homer, Od.:	Homer, The *Odyssey.*
Horace:	Quintus Horatius Flaccus, Roman poet (65-8 B.C.). *Epp.: Epistulae* *AP: Ars Poetica*
Hypereides:	Hypereides, Athenian orator (389-322 B.C.). *Eux.: pro Euxenippo*

IG: Inscriptiones Graecae, 1873-
ii^2: *Editio minor* of vols. ii and iii, ed. J. Kirchner, 1913-35.

Inform. Hist.: *L'Information Historique*, Paris.

Isocr.: Isocrates, Athenian orator and pamphleteer (436-338 B.C.).
Epist.: *Epistulae* [Letters]
Ep. Phil.: *Epistulae Philippo* (Letters I and II to Philip]
Panath.: *Panathenaicus*
Paneg.: *Panegyricus*
Phil.: *Philippus*

Jahr. Oest. Arch. Inst.: *Jahreshefte des Oesterreichischen archäologischen Instituts.* Vienna.

JBerlM: *Jahrbuch der Berliner Museen.* Berlin.

JHS: *Journal of Hellenic Studies.* London.

JNG: *Jahrbuch für Numismatik und Geldgeschichte.* Kallmünz.

Josephus: Flavius Josephus, Romanized Jewish historian (first century A.D.).
Ant. Jud.: *Antiquitates Judaicae*

Journ. Austral. Univ. Lang. Assoc.: *Journal of the Australasian Universities Languages Association.*

Jul. Val.: Julius Valerius Alexander Polemius, Latin author (third-fourth century A.D.).

Justin: Marcus Junianus Justinus, Latin epitomator (? third century A.D.).

Klio: *Klio. Beiträge zur alten Geschichte.* Berlin, Akademie-Verlag.

Lucian: Lucianus of Samosata, Aramaic-Greek writer (*c.* A.D. 120-*c.* 180).
Cal.: *Calumniae non temere credendum*
Quom. Hist. Conscr.: *Quomodo historia conscribenda sit*
Rhet. Praec.: *Rhetorum Praeceptor*

Lycurg.: Lycurgus, Athenian statesman and orator (*c.* 390-*c.* 325/4 B.C.).
In Leocr.: *In Leocratem*

Lydus: Ioannes Laurentius Lydus, Greek writer (sixth century, A.D.).
De Mens.: *De Mensibus*

MAO: *Minor Attic Orators.* Vol. I: Antiphon, Andocides, ed. K. J. Maidment, London, 1941. Vol. II: Lycurgus, Demades, Dinarchus, Hyperides, ed. J. O. Burtt, London, 1954 (Loeb).

MDAI(A): *Mitteilungen des Deutschen Archäologischen Institut (Athen. Abt.)*, Berlin.

MDAI(R): *Mitteilungen des Deutschen Archäologischen Institut (Röm. Abt.)*, Berlin.

Milns: R. D. Milns, *Alexander the Great,* London, 1968.

MP: *Alexander the Great: the main problems.* Ed. G. T. Griffith. Cambridge, 1966.

Nat. Geogr. Mag.: *National Geographic Magazine.* New York.

Nouv.Clio: *LA Nouvelle Clio.* Brussels.

ns: New Series.

Olmstead: A. T. Olmstead, *A History of the Persian Empire*, Chicago, 1948.

Opus [*cula*] *Arch*[*aeologica*]: *Opuscula Archaeologica,* Lund.

Orac. Sib.:	*Oracula Sibyllina.*
Parke:	H. W. Parke, *Greek Mercenaries*, Oxford, 1933.
PP:	*LA Parola del Passato*. Rivista di Studi antichi. Naples.
Paus.:	Pausanias of (?) Lydia, Greek travel-writer (second century A.D.).

Philostratus:	Flavius Philostratus, Greek writer (second-third century A.D.).
	    Vit. Apoll. Tyan.: *Vita Apollonii Tyanae*
	    Vit. Soph.: *Vitae Sophistarum*

Phoenix:	*The Phoenix.* The Journal of the Classical Association of Canada. Toronto, University of Toronto Press.

Plato:	Plato, Athenian philosopher (*c.* 429-347 B.C.).
	    Gorg.: *Gorgias*
	    Protag.: *Protagoras*
	    Rep.: *Respublica* [*Republic*]
	    Symp.: *Symposium*

Pliny:	Gaius Plinius Secundus [Pliny the Elder], Roman scholar and antiquarian (A.D. 23/4-79). *HN: Historia Naturalis*

Plut.:	(?) Mestrius Plutarch us of Chaeronea, Greek scholar and biographer (*c.* 46 B.C.-*c.* A.D. 120).
	    Moral.: *Moralia*
	    Vit. Par.: *Vitae Parallelae*
	        Ages.: *Agesilaus*
	        Alex.: *Alexander*
	        Artax.: *Artaxerxes*
	        Cam.: *Camillus*
	        Demosth.: *Demosthenes*
	        Eum.: *Eumenes*
	        Lys.: *Lysander*
	        Pelop.: *Pelopidas*
	        Per.: *Pericles*
	        Phoc.: *Phocion*
	        Pyrrh.: *Pyrrhus*

Polyaenus:	Polyaenus, Macedonian rhetorician (second century A.D.). *Strat.*: *Strategemata*
Polyb.:	Polybius, Greek statesman and historian (? 203-? 120 B.C).
P. Oxyrh.:	*Oxyrhynchus Papyri*, ed. B. P. Grenfell and A. S. Hunt. London, 1898-
Proc. Afr. Class. Assoc.:	*Proceedings of the African Classical Association.* Salisbury, S. Rhodesia.
Proc. Brit. Acad.:	*Proceedings of the British Academy.* Oxford University Press.
Proc. Comb. Phil. Soc.:	*Proceedings of the Cambridge Philological Society.* Cambridge University Press.
Ps-[Arist.], *Oecon.*:	Pseudo-Aristotle, *Oeconomicus*.
Ps-Call[isth.]:	Pseudo-Callisthenes, title given to anonymous author of the 'Alexander-Romance'.
PWK[*RE*]:	*Real-Encyclopädie der classischen Altertumswissenschaft.* Ed. A. Pauly, Georg Wissowa, W. Kroll, K. Mittelhaus, K. Ziegler. Stuttgart [1839], 1893-.

Quintil.:	Marcus Fabius Quintilianus, Roman rhetorician (c. A.D. 30-c. 100). *Inst. Orat.*: *Institutio Oratoria*
QC:	Quintus Curtius Rufus, Roman Alexander-historian (first century A.D.).
RA:	Revue Archéologique. Paris.
Radet, *AG*:	G. Radet, *Alexandre le Grand.* 2nd edn. Paris, 1950.
REA:	*Revue des Etudes Anciennes.* Bordeaux.
REG:	*Revue des Etudes Grecques.* Paris.
Rev. Bibl.:	*Revue Biblique.* Paris.
Rev. Phil.:	*Revue de Philologie.* Paris.
RFIC:	*Rivista di Filologia e di Istruzione Classica.* Turin.
Rhein. Mus.:	*Rheinisches Museum.* Frankfurt.
Riv. Fil.:	*Rivista di Filosofia.* Turin.
Riv. Stor. Ital.:	*Rivista Stori ca Italiana.* Naples.
Robinson, *HA*:	C. A. Robinson (ed.), *The History of Alexander the Great*, vol. I [Brown University Studies XVI], Providence, R.I. (1953).
Saeculum:	*Saeculum. Jahrbuch für Universalgeschichte.* Freiburg.
Sallust:	Gaius Sallustius Crispus, Roman historian (?86-35 B.C.). *Bell. Iug.*: *Bellum Iugurthinum* [Jugurtha].
schol.:	scholium, scholiast.
SE:	*Studi Etruschi.* Florence.
SEG:	*Supplementum Epigraphicum Graecum.* Leyden, 1923-71.
Seltman, GC^2:	C. Seltman, *Greek Coins.* 2nd edn. London, 1955.
Seneca:	Lucius Annaeus Seneca, Roman philosopher and moralist (4 B.C.-A. D. 65). *De Benef*: *De Beneficiis*.
Sext. Emp.:	Sextus Empiricus, Greek doctor and philosopher (? first-second century A.D.). *Adv. Math.*: *Adversus Mathematicos* *Adv. Gramm.*: *Adversus Grammaticos* [= Bk I of *Adv. Math.*]
SIG^3:	W. Dittenberger, *Sylloge Inscriptionum Graecarum*, 3rd edn, Leipzig, 1915-24.
Sitzungsb. d. preuss. Akad.:	*Sitzungsberichte der preussischen Akademie der Wissenschaften, Philos.-hist. klasse.*
Snodgrass:	A. M. Snodgrass, *Arms and Armour of the Greeks,* New York, 1967.
Snyder:	J. W. Snyder, *Alexander the Great,* New York, 1966.
Stark, *AP*:	Freya Stark, *Alexander's Path,* London, 1958.
Stud. Class. e Orient.:	*Studi Classici e Orientali.* Pisa.
Symb. Osl.:	*Symbolae Osloenses.* Oslo.
TAPhA:	*Transactions and Proceedings of the American Philological Association.* Cleveland, Ohio.
Tarn, [*AG*]:	W. W. Tam, *Alexander the Great.* 2 vols., Cambridge, 1948.

Temenos:	*Temenos*. Studies in comparative religion presented by scholars in Denmark, Finland, Norway and Sweden. Helsinki.
Theophr.:	Theophrastus, Greek philosopher and scientist (*c.* 370-288/5 B.C.). *HP*: *Historia Plantarum*
Thuc.:	Thucydides, Greek historian (*c.* 460-*c.* 400 B.C.).
Tod, II:	M. N. Tod, *Greek Historical Inscriptions*, vol. II: From 403 to 323 B.C. Oxford, 1948.
Val. Max.:	Valerius Maximus, Roman historian (first century A.D.).
Vell. Pat.:	Velleius Paterculus, Roman historian (first century B.C.-first century A.D.).
Vet. Test.:	*Vetus Testamentum*. Leiden, Brill.
Virgil, *Aen.*:	P. Vergilius Maro, 70-19 B.C., The *Aeneid*.
Wilcken-[Borza]:	U. Wilcken, *Alexander the Great*. Trs G. C. Richards. New edn with introduction, notes and bibliography by E. N. Borza. New York, 1967.
Xen.:	Xenophon, Athenian soldier and historian (428/7-*c.* 354 B.C.). *Anab.*: *Anabasis* *Hell.*: *Hellenica*
Yale Class. Stud.:	*Yale Classical Studies*. New Haven, Yale University Press.
Zeitschr. f. Alttest. Wiss.:	*Zeitschrift für die* Alttestamentliche *Wissenschaft*. Berlin.

年　表

356	亚历山大诞生于佩拉。确切日期不清楚，但可能是 7 月 20 日或 26 日。
	腓力占领波提狄亚。
	帕美尼翁打败派奥尼亚人和伊利里亚人。
354	德摩斯提尼抨击"反波斯远征军"的理念。
	仲夏？：腓力占领墨托涅；在战斗中失去一只眼睛。
352	阿尔塔巴佐斯和门农在腓力那里避难，后者现在成了反波斯远征军的潜在领导者。
351	腓力的舰队袭扰雅典的船只。
	德摩斯提尼发表《斥腓力辞一》。
348	8 月：腓力占领奥林托斯。
	埃斯基涅斯联合希腊城邦对抗腓力的尝试失败。
346	3 月：雅典派遣使团出使腓力。
	哈罗斯被帕美尼翁围困。
	4 月：菲罗克拉特斯和约得到批准。
	第二个雅典使团被扣留到 7 月份。
	7 月：腓力占领温泉关。
	8 月：腓力同意加入近邻同盟议事会，并主持皮托赛会。
	伊索克拉底发表《致腓力辞》。
344	腓力被任命为塞萨利终身执政官。
343	腓力与阿尔塔薛西斯·奥科斯签订互不侵犯条约。
	埃斯基涅斯的受审和开释。
343/342	亚里士多德受邀到马其顿做亚历山大的导师。
342/341	奥林匹娅斯的兄弟亚历山大在腓力的支持下继承伊庇鲁斯的王位。
340	同盟大会在雅典召开。
	亚历山大被留下来做马其顿的摄政；他突袭迈狄人并建立亚历山德罗波利斯。
	腓力征讨佩林托斯和拜占庭。
339	9 月：腓力占领厄拉特亚。
	伊索克拉底发表《泛雅典人节集会辞》。
338	8 月 2 日？：喀罗尼亚战役。

	亚历山大作为使节之一出使雅典。
	腓力迎娶阿塔罗斯的侄女克里奥帕特拉。
	奥林匹娅斯和亚历山大流亡国外。
337	春天：希腊同盟在科林斯召开会议。
	亚历山大被召回佩拉。
	冬天：科林斯同盟批准反波斯远征军。
336	春天：帕美尼翁和阿塔罗斯被派往小亚细亚进行军事准备行动。
	6月：大流士三世科多曼诺斯即位。
	克里奥帕特拉为腓力生下一子。
	伊庇鲁斯的亚历山大与奥林匹娅斯女儿结婚。
	腓力遇刺。
	亚历山大登上马其顿王位。
	夏末：亚历山大在科林斯召集希腊同盟会议，被确认为反波斯远征军的统帅。
335	早春：亚历山大北上对付色雷斯和伊利里亚。
	忒拜反叛。
334	亚历山大和进攻部队渡海进入小亚细亚（3—4月）。
	5月：格拉尼科斯河战役。
	得到小亚细亚的希腊城邦的普遍承认。
	围攻并占领米利都。
	秋天：征服哈利卡那索斯。
334/333	亚历山大穿过吕西亚和潘菲利亚。
333	亚历山大的军队北上刻莱奈和戈尔狄昂。
	门农去世（早春时候）。
	波斯军队在巴比伦集结。
	戈尔狄昂之节事件。
	亚历山大行军到安库拉并从那里南下到奇里乞亚关。
	大流士从巴比伦西行。
	9月：亚历山大到达塔尔索斯；他在那里生了病。
333	大流士渡过幼发拉底河。
	9—10月？：伊索斯战役。
	亚历山大南下通过腓尼基。
	马拉托斯：大流士的第一次提出和谈。
332	1月？：比布罗斯和西顿归顺。
	提尔围城开始。
	6月？：大流士第二次和谈条件被拒。
	7月29日：提尔城陷落。
	9—10月：加沙被占领。
	11月14日？：亚历山大在孟菲斯加冕为法老。
331	早春：拜访西瓦的阿蒙神谕所。

	4月7—8日？：亚历山大里亚奠基。
	亚历山大回到提尔。
	7—8月：亚历山大抵达幼发拉底河边的塔普萨科斯；大流士从巴比伦调动大军。
	9月18日：亚历山大渡过底格里斯河。
	大流士最后一次和谈被拒。
	9月30日或10月1日：高加美拉战役。
	马其顿军队从阿比拉进军巴比伦，该城于10月中旬陷落。
	阿吉斯的反叛败于麦伽罗波利斯。
	12月初：亚历山大未遇抵抗地占领苏萨。
331/330	亚历山大强行通过苏西亚关
330	1月？：亚历山大抵达并洗劫波斯波利斯。
	5月？：焚毁波斯波利斯的神庙等。
	6月初：亚历山大启程前往埃克巴塔那。
	大流士退往巴克特里亚。
	希腊盟军在埃克巴塔那被解散；帕美尼翁被留在那里，哈尔帕罗斯也留下来担任财政官。
	继续追击大流士，通过卡斯比亚关。
	7月（15日后）：大流士在赫卡通皮罗斯附近被杀。
	贝索斯在巴克特里亚自立为"波斯大王"。
	开始向叙尔卡尼亚行军（7—8月）。
	8月底：行军至德兰吉亚纳（锡斯坦湖）。
	"菲罗塔斯阴谋"。
	通过阿拉霍西亚行军至帕拉帕米西代。
329	3—4月：亚历山大通过哈瓦克山口翻越兴都库什山脉。
	4—5月：亚历山大进入巴克特里亚；贝索斯撤退到奥斯苏斯河对岸。
	6月：亚历山大抵达并渡过奥克苏斯河；老兵和塞萨利志愿兵被解散。
	贝索斯被交出。
	亚历山大进入马拉坎达（撒马尔罕）。
	斯皮塔美涅斯反叛，马其顿分队被歼灭。
329/328	亚历山大在扎里亚斯帕过冬。
	处决贝索斯。
328	征讨斯皮塔美涅斯。
	秋天：黑面的克雷托斯被杀。
328/327	斯皮塔美涅斯失败被杀。
327	春天：占领索格底亚那石堡。
	亚历山大与罗克姗娜结婚。
	招募30000名波斯"继承者"。
	"侍从们的阴谋"和卡利斯特涅斯的结局。
	初夏：亚历山大通过库山山口再次翻越兴都库什山脉；入侵印度开始。

327/326	亚历山大抵达尼撒（杰拉拉巴德）；"狄奥尼索斯事件"。
	占领阿奥尔诺斯（皮尔－萨尔）。
326	进入塔克西拉。
	对战印度王公波洛斯的叙达斯佩斯河（杰赫勒姆河）战役。
	布凯法拉斯去世。
	7月？：叙伐西斯河（贝亚斯河）抗命。
	返回杰赫勒姆河；援军从希腊前来。
	11月初：舰队和军队往下游走。
326/325	征讨婆罗门城市；亚历山大严重受伤。
325	巴克特里亚反叛：3000名雇佣兵逃散在亚洲。
	亚历山大抵达帕塔拉，建设港口和船坞。
	9月？：亚历山大行军穿越格德罗西亚沙漠。
	哈尔帕罗斯从小亚细亚叛逃到希腊。
	总督清洗开始（12月）。
	涅阿尔科斯和舰队抵达哈尔摩吉亚，在萨尔摩斯（古拉什基尔德）与亚历山大取得联系。
	克拉特洛斯从德兰吉亚纳抵达。
324	1月：涅阿尔科斯和舰队被派往苏萨。
	居鲁士陵墓事件。
	亚历山大返回波斯波利斯。
	来到苏萨，在此长时间停留（2—3月）。
	春天：30000名经过训练的波斯"继承者"抵达。
	苏萨集体婚礼。
	3月：发布流亡者法令和神化法令。
	克拉特洛斯受命接替安提帕特做摄政，护送军队回乡。
	亚历山大从苏萨前往埃克巴塔那。
	赫淮斯提翁去世。
323	哈尔帕罗斯在克里特遇刺。
	亚历山大征讨科塞奥斯人，并返回巴比伦（春天）。
	亚历山大开凿帕拉科帕斯运河；在沼泽中航行。
	安提帕特之子卡山德来向亚历山大陈情。
	5月29/30日：亚历山大在一次聚会后生病，并于6月10/11日去世。

谱系图

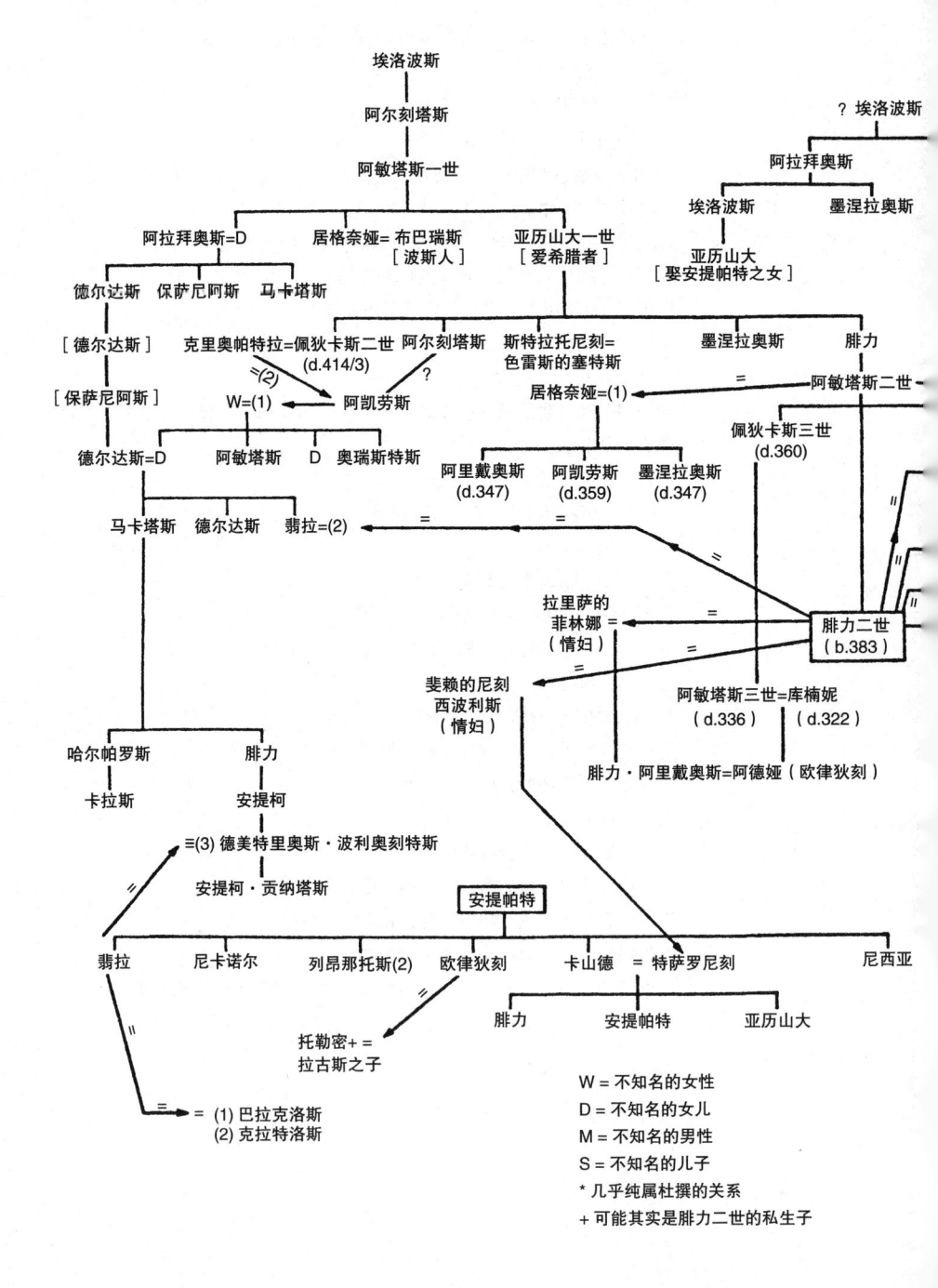

```
                                                          埃洛波斯
                                                             |
                                                          阿尔刻塔斯
                                                             |
                                                          阿敏塔斯一世                              ? 埃洛波斯
                                                             |                                        |
                    ┌────────────────┬──────────────────────┼──────────────────┐                  阿拉拜奥斯
                    |                |                      |                  |                      |
              阿拉拜奥斯=D      居格奈娅=布巴瑞斯         亚历山大一世                        ┌──────┴──────┐
                    |          [波斯人]                  [爱希腊者]                       埃洛波斯      墨涅拉奥斯
         ┌──────┬───┴──┐                                     |                            |
       德尔达斯 保萨尼阿斯 马卡塔斯                                                         亚历山大
         |                                                                            [娶安提帕特之女]
      [德尔达斯]      克里奥帕特拉=佩狄卡斯二世 阿尔刻塔斯    斯特拉托尼刻=          墨涅拉奥斯   腓力
         |                    =(2)           (d.414/3)      色雷斯的塞特斯                         =
      [保萨尼阿斯]              ↓             ?                    |                         阿敏塔斯二世
                            W=(1)        阿凯劳斯             居格奈娅=(1)
                    ┌──────┬───┴──┐                 ┌─────────┼─────────┐          佩狄卡斯三世
                 德尔达斯=D 阿敏塔斯 D 奥瑞斯特斯   阿里戴奥斯 阿凯劳斯  墨涅拉奥斯       (d.360)
                    |                                (d.347)  (d.359)  (d.347)
         ┌──────┬───┴──┐                                                          
       马卡塔斯 德尔达斯 翡拉=(2)═════════════════════════════════════════════════╗
                                                                                 ║
                                              拉里萨的                           ║
                                              菲林娜 =═══════════════════════════╣
                                             (情妇)                              ║
                                                                              腓力二世
                                                                              (b.383)
                                              斐赖的尼刻          阿敏塔斯三世=库楠妮
                                              西波利斯            (d.336)  (d.322)
                                              (情妇)
                                                              腓力·阿里戴奥斯=阿德娅(欧律狄刻)

      哈尔帕罗斯   腓力
         |          |
       卡拉斯    安提柯
                   |
                ≡(3) 德美特里奥斯·波利奥刻特斯
                   |
                安提柯·贡纳塔斯           ┌─安提帕特─┐
                                    ┌────┼────┬────┼─────┐
       翡拉   尼卡诺尔  列昂那托斯(2) 欧律狄刻  卡山德=特萨罗尼刻      尼西亚
         ║                  =              ┌────┼────┐
         ║              托勒密+=           腓力 安提帕特 亚历山大
         ║              拉古斯之子
         ║
         ═ (1) 巴拉克洛斯
           (2) 克拉特洛斯
```

W = 不知名的女性
D = 不知名的女儿
M = 不知名的男性
S = 不知名的儿子
* 几乎纯属杜撰的关系
+ 可能其实是腓力二世的私生子

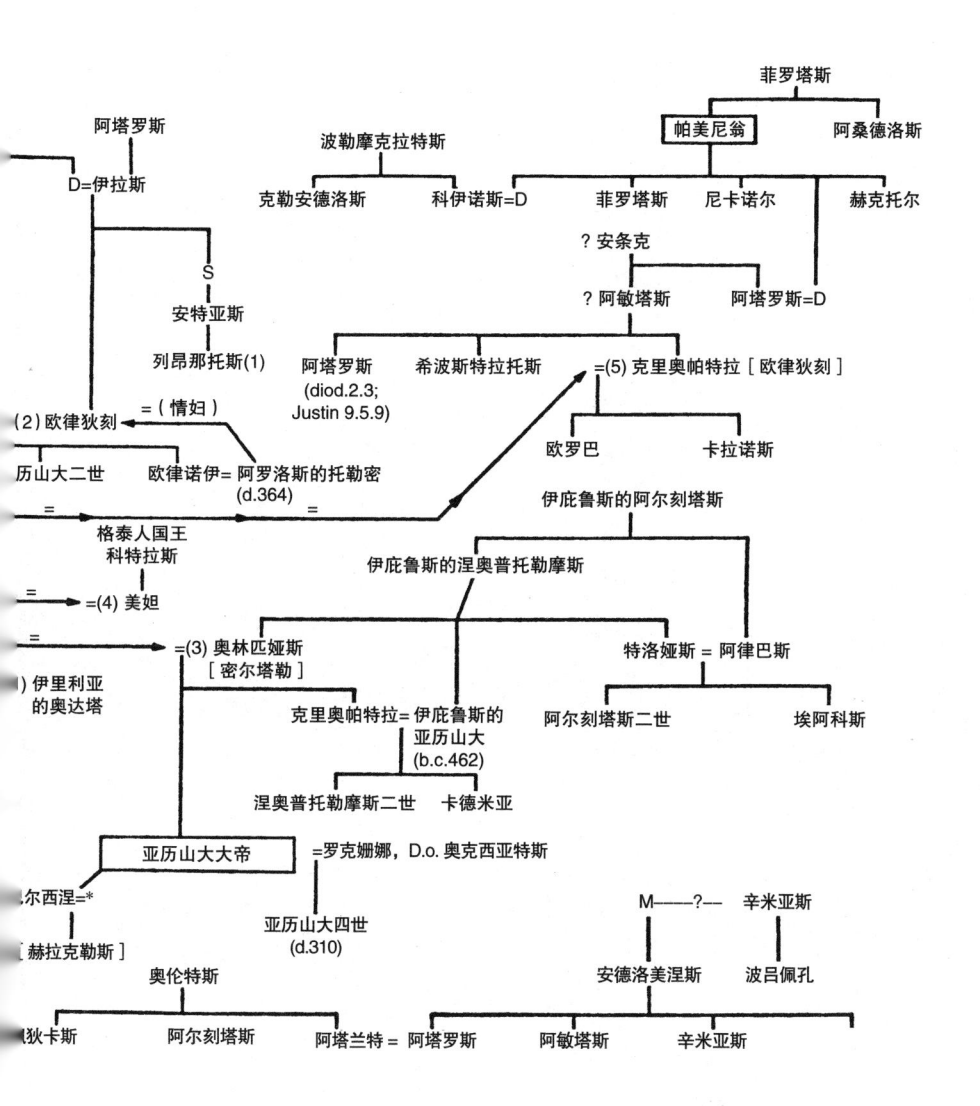

马其顿的阿吉德王族及其姻亲家族，
公元前5至前4世纪

第一章

马其顿的腓力

亚历山大大帝的故事与他的父亲腓力二世（Philip II）及祖国马其顿密不可分。腓力自己本人也是一个最为了不起的主宰人物；而马其顿，正如当代人所评论的那样，[1]"是欧洲大陆出现的第一个拥有真正的集中的政治、军事及行政体制的地域大国"。除非我们理解了上述内容，否则对我们来说，亚历山大的一生只不过是一颗彗星，这颗彗星曾以无比恢弘的气势划过天际：令人惊叹，但难以理解。亚历山大完全是个天才；但是，天才在相当大的程度上也是环境的产物。很大程度上是腓力和马其顿塑造了亚历山大，因此我们必须从他们讲起。

公元前356年9月初的一天，[2]一位信使从马其顿的新都佩拉疾驰而出，身上携带着给国王的急件。他奔向东南方向，穿越大平原，渡过雅尼扎湖（那时，人们称其为"波耳波罗斯湖"或"泥湖"。这对超爱一语双关的希腊人来说无疑是个天赐的妙词：*borboros-barbaros*，简言之就是粗野和原始）；在遥远的天际，奥萨山和奥林波斯山闪耀着白光。薛西斯（Xerxes）也曾目睹这样的景象；当年他一马当先，统率侵略大军，在荷马所说的"水流广漠的阿克西奥斯河"畔安营扎寨。信使没有耽搁任何时间就到达了目的地波提狄亚。这是卡尔基狄刻半岛上的一座城市，马其顿军队正驻扎在这里。自公元前359年以来，腓力就一直统治着马其顿这个统一但不甚稳定的国家。[3]腓力是阿敏塔斯（Amyntas）的儿子，为人严苛，对手下人的延误或拖拉从不手软。然而现在，在刚刚迫使波提狄亚投降后，他的情绪和善很多，还有可能喝了很多酒。因为，在过去一个世纪里，波提狄亚都是包括雅典在内的希腊诸强的争夺对象，是马其顿稳步扩张的领土中最有价值的新收获。

如果信使从未见过腓力本人，那他恐怕很难在贵族同侪和参谋人员当中认出腓力。腓力穿戴着紫色披风和宽边帽子，这同样也是马其顿贵族日常穿戴。他不爱佩戴任何王室徽记，也不喜欢任何尊称，总是让人直呼其名，而且实际上他从未在任何官方文件中将自己称作"国王"。[4]我们常常可以用迈锡尼来类比马其顿，这里也是如此：[5]腓力与那些不安分的贵族处于同一等级，他是他们的最高领主，以瓦纳克斯（wanax，"王"）的身份维持着脆弱的权威。或许他也觉得他的地位，尤其是在佩拉派系林立的封建宫廷中的地位，不宜规定得太过严格。他的争位者一直在散播谣言，说他和他的两个兄弟都是篡位者——那两位兄弟是他之前的国王，都死于非命。[6]有关私生子的指控是马其顿权力游戏中的一件常见武器。

腓力现在 27 岁了，他强壮、好色、胡子浓密，经常沉溺于酒色，有时突发幻想，还会狎嬖娈童。腓力平时就性情快活，在阅读了信使带来的急讯后，他更有理由高兴起来。他最可靠的将军帕美尼翁（Parmenio）赢得了与伊利里亚和派奥尼亚联军的决战；他们是马其顿征程上最强大的部落，占据着大约与现代阿尔巴尼亚和塞尔维亚相当的领土。在刚刚结束的奥林匹亚赛会上，他的赛马参赛者赢得了第一名。而最令他高兴的是，7 月 20 日[7]他的妻子密尔塔勒（Myrtale），也就是我们通常更为熟知的奥林匹娅斯（Olympias），为他生下了一个儿子：他的名字就叫亚历山大（这名字之前阿吉德王朝的两位君主已经使用过了）。

3　　在读完急讯后，据说腓力曾乞求命运女神给他一些小伤害，以抵消如此势不可挡的恩惠。[8]也许他回想起了萨摩斯僭主波吕克拉特斯（Polycrates）的教训：波吕克拉特斯收到一封来自埃及法老阿玛西斯（Amasis）的信，信中表达了对他过分好运的忧虑。阿玛西斯说："我从未听说有人可以好运连连，最终还能免于灭顶之灾。"阿玛西斯建议波吕克拉特斯扔掉他最为珍视的东西。波吕克拉特斯便将一个绿宝石戒指投入大海，但过了一周他在一条鱼的腹中又拾回了戒指。[9]于是阿玛西斯迅速终止了他们的联盟。而波吕克拉特斯的结局则是被一名波斯总督施以刺刑。因而，在那份重大急讯所列的三件事情中，我们知道腓力仅仅公开庆祝了他在奥林匹亚的胜利，这虽说不算性格反常，但仍然有些奇怪。马其顿王家铸币厂发行了一款新银币：银币正面是宙斯的头像，反面则是一匹硕大而精神饱满的骏马，相比之下它的裸体骑师身量较小，头上戴着胜利花环，手中挥舞着棕榈枝条。[10]

那么对他而言，是什么赋予了这三个特殊事件如此重大、几乎是象征的意义呢？为了理解国王的反应，有必要暂且回顾一下，看看他登基之前马其顿的成败历史及其古老习俗。

首先并且最重要的是，这个国家在地理和种族上分为截然不同的两个地区：低地和高地。[11] 这一点可以拿苏格兰的情况来做一个直观而贴切的对比。下马其顿地区由平坦而富饶的环塞尔迈湾平原构成。这个平原流淌着两条大河，阿克西奥斯河（瓦耳达河）与哈利亚克蒙河（维斯特里扎河）；同时，平原三面山峦起伏，除了东面，那里流淌着第三条河流斯特里蒙河（斯特鲁马河），是它的第一条自然边界。下马其顿地区是王国古老的中心区，相传是牧牛地主们建立的，他们一望便知这是极好的牧场。马其顿地区如今则受阿吉德王朝统治，腓力就是王朝一员。大约公元前700年，这个高贵的部族为了寻找耕地，从品都斯山脉的奥瑞斯提斯向东迁徙而来。他们最初占据了奥林波斯山以北的滨海平原皮埃里亚，随后进一步征服了塞尔迈湾以西的冲积平原波提埃亚，亦即荷马所说的厄马提亚。在扩张的过程中，他们也占领了堡垒城镇伊德沙，该城风景如画，屹立于西北边界。这个地区果园漫山遍野，葡萄园星罗棋布，它如此富饶，因此被人们称为"弥达斯花园"*。伊德沙还有不容忽视的战略价值，它位处关隘，控扼着通往伊利里亚和西方的横贯巴尔干的干道，亦即后来罗马的厄格那提亚大道。[12] 在伊德沙附近，阿吉德王朝建立了他们的第一个首都——埃盖。甚至在政府所在地已经下移到平原上的佩拉后，埃盖仍然是马其顿国王的神圣陵寝所在地，所有重要的王室礼仪都在那里举行。[13]

---

* 弥达斯（Midas）是希腊神话中的弗里吉亚国王，非常富有，与之相关最有名的神话就是"点金术"的故事。不过，也有版本说弥达斯及弗里吉亚人原本住在欧洲，后来才迁徙到小亚细亚。这里的"弥达斯花园"当指希罗多德所说的马其顿的一个长满野生玫瑰的弥达斯花园（Hdt 8.138）。——译者注。除非特别标出，本书脚注均为译者注或编者注。

上马其顿地区和派奥尼亚则组成了一个独立的地理单元：这是一片高原和草场，如同一块马蹄铁，从南到东北包围着平原；而它自身枕崇山，靠峻岭，唯独在东面例外，即斯特里蒙河那边。若要翻越这些大山，只能通过少数几个山口；其中最著名的就是奥林波斯山的滕比山谷和厄格那提亚大道途经的关隘。因此，马其顿作为一个整体，一直孤立于巴尔干半岛的其他地区。就像斯巴达一样，它保留着许多在其他地区已经废止了的制度，诸如王权和贵族封建制度。高地主要处在中心平原的西面和西南，最初分为三个独立自治的王国：南部的厄利密奥提斯，西部和西北部的奥瑞斯提斯和林刻斯提斯，后者傍着吕克尼提斯湖。林刻斯提斯的北面与派奥尼亚接壤，同时这三个地区还共同挨着伊利里亚和伊庇鲁斯。事实上，从各方面来说，它们的居民更近似于伊利里亚人、派奥尼亚人以及色雷斯人，而不是他们自己的低地同胞。下马其顿人崇拜希腊诸神；他们的王室自称是赫拉克勒斯的子孙。而高地居民却更热衷于色雷斯的神灵——萨巴吉奥斯（Sabazius）、克罗多涅斯（Clodones）和密马罗涅斯（Mimallones）；他们狂野欢纵的崇拜活动非常类似于欧里庇得斯（Euripides）在《酒神的伴侣》（*Bacchae*）中所描绘的情景。实际上，他们算是有部分伊利里亚血统，而且较之平原上的马其顿人，色雷斯人和伊庇鲁斯人才是他们更常通婚的对象。

最初，这三个地区都曾是相互独立的王国，各自有着野心勃勃、世系显赫的王族。他们一直努力保持——或者说不断申明——他们的独立地位；这自然会促使他们与伊庇鲁斯人、派奥尼亚人或者伊利里亚人联合起来。同样地，下马其顿的统治者们也决心要兼并这些"域外王国"，无论通过征服、政治劝诱，还是王室联姻。[14]林刻斯提斯受巴齐亚德王朝的子孙统治，他们于公元前657年被逐出科林斯，随后来到了马其顿。[15]在特雷贝尼什特，人们发掘出大量的黄金面具和墓葬器具，其年代约在公元前650—前600年之间；[16]这些人犹如塞浦路斯的国王们，是有权有势的君主，因袭着真正的荷马传统。挨着奥瑞斯提斯和厄利密奥提斯边境的伊庇鲁斯由莫罗西亚王朝统治，他们自称是阿基琉斯（Achilles）的后裔，传承自他的孙子皮洛士（Pyrrhus）——此事对年幼的亚历山大有着不可估量的影响，因为他的母亲奥林匹娅斯正是出身于莫罗西亚一系。

如我们所见，阿吉德王朝将自身的血统追溯至赫拉克勒斯，又因为赫拉克勒斯是宙斯的儿子，于是他们像所有的迈锡尼君主那样，将自己标榜为"宙斯之裔"，所以宙斯和赫拉克勒斯便经常出现在腓力的铸币上。但很显然，还有其他的部族对统一的马其顿的王位的诉求也有一定的可信性。从阿吉德王朝的视角来看，除了将上马其顿纳入某种程度的中央控制之下，不可能有什么实质性的进展。但是看起来矛盾的是（虽然原因本身很显然），这个目标越是近乎实现，某位走投无路的域外王国君主为了保住王位不惜一切代价发动宫廷政变的危险就越大。

至少到公元前5世纪时，阿吉德王朝就一直宣称拥有对上马其顿的"传统"宗主权，这种"传统"同样是建立在类荷马式的世系之上。他们的领主地位非常类似于阿伽门农凌越于诸王之上的地位：每个地区献予阿吉德王朝的忠诚，和任何君主个人所能要求得到的忠诚一样多。这些域外王国即便没有积极支持，至少也十分倾向于默许伊利里亚人和派奥尼亚人的入侵。除此之外还有无穷无尽的阴谋诡计发生在阿吉德宫廷中，常常以流血的杀戮和篡权告终；同时我们开始明白，为什么在腓力之前马其顿在希腊历史上扮演了那样一个微不足道的角色。这个国家极为原始，保留着许多连斯巴达人见了都会惊愕不已的风俗和制度。例如，为了对军队进行正式净化，祭司会将一条狗劈成两半，然后部队就在这劈开的两半之间行进。此外还有各种各样仪式性的战争舞蹈，本质上是对战争的模仿，但对现代读者来说，它们却无疑有着一种祖鲁人的风情。

对于这块半荷马式的飞地，城邦中的希腊人持一种温和而复杂的轻蔑态度。大体上，他们视马其顿人为半野蛮人，说话笨拙，方言粗野，在政治制度上倒行逆施，是无足轻重的战士，积习难改的背信之人，这些人身着熊皮，豪饮浊酒，暗杀与乱伦恒常发生。雅典人则抱着一种更加乐善的心态，他们以高人一等的姿态看待阿吉德宫廷将自身希腊化的企图，如同某位名门贵族款待殖民地的制糖大亨。没有人曾忘记，那位以"爱希腊"闻名的亚历山大一世（Alexander I）曾十分讽刺地被奥林匹亚赛会拒于门外，直到他编造了一份将阿吉德王室与古代阿尔戈斯国王联系起来的谱系。[17]

在希波战争和伯罗奔尼撒战争中，马其顿的事迹也很难提升她在热爱城邦的希腊人中的身份地位。亚历山大一世曾全心全意地与波斯人合作，将他的妹妹嫁给了一位波斯总督，并且在薛西斯的军队中充当随军联络人——不过当希腊人似乎有望获胜时，他也会小心翼翼地两面下注。[18] 在普拉塔亚战役后，他攻击了正在撤退的波斯人，在斯特里蒙河下游的九道（Ennea Hodoi）歼灭了他们中的一大部分。随后他用战利品在德尔菲竖立了一尊金质的个人塑像，以强调他站在正义一方，为对抗蛮族人而战斗（哪怕是在最后一刻）。[19] 如果说这还不够的话，他还利用波斯人撤退之机，在西边臣服了品都斯山中的部落，在东面制伏了色雷斯的比斯托奈和克瑞斯托尼亚，这样几乎把他王国的领土扩大了四倍。从斯特里蒙河下游的银矿中，他现在每天能征得高达一塔兰特*银的收入。他开始以自己的名义铸造货币，是第一个这么做的马其顿君主。这些皆是斐然可观的业绩，但都不是那种能在希腊城邦中为他赢得声望的成就。而他的继任者们则甚至给人一种更加蝇营狗苟的形象。他的儿子佩狄卡斯二世（Perdiccas II）在伯罗奔尼撒战争中在雅典和斯巴达之间反复摇摆，屡换阵营，为此有个现代学者精心制作了一个表格，以表明在任一节点时他到底站在哪一边。[20] 雅典的民主派必定会说，跟这样的人在一起你能干什么呢？更不要提那令人不堪启齿的阿凯劳斯（Archelaus），他是佩狄卡斯的私生子，靠谋杀他的叔父、侄子和异母兄弟而获得王位，进而又娶了他父亲的遗孀，最后因自己耸人听闻的同性恋计谋而被害死。[21]

然而，正是佩狄卡斯和阿凯劳斯的统治为我们揭示了马其顿的真正潜力。佩狄卡斯之所以能反复变换阵营，很大程度上是由于他大量掌握着一种双方都迫切需要的基本原材料：造船和桨橹所需的上等的马其顿冷杉。上马其顿地区是大陆性气候而非地中海气候，古时候它的山上覆盖着浓密的原始森林，如今尚有遗迹可寻。佩狄卡斯曾竭力地与雅典建立同盟协定和友好关系（Thuc. 1.57.2），虽然对这种协定，双方都以背信而非守誓为荣。

---

* 塔兰特（talent），古代货币及重量单位，各地标准不一，阿提卡的约为 26 千克重。

如果说马其顿国王表现得出尔反尔，那么这与雅典一方的侵扰不无关系。公元前437年雅典人建立了安菲波利斯，三年后又占领了墨托涅，于是他们可以直接对马其顿施加压力；在公元前413年之前，雅典人一直禁止佩狄卡斯在没有雅典特别许可的情况下出口木材（他们维持了垄断）。[22]然而从长远来看，佩狄卡斯才是交易的最大受益者，他以冷酷的玩世态度挑拨斯巴达与雅典相互对抗，同时出售木材给双方，缔结和撕毁专卖协议有如儿戏。在伯罗奔尼撒战争期间，他也极力避免使马其顿过分卷入其中，以免耗尽自己的人力资源，正是这种损失严重削弱了当时战斗双方。所以，当腓力说出下面这话时，想必他脑海中就闪现着佩狄卡斯的榜样："欺少年以骰子，诈成人以誓约。"[23]

很难看出佩狄卡斯还能做些别的什么；在他统治期间，马其顿依然四分五裂、虚弱不堪，连像样的抵抗都谈不上，更不必说任何形式的扩张了。至少他设法保护了国家的自然资源——在当时的情况下这是相当大的成绩。但是，第一次以现实主义的洞察力明确提出根本问题的却是阿凯劳斯，如果马其顿想在希腊事务上成为任何意义上的强权，这些问题必须得到解决，而阿凯劳斯本人就致力于此。当然，亚历山大一世已经指出了方向，而且不仅仅是在领土扩张方面。他费力地使马其顿被接纳为希腊家庭的一员（主要是通过在阿吉德王朝和阿尔戈斯之间建立起一种虚构的联系），鼓励希腊人到马其顿的土地上定居，这项政策也为佩狄卡斯和阿凯劳斯所遵循。尤为特别的是，他为品达（Pindar）和巴库利得斯（Bacchylides）这样杰出的艺术家提供了极为诱人的赞助。[24]他的总策略非常清晰：拓展疆界，同时改善马其顿在国外的文化形象。

当阿凯劳斯于公元前413/412年*登基时，雅典已不再构成直接的威胁：西西里远征的失败导致了这一局面。现在当她的执政者与马其顿国王接洽时，他们是作为请求者而来，极需船用木材：一个授予了阿凯劳斯"指定代表和赞助人"的荣誉称号的法令和诡诈的雅典政治家安多基

---

* 古希腊历法与现行公历大不一样，各城邦历法不同，但新年大致都从现行公历的7月份开始。如果我们不知道某事件的具体月份，就无法确定其对应的公历年份，因此学界通常会同时标出前后两个年份。公元前413/412年就相当于从公元前413年7月至公元前412年6月。

得斯（Andocides）所提供的证据都表明（在公元前407/406年）他们达到了预期的目的。[25] 但是，保卫国家抵抗野心勃勃的邻国的不断侵犯依旧至关重要。这意味着既要加强军队，又要实现上下马其顿的永久统一。亚历山大一世已经把古老的"侍友"（hetairoi）*风俗建制化了；他把服侍国王的地主贵族转变成了正式的骑兵队伍，组成著名的侍友骑兵。很可能也是他首先创立了同等的步兵团体，即"步战侍友"（pezetairoi），他把新征服地区的大量土地赐予各个等级的侍友，以此确保新拓边境的稳定。同时正如埃德森（Edson）所指出的，[26] "通过这些赏赐，他提升了王室的威信，加强了马其顿人对他以及阿吉德家族的忠诚"。阿凯劳斯似乎已经改善了军队、马匹和其他军事装备的给养。他还建立了一个由道路与设防站点构成的网络，其中有着双重目的：既可以促进交通，又能够让他牢牢控制住桀骜不驯的封臣们。[27] 不管以武力还是外交手腕，他与诸域外王国确立了一个非常稳定的协定，故而在他的统治末期（公元前400/399年），他便准备通过侵害塞萨利和卡尔基狄刻同盟来夺取一小片"生存空间"。

　　阿凯劳斯很清楚，要想让更先进的希腊城邦开始平等对待马其顿，更深程度的希腊化是至关重要的，虽然这实际上只是一种自觉的文化宣传计划。在皮埃里亚的狄翁，他设立了一个特别的马其顿节日，敬献给九位缪斯女神，并大胆冠名为"奥林匹亚的"。和其同名节日一样，它提供了体育和音乐的竞赛。像古代的许多僭主一样，他自命为一名文学、科学及艺术的开明赞助者。著名画家宙克西斯（Zeuxis）便受委托去装饰他的宫殿。其他定居于马其顿的卓越人物还有悲剧诗人阿伽通（Agathon）和如今已是八旬老人的欧里庇得斯：《酒神的伴侣》这等天才之终曲可谓动人心脾，能赢得如此回报的赞助恐怕凤毛麟角。阿凯劳斯宫廷的奢华与浪费臭名昭著，但很少有人能拒绝得了那里的邀请。（事实上，如果阿里斯托芬对阿伽通柔弱习性的刻画稍微切近真相，那么他在阿凯劳斯的陪伴下想必会有种宾至如归的感觉。）为数不多的例外之一便是苏格拉底，他表示他不愿

---

* 又译作"伙伴"（即 hetairoi 的基本含义），《古希腊语汉语词典》则译作"侍卫"。

接受他回报不了的恩惠，这很符合他的性格。[28]

但是在阿凯劳斯被刺杀后，他苦心经营的整个大厦一夜之间轰然倒塌，随之而来的是马其顿前所未见的40年的混乱和阴谋暗算。从王朝角度来说，阿凯劳斯对王位的声称最多也只能说很弱，何况他的继任者还只是个孩子。域外王国的君主们看到了机会，于是见机而起。对此他们无可非难。对他们来说，阿凯劳斯所给的前景毫无吸引力。只要有机会，他们决不甘心沦为地方性的依附贵族；再说，他们中的大部分人极度厌恶前国王的希腊化政策。作为战士，他们腰缠绳索直到在战斗中杀死敌人；除非独自用矛刺杀一头野猪他们决不坐下与同伴割肉共餐；他们如维京人一样用牛角喝水饮酒——这样的人自然不是文化新兴的可用之材。[29]

因此我们不免要怀疑，除了他的近臣，阿凯劳斯对艺术的支持是否曾在其他人的心中激起过一丝涟漪。绝大多数的马其顿贵族更醉心于更具男子气概的娱乐，诸如打猎、欢宴、临时起意的通奸等等。他们同样十分热衷与年轻男孩、必要时相互之间的鸡奸；但是他们从来不想让这种事情受到精神升华这种颓废的柏拉图观念的污染。[30] 在亚历山大的总部里，粗野的马其顿军官和希腊文职智士并存共事，一定会产生难以估量的紧张气氛和敌对情绪（下见第163页、第372页及以下）。但即使这样，阿凯劳斯没有能确立一个长久有效的解决方案也不能完全归咎于贵族们的违逆。国家收入——或者说国家收入的匮乏——也必须予以考虑。木材出口和采矿权带来了不错的收益，但并不足以弥补军备、对来访名人的过度慷慨和全国范围的道路建设开支。不管怎样，阿凯劳斯似乎已经开始把王室土地转让出去，以换取临时的财政援助——后来亚历山大在发动远征前恢复过这种做法（下见第155—156页）。域外王国的贵族们对这样的机会尤为垂涎：与下马其顿的"御赐采邑"相比，阿凯劳斯不管提任何要求都是在贱价售卖。

在这种情况下，林刻斯提斯的君主埃洛波斯（Aeropus）担任阿凯劳斯的小儿子奥瑞斯特斯（Orestes）的"监护人"就不是什么无关紧要之事。到公元前396年为止，他们一直是联合执政。随后，在稳固了自己的地位后，埃洛波斯除掉了奥瑞斯特斯独自进行统治。两年后他去世了，既然当时他的孙子已经成年，所以他竟然可能是自然死亡的。他的儿子保萨尼阿斯（Pausanias）继承了他的位子，但很快就被阿吉德的合法继承人亚历山大一世的孙子阿敏塔斯刺杀了。公元前394年，阿敏塔斯已年过五旬而将近六十了；大约30年前，他就曾与他狡猾的老叔父佩狄卡斯争过王位，但是没有成功。即使现在，他还是觉得继承王位是一项艰巨的事业。既然一度取得过马其顿的王权，林刻斯提斯王朝不经一番斗争是不会将其拱手相让的。在保萨尼阿斯之子的领导下，林刻斯提斯的贵族们召集伊利里亚人的军队来帮助他们，再一次将阿敏塔斯逐出了马其顿。但是公元前392年，在塞萨利人的支持下，他卷土重来——这一次便不再得而复失了。[31]他的统治一直延续到公元前370年，虽说摇摇欲坠，但奇妙的是他竟挺了这么长时间。他晚年生了三个合法的儿子，这是非常必要的预防措施，因为他已经有三个私生子在打王位的主意了。在这几个老来子中最小的是腓力，即亚历山大的父亲，他生于公元前383/382年，那时阿敏塔斯都已经六十五岁了。这就不难理解为什么会出现这三个孩子都不合法的谣言了。

对老国王来说，生存的代价就是持久而公开的屈辱。起初，他设法通过偿付丰厚的岁币来阻拦伊利里亚人入侵。但是，这并不能阻止他们与域外王国的反叛贵族勾结，那些人一心想要发动宫廷政变，好让林刻斯提斯家族得以回到王位上。事实上自公元前384年以来，伊利里亚事实上统治着林刻斯提斯自身的西部边陲；这是一块战略要地，处在吕克尼提斯湖（奥赫里德湖）和切尔纳河之间。阿敏塔斯还能倚赖剩下的域外王国厄利密奥提斯的帮助，因为它的首领德尔达斯（Derdas）是他的私人朋友。但是他不敢冒然发动一场全面内战。边界不清的马其顿东部地区他掌握得也并不牢固。公元前394/393年，在被武力驱逐之前，他已经把一片很有价值的边陲之地割让给了卡尔基狄刻半岛上实力最强的海军城邦奥林托斯，可能作为回报他换来了一定的军事援助，但在当时的情况下，即使有援助，那也来得太迟了些。在他最终夺回王位之后，他便索还这块地，理由是他只是将它委托给奥林托斯人直到他复辟。后者直接无视了他的声明，反过来还进一步蚕食了马其顿的土地。

最明显暴露马其顿此时之虚弱的，是阿敏塔斯在雅典和斯巴达等强权那里所受到的冷遇：他们的做法很不明智，因为来自北方的特里巴利和其他野蛮部落既能侵扰马其顿,也能损害希腊人的利益。对雅典来说,马其顿只不过是一个有用的缓冲国,便于她处理与卡尔基狄刻和色雷斯之间错综复杂的关系;同时又是她的一个爪牙,帮助她牢牢控制住通过博斯普鲁斯海峡的黑海粮运航线。当斯巴达决定要派一支远征军前去对抗奥林托斯时,他们并不是出于对阿敏塔斯的关心,而是因为(以奥林托斯为首的)卡尔基狄刻同盟的发展构成了色雷斯卫地区的一大威胁。公元前379年,奥林托斯投降了,卡尔基狄刻同盟暂时被解散了,而斯巴达人回国之后无疑自以为做了一项很有政治眼光的工作。实际上,他们的行动大概是人们所能想象得到的最致命的战略误判之一。40年后他们以及包括雅典和忒拜在内的所有其他城邦才幡然醒悟:他们致命地削弱了一个强权集团,这个集团本来有可能在马其顿真正开始迅速崛起之前就将其扼制住。认识总是来得太迟。

但就算是德尔菲的预言,在公元前379年也猜不到未来会变成什么样。众人皆云,阿敏塔斯是个笑话,如同他的大多数先辈一样,他们被视为见风使舵之人、背信弃义之徒、酒鬼、谋杀者、优柔寡断的守财奴,懦弱而无能的暴君——阿吉德王朝还没有赢得希腊公共舆论的尊重,而阿敏塔斯在这方面并没能做出什么有所裨益之事。他不加区别地招揽同盟者,在不同时期经常涵盖各色人等,从忒拜人到著名佣兵头目斐赖的伊阿宋(Jason of Pherae)。为了取悦雅典(和保护自己脆弱的权威),他甚至收养了一个雅典将军伊菲克拉特斯(Iphicrates)为子。很明显,他以及马其顿都可以被忽视。

此外,惯常的宫廷阴谋依旧盛行。国王的妻子欧律狄刻(Eurydice)曾养过一个情夫,他名叫托勒密,是一个来自阿罗洛斯的马其顿贵族。欧律狄刻为人沉着冷静,大概就是为了能有一个无可辩驳的理由把托勒密留在家中,她把他指婚给了自己的女儿。没过多久,由于她一时大意,阿敏塔斯竟将她和他女婿捉奸在床。愚蠢的是,他一如既往,没有采取任何措施。他深切地爱着自己的女儿,极力避免任何可能引起她悲痛的丑闻。[32] 然而,托勒密对这种容忍一点儿感激也无。如同大部分马其顿贵族,他野心有多大,人就有多无耻。对他来说王权所能给予的欢乐令人心醉神迷,享有王后的身体只是获得王权的前兆罢了。跟他相比，里奇奥和达恩利只不过是感情用事的；不过可以猜想，欧律狄刻大概也能够教给玛丽一些手段。*

这有趣的一对现在决心杀掉阿敏塔斯，然后由托勒密代之做马其顿的国王：这是一次实打实的篡位，而不是为了某个域外王国利益的小算计，因为阿罗洛斯位于波提埃亚，是下马其顿地区的一部分。（认为托勒密实际上是阿敏塔斯之子[33]的传统说法，显然是替他辩护的王室宣传。）然而在此，他们忽视了欧律狄刻的女儿，她有着格丽泽尔达（Grizelda）**一样孝顺的性格，显然是不会接受弑父行为的，因此她及时告知了她父亲眼下的危险。不过或许是由于惊骇，阿敏塔斯竟猝然晏驾，从而消解了宫廷局势可能引起的任何社会震动。毕竟他已经将近80岁了。

如果托勒密以为他能轻而易举地占有这个应时而空的王位，那么他要失望了。国王最年长的合法儿子亚历山大二世立即登上了王位。可是他太不明智了，竟卷入了塞萨利的争位者之间的战争，于是在他在外期间，托勒密便积极篡夺他的王位。他遭到了强烈的反对，以至于此事被交付了仲裁。杰出的忒拜政治家佩罗皮达斯（Pelopidas）做出裁定支持亚历山大，而托勒密则知趣地退出了，至少直到佩罗皮达斯妥当地离开马其顿。随后，一向狡诈的他在一次马其顿式民间舞蹈演出中刺杀了这位年轻的国王，娶了欧律狄刻（至于她女儿的结局史无明文），并当上了亚历山大的弟弟佩狄卡斯的摄政，因为佩狄卡斯是王位的顺位继承人，但尚未成年。他知道这样的行为容易让国外政治讥刺者拿到把柄，于是他开始和忒拜人商议结盟，后者刚刚在琉克特拉会战（公元前371年）中打破了斯巴达军事霸权的神话，并迅速崛起为希腊最强大的国家。

为表真诚，他还派去了一队高门显贵作为人质：也许他很乐意把他们当中的某些人放心地送出去，特别是阿敏塔斯仅存的另一合法儿子年轻的腓力，当时他才15岁。[34]托勒密没法预料到这一举动的后果。因为腓力

---

* 里奇奥（Rizzio，约1533—1566）是苏格兰女王玛丽（Mary，1542—1587）的侍臣，达恩利（Darnley，1545—1567）则是玛丽的丈夫。达恩利怀疑里奇奥与玛丽通奸，便将里奇奥杀死。
** 格丽泽尔达是薄伽丘《十日谈》中的人物，反复经受了其父对其服从与孝顺的考验，成为服从的代名词。后来彼得拉克，乔叟等人都写过相关的传奇。

在忒拜是和潘美涅斯（Pammenes）待在一起的，这人不仅本身就是一位出色的将军，而且是厄帕密农达斯（Epaminondas）的密友，后者便是琉克特拉会战的胜利者，可能是亚历山大之前希腊最出色的战略家。腓力（以及他之后亚历山大的）整个军事生涯受到了忒拜将军所授训练的不可估量的影响。他学到了许多东西，如操练和战术上的专业训练、骑兵和步兵的密切合作以及周密策划与快速进攻相结合，并且认识到它们的重要性。通过观摩忒拜的一流步战军团圣队（Sacred Band）的演习，他深切地认识到了一支常备精锐军团的潜力，以至三十年后他和他强悍的儿子都竭尽全力地要将这支赫赫有名的军队彻底歼灭。最重要的是，他学到了一条基本原则，即：“赢得一场决战最快且最合算的方式，是击败敌军最强而非最弱之处。”[35]

腓力在权力方面所受的训练也许不合正统，但却非常有用。作为马其顿王室的一员，他的经历给了他一种含乎情理的冷峻的人性观：在这个世上，谋杀、通奸和篡位都是司空见惯的，一个人的母亲做这些和其他人一样容易。在后来的人生中，腓力将此视为不言自明的真理：所有外交都是基于自利，每个人自有其价值，而实际情况也往往如其所料。在忒拜，他也看到了一个民主城邦难以克服的诸多弱点——长年累月的派系斗争、强大行政力量的缺失、快速决策的无能、公民大会投票时不可预知的怪异反常、使严肃的长期规划变得不可能的年度选举、业余的临时征兵（尽管在这方面忒拜要比雅典好得多）。他第一次感觉到，马其顿深受其他希腊人鄙夷的过时制度有可能变成对付这些对手的力量源泉。纵其一生，他通过利用人性的贪婪和民主的无能——常常是同时利用——取得了他最大的进展。

在一定条件下我们可以说，马其顿国王拥有对其人民的最高权威。就字面来说，他可以以波旁王朝的名言自夸：“朕即国家”。一直以来有这样一个传统，国王不能以叛国的罪名（例如有意针对国王本人的行刺或者篡权）处决一个自由公民，而必须以原告的身份出席马其顿公民大会。[36] 但是历史上君主完全无视公民大会而处死马其顿显贵的情况屡见不鲜，故而这一规则纵使曾经存在过，也似乎早已被束之高阁了。确实，马其顿公民大会确认了每一任国王的继位（如果能赢得公众认可的话，篡位者也能获得公民大会的承认），并且至少理论上能够通过投票罢免国王；他们还听取关于死刑的指控。然而，除了这一点和遵循"传统法律"的要求，国王的权力是绝对的。他"拥有所有土地，手握战争最高指挥权，是法官、祭司和财政首长，能够在出国时授权监国"。[37]他的地位很像迈锡尼的瓦纳克斯，统治着一个部落式的社会。

马其顿贵族在古代相当于封建领主；原则上他们从国王那里获得永久继承的土地，相应地，他们连同家臣一道需要为国王提供私人服务。国王正是从这些部落贵族中挑选他的"侍友"，这些人平时参与议政，战时则随军参谋。（荷马史诗中阿基琉斯和米尔弥冬人又是一个十分贴切的相似例子。）他们还会充当近身护卫官（*somatophylakes*），人数大约是八人，[38]时刻跟在国王左右，而不仅仅是在战斗中。他们穿着和国王一样的衣服，并且以平等的身份与国王交谈，双方都不拘礼节，直率而随性。马其顿专制统治自有其平易近人的一面。

就像另一个封建性质的驯马城邦塞萨利一样，马其顿也有一支精良的重装骑兵。我们发现，公元前429年这些骑兵在对抗色雷斯人时有着优异的表现。一支来自厄利密奥提斯的骑兵分队在公元前382/381年的奥林托斯战役中尤为出色。这支马其顿骑兵的核心就是由侍友们亲自担任的，他们最初的职责是充当王室骑卫队。他们头戴盔帽，身着胸甲；修昔底德把他们描绘为"优秀骑手"，说"他们无人可挡"。但是，正如有学者最近提醒我们的那样，把他们想象成中世纪的骑士或者拿破仑的龙骑兵是一种错误。他们的马体格很小而且未钉蹄铁，甚至比健壮的矮种马还小，虽然他们已经开始利用在希波战争中掳获的纯种马来繁育体型大型的马匹。正如我们在西顿石棺中看到的，他们既不用马鞍，也没有马镫；这意味着中世纪的长枪冲锋战法是他们所不曾知晓的。相反，他们携带一支短尖枪，即绪斯顿骑枪（*xyston*），大约六英尺长；在短兵相接时，他们很擅长用此枪刺中敌人的面部。[39]

然而至于马其顿步兵，至少在腓力改革之前是无比弱小的。这几乎是所有贵族封建国家的通病，波斯这样，马其顿也不例外。（阿契美尼德帝国败于亚历山大的原因之一便是，他和他父亲解决了步兵问题而波斯大王未能做到。）最初，这支军队是由纯粹的部落征兵组成的，一群农民和牧人杂七杂八地跟在骑兵之后。虽然阿凯劳斯曾努力过要训练和组织他们，在公元前5世纪的绝大多数时间里，他们一直微不足道。但经济的发展使马其顿慢慢地产生了一个自耕农中产阶层；而放眼希腊，中产阶层在一定意义上就是重装步兵军团——不管这种军团有多么不够胜任——出现的同义词。

我们知道，亚历山大一世[40]正式组建了一支常备的"步战侍友"部队，这或许是专门用来制衡那些特别跋扈不安分的贵族的。这一称呼暗含的不仅是一种组织，而且是社会的接纳，这一点也许同样重要。这些"步战侍友"变成了马其顿军事体制中的一种永久编制；但只有腓力才看到了他们的真正潜力，并且把他们锻造成了当时世界所曾见过的最可怕的战斗部队——传奇的马其顿方阵。它的成员如同罗马军团一样进行严格训练和操演；他们的主要武器是萨里萨长枪（sarissa），这种长枪大约13—14英尺长，从枪杆到枪尖由粗骤细，非常类似于中世纪的瑞士长枪。要想有效地操控这样的武器，就必须有阅兵式般的队列和纪律；而一旦习得了这种纪律，方阵在战斗中就能享有巨大的初始优势。因为正常的步兵推刺长矛只有萨里萨长枪的一半长度，所以马其顿人总是可以在敌人和他们缠斗起来之前发起第一击。[41]

在忒拜，年轻的腓力一边等待国内发生变故，一边学习军事策略并接受毕达戈拉斯派导师教育。（恐怕没有什么比让腓力信奉一种倡导素食主义、和平主义与彻底禁欲的哲学更难的了。）托勒密的统治一直受到相当严重的反对，但其主要反对者又是林刻斯提斯家族，他们现在支持另一位保萨尼阿斯，他大概是上一个争位者的侄子，他们差点儿就争得了王位。欧律狄刻声泪俱下地向她丈夫先前所收养的雅典将军伊菲克拉特斯求助。雅典人自然不会放过这种可以干涉他国政治的机会，因此伊菲克拉特斯（在其政府的默许下）驱逐了保萨尼阿斯，同时出于应尽的孝道，他没有提及欧律狄刻在婚姻上的罪愆。

没有人注意年轻的佩狄卡斯，而事实证明这是一个错误。和阿凯劳斯一样，佩狄卡斯可能沉迷于文学和哲学，但他绝非因此就是一个可被玩弄之人。他等了三年，直到达到法定成年的年龄，此时没有理由给他再指派一个摄政大臣，然后他就处死了托勒密（公元前365/364年）。至于他母亲对此有何说法，或者他在除掉她情人后如何处置她，我们的史料没有记载，而且我们再也没有听说她的任何消息。现在佩狄卡斯开始亲政了，而作为国王，他最初的举措之一便是安排腓力从忒拜释放，或者说逃跑回来。他的导师和幕后参谋是一个名叫欧弗莱奥斯（Euphraeus）的哲学家，他在柏拉图的推荐下来到马其顿。据说他出身平凡，说话十分恶毒伤人，而且卡律斯提奥斯（Carystius）告诉我们："他在为国王挑选助手时学究气十足，某人要是不通几何或哲学，他就不可能参预政事。"[42]但是他给了佩狄卡斯一个极好的建议，即任命腓力担任一个地区总督，并在那里征兵和训练军队。

腓力立即着手将从厄帕密农达斯那里学到的东西付诸实践。纪律和组织得到了彻底的革新。由征兵而来的马其顿步兵很快投入到战术演习和复杂的密集队形操练之中。腓力让他们进行35英里全副武装的徒步行军，然后（在他们疲惫欲死而无力抗议时）发表鼓舞士气的演讲。贵族骑兵和农民步兵需要进行长期的联合训练，此事引起了一些争议，至少一开始有些人感到十分不安。当然腓力自己表现出对所有人都一视同仁的样子。有个军官曾试图在军营里洗澡，于是被剥夺了指挥权；有个出身高贵的少年为了喝水而打乱队形，结果遭到了公开鞭打。[43]迄今，只有雇佣兵曾达到这种层次的效率。现在，腓力缓慢而稳当地开始训练一支由专业战士组成的精干队伍，与此同时他们依旧是马其顿无偿的国家征召兵。这是一项重大的革新。

佩狄卡斯继承了他父亲政治上的灵活多变，同时比他父亲更有干劲。在此期间，他和雅典订立了新的盟约。他可能正在打造一支军队，但他在造船和海军技艺方面仍十分欠缺，而这两方面正是雅典的长处。有一个雅典人是他必须与之打交道的，此人名叫提摩修斯（Timotheus），是一个友好的佣兵队长，还是伊菲克拉特斯的朋友。在一段时间内，这一切都进展得很顺利。提摩修斯在色雷斯的凯尔索涅索斯——即现在的加利波利半岛——作战（和往常一样，雅典对她通过达达尼尔海峡的粮食航线十分忧虑），并在马其顿的协助下占领了几个关键的卡尔基狄刻城镇，其中包括波提狄亚。但提摩修斯毕竟是雅典人，得执行雅典的政策。现在他冷酷地夺取了佩狄卡斯南部两个最好的港口墨托涅和皮德纳，随后又把注意力转向重要的边境城市安菲波利斯，它在斯特里蒙河边，马其顿在那里有驻军。现在路人皆知，雅典的真正目标是恢复她所失去的公元前5世纪时的海上帝国。佩狄卡斯迅速派遣他所能调拨的军队前去防卫该城。到公元前362年，两国之间的盟约已经化作烟尘。一年后，雅典没什么可担心的了，竟反过来与塞萨利缔结了"永久同盟"，而更加危险的是，雅典开始向域外王国的贵族们施以援手。[44]

有些人谴责腓力后来的侵略政策（特别是针对雅典的，因为现代学者几乎很少有对卡尔基狄刻半岛感兴趣的），但他们有时忘了雅典在希腊东北部同样贪得无厌、劣迹斑斑。德摩斯提尼（Demosthenes）所说之事不可尽信。[45]雅典人自有一种令人称羡的接受自己的政治宣传的能力：埃斯基涅斯（Aeschines）不仅谴责佩狄卡斯没能帮助雅典夺取安菲波利斯，而且竟能让雅典赢得虽遭不公却依旧保持友好的名声。[46]从政治上说，腓力和雅典人之间的唯一不同在于他们的成功大小有别。事实证明，比起他所必须与之打交道的任何雅典人来，腓力是一个更卓越的将军、更敏锐的外交家，有着更鲜明的个性；但若论政治品德，二者可谓半斤八两。

到公元前359年，佩狄卡斯觉得马其顿已经强大到足以和伊利里亚做一个了断了。他西部边陲的局势已经到了不可容忍的境地。林刻斯提斯或多或少脱离了马其顿的控制；尽管佩狄卡斯每年都屈辱地奉上岁币，但他仍然无法保证自己不会在某个时候被一场伊利里亚支持的政变赶下台。他召集了一支庞大的军队，将腓力留在后方监国，然后便向西进军。几天后，一个风尘仆仆、惊慌失措的信使带回了悲惨的消息：在和伊利里亚人的大战中，佩狄卡斯战败被杀，大约4000名马其顿人与他一同战死沙场。[47]马其顿的腓力终于继承了王位，但很难想象，他的统治竟是在一片不祥中开始的。

那时的政治专家，无论是雅典的还是其他地方的，很少有人会觉得新国王可以撑上六个月，这种可能性微乎其微。西部边境已是门户洞开，而且腓力新练的部队相当一大部分已经战死。伊利里亚人在他们国王巴底利斯（Bardylis）的率领下，正准备大规模入侵。派奥尼亚人早已开始集结，从北方南下劫掠马其顿的领土。国内的情况也好不到哪里去。佩狄卡斯一死，至少有五个潜在的争位者（不算腓力本人）意图争夺王位：他们形成了一个有趣的团体。林刻斯提斯的保萨尼阿斯我们已经遇到过了，这是他的第二次尝试，他争取到了色雷斯的支持。阿尔盖奥斯（Argaeus）则是雅典所钟意的。在公元前4世纪90年代，他曾短暂攫取过权力，现在他正在墨托涅纠集一支可观的军队。为回馈雅典人的支持，他答应一旦事成，就割让安菲波利斯给他们。最后还有腓力的三个异母兄弟，都是非婚生的——阿凯劳斯、阿里戴奥斯（Arrhidaeus）和墨涅拉奥斯（Menelaus）。可以猜想，他们都希望能够赢得马其顿人民的直接支持；昔日有关腓力身世的流言又开始四处传布了。

以福煦元帅（Marshal Foch）的作风，腓力冷静地评估了当前的绝境，随后便以迅雷不及掩耳之势出击。首先，他逮捕并处决了阿凯劳斯，另两个兄弟成功逃脱了，他们逃离了国家，到奥林托斯去寻求庇护（见下文第45页）。接着，腓力收买了色雷斯国王，使他不但撤回了对保萨尼阿斯的支持，而且还派人刺杀争位者，可谓一举两得。随后他派遣一个使节前往派奥尼亚，据狄奥多罗斯（Diodorus）记载，"对一些人贿以重礼、对另一些人许以慷慨，此后他与他们达成了维持当前和平的协定"。[48] 所有这些都是在几周甚至更短的时间内完成的。

现在腓力可以腾出手来对付仅剩的争位者阿尔盖奥斯了，此人在墨托涅除了雇佣兵外，还有在雅典将军领导下的雅典重装步兵，人数不少于3000人。腓力立即将他的驻军调出安菲波利斯，宣布其为自由城邦，同时跟雅典作了一笔秘密交易，他把安菲波利斯交还雅典，作为回报他将换来皮德纳。阿尔盖奥斯感到有些困惑，他发现在向旧首都埃盖进军的路上，竟只有他的雇佣兵跟随着他。尽管情况不妙，但他仍尽最大的努力，号召公民前来"欢迎他的回归，作他践祚的首义之臣"。公民们对他漠然不顾，他们如今早就明白了腓力的实力。阿尔盖奥斯无可奈何，只得转身溜回墨托涅。腓力以看热闹般的态度看着这场小小的闹剧，随后他中途截住阿尔盖奥斯，并迫使他屈辱地投降。雇佣兵中所有的雅典人都被仔细地甄别了出来，拿到报酬后便被送回雅典。无论是现在，还是将来的任何时候，腓力最不希望看到的就是雅典的公开敌对。[49]

伊利里亚人看到马其顿的新统治者远比他的先辈们难对付得多，于是暂缓入侵。这样，在夏秋之际遏止或消除了所有反对之后，腓力把公元前359/358年的整个冬天都用来推行他的军事速成训练。早春时候传来消息说派奥尼亚的国王去世了。这是一个千载难逢的好机会。在蛮族君主的继任者登基之前，腓力横扫其南部各个山口，在一场短兵相接的遭遇战中打败了派奥尼亚人，迫使他们承认马其顿的领主地位。进攻是最好的防守：腓力深知，在这种紧要关头，他仅有一次机会可以一劳永逸地粉碎伊利里亚人的威胁。但是，这是一场巨大的赌博。他动员了王国中所有的壮年兵；当他向西朝林刻斯提斯进军时，他身后有600名骑后和不下10000名的步兵。出于惊恐，巴底利斯提出了一些谈判的条件，但其前提是得维持现状，他不愿放弃他所占有的任何领土。腓力拒绝了他的提议，不过拒绝时很可能还是有所顾虑的，这些打败了佩狄卡斯的伊利里亚人毫无怜悯之心，且不让赎回战俘，即便遇上佩狄卡斯的兄弟，他们恐怕也不会改变他们的政策。[50] 两支军队最终在摩那斯提尔附近、欧克里达湖边的平原上相遇了。[51]

这场决战最有意思的地方在于，我们第一次看到腓力运用厄帕密农达斯所教授的战术，而后亚历山大也采用这种战术。伊利里亚人和马其顿人在人数上相差无几，关键之处在于更高超的战术和训练。伊利里亚人看到自己有被马其顿骑兵从侧翼包围的危险，便组成了一个空心方形战阵。腓力本人统率着步兵，他命令中军和左翼稳住阵线，从而展开他的斜梯阵形，亦即厄帕密农达斯所专长的战术。如其所料，伊利里亚人拉长右翼，然后回转过来以投入战斗。腓力一直在等，等到方形战阵左侧不可避免地出现一个致命缺口，这时他派出他的右翼骑兵冲击对方的侧翼和后方。他们如一个巨大的楔子般插入缺口，而马其顿方阵亦随后跟进。紧接而来的便是一场漫长而殊死的战斗。然而最终方形战阵破开，7000名伊利里亚人被歼，

25 这是巴底利斯全军的四分之三,剩余的残兵败将逃到了山中的安全地带。在此,我们只需稍加调整便可得到腓力或亚历山大在喀罗尼亚、格拉尼科斯河和伊索斯取得胜利时所用的战术——斜线前进,中军和左翼有意向后退,由此形成一种扇形转动,以便骑兵从右侧发起致命一击。这样煞费苦心的部署只为使敌阵露出一个缺口——厄帕密农达斯的军事原则就是总兵力要精打细算,同时在决胜之处要占绝对优势。[52]

现在,终于轮到腓力来提出条件了,他多少有点享受这一时刻。巴底利斯非常不愿意,但他知道他已经输了,只得放弃他所侵占的马其顿的西部领土。对腓力西部边陲的直接威胁现在已经清除了,域外王国反叛的危险也随之消解。下一次对抗伊利里亚人的战役发生在公元前356年,我们知道,那时腓力派去指挥战役的乃是帕美尼翁。[53]在此后的执政期间,尤其是公元前355—前351年和公元前346—前342年间,信心不断增长的腓力在伊利里亚人的边境上持续征战,驱逐了潜在的敌对部族,巩固了自己的边境,并最终将许多伊利里亚部落纳入他的直接统治之下。[54]无疑,对腓力个人来说更重要的是,完胜巴底利斯立即提高了他的声望,从而使他赢得了全面的认可。他为他兄弟的战败和死亡报了仇,他发觉自己成了某种民族英雄。如今没有什么能挑战他的地位了。实际上,他很快就成了最受欢迎的马其顿君主之一,这既是对其战场指挥技艺,也是对其雄伟人格魅力的证明。对一个23岁的年轻人来说,这绝非仅是小有所成。

26 在腓力从巴底利斯那里得到的让步中,有一条是腓力与巴底利斯之女奥达塔(Audata)的婚约。与发展程度更高的希腊城邦不同,马其顿、色雷斯和伊利里亚这样的封建社会的运行机制是一种基于血缘关系和互利互惠的部落体系。对他们来说,作为政治自保的手段,王室婚姻的作用仅次于政治谋杀。某人若是与另一些人建立起正式的亲属关系,那么这些人便不大可能会图谋反对此人,而且在危急时刻,首领的女儿往往会被用作一个高级人质。腓力自然不会无视这种外交利器,在他相对不长的一生中,他至少娶了五个妻子。

自普鲁塔克(Plutarch)以来,多数学者严重混淆了腓力对性、女人和婚姻的一般态度。中产阶级浪漫化的责任感（普鲁塔克在婚姻家庭理想上几乎和考文垂·帕特莫*一样无聊）使他们对公元前4世纪的马其顿风俗太过大惊小怪，这点在性和饮酒习惯的问题上同样适用。马其顿社会不知何为浪漫婚姻，他们仅仅在意妻子的忠贞，以免在王室的巢穴中出现任何王室血统之外的人。像所有部落首领一样，腓力娶妻为的是生育儿子、确保王位继承、管理家事和拉拢盟友。因此，他的婚姻必须与他不可胜数的情人截然分开，毕竟这些情人丝毫不曾影响他的婚姻关系（尽管这些也可能是特定情况下的准外交手段）。现代观念认为，男人自应将性行为限于婚内，理当与妻子培养好感情，而在马其顿人看来这既毫无意义而且非常古怪。所以如果她们的丈夫收纳情妇或狎嬖娈童，马其顿妇女并不会就此心生醋意。我们将会看到，真正激起奥林匹娅斯愤怒的，乃是她本人的王后地位或其长子的储君地位遭受的威胁。

在古代有一个流传许久的笑柄，即腓力"凡征战，必再娶"。[55] 这应当说是他政治机敏的明证，而不是说他好色。与情妇结婚，这种驱使克里平医生**进行谋杀的观念，只是一种布尔乔亚式的想法，差不多是20世纪才出现的。事实上，腓力对婚姻的态度跟奥地利的哈布斯堡家族十分相近：作为外交手段，联姻要比战争划算得多。有人说得很对："他复杂的婚姻史乃是其政治扩张进程的反映。"[56]

然而，腓力与伊利里亚公主的联姻只能给他带来暂时的外部安全，对于稳固他在国内的地位则无半点益处。公元前357年春，奥达塔去世了，可能死于临盆；她为腓力产下了一名女婴——库楠妮（Cynane，又名库娜〔Cynna〕）——而不是腓力一定梦寐以求的嗣子。可以想见，他此时又找了一位妻子，她来自一个离马其顿更近的高贵部落，属于域外王国中向来最忠诚的厄利密奥提斯。翡拉（Phila）是一个名副其实的公主，她是德尔达斯的女儿，而且机缘巧合地还是亚历山大的帝国财政官哈尔帕罗斯（Harpalus）的姑母（参见谱系图及下文第101页）。 表面上，这乃天作

---

* 考文垂·帕特莫（Coventry Patmore，1823—1896），英国诗人，以诗歌《家中天使》（The Angel in the House）知名，该诗歌表达了诗人心中理想的幸福婚姻。

** 克里平医生（Dr Crippen，1862—1910），美国医生，为与情妇结婚而杀害了自己的妻子。

之合。但是，腓力早期在婚姻上所做的投机似乎都逃脱不了厄运。翡拉在结婚后不久也去世了。公元前357年盛夏，腓力又在寻找合适的妻子了。

与此同时，他还忙于其他事务。公元前358/357年冬，斐赖的亚历山大（Alexander of Pherae）遭到刺杀，他的近亲进而掀起一场腥风血雨，于是塞萨利的一些反对派贵族——阿琉阿代（Aleuadae）家族——便邀请腓力来驱逐他们（刺杀一事是由亚历山大的妻子与其兄弟一同策划的）。腓力一向伺机介入邻国政治，自然是求之不得。塞萨利人十分感激，而腓力则淋漓尽致地展现了他的超凡魅力。（他所做到的自然要比伊索克拉底 [Isocrates] 多得多，后者仅仅是给策划者发去一份倡导温和政治的公开信。）也就在这时，他得到了一个情妇，她是个舞女，名叫菲林娜（Philinna），来自阿琉阿代家族的家乡拉里萨；正如萨提洛斯（Satyrus）所说，腓力此举"意在在诸多对塞萨利有继承权的声称中，加上自己的一份。"马其顿王室的继位合法性只论父系血脉，因此无论私生子的身份还是弱智，二者都不是菲林娜之子阿里戴奥斯继位的障碍。[57]

然而，没有什么能比腓力对安菲波利斯一事的处理更能体现他的外交斗争手腕了。当他将这个关键港口出卖给雅典时（参见上文第22页），他一点也没把这个诺言放在心上。一如既往，他只不过是在争取时间。安菲波利斯坐落在斯特里蒙河边，位于色雷斯和马其顿交界处，有着巨大的商业和战略意义。它为运送马其顿木材提供了港口；更重要的是，它还通往潘盖奥斯山附近的富饶矿区。雅典将军修昔底德（Thucydides）在伯罗奔尼撒战争期间曾因丢掉安菲波利斯而遭到流放（他能写出《伯罗奔尼撒战争史》间接地要归功于此），自那以后雅典一直试图夺回该城，可惜未曾成功。

公元前357年春，腓力挑起了与安菲波利斯政府的纷争（要在涉及希腊人的地方制造开战借口绝非难事），随后便围攻该城。后者立即向雅典求援。但雅典人自己正闹饥荒，忙于就来自色雷斯和黑海的粮食供给而讨价还价，无暇顾及斯特蒙河的战争。[58]而且，雅典人仍然特别天真地——有时这种特别的天真会让政治腐败者深受其害——相信腓力的目的是为了履行他们之间的秘密协定。那么当袭击本身就是为了雅典的利益而发动时，他们为什么要前往安菲波利斯和马其顿人战斗呢？他们还认为，一旦安菲波利斯落入他们手中，腓力就休想得到皮德纳。看起来，他们似乎从未想过腓力会在他们身上耍几乎同样的把戏。

那年秋天，安菲波利斯陷落了。腓力非但没有将他的新战利品作为大礼送给雅典，反而确立了它的独立地位——如此一来便赢得了一个心存感激的盟友，在希腊东北部城邦中赢得了真诚相待的声望。这种阴险的诡计果然惹怒了雅典人，他们自己也想要东北部的盟友，于是他们便对马其顿宣战。[59] 但是因为粮食短缺，加之自己在爱琴海的一个盟友的反叛，雅典人能做的实在有限，而这正是腓力当初就算计好了的。一不做二不休，腓力现在继续向皮德纳进军，重新占领了该城。这一次，全无戒心的雅典政客被腓力玩弄于股掌之间。奥林托斯人多少对腓力的行动有所警惕，当他们请求成为雅典的盟友时，却遭到了委婉的拒绝。雅典人以为，不管怎样腓力终究会履行他的诺言。而奥林托斯人，作为彻头彻尾的务实之人（正如他们的财富所表明的），他们就此回国，并且代表卡尔基狄刻同盟反过来与腓力达成了协定。这份协约的条款之一规定，为了奥林托斯的利益腓力应当重新占领波提狄亚——狄奥多罗斯说，"这是奥林托斯人一直渴望拥有的城市"。[60] 这一次腓力没有食言，因为在色雷斯卫地区他需要掌握自主权。不过在征服了波提狄亚后，他小心谨慎地把雅典驻军送回了国。留一条退路总归没有坏处。

腓力的第三任、同时也是最为出名的妻子又是一个外国人，来自伊庇鲁斯的莫罗西亚王族。伊利里亚暂时不用担心了，而与其南部邻邦兼对手结盟，则可以换来明显的优势。伊庇鲁斯的当政国王阿律巴斯（Arybbas）有两个侄女。大的名叫特洛娅斯（Troas），他近水楼台先得月，自己娶来作媳妇，但她的妹妹密尔塔勒（也就是我们平常知道的奥林匹娅斯）还未婚嫁。阿律巴斯当即同意了这门亲事，甚至有点急不可耐。普鲁塔克断言，腓力和奥林匹娅斯在四五年前就已经见过面了，那时候他们一起在萨摩色雷斯加入秘教，当时两人一见钟情。故事本身可能是真的，虽说在这类事情上普鲁塔克的婚姻理想主义不免让人有所怀疑，再说奥林匹娅斯在普鲁塔克所说的入教的时候也才勉强进入青春期。不管怎样,腓力自己对后续事宜并不急切热心。腓力拥有两任妻子以及至少一位情人,很难让人想像他会是一个为伊憔悴的痴情汉。

无论如何,在公元前357年的秋天,腓力迎娶了他的伊庇鲁斯公主,并且有生以来第一次发现,他竟娶了一个超出他掌控范围的女人。虽然奥林匹娅斯还不到18岁,但她的个性已经相当强势,如果不说很古怪的话。尤其是她十分狂热地投入到狄奥尼索斯(Dionysus)的狂欢仪式中去,她的酒神伴侣式的癫狂也很难说有助于平静的家庭生活。而她更加奇异的爱好之一则是养一群驯服的巨蛇当宠物(除非这确如人们猜想的那样,有其仪式上的渊源)。将这些动物用于宗教场合没有人会反对,但它们时不时地出现在奥林匹娅斯的床上,这一定是处心积虑想要吓倒最坚毅的新郎。此外,古代史家们虽然坦承奥林匹娅斯很漂亮,但又在不同地方将她描绘为阴沉、善妒、残暴、傲慢、任性以及爱管闲事。除此种种,我们还可以再加上强烈的政治野心和十足的嗜杀脾气。她决心要成为名副其实的王后。这使她难讨马其顿贵族的喜欢,之后还会把腓力卷入其政治生涯的最大危机之中。但是当前他主要关心的是生育一个继承人,而且很快就让奥林匹娅斯怀孕了。[61]

目前为止,作为战略家兼外交家,腓力几乎不曾走错一步。然而,在他的扩张计划中还缺少一个关键元素,即庞大而稳定的收入来源。和他的儿子一样,腓力天生就不是经济专家。当遇到财政问题时,两人都有种海盗的心态。对他们来说,资产仅仅意味着金库里有充足的金银可以应对紧急的危机:财政部的作用就是金库。而且他们只知道两种获得贵金属的方式:从地下挖出来,或者从比他们更弱者那里偷来。无论腓力还是亚历山大,两人都丝毫不懂何谓贸易平衡,这种欠缺给他们希腊化时期的后继者们留下了不少严峻的经济难题。

最近且最佳的金银产地是潘盖奥斯山的周边地区,位于斯特里蒙河东边。严格说来,这个地方处在色雷斯的领土范围内,而腓力至少目前还不想被打上侵略者的标签。然而,克瑞尼德斯要塞给他提供了他恰好需要的借口。这个位于潘盖奥斯山东北方向的城镇是塔索斯的殖民地，它的居民（或许是为了回应腓力明显的暗示）向腓力求助以对抗色雷斯的侵略。腓力在公元前356年春占领了克瑞尼德斯，将其更名为腓力比，同时派遣一大群人前去定居，并且让工匠们开始采矿。贵金属，尤其是黄金很快就开始流入马其顿的金库中。现在腓力的年收入增长了1000塔兰特，或者说300000个金币——相当于公元前5世纪雅典从她整个庞大的海上帝国那里榨取的总量。他立即着手大规模铸造货币，发行金币（他称之为"腓力斯"[Philips]，大概是有意模仿对应的波斯金币"达里克"[Daric]），和银币"西格劳斯"（*sigloi*），又叫谢克尔（shekel）。这些盈余马上就为腓力的准职业化军队和用于外国政要的巨额行贿所消耗殆尽，后者恐怕还是一个更大的无底洞。后来他本人曾自诩"是黄金而非军队才是他拓展王国最常用的手段"，而他的庞大开支则成了希腊世界的一句谚语。[62]

因此，公元前356年夏末，马其顿的腓力坐着细读来自佩拉的急讯，吁请命运女神给他来点小挫折，好抵销一下如此络绎不绝的成功。在不到四年的时间里，他把马其顿从一个落后而原始的王国转变成了希腊世界最强大的国家之一。边境的威胁如果说尚未解除，那至少也已经大大减小了。国家有了一个稳定且真正充足的国有收入，更不用说还诞生了合法的嗣子。一支强大的新军正在训练当中，而各域外王国也开始不情愿地接受阿吉德王朝的领主权。末了，腓力希望他在奥林匹亚的胜利，能成为他被希腊城邦——特别是雅典——认可的序曲。

腓力和雅典的关系总是多少有点矛盾。他鄙夷她喋喋不休且贪财受贿的民众领袖，鄙夷他们空洞的修辞和卑劣而浅陋的伎俩。他觉得那摇摇欲坠的民主体制从头到尾都相当荒谬。他曾说："雅典人每年都设法发掘出十个将军*，而我这一辈子也才发现一个——帕美尼翁。"[63] 不过他并没有低估他的对手。他知道，贪财常常跟纯真的爱国主义相依相待，泰米斯托克利（Themistocles）就是鲜明的例子，而且即使是民主政治有时也能迅

---

* 年度选举产生的将军委员会（*strategoi*），实际上是一种内政和军事内阁。——原注

速而果断地采取行动。出于非常现实的动机，他尽力避免发生正面冲突，特别是跟强大的雅典舰队发生冲突，因为马其顿从来都不是一个海军国家。但是，他照样也会钦佩雅典近乎传奇的过去。这个城邦曾在马拉松和萨拉米斯打碎波斯大王的雄心，还培育了埃斯库罗斯、伯里克利和柏拉图，它神秘而迷人的魅力难免会在他心中留下印记。所以，他的轻蔑总是夹杂着一种朴素的殖民地式的钦佩。

现在，他终于准备着手进行惊人的扩张和征服事业，直到不幸早逝。他已经为他眼前的任务作了良好的训练。他洞悉他人或其他城邦的最弱之处，从未走眼。通过挑唆他人对抗，他可以把敌对派别变成自己的盟友。腓力向来对季节性作战和公民兵制的理念嗤之以鼻。在腓力看来，战争没有休战季节，胜利只属于最刻苦训练的一方。他本人不间断且近乎独裁地控制着马其顿的种种事务，无论是内政还是军事。就如德摩斯提尼所意识到的，当规划和执行长期事业的时候，较之任何实行选举的民主政治，这种体制赋予了腓力极大的优势。他父母的教训，包括整个马其顿贵族阴谋的套路，让腓力生来就对所有人类自命的美德或理想充满不屑。（他曾说，没有一个城市真的固若金汤，只要它的后门足以让驴子载金而入。）国家长期以来屈辱而无能的历史已经为他指明了终极目标，他非实现不可。任何人或任何国家的轻视都会被清除，所有对马其顿野蛮、怯懦或无能的讥讽和影射都将得到彻底的清算。

与此同时，斯巴达作为一个霸权大国的惊人历史（公元前404—前371年）教给了腓力极为重要的一课。从长远来看，赤裸裸的强权政治所造成的问题远比它解决的问题多得多。[64] 抚慰往往更为有利，哪怕只是给对方保留表面的自尊，不用让渡任何利益。侵略的炮弹必须裹上恪守原则和真诚相待的糖衣。在此，我们还会看到腓力的另一政策，该政策后来被他闻名世界的儿子继承，并发挥到了极致。狡诈而喜好撒谎和推诿的雅典民众领袖将会发现，他们遇到了一个比他们更能言善辩、更蛊惑人心的诓骗大师。对于那些空谈爱国与自由的热血之徒，会发现由实战而非修辞训练的军队的面前，这两者都算不上什么。最终是高效的独裁战胜了无能和腐败的理想主义，是冷血的行家里手战胜了聪颖却又混乱的业余票友，后者彼此之间从来不会团结一致。

对希腊而言，这也是真正的自由的终结。因为自由就其最基本的含义来说，意味着有权决定自己的未来，无论是好是坏；意味着有权愚蠢、复仇、不诚或内讧，只要这些是出于多数人的意志。自由的人们总是宁愿在公开投票中把事情搞砸，而不愿在独裁者的胁迫中变得高效和成功，无论其何等有远见或仁慈。这个终极真理恰恰是腓力常常视而不见的，一如其后的亚历山大。对他们而言，功业才是第一位的；胜利即合理。意识形态上的敌对，他们既不理解也无法解决：腓力对此是持一种戏谑的玩世态度，而亚历山大则简单粗暴地置之不理。城邦制度已经走到了尽头，一个新的时代正在到来。

第二章
弥达斯花园

根据传统说法，亚历山大出生的当晚，阿耳特弥斯（Artemis）神庙被烧毁了。当地的波斯玛哥斯僧（Magi）解释说，这是更大灾难即将到来的征兆。他们"东奔西跑，一边拍打自己的脸，一边大声喊叫道，亚洲的不幸和大难就在那天诞生了"，亦即一个注定要摧毁整个东方的祸根。类似地，在婚礼的前一晚奥林匹娅斯梦见她被一个霹雳击中，于是烈火从她的子宫中迸发而出，四处喷溅后方才熄灭。一两个月后，腓力也做了一个梦：他封住了他妻子的阴道*，而封蜡却印出了一只狮子的图案。一些宫廷占卜师将此梦解释为腓力应更仔细地看好他的妻子。但特尔美索斯的阿里斯坦德洛斯（Aristander of Telmessus）——此人后来跟随亚历山大征战亚洲（参见下文第168页）——则提出了一个更合人意的解释：奥林匹娅斯怀孕了，而且怀的是一个斗志昂扬、如狮子般勇猛的男孩。他对腓力说，没有人会给一个空瓶封上蜡印。

人们还谣传说，国王（可能比表面上说的更加认真地采纳了其他占卜师的建议）有一天通过卧室的门缝偷窥到奥林匹娅斯环抱着一条蛇。他不相信台面上的说法，即这仅仅是她酒神伴侣式的宠物之一。他相信她要么是个巫女，要么是某个伪装起来的神明的情人，此后他开始避免跟她行夫妻之事。事实上他深受困扰，于是便带着疑惑前去德尔菲神谕所，在那儿他得到了一个十分具体的回复。神谕告诉他，从此以后他必须特别尊崇宙斯－阿蒙神（Zeus-Ammon），这是一个希腊化了的埃及神，其圣地和神谕所位于利比亚边境上的西瓦绿洲。他还会失去那只看到神——即那位"化身为蛇而与其妻子同床的神明"——的眼睛。这一次，人们很难指责德尔

---

* 作者说是"vagina"，而普鲁塔克的希腊原文为 τῇ γαστρί，当为子宫（或腹部）。

菲神谕模糊其词了。[1]

在古代，诸如此类的传说总是会围绕某个著名人物的出生和童年而不断累积起来。其中有两个必不可少的母题，其一是要有征兆，其二是要有许多预示其将来之伟大的故事。如果没有相应的背景素材，那就编一个。无论何时都很少有人具备特殊的洞察力，能看出当下的少年会变成未来的领袖；而一个缺乏充足的记载或档案的社会甚至更急于表现出事后之明。总有一些伟人的同代人急切地想证明，他们从一开始就已经看出了伟人之伟大，而一些心怀妒忌的对手渴望报仇雪恨。对这些历史见证人来说，真相只是一种可无限变通的说辞。

就亚历山大的情况来说，恣意的政治宣传，无论拥护的还是敌对的，很早就出现了，甚至在他成为国王之前就已经有了。几乎所有通过私人交往——以及许多并非如此的[2]——而写到他的人都别有企图。在这点上，上文所引轶事就呈现得再明白不过了。显而易见，它们中的每一条都是捏造出来的，而且各有所图：它们要么攻击或捍卫奥林匹娅斯，要么质疑或维护其子出生的正统性，再或者通过追溯既往的方式，让亚历山大的征服及其臆想的与宙斯－阿蒙神之间的神圣关系，获得命运女神的背书。当然，蛇的故事是一把双刃武器：它所蕴含的既可以是神圣的，也可以是世间平常的私生问题。而最能说明问题的细节则是关于腓力眼睛的"预言"，在亚历山大出生两年后的公元前354年，那只眼睛在墨托涅围城战中被射中了。很久以后，亚历山大自命为神并且得到了一个虚假神谕的认可，而其起点便是此事。的确，以弗所的阿耳特弥斯神庙大致就是这个时候烧毁的；但是，有关摧毁亚洲之祸根的预言听起来非常可疑，像是波斯人的宣传，当亚历山大入侵亚洲之后他们便开始散布这个预言了。[3]

实际情况是，我们所拥有的关于亚历山大童年的任何形式的直接材料出奇地少，而且流传下来的资料其历史价值都十分有限。[4]他通常被描绘成一个举止不凡的早熟孩子，很可能确实如此。马其顿宫廷生活充满纷争和阴谋，尽是醉酒宴席和荒淫无度，恐怕很难培育出单纯的年轻人。在这样的环境中成长起来的聪慧少年，其早熟正是我们所能料想得到的。这也可能是在公众人物的孩子身上我们常常能看到的一种特别的识见力，这些孩子几乎在学会走路之前便已习惯于为政治家、艺术家、使节或将军等所围绕,不甚了了却又精确无比地模仿着他们的措辞和交谈策略。据说当亚历山大还只有7岁时,他曾在腓力外出作战期间款待过一队波斯使臣。(他们带着波斯大王的赦免令,要求召回在腓力这儿避难的三个反叛者:埃及人墨那匹斯[Menapis]、波斯总督阿尔塔巴佐斯[Artabazus]和希腊雇佣兵头目罗得岛的门农[Memnon of Rhodes]。)在通常的外交礼仪结束后,亚历山大便开始像情报人员一样盘问来宾。他没有问有关各种奇闻逸事的幼稚问题,诸如世界奇观空中花园、波斯王室的徽章服饰、波斯大王饰满珠宝的黄金葡萄树,等等。他想要知道的——或者说我们只能相信他想知道的——是这样一些事情,诸如波斯军队的规模和士气、去往苏萨的旅途的长短和道路的状况。

很明显,这则轶闻曾因政治宣传的需要而被人修饰过,不过,它可能的确有一定的历史依据。普鲁塔克说,这给使节们留下了深刻的印象。当然,对于亚历山大想要知道的,使节们是否如实相告则是另一回事,但至少阿尔塔巴佐斯和门农不太可能会忘记这次会面,倘若它确实发生过的话。后来在命运的奇妙安排下,前者变成了亚历山大的东方总督之一(参见下文第353页),而后者则是他在小亚细亚遇到的最强劲的对手(参见第170页及以下)。门农不像他的波斯雇主,他从未错误地低估亚历山大。不妨猜想一下,这位卓越的指挥官可能还记得一个7岁小孩的惊人求知欲,甚至对此有所警觉。[5]另一方面,他的访问无疑让他看清了孩子父亲的侵略意图。在色雷斯、塞萨利以及其他地方接连不断地大获成功后,腓力现在已经把注意力转向了卡尔基狄刻半岛。他无法亲自招待波斯使节的原因是,那时他恰好在围攻奥林托斯。另一个表明腓力的利益无所不在的例证则是一个好看的12岁男孩,他与亚历山大同名,来自伊庇鲁斯,如今一直住在马其顿的宫廷里。这个男孩是奥林匹娅斯的弟弟,通过一次快速的惩罚性征伐,腓力把他带回来作为人质和宠臣,同时要是他的伯父、腓力的岳丈阿律巴斯表现出要独立或反叛的迹象的话,他还会是伊庇鲁斯未来的国王。[6]

腓力至公元前349年为止的扩张进程,在德摩斯提尼那里得到了绘声绘色的描述。在第一次劝说雅典人支持被围困的奥林托斯人时，德摩斯提尼质问他的听众："难道你们当中没人看见腓力的发展，没人注意到他已经由弱变强了吗？腓力先是夺取了安菲波利斯，接着是皮德纳，然后是波提狄亚。而后便轮到了墨托涅。之后他又侵略了塞萨利……接下来则是色雷斯，在那里他废黜了许多酋长，取而代之的是他自己任命的各个首领。腓力消停了一阵子，那是因为他病了；但病情稍稍痊愈，他便立即带兵围困了奥林托斯。而所有的这些还不包括历次对抗伊利里亚、派奥尼亚和阿律巴斯国王的只有少数能叫得上名字的小型战役。"[7]这简直和丘吉尔或范西塔特（Vansittart）对希特勒在慕尼黑协定之前的活动的概括一模一样。

腓力宫廷的人员构成也引起了广泛的议论，其中不无道理。他扩大了原有的马其顿侍友部队，增加了许多募自希腊各地的雇佣军官。其中包括科林斯的德玛拉托斯（Demaratus of Corinth），来自密提勒涅的两兄弟厄里吉奥斯（Erigyius）和拉奥墨冬（Laomedon），这三个人后来都在亚历山大手下效命。这支职业军官团总数约800人，其成员都从腓力新征服的边境地区那里分配到了土地，例如厄里吉奥斯和拉奥墨冬在安菲波利斯附近就拥有许多地产。希腊人的宣传满怀敌意，非常耸人听闻地描述这些人的品行和社交习惯。泰奥彭波斯（Theopompus）写道："在马其顿，腓力的宫廷是希腊内外所有最最放荡和最最厚颜无耻之人的汇聚所，在那里他们被叫作国王的侍友。"他接着写道，这些人各因在酗酒、赌博或者滥交等方面的本事而被精心选拔出来。"他们中有些人惯于剃净全身从而使皮肤变得光滑，尽管都是七尺男儿；而另一些人竟彼此淫纵，虽说皆为堂堂须眉。……无论希腊还是外邦世界，几乎所有淫荡、可憎或凶恶之人都蜂拥到了马其顿。"

德摩斯提尼尽管罗列了许多相同的毛病，但他也承认这些侍友部队素有"骁勇善战、深谙战争技艺"的威名（这些确实难以否认）。在现存的谟涅西马科斯（Mnesimachus）的宣传剧《腓力》的残篇中，这些人当中有人曾经自道：

> 你们是否知道
> 我们在作战时是多么强大？对我们来说
> 霍霍的刀剑是美味的大餐，熊熊的火炬是
> 可口的小吃。然后，我们当作甜点的，
> 不是坚果而是残破的箭头
> 和断裂的枪柄。我们拿作睡枕的
> 是我们的盾牌和胸甲；箭矢和投石
> 撒满在脚下，而弹弓缠绕在眉梢。

除了有些明显的夸张外，总体的氛围可能正如这些文本所述的那样。雇佣兵——还有马其顿人——在古代从未有过生活清简的美名。[8]

这便是年轻的亚历山大在其中成长起来的社会：一个由粗俗的职业战士组成的喧哗而吵闹的男性世界，这些战士把同样粗俗的精力和激情用来骑马、醉酒、战斗、通奸。尽管奥林匹娅斯非常溺爱自己的儿子，但她从来不会伤害他的男性自信心，我们将会看到，实际情况似乎恰恰相反。从现有的材料来看，她也不曾有意要腐化他幼小的心灵，教他反对自己的父亲。这种老生常谈的故事只不过是现代人的心理学神话罢了。一直到公元前338年，腓力和奥林匹娅斯之间才出现裂痕，那时亚历山大已经18岁了，而且不管怎样，他们之间的嫌隙最初乃是源于宫廷政治。在此之前他们似乎一直在同心协力地抚养他们的孩子，而两人也确实为此投入了大量的心血和精力。[9]

然而，毋庸置疑的是亚历山大崇拜奥林匹娅斯。塔恩就指出，"除了他可怕的母亲，亚历山大从不把任何女人放在眼里"[10]，这种结论很难反驳。他和腓力的关系很少受到关注，但两人的关系却要更复杂、矛盾得多，既有真心的崇拜，也有潜在的较量。如果说模仿就是最真心实意的恭维，那么亚历山大对他父亲的态度就完全是一种英雄崇拜。但是竞比也在所难免：既憎且爱，这是一种永恒的爱憎关系。儿子跟随他父亲的脚印，既意在效法，又力求超越。作为一个男孩，他常常自比为阿基琉斯（Achilles）；而他母亲的家族就自称出自阿基琉斯，通过埃阿科斯（Aeacids）的子孙传承

而来。至于父系一脉，亚历山大则将其祖先追溯到了赫拉克勒斯。这些系谱古人是极为严肃对待的，对此若有所低估，那将是一个巨大的错误。无论希腊人还是马其顿人，对他们来说，英雄神话是一种鲜活的事实，一而再、再而三地不断为政客或宣传家们所援引。[11] 精明老练的政治家，有时也会戏谑似的用这类神话来为他们的政策作辩护，这恰恰证实了这一点。他们所利用的是一种近乎普世的信仰，否则没人会听他们的话。

《伊利亚特》中最受亚历山大喜欢的那一行诗，明明白白地展现了他的雄心壮志：要"同时成为高贵的国王、强大的枪手"。同时，他必定也记得阿基琉斯的另一个、或许还是更为典型的目标，即"要永远做最优秀者，做世人中最杰出者"。当腓力的事业取得了令人目眩的进展、胜利一波接着一波时，亚历山大经常向他的朋友发牢骚说，什么事情都被父亲抢了先，"他不会留下任何伟大或耀眼的成就，能让我在你们的帮助下展现给世人"。但是，他的朋友反驳说："但他取得所有这些东西正是为了你啊。"而亚历山大回答道："如果我什么成就也没有，那这些东西对我来说又有什么用呢？"[12]

历史告诉了我们关于亚历山大老师的一些事情，至于他们教给了他什么，历史却几乎付诸阙如。他的保姆名叫拉尼刻（Lanice），她的兄弟就是被称为"黑面的"克雷托斯（Cleitus the Black），他曾在格拉尼科斯河边救过亚历山大的命，后来在发生于撒马尔罕的一次酒后争吵中被亚历山大杀死（参见下文第178页和第361页及以下）。他的第一个家庭教师是奥林匹娅斯的族人列奥尼达斯（Leonidas），一个上了年纪的严厉而乖戾的训导者，就像和他同名的斯巴达人一样，他极为重视对身体忍耐力的锻炼。亚历山大常说，在列奥尼达斯的思想中，早餐就是一次长途的夜行军，而晚餐则是一次小分量的早餐。尽管那时候亚历山大对这种训练十分恼怒，并且腓力也说他可以说服而不能强迫，但是列奥尼达斯的训练还是在他身上留下了烙印。他个人的忍耐能力、横穿沙漠和翻越高山的强行军，已然成为一个传奇。他从来不曾忘记这位年老而粗暴的导师，我们看到，他曾用一种夹杂着沮丧的骄傲口吻对卡里亚的阿达女王（Queen Ada of Caria）说，当年列奥尼达斯"经常过来打开我装被褥和衣服的箱子，看看我母亲有没有在其中为我私藏什么奢侈或多余的玩意儿"。很显然，在这方面，溺爱孩子的奥林匹娅斯也只能守本分了。

不过，有一则关于亚历山大和列奥尼达斯的轶闻远未引起人们足够的注意。有一次，当这位年轻的王子正要奉献祭品时，他为了表现王室的慷慨大方，取了整整两把的香料，将其投入祭坛的火中。这招来了老师的严厉斥责。列奥尼达斯用一种全世界学校教员所常有的嘲讽语气说道："等你征服了出产香料的地区后，只要你愿意，你想扔多少就扔多少。但在那之前，别乱挥霍。"多年之后，亚历山大占领了整个中东地区最主要的香料集散地加沙。他像往常一样往家里给母亲和妹妹寄送礼物。不过，这一次他也给列奥尼达斯准备了一份。至少18吨的乳香和没药被送到了这位老者那里（光转手倒卖就足够让他发一笔连做梦都不敢想的横财），"以此纪念当年老师用以激励学生的那种期望"——顺便也告诫老师不可再对神明如此吝啬俭省了。[13]

这个故事暗含了不少令人悚栗的东西：招致15年积怨的纤介之失、一掷千金的慷慨、处心积虑而难以回复的辩驳。但它也为我们提供了有关亚历山大性格的最有价值的洞见。谁要是曾伤害过亚历山大，无论多么细小，最终都将悔之不及。亚历山大一向记仇，而且绝少原谅："主说，伸冤在我，我必报应。"*他既睚眦必报，又隐忍以行。他能怀恨在心达十年之久，只为等待一个有利的时机，而时机一到，他便奋然一击。

亚历山大的第二任家庭教师阿卡纳尼亚的吕西马科斯（Lysimachus of Acarnania），是一个很不一样的角色：一个粗野却又精明的老滑头，他之所以颇受欢迎是因为他鼓励学生的幻想。他常常把亚历山大叫作阿基琉斯，把腓力称为佩琉斯（Peleus），而把自己唤作福尼克斯（Phoenix，在《伊利亚特》中是阿基琉斯年迈的老师）。吕西马科斯既教亚历山大音乐——亚历山大在弹里拉琴方面有着过人的天资——也教他读书和写作。专业的教练则指导亚历山大剑术、射箭和掷标枪。和所有出身名门的马其

---

* 《罗马书》12:19。

顿孩子一样，他从小就学会了骑马。不过，他似乎从未学过游泳，而且一生都十分厌恶大海。

现存有关亚历山大最著名的轶闻之一源自他超常的骑术。大概在公元前347年，那时亚历山大不过才八九岁，而腓力正好在狄昂举办"奥林匹亚"赛会；这时候来了一个名叫菲罗奈科斯（Philoneicus）的塞萨利饲马人，他给国王带来了一匹纯种的牡马，并且狮子大开口，要价高达13塔兰特。（直接换算成现在的价钱容易使人误解：在公元前4世纪，这笔钱足够个人用作一百年的糊口之资了。）除了额上有一抹白斑外，这匹牡马是纯黑的，并且烙有菲罗奈科斯牧场的公牛头标志，因此它的名字就叫布凯法拉斯（Bucephalas）*。想要喊出如此高价，布凯法拉斯必须正当盛年，亦即大约七岁左右。[14]

这则故事是普鲁塔克讲述的，细节十分详尽，充满戏剧性，可谓活灵活现。腓力在他朋友和随从的陪同下，来到开阔地上，准备试马。亚历山大也跟了过来。国王的马夫很快就发现，布凯法拉斯很难驾驭。他们既无法哄诱它，也没能跨上马背；它又是后腿直立，又是猛然前冲，似乎对一切命令都充耳不闻。腓力没了兴致，便叫菲罗奈科斯把马带走了。然而，亚历山大看不下去了。他大声说道："这么膘壮的一匹马，他们竟舍得放弃！而这全是因为他们既没有技术，也没有勇气去驯服它！"这位少年的悲叹真诚而不带丝毫的掩饰；而他父亲和往常一样，十分警觉地注意到了他的嘀咕。

他看着8岁的儿子说道："哦？这么说，你觉得你比你的长辈们更清楚如何驾驭马匹，是吗？"

"嗯，对付这匹马，我肯定能比他们做得更好。"

腓力的独眼一下子从满是伤疤和胡须的脸上放出光来。"那好。你来试试，倘若失败了，你准备为你夸下的海口付出什么样的代价？"

"那匹马的价钱。"亚历山大大胆地说道。而国王身边的人群登时哄然大笑。

---

* 布凯法拉斯就是牛头马或有牛头烙印的马的意思。

"成交。"他父亲回答道。

亚历山大跑到布凯法拉斯身边,牵起它的缰绳,使它转身面向太阳。因为他注意到,这匹马一看到自己的影子在面前晃动就又惊又怯。亚历山大就地站了一小会儿,轻轻地拍打这匹高大的牡马,渐渐使它平静下来,同时估量着它的烈性。随后他解下披风,轻轻一跃便跳上了马背,其行动充满了活力与敏捷,而这正是他成人之后的典型特征。起初他勒紧缰绳,随后便信马由缰。于是,这匹强健的骏马就风驰电掣般在平原上飞奔起来。普鲁塔克告诉我们,腓力以及他身边的那些人都"焦急地说不出话来",但亚历山大很快就调转马头,慢悠悠地冲他们跑回来。这时人群爆出一片欢呼声来。而腓力半是自豪半是气愤,他开玩笑道:"去寻找另一个王国吧,马其顿早晚不够你驰骋。"他亲了儿子一口,双眼满是泪水。不过,最后是科林斯的德玛拉托斯给了这个故事一个完满的结局,他把布凯法拉斯买了下来,送给亚历山大作为礼物。从此,少年与骏马须臾不可分离。布凯法拉斯载着亚历山大,参加了几乎所有的重大战役。它死于30岁的高龄,就在它主人的最后一次大战胜利后不久;那次战役对的是印度王公波洛斯(Porus,又叫保拉瓦[Paurava]),发生在杰赫勒姆河上(参见下文第389页及以下)。[15]

我之所以长篇大段地引用这则轶闻,部分原因在于这是亚历山大和其父之间为数不多的重要交流记录。真实情况是他们俩极少碰面。腓力大多数时间都花在了征战上,而且即便回到了佩拉也总是忙于各种外交事务,更不用说还有专为到访使节而设的喧闹的国宴了。着实让人惊讶的是,亚历山大似乎很小就已经开始参加这类宴饮了,这或许可以解释他后来为何沉溺于此。作为公元前346年雅典派往佩拉的十位使节之一,埃斯基涅斯有过记载,说这位10岁的王子曾在晚餐过后弹奏里拉琴来娱悦他们,还带有强烈个人指涉地作过朗诵。可能就是在这个场合中,腓力问他的儿子,弹琴弹得这么好,难道就一点都不引以为耻吗?(正如普鲁塔克强调指出的)腓力此话的意思是"对国王而言,他若能拨冗聆听他人弹奏,就已经足够了"。[16] 也许还有别的涉及亚历山大的教养的事,但他必定从小就深谙生活之现实。

公元前 348 年 8 月，奥林托斯在腓力的围困下失陷了，同时腓力的两个异母兄弟也被俘虏和处决了。雅典人在公民大会上犹豫不决，等到他们派出增援部队去救援时已经太迟了。他们对腓力的背信弃义大为光火。埃斯基涅斯谴责了腓力的残暴和野心，但当他试图联合希腊各城邦来反对马其顿时，结果却只落得一场空。雅典接纳了奥林托斯的逃难者，以此稍慰良心；经过长时间的协商，他们最后于公元前 346 年 3 月派了一队和平使团前往佩拉。[17] 腓力对付这些可怜使节的手段，堪称外交史上最为可笑可叹的一章。使团团长菲罗克拉特斯（Philocrates）是他的受雇代理人。其余的多数人，在他们访问期间，腓力都设法进行了贿赂。德摩斯提尼确实执拗，因此腓力便在他和他同僚们之间挑拨离间——这实在是太容易了。当基于维持领土现状的和平协议经过表决后，雅典的签约人在佩拉无所事事，而腓力却拿下了色雷斯的一大片土地。最后，腓力批准了该协议。[18]

雅典公民大会被骗得有些糊涂了，竟以为忒拜会中立，奥洛波斯可以收复，优卑亚可以用来交换安菲波利斯，而这一切都毋须他们付出一分一毫。他们很快就会学乖的。此事所产生的影响和反诉，让雅典法庭忙活了好几年。有关受贿与腐败的控诉与反诉，就像人们胡闹时所扔的奶油派一样来回抛掷：大部分控诉中都包括了一些令人不安的真相。和所有被彻底愚弄过的人一样，那些责任人试图转嫁责难，但却几乎毁了自己。菲罗克拉特斯受到弹劾，于是逃离了雅典。德摩斯提尼起诉了埃斯基涅斯，但后者在投票表决时以一票之差侥幸脱罪。大规模的政治丑闻竟公然得到洗刷，而其最大受益人自然就是腓力本人。这样，通过败坏雅典领导人的名声，使其显得不但卑劣而且无能，腓力大大加强了他在与忒拜等敌对国家谈判时的地位。分而治之的策略再一次送来了相当可观的红利。[19]

与此同时，腓力一直在巩固他在其他地区的地位。对他来说，所谓的"神圣战争"就是一次千载难逢的机会。福基斯的公民（相当合理地）觉得，既然德尔菲在他们领土之内，他们就有权控制该神谕所；于是，他们动用武力接管了它，而所有试图驱逐他们的努力都失败了。诚然，福基斯只不过是希腊最小的城邦之一，但这无关紧要，因为阿波罗神谕所积累的献品能够几近无限地支撑一支庞大的雇佣军。于是，负责管理德尔菲的国际宗教组织近邻同盟议事会就向腓力求援。

腓力起先有点诧异，随后迅速做出回应。他一面打出支持维护宗教正统的旗号，为自己赢得国际声望，一面有了绝佳的理由将军队开进了希腊中部。在此后的这些年中，神谕所本身也给予了相应的政治支持：尽管德尔菲的历史相当复杂多变，但它依然有着巨大的权威和声望。到公元前346年夏末，腓力摧毁了福基斯残余的抵抗力量，同时把军队向南推到了温泉关附近。他所获得的回报便是该年的皮托赛会的主持权，以及此前福基斯在近邻同盟议事会中的两个席位。[20]

现在，腓力当之无愧地成了希腊最强大的统治者。可能早在公元前352年，[21] 他就已经被任命为塞萨利的终身执政官了。如今他又着手将塞萨利分为四个分区，这样一来塞萨利实际上成了马其顿的域外王国。当他为此而在塞萨利停留时，他又得到了一个情人，名叫尼刻西波利斯（Nicesipolis）。谣言传到了奥林匹娅斯的耳中，说这个女人正对腓力使用巫术的咒语和药水（塞萨利的女巫在古代极负盛名）。王后派人召来尼刻西波利斯，发现她不仅漂亮，而且机智而有涵养。"去他的谣言！"据说奥林匹娅斯如此惊呼道，"亲爱的，你就是你自个儿最好的魔法。"这两个女人似乎令人难以置信地建立起了终身的友谊。在尼刻西波利斯死后，奥林匹娅斯将她与腓力所生的女儿特萨罗尼刻（Thessalonice）抚养成人，后来特萨罗尼刻嫁给了安提帕特（Antipater）的儿子卡山德（Cassander）。这段趣事对于消除现代的传奇故事的偏见大有益处，因为现代的传奇故事把奥林匹娅斯描绘成一个妒忌的一夫一妻主义者。她残暴而嗜杀，这毋庸置疑，但她的道德伦理源自部族，奉行的是血亲至上的原则。只要她本人及儿子的地位不受动摇，腓力随便有多少情妇也无关紧要。事实上，这种婚外恋的后代有权在王室家庭中得到一个被认可的位置。[22]

就在此时，即公元前346年秋天，雅典老练的宣传家伊索克拉底（Isocrates）发表了名为《致腓力辞》（*Address to Philip*）的演说，号召组建一支由腓力领导的对抗波斯的泛希腊远征军。组建这种远征军的理念并不新奇。在公元前408年的奥林匹亚庆典上，高尔吉亚（Gorgias）就曾提出过。公元前384年，吕西亚斯（Lysias）又再次提及，而且理由非常充分。因为三年前斯巴达曾迫使希腊诸城邦与波斯达成一个屈辱的协定，即"安塔尔基达斯和约"。小亚细亚的希腊城邦被割让给了波斯大王，那些曾在萨拉米斯或温泉关战斗过的人的子孙如今却要承认波斯大王的领主权、希腊内部纷争的裁决权和各城邦"自治"的监护权。[23] 可以想见，这激起了广泛的议论，人们想要发动一次联合战役以结束如此屈辱的状况，并将伊奥尼亚各城邦从波斯的控制下解放出来。[24] 但是，第一次以严肃、理性的方式阐释这一计划的是伊索克拉底的《泛希腊集会辞》（*Panegyricus*，公元前380年）。这是一篇格调高扬的专论，它设想组建一支对付亚洲蛮族的远征军，由雅典领导，而以悔悟并改过自新的斯巴达为副手。

然而，它的实际效果却有违初衷。雅典人觉得，对于重建他们旧有的爱琴海海上帝国而言，这正好是一个冠冕堂皇的理由；同时，原初的方案在持续不断的内讧和残暴嗜杀的阴谋中消失不见了。伊索克拉底很失望地把雅典从远征军的未来领袖名录中除去，并且针对其不负责任的侵略行为以及帝国主义的苦果，创作了一篇劝诫性的小宣传文。[25] 但是，他从未放弃那个计划，将之视为"唯一比和平更好的战争：它更像是一项神圣的使命而非军事远征"。大约在公元前356年，他将这一想法提请未来的斯巴达国王阿奇达摩斯（Archidamus）考虑，他甚至偶尔设想过去跟可怕的叙拉古僭主狄奥尼修斯（Dionysius of Syracuse）接洽。[26] 这非常清楚地说明了他的想法的发展趋向。雅典或许是文明、自由和民主的源头，但这并不一定能使之成为一个卓有成效的领导者，特别是与其他希腊城邦的合作至关重要时。腓力的崛起似乎就是对伊索克拉底的祈望的回应。远征军所需要的乃是一个强有力的领导者。

尽管《泛希腊集会辞》与《致腓力辞》在调子上有着巨大的差异（二者相隔的岁月已经将伊索克拉底的理想主义抹擦得所剩无几了），但几个主要论点还是相同的。它们都强调波斯的怯懦、阴柔和军事上的无能。两份演说辞都详述了侵略军只需付出小小代价就能掠回的无比丰厚的战利品：是可忍孰不可忍——蛮族人竟比希腊人还要繁荣！同样，二者都着重指出，这种远征军将会吸收庞大而危险的无地游民和游手好闲的雇佣兵；这些雇佣兵乃无穷无尽的战争和派系争斗的副产品，如今正散布在希腊各地。更重要的是，两者都倡导为对付共同的敌人而一起行动，以此作为可能解决无穷无尽的邦际仇怨的最好方法，这些仇怨持续撕裂着希腊世界，使之无法做出任何的协同行动。伊索克拉底宣称："为打败波斯大王从而夺得他的帝国而战斗，要比为霸权而相互争斗光荣得多。"和同时代的多数人一样，他也把波斯人当作"天然的对手和世代的仇敌"。因此，远征军既有种族性，又有文化性，还兼有宗教性。[27]

另一方面，《致腓力辞》这篇演说辞又是为特定的听众构思的，其中包含了一些新的特征。对自由制度的赞颂被小心翼翼地去掉了，相反，我们看到的潜台词是独裁统治的优势。此外，伊索克拉底还对比了另一场战争，即那场由赫拉克勒斯领导的对抗特洛伊的战争，那是为了人类的总体利益而发动的。当然，赫拉克勒斯被奉为腓力的直系祖先，而演说辞也是这么叙述的。伊索克拉底在他精心构思的演说辞中写道："作为一个有幸享有无拘无束之自由的人，能将整个希腊看作你的祖国是你的殊荣。"——这是一种修辞学的夸张，但最终腓力差不多就按这种字面意思执行了，甚至原作者都没料到他会这么一丝不苟。[28]事实上就整体来说，《致腓力辞》必定会让它的演说对象既觉得有点轻蔑，又让人愉悦。

首先，该演说在种族方面的骄傲自大一如演说本身的天真幼稚。路人皆知，伊索克拉底已经历了一切可能的选择，不得已才转向那位马其顿的强人。其谄媚太过露骨，而其政治转变又太过明显。而且，这好像是在说腓力领导这种远征军将完全是出于利他的动机，也就是说，腓力将要扮演的乃是自由希腊联盟的义务军事领袖，并且除了一点小小的战利品和在希腊世界中的美名以外，他将别无所得。伊索克拉底似乎未曾想过，在这方面腓力有自己的打算。然而，腓力对此还是心存感激的。毕竟他的赫拉克勒斯血统得到了德高望重的雅典贤人的支持，这不仅十分可喜，而且非常有利。再者，这位贤人所提出的计划是一个明显可行的方案，其中的诸多具体设想后来都一一实现了。[29]尽管腓力对泛希腊主义这一理念十分不屑，但他立即看出它可用作一个非常冠冕堂皇的旗号（后来他的儿子就把这一现成的理念继承了下来）。不经意间，伊索克拉底就为腓力提供了他所需要的宣传路线。从今往后，他只需要给他的马其顿野心披上一件恰合时宜的泛希腊主义的外衣就行了。

但是腓力并非唯一读了伊索克拉底演说的利益相关者。很显然，它也引起了波斯大王的注意。当公元前346年底演说全文被送达苏萨时，它必定引起了相当大的警惕。波斯的许多反叛者和流亡者，已经把年轻而强悍的马其顿国王视为未来推翻阿契美尼德王朝的远征军领袖了。而腓力在佩拉为其中的一些人提供庇护，同时还纵容他们的这种念头。他很有可能会把如此诱人的计划付诸行动。[30] 此时，波斯正处于阿尔塔薛西斯三世奥科斯（Artaxerxes III Ochus）的统治之下，人们对他的描述多种多样，诸如"古代近东最后一位伟大的统治者"和"最嗜血的阿契美尼德君主"，这些说法未必相互矛盾。他所推行的严酷统治迫使一些臣民起而反叛，而更多的人则前往国外寻求庇护。阿尔塔薛西斯甫一登基，最先下达的命令之一就是杀掉他的所有亲属，不分年龄和性别。接着，他命令小亚细亚的总督们遣散他们的雇佣兵。阿尔塔巴佐斯就是其中的一个，他曾设法争取雅典的支持以发动叛乱，在叛乱计划流产后，他流亡到了腓力的宫廷中（参见上文第37页）。

叛乱最终失败了，波斯大王立即逼迫雅典撤回对叛乱的支持；一时间连伊索克拉底也开始怀疑他的远征军设想。这些波斯人不再是经希腊宣传裁剪过的怯懦而阴柔的样子，他们一下子变得充满敌意，而且决非虚张声势。阿尔塔薛西斯·奥科斯看起来不可戏弄（在这点上，他给雅典政府的信就表现得十分明显）。谣言一时满天飞，说奥科斯雄心勃勃地想成为第二个薛西斯，他要再次征服希腊。一万两千头骆驼已经从苏萨出发，满载着用于招募希腊雇佣兵的黄金，顺着皇家大道而行，络绎不绝。雅典的民众领袖对此大做文章。

在埃及，阿尔塔薛西斯同样雷厉风行、果断决绝。这个关键省份已经脱离波斯好长时间了，目前处在反叛的埃及民族主义政权的统治之下。公元前345年，在《致腓力辞》发表不到12个月后，一支波斯军队从巴比伦开拔，来到腓尼基海岸，占领了西顿。公元前344/343年，一份总集结令发送到了希腊各城邦,要求他们为波斯大王即将进行的埃及征战提供援助。这是阿尔塔薛西斯极为漂亮的一招。腓力自然支持埃及的反叛者,这是众所周知的。因此,希腊人对使团的回应在一定程度上可以说明,各城邦对波斯的传统敌意在多大程度上已经衰退了,因为与之相比,对马其顿扩张的恐惧要更切急得多。最终,忒拜和阿尔戈斯提供了援助,而雅典和斯巴达则不予回应。现在,阵线已经足够清楚了。就在此时,雅典人通过法令,呼吁腓力与他们联合起来,共同对抗波斯——这一次,他们的行动乃出于理性而非冲动。但是,腓力并不想在别人的催促下过早采取行动。在侵略亚洲之前,他必须牢牢地控制住希腊,而希腊的主要不确定因素之一正是雅典本身。因此,雅典的呼吁没有得到回应。

腓力所有残存的疑虑都被接下来几个月的事件消除了。阿尔塔薛西斯充分地把握住了机会。在得到希腊雇佣兵的有力支援后,他的军队无往不胜,一路南下,经由内盖夫进入了埃及。到了秋末,所有抵抗都已经被摧毁了。当地自称法老的涅克塔尼布(Nectanebo)逃离了埃及(后来他在传说中重新出现,被认定为亚历山大的父亲)。腓尼基和埃及又一次回到了波斯人的手中,后者很快就被重组为帝国的一个行省。在行动过程中,阿尔塔薛西斯曾经派遣使节到腓力那里,与之商谈一个互不侵略的协定,其条款对波斯大王极为有利。[31] 他结盟的主要条件非常简单:马其顿必须撤回对所有本应忠于阿尔塔薛西斯的反叛分子的支持。现在,腓力不仅庇护所有向他寻求保护的反阿契美尼德王朝的叛乱分子,出于个人目的,他还暗中支持小亚细亚各地许多谋求独立的统治者。其中,有些他秘而不宣,有些则路人皆知,例如他对塞浦路斯当地国王的反叛的支持。

腓力是一个彻头彻尾的现实主义者。眼下,他为了避免更大损失,及时中止了各项——至少是那些已为波斯人所知晓的——秘密协定。波斯-马其顿联盟达成了,而塞浦路斯的反叛也平息了。腓力又一次为自己挣得了宝贵的时间,虽说代价比往常稍大了些。他(在估量过风险以后)依旧和赫尔迈亚斯(Hermeias)维持私下的谅解。此人是一个阉宦,曾经作过奴隶,如今统治着阿塔纽斯,该地位于特洛亚斯南部、密提勒涅对岸,是将来入侵行动的绝好的桥头堡。[32] 不过,这种联系能维持多久则是另一回事。赫尔迈亚斯已经受到了怀疑。他控制着特洛亚斯过大的地盘，行动太过独立，而且掌握着一支强大的雇佣军。早晚有一天，波斯大王必定会将他逼上绝境。到那时候赫尔迈亚斯家族中有一个成员，腓力非常乐于在佩拉为其提供庇护——不仅是因为他本人（他是个了不起的人），而且因为他能为腓力的入侵计划奉献专业知识。

此人是老阿敏塔斯的宫廷医师之子，是腓力本人的发小，比腓力略长三岁（公元前343年，腓力刚过40）。他是柏拉图最出色的学生之一，而且在其师去世前不久——亦即公元前348/347年——他很可能被任命为柏拉图学园的领袖，接替柏拉图。然而，临终的柏拉图最后选择了自己的侄子斯珀西波斯（Speusippus），这让他备感失望。大约同时，他的家乡遭到了马其顿军队的洗劫和焚毁，他们正忙于扫荡卡尔基狄刻半岛上残存的抵抗力量。作为马其顿的门客，他本人在雅典同样不受欢迎，而如今，已经没有什么值得他继续留在雅典了。

所以，他和朋友、未来的学园领袖色诺克拉特斯（Xenocrates）一道移居他国。他们居留于赫尔迈亚斯的宫廷，并且立即开始工作，力图把这位前奴隶和前金融家改造成理想的哲人王——这种使命，希腊哲学家曾如此珍视，而今人却觉得无比怪异。这个小组日益成功，渐渐获得了声名。他们以"赫尔迈亚斯及共事者"的名义与周边城邦订立了条约。没过多久，赫尔迈亚斯热诚的导师娶了他恩主的侄女，于是就出现了恶意的谣言，说他先前就已经与赫尔迈亚斯勾结在一起了。除了进行科学和哲学活动外，他还作为秘密的政治代理人，充当赫尔迈亚斯和腓力之间的联络员。[33]他的个人形象有些浮夸，如果不说怪诞的话。其人谢顶，双腿细长，眼睛很小。或许是为了弥补这些缺憾，他穿着时髦的衣服，用刻意的方式修理和卷曲头发，而且说话有点咬舌。他手上还戴满了戒指，熠熠生辉；总的效果必定和小迪斯雷利（the young Disraeli）最糟的一面相仿。[34]他的名

---

* 近来，赫劳斯特（Chroust）提出，他早在公元前348年——亦即柏拉图死前就离开了雅典，并且是由于雅典反马其顿情绪的增长，而不是因为哲学抱负受挫；进而，他随后在赫尔迈亚斯和密提勒涅居留，更多是源自腓力的政治命令，而非受科学求知欲的驱使。尽管政治因素不应被低估，但这种观点似乎走到了另一极端，过犹不及。——原注

字是亚里士多德。

他比多数人更早意识到，阿尔塔薛西斯新的强势政策很可能会给赫尔迈亚斯带来麻烦。公元前345/344年，他深谋远虑地越过海峡来到密提勒涅，可能是受到了当地一位名叫特奥弗拉斯托斯（Theophrastus）的年轻植物学家的邀请，此人曾到阿塔纽斯去聆听他的讲课。亚里士多德在岛上待了两年，一直在教书、做研究，同时密切关注着波斯人在特洛亚斯的活动。也就是在这个岛上，他于公元前343/342年收到了腓力的邀请。那么，他是否会同意回到马其顿并担任亚历山大的个人导师，以此回报与之相应的高薪厚禄呢？这个少年眼下已经13岁了，需要一个一流的老师来指导他学习。腓力委婉地表示，他现在有些难以管束。作为额外的条件，腓力承诺会重建亚里士多德的出生地斯塔吉拉，并召回"那些正在流亡或已变成奴隶的公民"。[35] 这不会是一个普通的导师职位，它必定会带来非常特殊的个人和政治上的责任。

这位哲学家就此做出的决定从来没有被质疑过。

作为一个男孩，亚历山大的身材比常人略矮，但肌肉强健，身体结实。（和他的英雄阿基琉斯一样）他已经是一个出色的跑步能手了。他的头发金黄而蓬乱，据说很像狮子的鬃毛；同时，他还有着白人常有的红润面色。他的眼睛则有些奇怪，其中一只呈灰蓝色，而另一只却是深褐色。他的牙齿特别尖锐——根据亚历山大传奇的说法，"像是一些小钉子"，这种不同寻常的写实修饰一直为人们所深信。他有一副尖而高的嗓音，当他激动时声音有点刺耳。他走起路来快速而有力，这种习惯他是从老列奥尼达斯那里学来的；他的头略微向前和左倾——至于这是由于某些生理缺陷还是因为单纯的偏好，至今仍不得而知。他最早的肖像甚至有一种非常女孩子气的感觉（参看下文第66页），而在这种温柔的魅力背后却潜藏着一种受压抑的歇斯底里。人们觉得，亚里士多德那段时间大概非常头疼。[36]

鉴于佩拉潜藏着各种政治阴谋且奥林匹娅斯的影响无处不在，腓力很明智地断定，此地已不适合处于这一年龄段的亚历山大了。更高的教育需要有乡村般的清净环境。所以，他把米扎的所谓宁芙区指定给亚里士多德，这个地方是贝尔弥昂山脉东缘的一个村庄，位于贝罗亚（维里亚）以北。该地区可能是著名的弥达斯花园的一部分（参见上文第 4 页），涵盖了现在的维里亚－纳乌萨－沃德纳区域，这是一个遍布优质葡萄园和果园的地方（纳乌萨现今仍在出产类似勃艮第的精良红葡萄酒）。[37] 晚至普鲁塔克时代，亦即公元 1 世纪时，游人依旧可以看到亚里士多德授课之处的石凳和林荫道。亚历山大也不是亚里士多德唯一的学生，而这又一次展现了腓力的远见卓识。腓力为年轻的王子挑选了一群同龄人，随他一同在米扎读书。其中包括亚历山大的终身好友赫淮斯提翁（Hephaestion）、安提帕特之子卡山德和拉古斯之子托勒密（Ptolemy）——后面两位后来都成了国王。此外还有佩拉的马尔西亚斯（Marsyas of Pella），他后来写过一篇题为《亚历山大的教育》（*The Education of Alexander*）的专论，现已佚失。[38]

古代史家告诉我们，腓力曾嘱咐他的儿子要努力学习，尤其要注意亚里士多德所教的内容——他说："这样你就不会做太多那些我悔之不及的事情。"此时，亚历山大略为无礼地责怨腓力，"因为除了他的妻子外，他还总是和其他女人生养孩子"。要注意的是生养孩子，而不仅仅是性关系：单单这一点就足以排除现代人的观念，即认为亚历山大是青春期的哈姆雷特而腓力则是克劳狄斯（Claudius）。事实上，这里我们所看到的是一种完全合情合理的对王位继承权的忧虑。毕竟，非婚生的异母兄弟就给腓力带来过巨大的麻烦（参见上文第 22 页及以下）。为什么亚历山大自己也要重新经历这种糟心的过程呢？而国王的回复也说明他深知问题的根本所在。在回答他儿子的责难时，他说："好吧，*如果你有众多争位者*（强调为笔者所加），那你就证明你是可敬而且优秀的，这样你赢得王位就不是因为我，而是全凭你自己。"[39]

这个故事基本排除了类弗洛伊德式的元素，而某些学者[40]认为他们在亚历山大与奥林匹娅斯的关系中发现了这种元素。真相少了许多传奇色彩，但对于未来的许多事件而言却意义重大。即使是在这个年纪，亚历山大最为萦心挂念的（也是他母亲最挂念的，如果说到这方面的话），乃是他作为嗣君的地位。纵使他确有俄狄浦斯情结，跟热切的王权野心相比，那也只能退居次要地位，因为这种野心正是奥林匹娅斯孜孜不倦地在他心中培养起来的：那些坚持心理动机论者若以阿德勒（Adler）*而非弗洛伊德作导师，或许能做得更好些。

当有人向他提议，说他是一个出色的短跑健将，完全可以去参加奥林匹亚赛会时，他回答说只有其他国王作他的竞争对手，他才会参加比赛。[41]从这句话也可以看出亚历山大的性格，而且跟我们对他成年后的性格的了解相当吻合。当亚历山大正在整个亚洲追赶大流士（Darius）时，他听说亚里士多德发表了一篇专论，一篇关于形而上学的更加深奥难懂的重要著作，这篇专论原本只留与少数优秀学生口头讨论，因而也是米扎教育课程的一部分。国王尽管忙于其他燃眉之事，但仍抽出时间给他的前任老师写了一封信，一封简短而带有怨怒之气的信。他质问道："倘若这些我受其训练的学说成了所有人共有的知识财富，那我又能在什么方面超过其他人呢？"亚里士多德安慰性地回复说，这篇专论对于没有上过他课的人而言毫无意义，而且事实上它发表出来只是作为初学者的备忘纲要而已[42]——这个回答有点苍白无力，绝非精心措辞来抚慰亚历山大那被激怒且有极端王者心态的自我。

要永远做最优秀者：荷马式的理想成了一个反复出现的主旋律，支配着亚历山大诸多行动的各个方面。亚里士多德的政治看法（如果《政治学》第三卷跟他在米扎阐述的观点存在联系）也并没有弱化王太子自身的想法。人们大概会猜想，作为一个优秀的希腊哲学家，亚里士多德可能会觉得他的王室学生的地位和雄心让他备感为难。当时政治理论的整个趋势，无论自由主义还是独裁主义，都在转向某种形式的共和主义。由《政治学》可知他一直在设法回避这一难题。尽管总体上他谴责作为一种制度的君主制，但他仍给为君主制留了一个合理化的理由，也是唯一的一个，即卓越的个人的 _areté_（成就［achievement］，一如文艺复兴时期的 _virtù_）。选择这种独特的荷马式标准绝非偶然。亚里士多德说，这种人，"在凡人当中如神明一般"，他和宙斯一样，是不会屈从于同辈之人的统治的，而且超然

---

* 阿尔弗雷德·阿德勒（1870—1937年），维也纳心理治疗师，以及个体心理学派创始人。

于法律制裁之上，因为他就是法律的化身；这样的人只能当国王，没有其他道路可选。

即使这样，君主制也只在一种情况下是正确的（即在道德上具有合理性）："当国王或其家族的 areté 是如此地卓越超群，以至竟远远胜过其他公民的 areté 的总和时。"要是腓力所雇之人没有清楚地说明阿吉德王族恰好符号这个标准，那也至少可以说太欠考虑了。这种学说也许不会鼓励亚历山大在多年之后自命为神（也有人认真地这么认为），但它无疑不会削弱他的王者式的自信。[43] 亚历山大极为渴望通过打败蛮族人而获得荣耀，而在为其寻找理论支持方面，亚里士多德一点儿也不迟钝。实际上，他对波斯的态度乃是一种不折不扣的种族中心主义。他认为奴隶制是一种自然的制度；相应地，所有"蛮族人"（即非希腊人）天然都是奴隶。所以，希腊人统治蛮族人既正确又合适，反之则不然。如同许多有种族主义之用心的知识分子，亚里士多德在从地缘政治学或"自然法"中提取的事实中找到了他的理论依据。希腊人的优越显然是与生俱来的，是自然的恩赐。在一份著名的残篇中，他建议亚历山大做"希腊人的领导者（hegemon）而做蛮族人的暴君；要像对待朋友和亲人一样照顾前者，而像对付野兽或植物那样处置后者"。[44]

他这么想有其充足的个人缘由。公元前341年，苏萨方面已经知晓了赫尔迈亚斯与腓力的私下交往。波斯大王派他的希腊雇佣兵将军门托尔（Mentor）前去解决阿塔纽斯的那位哲学家兼阉人。门托尔诱骗赫尔迈亚斯去参加一个会议，然后立即将其逮捕。在雅典，德摩斯提尼不怀好意地幸灾乐祸，以为赫尔迈亚斯将会在酷刑之下供出马其顿的绝密计划。可惜，他看错了人。赫尔迈亚斯遭受了肢体残害和刺刑，奄奄一息的他仍设法让人带信给他的旧友们。他说，他没有做任何与学者和绅士身份不相称的事情。腓力的秘密便和他一起进了坟茔，而身处米扎舒适的静修之所的亚里士多德则为他写了一首深情的纪念颂诗。[45]

人们经常认为，亚历山大在排外问题上与亚里士多德有着根本的分歧，这位未来的世界征服者有着比"城邦"更广阔的政治眼界。有的学者甚至断言，"天才与天才的相遇……既没有更深的意义，也没有产生实际的影响"。⁴⁶但是，即使假定亚历山大后来采取了某种形式的种族融合政策——这本身就是一个非常有争议的观点，我们也没有理由认为，他最初不曾由衷地支持过亚里士多德的看法。甚至他最理想主义的支持者也不得不承认这一点。塔恩（Tarn）说："亚历山大之所以侵略波斯，首要原因无疑是他从未想过不去做这件事情，这是他继承而来的使命。"⁴⁷

再者，他背后还有整个希腊文化舆论在支持他。欧里庇得斯就持有这样的看法，即"蛮族人"应当（eikos）臣服于希腊人。柏拉图和伊索克拉底都把所有的非希腊人视为天然的敌人，他们可以被随意地奴役或消灭。而亚里士多德本人则认为对抗蛮族人的战争本质上就是正义的。⁴⁸这些说法可能会被认为荒诞不经而受到不屑；但是它们并没有比德·戈宾诺*的雅利安超人理念更荒诞。而且无论荒诞与否，它们都具有支配信念的力量，从而能以最根本的方式影响人们的生活。当希特勒要灭绝欧洲的犹太人时，他的行动正是基于某些人可以被当作次等人而加以清除的信念，也就是说，像亚里士多德那样，他将这些人与野兽或植物等同了起来。

不过在亚里士多德看来，蛮族人的兽性或植物性有其特殊的性质，这种性质必定在他的学生心中激起过一阵回响。他写道，"没有人会把生存的价值简单地等同于饮食或性的乐趣……除非他是奴性十足之辈"（即奴隶或蛮族人）。另一方面，对这样的人而言，是野兽还是人毫无区别。他引用的重要例证是纵情声色的亚述人萨达那帕罗斯（Sardanapalus，即亚述巴尼拔［Assurbanipal］）。可见，蛮族人之所以受到蔑视，说到底是因为他们过着一种完全沉溺于感官之乐的生活。⁴⁹事实上，单纯的享乐生活正是亚里士多德教他的学生要予以鄙弃的东西。这种学说对亚历山大必定具有很强的吸引力，因为他向来看重自制和克己（至少在他事业的早期阶段是这样），而且他热烈而易感的天性显示出他具有很强的英雄崇拜倾向。（对他来说，英雄是神话人物还是当代豪杰，这并无分别：他可能会以阿基琉斯为榜样，但他同样也会学习老先生列奥尼达斯快捷的步伐。）亚历山大饮食很有节制；他对金钱极为轻蔑，慷慨地把战利品分发出去，

---

* 德·戈宾诺（de Gobineau, 1816—1882），法国小说家，著有《论人类种族的不平等》（*Essai sur l'inégalité des races humaines*），宣扬雅利安种族优越论。

只给自己留下很少的部分；他说，他最能感知自己也是凡人的时刻是"在性爱与睡觉之时"[50]。显而易见，亚里士多德对他的教育和影响是根本性的。无论是好是坏，在米扎的几年给他留下了永久的烙印。

当然，亚里士多德关于分别对待希腊人和蛮族人的建议也可以有更加现实的解释：谁要是想最大程度利用所要利用之人，他就必须尽可能地迎合他们以赢得他们的合作。希腊人要求以平等相待，独立感——无论多么虚幻——是他们最为关切的；与之相反，亚洲人只响应、或者说尊崇严厉的威权——这也是维多利亚时代的民政事务官员的信条。不管亚里士多德是否有意设计这门课程，亚历山大都学得再好不过了。我们会看到，他把它应用到了他后来所接触到的每个人和每个团体中。

他很大程度上继承了其师无所不包的科学兴趣，以及与之相应的强烈的经验主义倾向。在一次课堂测试中，他被问及遇到某些情况时怎么办，他回答说碰上了才会知道——这个回答必定深得亚里士多德的赞许。和他的伟大前辈希波克拉底（Hippocrates）一样，亚里士多德相信，经验和观察是科学发展的唯一正确基础，现代科学依然很大程度上基于这一原则。当亚历山大发动亚洲侵略行动时，他随军带了一大群动物学家、植物学家和勘探员；他们收集的材料和信息为好几部划时代的科学著作提供了基础，其中就包括亚里士多德本人的《动物志》（*Historia Animalium*）。同样，这一前无古人的业绩的幕后推动者是谁不言而喻。

此外，亚历山大对医学和生物学也有着浓厚的兴趣——二者都是亚里士多德本人特别喜爱的学科。普鲁塔克说，终其一生，亚历山大"不仅喜爱医学，而且实际上当朋友生病时他还会前去救助他们，为他们开出相应的治疗方法和饮食疗法"。[51] 此类科学教育让他最受益匪浅的，或许是由此形成的敏锐而灵活的头脑，以及根据事情的本身、不带偏见地即时处理问题的能力。在此，我们其实已经触及了他作为战场统帅最鲜明的品质。

从更一般的层次上看，亚历山大学习的课程正是柏拉图所规定的，在当时的学园成员中十分流行。他阅读并谈论诗歌，特别是荷马的，我们已经看到他对《伊利亚特》有多么迷恋。他在几何学、天文学和修辞学等方面打下了良好的基础，尤其是修辞学的分支、通常所说的辩论术，即以同等的辩才从正反两方面进行辩驳。亚历山大十分喜爱辩论术，在这一方面，亚里士多德的教育后来导致了严重的后果，其原因不难看出。对普通率直的马其顿人来说，"一个从正反两方同样善辩之人显然是虚伪之徒，这恰恰证明了他是一个十足的骗子"。[52] 年老的伊索克拉底因亚历山大的教育没有委托给他、或者他修辞学校的某个成员而愤恨不已，在他眼里整个学园式的训练都是有害无益的。我们现在尚有一封他大约于公元前342年写给亚历山大的信，在信中他用一种委婉的外交辞藻告诫年轻的王子，那些只会钻牛角尖的智术师根本无法教他如何有效地应对残酷的政治现实。他指出，君主的职责不是说服而是命令，亚历山大应当远离辩论术。后来事情的发展证明，这是一个十分高明的建议，即便它是出于偏狭的动机。然而不用多说，它被无视了。[53]

亚历山大在弥达斯花园待了三年之久，在这段时间里，马其顿和希腊城邦、特别是雅典的关系不断恶化。当年轻的王子和他的导师在米扎的林荫中漫步时，腓力有许多更急切和更现实的事务要处理。公元前342年，他把大部分时间都花在了色雷斯上，马其顿与之相邻的边境最为虚弱，于是他沿着赫布鲁斯河谷建立了许多军事殖民地。殖民者是马其顿的渣滓——各类惯犯、失业的雇佣兵和各种捣乱分子。其中有个地方获得了波聂洛波利斯的别名，意为"匪徒之城"：很显然，腓力这一安排可谓一举两得。与此同时，（根据他一贯的王朝政策：参见上文第27页）他又娶了第四位妻子——一个色雷斯君主科特拉斯（Cothelas）之女美姐（Meda）。她为他带来了一份丰厚的嫁妆和一个有力的盟友。而据我们所知，奥林匹娅斯没有任何反对。[54]

对于腓力的最终目标，德摩斯提尼不抱有任何幻想。他说，马其顿国王在那里过冬，"不是为了色雷斯人仓储中的黑麦和谷子"，而是作为一项长远计划的一部分，意在夺取"雅典的港口、船坞、战舰和银矿"。[55] 这一前景让雅典人非常惊恐，于是他们派遣一位名叫狄奥佩特斯（Diopeithes）的雇佣兵队长前往色雷斯的凯尔索涅索斯（加利波利半岛），任务是在那里"保卫雅典的利益"——这是一种经典的委婉说法。狄奥佩特斯随行带了一些所谓的"殖民者",看起来这些人和腓力沿赫布鲁斯河安置的那些人一样,同属无赖之徒。他本人差不多就是一个由政府赞助的海盗,以敲诈保护费为生。伊索克拉底对这种进攻性策略颇为不安,他写了一封公开信给腓力,建议马其顿和雅典达成谅解,并且再次提出共同远征波斯的方案。[56]

腓力对狄奥佩特斯的行动提出了正式抗议,雅典公民大会为此进行了一场激辩。与此同时,他开始在色雷斯征集一支大军,其中包括来自塞萨利和马其顿的援军。德摩斯提尼发表了两次激烈的演说,反对召回狄奥佩特斯,强调事态紧急,决不能让腓力在达达尼尔海峡和博斯普鲁斯海峡占据上风。他还指出,与民主城邦的征兵制相比,马其顿的常备军有着巨大的优势。腓力的战士要更加训练有素得多,而腓力本人"无论冬天还夏天,不会有片刻空闲";雅典可能无意与腓力对抗,但腓力已经向雅典开战了。[57]不仅如此,德摩斯提尼还比任何人都更清楚地看到,腓力是如何最有效地对雅典施加压力的。马其顿人"正在建造战船和船坞",他们的目的已经昭然若揭。如果腓力占领了拜占庭,那么雅典的粮食供应将受到严重威胁。几年之后,在重述腓力的事业时,德摩斯提尼简要地说道:"他注意到我们比其他国家消耗更多的进口谷物,于是力图控制粮食贸易。"公元前342—前338年,在错综复杂的政治诡计背后,潜藏着无时不在且非常有效的经济勒索的威胁。[58]

德摩斯提尼积极主张不要妥协,必须让狄奥佩特斯留在原地。更重要的是,应当派一个使节前往苏萨,是时候跟波斯大王和解了。希腊城邦应当消除分歧,并组建一个新的泛希腊联盟;特别是要说服拜占庭与雅典重新恢复旧日的友谊。[59]这些建议大部分都得到了执行。拜占庭和阿拜多斯加入了雅典同盟。狄奥佩特斯仍旧担任指挥官,同时雅典与一些希腊城邦组建了一个反马其顿联盟。当腓力将奥林匹娅斯的叔父阿律巴斯从伊庇鲁斯的王位上赶走,并代之以莫罗西亚的亚历山大时,雅典针锋相对地为阿律巴斯提供政治庇护。海军建设计划得到了扩充。雅典公民大会还举行投票,决定授予色雷斯的凯尔索涅索斯的友好城镇特别荣誉。公元前340年

3月，公民大会又投票授予德摩斯提尼一顶金冠，他在大酒神节上接受了这份荣誉。[60]

重中之重的是，一个秘密使节从雅典前往苏萨，并且斩获硕果。波斯大王最终被说服，决定公开与马其顿对抗。这一举动对希腊城邦所产生的心理效应必定相当巨大。他还为使者提供了一笔庞大的应急资金，专供贿赂希腊政客以挑起反对腓力的战争（后来单单德摩斯提尼一人便被控私吞至少3000金德里克）。腓力发现他面临着有生以来最严重的危机，于是他以其特有的机敏和精力立即行动起来。[61] 作为试探，他请求拜占庭和佩林托斯（普洛彭提斯［马尔马拉海］的一个重要港口）兑现他们与马其顿达成的协议，配合他征讨狄奥佩特斯。二者至少在名义上还是他的盟友，却都直截了当地拒绝了他的请求。腓力不作过多的争论，直接调动他的新舰队；他决心在形势恶化之前教训一下这些叛逆的盟友，迫使他们回到联盟中来。这次他打算亲自指挥远征，于是他召16岁的亚历山大回到佩拉，正式任命他为马其顿摄政和掌印大臣，由老练的安提帕特作他的顾问。

第三章
壮志未酬身先死

亚历山大的学生时代结束了。从现在起，这位年轻的王太子将在一个甚至比伊索克拉底所规定的还要更严酷的学校中接受训练，并且还要承担更大的责任。这可能就是腓力刻意安排的"刚毅训练"策略。根据特奥弗拉斯托斯的说法，[1] 他和奥林匹娅斯都因儿子对异性恋爱不感兴趣而忧心忡忡。他们担心他会变成一个充满女儿气的性别倒错之人（gynnis），甚至为此招来了一个名叫卡利克塞娜（Callixeina）的漂亮的塞萨利名妓，以帮助激发他的男性本色。据说奥林匹娅斯本人经常求他去跟这个女人发生性关系，这表明他实在对她没有太大的兴趣；但是，谁家的孩子会乐于接受母亲为其挑选的情人呢？

另一方面，亚历山大作为摄政的行动却丝毫没有阴柔之气。腓力刚刚踏上他的拜占庭征途（首先是攻打佩林托斯），迈狄人就发动了叛乱，他们是色雷斯和派奥尼亚边境上的一个强大而好战的部落。亚历山大立即北上讨伐，他打败了叛军，占领了他们的城市，并将其变成马其顿的军事前哨。他将这个新殖民地重新命名为亚历山德罗波利斯，效仿的是腓力的另一个类似的军事前哨——菲利波波利斯。在他父亲操心的领域，亚历山大从不缺乏竞争精神。人们常说，以自己的名字命名一个城邦，亦即建立一个城邦，就是一种公开的僭越，其行为与反叛无异。但话说回来，他是摄政，手握大印就足以说明他的权限之大。再者，严格说来建立一个单纯的军事殖民地原本就是他的权利之一。可是即便如此，他的行动也是一个危险信号，腓力必定会觉察到的。在奥林匹娅斯的长期熏陶之下，亚历山大对王权的渴望使他绝不会满足于做一个临时的摄政，而腓力本人正当盛年，仍是一个精力充沛之人。迟早有一天，他们俩之间一定会出现纷争。[2]

不过目前他们仍然维持着亲密而融洽的关系。在国外期间，腓力和年

轻的摄政定期通信。现存的他的一些信件残篇充满了父亲的忠告诫勉，犹如切斯特菲尔德伯爵*的《诫子书》一般。例如，只要可能，亚历山大必须在马其顿贵族中结交朋友（事实上，这位少年的密友很少有属于高层贵族的，其重要原因可能在于他的半伊庇鲁斯血统）；作为王太子，他在这个位置上还可以赢得民众的欢心，因为他还可以表现得容易相处，就像莎士比亚笔下的哈尔亲王（Prince Hal）**。而对于执政的君主而言，情况则完全不同。普鲁塔克说，"腓力还向他建议，他应当结交各个城邦中有影

---
* 切斯特菲尔德伯爵（Lord Chesterfield, 1694—1773），英国政治家、外交家和文学家，有《诫子书》（letters to his son）传世，影响颇为广泛。
** 哈尔王子是《亨利四世》中的人物，他还是王子的时候和底层人民一齐无拘无束纵情声色，极其亲民。但在《亨利五世》中，他成了一个威严正派的国王。

响力的人，无论贤良还是恶徒；而后，他应当利用前者而打击后者"。但是，亚历山大却曾试图通过收买来赢得某些马其顿人的忠诚，而这给年轻的摄政招来了严厉的批评。既然腓力本身就是收买伎俩方面的老手，那么他的意见就很值得注意，他质问道："你怎么会产生这种自欺欺人的想法，竟以为通过收买人心能交到忠心的朋友？"[3]

与此同时，腓力的征战并不顺利。在围困了佩林托斯三个月后，他不得不撤兵。他抓获了230名雅典商人，由此引发了一系列激烈的外交争执，最终导致雅典对马其顿宣战。[4]当年秋末，他转而进攻拜占庭，但是该城的防御十分顽强（雅典派了一支海军分队来帮它守城），而他的最后一次进攻却又因不合时宜的犬吠而暴露了。他不得不再次撤退，借助一项铤而走险的计策，才得以把他的舰队从黑海中解救出来。此时，他无疑面临着一个十分棘手的局面。雅典的武装民船袭扰着他的船只和补给。波斯已经公开反对他；对此，忒拜等城邦多半会深受影响，它们有可能会切断他通往希腊南部的陆上交通。而最后一根稻草则是他对色雷斯的多布罗加发动的一次损失惨重的突袭（公元前339年春天）。在回国的途中，他遭到特里巴利人的伏击，并吃了败仗；这些特里巴利人乃是一个留长发的原始部落，他们曾给阿里斯托芬提供了一些绝好的舞台笑话。他丢掉了所有的战利品，大腿还被枪严重刺伤，这导致他后来终身残疾（参见下文第89页）。[5]

到公元前339年夏天，腓力的处境已是岌岌可危，只是他的对手并没有充分意识到这点。这些年，他对希腊各城邦一直采用分而治之的策略，而且屡试不爽。但是现在，他们联合起来对抗他的危险可谓迫在眉睫。此前，他曾设想在泛希腊主义的旗帜下率领军队入侵波斯，届时，无论被迫还是自愿，雅典、忒拜和斯巴达都将派兵随他一同出征。而如今，情况似乎发生了逆转：希腊人已经和阿尔塔薛西斯达成了协议，如果腓力不赶紧行动起来，那么结果自己的领土被他们入侵，而不是相反。最后，实际情况是他的行动比任何人所能预想的都要快得多。

在马其顿军队实际已经往南朝希腊中部进军时，腓力仍在释放花言巧语的外交烟幕弹,以此减弱希腊人的疑心。他的使者先行到了雅典和忒拜,他们带的信件狡猾地利用了这两个强大的城邦之间的传统敌意:他极力想要阻止二者在紧急关头缓和彼此的关系。甚至在这博弈的最后阶段,他似乎仍希望可以达成和平协议,特别是跟雅典。他对这座"紫云冠之城"的钦佩是真心实意的,但还有其他更加务实的因素影响着他。很显然,他越快和阿尔塔薛西斯打响战斗,形势就越有利。但是,在稳住身后的整个希腊之前就跨越达达尼尔海峡,这无疑是政治和军事上的自杀行为。而反过来,和雅典结盟则能给他带来巨大的威望,同时,这还会促使许多摇摆不定的城邦转投他的阵营。腓力也不想浪费好几个月的宝贵时间去摧毁比雷埃夫斯港无比强大的海上防御。[6] 如果雅典不愿改变她的意志,那么必须和雅典军队在陆上进行战斗,并在全世界面前将其击败。腓力还必须设法让雅典及其盟友按照他的方式进行战斗——不是在海上,他们在那里占尽了优势,而是要让他们去面对训练有素的马其顿方阵步兵。而命运女神的安排更加讽刺,因为最后正是德摩斯提尼给了他所渴求的东西。

当年9月的一个深夜,雅典公民大会惊恐地听到消息说,腓力没有往西南朝安菲萨进军(他宣称的目标),而是在多里斯的居提尼翁向东进军——这个决定和恺撒越过卢比孔河一样意义重大——并占领了厄拉特亚,即通往忒拜和阿提卡的主干道上的一个战略要地。[7] 这时,德摩斯提尼作为危急时刻的爱国英雄和雅典自由的狂热拥护者站了出来。迄今为止,他一直用轻蔑的讽刺口吻告诉他的同胞,"腓力深谋远虑地用虚假人性来伪装自己,而他们足够幸运一直能享受这种伪装给他们带来的好处"。但是现在,他们不能指望他会继续处心积虑地隐忍下去了。凭借慷慨的热情和激昂的雄辩,这位伟大的演说家促成了腓力最为担心的事情,即雅典和忒拜组成了一个防御联盟。而仍旧坚持和腓力结盟的伊索克拉底却发现,自己成了一个衰朽的卖国贼而遭人唾弃。[8]

雅典军队开进了波奥提亚,随后这两个新盟友立即着手在西北各山口设防。一支10000人的雇佣军也被派往西面的安菲萨。如果腓力占领了瑙帕克托斯,他就能在科林斯湾最狭窄的地方越过海湾,从而与他的伯罗奔尼撒盟友会师，进而通过科林斯地峡进军雅典。而这些部署切断了他可能的前进路线。公元前339/338年的整个冬天，腓力没有采取任何行动，而雅典人则为自己的远见洋洋得意。公元前338年3月，德摩斯提尼再一次因其卓越的公共服务而在大酒神节上被授予一顶金冠。不幸的是，爱国主义本身并不能保证在战略上做出良好判断。德摩斯提尼经常受到指责说他摧毁了雅典的自由，而伊索克拉底的政策本来是能够保存这份自由的，但是，他真正的致命错误是执行了一项正中腓力下怀的政策。

雅典的政治家们不顾泰米斯托克利在萨拉米斯海战中采取的策略，也不管伯罗奔尼撒战争无穷无尽的昂贵教训，在国家的危机时刻依然保守地迷恋马拉松之战中的重装步兵传奇。他们忽视了这么一个事实，即一个多世纪以来雅典早已不再是一个陆军强国，她一度令人胆寒的公民重装步兵现在基本上已经被雇佣兵取代了。雅典真正的军力和长处在于她依旧强大的海军。此时此刻，她拥有超过300艘的现役三层桨战船。雅典在赫勒斯滂的战斗，以及在拜占庭被围期间的行动，充分说明了腓力在海上是多么不堪一击。如果在厄拉特亚被占领之后，雅典马上动员海军的后备部队，派一支强大的舰队北上塞尔迈湾，那么腓力必定会从希腊中部撤军。然而现在，德摩斯提尼以一种自取灭亡的勇敢，却提出要在陆地上阻击腓力，这几乎就是照着腓力的计划来的。[9]

眼下腓力唯一要做的就是引诱希腊军队越出防御阵地，然后进行交战。一旦完成了这一步，剩下的就可以交给马其顿强悍的骑兵部队和训练有素的方阵兵团了。最终，事情的进展无比顺利。腓力伪造了一份急讯，故意让安菲萨的卫戍部队缴获。他们从信中得知，国王正撤回军队以处理色雷斯的叛乱。想到敌人已经走了，希腊的雇佣兵便粗心懈怠了起来。而腓力却在夜间发动了一次强攻将其歼灭。[10] 他的纵队横扫安菲萨和德尔菲，然后从侧翼包抄波奥提亚西北部的守军，进而挺进离其南面不远、位于列巴德亚附近的平原。

在这种情况下，希腊人别无选择，他们放弃了各个山口，而在位于凯菲索斯河和要塞之间的喀罗尼亚建立一个更短的防线。这使他们处于一个非常有利的位置。他们的西面、东面和南面都有高山作为屏障。在其南边，他们还占有另一优势，即控制了通往列巴德亚的凯拉塔山口，如此一来，腓力就无法使他们腹背受敌。他们的交通极为便利，照目前的情况看，运气好的话他们可以将马其顿人一直拖到冬天。如果腓力绕过他们直接进军阿提卡，那么他们就会位于他的后方。他唯一的机会就是直接从北边率领军队——实际规模比雅典的小一些，不管后来希腊人的宣传如何夸大其词——对该防线发动正面进攻。在骑兵方面，他们旗鼓相当，两边大约各有 2000 名，但是希腊人征募了约 35000 名步兵，对战腓力的 30000 名，后者可能就是马其顿军队的全部野战兵力。不过另一方面，腓力拥有实战经验和职业化的优势。眼下，雅典最好的将领都已经去世了，现任总指挥是略显平庸的卡瑞斯（Chares）。[11]

然而，腓力仍在作最后的努力，以期能与雅典和忒拜达成和平协定。雅典指挥官福基翁（Phocion）建议接受腓力的提议，此人刚从出征北爱琴海的一次劳而无功的小型海上行动中回来，但是，不知疲倦同时又固执己见的德摩斯提尼，拦下了所有想通过外交渠道解决问题的企图。德尔菲神谕做了悲观的预言；而德摩斯提尼却将其斥为宣传伎俩而不予理睬，他断言——这可能是真的——皮提亚已经沦为腓力的受雇代言人了。现在，腓力看到外交手段毫无作用，便准备摊牌。和雅典人预想的一样，他占领了瑙帕克托斯，只在德尔菲留下少量驻军，而将其余所有军队都部署在喀罗尼亚以北的平原上。正是在此处，公元前 338 年 8 月 4 日，双方的军队相遇了，随后便展开了整个希腊历史上最具决定性的一场遭遇战。[12]

战斗在黎明时分打响。联军的右翼是波奥提亚人，约有 12000 人，由著名的忒拜圣队率领，这支圣队曾于公元前 371 年在琉克特拉打败当时不可战胜的斯巴达军队。左翼则部署着雅典的 10000 名重装步兵。剩下的联军分队组成了中军，同时还有 5000 人的雇佣军作为补充力量。而在最左端则有一支轻装侧卫队作为屏障将大军与要塞联系起来。至于骑兵，他们将作为预备队来使用。希腊的指挥官们把战线拉开，由西南偏西朝东北偏东，斜穿过平原。如果腓力进攻受挫，那么左翼雅典人的推进就会迫使他通过旷野退到河边——这种枢转运动就如同扇子的收折。反过来，如果他

喀罗尼亚战役地图

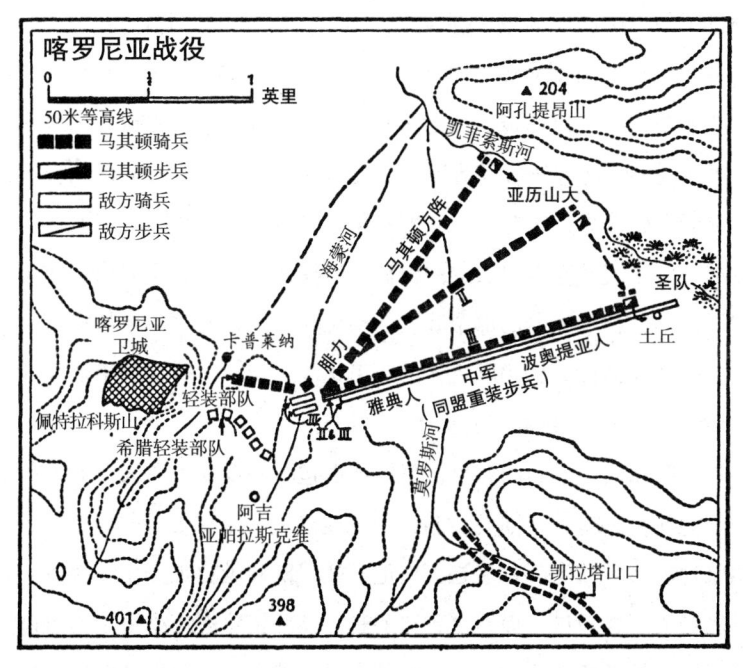

图例：
- 50米等高线
- 马其顿骑兵
- 马其顿步兵
- 敌方骑兵
- 敌方步兵

地名标注：阿孔提昂山、凯菲索斯河、亚历山大、圣队、土丘、波奥提亚人、中军、雅典人（同盟重装步兵）、海蒙河、马其顿方阵、腓力、卡普莱纳、喀罗尼亚卫城、佩特拉科斯山、希腊轻装部队、轻装部队、阿吉亚帕拉斯克维、凯拉塔山口

阶段一
马其顿人前进；希腊人不动。

阶段二
腓力回撤，中军和左翼前进；雅典人、中军和波奥提亚人前进到左前部，但圣队保持阵形。

阶段三
亚历山大冲锋，中军交战，腓力将雅典人驱至海蒙河河谷。

成功突破了，那么他们依旧能够通过凯拉塔山口有条不紊地退回列巴德亚。这是一个巧妙的方案，要是由更好的将领来指挥，或者遇到的是不那么聪明和专业的对手，很可能就会成功。

腓力深知，他所能碰到的最强劲的对抗还是来自忒拜人。因为严格说来，当他们站到雅典一边时仍是他的盟友，所以他们特别害怕，万一失败，他们就会落入他的手中。而腓力对叛徒从不手软。再者，他们的部队本是由久经战场的老兵组成，和他自己的军队一样训练有素：腓力比谁都清楚，马其顿军队的训练正是得益于忒拜人的方式（参见上文第15—16页）。另一方面，雅典人都是公民志愿兵，缺乏实际战斗经验。自雅典军队上一次参加战斗以来，已有过去了20年，而且那次也仅仅是为期一个月的战役而已。腓力明白，他的主要目标必然是消灭圣队。同时他也意识到，雅典人的鲁莽和无纪律将极大地有助于他实现这一目的。[13]

于是，他做了相应的战斗部署。他本人指挥右翼，身处翊卫队*的最前面，同时有一支强大的轻装部队保卫他的侧翼。在中央，他安排了方阵军团。而最左端用以对付圣队的重骑兵则交由亚历山大指挥——对一个18岁的男孩来说，这个任命可谓千钧重负，因为他必须发出那致命的一击，倘若成功便能使腓力锁定胜局。（四百年后，普鲁塔克作为喀罗尼亚的本地人，还见到了凯菲索斯河边的一棵树，这棵树一直被人们叫作"亚历山大橡树"，因为据说战前的那个晚上亚历山大就是在此树下搭的帐篷。）本质上，这个作战计划就是腓力在欧克里达湖边用以对付伊利里亚人的方案的翻版（参见上文第24—26页）。

在战斗开始后，腓力的右翼似乎要侧面包抄左翼的雅典人，而他的中军和左翼则滞后一些，从而与希腊人的阵线形成一个梯形的斜角——用军事术语来说就是"回撤"。于是，当他及翊卫队和雅典人开始接战时，其余的马其顿人还在前进。而且更重要的是，这些策略还产生一个不可避免的——可能也是无意中达到的——情况，即希腊中军的盟军和雇佣兵逐渐向左边的雅典人靠拢。起先，就像腓力所预想的那样，雅典人发起了猛烈的冲锋。他们的将军斯特拉托克勒斯（Stratocles）看到翊卫队开始后退时完全失去了理智，大声喊道："来呀，把他们赶回马其顿去！"

但是，（斯特拉托克勒斯本应看出）腓力的撤退绝非因为惊慌错乱。翊卫队步伐齐整地向后移动，同时仍旧面朝前方，他们手中的萨里萨长枪宛如刺猬的保护刺一般，使追击者难以近身。雅典人一边叫喊一边欢呼地向前冲，希腊中军则随之伸展，其情势变得越发危险了。很快，腓力等待的两件事发生了。马其顿人退到了挨着一条不大的海蒙河（又名血河）河堤边的一个高地上，并且希腊中军和他们右边的武拜军队之间终于露出了一个致命的缺口。而讽刺的是，卓越的军纪反成了他们的劫数。他们保持住了阵形，但中间的部队却没有。缺口一开，率领着马其顿精锐骑兵分队的年轻王太子便怒吼着冲了进去（这是唯一一次明文记载说他处于指挥左

---

* 翊卫队（hypaspists）为腓力和亚历山大手下的一支精锐部队，其希腊文字面意思为持盾卫士。在军队中常起保护侧翼、进行突进等工作。他们所持的武器有所争议，有人认为是和方阵步兵一样的萨里沙长枪，有人认为是和重装步兵一样的长枪。

翼的位置），同时第二支骑兵分队从侧面攻击圣队。不一会儿，忒拜人便被完全包围了起来。与此同时，远在右翼的腓力停止后退，并向下发起反攻——狄奥多罗斯说："即使是亚历山大，腓力也不想把胜利的荣誉让给他。"（参见下文第91—92页和第361页）

雅典人在他们的冲击下溃不成军，现在他们要为斯特拉托克勒斯业余的头脑发热行为付出代价了。马其顿人径直将他们赶下小丘，就地戮杀千人，俘虏人数则倍之。其余残兵则通过凯拉塔山口败逃而去。逃亡者当中就有德摩斯提尼。普鲁塔克告诉我们："在逃跑过程中，一株荆棘勾住了他的披风，于是他立即转身过来说：'活捉我吧！'"就连战败也偶尔会引出一些滑稽之事。但总的来说，这是一次非常可怕的溃败。进攻始于骑兵，而终于方阵。方阵兵团跟着亚历山大冲破了敌阵，从正面和侧面同时进攻希腊的中军。在做了一番无谓的挣扎后，整个盟军都崩溃了，他们一个个落荒而逃，唯独圣队没有。就像在温泉关由列奥尼达斯率领的斯巴达人那样，这300名忒拜人在原地战斗至死，宛如在尸体堆中接受检阅一般。仅有46人被生擒。其余的254人安葬在他们的英勇战斗之地。他们在那里安息至今，以军人的方式排成七行，就像考古挖掘者所发掘的那样；紧挨着他们的公墓有一只喀罗尼亚之狮，任凭风吹日晒，它依旧屹立如初，忧思着这片伤感的平原。[14]

在战斗结束之时，腓力命令骑兵不要追击，然后树立了一块胜利纪念碑并向诸神献祭，接着表彰了许多勇猛无畏的将领和战士。（我们不知道亚历山大是否也位列其中，这是他理所应得的。）紧接着便是一场盛大的庆功宴。在宴会上，国王以马其顿人典型的放纵风格，豪饮了不计其数的烈酒。随后，他头戴花环，迈着微醺踉跄的步伐走了出来，在高级将领们的陪同下沿战场进行餐后巡视。或许是在放松紧张的神经，他对着敌人的尸堆放声大笑，蔑视他们的英勇，还用粗俗的言语辱骂他们。（另一方面，有人说，他曾为圣队的覆灭而哭泣，这倒也符合他的性情。）他孩子般地重复着德摩斯提尼在雅典公民大会上的正式开场白，一遍又一遍地重复，以此取乐；这个开场白恰好可以构成一句朗朗上口的韵句："德摩斯提尼，德摩斯提尼之子＊，派安尼亚人，提议——"希腊的未来最终落入了精明强干的腓力的手中。但是他比谁都清楚，喀罗尼亚之战只是一次险胜而已。

腓力此时既筋疲力尽，又欢欣鼓舞，在这种情绪下他甚至准备拒绝刚从列巴德亚前来的希腊使者，这位使者请求运走和安葬已经战死的同盟士兵。不过，他的一个俘虏、雅典演说家德玛德斯（Demades）很机智地让他冷静了下来。他说："腓力国王，命运女神已经安排你来做阿伽门农，但你似乎决心要做特尔西特斯（Thersites）＊＊。"暗含在责备中的恭维起到了作用。而这也反映了腓力的性格，他立即从醉酒状态中清醒了过来——不止一个轶闻曾说他在必要时完全可以做到这一点——并对这位敢于大胆批评他的人表达了热烈的赞赏。事实上，他随后就将德玛德斯从囚禁中释放了出来，此后便以贵客之礼相待。[15]

不过，腓力表面上的堂吉诃德式的举动其实有着非常务实的考量。如我们所见，他可能觉得德玛德斯是一个性情相投的好友，但他也需要一个有良好声望的雅典人替他在公民大会上提出和平条款：要选就得选这样的人，他得能够真心地劝说他们接受条约，并宣扬马其顿国王是一个文明而宽厚的胜利者。雅典仍然能给腓力造成很多麻烦，这一点他自己也知道。事实上，第二天战斗消息就传到了喀罗尼亚，声称雅典人正在武装他们的奴隶和定居的外邦人，准备为保卫城邦而战斗至死。我们知道——没有理由怀疑这样的记载——腓力完全被这种抵抗行动惊到了。雅典舰队尚且完好无损，比雷埃夫斯港及其军备库亦是如此。除非腓力能突破这些极其强大的防御，否则雅典人就可以通过海上航线几近无限地维持供给和交通。

在这种情况下，纵然已在喀罗尼亚大获全胜，国王仍必须表现出愿意和解的姿态。此刻，他最不想要的就是重复那次漫长且最终失败的拜占庭之战，不用说，他既没有时间，大概也没有资源这么做。何况从现在起，他主要关心的将是如何建立一支入侵亚洲的泛希腊远征军。摧毁雅典的军

＊ 德摩斯提尼的父亲也叫德摩斯提尼。

＊＊《伊利亚特》中的一个丑陋的滑稽角色，曾当众责骂阿伽门农，后遭奥德修斯痛打。

事设施和战船——或者说雅典表现出友善的可能性——是毫无意义的，他自己马上就需要这些重要的物资。[16]

德玛德斯是一个很有魅力的人，他是那群点缀了公元前4世纪希腊历史的古怪而有趣的滑头中的一个，在历史学家那里，这群人尚未引起应有的关注。他的反马其顿的敌人将他描述成一个粗野、不忠和堕落之人。普鲁塔克说他是"国家的倾覆者"，这个说法很可能就出自公元前4世纪的某些宣传物或演说。他从不掩饰自己的贪财本性。当他听说有个剧作家夸口说通过朗诵赚了一塔兰特的钱时，德玛德斯评论说："这没什么，国王曾给我十塔兰特，只为让我缄口不言。"大腹便便且贪食如饕餮的他，花钱的速度丝毫不亚于赚钱。安提帕特提到过他，说他晚年时"巧舌如簧、肚里可撑船"。然而，他的三寸之舌确能饶出一些效果来。没有人会否认他的即席演说能力，而他在骂人方面更是天赋异秉。他曾把德摩斯提尼描述成一个"由音节和舌头构成的小人物"。当他带着国王的和平条款回到雅典时，他说他觉得这个城邦"就像一个拖着凉鞋、喝着安慰酒的老太太"，而他对公民大会所说的话简单而粗暴："我们只能用和平而非讨价还价来对付马其顿方阵，因为当讨价还价之人的力量跟不上他们的欲求时，讨价还价就毫无作用。"[17]

腓力对心理转变的时机把握十分精准。在雅典，对主战派的反动原本就已经在发酵了。而德玛德斯这时在惊恐的公民大会前所宣读的和平条款，要比任何人所期待的都要好得多。雅典的战死士兵的骨灰——因为此时仍是炎热季节——最终会被归还。所有的2000名俘虏不需赎金就能获释。腓力保证不会派马其顿军队越过阿提卡边境，马其顿战船也不会进入比雷埃夫斯港。雅典可以保住爱琴诸岛的核心部分，包括提洛岛和萨摩斯岛。她还将得到在通往优卑亚的陆路上的奥洛波斯，这个要塞先前由忒拜人占据。然而作为回报，她需要放弃其他所有的领土要求、解散雅典海上同盟并成为马其顿的盟友——正如后来事情发展所证明的那样，这一招对她的影响大大超出了她的领袖们的预料。可是，他们眼下如释重负，于是便没有异议地全盘接受了腓力的条件。不单如此，出于由衷的感激，他们甚至授予了腓力和亚历山大雅典公民权，并通过投票决定在市政广场为国王立像。

三名使节——埃斯基涅斯、福基翁以及德玛德斯本人——接受委派，北上去使协定生效。当他们睡眠惺忪地签订协议时，已经是清晨了，他们刚刚与腓力一起度过了又一个醉酒狂欢的夜晚。[18] 他们没有提出异议的余地。雅典此后所能享有的优惠只是马其顿国王自愿给予的，随时可能被取消。尽管如此，雅典多少还能得到一些慰藉，毕竟他们所得到的待遇要比忒拜好太多了。同样，腓力这么做自有原因：他如果要控制希腊中部，就必须系统地摧毁忒拜的强大力量。她的领袖们曾经无视他们的协约义务，此后仍然可能会再次无视。必须给他们一个严厉的教训——这个教训最好还能打消其他地方的类似企图。而且因为他们没有什么像样的舰队，所以可以无所顾忌地逼迫他们；这跟对雅典人不同。

因此，腓力着手废除波奥提亚同盟，该同盟实际上就是忒拜帝国的雏形。包括普拉塔亚，它的成员邦都恢复了独立——这是一招非常精明的外交计策。而忒拜人自己则被迫召回所有政治流亡者（这将使他们难以稳定国内局势），同时还成立了一个傀儡政府，并有一支马其顿驻军从卡德迈亚予以监视。先前的民主领袖们或者被处死，或者被驱逐。和雅典的俘虏不同，忒拜人只能以适当的价格被赎回，否则他们就会被卖为奴隶。不过，合适的时候他也会变得宽宏大量。忒拜人要在喀罗尼亚树立一块巨大的纪念碑以纪念圣队，对此他没有反对。腓力自身就是一名优秀的战士，他欣赏真正英勇的对手。他有所克制地没有在大多数——尽管并非全部——重要的希腊城邦中强行驻军，他说他"更乐于被长时间地称作一个好人，而非做一时的主人"。尽管有这样的小恩小惠，但是如今真正的权力所在之处却显而易见。希腊城邦所保有的只不过是先前自由的苍白余影罢了。[19]

为了纪念这一伟大的胜利，腓力在奥林匹亚建立并奉献了一个圆形的大型建筑物，被称为腓力宫（Philippeum），有点类似德尔菲著名的 *tholos*（圆形建筑物，它本身可能也是腓力委托建造的，目的是一样的）。[20] 这座建筑由烧制的砖块砌成，内外各有一圈围起来的柱子。屋顶梁由中心的青铜夹具连接在一起，形如一株巨大的罂粟。腓力宫内有多个黄金和象牙的人物雕塑，它们是由雕刻家列奥卡瑞斯（Leochares）特别制作的，其中包括腓力本人、奥林匹娅斯、亚历山大以及腓力的父母欧律狄刻和阿敏塔斯的雕塑。就整体的外形而言，它必定和日本神社非常相像。我们可能会问，腓力建造如此不同寻常的纪念物的真实目的何在？

　　结论似乎只能是这样：他希望建立起对他本人及其家族的类神崇拜。（我们发现亚历山大更为个性的行动其实已经是由他父亲先行实践的，这便是其中的一例。）其他的证据也证实了这一假说（参见下文第98和第104页）。一个如此务实的享乐主义者竟严肃认真地相信自己具有神性，这不管怎么说都不太可能，毕竟他总是急不可耐地要嘲弄其他自许神圣之人。但是，他这么做本质上可能只是一种政治策略，为的是建立神圣的统治者崇拜。对希腊人来说，人神之间的鸿沟并不如我们今天这么大，而且很大程度上由"英雄"，即那些后来获得神明地位的半神话的卓绝之士填补上了。而且，腓力在这方面有一个很好的先例，即他自己的先祖赫拉克勒斯。更晚近、更有趣的事例还有斯巴达将军吕山德（Lysander），为了表示对他的敬意，萨摩斯人似乎建立了定期的崇拜制度，连同礼拜堂、节庆日和官方献祭，一应俱全。可能稍晚一些，在帕罗斯岛上我们发现了对诗人阿奇罗科斯（Archilochus）的类似崇拜。同样，他的圣所也被叫作阿奇罗科斯宫（Archilocheum）。如我们所见，以弗所的公民们支持腓力自命为神，而至少可以说，这不太可能只是他们的一时冲动。如果国王正筹划着让自己跻身奥林波斯诸神之列——这似乎是可能的——这事就会广为人知。[21]

　　毫无疑问，这种策略有着巨大的优势，其在希腊化和罗马时期的运用足以证明这点。腓力快速扩张的权力所制造的问题，一点不亚于它已经解决了的，特别是他个人的地位问题。和他之后的奥古斯都一样，他也深受如何将 imperium（权力）转换为 auctoritas（权威）这个问题的困扰，而包含在腓力宫之中的策略便构成了实现这一目标的第一步。建造腓力宫可能也从伊索克拉底给他的最后一封信中得到了一些间接的鼓舞，该信写于喀罗尼亚之战结束后。这位年老的宣传家——此时他已经年届98，并且几周后就去世了——宣称，如果腓力能让波斯匍匐在希腊人的脚下，那么唯一可能的结果就是他成为一个神。[22]

然而，腓力宫中的雕像群充分说明了一件事。在举行奉献仪式时，即大约公元前 338 年 9 月，腓力所做的王室安排虽已延续了近二十年，但依旧坚定而不变。奥林匹娅斯仍然是他的妻子，亚历山大还是他的合法继承人，这不仅因为他的长子身份，也因为国王的恩宠。16 岁当了摄政、两年后便做了名副其实的骑兵将军的亚历山大，已然成为众望所归的法定继承人。实际上，他的整个教育阶段都是被指向这个目的的。没有人会怀疑他到一定时候就会继承王位。就算这 20 年中有人曾反对过他，我们的史料中也没有任何记载。然而，在喀罗尼亚之战后仅仅过了一两个月，国王就准备以通奸为由休弃奥林匹娅斯，公开对亚历山大的血统表示怀疑（说明这两种指控是相关联的），并且将娶一位纯正的马其顿贵族作他的第五任妻子，其目的明显是为了生育一个新的男性继承人。那年秋天到底发生了什么，以致腓力的长远计划竟出现如此突然而剧烈的变化？

大约与腓力的大胜同时，阿尔塔薛西斯·奥科斯被他的大维齐尔*巴戈亚斯（Bagoas）杀害了。在狄奥多罗斯轻快的笔下，此人"其实是一个阉人，但生性是个好战的小人"。直到 11 月，波斯一直处于近乎无政府的状态，其间苏萨因残酷血腥的宫廷阴谋而动荡不安。在成功翦除了所有王位争夺者后，巴戈亚斯将奥科斯最小的儿子阿尔塞斯（Arses）扶上了王位，然后转身继续扮演他最拿手的木偶提线人的角色。[23] 这些发展变化不太可能会逃过腓力机警的眼睛。奥科斯当之无愧是一位可畏的统治者，而阿尔塞斯只不过是大维齐尔的傀儡。在 8 月至 11 月期间，希腊已被实际控制住，而波斯的领导能力也被严重削弱，入侵亚洲的时机一时就在眼前。此时也没有必要四处搜寻一个使希腊城邦转向马其顿阵营的方案：伊索克拉底已经提供了一个现成的。

---

* 作者以大维齐尔（grand vizier）对译希腊语中的 χιλίαρχος（亦作 χιλιάρχης，字面意为千夫长），可能意在强调该职位地位之高，仅次于国王。但是二者又明显不同：大维齐尔相当于首相，掌管帝国印章，而 χιλίαρχος 则是负责波斯大王人身安全的卫队长官。亚历山大后来也设立了这一职位，参见原书第 448 页。

泛希腊主义现在成了腓力的口号，而战争将以宗教远征的名义发动，意在为希腊向薛西斯一个半世纪前发起的侵略报仇。余下的任务是做好组织细节和军事后勤，并看看每个城邦到底有多大的意愿进行配合。一如既往，腓力首要关心的总是雅典。停战协议甫一签订，他便立即派一队正式的外交使团护送雅典阵亡将士的骨灰回国安葬。可以想见，在这种姿态所产生的友好气氛中，外交往来必定大有收益。[24] 腓力任命安提帕特、阿尔基马科斯（Alcimachus）*和亚历山大作为特使。我们应当注意，这是王太子最后一次接受与其地位相称的重要任务，这一状况一直延续到腓力去世。亚历山大对雅典的访问——据我们所知，这是他唯一一次踏入其境——从某种程度上说似乎与他的失宠相呼应。

访问本身进展得很顺利，受到了优厚的礼遇。腓力的雕像正式揭幕；名誉公民权通过代受的方式授予了腓力，也授予了亚历山大。安提帕特和许多有影响力的公民进行了富有成效的谈话，其中包括九十多岁的伊索克拉底，此人也是他的私人老朋友。（此时伊索克拉底很机智地把整个入侵波斯的想法都归于腓力，他说他自己只是赞同腓力的意愿罢了。）表面上，雅典的领袖们必定给使节们留下了乐意合作、感恩怀德和急于讨好的印象。但是，这种公开的顺从显然是有限度的：恭敬有礼绝不允许沦为彻底的卑躬屈膝。当阵亡将士骨灰瓮交接过来后，被选出来发表国葬演说辞的并非某个可靠无虞的亲马其顿的谄媚之人，而是顽固的德摩斯提尼，腓力最不妥协的对手。他在葬礼上所讲的内容没有保存下来，但我们还存有为公墓而作的动人的碑文：[25]

> 睽睽注目、洞观人事的光阴，
> 去告诉世人我等所经受的命运，
> 为保卫希腊的神圣国土，
> 在波奥提亚平原我们慨然身殉。

---

* 除了他是一个曾为腓力和亚历山大效命且颇受信任的将军和大使外，对于此人我们知之甚少：参见 Berve, *APG*, II, p. 23, no. 47 和 Tod, II, no. 180。至于他之后的人生，参见下文第 187 页及以下。——原注

特使们在来雅典之前已经得到了简要的指令。他们最重要的使命之一就是非正式地和福基翁、吕库古（Lycurgus）等几个主要政治家商讨腓力未来的计划，并评估他们的反应。他们所强调的主要建议包括，在所有希腊城邦中间建立"普遍和平"（koiné eirené）、组建新的希腊同盟；而更大胆的提议是，在马其顿的领导下发动泛希腊的反波斯之战。所以，亚历山大在他父亲的所有绝密计划制定之初就有所了解，这是一种特别优先权。更重要的是，他对与之相关的时间表十分熟悉。我们对他在雅典的活动知之甚少，但即使是这少量的信息也十分有趣。东道主们听说他是个跑步健将，于是出于奉承，他们鼓动他和一流的奥林匹亚运动员一较高下。当后者"似乎有意放慢步伐时，亚历山大感到非常地气愤"。可能就是在这个场合上，他说出了那句著名的话，即只有以王者作为对手他才与之赛跑。他还请求色诺克拉特斯——目前的学园领袖，以道德实用主义闻名——为他草拟一份"君主政体的法则"。人们自然会想，他觉得他再过多久就会用上它们呢？[26]

与此同时，从不愿浪费时间的腓力率领军队从希腊中部南下到了伯罗奔尼撒。他致信斯巴达人，询问自己是要以朋友还是敌人的身份过去呢，而他得到的是一个典型的拉科尼亚式的回答："都不。"另一方面，阿尔戈斯等斯巴达的传统敌人则热诚地欢迎他。尽管之前做过不驻军的声明（参见上文第80页），但他还是在科林斯卫城留下了一支卫戍部队，可能在其他几个要地也留了一些驻军。他把许多拉科尼亚的土地分给了反斯巴达的城邦，并且使美塞尼亚摆脱了受奴役的状态。有个斯巴达官员没好气地探问，他是否会给美塞尼亚人留下一支足够强大的部队以保卫他们所获得的东西。[27]

他和每个城邦单独签定协议，"分而治之"的原则如今已经成了他的习性。唯有斯巴达以其对抗性的执拗拒绝谈判，而对此腓力也不强求。他可能觉得，一个独立的斯巴达可以有效地制衡他那些新的伯罗奔尼撒盟友，毕竟他们刚从斯巴达的领土中分得了一些土地。腓力宫的奉献是一个有益的提醒，它提醒人们，从今往后无论民主形式怎样变成希腊人自尊的慰藉，终究都是腓力领导而希腊人服从。当国王宣布要在科林斯举行一次普遍和平的大会时,只有斯巴达拒绝参加。[28]

大约在10月份的第一个星期,代表们都来了;腓力煞费苦心地去取悦他们,抚慰他们受伤的自尊心。他需要希腊人支持他的波斯冒险,并且他决心要得到这份支持。首先,他宣读了一份有关他的提议的宣言草案(*diagramma*),这份草案私下里已经通过多种外交渠道传播开了。这份宣言构成了随后所有讨论的基础,而且没做多少改动就得到了批准。[29]大体上,它可以归结为以下几点内容。希腊城邦将实现普遍和平,同时相互结盟,共同组建一个联邦式的希腊同盟。该同盟将通过联合议事会(*Synhedrion*)共同做决策,在议事会中各个城邦根据本身的规模大小和军事力量的重要程度而享有相应的代表权。由五位主席(*prohedroi*)构成的常设指导委员会设在科林斯,而议事会本身则在依次在四个泛希腊节日——分别在奥林匹亚、德尔菲、尼米亚和地峡——期间举行全体会议。

同时,同盟将和马其顿单独结盟,而马其顿本身并不成为同盟中的一员。这份协议是和"腓力及其后代"达成的,永久有效。国王将是同盟的联合部队的"领袖"(*hegemon*),这是专为希腊的总体安全而设的一个兼具内政和军事功能的职位。至少在理论上,决议要由议事会通过,而领袖则是执行者。如果希腊人卷入战争,那么他们可以要求马其顿支持他们。同样,如果腓力需要军事援助,那么他有权从同盟那里获得援军。在这种情况下,他得到另一个更加纯粹军事性的身份。除了作为领袖,他还变成了*strategos autokrator*,即战场上所有马其顿或同盟军队的全权代表或最高统帅,在敌对状态持续期间一直如此。

尽管腓力小心翼翼地将自己的权力伪装在这个精心构建的准联邦的外衣下,但谁真正在做决策则是不言而喻的。比如说,领袖的职责之一就是评估每个城邦的军事义务,以替代相应的税金。(交税会损害腓力苦心维持的自由和自治的表象;此外,当前他需要的是人力而非金钱。)虽然出于明显的安全因素的考虑,尚未有人公开讨论这一话题,但是谁都知道,这项条款之所以添加进来,是因为腓力打算远征波斯。这项条款充分表明,腓力拥有事实上近乎无限的执行权,从而可以任意地支配未来希腊外交政策的整个走向。腓力的泛希腊主义只不过是稳定盟友的权宜之计,仅仅是进一步扩张马其顿势力的一个掩护罢了。

大部分希腊政治家对此心知肚明。对他们而言，这位自封的领袖仍旧是一个半蛮族的独裁者，通过征服把自己的愿望强加到他们的头上；当亚历山大接替腓力时，他也继承了一笔憎恶和怨恨的遗产，而他自己的政策也并没有改变这点。事情的残酷真相是，绝大多数的希腊人之所以屈服是因为在喀罗尼亚之战后他们别无选择。腓力也没有被他们佯装的忠诚所欺骗。实际上，他们所提供的分遣部队就是腓力为了让他们安分守己而索要的人质。我们将会看到，希腊人只要见到有一丝儿的机会可以摆脱马其顿的枷锁，他们就会乘机而起。这种棘手而坚定的怨恨，是腓力和亚历山大都难以压制的。它总是隐藏在背后，一直威胁着他们气吞山河的雄心壮志。[30]

在为和平大会打好基础后，腓力回到了佩拉。[31] 在他事业的这个关节点上，我们有理由认为，他不惜一切代价想避免的就是内部的或家庭的动乱。在国外有太多东西处在紧要关头，在国内决不能有爆发贵族战争的风险。然而就在此时，国王似乎在经过一番深思熟虑之后采取了一系列行动。这些行动将马其顿王室分裂成了两个极端对立的阵营，并导致贵族阴谋迭出，甚至迫使迄今尚十分受宠的王太子流亡在外，而当时王太子那特殊的、实际上是独一无二的天赋是不可或缺的。对于不带偏见的局外人来说，腓力想必是突然发疯了。

公开的事实是众所周知的，并且毫无争议。腓力宣布他打算迎娶克里奥帕特拉（Cleopatra），她是一个低地贵族家庭的女儿；这一举动必定在域外王国的贵族当中引起了相当大的恐慌，他们一定会觉得，除了别的目的，这次婚姻还意在降低他们在佩拉的影响力。克里奥帕特拉的叔叔阿塔罗斯（Attalus）是一位勇猛且受欢迎的将军，[32] 他本人最近娶了帕美尼翁的女儿。在他们之间，两个家族似乎在宫廷中形成了一个可怕的派别。然而，亚历山大仍是腓力无可争辩的长子，是公认的法定继承人。他的继承权一直是无可质疑的——直到腓力准备以涉嫌通奸为由休弃奥林匹娅斯，并且纵容谣言说亚历山大本人很可能是非婚生的，借此表明他打算再次结婚。[33]

此时此刻，没有人会看不出国王的真实意图到底是什么。他长期以来为继位问题所做的慎重安排几乎在一夜之间就被抛弃了。他与奥林匹娅斯的婚姻代表着低地地区与高地地区的整合，而这一政策同样也要被放弃了：由克里奥帕特拉做他的当朝王后，马其顿王室就"不再是东部与西部的联合，而将只是一个平原王朝"。[34] 所谓腓力真的相信亚历山大乃是非婚生的，纯属无稽之谈。正如我们所看到的，这类指控只不过是王室权力游戏的常规武器而已，而且人们也是这么看的，腓力本人及其直接先辈也曾在不同时期被人用这种方式诋毁过。[35] 因此，真正需要讨论的问题是为什么他突然决定要采用这些策略，特别是在此时——至少从表面上看他没有任何明显的理由去这么做，而且事实上其后果将是失去所有的一切。

可以想见，那场婚宴的气氛必定十分紧张。当亚历山大走进来，走到他理所应得的尊位——即他父亲的对面——时，他对腓力说："当我母亲再婚时，我会邀请你去参加她的婚礼的。"这句话是不会让任何人感到自在的。那天晚上，人们以真正的马其顿作派，喝了不计其数的葡萄酒。最后，阿塔罗斯摇摇晃晃地站了起来，举杯敬酒，在敬酒辞中他"号召马其顿人一起来祈求诸神，让腓力和克里奥帕特拉生下一个真正合法的王位继承人"。窗户纸终于捅破了，而且它以这种方式公开表达出来，没有人可以——至少亚历山大没法——听而不闻。

怒不可遏的王太子站了起来。"你在说我是个私生子吗？"他大声吼道，并将杯子往阿塔罗斯的脸上掷去。阿塔罗斯也以同样的方式回敬。喝得比那两人都醉的腓力拔剑而起，蹒跚地向前走去，他挥剑要砍的却不是阿塔罗斯（此人毕竟污辱了他的儿子兼继承人），而是亚历山大。这一举动其意义已昭然若揭。然而，由于喝了太多的酒，加之腿瘸（参见上文第69页），腓力竟被凳子绊倒，一头栽倒在地。亚历山大用冷冷的蔑视口吻说道："先生们，这就是那位准备从欧罗巴跨向亚细亚的人，他甚至连从这张躺椅跨到另一张躺椅都做不到！"在这危急时刻，他们三人都暴露出了各自心中藏得最深的念头。亚历山大随即愤恨而去，连夜出走；待到次日清晨，他和奥林匹娅斯就已经出了边境。在护送他母亲回到伊庇鲁斯的亲戚那儿后，王太子本人继续前往伊利里亚，可能是和他的朋友阿格里安人的国王兰伽洛斯（Langarus）待在一起，此人后来给他提供了一些最为强悍和可靠的轻装部队（参见下文第 130 页）。这些行动可谓意味深长。很明显，从现在起亚历山大和奥林匹娅斯将积极地与腓力作对，尽其所能地通过西部边境的所有部落给腓力制造麻烦。[36]

腓力的举动乍一看几乎没法用理性的方式予以解释。古代的史料作者也意识到了这点，他们猜想腓力疯狂地爱上了克里奥帕特拉，以致多少失去了理智。但正如我们所看到的，腓力决不是那种会把婚姻和心血来潮的色欲相混淆之人。纵使克里奥帕特拉像安妮·博林*那样，坚持要求结婚，那也没有理由说腓力就非得休弃奥林匹娅斯不可（他娶第四任妻子时就没有这么做），[37]更不用说他花了近二十年时间当作继承人来培养的亚历山大了。这一步必定会产生极为严重的后果，所以，除非是有迫在眉睫的肘腋之患——某种更严重的、因而需要走这一步以尽力避开的威胁，否则没有什么事情会让他这么做。

但是，这种威胁会是什么呢？大多数的现代史家没能给出任何稍微充分一点儿的动机解释。有人说，腓力那些不安分的贵族们决意要有一个血统纯正的马其顿王位继承人，因而是他们逼迫国王这么做的。但这根本解释不通。此前，亚历山大作为法定继承人没有人曾反对过，为什么现在他们会突然这么做呢？不管怎样，马其顿王位的继承完全是根据父系进行的（参见上文第 28 页）；而且最重要的是，腓力二世决非甘受他人强迫之人，尤其是在这种既私人、又容易在政治上引发爆炸性反应的事情上。有人提出了另一种解释，但似乎更不太可能。这种解释认为，如果腓力和亚历山大全都在亚洲战役中被杀，那时将没有合适的继任者，毕竟阿敏塔斯一无所长，而腓力·阿里戴奥斯是个弱智。故而，在发动远征之前必须再生一个第二继承人才行。但是我们不免要问，如果真是这样，为什么在替补者甚至还没有孕育的情况下，就要先无情地抛弃现有最好的继承人呢？[38]

事实上，有且仅有一个动机会驱使腓力这么做，即他相信亚历山大和

---

* 安妮·博林（Anne Boleyn，1501—1536），英王亨利八世第二任王后，原本是亨利八世的王后凯瑟琳的侍从女官，但与亨利八世暗中偷情。1533 年，她与亨利八世秘密结婚，不久成为合法妻子。后来两人关系恶化，1536 年安妮·博林以通奸罪被斩首。

奥林匹娅斯正密谋要推翻他,不管这种信念有无根据。除此以外别无他解。如果这就是国王心中所想的,他的举动立马就可以说得通了。他不可能启程去征讨波斯大王,而把马其顿留给潜在的篡位者。同样,他也不能把自己的精锐骑兵部队交由一个其忠诚与否尚且存疑的人去指挥。即使没有确切的证据——更不用说可能有某种确切证据——其风险也太大了。于是,只能牺牲掉亚历山大,连同奥林匹娅斯。

事情似乎已经很清楚了。但是对现代读者来说,最关键的一点是腓力的怀疑实际是否是有理由的,而这里唯一可能的结论是"证据不足"。尽管如此,要看出这些怀疑是如何产生的并不难。从一开始,奥林匹娅斯就一直鼓励亚历山大设想仅靠自己的能力而当上国王,而非只是作为腓力的最终继承人。我们不必怀疑,这就是父子俩之间几次"大争吵"[39]的主要源头;王后的嫉妒天性常常火上浇油,而且在争吵中她总是站在亚历山大一边。

喀罗尼亚之战还进一步加剧了亚历山大与其父之间的天然竞争关系。人们会说,是亚历山大为腓力赢得胜利的,而我们看到,腓力千方百计地要否认这种说法。或许国王确实有理由恼怒,因为亚历山大后来夸口称,"著名的喀罗尼亚胜利本是他的功劳,但如此伟大战役的荣誉却因忌恨和嫉妒而被他的父亲夺走"。[40] 另一方面,是腓力本人将亚历山大提升到一个内政和军事的高位上,这本是他慎重考虑过的政策。倘若这位少年在履行职责时完成得格外出色,那他也无可抱怨。但是,在嫉妒和反叛之间有着明显的界线。我们有什么理由假定,腓力的继承人越过了这条界线呢?而且如果他确实越位了,那为什么是现在而不是别的时候?

我们已经看到,亚历山大是怎样把自己想像成年轻的阿基琉斯的,他设想自己命中注定会在征讨亚洲蛮族的战争中获得荣誉和美名。他对战争的态度完全是荷马式的:对他来说,战争始终是通向个人 *areté* 的皇家大道。他睡觉时枕下放着两样东西:一把匕首和一本翻旧了的《伊利亚特》。奥林匹娅斯从小就教他要把王权视为自己的使命。而亚里士多德则在他心中植入了这样的信念,即只有凭借卓越的 *areté*,王权才会合法,并且他还强调了征讨波斯之战的合法性,以此向他表明如何才能够实现这样的

areté。但是，在亚历山大和他视为个人神圣权利的王位之间，还矗立着一个看似不可逾越的障碍：他的父亲。

腓力的人生太过传奇。二十多年来，在他所参与的每场战斗中他都奋不顾身。可他还是活了下来，尽管腿瘸了，伤疤多了，一只眼睛没了，连锁骨也折了，手也受了伤，[41]但是他依旧活力四射、热情洋溢，其雄心壮志丝毫不弱于他的儿子，何况他还更有经验，45 岁左右却已是身经百战。当亚历山大抱怨他父亲不会留下任何伟大或耀眼的功业让他去建立时，他决不是在说笑。在喀罗尼亚之战后，他最担心的事情很可能就要发生了——他恐怕只能像阿基琉斯那样无可奈何地说："你们都看见我的礼物就要失去。"[42]

现在，正筹划发动反波斯的泛希腊远征大军的，是腓力而不是亚历山大。如果此等壮举得以成功，收获由此而来的不朽美名的也将是腓力而不是亚历山大。除非有某种偶然的灾祸将国王击倒，否则亚历山大所能期待的只有副统帅所能享有的次等荣誉，也许甚至连次等荣誉都不可得，因为在这场至关重要的远征中，腓力很可能会选择他年长而深受信任的副手帕美尼翁为副统帅。更糟糕的是，亚历山大有可能会被再次留在后方做马其顿的摄政，从而与这项他视为天降于己的大任无缘。因而无可否认，他非常强烈、非常迫切地希望腓力能让位。

据说在喀罗尼亚之战后，马其顿人就开始说腓力是他们的将军而亚历山大是他们的国王了。[43]不难猜测，是谁制造了这个传言，或者说，是谁在散布消息说腓力对这种恭维他继承人的话感到"很高兴"。我们还留存着一些宝石浮雕——据说是公元前 4 世纪的原作的复制品——这些浮雕表现的可能是亚历山大和奥林匹娅斯（其描述还不能完全确定），风格非常像是一些罗马皇帝及其配偶。[44]那么，这些是不是专门用来宣扬母子联合统治的宣传手段之一呢？在亚历山大实际登基之后，他将会想方设法使奥林匹娅斯待在幕后。但是，在这早期阶段（而且考虑到她和伊庇鲁斯王室的关系），他可能觉得助长她的野心在政治上比较有利。

事情的真相已无法确知。从受益者有责的原则出发来看，亚历山大通过在远征开始之前就发动政变，可以毫无疑问赢得一切。另一方面，在马其顿宫廷中还有一个由阿塔罗斯和帕美尼翁组成的强大派系,他们厌恶这位高傲的王子及其盛气凌人的外国母亲,极力想让阿吉德王朝摆脱域外王国的影响,而且还可能一心想阻止亚历山大继位。腓力与克里奥帕特拉的婚姻,以及更为重要的他对奥林匹娅斯的休弃,都是这一派系运作相当成功的有力证据。散布谣言暗指高层作乱,就是消解腓力对亚历山大与奥林匹娅斯的信任的最明显和最有效的方式。

无论如何,到公元前338年秋末,亚历山大一直高照着的吉星似乎完全失色了。当他和奥林匹娅斯愤而去国时,敌人的地位恰恰更加稳固了。入侵的准备工作仍在进行,同时腓力新妻怀孕的消息很快就传开了。现在,前景似乎十分明朗,而当时很少有人预料到,不久之后事情就会发生意想不到的逆转。

公元前338/337年的整个冬天,和平大会继续在科林斯召开。到了春天,代表们最终批准了他们的"普遍和平"条约,并根据腓力在宣言中所建议的方针组建了希腊同盟。同盟的代表们宣誓就职完毕,不久之后举行了第一次正式的全体会议。会议随即投票通过与"腓力及其后代"结盟的决定,并全体一致地选举腓力担任领袖一职。更重要的是,这还使得他成了联合议事会的当然主席。以此身份,他正式提议同盟应当对波斯宣战,以报复当年薛西斯对希腊诸神的神庙所犯的渎神罪行。[45]

这项动议也得到了拥护,但那时同盟在这件事情上别无选择。同盟也只能任命腓力作远征军的战场统帅,并使其"拥有无限的权力"。另一条意味深长(且非常必要)的法令规定,从今往后任何希腊人要是选择为波斯大王效命,就会被当作叛徒处理。此时,大约有15000名希腊雇佣兵,还不算为数众多的医生、工程师、技术员以及职业外交家,正拿着波斯人所给的薪酬。实际上,这是同盟最终为计划中的讨伐大流士的泛希腊远征军贡献的人数的两倍还多。小亚细亚的希腊城邦早已对所谓的"解放战争"不抱幻想,特别是当这些战争由雅典和斯巴达等希腊本土大国指挥时。他们的主要目标似乎是为了从波斯手里夺得富裕的附属盟友,而当他们需要波斯的支持时,他们也随时准备将其出卖给波斯大王。阿契美尼德王朝的统治起码比较温和，而且维持了长时期的稳定，许多伊奥尼亚城邦更乐意接受这种状态，其原因不言自明。[46]

腓力从科林斯回到佩拉，心情非常愉快，尤其是当他听说埃及正在酝酿一场新的叛乱时。[47]此时此刻，任何有可能牵制波斯大王的事情都格外令人欣喜。然而，他的喜心乐事不过是昙花一现。大约仲夏时候，克里奥帕特拉的孩子出世了，不过不是腓力所期待的男性继承人，而是一个女孩。[48]国王是个彻头彻尾的现实主义政治家，他比谁都清楚这意味着什么。在他出征期间，他绝对不能让马其顿连一个公认的王位继承人都没有。他此时也无法动身前往亚洲，因时一个危险而愤懑的王位继承人正在伊利里亚人那里制造麻烦，而在伊庇鲁斯，他自己的被休妻子同样也在其兄弟的宫廷中筹谋着。[49]没别的办法，必须让亚历山大回来并恢复其原有地位。

问题是，他会回来吗？当腓力正在考虑这个问题时，年迈的科林斯的德玛拉托斯恰好来访，此人也是亚历山大的密友（参见上文第 44 页）。在相互寒暄客套一番之后，腓力开始谈论正事。他问，现在希腊各城邦团结一致吗？德玛拉托斯答道："此时您家中正乱作一团，您还在谈论希腊人的和睦问题！"腓力非但没有生气，反而立马看出德玛拉托斯可以充当理想的中间人。即使如此，要应对这一棘手的局面，这位科林斯人也得竭尽他所有的智谋和手段。[50]

不管怎样，德玛拉托斯一行不辱使命（至于他到底怎么做到的，史无明文），他成功把亚历山大带回了佩拉。至少腓力可以做出这样的保证，亚历山大仍旧做他的既定继承人，尽管看上去未必如此。另一方面，国王决定不再让儿子受到其母亲的有害的影响。因而，他让奥林匹娅斯留在伊庇鲁斯，如果她在宫廷中，她完全可能闹得鸡犬不宁，与此相比，她在遥远的伊庇鲁斯所造成的任何尴尬都可以忽略不计。事实上，他也没有让亚历山大回到他原来深受信任的位置。而且好像是为了强调这一事实，他在克里奥帕特拉分娩之后马上又让她第二次怀孕了。

公元前337/336年的那个冬天，腓力的宫廷平静却又透着稍许的不安。腓力正忙于训练军队，准备将其作为先头部队派往小亚细亚，事先为大部队控制一个安全的据点。同时，他也正以惊人的速度在耗尽他的财政储备。部队的薪水——在这种情况下往往被首先牺牲掉——已经拖欠得很严重了。有一天，腓力正在体育馆打拳击，这时一队士兵围住了他，冲他大声抱怨。满身都是尘土和汗水的腓力，欢快而厚颜无耻地咧着嘴笑。他说："没错，小伙子们。但是这会儿不要来打扰我——我正积极训练对付蛮族人，以便能用战利品十倍地偿付你们。"说完，他拍拍手，从他们中间冲了过去，一头扎到水池中，和刚才打拳击的对手溅着水玩，士兵等烦了后便自行离开了。[51]

这个故事生动地说明了腓力与其部下之间轻松而不拘礼节的关系。但它也提示我们，腓力在时间和金钱方面面临着严峻的困境。眼下，他根本无法转移目标去发动任何小规模的战役。所以，当有消息称奥林匹娅斯已经说服她兄弟对马其顿宣战时，他采用的是外交手段而不是武力：这并不是说他低估了他所要对付的那个人。伊庇鲁斯的亚历山大是一个独立自主且雄心勃勃的年轻人。他得以继位要归功于腓力，但他并未将此事放在心上，或许在他看来，这是一种公平的回报，对他在敏感的年纪忍受姐夫的同性恋骚扰的报偿。但是，一贯务实的腓力并没有气馁。虽然这位桀骜不驯的年轻人好像对他靠裙带和男色上位的说法无动于衷，但他仍有可能会对一场乱伦婚姻感兴趣，特别是如果这可以带来政治上的好处的话。

所以，腓力写信向那位伊庇鲁斯国王提出联姻，希望对方迎娶自己和奥林匹娅斯的女儿克里奥帕特拉*——当然她也是她未来新郎的外甥女。不管出于何种原因，伊庇鲁斯国王欣然接受了提亲。婚礼定在6月，在马其顿旧都埃盖举办。至于克里奥帕特拉本人对这场奇怪的婚姻是怎么想的，史无明文。可以设想，作为亚历山大的妹妹的她是一个坚强且热情的女孩。和她的哥哥不同，她似乎还很喜欢性爱。亚历山大对她的小过失颇为容忍。

---

* 这有别于腓力的新妻克里奥帕特拉—欧律狄刻。研究马其顿史特别令人恼火的问题之一便是，少数几个名字颠来倒去、没完没了地在用。不管什么时候，我们经常无法确定所讨论的阿敏塔斯或保萨尼阿斯（实际上也包括腓力和亚历山大）到底是哪一个。——原注

有一次，有人向他报告说她找了一个很有魅力的年轻小伙子作情人，而他竟只是说道："我看不出为什么她不能也利用她的王室身份捞一些好处。"⁵²

公元前336年早春时候，一支包括1000名骑兵的10000人的先遣部队渡过海峡来到了小亚细亚。他们的任务是确保赫勒斯滂海峡的安全、储备物资以及——用腓力消遣般的玩世不恭的说法来讲就是——"解放希腊城邦"。这支军队由帕美尼翁、他的女婿阿塔罗斯和阿拉拜奥斯（Arrhabaeus）之子阿敏塔斯领导。在此，我们可以瞥见腓力更加棘手的难题之一，即前线与后方之间优先性的冲突。他不得不派出他所能信任的将领；同时，帕美尼翁与阿塔罗斯的外派，意味着当他最需要他们时，这两位最有力的支持者都远在佩拉之外。这一弱点，任何潜在的篡位者——尤其是马其顿人——都会加以利用。

起初，帕美尼翁的胜利一个接着一个。在越过赫勒斯滂海峡后，他的军队沿着伊奥尼亚海岸向南进击。基俄斯倒向了他，厄里特莱紧随其后；可能还有其他的征服行动，特别是在特洛亚斯和阿德拉米提昂湾附近，但我们残存的史料没有相关的记载。当帕美尼翁接近以弗所时，当地居民自发起义，驱逐了亲波斯的僭主，热烈欢迎马其顿人的到来。他们还在阿耳特弥斯神庙中为腓力立了雕像，与女神的雕像紧挨着。如此奇怪的礼赞举动到底是他们自己的想法，还是根据腓力人所共知的愿望而做的，这一直有疑问。我们只能说，该举动不寻常地非常契合他众所周知的君主崇拜宣传。这位建造了腓力宫并且随后试图让自己也跻身十二奥林波斯神之列并导致严重后果的腓力，如果觉得可以提高自己的政治优势，自然不惮于与以弗所的阿耳特弥斯共享尊位。

毋庸置疑，在筹划入侵行动时他确实非常渴望能得到神明的支持。他派了一个代表前去德尔菲（在那儿他被授予了赞助人的荣誉），后者以不容商量的直白口气询问皮提亚女祭司，腓力能否征服波斯大王。女祭司很从容地回应了这种直率的探问。几个世纪以来，那些征询神谕的人对于捉摸不定的回复向来很满意，倘若他们能够按他们所预期的方式来解读的话。腓力获得的回复也不例外。神谕说："公牛已被戴上花环。一切皆已完成。献祭者已经准备就绪。"腓力将此理解为波斯君主将会像牺牲那样在祭坛上被屠宰。事情的实际进展则表明,德尔菲神谕(从回顾的角度常常如此)其实另有所指。然而此时,腓力"很高兴地认为,亚洲将会成为马其顿人的阶下囚"。[53]

很明显,其他人也相信他的判断,包括小亚细亚的众多地方统治者;当决战时刻到来时,他们都渴望站在胜利者的一边。其中之一,卡里亚的君主皮克索达洛斯(Pixodarus)现在派遣使节来到佩拉,为他的长女提亲,他想让她与亚历山大的异母弟腓力·阿里戴奥斯共结连理。皮克索达洛斯实际想要的自然是与马其顿结成军事同盟。他将他的姊妹阿达逐出哈利卡那索斯,从而夺得了王位,而他与波斯的关系至少可以说并不稳定。他也没有高估自己充当盟友的资格。尽管他自称是伟大的摩索罗斯(Mausolus)的子孙,*但对腓力来说,他仅仅是一个边鄙之地的贵族而已,再没有比腓力这样比自己也被称为蛮族的人更势利的了。尽管如此,但是由于即将入侵波斯,国王认为能在卡里亚找到一个盟友无疑是非常有利的。此外,皮克索达洛斯必定很清楚,腓力·阿里戴奥斯有精神障碍,因此若有机会通过这个孩子的婚姻而获得政治利益,国王一定会欣然接受的。

然而,此时深深缺乏安全感的亚历山大开始变得有些偏执了,他坚信腓力的真实目的是"通过一场奢华的婚礼和重大的联姻",把年轻的阿里戴奥斯立为继承人。且不说腓力是否真的会把马其顿王位传给一个智障儿,假如亚历山大真的相信那位卡里亚的地方君主抛出的是一场"重大的联姻",那他显然已经不会理性思考了。可以肯定,他所设想的是,皮克索达洛斯在估量了马其顿王室各派系之后认为,政治前景更好的乃是阿里戴奥斯而非亚历山大。

这一推断必定加强了他原本就已深重的疑心。这也许还解释了,为什么他此时会派他的朋友、演员特萨罗斯(Thessalus)[54]带着另一提议,秘密前往哈利卡那索斯。他建议皮克索达洛斯不要理会弱智的阿里戴奥斯,而应反过来选亚历山大作女婿。即使作最善意的理解,这也是一次明目张

---

* 他的妻子(兼妹妹和继任者)阿耳特弥西亚(Artemisia)为纪念他建造了摩索罗斯陵墓——世界七大奇迹之一——并且将他的骨灰掺入她每天所喝的葡萄酒之中,直到两年后她本人去世为止。——原注

胆的欺君犯上之举，而且完全可以解释成叛国行为。再者，倘若皮克索达洛斯接受了亚历山大的提议，他们的秘密协定必定很快就会公之于众。到时亚历山大要怎么办？他预计他父亲对此有何反应呢？会送来慈父般的祝福吗？

皮克索达洛斯显然以为自己误判了佩拉的局势，于是颇为兴奋地接受了新提议，想当然地认为这是腓力已经知晓并同意了的。从任何角度来看，亚历山大都要比他的异母弟好得多。但是，亚历山大的一个朋友菲罗塔斯（Philotas）也秘密参与了这些洽谈，同时他恰好也是帕美尼翁的儿子，于是就把亚历山大的计划告诉了他的父亲。对腓力一向忠心耿耿的帕美尼翁，立即向腓力报告了眼下正在发生的事情。国王勃然大怒，带上菲罗塔斯作见证人，[55] 狂暴地训斥了亚历山大。普鲁塔克说，他"严厉斥责了他的儿子，痛骂他为人可耻，配不上他的高贵地位，竟然想要成为一个蛮族国王的女婿"。亚历山大小心谨慎地一言不发，而当时腓力似乎也没有对他个人采取什么直接的行动。

不过，他立马处置了亚历山大的朋友和帮手，其处置方式说明他嗅到了阴谋的气息，有必要采取措施来保卫他自己的地位。演员特萨罗斯逃到了科林斯。作为同盟的统帅，腓力要求立即将他引渡回国，于是这位可怜的演员便带着镣铐被送回了马其顿。（亚历山大后来释放了他，并让他充分发挥个人专长。）与此同时，一群后来在亚历山大手下获得声名和财富的人被驱逐出境，其中包括他的帝国财政官哈尔帕罗斯、拉古斯之子托勒密（传说是腓力的私生子）、克里特人涅阿尔科斯（Nearchus）、密提勒涅的厄里吉奥斯及其操波斯语的兄弟拉奥墨冬。[56] 皮克索达洛斯一事充斥着矛盾和似是而非、半真半假的说辞，在其背后，人们可以感觉到有一场未遂的政变。如果这就是真相，那么腓力在这危急关头选择宽恕其子，其唯一可能的动机便是个人的爱——这份爱大概让他付出了王权和生命的代价。

腓力的所作所为似乎是为了妥协。他没有处决亚历山大的朋友，也没有动亚历山大一根毫毛。或许他觉得，远征波斯在即而且佩拉的权力平衡并不稳定，他不敢贸然进行一次大清洗。不管怎样，清洗行动对他都没有什么吸引力。有时候，他也会处决众所周知的反叛者，比如他的异母兄弟，这些人对他个人造成了直接的威胁，但是作为权力政治的一种特殊工具，恐怖统治不是腓力的风格。另一方面，此事最重要的后果无疑是国王公开表明了他在继位一事上的态度。现在已不存在支不支持亚历山大继承权的问题了。在腓力的纵容和默许之下，有关王太子非婚生的谣言再度沉渣泛起。更为不祥的预兆是，国王现在为他兄弟的儿子、温良但无大志的阿敏塔斯和他自己与奥达塔的女儿库楠妮安排了一场婚礼（参见上文第27页）。局势又一次变得对亚历山大很不利；随着克里奥帕特拉即将在一个月后生下第二个孩子，亚历山大的前途看起来真的是非常不妙了。[57]

对腓力而言，公元前336年6月表面上有着一个再好不过的开头。首先，波斯方面传来令人振奋的消息说，宫廷中又爆发了一次新的政变，波斯大王在这场政变中被弑。政变的主谋又是大维齐尔巴戈亚斯，原因是傀儡国王阿尔塞斯似乎有想要独立自主的倾向。这最近的弑君举动彻底终结了阿契美尼德王朝的直系血统，看起来波斯即将进入新的混乱和内战时期，因而也就没有一个强大的中央政府，也缺乏意志和协作来抵抗一次蓄谋已久的进攻。正如后来事情的发展所证明的，这种前景有点过于乐观了。巴戈亚斯到处寻找既合适又听话的继承人，最后选定了一个名叫科多曼（Codoman）的王室旁系成员，此人现在便以大流士三世的名号登上王位。但要命的是，这一次狡猾的老宦官竟看错了人。新国王在军事方面有着傲人的记录（我们将会看到在伊索斯他曾让亚历山大吃了不小的苦头），明显要比可怜的阿尔塞斯坚强得多。不管怎样，他登基后所采取的第一个行动，便是让巴戈亚斯喝下他自己曾让其他许多人服过的毒药——这开局第一招虽然有点让人不安，但好歹终结了潜在的宫廷阴谋（至少目前是这样）。不管后世有何严厉的评判，大流士三世绝不是一个可以低估的对手。[58]

与此同时，在马其顿的旧都埃盖，亚历山大的妹妹克里奥帕特拉与她的舅舅、腓力先前的嬖幸、伊庇鲁斯国王亚历山大的婚礼正在筹备之中。腓力打算借这场国家婚庆做一次华丽的——如果不是张扬的话——展示和宣传。总之，他想给希腊人留下深刻的印象。他觉得，他应当用一场恰如其分的宴会来回报他们，回报"他被任命为最高统帅的荣耀"。但是不仅如此，他还渴望向他们证明自己的善意，从而赢得他们真心的支持。他必须表明，自己不是一个纯粹的军事暴君，而是一个文明而慷慨的政治家。

当然，最重要的是要让各界名流云集埃盖。腓力从希腊召来了他自己所有的朋友，并且命令马其顿贵族也这么做。腓力以为，一旦客人来齐，剩下的只要交给他那盛大的宴会就行了。[59] 他已经安排了一连串不间断的丰盛晚宴、公共比赛、音乐节庆以及"给诸神的豪华献祭"。腓力不惜一切代价，想让它成为真正令人印象深刻且难以忘怀的盛典。事实证明，它最终比任何人所能预见的都更加难以忘怀。[60]

在筹备过程中发生了一件事，从腓力的角度看，这事来得真的太是时候了：国王年轻的妻子赶巧生了一个儿子。似乎是为了强调这孩子将来要做他的继承人，腓力以神话中阿吉德王朝的创立者卡拉诺斯（Caranus）为之命名。[61] 不难想象，亚历山大对这一举动会有何反应。如今在宫廷中，他几乎陷于完全孤立的境地。在贵族旧部当中，只有安提帕特还可视作潜在的盟友，因为他"对其权势因帕美尼翁和阿塔罗斯而不断削弱愤恨不已，而且十分厌恶腓力僭称为神的做法"。[62] 如果亚历山大不马上行动起来，那以后就来不及了。然而，当新郎一方从伊庇鲁斯到来时，亚历山大有了一个支持者，在他看来抵得过其他所有的人加在一起。在这关键的几个月里，腓力一直设法使亚历山大远离其母亲的直接影响。但他很难阻止奥林匹娅斯作为其兄弟婚礼上的宾客回到马其顿。[63] 当亚历山大、安提帕特和前任王后最终再度碰面时，他们必定觉得有太多的事情要讨论了。

第一天的庆祝仪式进行得很顺利。会场上的来宾甚至比腓力之前所期望的还要多。不仅有私人朋友，而且还有来自包括雅典在内的重要的希腊城邦的诸多使节，他们向腓力赠送了荣誉金冠。雅典的使者宣布，"如果有人图谋反对腓力国王并且逃到雅典来避难，那他将会被遣送回来"。这是一句传统的套话，但事后看来，这句套话却有着一种不祥的预言性的寓意。国宴过后悲剧演员涅奥普托勒摩斯（Neoptolemus）的表演亦是如此。

腓力命令他朗诵几段诗歌，要与当前的场合相宜，特别要与远征波斯以及预期中波斯大王的陨殁相关。涅奥普托勒摩斯选了一节诗（可能是出自埃斯库罗斯的一部已失传的悲剧），这一段讲述了由积金至斗和野心膨胀导致的命运。他朗诵道："你有雄心万丈高，梦想着麦野稼穑丰饶……殊不知，自有人……让我们梦想难圆——死神，这多少凡人的不幸之源。"就像皮提亚神谕，这几行诗可以有不止一个的解释。[64]

第二天专门用来举行竞技比赛。破晓之前，剧场里就已经座无虚席了。而当太阳升起时，一支华丽的仪仗队伍列队整形，缓缓地走入会场。打头的是"十二尊神像，其雕刻之精湛、装饰之绚烂，足以让观众们心生敬畏"。紧随其后的是腓力本人的雕像，该雕像"有如神明"，作为不太吉利的第十三位神插到队伍中来。国王的希腊来宾开始明白了，这种宣传造势除阿谀奉承之外还有其他目的。人们可能会问，现在又是谁如此傲慢呢？可以肯定地说，现场没有人会忘记在奥林匹亚的腓力宫，很多人还会联想到树立在以弗所的阿耳特弥斯神庙中的腓力雕像。而这最新的举动的含义确实令人不安。

最后，腓力本人出现了，他穿着白色礼服，面带笑容地独自走在两个亚历山大——他的儿子和新女婿——之间。他此前已经下令，让近身护卫官远远地跟着，"因为他想公开表明，他有着所有希腊人的善意作保护，根本不需要什么长枪卫队"。当他在舞台入口处稍作停驻时，一个年轻人——本身正是一名近身护卫官——突然从披风中拔出一把短小宽刃的凯尔特剑，迅速向前奔去，把剑完全刺入腓力的胸肋，当场将其杀死。随后，他径直逃到大门口，那里有几匹马正等着他。现场霎那间陷入死寂，人们完全惊呆了。接着，一群年轻的马其顿贵族急忙去追捕刺客。刺客被葡萄藤根绊了一下，于是摔倒在地。当他正要爬起来时，追捕者赶了上来，用标枪击中了他。[65]

那些把剑从腓力身上拔出来的人看到，象牙剑柄上刻着一辆战车的图案，于是有人回想起腓力所得到的特洛福尼奥斯神谕*，该神谕警告他要"当心战车"。或许，这就是为什么他要步行进场的原因，腓力也有他迷信的时候。如果真是这样，那么神谕和往常一样并没有给他带来什么益处。如今，他摊倒在尘土里，白色披风溅满了鲜血，他那宏伟的梦想已然破碎，就此遗落于世；尽管他已弃世不在，但他的雕像却依旧和其他众神比肩而立，既是人类虚妄意愿的见证，又是一种无声的嘲讽。[66]

刺杀腓力的人是国王近身护卫队中的一员，名叫保萨尼阿斯（Pausanias），来自域外王国奥瑞斯提斯。他即使不是王族成员，至少也是一名贵族。一两年前，[67]腓力为他非凡的青春俊美所吸引，把他带回来作情人。然而不久之后，国王便移情别恋，故而保萨尼阿斯对那位新人极为嫉妒，甚至把他称为"阴阳人"和放荡的小杂种。不过，在一次与伊利里亚人的战斗（公元前337年？）中，那个男孩（也叫保萨尼阿斯，真叫人晕头转向）为了救腓力牺牲了自己，证明了自己的男儿本色。这个保萨尼阿斯也是那位把侄女嫁给腓力的阿塔罗斯的朋友。

此事在宫廷圈子中引起了很大的愤慨，阿塔罗斯决定向挑唆者报仇。他选择的方式虽然野蛮而且让人作呕，但倒也有一点以其人之术还治其人的意味。他宴请保萨尼阿斯，将其灌得死醉。然后他自己以及所有的客人轮奸这个可怜的年轻人，轮奸之时其他人便在一旁观看，一边嘲笑，一边辱骂。最后，保萨尼阿斯被转到阿塔罗斯的马夫和骡夫的手中，他们用同样的方式来对付他，顺带还把他痛打了一顿。保萨尼阿斯恢复过来后，便跑到腓力那里控告阿塔罗斯。这使国王陷于一种很尴尬的境地。我们只知道，他"和保萨尼阿斯一样对这种野蛮行为十分愤怒"，这或许是真的。但是，他没办法冷落阿塔罗斯，因为此人不仅是他的叔丈，而且刚刚被任命为小亚细亚先遣队的联合指挥官（公元前336年春，参见上文第98页）。

---

* 特洛福尼奥斯（Trophonius），是神话中的人物。相传他与其兄弟阿伽美德斯（Agamedes）共同建造了德尔菲的阿波罗神庙，之后又为某位国王建造金库，但特意留了一个秘密入口。后来在偷窃金库时阿伽美德斯被陷阱抓住，特洛福尼奥斯怕人认出其兄弟的身份，便砍下他的头，然后继续逃跑，在逃入一个地下洞穴后从此消失不见。后来当地便发展出特洛福尼奥斯神谕，征询神谕同样也要下到洞穴中去。

克里奥帕特拉也为她的叔叔拼命地向腓力求情。因此，腓力就只是用各种理由敷衍保萨尼阿斯，或者（如果我们能相信查斯丁［Justin］的话）将此事当作一个玩笑，直至最后完全不理保萨尼阿斯的指控了。他希望大家能尽快忘掉这件事。可惜，事情并不如愿。[68]

这种同性恋情与报复的秽事乍一看并不能充分解释保萨尼阿斯刺杀腓力的动机，实际上我们的古代史料作者也不这么认为。他对国王的怨恨是合情合理的，但同时也是次要的。他真正的敌人是阿塔罗斯，但阿塔罗斯却很幸运地离开了马其顿。不管怎样，腓力说到底只是没有为他的前任情人主持正义而已。即使保萨尼阿斯最后确实是出于个人动机而刺杀腓力的，他也不太可能在没有其他人的主动帮助和怂恿之下就干出这种事来。他的怨恨极其强烈，而且尽人皆知，这就意味着他可以成为政治谋杀的绝好工具——至于现在谁具有最强的动机想让腓力出局，这同样不言而喻。[69] 普鲁塔克说："大部分人都归罪于奥林匹娅斯，理由是她曾给这位年轻人火上浇油，并挑唆他去做这件事。"正是她（查斯丁断言，"千真万确"）为刺客准备好马匹，以便他能快速逃离。实际上她随后的举动也表明，她不仅策划了谋杀其夫，而且公然引以为豪*——这可能是一种转移视线的手段，目的是让亚历山大免遭嫌疑，毕竟他才是保萨尼阿斯行动的最大受益人。

凶手的尸体被钉在一个公共绞刑架上，而当天晚上奥林匹娅斯却把一顶金冠戴在他的头上。过了几天，她把尸体取下，将其置于腓力的骨灰上焚烧，随后安葬在附近的一个坟墓中。每年的刺杀周年纪念日，她都会来这儿奠酒。她得到了保萨尼阿斯所用的剑，并且奉献给了阿波罗——以她的娘家姓密尔塔勒的名义。那时候，已无人再敢说三道四。

叛乱从未成功：原因何在？
因为倘若如此，无人敢称之为叛乱。

---

* 其他的一些细节已被多数现代史家当作无稽之谈摈弃掉了。但是，一个后来至少犯下五桩政治谋杀案（包括把一个小孩放在碳炉上烤）、下达过不止一百个处决令的女人，不太可能会是一个拘谨的人，而且奥林匹娅斯从来就不是一个会隐藏或抑制自身情绪的人。——原注

有其子必有其母：奥林匹娅斯也从不宽恕任何侮慢的言行，尤其是直接针对亚历山大的。而当她进行报复时，除圣经《旧约》中更加血腥的章节以外，其残暴程度少有其比。[70] 当时，亚历山大本人不可避免也会招致广泛的猜疑。众所周知，克里奥帕特拉的新生幼子是对他王位继承权的严重威胁。而且保萨尼阿斯在向腓力控告无果后，就向王太子痛诉自己所遭受的暴行，亚历山大听他说完之后，引用了欧里庇得斯的一行谜一般的诗句——"嫁女的国王、结婚的王子和出嫁的公主"；这可以理解为他在挑唆保萨尼阿斯去谋杀阿塔罗斯、腓力和克里奥帕特拉。[71]

现代学者的研究还可以进一步补充少量的细节。如果亚历山大要策划一次政变（在他强悍的母亲的帮助和鼓动之下），这正是他最好的时机。帕美尼翁和阿塔罗斯连同他们的众多封建依附者恰好远在亚洲。再者，来自希腊所有重要城邦的使节都适逢其时地齐聚埃盖，一同参加此次婚礼。假如腓力死了，他的继任者能否立即赢得广泛认可就非常关键。这种认可不仅要有马其顿的，同时也要有外国的。因为如果成为同盟的领袖，远征亚洲的最高指挥权就会移交到他的手中。这正是赚取支持的绝好时机。[72] 安提帕特在主持继位一事中所扮演的角色也提示我们，他同样深深卷入了此事。

刺杀事件本身有一些很有趣的特点。那三位追捕并杀死保萨尼阿斯的年轻贵族——佩狄卡斯、列昂那托斯（Leonnatus）和安德洛美涅斯（Andromenes）之子阿塔罗斯——全都是亚历山大的亲密好友。列昂那托斯与佩狄卡斯（和保萨尼阿斯一样）同属奥瑞斯提斯贵族，而阿塔罗斯则是佩狄卡斯的妹夫。最近有人提出，[73] 腓力之死实际上（如同亚历山大随后宣称的那样）是域外王国那些不满的密谋者们策划的，他们担心国王的新婚会彻底消除他们在宫廷中的影响力。毋宁说，就全部证据而言（特别是亚历山大个人与奥瑞斯提斯贵族团体的亲密关系），无论是谁策划的，这次的谋杀案都狡猾地利用了域外王国的愤恨，从而达成了自身不可告人的目的。利用一个众所周知对阿吉德王朝满怀怨恨的人自然要安全得多，这种人，日后还可以认定他具有真实或臆想的、代表高地势力篡夺王位的企图。最好的宣传就是最接近真相的宣传。有此意图的人不难发现：作为腓力王国的失势的——且有一半伊庇鲁斯血统——继承人,亚历山大正是这种潜在的谋反行动的天然首领。

根据这些事实,我们或许可以猜想刺杀腓力是如何策划和执行的。[74] 依旧对所受暴行怨恨不已的保萨尼阿斯可能和奥林匹娅斯接洽过,而且得到允诺说,如果他愿意与奥瑞斯提斯的三个族人一同刺杀国王,他就能获得高官厚禄。奥林匹娅斯随后将负责为他们四人准备好马匹。[75] 但是,保萨尼阿斯显然并不知道他的同谋者们、亦即亚历山大的亲密好友们真正要起的作用是什么。他们的任务不是干掉腓力,而是杀他灭门。他知道得太多了,而一旦完成使命,他也就失去了利用价值。在他死后,宣传机器便可以立即开动起来。杀死保萨尼阿斯可谓整个计划的关键一步。[76]

间接证据不会构成有效的证明,但是曾经有人因为比这里更弱的证据而被吊死过。这里的动机非常强烈,而机会千载难逢。事实上毋庸置疑,亚历山大"是通过弑父而成为国王的"。[77] 当然,一旦他登上王位,所有对他罪行的怀疑很快就会烟消云散。其原因不难理解。常言道,一有百有;何况腓力现在已是人死不能复生。大多数人宁愿对他们所知道或怀疑的事情保持沉默,并转身投向新政权的怀抱。国王已死,国王万岁。

第四章
王国的要害

腓力的遗体被人从剧场里移走了，在现场秩序稍稍恢复之后，安提帕特以极快的速度把亚历山大带到马其顿军队面前，军队立即拥戴他为国王。[1] 率先向新君效忠的贵族有与他同名的林刻斯提斯的亚历山大（Alexander of Lyncestis），他是埃洛波斯（Aëropus）三个儿子中的一个。有时学者们认为埃洛波斯的儿子们也有权利要求继承王位。这种观点最近受到了质疑，[2] 并且理由相当充分。实际上，这几位林刻斯提斯兄弟是否具有王室血统尚且存疑，他们可能仅仅是贵族而已。即使他们有王室血统，地处偏远山区的林刻斯提斯也使他们很难跟现有的阿吉德王子在地位上一较高下。毕竟除去一次短暂的篡位（篡位者是阿罗洛斯的托勒密，参见上文第14页），阿吉德王朝自公元前5世纪初以来一直在佩拉统治着马其顿。

因而，那时林刻斯提斯的亚历山大和他的两个兄弟显然并不是王位的有力竞争者。不过，普鲁塔克有一段关键文字（Moral. 327C），却明确把他们与真正的夺位者联系了起来：在腓力死后，"整个马其顿局势下面暗流涌动，大家正观望着阿敏塔斯和埃洛波斯的儿子们"。阿敏塔斯是腓力的侄子，即其兄长佩狄卡斯的儿子；在腓力死前不久，他刚和库楠妮——腓力与伊利里亚的奥达塔所生的女儿结婚。阿敏塔斯不仅是一个阿吉德家族成员，拥有足够的资格来争夺王位，而且很可能已经在波奥提亚人的支持下秘密进行实际的夺权行动了。[3] 这种阴谋自然会吸引域外王国的支持，埃洛波斯的儿子们似乎就只是在参与这场阴谋，他们本身并无争位之心。[4]

密谋刺杀腓力的并非完全不可能是阿敏塔斯，但这基本不大可能。直到腓力死前，他似乎一直在宫廷中平静而快活地生活着。使其变成亚历山大的眼中钉的，很可能就是他与库楠妮的婚姻。如果腓力把阿敏塔斯视为王位的候补继承人，那么不管这种想法出现得多么迟，其他人随后自然也会往这方面想。众所周知，埃洛波斯的儿子们就是他的朋友和帮手。在从欧洲动身之前，亚历山大所采取的清洗行动，无论是针对克里奥帕特拉的亲属还是他自己的，都明确是为了消除反叛、尤其是争位者反叛的危险。[5] 腓力刚刚遇刺，林刻斯提斯的亚历山大（他似乎对人性有着精准的判断，并且很了解亚历山大的为人）就立马看出此刻他自己的处境有多么危险。他没有片刻的迟疑，立即"穿上铠甲，护卫亚历山大进入宫殿"。

事实证明，他很有先见之明，因为国王立即就传讯他的两个兄弟，指控他们涉嫌谋反。（他们后来在腓力的墓旁被处决了。）这样一来，亚历山大不仅甩掉了其父被刺的罪责，而且借此干掉了阿敏塔斯的两个公开的支持者。而第三个兄弟的宣誓效忠速度之快，说明他很可能事先就已经暗中得到了消息。他刚好是安提帕特的女婿，而安提帕特在这个节骨眼上对亚历山大的计划至关重要。这或许可以解释为什么亚历山大直到几年之后才处置那个林刻斯提斯人。事实上，他也没有立即动手对付那两个主要的王位候补人：阿敏塔斯本人和克里奥帕特拉的幼子卡拉诺斯。如果亚历山大在其父尸骨未寒之时就清洗王室，那么这将会在国内外造成最为恶劣的印象。所以，此时他没有动阿敏塔斯和卡拉诺斯一根毫毛：这有一定的风险，因为尽管就目前来看阿敏塔斯可能没有策划政变，但是现在即使只是为了自保，他也完全有可能会这么做。[6]

亚历山大的下一步行动是对"马其顿人民"——或者对他在埃盖所能召集的尽可能多的马其顿人——发表演讲。他向他们保证，"唯一的变化只不过是国王换了个名字，国家会继续运作，其统治原则会跟他父亲的一样有效"——这是一种相当含糊的许诺。他还宣布，免除个人除兵役以外的所有公共义务。换句话说，马其顿公民将免去直接的纳税义务，这显然是为赢得民众支持而开出的价码。在解决完人民方面的事务之后，亚历山大正式会见外国使节。他必须取得他们的认可和支持，这将决定他能否成为同盟的领袖。不过，他根本不用担心。在听完他精心准备、亲切友善的发言后，代表们毫不迟疑地报以热烈的欢呼。为了进一步巩固自身的地位，现在他把所有的密友从流放中召回（参见上文第101页），并任命他们在新政府中担任关键职位。[7]

　　他必须快速行动起来。腓力去世的消息激起了一大片的反叛浪潮，不仅有希腊城邦，还包括一些像色雷斯这样的边疆部落地区。有些城邦（包括阿尔戈斯和斯巴达）把这看作恢复自由的最佳时机。在安布拉基亚和忒拜，腓力的驻军被驱逐出境。忒拜人和阿卡狄亚人（我们可以猜想，他们没有派代表去埃盖）公开拒绝承认亚历山大的领主地位。他的王国正"面临着巨大的忌恨、强烈的敌意和无处不在的危险"。[8] 也许就在此时，但更有可能是在公元前335年春天，即亚历山大北上征战多瑙河时，佩狄卡斯之子阿敏塔斯（伙同安条克［Antiochus］之子、另一个阿敏塔斯）从佩拉逃了出来，从而跟波奥提亚的各种反叛势力建立了联系。碑铭材料表明，他们的身影在奥洛波斯和列巴德亚出现过，他们必定还访问过忒拜。[9]

　　但是，最深的敌意却来自雅典，虽说此前他们曾发表过词藻华丽的效忠声明。德摩斯提尼通过私人情报来源得到了有关在马其顿发生的事情的消息，[10] 在官方使者到达之前就已经知道腓力死了。于是，他公开宣称做了一个梦，在梦中众神许诺要赐给他的城邦重大的神恩。当这份"神恩"的内容显露出来时，雅典人的反应几乎是歇斯底里式的狂热。他们刚刚通过投票为腓力立了一个雕像，并且宣誓要把任何阴谋反对他的人引渡回去，而现在他们却颁布了公共感恩一日的法令，还效仿奥林匹娅斯奖励国王的刺杀者一顶金冠。

　　此时刚刚痛失爱女不到一周的德摩斯提尼脱去丧服，身着白袍，头戴花冠，出现在了这一场合中。这种姿态自然不见容于雅典城中正派的保守人士，然而他绝不妥协的反马其顿政策为他赢得了广泛的支持。德摩斯提尼一直密切关注着佩拉派系斗争的一举一动，他十分清楚亚历山大的最大弱点在哪里。如果雅典想要颠覆马其顿的新国王，那么她最大的希望在于和支持克里奥帕特拉的贵族军事集团结盟。公民大会被他的主张说服了，于是授权他跟在小亚细亚的帕美尼翁和阿塔罗斯私下接洽。德摩斯提尼立即给他们写信，鼓动他们对亚历山大（"一个年轻人，一个实足的傻瓜"，他轻蔑地说道）宣战，并许诺说雅典将会全力支持他们，如果他们果真宣战的话。

不出所料，阿塔罗斯欣然接受了这项提议，而如果没有他丈人帕美尼翁的认可和支持，他是几乎不可能这么做的。亚历山大时间上恰到好处的政变行动——如果确实是政变的话——彻底摧毁了他们的王朝计划，要是他们不抓住机会发动一次反政变的话，那也太不合情理了，而且也不像马其顿人的风格。而第三位指挥官阿敏塔斯更是迫不及待地想要加入反亚历山大的阵营中。[11] 他的父亲埃洛波斯之子阿拉拜奥斯，已经成了亚历山大首批牺牲品之一，在腓力遇刺当天被处决了（参见上文第112页）；这层关系还提示我们，小亚细亚的最高统帅部通过阿拉拜奥斯之子跟波奥提亚的反叛势力取得了联系，他们把佩狄卡斯之子阿敏塔斯看作潜在的盟友，甚至可能把他当作亚历山大的真正替代者。在此关头，没人会真的对克里奥帕特拉及其孩子抱太大希望，只要他们——还有奥林匹娅斯——都还待在佩拉。再者，要是把卡拉诺斯立为国王，那就意味着会有很长的一段摄政期，而这正是各个派别所极力想要避免的。很难说林刻斯提斯的亚历山大是否也卷入了这张阴谋之网，但是从后续事件来看，这是完全有可能的，别忘了帕美尼翁的同僚阿敏塔斯可是他的兄弟。

然而，德摩斯提尼及其他人最终以自身代价发现，在这种政治斗争中，亚历山大要比他们中的任何人都更老练。亚历山大立马看出，自己潜在的最大反对势力必定来自小亚细亚的最高统帅部，特别是他不共戴天的仇敌阿塔罗斯。阿敏塔斯也没有理由会爱戴他；但另一方面，帕美尼翁是一个老奸巨猾的机会主义者，如果以足够多的利益劝诱，他很可能就会转敌为友。因此，亚历山大挑选了一位名叫赫卡泰奥斯（Hecataeus）的可靠的朋友，让他带着一支精锐小队前往帕美尼翁的司令部：他表面上是一名联络官，实则是一个特工。赫卡泰奥斯得到的密令是"如果可能，将阿塔罗斯活捉回来，如果不能，则尽快将其刺杀"。至于他所得到的涉及帕美尼翁的指令，下文我们很快就会知晓。"于是他跨越海峡来到了亚洲，"狄奥多罗斯说，"与帕美尼翁和阿塔罗斯会合，然后等待时机以完成使命。"[12]

与此同时，德摩斯提尼还劝说雅典政府和大流士接洽。但是，这次他并没有取得多少成效，至少目前是这样。当马其顿的权力斗争足以实现他所期待之事而且不用花费他一分一厘时，波斯大王就不想在雅典身上浪费优质的波斯金币。因此，他写了一封回信，埃斯基涅斯将其形容为"最野蛮和最傲慢的信件"；在信末，波斯大王写道："我不会给你们金子，你们也不要再向我索要，你们是不会得到的。"但是不久发生了一些事情，使他改了主意。[13]

以安提帕特为首的马其顿大臣都劝亚历山大要小心行事。他们说，现在马其顿的国际形势十分危急，随时可能崩溃。他们的建议是，不要理会那些希腊城邦，同时想办法通过让步和外交手段安抚蛮族部落。对此，亚历山大言辞激烈地回答道，如果他表现出一丝的软弱或妥协，他的敌人就会立即向他扑过来。他告诉他们，他打算通过展现"勇气和无畏"的方式来应对当前的局势。这不是提议，根本就是宣言，而且是极富个性的宣言。[14] *De l'audace, toujours de l'audace, encore de l'audace*（无畏，永远无畏，仍将无畏）：终其一生，这一直是亚历山大的指路明星，而他的第一次践行就如此令人惊叹，以致后来他也只曾追平，而未曾超越。

年轻的国王策马在前，率领一支精锐部队从佩拉出发，取道墨托涅和皮德纳，沿海岸向南进入塞萨利。当他到达奥林波斯山和奥萨山之间的滕比山谷时，他发现这个山口已经做好了防卫工作。塞萨利人让他停止进军，他们还没想好是否应当接纳他。亚历山大以一种危险的礼貌态度表示同意，同时立即派工兵沿奥萨山靠海的陡峭一面开凿阶梯。（这些台阶人称"亚历山大阶梯"，其遗迹至今仍在。）在塞萨利人觉察到所发生之事前，他就已经翻过大山，出现在他们身后的平原上了。由于侧翼被包抄，他们决定进行谈判而非战斗。亚历山大在达到目的后，表现得十分友善而且富有魅力。他提醒他们之前在腓力领主权之下所享有的好处。他强调，通过赫拉克勒斯和埃阿科斯的的联系，他本人与他们的各个显赫家族都有亲缘关系。按照他父亲切实可行的准则，即"好言相劝再许以厚报"，他说服了塞萨利同盟任命他为同盟的终身执政官，一如腓力之先例。他们还选出一支强大的骑兵分队，置于亚历山大之麾下，[15] 而且同意向马其顿国库纳税，而此时国库已经被腓力危险地消耗殆尽了。

一般的统帅可能就此稍作休整，享受一下拉里萨贵族的殷勤款待，同时巩固一下个人地位。但是，亚历山大从不在这些琐事上浪费时间。在希腊人知晓他在滕比的侧翼包抄策略之前，他就已经到达温泉关了。在此，根据其父先前享有的特权，他召开了近邻同盟议事会会议，此次会议立刻支持了他的同盟领袖地位。和梵蒂冈一样，近邻同盟议事会并无庞大军队作支持，但它一直享有广泛的宗教和道德声望。在古代，很少有政治家或将军能比亚历山大更敏锐地意识到良好的公共形象所能带来的优势。

当他还在温泉关时，一些相当慌张的使节从伊庇鲁斯南部的安布拉基亚赶来——这是很多这样惊慌失措的外交使团中的第一批。亚历山大亲切有礼地接待了他们，并且"使他们相信，他们在争取独立的问题上有些操之过急了，他马上就会赋予他们自由的"。[16]亚历山大可能对那位与他同名的舅舅（现在也是他的妹夫）颇存疑虑：一些独立的伊庇鲁斯城邦的存在，将有助于约束莫罗西亚国王的野心。此前腓力也曾在波奥提亚使用过同样的技俩，以便抑制忒拜的势力。不过，主要信息十分清楚：合作必有回报。很多城邦都能够心领神会。

不出所料，忒拜成了亚历山大的下一个关切目标。作为希腊中部最强大和最重要的城邦，它可靠与否至关重要，可是忒拜对马其顿的顽固敌对态度却让人无法乐观。他们驱逐了腓力的驻军，而且拒绝承认亚历山大的地位。他们完全有可能还跟亚历山大的堂兄弟、佩狄卡斯之子阿敏塔斯秘密联系上了（参见上文第111页），至于亚历山大本人是否知晓尚且无法确定：看起来似乎非常不可能。不管怎样，他决定看看需要把军事实力展现到什么程度才能吓住他们。某日清晨醒来，忒拜公民惊恐地发现，马其顿军队严阵以待地驻扎在了卡德迈亚城前面。亚历山大的最后通牒很简单：他所要求的只不过是承认他的同盟领袖地位。如果愿望能够实现，他可以不计较他父亲的驻军被驱逐一事。当然，他们将会重新进驻城中。否则的话……忒拜人往下看了看这些可怕的身经百战的马其顿战士，没有讨价还价就投降了。俯首称臣并不会损失什么；在恰当的时候，还会有一个更适合采取直接行动的时机，此时仓促抵抗可谓愚蠢之极。

他们的举动在离忒拜不到40英里的雅典城中引起了一阵恐慌。德摩斯提尼轻蔑地把亚历山大描绘成一个怯懦的年轻人，"只满足于在佩拉周边闲荡，沉迷于各种占卜预兆"，*但现在看来这种观点错得离谱而且致命。雅典人预感会有围城战发生，便把他们的财产从周边的农村转移到了城里，并开始修复城墙。然而，当亚历山大向他们提出和他给忒拜的一模一样的最后通牒时，他们欣然接受了他的条件。雅典使团立即北上，向亚历山大郑重致歉，后悔没有早些承认国王的法定地位。德摩斯提尼本人也在使团当中，他对他所肩负的使命颇不情愿；当然，这也是情理之中的事。除了对亚历山大的公开品评（没有哪位自尊自重的年轻人会对此一笑了之），他还曾给阿塔罗斯和帕美尼翁写过足以招灾惹祸的信件。而现在这些信件可能已经落入了亚历山大的手中。更糟糕的是，德摩斯提尼已经公开了他与波斯大王的私下谈判，而且据说成果斐然。一想到这些，他失去了勇气，还没走到基泰隆山就转身回家了。[17]

他对阿塔罗斯有一种天然的担忧，而这种担忧很快就得到了证实。尽管这位马其顿将军"实际上已经做好了叛乱的准备，同意与雅典联合起来反对亚历山大"，但是当国王迅速进军希腊而雅典又怯懦地投降了的消息传来后，他马上就改了主意。他设想这种悬崖勒马的举动或许可以救他一命。他保留着所有与德摩斯提尼往来的信件，现在他把这些信件悉数送到亚历山大那里，同时极力强调自己的忠诚。他其实不用这么费事。事实上，在最初的几个月里确实有一部分人改变过立场，并且得到了赦免；但阿塔罗斯，这位公然辱骂亚历山大之出身的人、亚历山大母亲的争宠者和替代者的叔父，无论何时都不可能得到宽恕。他自己没能意识到这一点，而这绝对是一个致命的误判。再者，到目前为止赫卡泰奥斯一直遵照亚历山大的指示，私下跟帕美尼翁进行了沟通，而且似乎也跟阿敏塔斯交流过。正是双重的阵营变换最终决定了阿塔罗斯的命运。

---

* 引自 Aeschines, *In Ctes.* §160。德摩斯提尼把亚历山大称为"马尔吉特斯"（Margites），这是一种极具侮辱性的影射：马尔吉特斯是伪荷马讽刺阿基琉斯的混杂诗作中的一个人物——这种隐喻暗指亚历山大只不过是对他所热爱之英雄的滑稽模仿。所谓"在周边闲荡"（*peripatounta*）针对的是他在亚里士多德门下的漫步式学习。——原注

那位年老的马其顿元帅——如今他已 65 岁左右——无须别人多劝便改变了立场。亚历山大出色的统御才能以及随之而来雅典可耻的临阵妥协，都充分证明推翻新国王绝非易事。在政治丛林中，帕美尼翁要是没有学到一点处世之道的话，那是不可能在腓力手下生存这么久的。故而他决定选择止损，站到胜利的一边。在这一阶段他的支持举足轻重，于是他决心为此开个好价钱。实际上，他所能提供的乃是多数低地贵族的支持，倘若不是全部的话：这样一来，佩狄卡斯之子阿敏塔斯或者其他可能的争位者，就只能与域外王国和忒拜等反叛的希腊城邦结盟了。如果帕美尼翁把他的追随者全都推到新国王这边，那又有谁胆敢挑战亚历山大的地位呢？

亚历山大此时的处境非常艰难，他没法就帕美尼翁的条件讨价还价。他为此付出了很高的代价。当马其顿军队最终进入亚洲时，几乎每个指挥要职都由帕美尼翁的某个儿子、兄弟或其他亲属担任：亚历山大花了 6 年的时间方才打破这个强大派系的束缚。然而，作为对如此巨大让步的回报，帕美尼翁必须牺牲一个人，即阿塔罗斯。在这一点上，亚历山大不容商量。或许，这种牺牲其实并不算大：毕竟女婿还可以再有。几天之后，阿塔罗斯被悄悄地杀死了，这肯定得到了帕美尼翁的默许，甚至可能就是他直接下的令。第三位将军阿敏塔斯用冷静而现实的眼光估量了眼下的实力变化，决定忘掉其父被处决之事。于是，他和亚历山大达成和解，后者任命他作各种相对次要的指挥官，包括让他指挥格拉尼科斯河战役前的侦察队（*skopoi*）。[18]

在这短短的两个月里，亚历山大已经取得了任何人在腓力死时所不曾设想过的成就。他没有进行一次战斗，就赢得了塞萨利、近邻同盟议事会、忒拜以及雅典的认可。阿塔罗斯被杀和帕美尼翁投诚，很大程度上保证了他能够应对任何马其顿贵族的反叛。现在，是时候争取更大范围的支持了。于是，他在科林斯召开了希腊同盟会议。受邀（如果能称得上是"邀请"的话）参加的不仅有现任的代表，还包括来自直到目前仍拒绝承认其领主权的城邦的代表。[19]

而他们的回应正是他所期待的。他的行动已经彻底镇住了希腊人，现在他们的使节云集科林斯，一个个都匆忙得顾不上体面。麦伽拉人甚至要授予他荣誉公民权；当他（可能因为心中一直记着雅典的先例）"笑话他们过于着急时，他们答说长久以来他们只授予过赫拉克勒斯公民权，现在则是他"。麦伽拉的某个人摸准了亚历山大的脾气。他接受了这份荣誉。作为一个只跟国王赛跑的年轻人，他很难拒绝跟一个半神英雄——同时也是其祖先——一同享有公民权。只有斯巴达人保持冷淡态度，他们告诉国王，他们国家的传统不允许他们受外国领导人驱使。（马其顿对希腊主义的自我标榜就此止步。）亚历山大没有过分坚持。他本可以轻松制服斯巴达，但如此一来，这就成了赤裸裸的专制统治。此刻他所需要的是通过恪守宪制程序确保希腊人的合作。如果他赋予他们表面上的自治，那么这些惶恐的盟邦或许就心满意足了。

另一方面，只要可能，亚历山大就不想让斯巴达或阿卡狄亚这样的反马其顿势力在他身后制造大麻烦。因此，在与其相邻的阿开亚、特别是美塞尼亚等城邦中，他任命了一些严厉的合作者作为统治者，以此维持现状。赶在同盟条约以亚历山大的名义重订之前，这些任命公然通过玩弄法律条文的手段而生效了，因为它们违反了禁止强行干涉现任政府的条款。即便如此，它们还是引起了人们深深的愤恨。[20]

这样，同盟大会准时在科林斯召开，并选举亚历山大作为领袖，以取代其父的位置。他们与马其顿的条约也得到了修订：这次同样具有无限的有效期，以便可以适用于国王本人及其子孙。不过，条约并没有什么实质变动。希腊城邦仍将保持"自由和独立"；不难想象，代表们在批准该条款时会有什么样的感受。[21] 然而他们别无选择。同样，他们不得不选举亚历山大作为入侵波斯的盟军的统帅。为了鼓舞他们，国王向他们介绍了一位来自以弗所的代表。这位代表自称为"亚洲的希腊人"代言，恳请亚历山大为了他们而肩负起解放战争的重任。亚历山大声称，这一吁请的份量对他来说要远远超过对其他任何因素的考虑。这段暗中操纵的插曲听起来着实精彩。

但是，如果希腊人以为这最后的荣誉只是一种空洞的仪式，他们很快就会得到教训的。这位新统帅立即呈上一份复杂的时间表请他们批准，这份时间表"规定了订约各方在联合远征中的义务",涵盖了从军饷——普通步兵每天一德拉克马*——到粮食津贴条例等各个方面。雅典人颇为失望地发现,根据条约他们需要为亚历山大提供战船和海军军需品。因此,这一条款受到德摩斯提尼的反对,他说,谁能保证亚历山大不会利用这支海军来攻击它的供应者呢?他的意见遭到了否决,于是亚历山大得偿所愿。[22] 因为马其顿军队已经护卫他到科林斯了,所以这最后的议题实际上根本不在话下。

当代表大会闭幕时,"许多政治家和哲学家来到[亚历山大]身边,向他表示祝贺",这一场面是完全可以想见的。不过,有个著名人物却因缺席而格外引人注意:他就是犬儒主义者第欧根尼。既有些恼怒又带着点好奇,亚历山大最终出了门,来到第欧根尼所住的郊外。亚历山大见他待在一个黏土大桶中,便亲自走了过去。他发现这位哲学家正在晒太阳,除了一块缠腰布外几乎赤身裸体。第欧根尼被跟在统帅身后的众多随从的喧闹和嘲笑打乱了沉思,于是他以一种直盯盯、叫人不自在的眼神看着亚历山大,但一言不发。

有生以来头一次,亚历山大竟觉得有些困窘。他彬彬有礼地向第欧根尼问好,然后等待他的回应。可是第欧根尼依旧沉默不语。最后,亚历山大无可奈何地问这位哲学家,有什么事情是他亚历山大可以为他效劳的。于是就有了这句著名的回复:"有,请让开;你挡住了我的阳光。"此次会面便到此结束。当他们回到科林斯时,亚历山大的随从想要把这段插曲改编成笑话,以此嘲笑第欧根尼并贬损他的做作。但统帅用谜一般的评论堵住了他们的嘴。他说:"如果我不是亚历山大,那我就会是第欧根尼。"[23] 这表明他有着十分敏锐的感悟力。两人有着相同的顽固而不妥协的态度(而且肯定在对方身上认出了这一特征)。只不过,第欧根尼选择出离世间,而亚历山大则决心征服世界;他们是同样一个现象的不同表现,只不过在外在表现上一个消极一个积极而已。因而毫不奇怪,他们两人的相遇竟是

---

* 德拉克马(drachma),古希腊银币,各地标准不一,阿提卡的约为 4.3 克重;6000 德拉克马等于 1 塔兰特。

一种粗暴的碰撞。

在从同盟那里获得全权后,亚历山大解散了代表大会,随后率领军队返回马其顿。不过,在回去的路上他特意绕道去了一趟德尔菲,急切地想要就远征波斯的后果咨询神谕。科林斯会议花费的时间比他预期的更长,于是当他到达德尔菲时已经是11月末了。从11月中旬到次年的2月中旬,神谕都不再回应人们的征询。这是宗教事务,即便希腊人的统帅来了祭司们也不会因此而破例。其实他们应该放聪明点的。亚历山大完全无视他们,强行传唤皮提亚女祭司过来。她不愿过来,她说这是不合法的。听到这话亚历山大勃然大怒,他一把抓住她,生拉硬拽地想把她拉进圣殿中。女祭司气喘吁吁地说道:"年轻人,你真是不可战胜啊!"亚历山大一听这话便立马放开了她;他说,对他而言这就是一个相当好的预言了。(后来,"不可战胜的"[*aniketos*]这一绰号就成了他的固定头衔之一。)为表满意,他向神庙的金库捐献了150个腓力斯金币;这一数目不像他的豪奢风格,只是眼下这位统帅的现金储备实在是有点捉襟见肘。[24]

尽管存在这样的困难,但是亚历山大不想准备得过于匆忙或粗略。他把公元前336/335年的整个冬天全部用作军队的山地作战密集训练,以便做好准备,只等关口的冰雪一消他就要出兵作战。他深知,在彻底平息巴尔干局势之前他无法离开欧洲。虽然希腊城邦已不再构成直接的威胁,但马其顿北面和西面的野蛮部落依然不容小觑。单纯在战场上打败他们无济于事。想要一劳永逸地解决北境的安全问题只有一个办法,即穿越欧洲作战最艰难的区域,由此向前推进一百英里直到多瑙河畔。[25]

因而,此次征战有三重目的。一来可以稳定边境,当国王不在国内时,安提帕特——亚历山大已指定他承担摄政之重任——可以集中精力对付马其顿的那些恼人的希腊盟友。二来可以迫使色雷斯人和伊利里亚人承认,亚历山大也是一个强悍的对手,一点儿也不逊色于他的父亲。最后,这也作为进攻波斯所做的全部战术训练的一部分。亚历山大经过筹谋,对此战非常乐观。他命令一支舰队从拜占庭驶入黑海,然后沿多瑙河溯流而上,在那里按约定与大军会合——该地可能就位于布加瑞斯特南部、现代的卢楚克附近。然后,他自己从安菲波利斯出发,由陆上进军:首先往东经过涅阿波利斯(卡瓦拉),越过涅斯托斯河(梅斯塔河)和罗多彼山,接着往北到达他父亲的前哨基地菲利波波利斯(普罗夫迪夫,在保加利亚境内)。

直到此时,他一直是在友好的地区内行军,但现在他遇到了第一个敌对势力。要想到达多瑙河畔,他必须翻越海穆斯山脉(巴尔干),可能得通过希普卡山口。那些"自治的"色雷斯人——也就是说独立于马其顿统治之外——决心控制住这个山口不让他通过:这是很聪明的一招,因为除此就没有其他容易通过的路线,亚历山大只能艰难且不受掩护地登上这个主要的隘口。色雷斯人在隘口之前把他们的车辆排成一行,类似于布尔人*的车阵,然后等待亚历山大的到来。

亚历山大在许多地方不同于其他优秀的战场统帅,而其中最让他显得卓尔不群的品质之一,便是他可以出人意料地事先猜出敌人的战术。有时这要归功于他一流的情报人员,但有时更多的是出于一种极为敏锐的心理直觉。其他人可能会猜测色雷斯人想要把他们的车辆用作路障,然后在其后进行作战,这在表面上看起来非常合理。然而,亚历山大知道他们最热衷的战术乃是手持砍刀冲锋,进而立即推断出他们的计划是什么。一旦他和他的部队进入峡谷的狭长地带,这些车辆就会从山坡上滚下来,打乱马其顿人的方阵,然后在乱作一团的军队得以重新集结整队之前,色雷斯人就会向长枪阵的缺口发起冲锋,近距离地连砍带刺,而在这种短兵相接的战斗中,笨拙不便的萨里萨长枪毫无用处。

这种策略所造成的危险一半在于惊骇,但由于亚历山大已经鬼使神差般地预料到了,所以这种优势也就荡然无存了。他仔细向他的战士们简单地说明了可能会出现的状况,以及需要采取的规避行动。如果空间允许,那就敞开阵线,让那些车辆过去(这种防御方法后来在高加美拉战役中也被用来对付大流士的卷镰战车,并且取得了极大的成功:参见下文第293页)。如果他们正好处在向上攀登的最狭窄部分,那就跪下来或者紧紧地躺在一起,同时把盾牌相互搭在头顶上,幸运的话,这些车辆就会顺

---

* 布尔人(Boer)为居住于南非境内荷兰、法国与德国白人移民的后裔,在迁徙中使用牛车,常将牛车围成首尾相接的圆阵,组成防御工事。

势飞奔而过（毕竟它们只是一些轻型的山地车而已）。表面上，这听起来像是一个完全不可行的计划。该方案可能对前排士兵有效（即使在前排也必定会导致大量的断腿），但那些不幸紧挨着前排士兵的人该怎么办呢？不管怎样，弹跳的车辆最后肯定是要服从重力的，等它停下来的时候最后不要位于车下。然而，根据对此类细节十分审慎的阿里安的说法（1.1.9-10），当车辆如预期的那样呼啸而来时，马其顿人没有损失一个士兵。显然，这是马其顿人良好训练和纪律的极好例证，即使其中有所夸大。

色雷斯人最初的策略失败后，战斗本身则进行得相当平淡。亚历山大的弓箭手从方阵右翼上方的岩石上提供掩护，亚历山大本人率领精锐部队登上西面的山脊，此时步兵主力——他们无疑会庆幸自己还活着——便咆哮着向山隘猛冲而去。色雷斯人很快就溃散了，他们共有1500人被杀，同时还抛下了许多妇女和小孩。通往多瑙河的道路就此被打开了。

马其顿人劫掠了许多战利品，亚历山大命人将其押送回海滨。随后他率领部队从希普卡山口的背面下来，向前推进到了多瑙河平原。他们一路上没有遇上敌对势力。当马其顿人在森林茂密的吕吉努斯河（可能就是扬特拉河）河岸安营扎寨时，多瑙河离他们就只有三天的路程。不过，他们的行动一直被占据着这一地区的特里巴利部落监视着。特里巴利人的许多战士连同妇女和小孩现在已经撤到了多瑙河中的一个小岛上。于是，当亚历山大从吕吉努斯河出发继续前进时，第二支强大的土著军队溜到了他的身后，切断了他的退路。

当他获悉这一行动时，亚历山大立即回师。他发现特里巴利人处在河流附近的一个树木密集的峡谷中，想要从那里对他们发起大规模进攻是极为困难的。因此，他派弓箭手和投石兵到峡谷的入口处，表面上没有支援，实际上方阵和骑兵都隐蔽了起来。特里巴利人被倾泻到他们阵营中的箭矢激怒了，都冲了出来要教训这些恼人的轻装小卒，结果马上就被马其顿大军打得七零八落。有3000个土著士兵死在这次猛烈的冲锋中，而亚历山大一方（或者说根据传言）只损失了11名骑兵和大约40名步兵。在看似不费吹灰之力地证明了马其顿人的士气和军事优势后，亚历山大继续进军。三天后，先头侦察部队来到多瑙河南部，发现了正等待与他们会合的海军分队——这是高效的军事策划的又一显例。

　　这个会合地点不是亚历山大随意选择的。这个地方与特里巴利人避难的小岛隔岸相对。亚历山大声称，[26] 就是在这个名叫波刻岛或松树岛的小岛上，大流士一世在公元前 514/513 年征战斯基泰人时曾搭建浮桥以跨越多瑙河。很显然，亚历山大研读过希罗多德的《历史》（就像任何计划入侵波斯的人必定会做的那样），而且表面上是在效仿、实则是为了超越大流士的成就。战略上的准备总是要与英雄的 areté 的需要相适应。现在，好像是在回应亚历山大的僭慢，情况开始有点不妙了。根据常识可知，在做其他事情之前，马其顿人理应先把这个安置着大量敌军和避难者的小岛拿下。但是，波刻岛上岩石交错，壁如刀削，周围又尽是湍涌急流。而亚历山大的战船既少又小，难以实现大规模登陆作战。在建立滩头阵地的企图连续失败了几次之后，国王明智地选择了放弃。

　　与此同时，一支庞大的约有 4000 名骑兵、两到三倍于这个数目的步兵的格泰游牧部族，出现在了多瑙河的对岸。尽管出现了这样一支部队，但是亚历山大此时有一种想要越过多瑙河的"难以抑制的冲动"。倘若遇困受阻，那就迎难而上。希腊语中有一个形容这种冲动的词，即 pothos；该词在亚历山大的一生中反复出现，意为"渴求尚不在手的、未知的、遥远的、不可得的东西"，[27] 在古代这个词从未如此集中地被用在其他人身上。在这个意义上，pothos 乃是专属亚历山大的性格用词。

　　　　为了知晓那些或未可知之事，
　　　　我们踏上了通往撒马尔罕的金光大道。

　　弗莱克*笔下的朝圣者不仅在追随伟大的伊斯坎德尔**的步伐，而且也在出于同样的原因而做这些事。

　　我可以不那么诗意地说，在这种情况下亚历山大别无选择，除非撤退，

---

* 弗莱克（Flecker，1884—1915），英国诗人、小说家和剧作家。文中所引诗句出自他的《通往撒马尔罕的黄金之旅》（The Golden Journey to Samarkand），但略有出入。
** 伊斯坎德尔（Iskander）就是亚历山大这一名字在中东的变种。

而这是不可想像的。再者，如果他成功侵袭了格泰人的领土，那么就很可能触动岛上的防御者们，使其与之谈判。因此，他命令巡逻队去强征他们所能找到的每条独木舟（河边有许多这类用于捕鱼和运输的独木舟），其他人则需要往皮制的帐篷盖中填干草，然后缝制成简易的浮筏。通过这种方式，亚历山大在夜幕的掩护下把1500名骑兵和4000名步卒运过了多瑙河——这一数目要比单独用舰队来运大得多。

他们在黎明破晓前登陆，在他们登陆那个的地方庄稼长得很高，正好可以用来掩护他们上岸。步兵打头，他们"把长枪放平并与行进方向成一斜角，以便前进时可以把庄稼压倒在地"。当他们开出了一条道路后，亚历山大指挥骑兵和方阵以更密集的队形平行展开向前推进。单单这种从天而降般的整齐划一、纪律严明的长枪阵线，就足以让格泰人吓破胆；当骑兵开始发起冲锋时，整个部族便转身溃逃了。起初，他们逃到了大约四英里外的最近的定居点。但是，亚历山大的军队继续进军，其中骑兵在两翼散开，提防可能的伏击。显然，亚历山大是认真的。由于定居点没有设防，于是格泰人赶忙把妇女、小孩以及粮食储备放到马背上，然后逃往大草原去——这是游牧民族的一种古老的手段。

亚历山大没有追击他们，他知道这种冒险实无必要。相反，他洗劫了该定居点并摧毁了它。虽说战利品也没多少，但他还是命人送回了营地。在多瑙河畔，亚历山大向救主宙斯、赫拉克勒斯以及多瑙河河神献祭，感谢他们允许军队顺利通过。接着，在充分实现了个人的 *pothos* 和声望后，他率领军队退回南部海滨，在此扎营，等待蛮族人的反应以便做下一步的打算。他没有等太久，特里巴利人彻底被他的武略震惊了，他们从避难小岛中出来，派遣使节来寻求友谊并与这位强大的战士结盟。多瑙河沿岸的其他独立部落很快获悉此事，一个个前来与之结盟。此事的反响甚至远及亚得里亚海的凯尔特人，他们也主动前来示好——有人觉得，他们这么做主要是出于好奇而非恐惧，因为他们住的地方离亚历山大的作战区域实在是太远了。

然而，这些使节却有着独特的名声：他们是唯一的有明文记载的觉得亚历山大的夸耀既不令人敬畏、也并不可怕的一群人，相反他们觉得他有点可笑。阿里安说，他们是一群"傲慢自大、身材高大的人"。不妨想象一下，当亚历山大满怀希望地问他们最害怕的东西是什么时，他们抖动着大胡子，耐心地俯视着眼前这位身体强壮、头发金黄、精力充沛的矮小君主。当然，亚历山大所期待的答复肯定是"您啊，陛下"；但是，凯尔特人并不想落入这样明显的一个圈套。在沉思了一会儿后，他们说他们最害怕的事情是天塌下来砸到他们。不过，他们既略带傲慢又假装正经地补充道："除此之外，他们把与像他这样的人的友谊放在首位。"亚历山大板着脸（不然他还能怎样呢）和凯尔特达成了友好协议，然后便送他们回国了。不过，据说他曾小声地嘀咕道，这些蛮族人如此自视甚高，真是可笑。[28]

马其顿人从多瑙河回师，在越过希普卡山口后他们没有朝南走，而是折向西方，顺着巴尔干山脉、沿着今天连接连斯基格拉特和索非亚的路线前进。他们走出了特里巴利人的领土，进入了亚历山大的老朋友阿格里安人的国王兰伽洛斯的领地。兰伽洛斯本人及其精锐近卫军原本就随同亚历山大出征多瑙河。他们不是作为独立的辅助军队行动，而是与翊卫队混编在了一起——这是已知的军事同化政策的最早事例，[29]后来亚历山大在亚洲和印度将这项政策发展得更为完善。

这时候，最紧急的消息开始从伊利里亚这个向来危险且不稳定的边境地区传来。我们可以猜想，亚历山大最初的计划是让军队在友好领地内休整——他们在两个月甚至不到的时间里已经行军和战斗了 500 英里，而且一直行走在恶劣的道路上——然后顺便巡视一下西部边境。但事与愿违，他又卷入了一场战斗，这场战斗乃是他整个人生最艰难的战斗之一。伊利里亚国王克雷托斯，就是那个很早之前在欧克里达湖被腓力彻底击败的巴底利斯的儿子，发动了武装反叛：亚历山大的多瑙河远征给了他梦寐以求的机会。更糟的是，他还联合了另一个酋长、陶兰底人的领袖格劳基亚斯（Glaucias）。陶兰底人是来自杜拉左地区的一个粗野原始、逐水草而居的部落，是现代阿尔巴尼亚人的祖先。此外，第三个伊利里亚部落奥塔拉提亚人还准备在亚历山大行军过程中发动袭击。

如今几乎回到了腓力早年的状况，马其顿的整个西部边境都陷于极大的危急之中。亚历山大问兰伽洛斯这些奥塔拉提亚人是什么人，他得到了一个极为乐观的回答。兰伽洛斯告诉他不必担心，他们是这一地区最软弱、最不能打的战士。这与我们从某个可靠的史料中得来的说法不同，[30] 在这则史料中，他们被描述为"最大和最优秀的伊利里亚部落"，事实上他们曾效仿亚历山大征服过特里巴利人。然而，兰伽洛斯为证明自己的观点，承诺由他对付这些奥塔拉提亚人，而让亚历山大前去征讨克雷托斯。亚历山大感激地接受了这项提议。亚历山大多大程度上相信阿格里安人有能力应对奥塔拉提亚人是另一回事，但现在，速度是最重要的。格劳基亚斯及其高地居民尚未和克雷托斯会师，于是亚历山大星夜兼程，想要在二者会合之前赶到克雷托斯的佩利昂要塞。疲惫不堪的马其顿军队再次上路——倘若那条今天还连接着朱马亚和铁托韦莱斯的艰险山道能称得上是路的话——越过派奥尼亚山脉向西南急速行军。佩利昂要塞控制着阿普索斯河（得沃尔河）河谷以及通往马其顿的主干道。要塞的三面为密林高山所环绕，只有一条经过一个浅滩的狭小通道可以到达，可谓固若金汤。除非遇上最高明的敌人，否则要塞前的小平原还很容易成为进攻者的死亡陷阱。

亚历山大实现了第一步：他抢在格劳基亚斯之前到达了那里。伊利里亚人的先遣队在遭遇了一场小规模的战斗后，退回到了佩利昂要塞内。马其顿人发现了一些充分又恐怖的证据，可以说明他们的到来完全出乎意料：有一个被弃的祭坛，上面还放着三个男孩、三个女孩和三只黑色公羊的遗体。当发出警报的时候，献祭活动一定正在进行之中，而此时亚历山大的先头骑兵正通过隘口飞奔而来。

国王决定封锁佩利昂，并且调来了围城器械。这种策略失误极为奇怪。他根本没有时间围困克雷托斯，而且靠这么小的一支特遣队，他想要拿下这个防御坚固、难以到达的要塞几乎是不可能的。最糟糕的是，格劳基亚斯随时都有可能赶来救援。事实上，他不到24小时就到了，并立即占领了亚历山大身后的山峰。现在，马其顿人被切断了退路，陷入了供给中断的危险境地。只是由于亚历山大及其骑兵的快速行动菲罗塔斯所率领的一支搜掠分队才得以免遭覆灭的命运。

但是，如果说这位年轻的国王由于使自己以这种方式被切断退路而理应受到责难，那么他的脱身之计却足以名列战争史上最富机变的计谋。次日早晨，他在平原列队集合全军——佯装没有察觉到敌人的到来——然后以密集队形进行演习阅兵。方阵以120人的纵深队列行进受阅，两侧则各有一支200人的骑兵分队。由于亚历山大有明确的命令，演习的军队调动完全是悄无声息的。这一场面必定显得怪异并且令人不安。根据指令，密如茂林的萨里萨长枪或者竖持作"敬礼"之姿，或者平举作战斗之态。而如刺猬一般的整个长枪阵形则以整齐划一的方式，一会儿右转，一会儿左转。方阵在行进中不断进行着各种复杂多样的行列变换，宛如就在练兵场上一样，整个过程所有人都一言不发。

蛮族人从未见过这样的场景。他们在周边山上的营地中瞪大了眼睛，向下盯着这种古怪的仪式，简直不敢相信自己的眼睛。接着，一个又一个蛮族散兵小队开始向营地边缘缓慢移动，半是出于惊恐，半是出于好奇。亚历山大一直注视着他们，只等能达到最佳心理效果的一刻。终于，亚历山大发出了最后的预定信号。左翼骑兵迅速变换为楔形阵形，随即发起冲锋。与此同时，方阵中的每个人都用各自的枪拍打盾牌，数千人一同喊出马其顿人可怕的战斗呼号——"啊啦啦啦啦"，喊声在山谷中来回震荡。在经过先前死寂一般的肃静之后，这突如其来、震耳欲聋的叫喊完全使格劳基亚斯的部落战士们吓坏了，他们一个个都慌乱地从山脚逃回自己安全的营地。[31]亚历山大和他的侍友骑兵从一座可以俯瞰浅滩的小丘向那些人中的掉队者冲去，然后他下令阿格里安人和弓箭手负责掩护，其他部队由槊卫队打头，开始快速越过河流。

在最初的惊恐散去后，那些部落战士突然意识到，马其顿人即将突破他们精心设下的包围圈。于是他们重整队伍，并发起了反击。亚历山大率领骑兵和轻装部队把他们堵在那座小丘前，以便攻城的投石机能有足够的时间渡过浅滩，然后可以在对岸架设起来。同时，弓箭手在国王的指示下占据了中流的防御点。他们射出的箭和投石机抛出的大石（这些投石机的射程有数百码之远）迫使克雷托斯的军队难以接近，于是最后几支部队也得以顺利过河。富勒（Fuller，p. 226，n. 1）评论说，"这是有记载以来投石机第一次被用作野战炮"：这是亚历山大非凡的创造才能和临机应变之天赋的又一例证。他又一次不失一兵一卒地完成了复杂而危险的军事行动。[32]

此时此刻若换作其他统帅，他们只会庆幸自己竟能从如此险恶的局势中脱身，感慨一下自己运气真好，然后尽快地离开这里。眼下兰伽洛斯那边还没有传来任何消息，亚历山大只知道他与马其顿的联络可能已经被切断了。而在这种情况下，他却表现出了惊人的冷静沉着。他算准蛮族人会认定马其顿军队已经远远地逃走了，于是他撤退了几英里，连续三天按兵不动，从而使他们更加确信那种想法。然后，他派出一支侦察小队，该小队带回的消息正是他所期盼的：蛮族人的营地没有设防，他们既没有挖壕沟，也没有树立栅栏，甚至都懒得设立哨兵，而且，他们的阵线也伸展得过于分散。敌人的自负散漫正可助良将一臂之力。此外，正如先前战斗所充分证明的那样，利用部落兵士的无纪律性而造成强烈的心理效果是亚历山大的拿手好戏之一。

他立即回军，亲自统率一支由翊卫队、阿格里安人、弓箭手以及常规突击队组成的精锐机动力量，同时命令其他部队随后跟上。于是在夜幕的掩护下，他派弓箭手和阿格里安人（可以恰如其分地称之为古代的廓尔喀兵*）做收尾工作。这场屠杀可谓干净利落。大部分部落战士还在睡梦之中，亚历山大的部队便将他们全部就地屠杀。其他人则在企图逃跑的过程中被砍倒。当时的惊恐与混乱实在难以形容。克雷托斯在绝望中一把火烧了佩利昂，然后跟着格劳基亚斯逃到了后者在杜拉左附近的山地堡垒。伊利里亚人的威胁至少已经暂时被清除了。这一局面一直延续到亚历山大去世十年之后（公元前314/312 年），当时另一位马其顿国王卡山德与格劳基亚斯发生纠葛，试图夺取沿海的杜拉左，而事实证明这是一次失败的冒险。

---

* 廓尔喀兵（Gurkhas）是在英国或印度军队中服役的尼泊尔籍士兵。

在获得了全面胜利之后，亚历山大首要关切的是重新与兰伽洛斯取得联系，如果必要的话亲自收拾奥塔拉提亚人。不过，最后兰伽洛斯不失其诺，证明了自己足以对付那些奥塔拉提亚人。他快速洗劫了他们的居处，烧毁他们的作物，这样他们只好退出叛乱：看起来他对他们战斗能力的判断也没有那么离谱。在消灭了威胁后，兰伽洛斯立即动身前往佩利昂支援亚历山大，于是两支军队在内陆的某地相遇了。（最有可能的地点是现代南斯拉夫境内普里莱普和比托拉之间的道路上的某地；或许就在与切尔纳河的交叉处。）这本该是一次胜利的会师，但是，亚历山大的喜悦之情却被兰伽洛斯带给他的来自希腊的急讯一扫而光——显然，这是他自多瑙河远征开始以来收到的第一条急讯。急讯所传达的消息让人无法安心。

当然，要是希腊人（和任何幻想着自己还有机会的马其顿争位者）在这关键的几个月里没有充分利用一下亚历山大出征的有利时机，那倒是有些奇怪了。各个城邦——特别是忒拜和雅典——的行动多大程度上做过协调，现在还没有定论，更不用说佩狄卡斯之子阿敏塔斯篡夺亚历山大王位的计划了。但是如果我们假定，暴动是经过协调的，阴谋者的首要目标是，倘若成功便奉阿敏塔斯为名义上的领袖，并且废黜亚历山大（更不用说废除亚历山大的侵略政策），那么所有事情都会变得容易理解。亚历山大本人随后的行动有力地说明，至少他是这么看待这一系列事件的。[33]

显然，暴动的第一个任务就是通过宣传极力弱化亚历山大代表的威胁，来争取尽可能多的观望者。在雅典，德摩斯提尼满腔热情地投入到这一任务中去，而且费尽心思精心安排了一个场景。他在公民大会上宣称，亚历山大连同整支远征军已经被特里巴利人屠杀殆尽了。为了使谎言更加可信，他宣称一个扎着绷带、浑身是血的人是信使，这位"信使"发誓说他就是在那场战斗中受的"伤"，而且真真切切地目睹了亚历山大之死。[34] 这种戏剧性的声明其效果是可以想见的。如果有人怀疑消息的真实性，他就立马把他们压制住：毕竟这正是每个爱国的希腊人所希望和祈盼发生的事。于是，反叛之火席卷了整个半岛上的希腊城邦。马其顿的驻军或者被驱逐，或者被围困。甚至当亚历山大从多瑙河向佩利昂进军的消息已经广为人知时，仍然有人信心满满地声称，德摩斯提尼只是把各种事情弄混了，实际上国王是被伊利里亚人杀死的。[35]

不过,到目前为止最危险的其实是忒拜的反叛。这需要精心的筹划——亚历山大此前在卡德迈亚留下了一支尤为强大的驻军,而且在忒拜的公民大会中到处安插了亲马其顿分子。然而,叛乱的领导人一直与众多的政治流亡者——大部分在雅典——保持着联络,现在他们中的一些人趁夜偷偷溜进了城里。反叛分子事先制定好了计划,而且实施得非常顺利。首先,他们抓住并杀害了驻军的两位高级军官。(这不仅使驻军无法做出有效的反击,而且迫使忒拜人不得不接受既成事实:开弓没有回头箭,他们已经无路可退。)随后,他们召集了公民大会,呼吁所有忒拜人甩掉马其顿人强加的枷锁——阿里安冷峻地写道:"他们着重强调'解放'和'言论自由'等古老而宏大的口号。"[36] 最终他们的努力没有白费。

从亚历山大的角度来看,即使忒拜人是在没有外来帮助的情况下自发反叛的,那情况也已经够糟的了。然而到目前为止,他必定至少已经听说了阿敏塔斯图谋政变的消息,而更让人头疼的是,暴动之所以成功,很大程度上得益于德摩斯提尼提供的武器和金钱,而这是经过雅典政府公然默许了的。说服忒拜流亡分子参与政变的主要也是德摩斯提尼。当政变成功的消息传到雅典时,公民大会欣喜若狂,立即投票通过给予忒拜军事支持的提案,而这多半也是由于德摩斯提尼的煽动。现在,反叛的各个城邦组成了一个反马其顿同盟,看起来一场全面的反叛之战已经就在眼前了。

然而,这时一些头脑比德摩斯提尼更冷静的人认为,事情发展得太快太过火了。此刻的雅典在吕库古的精明管理下,只是刚刚开始加强海军和军事储备。[37] 过早地和马其顿发生直接冲突,后果可能会非常惨重。因此,在派遣军队去支援忒拜之前,雅典政府决定观望一阵子,"看看战争会走向何方"。不过,尽管她外交上持骑墙态度,但明眼人皆知雅典同情的是哪一方;毫无疑问,斯巴达和伯罗奔尼撒诸城邦更不用说了。整个希腊随时都有可能全面失控。[38] 马其顿国内的局势同样岌岌可危,就算阿敏塔斯还没公开表态,他的计划也早已尽人皆知,整个佩拉都充满了一股阴谋的气息。所以显而易见,国王越快回国越好。[39]

此外,毫不夸张地说,没有什么比波斯在此次事件中所扮演的角色更能引起亚历山大的警觉了。波斯大王总算明白了过来，亚历山大不仅意在侵略小亚细亚（帕美尼翁的活动已经表现得再明显不过了），而且就目前来看，他也已经为这个任务做了非常好的准备。一旦局势变得明朗起来，大流士便改变了早先的不干预政策，开始向希腊输送金子，哪里可能有效果，就往哪里送。迄今他还从未如此明确地要做某件事，而这一次他显然希望希腊人的叛乱可以帮他把难题解决掉。但是，单单这种希腊－波斯联盟的构想就已经足以使亚历山大不寒而栗了。

大流士通过代理人为雅典政府提供了不少于 300 塔兰特的黄金，以此引诱其支持忒拜的解放事业。这项提议遭到了官方的拒绝，因为接受该提议与派遣军队一样，都是对马其顿的公开冒犯。但是在雅典，谁都知道德摩斯提尼现在给忒拜流亡分子派发的钱从何而来。大流士只是决定（在雅典的默许下）通过非官方的渠道进行运作。[40] 他还觉得现在是时候消灭帕美尼翁的远征先遣队了：如果能把这支军队清除掉，那么亚历山大的任务，特别是让军队渡过赫勒斯滂海峡这一关键步骤，就会变得危险得多。

迄今帕美尼翁一直顺风顺水，为所欲为。沿海的许多希腊城邦都已投靠了他，而他让那些没来投靠的都为之后悔。例如公元前 335 年 7 月，帕美尼翁袭取了累斯博斯岛和基俄斯岛之间伊奥利亚的一座海滨小城格律尼翁，并把它的居民都变卖为奴隶。亚历山大的解放政策似乎不允许有人冥顽不化地拒绝被解放。[41] 比起我们根据现存史料所作的猜测，帕美尼翁的军队在亚历山大侵略计划中所扮演的角色事实上要更为重要得多。它有两大任务，一是通过建立桥头堡来保证侵略路线的畅通，二是（以各种手段）拉拢小亚细亚的希腊城邦。帕美尼翁共有三支作战分队，分别占领了伊奥尼亚、埃奥利亚和特洛亚斯。除了担任总司令，帕美尼翁还亲自统率其中的一支分队。

现在为了拔掉这颗眼中钉（不过很难说大流士是否对此看重），大流士挑选了最有经验和最专业的军事家罗得岛的门农。门农得到了一支 5000 人的精锐雇佣军，而且可以便宜行事。首先，他前往特洛亚斯南部的海滨地区，此时帕美尼翁正在那里围攻另一座小城皮塔涅。但是在半道上，他收到了波斯大王的急讯。普洛彭提斯中的重要港口居吉科斯有陷落的危险,此时可能已经陷落了:那么门农会赶过去救援吗?

门农此次向北突进非常有名,为了节约时间,他率领军队经最短路线翻越了伊达山脉。他差点儿就救下了居吉科斯,可惜终究晚了一步。狄奥多罗斯写道:"救援失败后,他洗劫了该地区,并掠走了许多战利品。"但是,他并没有离开这个地方,直到取得了一场重大的胜利。他的军队向西快速推进到赫勒斯滂海峡,重新占领了兰普萨科斯。门农的主要战略很清楚:他意在控制住马其顿侵略军最有可能的两个会合点。他本人往南折回去寻觅帕美尼翁,而另一支波斯分队则被召去对付马其顿在特洛亚斯的分队(该分队现在由哈尔帕罗斯之子卡拉斯[Calas]指挥,他在阿塔罗斯被处决后接管了这支分队)。卡拉斯进行了一次防御作战,他发现自己在人数上处于明显的劣势,因而被迫向南撤退,一直退到了特洛伊附近的洛埃泰昂。在此,他给帕美尼翁发去了一份紧急求救的报告:阿拜多斯,这个尚在马其顿手中的另一个最佳会合点,必须不惜一切代价予以保住。而如果没有外援,它的驻军不足以守住该城。于是,帕美尼翁立即解除对皮塔涅的围攻,然后避开门农,向北急行军到了海峡边上。他保住了阿拜多斯,但是他先前征服的许多地方现在都已丢失了。[42]

对大流士来说,这些来自希腊和小亚细亚的情报尽管重要,但也只是纷繁复杂的帝国统治事务中的一部分而已。他征召的军队和舰队[43]除了用于遏阻马其顿可能的入侵以外,还要用于其他方面的行动。其中,在埃及的军队高效地解决了最后一位本土的法老,将这个反叛已久的国家重新变成了波斯的一个行省,而大流士本人则正在波斯波利斯忙着为自己设计和建造王陵,事后来看这似乎带有一种讽刺性的先见之明。[44]然而,对远在伊利里亚的亚历山大来说,他眼下所得到的消息却是关于最高等级危机的。

目前,他没有时间去反思其中所蕴含的教训:在他的这种政体当中,个人的支配地位便是一切,所谓的感激或效忠宣言不可轻信;他终身都得采用具有超凡魅力的强权政治。所有这些日后才会提上议程。他马上看出,自己首要而最迫切的任务是必须粉碎有关他已经死亡的谣言。关于马其顿的争位者及其拥戴者,他可以并且也将以传统方式进行处理;但是希腊的反叛必须立即予以遏止，以免陷入不可挽回的境地。亚历山大不想浪费时间和精力去消灭那些铤而走险和死磕到底的民族主义者，他手头还有更重要的事情要做。但是，必须给希腊一个具体的教训，这种教训要足够恐怖，这样才能一劳永逸地粉碎所有想以武力实现独立的希望（从心理学上说，这是一种错误的假设，现代的抵抗运动已经充分证明了这一点）。至于在哪里以及如何施展这种教训，国王已经心里有数了。

他的第一项行动便是派遣特快专使到佩拉，传达他即将回来的消息。除了给安提帕特的例行指示外，这位专使还带了一封私人的（可能还是加密的）信件给奥林匹娅斯——这是世界上唯一一个亚历山大还能绝对信任的人。他要求她立即清除那两个王位竞争者：佩狄卡斯之子阿敏塔斯和克里奥帕特拉的幼子卡拉诺斯。至于这次清洗多大程度上涉及已知的阿敏塔斯的朋友和支持者则尚有疑问。安条克之子阿敏塔斯似乎没遇到多大困难就逃离了马其顿。他径直跑到了小亚细亚，在那儿成了大流士的雇佣兵指挥官。（根据阿里安的说法）他还随身携带了一封林刻斯提斯的亚历山大给波斯大王的信件。信的具体内容已不可知，但很可能涉及叛变，因为大流士的回应是给这个林刻斯提斯人提供了1000塔兰特的金钱；而且如果他能够成功刺杀现任国王，那么大流士还将全力支持他登上马其顿的王位。[45] 倘若此事当真，恐怕亚历山大当时并不知情，因为他随后不久便任命这个林刻斯提斯人担任重要的军事指挥职位。他是安提帕特的女婿，这个身份可以给他提供一定的保护，但可以设想，这并不能使他免于因涉嫌高层叛变而被传讯。[46]

奥林匹娅斯忠实地执行了亚历山大的指示，而亚历山大也知道她定会如此。（在分开之前，亚历山大曾给予兰伽洛斯许多荣誉，其中就包括安排后者与他的异母妹妹库楠妮的婚姻，那会儿她还是阿敏塔斯的妻子：这真是一种恐怖的幽默。）[47] 实际上，王太后所做的要远远超出她简报中的内容。被她处死的不仅有卡拉诺斯，还有他的姐姐欧罗巴，至于处决的方式，不同的材料有不同的说法，但很可能都是通过将二人面朝下按到火红的炭炉中的方式杀死的。最后，她逼迫他们不幸的母亲自缢；此时，可怜克里奥帕特拉已是生无可恋。当亚历山大听到这件事时，他感到非常愤怒，这并不难理解。[48] 诸如此类的王室谋杀无可厚非，而且早有先例，但是，无论是克里奥帕特拉还是欧罗巴，她们都不会对王位构成任何威胁，奥林匹娅斯对她们的处置完全是出于怨恨的报复心。亚历山大的敌人马上就会借机进行不利的宣传。当使用铁腕手段时，国王宁愿严格遵守宪制的权利约束，随后几周的事情也明确无误地证明了这一点。

在解决了这一紧急事务之后，亚历山大拔营起兵，行军速度之快连腓力的老兵都有些吃不消。他从欧克里达湖出发，"取道厄奥尔戴亚、厄利密奥提斯、廷法亚山脉和帕拉淮亚山脉"，直奔东南而去。根据这个记载，他此行只有一条可能的路线，即那条崎岖而陡峭的山间小径。这条山路依然还在，从阿尔巴尼亚南部的比利什特穿过希腊北部的山区，经由卡斯托里亚和格雷维纳，终于特里卡拉附近的塞萨利平原。古往今来，大多数旅行者更愿意从西面的迈措沃山口进入希腊，不过连这条也相当崎岖难走，现代的希腊人仍然将其称为"咒恶山口"。但是亚历山大非常需要赶时间。

仅仅七天，他便把军队安全地带到了特里卡拉东边数英里远的佩林那。由此他进军拉米亚，越过温泉关，最后在波奥提亚的昂克斯托斯驻扎下来；此时离他出发只过了不到两周的时间，他已经到来的传闻甚至都还没来得及传到希腊南部。他行军将近 250 英里，平均每天 18 英里。更让人惊奇的是，他在山区的速度并不比在平原上慢多少；任何曾经从卡斯托里亚走到特里卡拉的人都知道，这意味着何等的壮举。

143

昂克斯托斯往前 20 英里便是他的最终目的地：忒拜。[49]

那时，叛乱的领导人只知有一支马其顿军队越过了温泉关，离忒拜仅有一天的路程；他们无法接受他们所要面对的竟是亚历山大本人这一事实。他们对德摩斯提尼的宣传深信不疑得让人感动，他们坚信亚历山大已经死了，眼前的军队是由安提帕特率领的。当更多的消息传来而且都报告了同一事实时，他们仍然拒不相信。如果军队是由某个亚历山大率领的，那也必定是林刻斯提斯的亚历山大——他们的这个猜测很有意思，可以印证其他指向他曾参与叛乱的证据（参见上文第 111 页）。但是 24 小时过后，当马其顿军队在城墙外挖掘濠沟时，一切侥幸的幻想都破灭了。亚历山大果真还活着，而且依然在位；反叛者唯一还能做的选择就是抵抗或谈判，这个选择至关重要。

亚历山大不大可能预料到会碰到很多麻烦。不久前，只需展示一下武力就足以吓得忒拜立即投降（参见上文第 118 页）。他统率着一支 30000 人的军队，这些乃是腓力老兵中的精华，是一流的战斗队伍，在战场少有败绩：忒拜人自然不会鲁莽到在没有援军的情况下与之一较高下。此外，和通常一样，倘若不费太大工夫就能获得他想要的，那亚历山大可以既往不咎。现在，他所有的兴趣全部集中在远征波斯上，根本不想浪费任何时间和精力在控制这些桀骜不驯的希腊城邦上。如果真的需要做些惩罚以为鉴戒，他从不手软；不过，自离开伊利里亚后，他的怒火似乎已经平息了一些，他准备再次采用权宜做法。于是，他明白无误地提示忒拜人，他们可以为他们的行为做一次外交上能让人接受的辩解。事实上，如果亚历山大像他们以为的那样已经死了，那么同盟条约就会立即失效（因为他没有留下任何子嗣），因而他们独立的诉求便是完全合法的。他们此前的行动是发自内心的，如果现在他们重新宣誓效忠，那么整个事件都可以一笔勾销，而且双方都可以保住颜面。[50]

然而，忒拜人竟出人意料地选择顽抗到底。他们对此友好姿态的回应不是举起休战旗帜，反而是迅速袭击了亚历山大的前哨部队，不少马其顿人因此丧生。次日，国王率领军队绕到忒拜城的南边，占据了厄勒克特拉城门外通往雅典的道路的阵地。这样一来他跟被围的驻军的距离就非常近了，因为此处卡德迈亚的岩壁就紧挨着城墙。[*]但是，他还是没有发起进攻，仍然想着签一份城下之盟。

当亚历山大的到来第一次得到证实后，忒拜政府起草了一份决议，并得到了公民大会的一致通过。该决议认为，他们应当"为了自己的政治自由战斗到底"。现在公民大会再次召开，但这次就不再那么同仇敌忾了。有一股很强的呼声要求放弃抵抗、寻求谈判。阿里安这位曾任罗马行省总

---

[*] 卡德迈亚位于忒拜城内，离厄勒克特拉城门不远。

督的希腊人写道,这一呼声"来自所有那些真正把城邦利益放在心上的人"。但是,那些直接领导起义者,特别是那些回国的流亡者,坚持反对任何妥协。他们根本不相信亚历山大的美好承诺。他们的魁首杀了两个马其顿军官,而他们中的许多人也积极参与波奥提亚同盟的重建活动。一旦落入亚历山大的手中,这些人很难指望能够逃过惩罚。

再者,他们曾痛快地呼吸过自由的空气,不想就此轻易放弃。他们确实有机会不用被迫放弃这种自由。忒拜粮草充足,城墙修缮良好,而且有着希腊最出色的重步兵。此外,卡德迈亚被一道牢固的双层栅栏隔绝起来,马其顿驻军几乎不可能跟城外的同胞取得联系。于是,公民大会投票通过,坚持原先的决议。

现在,亚历山大明白他该做什么了。狄奥多罗斯告诉我们,就是在这个时候,他"决心彻底摧毁这个城邦,并以此恐怖之举震慑任何胆敢挺身反对他的人"。不过首先,为表明自己的立场,同时也希望借此在忒拜人中间制造分歧,他发布了最后的通告。任何有心的个人仍然可以向他投诚,并同享希腊人的"普遍和平"。如果那两个反叛的祸首能被交出来,那他将特赦其他人。这是很高明的一招。这份通告提醒世人,严格来说,忒拜反叛的不是马其顿的亚历山大,而是希腊同盟。由此类推,亚历山大并不是一个独裁专制的暴君,相反他的行动有着无可非议的宪制上的正当性。他是同盟正式选举出来的统帅,执行的是同盟的命令。不少同盟城邦跟忒拜有旧帐要算,因此亚历山大完全可以找到足够法定人数的支持者。

当然,和其他人一样,忒拜人对此心知肚明,而他们的下一步行动就是故意以尽可能公开的方式,摧毁亚历山大的政治谎言。如此一来,他们也就注定了自己的命运。在忒拜最高的塔楼上,他们的传令官针锋相对地提出了一个要求和条件。他宣布,如果马其顿人首先交出安提帕特和菲罗塔斯,那他们就愿意跟亚历山大谈判。在这个小小的客套之后,他接着说:"任何有心想要加入波斯大王和忒拜阵营以解放希腊人并摧毁希腊之暴君的,都理应站到他们这一边来。"[51]

这一满怀恶意、简洁明了的控诉蓄意要让亚历山大震怒不已;而传令官所提到的与波斯的协定(这完全可以设想是真的),更是正中亚历山大的要害。如果忒拜人的主要目标是刺激国王撕掉那假仁假义的面具，那么他们已经得偿所愿了。"暴君"一词深深地刺痛了亚历山大——没有人会喜欢听到与自己相关的令人难受的赤裸真相，尤其是对一个其士兵就在身边的统帅而言，因此亚历山大大发雷霆，这是他著名的发怒事件之一。他发誓，从现在起他将"对忒拜人处以极刑"。他说到做到。围城器械被带来了，栅栏很快就被突破了。忒拜的军队在城墙外英勇作战，差点儿就把亚历山大的军队打得落花流水，甚至国王把预备队投入战斗也无济于事。但是，在这关键时刻，亚历山大突然看到有一个后门无人防守。他立即派佩狄卡斯率领一支部队进入城中与被围困的驻军取得联系。佩狄卡斯成功完成了任务，不过他本人也在行动中受了重伤。

忒拜人一听说他们的城墙已被攻入，便丧失了斗志。于是，亚历山大发起反攻，忒拜人军心动摇，很快就全线崩溃，一个个落荒而逃。厄勒克特拉城门挤满了撤退的部队，所有人都不顾一切地想要逃入城中。骑兵赶了过来，许多人被践踏至死，在巨大的拱门下，尖叫声、咒骂声和铁蹄拍地声混杂在一起，震耳欲聋。通道还来不及清理，大门也来不及关上，亚历山大的老兵劲卒们便涌入了忒拜城中，随后是野蛮而血腥的巷战，最后演变了一场大屠杀。部分忒拜骑兵调转马头，从平原上逃走了；大部分忒拜的守护者则用破损的残枪或者直接徒手搏斗，他们就地战死，而绝不跪地投降；当然，此时他们也无处告饶。妇女和老人被从圣殿中拖了出来，"任人随意凌辱"。每间房屋都遭到洗劫，每座神庙都被掠夺一空。弯弯曲曲的街道上到处是尸体残骸。每个角落都堆着大量战利品和哭泣不止的可怜的孩子们。

这场大屠杀决非只是亚历山大的马其顿将士们造就的。过去曾被忒拜征服并被纳入其霸道统治之下的许多族群——诸如特斯匹埃人、普拉塔亚人、奥尔科迈诺斯人；他们都是波奥提亚人——现在都疯狂地报复这个已经陷落的城邦。到夜幕降临时，至少6000个忒拜人被杀，约有30000人被俘，而马其顿及其同盟部队则损失了500人。周边乡村的许多地区也被洗劫和焚毁。[52]一直到次日早晨，亚历山大才最终下令恢复秩序，而当他认真起来时，他可谓雷厉风行。他发布命令，禁止继续不加区别地屠杀忒拜公民，此时马其顿国库迫切需要现金，把他们卖为奴隶会更有价值得多。双方取回并安葬了各自的阵亡将士，忒拜的重装步兵战士被集体葬在厄勒克特拉门旁边的大型公墓里。接着，亚历山大召开了一次同盟议事会特别会议——或者说是就近召集一些听话的代表——以决定这个城邦的最终命运。

同样，此项决议的官方责任也不在他身上：他可以也确实宣称，他仅仅是执行同盟的裁决而已。不过，在场的多数代表本身就很厌恶忒拜人，正好可以利用他们来做一次严厉的判决。我们可能会理所当然地以为，他们心中所认为应当施加的惩罚准确反映了亚历山大的念头。要是他觉得宽恕忒拜乃是上策，那他早就给予宽恕了。最终，大部分人想要彻底摧毁忒拜。人们强调说，忒拜在希波战争中为不正义的一方而战。普拉塔亚人则说起了他们在忒拜人那里遭受的苦难。不过，投靠波斯才是代表们反复提及的罪行。

当然，没有人会忘记忒拜传令官的恐吓言辞：这些精于阿谀奉承的人很清楚国王心中最关切的是什么。有个忒拜俘虏提了一个可敬而有说服力的上诉请求，出于程序上的考虑，议事会允许他在会上宣讲，但当即被驳回了。随后议事会进行了最终的投票。代表们的决议是"夷平城邦，变卖所有俘虏，忒拜流亡分子在整个希腊都为非法，任何希腊人不得为其提供庇护"。卡德迈亚保持原有的驻军，而忒拜的领土则由参与围攻的那些波奥提亚城邦瓜分。这个拥有七个城门、历史悠久且富于传奇的城邦，俄狄浦斯曾在此统治过，泰瑞西阿斯（Teiresias）也曾预言过它的命运，如今却因为一个傀儡委员会的命令而被从大地上抹去。裁决立即得到了执行（公元前335年9月）。[54]

在实现了主要的目标后，亚历山大十分乐意做些个别的让步，特别是如果这些让步代价轻微，并且能够提升他仁义、虔敬或热爱文化的名声的话。在集体变卖为奴的通令中，他下令赦免所有的祭司、任何能够证明自己曾投票反对反叛或者与马其顿人有过客谊的人（包括当腓力作为人质时曾招待过他的那个家庭），以及抒情诗人品达的后裔。此外，他还下令不得破坏这些人的房屋以及所有的圣殿和神庙。一些著名艺术家所刻的雕像似乎也幸存下来：有个逃难者把他的现金藏在了某个此类雕像中空的披风中，当 30 年后城邦重建时他又一分不少地取了回来。

还有一个著名的事例，有位忒拜将军的遗孀因谋杀的罪名而被带到亚历山大面前。有个强占了她房屋的军官，先是喝醉了，接着又强奸了她，然后还要她交出金子和银子。她镇定地说，她把所有贵重之物都藏在了花园中的一口枯井里。这位醉醺醺的马其顿军官穿着衬衣下了井。于是，夫人便在侍女的协助下不断向下扔石头砸他，直到将其砸死。亚历山大不仅没有惩罚她，还给予她自由，并且"对他的军官下令，他们应当注意行事，不得再冒犯名门望族"。强调的字眼很值得仔细琢磨。我们会看到，亚历山大对任何被占领地区的贵族的处理手段都极为老练。他们如果愿意合作，就可以成为他的代理人代他统治；如果不愿意，那他们也会比该国其他所有人加起来更为麻烦。所以，此事的寓意就再明显不过了。55

此前没有哪种灾祸曾像忒拜的覆灭这样震惊希腊世界，让希腊世界感到如此地恐怖和惊骇。56 公元前 413 年的西西里惨败发生在海外，雅典城本身不受影响。普拉塔亚只是一个小城，而米洛斯则是个无足轻重的小岛。公元前 371 年斯巴达在琉克特拉战败，但是这只是关乎声望，而不是什么灭顶之灾。然而忒拜不同，它是希腊最古老和最著名的城邦之一，该城被彻底摧毁，其居民遭受了所谓的"变卖为奴"（*andrapodismós*）的命运，即全体被驱逐并卖为奴隶。我们将会看到，这种行动决非无利可图。马其顿的国库从俘虏的售卖中赚了 440 塔兰特，亦即平均每人 88 德拉克马。57*

亚历山大此番行动的直接效果正是他所期待的。希腊各城邦都纷纷为自己开脱罪责，请求亚历山大宽恕他们的"错误"。由于害怕遭受和忒拜同样的命运，雅典人中止了他们在厄琉西斯的秘仪庆典，雅典城中又一次挤满了从阿提卡蜂拥而来的避难者。德玛德斯这个通敌政客（参见上文第 77 页及以下）劝说公民大会选出十个公认的亲马其顿者，委派他们作为

---

* 亚历山大读过希罗多德的《历史》，他或许会冷酷地回想起居鲁士曾对伊奥尼亚人说过的有关一个笛手的故事。在故事中，该笛手试图通过吹笛来引诱一群鱼上岸；当鱼群不为所动时，笛手撒出了一张鱼网，而这一网捕下来就是上百条。看着鱼儿四处乱跳，他对它们说："现在才跳太晚了；你们本可以跟着我的音乐起舞，但你们没有机会了"（Hdt 1.141）。——原注

使团，"向［亚历山大］保证——虽说有点晚了——雅典人民很高兴看见他从伊利里亚和特里巴利人那里安全返回，并且完全支持他因反叛而对忒拜施加的惩罚"。这份声明或许让国王感到有意思，但肯定不足以让他印象深刻。他对使团以礼相待，但使团带回雅典的却是一封简短的信，信中要求交出"反对他的利益"的十位雅典将军和政治家。其中最著名的有吕库古、海盗出身的雇佣兵队长卡里德摩斯（Charidemus）和德摩斯提尼。如果他们被交出去，其命运可想而知。

对此，公民大会上爆发了激烈的辩论。福基翁似乎比较乐观，他力劝少数人为了多数人而牺牲一下自己的生命。德摩斯提尼则以绵羊将牧犬丢弃给"马其顿饿狼"的寓言进行反驳。他大声说道："交出我们，就等于变相地把你们自己、把你们所有人都交了出去。"最后，德玛德斯自愿率领第二个使团前往佩拉，目的是为那些人求情（据说他收受了德摩斯提尼及其同难者共5塔兰特的钱）。

这时，亚历山大的怒火平息了许多，他的长远的战略考量重新占了上风。他明确地告诉德玛德斯，他认为雅典在忒拜的反叛一事上难辞其咎。他还提醒德玛德斯，雅典收留忒拜的逃亡分子本身就是对同盟法令的公然违抗。在从头历数了诸种咎责后（这是为了让德玛德斯想不到他正准备做一些让步，但他确实是在让步），亚历山大说，出于宽宏大量他愿意宽恕而不去计较。他将所有人都从黑名单上删除了，除了那位得到雅典特许的海盗头子卡里德摩斯，对于此人德摩斯提尼想必乐见到他离开，但即便此人，亚历山大也仅仅是要求雅典人将其驱逐出境而已。他顺带还废除了有关忒拜流亡分子的法令。

德玛德斯胜利回国；公民大会十分感激，为他树立了一座青铜像并准许他在市政厅（Prytaneum）终身免费进餐，以此作为嘉奖。的确，这是他理所应得的。他用极其精明的眼光估量着形势，看穿了亚历山大的虚张声势。如同他的父亲，国王无意进行一场旷日持久且危险的围城战，因为他此时还有更重要的事情做。[58] 再者，他所做的让步是非常重要的。卡里德摩斯径直投奔到了波斯大王那里，亚历山大想必知道他定会如此；其他几位雅典名人也这么做了。他们没有与大流士结成军事同盟——这是亚历山大最担心的事情——但他们得到了大量资金,以此来支持希腊内部不断兴起的反抗运动。[59]

如果亚历山大指望能从他的宽容仁慈中获得感恩和回报,那他可就大错特错了。从长远来看,他对忒拜的处置将会是他所犯过的最严重的心理方面的错误。要是他赦免了该城邦,他最终可能会与希腊城邦达成某种真正的和解。但现在已无可能了。随着最初的惊恐逐渐消散,希腊人对亚历山大的态度变成了一种难以消除的强烈厌恶。表面上他们很配合,还总是进行玩世的阿谀奉承,但是,他们从未原谅过他。目前,明面上的一切显得十分平静。马其顿的显贵获得了各种荣誉公民权,驻军指挥官在大街上也受到人们的笑语相迎。穷酸文人们还创作了大量虚伪做作、溜须拍马的垃圾文字。但是私下里,脸色阴沉的年轻人们抚剑弄刀,翘首以盼解放和复仇之日的到来。如果雅典和斯巴达曾弥合分歧并达成真正的谅解,那这个故事或许会有一个完全不同的结局。

第五章

统　帅

在大体解决了希腊的叛乱后,亚历山大离开了已成废墟焦土的忒拜,匆匆北上返回了佩拉。要做的事情还有那么多,而留待去做的时间却又那样地少。他的回归似乎意味着新的一轮的清洗运动,这一次遭殃的是高层的克里奥帕特拉的亲属,很显然,他希望在出国时能做到万无一失。[1]帕美尼翁被从小亚细亚召了回来,作为腓力手下最优秀和最有经验的将军,他将成为亚历山大的副统帅。如果国王在这个职位上有其他人选,那他肯定会任用他人,但是在这件事情上他并没有什么选择。这位老将不可或缺,而他本人对此也心知肚明。

接着,亚历山大召开议事会,商讨那最最重大的事情——远征波斯。远征该何时发动,又当遵循何种战略?和往常一样,安提帕特和帕美尼翁都建议他谨慎行事。因为他们对继位的残酷斗争还记忆犹新,所以他们合情合理地规劝国王,在离开马其顿之前他应当先结婚并生育一个继承人(鉴于此时两人皆有适婚的女儿,他们的动机未必就全然无私)。然而,国王当即驳斥了他们的想法,而这一决定在他死后将引发无数的流血杀戮和政治动荡。他说,作为希腊的统帅,他手握腓力留下的战无不胜的军队,却要把时间消磨在结婚浪荡上,真是太令人羞耻了。

跟通常人们所做的猜想不同,亚历山大的决定可能还有更多的考虑。无论他是从域外王国还是从低地贵族中挑选妻子,注定会有一方觉得不满,进而伺机反叛,所以,在他凯旋之前最好先搁置此事。但这么说也可能是对年轻的亚历山大的不当奉承。亚历山大对女人的兴趣,即使委婉地说,也是比较淡,比不上他心中炽热难抑的使命感。在此,我们又听到了年轻的阿基琉斯的说法;又一次,我们瞥见了那个充斥着荷马式 *areté*(成就)、本质上无关乎政治的世界,其中战争是首要的,战争乃增进英雄个人光荣的利器。随着年岁的增长,亚历山大逐渐学会了用政治算计来平衡个人的幻想。但是,他心中有一股"我死后管它洪水滔天"的冲动。他拒绝结婚恐怕不能算作"亚历山大不负责任的最突出的证据"。但另一方面,这毕竟有失政治家的风范。[2]

不过可以肯定,亚历山大之所以急不可耐,自有非常迫切且实际的理由。腓力对金钱的态度(这种态度被其子继承了下来)或多或少类似于普鲁士将军冯·毛奇*;1914年有人呈递给他一份经济总参谋部的备忘录,对此他回复道:"别拿经济学烦我,我正忙着指挥战争呢。"[3]但是,维持一支职业化的常备军所产生的经济问题不可能被无视。腓力死时留下了一笔高达500塔兰特的债务,[4]军饷也拖欠了很久。即便他每年能从潘盖奥斯山的银矿中获得1000塔兰特的钱币,这笔钱也仅能支付维持常规水平的马其顿野战军的三分之一费用。[5]更糟糕的是,亚历山大在继位时把直接税给废除了(参见上文第113页):这或许为他赢得了广泛的支持,但也导致国家迅速走到了破产的边缘。马其顿的国家债务依旧逐月高涨。这一局面必须解决,而且刻不容缓。

实际上,亚历山大正面临着一个非常现代的困境。想要削减开支,就只能遣散这支庞大的军队,而军队恰恰是他一切希望之所在。对他而言,这是万万不能的。但是,倘若他志在必得的话,那就得增加财富;而至于如何实现这一点,可以说他知之甚少(参见上文第31页)。在他看来,填满空虚国库的最好方式就是去抢夺别人的,而众所周知,波斯大王的金库满满都是金子。换言之,要解决经济危机,亚历山大要么倒退到湮没无闻的状态中,要么发动一次成功的侵略战争。至于他会选择哪一种,这是不言而喻的。

不过,他的时间有点太紧了。巴尔干和伊利里亚战役肯定是入不敷出的。变卖忒拜俘虏所得的钱只是刚好能够清偿腓力的债务;到何处为野战大军寻觅军饷依旧是个难题——至少在他们得到波斯的金币之前是这样。即使盟军们能够自给自足,在六个月的时间内供养常备军,那至少也得花

---

* 冯·毛奇(von Moltke,1848—1916),俗称"小毛奇",于1906—1914年间担任德国参谋部长,"一战"初期曾主持施里芬计划。

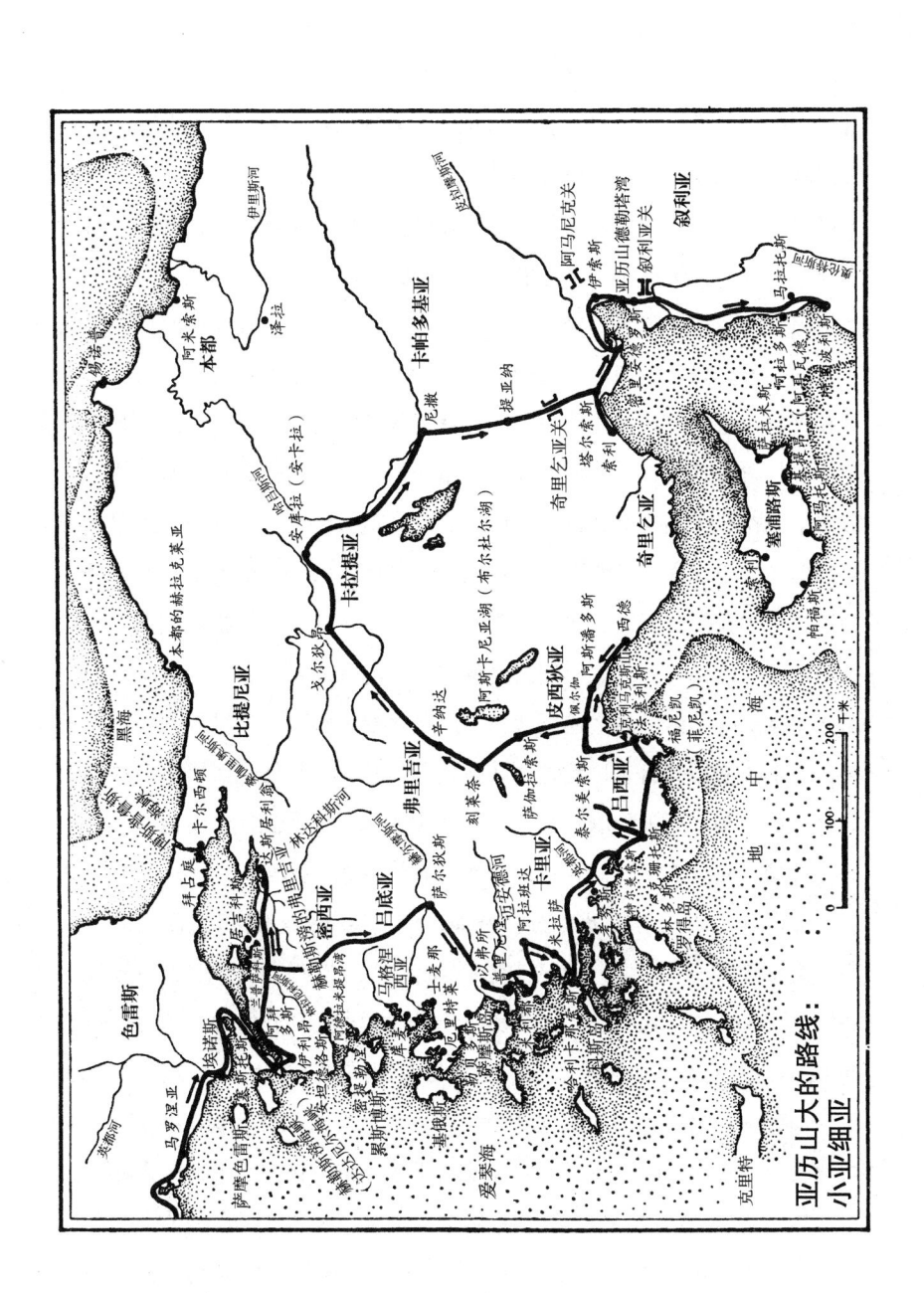

亚历山大的路线：
小亚细亚

费 1000 塔兰特的钱，而六个月是最短的训练周期。因而，侵略行动绝不能推迟到明年（公元前 334 年）春天之后；对于这个日期，议事会勉强同意了。亚历山大还有一个明显的求援之道，即借入资本，但是，在一个信贷银行尚被视为危险的奇异事物的时代（这种意识即使今天也没有从希腊人的脑中根除），这种事情说起来容易做起来难。更何况，如果把后获得公民身份的也算在内，大部分银行家和放贷者也都是雅典人，倘若体面地逃掉，没有一个雅典人会愿意借钱给亚历山大。

因此，国王便转向他自己的贵族们，他们所处的位置使他们很难拒绝国王的要求。随后的宣传将这种交易浪漫化了，有意加强亚历山大宽宏大量和高度自信的声望。根据记载，在远征开始之前国王调查了他所有朋友和侍友的财务状况，并且把大部分王室田地及其收益一起转让给了他们。事实上，在每个人都得到自己的份额之前，他都拒绝离开欧洲。当佩狄卡斯问他，"但你为自己留下了些什么呢，亚历山大？"他给出了那个著名的回复："我的希望。"佩狄卡斯回说："如果这样，那我们应当做同样的事情。"他接着说，贵族们接受亚历山大的领地是不合适的；既然有望瓜分大流士的财富，那么他们就应当继续忍耐下去。

这个故事很吸引人，但它遗漏了核心的真相。显然，亚历山大想要做的是从他的侍友那里借取资金，而王室田地则是他所能提供给他们的唯一的抵押品。佩狄卡斯以其真正荷马式的得体方式，无偿捐献了一笔战争钱款，而其他人可没有如此大方。例如，保存至今的一份铭文便记录了亚历山大赏赐近身护卫官托勒密土地一事。[6] 通过这些方法，国王又筹集了 800 塔兰特的钱，但是他依然极度缺乏现金。当远征开始时，他只携带了 70 塔兰特的钱（对他的军队来说这大概是两周的军饷，甚至更少）和 30 天的储备。但另一方面，根据某份史料，他的个人债务已经减少到了 200 塔兰特；这意味着除了少数例外，他的贵族们都效仿佩狄卡斯的先例，直接馈赠而非放贷给他。当然，这笔钱的大部分已经用于清偿欠饷了。[7]

从许多方面来说，远征军的最终兵员名册都是一份很值得玩味的文件。[8] 扣除已经在达达尼尔海峡开展行动、约有 10000 名步兵和 1000 名骑兵的先遣部队，亚历山大的马其顿大军还有超过 30000 人的一线步兵，和约3300名的骑兵。[9]即使是这个规模也决没有耗尽马其顿的人力储备。时不时还会有新的援军被派出来,而为数众多的农民则继续留在国内耕种土地,保证土地的收益。[10*]在这30000人的大军中,可能有5000到6000人需要在被占领城市中充当驻军,其余的24000人则由亚历山大自由支配。然而还有多达总数一半的军队——这个数目着实惊人——连同3300名现有骑兵中的1500名,他们都留在国内由安提帕特统领充当国土防卫军。没有什么还能比这更清楚地说明亚历山大是如何看待希腊和巴尔干的局势的了;或者反过来说,希腊是如何看待亚历山大的。

这对远征行动所声称的泛希腊远征的性质,正好构成了一个反讽的注脚。理论上,亚历山大受同盟委任,代表希腊对波斯发动复仇之战,以报复一个半世纪之前薛西斯对希腊犯下的罪行。这就是伊索克拉底反复鼓吹的泛希腊远征军的目标,而目前国王也仍然是这么宣传的。据我们所知,没有人曾鲁莽到去问这一明显的问题:如果这是一次泛希腊的远征,那么希腊人的军队在哪里?但是,许多人必定意识到了,抵抗运动已经开始取得间接成果了,因为它迫使国王留下半数军队作为实际上的占领军。

在亚洲,亚历山大统帅着总数为43000人的步兵,同盟对此的贡献是7000人。骑兵方面他拥有不下6000名,希腊各城邦只提供了可怜的600名。同盟为亚历山大负责舰队事务,但也不过如此:总共160艘,其中坐拥超过300条三层桨战船的雅典只勉强提供了20艘。(这些连同200名骑兵便是亚历山大从雅典那里所得到全部兵力,占整个希腊分队的三分之一。)事实上,尽管希腊同盟发布了官方禁令,但远比亚历山大所征募的要多得多的希腊人在为波斯大王而战,而且坚持到最后依然忠心耿耿。[**]再者,为亚历山大效力的同盟部队从未在关键战役中被使用过(这是另一条重要线索),而是一直充当驻军和负责控制交通线的任务。除了用作宣传以外,

---

* 如果我们把这些数字跟腓力于公元前359年召募的10000名步兵和2000匹战马的满编军队作一下对比,很明显二十五年的持续繁荣带来了总人口的显著增长,一如希波战争之后雅典所发生的那样。——原注

** 在伊苏斯之战后,大流士在他的薪酬名单中大概有不下50000人的希腊雇佣军:参见QC 5.11.5, Paus. 8.52.5。学者们通常会极力缩减这些数字,但往往不能提供充分的理由。参见C. L. Murison, *Historia 21*(1972), 401 n. 7。——原注

他们存在的唯一理由便是作为人质以确保他们在希腊的朋友和亲属安分守己。在亚历山大看来，他们更多时候是尴尬的存在而不是有用的资产，一旦有合适的时机他便立马甩掉他们（参见下文第 322 页）。

和别的许多事情一样，亚历山大把军队当作人质的做法也是从他父亲那里继承过来的。这一计策虽然简单但却非常管用，它最成功的范例可能是那支皇家侍从军团，该军团由马其顿世家子弟组成，直接服侍国王个人，同时也作为后备军官接受训练。但是，他们的存在也让亚历山大得以牢牢地控制住那些不安分的世家贵族，如同创始者腓力时候的情况一样。结盟的部落首领的情况与此类似：亚历山大将这些人当中意志坚强或雄心勃勃者带在身边——如查斯丁所说这是为了避免反叛——而把他们的国内事务留给温和而谄媚的归顺者去管理。[11]

如果以表格的形式开列出来，远征军的整体构成或许就比较容易理解：

步兵		骑兵	
12000	马其顿人（方阵和翊卫队）	1800	马其顿人
7000	同盟部队	1800	塞萨利人
7000	欧德里西亚人、特里巴利人以及其他部落士兵	900	色雷斯和派奥尼亚侦察部队
1000	轻装部队（弓箭手和阿格里安人）	600	同盟部队
5000	雇佣兵	1000（？）	先遣部队
11000（？）	先遣部队	6100	总计
43000	总计	合计 49100	

阿格里安人和弓箭手数量之少容易让人产生误解：实际上亚历山大在每次交战时都会使用这支部队，因此它必定有征自巴尔干人的固定兵源作为补充。另一方面，雇佣兵的不足恰恰是我们所能预料到的：这时候亚历山大根本供养不起他们。[12] 我们还应注意一下塞萨利骑兵的特殊地位，他们在同盟分队中自成一系。

早先腓力已被选为塞萨利的终身执政官，后来这一职位又为亚历山大所继承（参见上文第117页）。从种族上说，塞萨利与马其顿的亲缘关系要比它跟希腊城邦近得多，它的政体也是类似的封建贵族制。因而，塞萨利骑兵跟马其顿骑兵有点难分彼此，二者装备相同，组织方式也一样，即按地域进行编队。[13] 这支部队与其他同盟军队之间的另一关键区别是受亚历山大信任的程度不一样，不过在这一点上他也是有点迫不得已。塞萨利人的固定战斗岗位是在左翼，也就是说他们处在帕美尼翁的直接指挥下。有人曾提出一个有力的观点，认为"他们实际上变成了帕美尼翁个人的侍友骑兵，其中法萨卢斯分队的地位就类似于皇家侍友分队"。[14]

若从后来的事件来看，这个有趣的队形安排有着重大意义：它跟我们已知的帕美尼翁和亚历山大之间看似平静却又生死攸关的对军队有效控制权的争夺十分吻合，这种斗争从最初就已存在了。每个关键指挥职位必定都经过了一番苦心争夺。不过在这个阶段，帕美尼翁可能还只是把年轻的国王当作一个较为活跃的名义元首，闯劲十足但在政治上还不够成熟，而他则有足够的实力进行谈判。在战场上，他不可或缺；在继位问题上，他也曾助亚历山大一臂之力。而他为这些无价的功劳所开出的要价亦十分高昂。他的几个儿子中，尼卡诺尔（Nicanor）获得了翊卫队的指挥权，而菲罗塔斯——就是那个将亚历山大与皮克索达洛斯往来交易泄露给腓力的菲罗塔斯——则成了侍友骑兵的长官。帕美尼翁的女婿科伊诺斯（Coenus）分得了六大方阵兵团中的一个，而轻装骑兵部队则可能落入了帕美尼翁的兄弟阿桑德洛斯（Asander）的手中。由于帕美尼翁本身就是整支远征军的副统帅，所以他的地位看起来必定牢不可破。

再者，当准备就哪些部队与安提帕特一同留下、哪些将到亚洲作战这一关键事务作出决定时，帕美尼翁确保了后者主要是从腓力的老兵中抽调组成的。师团级和侍友级的军官团更是如此。尽管亚历山大为他的几位年轻朋友——克拉特洛斯（Craterus）、佩狄卡斯等——争取到了方阵兵团的指挥权，但在公元前334年大部分军官仍是那些早先就在腓力手下效力的，他们并不比帕美尼翁年轻多少。当查斯丁说参谋总部看起来"更像是旧式共和国里的元老院"[15]时，他并非是在夸大其辞。亚历山大同意这项安排可能有他自己的考虑：在大战中，久经沙场的老兵要比未经试炼的新兵有用得多，而从政治角度看，最好还是把帕美尼翁的旧部队——更不用说帕美尼翁本人——留在身边，以便能时时监视他们的活动。但当亚历山大在亚洲登陆时，情况依然如此，这些旧部身居腓力的军队的领导层，军队中主要是腓力的军官，他的参谋长又是腓力的老将。帕美尼翁完全有理由自信满满。

除去一线部队，侵略大军中还有大量技术员和专家。塞萨利人狄亚德斯（Diades）还率领着一支工兵和围城工程师队伍：这些人不仅要负责制造投射武器和攻击器械，还要承担挖坑道、开矿以及建设道路和桥梁等任务。还有一个勘察部门（bematistae），"负责收集有关行军路线和宿营地的信息，并记录行军里程"。[16] 参谋机关和秘书处由腓力手下的前法务长官卡尔狄亚的欧美涅斯（Eumenes of Cardia）负责。这支部队有一个更不寻常的特征，那就是有惊人之多的以官方身份随军行动的学者和科学家；在这一点上，亚里士多德的影响体现得再明显不过了。亚历山大向来清楚良好情报工作的价值，现在他把这条军事原则应用到了更加广泛的领域中。他的团队包括建筑师、地理学家、植物学家、天文学家、数学家以及动物学家，等等。在随后的几个世纪中，所有关于东方的科学知识最终都依赖这些人带回的信息。

据我们所知，亚历山大还是古代第一个组建官方信息报道和宣传部门的战场统帅。阿基琉斯有荷马来帮他名垂千古，而阿基琉斯的后裔也决心不让自己的成就湮没无闻。除了逐日记录远征之事外，*还需要一些更有文学色彩和妙笔生花的作品。为了实现这一点，亚历山大任命亚里士多德的侄子卡利斯特涅斯（Callisthenes）作远征军官方历史学家。[17] 一般认为，

---

* 迄今为止，这通常被归名在卡尔狄亚的欧美涅斯的名下（参看 Arrian 7.25-6，Plut. *Alex.* 76；相关残篇参见 Jacoby *FGrH* 117），以"皇家实录"（Royal Ephemerides）知名。但学者们一直感到很困惑，因为无论是阿里安还是普鲁塔克，除了在亚历山大临死之前的部分，他们都从未引用过"实录"。目前对这一遗漏最有说服力的解释是由博斯沃思（A. B. Bosworth）在《亚历山大大帝之死——传闻与宣传》（"The Death of Alexander the Great: Rumour and Propaganda"，*CQ* ns21（1971），93-105，esp. 117ff.）中提出的；如果博斯沃思的观点是对的，那么实录实际上可能被贬低成了一种史料来源。尽管如此，但似乎可以肯定确实存在着某种日志：其中少不了会涉及远征军的规模、行军范围以及复杂程度。——原注

这是一个不恰当的选择,在这次选择中裙带关系压过了对合适与否的考虑。卡利斯特涅斯是个讲求原则、推崇秉笔直书的人——这两种特质通常对创作有效的宣传材料没什么益处。亚里士多德听说他在与国王交谈,于是引用了一行荷马的诗句:"孩子啊,如果你这样说话,你的死期将至。"当亚历山大还在米扎做学生时,卡利斯特涅斯就已经认识他了,不觉得有必要去奉承他。在这一时期,他的东家也仍然只是腓力的儿子,一个哪怕面临着非常低的胜算也要凭空虚的国库进行一次不顾后果的冒险的年轻人。[18]

然而事实上,国王看起来已经冷静地——如果不是玩世般地——估量过了这个候选人。亚历山大自己在气质上并不是一个知识分子,但是他能理解知识分子的心态,而且还会充分利用这种心态来为自己服务,就像他在别的方面所做的那样。在这一点上,卡利斯特涅斯恰好可以满足亚历山大的需要:他是一个坚定的泛希腊主义者,(在他舅姥爷的教导下)相信哲学上基于 *areté* 对君主制的正当化解释,不过最重要的是他在政治上是清白的。作为历史学家他已经小有名气了,而他的背景(他来自奥林托斯)则使他将来易于为未来的希腊舆论所接受。他确实有用,但并非至关重要。一旦完成任务,他很可能会被抛弃掉,而实际上也确实如此。他将要接手的任务是为国王的功业撰写编年史,要写得能给希腊人留下正面的印象。随着远征的深入,相应的记录一份接着一份被送回国内。尽管亚历山大保留着审查卡利斯特涅斯终稿的权利,而且有时(如我们所知)会暗示要对特定事件曲笔粉饰,但我们不能就此认为这位编年史家所写的实际上全是由他口授而成。完全没有必要不让卡利斯特涅斯把他所看到的真相写下来:他的学术观点很容易被猜到,而这正是他最初受雇的原因。

卡利斯特涅斯自己从未意识到这一点;很可能他也根本不知道他的作品将如何被人使用。他也从没想过有一天他会被牺牲掉,跟很多他这种类型的人一样,他不仅心直口快,而且极为自负。但凡有一点点的常识,他就会明白他受到荣宠,只是因为亚历山大还需要跟希腊世界进行妥协。但正如他舅姥爷所知道的,常识判断力并不是卡利斯特涅斯的突出品质;缺乏常识判断力最终让他付出了生命的代价。[19]

然而,他绝不是一个孤立的现象。当人们知道亚历山大不仅想让自己的功业垂诸史册，而且愿意为此开出高价时，一大群三流诗人、历史学家和修辞学家都纷纷跑来分一杯羹。他们的人数日益膨胀，因为亚历山大接连不断的胜利不仅给他们提供了素材，而且提高了他们所能得到的报酬。在这种情况下，他们的谄媚极为粗俗，他们的作品让人不忍卒读，也就不足为奇了。亚历山大告诉其中之一的科伊里罗斯（Choerilus），他宁做荷马的特尔西特斯也不当科伊里罗斯的阿基琉斯。但是，在宣传领域中纯粹的艺术价值并不是报酬的判定标准：另一位细心的效颦者皮洛（Pyrrho，他大概摸准了东家的弱点）后来因为一首歌功颂德的诗作得到了不下10000个金币。不难想象，腓力的老兵们会如何看待这些喋喋不休的文人墨客。[20] 亚历山大自己也经常不怀好意地挑拨他们相互竞比，然后以此取乐。

这样，在军事准备工作完成后，亚历山大按照阿凯劳斯国王所创立的传统，举行了所谓的"奥林匹亚"赛会；赛会是为庆祝宙斯和缪斯女神而举办的，为期九天，地点在埃盖或狄昂。期间会有丰盛的祭品献给诸神，随后则是戏剧和音乐竞赛。国王决定让军队高兴一把，此时花上几塔兰特也无所谓。实际上，一场规模宏大的展示可能有助于消除马其顿已经破产的传闻；较晚的一份史料记载说，亚历山大只是在剧场中安装一整个的青铜制的前舞台拱顶时才被建筑师劝阻，反对理由是这会影响音响效果。可以肯定，他下令搭建了一个巨大的帐篷，帐篷之大足以容下一百张进餐躺椅。然后他在其中为侍友、高级将领和希腊各城邦的使节举办一次盛大的晚宴。后来这顶帐篷一直伴随着他的整个征途，所谓他只是被波斯的奢华腐蚀了的说法纯属无稽之谈。献祭的动物全都分发给了军队，"以及其他所有适合参加节日庆典的人员"。[21]

在此期间发生了一件古怪的事，参照后来发生的事情来看，此事更是撩人心弦。就在远征大军离开马其顿前不久，据说奥林匹娅斯告诉亚历山大，"而且是单独对他一人说了他身世的秘密，并激励他要有配得上高贵出身的目标"。不管这个秘密的实际内容是什么，后来人们（其中包括卡利斯特涅斯）是怎么想的却是毫无疑问的。据说他的母亲是这么说的，亚历山大乃神灵所生,而这位神灵可能就是指宙斯·阿蒙神。另一个几乎跟这一模一样的故事也确认了人们所抱有的想法,故事的主人公是塞琉古(Seleucus);此人是亚历山大的战友,后来自己也成了国王,以自己的名字建立了塞琉古王朝。他的母亲拉奥狄刻(Laodice,她实际嫁给了腓力手下的一个将军)曾经梦见自己和阿波罗睡在一起,然后就怀孕了。她还得到了一枚戒指,其宝石上刻有一个锚具,这便是生父为神的象征。神命令她在她所怀的儿子成年时把这个戒指交给他。

次日早晨,拉奥狄刻醒来时便在床上发现了这枚戒指;不久之后,她发现自己果真怀孕了。她所生的孩子名叫塞琉古,他的大腿上的的确确有一个锚状的胎记。当他长大后准备与亚历山大一同远征时,拉奥狄刻"告诉了他身世的真相,并把戒指给了他"。当然,这整个故事明显是编造出来的,大概是以某个很巧合的胎记为基础,当塞琉古需要有非凡的祖先来证明他的神圣王权时,这故事便流传开了。正因如此,这个故事并没有得到其应得的关注。实际上,真正重要的是编造故事者所采用的特别的形式。毫无疑问,塞琉古是在自觉地努力模仿亚历山大,并把最初关于奥林匹娅斯的传说转换到了他自己的母亲身上。他选择这种方法就充分说明,不仅该故事广为流传,而且人们还认定这就是亚历山大在离开欧洲前从他母亲那里听到的真正的秘密。[22]

公元前334年早春时候,马其顿的亚历山大国王终于从佩拉起程,统率着远征大军,向赫勒斯滂进发。他从孩提时代开始就一直憧憬着这一刻,现在梦想实现了,他即将踏上命中注定的征服之旅。很少有人能这样把自己的私人梦想化为具体的现实。他是年轻的阿基琉斯,再次起帆前往特洛伊多风的平原;他还是希腊人的统帅,其任务是报复薛西斯对希腊的入侵。这两种身份在他心中融为一体,犹如那两大事件汇流于历史长河之中。"薛西斯已经表明,他的远征行动乃倒转过来的特洛伊战争;所以,现在轮到亚历山大把这场东方人最著名的入侵翻转回去。"[23]

首先,他在同一地点跨越海峡。他率领主力部队取道安菲波利斯和色雷斯,行军300英里来到塞斯托斯;此行历时20天,这是个不错的速度。

先遣部队已经占据了滩头阵地，而横渡海峡也没有遇到波斯人的抵抗。无论如何，这是亚历山大最为幸运的一步。舰队是他的一大软肋，他只有同盟提供的160艘船，而所配的船员绝非最出色的。大流士的腓尼基海军几乎是它的三倍规模，而且高效得多。在实际的渡海过程中，一次致命的海上攻击可能就足以在侵略真正开始之前便将其消灭。但是，这样的攻击并没有发生，甚至连一艘敌舰都未曾出现。协同作战并非波斯统帅部的真正强项。

看起来，亚历山大自己对这种可能发生的反击行动并不上心：或许他已经从情报部门那里得到了令人满意的消息。总之，他留下帕美尼翁指挥主力军横渡到阿拜多斯——这是一项复杂而烦人的工作——而他自己则启程踏上另一条旅途，人们对此说法不一，有人当作宣传之旅，也有人称之为浪漫的宗教朝圣，还有人说这纯粹是亢奋青年的胡闹之举。[24] 可能它实际包括了所有这三种要素。在至少6000人的陪同下，[25] 他经由陆路来到位于色雷斯的凯尔索涅索斯（加利波利半岛）的南端厄莱翁。在此，他在普罗特西劳斯（Protesilaus）的墓前献祭，传统认为这人是阿伽门农军队中第一个跳到特洛伊海岸的希腊人。亚历山大祈愿他自己在亚洲的登陆行动能更幸运些；这个请求可以得到理解，因为他打算让自己第一个登陆，而普罗特西劳斯几乎是当场就被杀死了。

接着，亚历山大在准备由之离开欧洲的地点设立了一个祭坛，然后献祭，祈求诸神赐予复仇之战胜利。完成此事后，他和随行人员登上帕美尼翁从塞斯托斯派来与他会合的60艘战船，进而横渡达达尼尔海峡。亚历山大亲自为舰队的旗舰掌舵。当舰队航行到半道上时，他向波塞冬献祭了一头公牛，并用金杯奠酒，一如此前薛西斯之所为，个中意味自不待言。进入"阿开亚港"后——我推测这其实就是已被卡拉斯的部队牢牢控制住的洛埃泰昂——亚历山大全副武装地站在旗舰船头，然后将一支长枪掷向沙滩，"表示他已经从诸神那里以长枪获赏的形式赢得了亚洲"。然后，他跳上了海岸。他这番仪式性的投枪动作备受争议。因为它只出现在一则较为晚近的史料中，许多学者认为它从来就没有发生过。假如确有其事，那么这只是一种形式上的宣战吗？抑或是素有古风精神的亚历山大在运用

"以枪征服"这一过时已久的象征元素？还是他实际上从一开始就有彻底推翻阿契美尼德帝国的打算？似乎最后一种猜测最有可能，日后所发生的事情也有助于印证这一点。[26]

国王登陆后的第一个行动是为雅典娜、赫拉克勒斯和掌管安全登陆的宙斯设立另一个祭坛，并祈求"这片土地能出于自愿而非被迫接受他为国王"——终其一生，亚历山大在宗教事务上，无论大小总是表现得极为虔诚。[27]然后他启程踏上了前往伊利昂的朝圣之旅。有点讽刺的是，那并不是荷马的特洛伊的真正所在，而是后来兴建的；在亚历山大时代它还只是一个村庄，村中有一个"小而简陋的"雅典娜神庙以及一些来自特洛伊战争的遗物，怎么看都是一些赝品。[28]他受到了当地来自西吉昂以及该地区其他城镇的希腊人委员会的欢迎。在向导墨涅提奥斯（Menoetius）的带领下，他们向他献上一个礼仪性的金冠。接着，亚历山大在埃阿斯和阿基琉斯，或者当地传统所指认的墓前举行献祭。（这是可以想到的，因为薛西斯在入侵行军期间也曾造访特洛伊，并为特洛伊英雄的亡灵洒下了奠酒。）为求万全，国王还在掌管围城的宙斯的圣灶前举行了抚慰亡灵的献祭，因为根据传说，他的先祖涅奥普托勒摩斯（Neoptolemus）就是在这里杀死了普里阿摩斯（Priam）。

不过在我们看来最奇特的仪式是，亚历山大和他形影不离的侍友赫淮斯提翁分别在阿基琉斯和帕特罗克洛斯（Patroclus）的墓前放上花环（埃里安［Aelian］认为这表示他们两人也具有类似的关系），然后遵循传统习俗裸体并涂满橄榄油，围绕墓地跑一圈。年轻的国王大声说道，阿基琉斯多么幸运啊，他的一生竟有一个如此忠诚的好友，而且在他死后还有一个像荷马这样的诗人为他传颂美名。之后，在沿小镇游览时，有人问他是否愿意去看看原属帕里斯的里拉琴。他直截了当地拒绝了，说帕里斯用此琴弹出来的都是"一些俘获和蛊惑女人心的淫邪之曲"。不过他又补充道："我倒是很乐意去看看阿基琉斯的琴，就是那把他过去常常用来弹唱勇士光荣业绩的琴。"[29]

在离开伊利昂之前，亚历山大在雅典娜的圣殿中举行了献祭。他的私人占卜师特尔美索斯的阿里斯坦德洛斯，注意到神庙外边有一尊被人推倒的前叛乱总督的雕像,于是预言说国王的骑兵会赢得一次大胜,而在此战中国王将亲手斩杀一名敌将。阿里斯坦德洛斯在解释预兆方面可以说无所不能。有人报告说有一尊俄尔甫斯像一直在冒汗,他解释说这意味着"颂诗和史诗的作者以及歌唱诗诗人们在用诗与歌曲颂扬亚历山大及其功业方面,将会有繁重的工作要做"。不过,国王一向酷爱好兆头,这或许可以解释为什么阿里斯坦德洛斯能服侍国王如此之久。不管怎样,现在他为雅典娜女神举行了一次盛大的献祭,并把自己的盔甲奉献在了女神的祭坛上。作为交换,他得到了经鉴定出自特洛伊时代的盾牌和全副甲胄,在亚洲土地上的第一次交战,即格拉尼科斯河之战中他便是穿着这副甲胄作战的(参见下文第176页及以下)。不过,在战斗过程中甲胄遭到了严重的损害,于是此后亚历山大就只是让侍从先行把它们带到战场上而已。[30]

从伊利昂出发,亚历山大北返与正在阿里斯贝的大军会合,此地就在阿拜多斯城外不远的地方。他宣布,在进军过程中不允许出现掠夺或抢劫。他告诉军队,这片土地现在是他们的了:谁都不应糟蹋自己的资产。特别是他们还应该尊重大流士的希腊将领门农的地产,他希望此举能让波斯大王怀疑他雇来的将军是否正和敌人私通。[31] 在检阅和清点了大军之后——又跟薛西斯曾做过的一样——亚历山大带领他们向北朝达斯居利翁进发,该城是弗里吉亚总督的治所。

他们首先到达的城镇是尚在马其顿手中的佩尔科特。但是,他们要前往的下一个大城市兰普萨科斯现在已被门农掌控(参见上文第139页),而且根据我们不多的证据可知,当时小亚细亚还有相当多的希腊城邦亦是如此。哲学家阿那克西美尼(Anaximenes)担任他自己的城邦的官方使节,劝了亚历山大绕过兰普萨科斯,可能还提供了大量的贿赂:国王缺钱一事在亚洲早已尽人皆知。由于不辱使命(他后来对此事做了些渲染以提升自己的地位),[32] 阿那克西美尼获得了在奥林匹亚立像的荣誉,该雕像是他感激的同胞们奉献的。实际上,他们本可以省下这笔费用。不算亚历山大在当地所能征用的东西,他只有一个月的补给和可发两周的军饷,所以他的最大期望就是引诱波斯人进行一次有准备的战斗,并从中取胜。他既没有时间，也没有储备可以用来围攻一座城市：如果该城在他接近的时候没有投降的话，那他也无可奈何。比如，科罗奈也得到了和兰普萨科斯一样的结果，但它并没有为此花费一分钱。

不过，当亚历山大到达普里亚波斯时，他的运气更好一点。他的侦察队报告说，公民们愿意接纳他入城，于是他派了一支小队接管了该城。这位统帅实施了他的第一次"解放"行动，而我们可以肯定，随军的卡利斯特涅斯在他的短讯中一定会对此大加渲染的。[33]这时候，已经来不及[34]在达达尼尔海峡阻拦亚历山大的波斯人，终于看清了他的真正意图之所在。赫勒斯滂的弗里吉亚总督阿尔西特斯（Arsites）派人求助于他在小亚细亚的同僚：统治奇里乞亚海滨的阿萨梅内斯（Arsamenes）和统治吕底亚及伊奥尼亚的斯皮特里达特斯（Spithridates）。三人在位于格拉尼科斯河以东的泽莱亚（萨里－凯亚）建立了一个大营，并召集军事指挥官举行战前会议。显然，他们仍旧觉得此次危机可以控制在行省层面上，这表明他们严重低估了他们的对手亚历山大。*

最明智的战役计划是罗得岛的门农提出来的，这位经验丰富的专业雇佣军深知亚历山大缺乏金钱和补给，而且关于希腊的局势他似乎有着极好的情报来源。（在这两方面，他的信息可能都来自叛变的马其顿将军安条克之子阿敏塔斯。）目前，他提出的是一项焦土政策：毁掉所有庄稼，清空乡村地区，必要时烧掉城镇和村庄。正如他阐明的，这项政策将很快迫使马其顿军队因缺乏军需供应而撤军。与此同时，波斯人这一边应集结一支庞大的舰队和军队，并在亚历山大的部队尚分两头时把战争引向马其顿。

这是一流的建议；不幸的是，它出自一位希腊雇佣兵，而此人的才华和直言不讳使他不讨波斯同僚的喜欢。只需采取一点策略，门农便能达成他的目标，但他却继续直言不讳地说道，他们应当不惜一切代价避免任何短兵相接的战斗，因为马其顿步兵要远胜于他们自己的军队。这

---

* 很可能大流士的主力部队仍有一部分被牵制在埃及（参见奥姆斯戴德［Olmstead］第492—493和496页，以及上文第140页），亚历山大在入侵时算到了这一点。参看Davis（Bibl.），p. 36。——原注

波斯行省

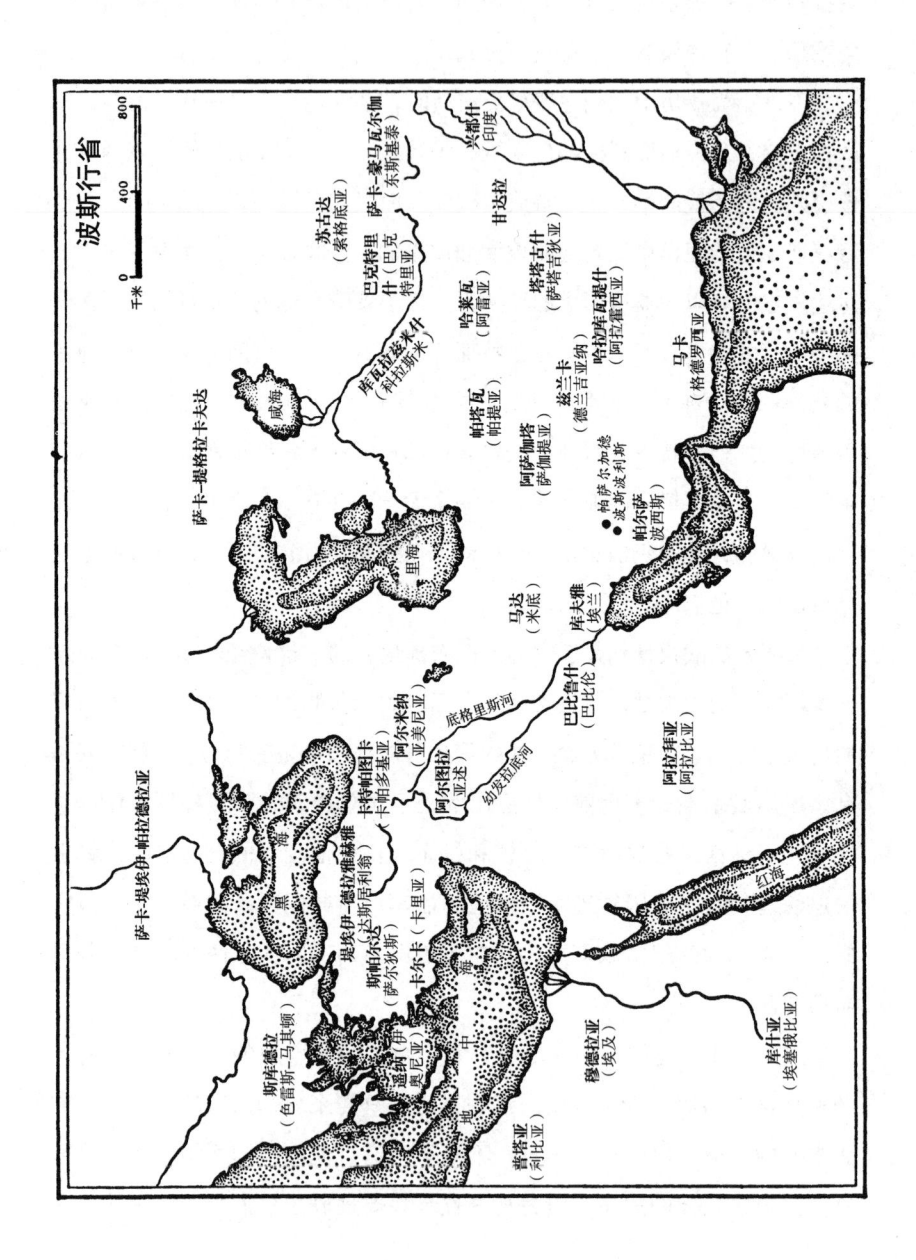

种断言把真相说得很直白，却让人难以接受。波斯人的自尊心受到了伤害；阿尔西特斯的爱国心压倒了常识，加上他可能也一直在关注着大流士，这位国王对总督的怯懦可不会手软，故而阿尔西特斯宣布，他绝不会让其治下任何子民的房子遭人焚毁。* 所以，门农的计划遭到否决，波斯人决心死战到底。[35]

没有什么比这项决策更能让亚历山大欢欣鼓舞的了。不过，他的对手仍然享有相当大的优势，即战斗地形的选择。亚历山大从阿拜多斯出发，径直向东北而非其他方向（即沿着通往萨尔狄斯的皇家大道前进，这条路看起来会更合理些）行进，唯一的直接原因便是波斯总督们正在那里集结军队。一旦他的对手意识到他多么迫切需要一场战斗——门农必定已经反复陈述过这一点了——他们就可以轻而易举地在他们乐意的时间和地点与之对战。最终，他们选择了防御战略：既然门农的计划已经被抛弃，那么这可能就是最明智的替代方案了。很显然，亚历山大闯劲十足的性格早就声名在外了。如果能引诱他来进攻一个防御良好的据点，在没有遮蔽的地带作战，他的骑兵难以发起冲击而马其顿方阵又无法保持队形，那么此次入侵很可能就会止步于此。

在集结了所有可用的援军后，总督们从泽莱亚出发来到格拉尼科斯河（即现在的科贾巴什河）；如果亚历山大想去达斯居利翁的话，那他必须渡过此河，也就是说进行一次交战。他们选择了该河的一水流急水位深的位置，并且东岸的河堤地势较高，其下还有一层厚厚的冲击沙土沉积层。[36] 这正是他们构想的军事部署的最佳条件。**[37] 阿尔西特斯把门农及其雇佣军部署在敌人的渡河点上，大约5000—6000人：这俨然就是一面枪墙，

---

* 宗教伦理也部分揭示了阿尔西特斯的回应：根据受琐罗亚斯德影响的改革过的信条，"战士和贵族的职责乃是保卫农业"（伯恩：《波斯和希腊人》[A. R. Burn, *Persia and the Greeks*]，第62—63页）。——原注

** 下文所述亚历山大在格拉尼科斯河的胜利在几个重要方面有别于传统版本，该版本主要基于官方宣传和阿里安（Arrian 1.13-15.5）与普鲁塔克（Plutarch, *Alex.* 16.1-3）所保存的史料，后者充分利用了托勒密和阿里斯托布罗斯的记载。二者所记载的时间是同一个下午，都认为战斗是从渡过河流后直接的正面进攻开始的，这着实让人难以置信。这里所述的导致交战的事件次序，遵循的是狄奥多罗斯的版本（Diodorus 17.19.1-3）。对相关问题的全面分析参见本书的附录："在格拉尼科斯河的宣传"（参见下文第429页及以下）。——原注

再配以轻装的标枪兵，可以说就是对付骑兵正面冲锋的最好防御了。[38] 他们的侧翼则是波斯的骑兵团。尽管阿尔西特斯在此事上颇为敏感，他还不至于糊涂到想用自己的征召步兵来稳住前线。骑兵将会放弃机动性，到时充当临时的马上步兵，但是他不得不充分利用现有的一切部队。

事实上，他处于明显的劣势。他的全部军力还不到30000人，而亚历山大单单步兵就有43000人。不过，在骑兵方面他则拥有人数的巨大优势：他将以15000—16000人对阵亚历山大的6000余人。[39] 这个因素决定了他后来的诸多部署。不管怎么做，他必须避免在开阔的平地上将较次的步兵暴露在马其顿方阵的面前。他如果要打败亚历山大，就得巧妙地协同使用骑兵和雇佣军。

与此同时，亚历山大正往格拉尼科斯河进军，辎重马队跟在后头，"步兵分作两部，侧翼均有骑兵保护"，同时一支精锐的轻装分队被派遣出去，负责侦察前方的地形。当侦察兵返回并报告说敌人就在眼前时，他下令全军摆开战斗队形，全速向河边行进，为即将到来的战斗作好准备。但是，当他们到达那里并且看到他们将在那种情况下发动进攻时，亚历山大的军官们有点泄气了。这些人都是长年征战的老兵，他们觉得那就是个死亡陷阱。

帕美尼翁竭尽所能地想要说服国王。波斯人是不可能被引诱出他们既有的防御位置的：他们具有各方面的优势，而且对此一清二楚。河流的水深和流速意味着马其顿人无法以展开的队形前进。他们只能以列的队形渡河，而当他们挣扎着要爬上对岸光滑的河岸时，由于秩序大乱，他们极易受到攻击。而且，现在已经是下午了。毫无疑问，最明智的做法是就地扎营，先过一夜再说。阿尔西特斯的步兵人数处于明显的劣势，他很可能会撤军。这样，马其顿人就可以在黎明时分渡河而不用担心对方的抵抗。或者，他们可以在夜幕的掩护下往下游行军，寻找一个更容易的渡河点。帕美尼翁作出结论，这或许也是他最有力的理由：“开头遭遇失败的后果将会非常严重，从长远来看对我们的成功极其有害。"

但是，亚历山大不愿意听从规劝，他不顾一切地坚持就在此时此地发动进攻。敌人就在眼前，而他的供给和现金储备正快速地消耗着；他觉得，

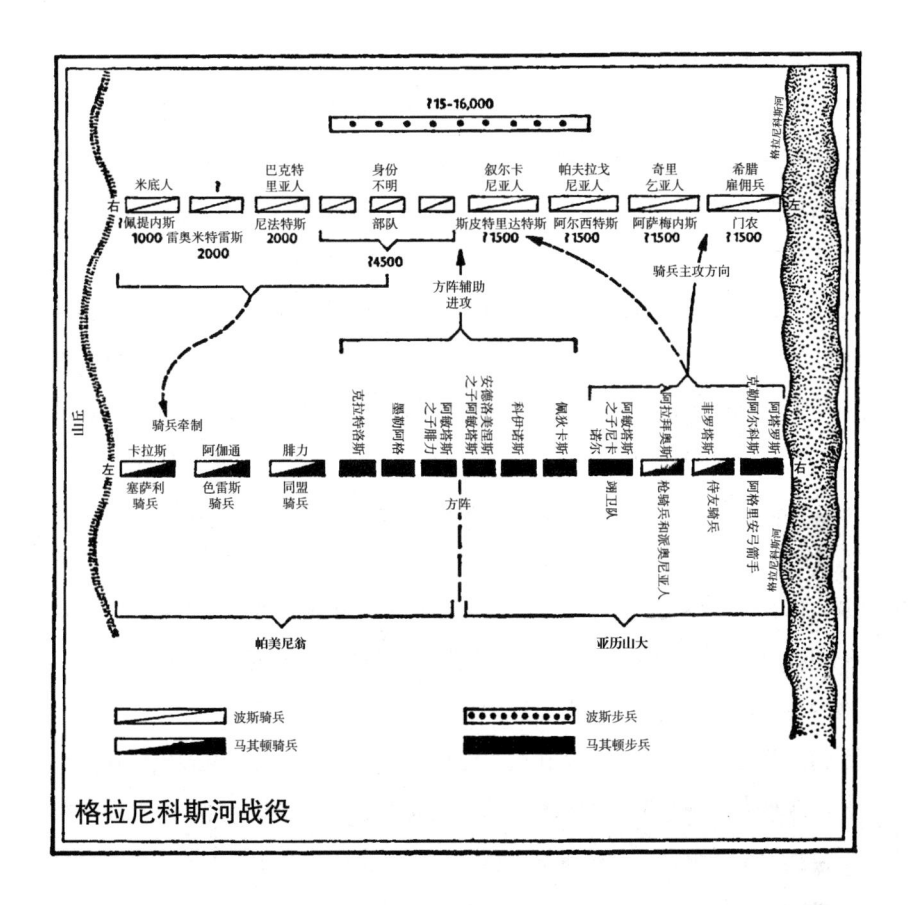

[图：格拉尼科斯河战役部署示意图，标注波斯军（右翼米底人、巴克特里亚人、身份不明部队、叙尔卡尼亚人、帕夫拉戈尼亚人、奇里乞亚人、希腊雇佣兵等）与马其顿军（帕美尼翁指挥左翼、亚历山大指挥右翼）的阵形与骑兵攻击方向]

要么此时，要么就没有机会了。帕美尼翁在建议中说阿尔西特斯可能会在晚上拔营撤军，跟其他因素相比，这必定更加坚定了国王的决心，因为这正是他必须不惜一切代价要避免的事情。再者，他的使命感正召唤着他，让他像他的榜样阿基琉斯那样，通过伟大的事迹来获得英雄的美名——而且，还有比跨过格拉尼科斯河、在如此不利的情况下作战更好的机会吗？[40] 亚历山大的参谋们知道这位年轻的国王有着敏感的荷马式骄傲，迫不得已，他们试图以宗教理由反对他。现在是5月，亦即马其顿历法中的戴西奥斯月（Daisios），在此期间军事征战是一种禁忌——这种禁律最初可能跟收割庄稼的需要有关。[41] 对此，亚历山大的回复是对历法进行专门置闰，这样一来，按照王室法令，当月就变成了第二个阿尔特弥西奥斯月（Artemisios）。他已经下定决心，看起来任谁也动摇不了。

实际上，如果这样的一场直接进攻确实发生了的话，[42] 那几乎肯定会是一场惨败（参见下文第 508 页及以下）。不管有没有发起这样的进攻，也不管有多么地不情愿，亚历山大最终都被迫接受了帕美尼翁的建议。这是目前最明智的方案，而在内心最深处，国王比谁都明白这一点。但是，颜面尽失以及此项决定背后所暗含的耻辱，像亚历山大这种脾气的人是不会轻易忘记的；这件事在后来他对帕美尼翁的处置中所起到的作用，可能要比多数历史学家所认为的要大得多。可以看到，从现在起卡利斯特涅斯在他的官方记录中，从未遗漏任何据说由帕美尼翁向国王提出的糟糕建议。不用说，这样的建议一直都被亚历山大忽略了，这样对涉及的各方都好。

至于是谁把这样的念头注入这位历史学家的脑中以及为什么要这么做，这都是不言而喻的。在格拉尼科斯河战役的出丑让亚历山大怨恨不已，而这种对帕美尼翁系统化的诋毁就是那些更让人不快的后果之一。总的来说，作为进步的希腊知识分子，卡利斯特涅斯在这一阶段似乎在原则上很厌恶腓力的那些贵族保守派们，一直到后来发生了"匍匐礼"（*proskynesis*）事件后他才转向他们的阵营，那时可能是出于"敌人的敌人就是朋友"的原则。总之，他极为偏私地执行了亚历山大的指示，这种诋毁最终在高加美拉战役中达到了顶峰（参见下文第 294 页）。卡利斯特涅斯在战报中很不公正地指责那位老帅怯懦而无能。[43] 不过，那时候亚历山大已经准备而且有能力收拾帕美尼翁了，而在格拉尼科斯河战役时，帕美尼翁依旧掌握着大多数的王牌。

在黑夜的掩护下——亚历山大可能让所有的营地火把继续燃烧以迷惑波斯人[44]——军队朝下游行进，直到发现合适的渡河点为止。在此，他们露营休息了几个小时。渡河在黎明时分开始。当一切都还在进行中时，阿尔西特斯的侦察兵发出了警报。几个骑兵团匆忙向敌人的渡河点奔去，意图在亚历山大的军队还处于不利境地时发起冲锋，就像他们昨天下午所做的那样。*但是，这次他们来得太晚了。马其顿军队的主力已经登上了

---

* 最后这一句有点突兀，原因是作者认为亚历山大在到达的当天下午就曾渡河进攻过一次，只是被波斯人击退了，但不知为什么，作者在前面的正文中没有提及此事（在 2012 年版的序言中有提及），或者原先提过但又删掉了。详细情况参见本书附录。

河流东岸，马其顿人的纪律让他们可以轻而易举地对付这种突如其来的进攻。当方阵列好队形掩护尚在河中的战友时，亚历山大率领手下的骑兵快速发起侧翼冲锋。波斯人很明智地撤退了。亚历山大让其余部队也从容地过河，然后以战斗阵形进行部署（参见第174页的平面图）。这片富饶而略微起伏的平原正好适合骑兵交战；那时，山丘上的春麦在清晨的微风中起伏，恰似今日的美景。[45]

阿尔西特斯和他的同僚必须快速想出办法来。他们已失却先机，现在就只能在开阔的平原——查斯丁称之为阿德拉斯泰亚平原——上战斗了，其左翼位于河边而右翼则朝山脚方面伸展开来。他们在骑兵上很强，在步兵上则弱得可怜。对他们来说，仅有一事可行。他们把所有的骑兵团都置于前线，尽可能地把正面战线拉长，而步兵则留作预备队，然后向亚历山大的位置行进。他们的目的很可能是通过大规模的侧翼包抄来包剿亚历山大的两翼。

如果他们像塔恩所认为的那样，决心杀死亚历山大，那他们肯定可以毫不费力地认出他来。亚历山大穿着从伊利昂的雅典娜神庙那里得来的华丽甲胄，盾牌装饰得跟阿基琉斯的一样炫烂，而他的头上则有一顶非比寻常的头盔，头盔上饰有两只硕大的翅膀或羽毛（这听起来绝对是非荷马式的风格）。[46] 聚集在他身边的则是一大群谄媚的侍从和参谋军官。波斯人注意到他处在右翼的战斗位置上，于是便从中间调来一些最好的骑兵以应对他的攻击。这正是亚历山大希望他们做的事情；和他的诸多行动一样，他的高调表现自有其非常实际的隐秘动机。

过了一会儿，随着战斗号角响起，周围的山丘和河流都回荡着方阵可怕的战斗呼号，而国王则亲率骑兵以楔形队形发起了冲锋。他佯装要攻击敌人的左翼，那里门农和阿萨梅内斯正等着他；接着，他突然往里转向，朝已经变得薄弱的波斯中军冲去。与此同时，远在左翼的帕美尼翁正与米底人和巴克特里亚人激战着。亚历山大正在进行一次经典的枢转或梯形攻击（参见上文第24页），和往常一样其左翼恰好构成那个枢轴。当波斯人的右翼向前移动以对付帕美尼翁时，由于他们想从侧翼包抄他，以致他们的中军便开了一个口子，于是亚历山大和侍友骑兵立即插了进去。[47] 国王本人就在垓心作战：刀剑枪矛从四面而来，重重地击在他的盾牌和盔甲上。

紧接着便是一场真正荷马式的殊死搏斗。大流士的女婿密特里达特斯（Mithridates）身先士卒，率领手下的伊朗骑兵分队，在40名波斯高级贵族的跟随下发起了反击，开始以同样的楔形队形冲入马其顿的中军。亚历山大的长枪在第一次突击中就已经折断了，年迈的科林斯的德玛拉托斯便把自己的给他。国王调转方向，径直朝密特里达特斯冲去。那位波斯人向他掷来一支标枪，力气之大不仅刺穿了盾牌，而且穿透了胸甲。亚历山大拔出标枪，策马向前，拿着自己的枪刺中了密特里达特斯的胸甲。狄奥多罗斯说，此时"两军中正在酣战的将士们都为这无比英勇的行为而尖叫"。这种战斗场面简直就是从《伊利亚特》中摘录出来的，不过这并不一定意味着它是虚构的。

然而，胸甲扛住了冲击，而国王的枪头却折断了。密特里达特斯虽被震了一下，但仍旧战意高昂；他拔出剑来，准备短兵相接进行马上决斗。亚历山大非常镇定地拿起断枪，猛然朝对手的脸部刺去，一下便把他击倒在地。然而，由于他如此关注密特里达特斯，以至于没有注意到其他人的存在。这时，另一位波斯贵族罗萨刻斯（Rhosaces）从侧面向他冲过来，举起马刀，向他头部重重地砍下去；这一下削掉了他带翼的头盔，削到了头皮使骨头都露出来了。亚历山大虽有些晃悠和眩晕，不过他还是成功地把袭击者干掉了。但就在此时，罗萨刻斯的兄弟、伊奥尼亚总督斯皮特里达特斯（Spithridates）正好来到他身后，高举利剑，准备给予致命的一击。在这千钧一发之际，亚历山大的保姆的兄弟、黑面的克雷托斯狠狠地劈了斯皮特里达特斯的肩膀一刀，卸掉了他的胳膊。这可真是刻不容缓；国王此时晕头转向，从马上摔了下来，双方便立即围绕着他展开了一场混战。

与此同时，方阵步兵正涌进波斯中军的缺口，开始干净利落地解决阿尔西特斯的地方步兵。亚历山大的轻装部队则对波斯骑兵进行了密集射击，有效地阻遏了他们的战马的行动，并引起了大规模的混乱。国王总算挣扎着重新爬上了自己的战马，同时侍友们也紧紧地聚集在他身边。敌人的中军开始溃败，侧翼也就跟着暴露了出来。许多杰出的波斯指挥官已被杀死，现在战局已经锁定了。这时，处在左翼的帕美尼翁的塞萨利骑兵适时地发起冲锋，顷刻间整个波斯战线就全面崩溃，开始四散逃窜了。

除了雇佣兵，波斯的步兵分队没有进行太多的抵抗。不过，门农及其士兵有序地撤到了战场中的一个小圆丘上，在那里做着最后的抵抗。他们派了一个传令官去请求亚历山大的宽恕，但不管出于何种原因，国王不愿批准这一请求。此刻，他集中全部精力，只想消灭他们。当方阵发起正面攻击时，骑兵从各个方向包围住他们，防止他们大规模逃跑。眼见求饶无望，门农的部队便以顽抗到底的勇气血战到底。于是，跟战役中的其他部分相比，马其顿人因此而战死的要多得多。统率骑兵部队的亚历山大，其胯下的战马也死在长枪之下。不过，这种战斗只可能有一种结局。大约有 3000—4000 名雇佣兵就地战死，剩余的 2000 人则放下武器投降。门农本人成功脱逃了，亚历山大跟他还有些事情要了结。阿尔西特斯的其余部队全都穿过平原仓皇逃窜，亚历山大也任由他们离去。格拉尼科斯河战役结束了，统帅赢得了一场非凡的胜利。他个人在此战中的表现非常英勇；除了他，还有谁更配得上那枚"由全军一致授予的"勇气徽章呢。[48]

波斯骑兵的伤亡人数约有 2500 人，其中有 1000 人是伊朗土著。阵亡薄上还有许多大贵族：大流士的女婿密特里达特斯、其子阿布帕勒斯（Arbupales）、其妻舅法那刻斯（Pharnaces），连同斯皮特里达特斯、卡帕多基亚指挥官密特罗布扎涅斯（Mithrobuzanes），以及其他许多人。阿尔西特斯本人幸免于难，成功逃到了弗里吉亚；不过，他自认为要为这场灾难负主要的责任——不管是否如此——于是便在那儿自杀身亡。波斯步兵的损失被人为夸大了许多（特别是狄奥多罗斯），而我们又没有确切的办法可以确定具体数目。[49] 不过，既然他们已经全线溃败，没有多作抵抗便落荒而逃，他们的伤亡也就不可能太严重。马其顿人的损失同样十分可疑。关于亚历山大步兵的伤亡人数记录最高的也就 30 人，另外两则史料甚至将此数字缩减到 9 人。骑兵方面也是类似的情况，关于其损失的最高记录是 120 人。但是，两大权威说法（托勒密和阿里斯托布罗斯）都认为不超过 60 人，并且其中有 25 人是侍友骑兵，他们死于"第一波冲锋"

之中。⁵⁰ 随后，亚历山大在马其顿的狄昂为这25人立了雕像：一人一种姿势，绝不重复。他还把自己的模样也列入其中，这点倒是很符合他的性格。⁵¹

门农的2000名残存雇佣兵像重罪犯一样被人用锁链锁起来，然后被送到马其顿去做苦工，很可能就是挖矿。按理说，他们非常适合以低廉的价格招募到马其顿的军中服役：亚历山大的举措似乎完全出于报复。他放在台面上的理由是，"他们违背了希腊舆论，竟与东方人并肩作战、共同对付希腊人"，今天很多人还相信这个说法。换句话说，这是他作为同盟统帅而做出的安抚姿态。但是，希腊公共舆论只是符合亚历山大要求时他才会加以关注的东西，同盟也仅仅是他用来遮掩众多阴险行动的遮羞布而已（毁灭忒拜城便是一例）。事实上从现在起，只要能控制得住，他就会征募希腊雇佣兵，包括那些先前在大流士手下效力的人。阿里斯托布罗斯说，他"更多的是受愤怒而非理智影响了"；显然，真相就是如此。⁵²

从胜利的战利品中他挑选了300副甲胄，派人送到雅典献给帕特农神庙。随奉的铭文如下："腓力之子亚历山大与希腊人——拉凯戴梦人除外——献上从居住在亚洲的蛮族人手里夺得的战利品"。在执行同盟法令的名义下，亚历山大再次充分表明了将来可能会落在希腊人——包括雅典人——头上的事，如果他们还一心要反对他的话；对斯巴达的怠慢只是顺带的而已。亚历山大没有提及马其顿人，这究竟是意在强调他们的希腊属性（以及他本人作为同盟仆人的角色），还是另有阴暗而狡黠的动机，恐怕还无法轻易下断言。⁵³

战后次日，国王为牺牲将士举行了盛大的葬礼，他们像真正的战士一样带着各自的武器和甲胄而下葬。他还免除了他们直系亲属的兵役、各种地方税和财产税——他心中算计着这些特权将会"激起战士们更大的热情去面对战斗时的危险"：他的举措向来不难找出隐秘而务实的动机。或许出于相同的原因，他专门去看望了伤兵，鼓励他们尽情夸耀交战时的个人英勇事迹。大部分落入他的手中的奢侈物品——紫袍、酒杯等——他都送回去给他的母亲了。⁵⁴

此次大败之后，大流士再也不能小瞧马其顿人的威胁了。在可能失败的险境中，亚历山大竟夺得了压倒性的胜利。现在，整个小亚细亚西部完全暴露在了他的面前，远征波斯的行动以坚定不移之势拉开了序幕。在 5 月的那个的清晨，当亚历山大视察格拉尼科斯河战场时，这位希腊统帅完全有理由志得意满。不过，他也非常清楚，一切才刚刚开始。漫长而危险的征程还在前方等着他；至于有多漫长和有多危险，或许他还不曾意识到。

第六章
通往伊索斯之路

在征战之初，亚历山大计划走多远，他所设想的路线有多明确？这是一个争论不休的话题，将来也不可能有最终的答案。有一段时间，流行着一种说法，即他"有着坚定的长远目标和横扫一切的政策"；现在，人们更多地认为，"他几乎完全不知道他到底要走多远或者结局会是怎样"。[1]不过他很清楚，波斯帝国是一个庞然大物，它从红海延伸到里海，从赫勒斯滂到兴都库什甚至更远。无论亚历山大心中有何其他念想，他必定想要打败（如果不说取代的话）大流士；鉴于波斯大王有着众多可用的资源，单单这一条就是一项艰巨的任务。或许，事情的基本真相是（这里再次引用他最精辟的评论家的话），"和其他完全相信其个人命星的人一样，无论此星引向何处，他都做好了追随的准备"。[2]

这也可以解释他在行政管理、种族问题、政治体系和军事战略等方面的灵活态度。一个对个人命运有着压倒一切的信念的人，在别的方面不会是一个教条主义者。其他所有一切都必须服从那个闪耀目标。看起来相悖的是，真正执着的征服者总是偏好采用无差别的机会主义再配以政治宣传，这种现象在亚历山大身上表现得淋漓尽致。我们将会看到，事实上最清楚地说明他的态度的，便是他处置小亚细亚的希腊城邦的手段。

希腊同盟已经成立，是为了必要时便可用来对付希腊大陆城邦的反叛行为。在那里，民主制是一个危险因素；对此，身在欧洲的安提帕特可以自由行事，包括使用强制实行僭主制、寡头制，或者派遣驻军等手段。另一方面，大流士在小亚细亚所任命的希腊人经常是一些寡头分子，这点对亚历山大倒是比较便利。的确，这非常适合卡利斯特涅斯的泛希腊主义宣传策略。至少在表面上，亚历山大是在推行一项解放政策；而且很关键的是，他越来越长的交通线不能有太多的麻烦。所以在这种背景下（可以肯定其中并没有什么理想主义的动机），他在欧洲推行的政策必须倒转过来。所以，他推翻了寡头制或僭主制，然后设立民主制以取而代之。他似乎不存在任何的意识形态信念（除了决心要以自己的形象来塑造世界以外），而且事实上总是低估那些有这种信念的人。任何手段只要能为他的雄心壮志服务，他都会毫不犹豫地使用。

在战役结束后，亚历山大任命熟谙此地区的卡拉斯担任赫勒斯滂的弗里吉亚总督，以顶替阿尔西特斯的位置。同时，他还赦免了那些逃到山中避难的人。这就意味着，实际上旧体系将一如既往地存在，只是弗里吉亚的总督由波斯人换成了马其顿人：亚历山大甚至指示卡拉斯"要继续以原有的标准来征税"。泽莱亚拿下了，但亚历山大并没有处罚它的居民，假装相信他们是因为受到胁迫才站到波斯人一边的。实际上，他要让合作显得比抵抗更有吸引力。帕美尼翁继续向达斯居利翁（厄斯基利）进军，他不费一兵一卒就占领了该城，因为波斯驻军在他到达之前就已经逃走了。[3]

亚历山大不知时机地甩掉了一直伴随着他的同盟部队——这是对他作为泛希腊远征军领袖之角色的又一讽刺注脚。负责指挥同盟骑兵的墨涅拉奥斯之子腓力，已经在格拉尼科斯河战役中被杀。现在，国王任命林刻斯提斯的亚历山大代替他做指挥官；除了由卡拉斯指挥、负责维持弗里吉亚治安的阿尔戈斯人以外，国王不仅把骑兵而且把所有同盟部队都留给了他。这时传来消息说，包括门农在内的波斯军队的残存力量，撤到了海滨的米利都，于是亚历山大立即向南进军去追击他们。[4] 不过，他并没有直接走沿海的道路，而是取道密西亚向南行进。他最初的目的地是萨尔狄斯，该城是吕底亚行省的首府、"蛮族人在海滨的统治堡垒"，是通往苏萨的皇家大道的起点，具有极高战略价值。

当他还有大约9英里的路程时，萨尔狄斯的波斯总督密特里涅斯（Mithrines）在一群显要公民的陪同下出城来见他。密特里涅斯提出，他愿意交出萨尔狄斯城，还有它的卫城以及储藏在那里的财宝。亚历山大在格拉尼科斯河的胜利开始获得让人满意的金钱回报了。[5] 马其顿军队在赫尔摩斯河边上扎营，离城墙外围仅有不到 3 英里的距离。或许亚历山大觉得这是一个圈套，故而他把密特里涅斯留在身边，然后派一支先头部队去接管驻军。一切都进行得很顺利，于是亚历山大开始着手安排吕底亚的行政事务：这些安排值得研究。[6]

为了管理这个辖区，他选择了帕美尼翁的兄弟阿桑德洛斯以取代斯皮特里达特斯：表面上这是一项荣誉，但我们可以推测，亚历山大身边那位老帅的亲属越少，他就越高兴。至于要塞的指挥官，他任命了他的侍友保萨尼阿斯，并把仅剩的希腊同盟部队亦即阿尔戈斯分队留给他作为驻军。这样，另一问题也就得以解决了。他还建立了一个独立部门来征收税款和贡赋：其首任财政长官是个马其顿人，名叫尼基亚斯（Nicias）。吕底亚的富庶久负盛名，亚历山大不想把太多的权力集中在太少的人手中。其他他做了类似安排的地方是埃及和巴比伦：可以注意到，二者都是巨富大省，除文职总督外还驻有军事指挥官。很明显，在任何情况下财政长官都是绕过同僚而直接对国王负责的。

亚历山大的动机是不言而喻的。他可能想改革财政管理制度，既为自己的利益，也为他的新臣民；但是正如格里菲斯（Griffith）指出的，他的主要目的是"通过剥除对本省税收的控制来平衡和限制总督的权力"。同样，亚历山大仍旧尽可能地保留了现有的组织制度；例如，他没有使用当地的铸币厂来铸造自己的货币，直到他到达塔尔索斯后方才采用这一做法，其最初动机是为了宣传。原则上，他还准许萨尔狄斯和整个吕底亚的公民"遵循他们国家的旧有习俗，并给予他们自由"。事实上，这并不像表面听起来的那么慷慨大方。作为既定方针，波斯人向来允许其臣民自行管理内部事务。吕底亚人并不需要把他们的旧组织重新解放出来，因为他们不曾停止过运转；亚历山大这里所说的"自由"，只不过是保证不会实行奴役而已——这种命运绝非不可能，帕美尼翁在占领格律尼翁后的所做所为已经证明了这一点（参见上文 138 页）。又一次，国王仅仅是认可了现状，但却因此坐享美名。

现在，亚历山大从萨尔狄斯启程前往以弗所，这是波斯与西部之间的另一个重要交通枢纽，他们仅用四天就走了 70 英里路程。一听说他到来，城市的雇佣兵驻军就逃走了,其中还有马其顿的叛徒安条克之子阿敏塔斯。显然,亚历山大在格拉尼科斯河对门农部队的处置已经广为人知。两年前(公元前336年)以弗所一度被帕美尼翁拿下,那时候以弗所公民甚至在阿耳特弥斯神庙中为腓力建立起准崇拜活动(参见上文第88页)。但是,当亚历山大正要发动侵略时,城中的波斯同情者在门农的支持下赶走了亲马其顿的"民主派",并拆毁了腓力的雕像。眼下仓皇撤出要塞的正是门农的驻军。以弗所人很不明智地站到了错误的一边,而这在他们波谲云诡的历史上既不是头一次,也不会是最后一次。

亚历山大自然立刻就恢复了民主派的地位;于是,在国王干预之前(有人怀疑,国王并没有马上干预),这些人疯狂地迫害他们的政治对手。但它该适可而止,过了一阵子,亚历山大叫停了此类报复行动,据说这为他在城中赢得了极大的欢迎。即使这样,他重建阿耳特弥斯神庙的提议(前提是功劳归在他的名下)还是遭到了婉拒——很有象征意味的是,该神庙在他出生的当晚被焚毁,而且从未得到重建。[7]

当时,著名画家阿佩勒斯(Apelles)正在以弗所,于是亚历山大便委托他作一幅肖像画。他最初的尝试是表现骑在布凯法拉斯上的国王,这听起来就像是大卫(David)或者安格尔(Ingres)在最糟糕状态下的作品。亚历山大对此很不满意,也照实说了。于是,阿佩勒斯让人把布凯法拉斯带到画棚里,牵到画的旁边。当活生生的马对着它的画像嘶鸣时,阿佩勒斯说:"国王你看,这匹马的艺术判断力可比你强多了。"这(不管它给我们讲述的公元前4世纪的审美价值是怎样的)是一段非常生动的小插曲。亚历山大错误地以为自己在艺术方面颇有造诣,并以此自豪。有一次,在阿佩勒斯给他画像时他一直在高谈阔论,阿佩勒斯轻声地建议他换别的话题,因为给画家研磨颜料的年轻学徒们都在笑话他。但是,在这幅肖像上国王非常固执,阿佩勒斯无可奈何,只能再次尝试。最后的版本是把亚历山大表现成手执闪电的宙斯——这一奇思怪想使得阿佩勒斯被雕塑家吕西波斯(Lysippus)讽刺为没有品味。但是,在主要为宣传而作的艺术中,审美方面的考虑往往会被牺牲掉。国王志得意满,而阿佩勒斯也得到了不菲的报酬。[8]很显然,自我神化的思想(如果只是作为一种政治工具)已经深深扎入了亚历山大心中。

当他还在以弗所时,马格涅西亚和特拉勒斯两个地区都遣使表示归顺。舆论已经在周围传开,即无论亚历山大在国内会做什么,至少在这里,马其顿侵略者更加青睐民主制。在希腊城邦中,那些一直翘首期盼能有一个稳固靠山的平民派系很快就心领神会。迄今为止,亚历山大可能一直在摸索怎样管理一片被征服地区;而现在,问题的解决之道似乎已浮现在眼前。在帕美尼翁和阿尔基马科斯的率领下,两支大军分别被派出去接受伊奥尼亚、吕底亚和埃奥利亚地区的城邦的投诚。在离开萨尔狄斯之前,两位将军都得到了简要而审慎的指示。寡头集团被废除,取而代之的是"民主"政府。地方法律和习俗均不受影响。最后,各个城邦向波斯人进贡的贡赋都将得到免除。

表面上,这些条款听起来相当慷慨;但它们其实只是意味着一群傀儡统治者为另一群所替代。此外,尽管得到了萨尔狄斯的财宝(其中大部分可能被立即分发下去以补偿欠饷),亚历山大仍旧非常缺乏现金。此时放弃贡赋是一项堂吉诃德式的举动,其代价他恐怕难以承受。但是,只换个名称又不费什么事。他所做的实际上是为了要求所有"被解放的"希腊城邦都加入到希腊同盟中来。一旦他们加入,在同盟章程的约束下就有义务为泛希腊的战争大业支付"献金"(*syntaxeis*),以此作为兵员和船只的替代。[9]我们猜测,涉及的总金额大概会与他们先前以贡赋形式献予波斯人的没多大不同。不过,"献金"这一委婉说法并不会引发令人不快的联想;而且整个计划暗示有一个统一希腊阵线,因而必定可供国内大肆宣传。

帕美尼翁和阿尔基马科斯都出色地完成了使命。在一个又一个的城邦中——就像以弗所,就像整个希腊历史上的那样——平民派系都时刻准备和渴望在外力的援助下夺取政治控制权,并且在这一过程中无情地清算他们的对手。(与此同时,亚历山大大部分时间都呆在以弗所,大概是在处理行政问题。不过他也去了趟士麦那,而且此事在他死后产生了影响深远的后果。大约在公元前624年,这个古老城邦被阿吕亚特斯[Alyattes]摧毁,自那以后该城就一直荒废着,只有个别人还定居于此。当外出到帕古斯山打猎时,亚历山大以其在地形方面的超凡眼光,发现了一处绝佳的新城址,离旧城南面约 2.5 英里。不久，该城由安提柯［Antigonus］建造完成，由此成为希腊化时代的新士麦那城。）帕美尼翁所得到的另一指示是加强伊奥尼亚的沿海防御，以对付波斯舰队可能发动的海上进攻。克拉左美奈通过一条永久堤道而与大陆相联，有人曾试图在附近的米马斯半岛挖一条运河，但没有成功。[10]

事实证明，诸如此类的预防措施决非无用功。有人看见波斯大王的海军分队离开了卡里亚，向北航行，他们显然是去和雇佣兵以及其他部队会合，这些部队目前还控制着米利都。早些时候，米利都的驻军指挥官认为守城无望，便派人送信给亚历山大，提出要献城投降。现在，他突然改变了主意。[11] 因此，国王不得不加紧步伐。同盟舰队已经从以弗所派了出去；[12] 如果舰队能赶在波斯人之前到达米利都，那么港口就可以拿下，而城市也将得以保全。帕美尼翁和阿尔基马科斯被召了回来；即便如此，在副统帅回来之前，亚历山大似乎已经带着他所有能用的部队上路了——不算伤兵，有超过 15000 人留作驻军或被派出。

途中，他还抽出时间解决了普里厄涅的问题：他派驻了军队，并定下了献金数额。这同样反映了亚历山大对待希腊城邦的真正态度。可以想象，普里厄涅肯定很抵制解放。在此，国王还成功获得了在以弗所被拒绝的东西：奉献一座伟大神庙的权利。雅典的圣所仍在建造当中；亚历山大为建造慷慨解囊，而得到的回报是一篇铭文，今天在大英博物馆尚可见到："亚历山大国王为雅典娜·波利娅斯（Athena Polias）建造此庙。"他最后总能得偿所愿。值得玩味的是，在有如此众多急迫之事要处理的时刻，他还是抽出时间去消除这种微不足道的个人的不快记忆。[14]

希腊舰队的指挥官尼卡诺尔赶在波斯人到达的三天前，进驻了近海的拉德岛。他对外号称有 400 艘船，实际上只有 160 艘，不过他的防御位置极佳。亚历山大本人也及时赶到了米利都，并派了一支精兵去加强拉德的防御。波斯人不得不在米卡勒山下的近海抛锚。这个位置无遮无挡，而且被切断了淡水补给，因为亚历山大委派菲罗塔斯驻守迈安德河河口，以防止他们上岸取水。亚历山大此时已占领了外城，正准备进攻卫城。

这时，帕美尼翁和阿尔基马科斯与亚历山大会合，举行了军事会议。

帕美尼翁建议冒险进行一次海战，即使他们在数量上明显不利。他认为，胜利将给他们带来极大的声望，而失败却不会产生太大的影响（因为波斯人在海上占据着主导地位）：此事可谓有百利而无一害。亚历山大强烈反对这种观点。他指出，己方船员仍旧训练不足（同盟城邦必定是从最劣等人员中选拔的）；而且此时战败有可能诱发希腊城邦的全面反叛——这句实话透露了很多想法。这样一来，泛希腊远征也就到此为止了。毋须多疑，亚历山大的主要担忧其实就是，同盟舰队一旦有机会就很可能会抛弃他。

与此同时，米利都的执政者派代表到他的指挥部，提出只要他解除围城，他们"愿意让亚历山大和波斯人一样自由使用他们的港口，自由进出他们的城市"。换句话说，米利都将成为一个不设防城市。亚历山大一口回绝，并且开始进攻。同盟舰队封锁了港口以防止守城者从波斯盟友那里获得援助，接着国王的攻城器械攻破了城墙。防线已被撕开，马其顿人蜂拥而入。部分守军，包括300名雇佣兵，逃到了一个小岛上；其他人则弃械投降。亚历山大按照他的新政策，很宽大地对待所有米利都公民，不过凡是落入他手中的外族人都被变卖为奴隶。至于希腊雇佣兵，只要他们愿为他效力，他可以宽恕他们（据说是"被其勇气和忠诚感动了"）。很显然，他们是门农旧部的一部分；但这一次，急切的军事需求压过了亚历山大对同盟法令表面上的遵从。

同样，这里也没有发生像摧毁忒拜时那样的劫掠和大规模屠杀。据说，有些士兵因为亵渎了德墨特尔的神庙而离奇失明。即使这种传闻不是亚历山大编造出来的，他肯定也会大加宣扬，以此威慑可能的抗命者。他还不厌其烦地重申，这是一场种族战争，是一场复仇远征，为的是报复大流士大帝及其子薛西斯对希腊人犯下的罪行（当地舆论要是觉得有点牵强也可以被原谅）。当别人向他展示那些在皮托和奥林匹亚赛会为城市赢得荣誉的众多运动员的雕像时，亚历山大只回了一句："当蛮族人围攻你们的城市时，那些身体像他们一样强壮的人去哪儿了？"米利都曾于公元前494年被波斯人占领，那时伊奥尼亚反叛行将结束；可以猜想，在这种情况下米利都人并不愿意回想这件事情。[15]

波斯大王的舰队离开了米卡勒山一段时间，一直想着要挑起一场海战。

但是，除了有一些小规模冲突以外，他们没有达到目的；而且由于他们被切断了一切陆地补给，从而认为自己实际上陷入了被围状态。最后他们放弃了，起锚向南航行到了哈利卡那索斯（波德隆），那里波斯人正在建立一道新的防线。但是，他们所具有的威胁并没有消失。所以，我们必须把亚历山大此时所采取的重大决定，放在这种背景之下来加以审视：他解散了自己的舰队，把所有赌注都压在陆地征战上。雅典的海军分队加上另外的一两艘船则留下来作为运输船队，同时也是作为人质。赫勒斯滂的海军分队亚历山大也保留了下来。（六个月后他们因军事需要回到了爱琴海。）但是，同盟海军的主力现在已经被付了报酬，遣散回家了。[16]

许多人为这一举动提出了各种各样的解释：希腊舰队无论在数量上还是在技术上实力都较弱（毫无疑问，确实如此）。亚历山大没法一直供养着它，因为舰队每个月至少要花费他100塔兰特的钱币。如果马其顿人知道他们已无退路，就只能背水一战。最后，亚历山大有了一个新战略，可以让一支舰队丧失作用：他计划从陆上占领所有波斯和腓尼基的港口，这样一来敌军就无法在他背后行动。不过，他得冒非常大的风险。想要使波斯舰队失去活动能力，就得打下从赫勒斯滂到埃及、从奇里乞亚到提尔的所有大港口。在此期间，大流士的海军仍然可以自由地突袭希腊大陆，斩断亚历山大的交通线，并在爱琴海两岸挑起各种矛盾。（其中的多数事情后来他们都做了。）有400艘腓尼基战船逍遥在外，希腊完全有可能在波斯的鼓动下发动叛乱。而一旦成功，亚历山大打败大流士的机会就会变得十分渺茫。

从实际情况来看，亚历山大完全不信任他的希腊盟友——这倒也合情合理——他"宁愿冒因大规模反叛而征战失败的风险，也不愿把把安全事务寄托于希腊舰队"。[17] 相应地，他还不无道理地寄希望于希腊大陆上的城邦继续窝里斗，因为长久以来希腊城邦一直做不到统一行动，甚至都保卫不了自己的自由。但如我们所见，在一段时间内，局势非常不明朗。

米利都陷落后，残存的波斯军队向南撤退到卡里亚的哈利卡那索斯；这是一个巨大而防御优良的要塞，有着一流的港口，内部设施齐全，可以抵抗长期的围城。[18]现在，门农自己跟亚历山大有仇要报，他已经写信给大流士，要求授予他最高军事指挥权。为了防止宫中政敌诽谤，他将妻儿送往苏萨作为人质。波斯大王批准了他的请求，任命他为"下亚洲总管和舰队总司令"。

直到两年之前，哈利卡那索斯一直由当地效忠于波斯的卡里亚王朝统治。其末代国王就是皮克索达洛斯，年轻的亚历山大曾试图通过婚姻而与之结盟，不过没有成功（参见上文第 99 页）。在计划落空后，皮克索达洛斯明智地与波斯大王和解，然后将女儿嫁给了一个名叫奥隆托巴特斯（Orontobates）的波斯贵族。现在，皮克索达洛斯已死，奥隆托巴特斯作为波斯大王的直接代表掌管着哈利卡那索斯。皮克索达洛斯最初是通过篡位而夺得政权的，实际上，真正的合法统治者是他的姐姐阿达女王，她现在仍控制着卡里亚最坚固的要塞阿林达。这些事情亚历山大一清二楚，他马上就明白下一步该如何行事。卡里亚人觉得波斯人的统治就像一根刺扎在他们身上，没有什么能比他们的王朝复辟更让他们高兴的了。在这件事上，亚历山大既给予了真正的解放，同时又达到了自己的目的。

因此，当亚历山大离开米利都时，他没有沿着海岸向南行进，而是绕了远道，翻山越岭来到阿林达：或许他早就跟被放逐的女王取得了联系。总之，她出城与之会面，并自愿交出了那个要塞。为了回报她的支持，亚历山大承诺一旦拿下哈利卡那索斯，他就助女王复位。由于女王个人十分怨恨奥隆托巴特斯，所以亚历山大在恰当的时候还把围攻卫城的任务交给了女王和她的部队。两人相处得似乎融洽无间。亚历山大把这位中年女王叫作"母亲"，而她后来也一直亲手做一些蛋糕和甜点送给他作为小礼物。最后，她还把他收为养子和正式继承人。

这一切十分感人，但同时也充分表现了亚历山大在政治上的精明和远见。和对手结盟是一个很少让他失望的备用手段，无论对方是希腊人还是蛮族人，也不管他们是得人心的还是反动的。收养就意味着，在阿达死后他有权在卡里亚任命自己的总督，而时机一到，他也确实是这么做的。当地政权只需从效忠波斯大王转投亚历山大就可以了。亚历山大在小亚细亚的所有行政安排都遵循着同一基本模式。他可能一边高谈着反对波斯统治的泛希腊远征，然后一边原封不动地采用波斯的组织制度，包括总督和附属王国。[19] 唯一的差别在于波斯总督换成了马其顿人，贡赋变成了"献金"，最高权威属于波斯大王而属于亚历山大自己。

然而，卡里亚人只看到这位马其顿冒险家把他们从波斯人手中解放了出来，并使他们的合法女王得以复辟。当亚历山大被收养的消息传播开来时，"各个城邦立马遣使为国王戴上金冠，并且保证会在所有事情上与国王合作"。[20] 亚历山大已经通过海路把围城器械先行派了出去，可能是派往伊阿索斯，毕竟时间比较紧了。现在，他跟阿达女王道别，然后向西南行进，先翻越拉特摩斯山脉，再取道拉布兰达和欧洛摩斯。[21] 尽管当他来到希腊人为主的地方时，他作为被收养的卡里亚人的身份会有些尴尬，但是沿途的城镇都敞开了双臂欢迎他。在这些场合中，他一直强调"他之所以要承担起这场反波斯之战，其目的就在于给希腊人以自由"。[22]

他来到了伊阿索斯的海岸，在那里他同样受到了热烈的欢迎：这个港口看来已经友好地接待过了他的运输船队。总之，当公民们向他请愿，请求恢复他们在波斯治下失去的某些地方渔场时，国王当即予以批准。[23] 在伊阿索斯，亚历山大还会见了当地的一位名人，他是个学童，曾赢得一只海豚的钟爱。按照某种说法，国王后来"任命这位男孩担当巴比伦的波塞冬神庙的祭司长，因为海豚对他的爱便是神明眷顾的明证"。[24] 亚历山大身上有一种强烈的迷信倾向，而且这时他肯定非常期望海上的好运。

195 他从伊阿索斯出发，沿海岸行进，途中经过巴古利亚，然后从东北方向靠近哈利卡那索斯，在米拉萨城门外半英里的地方安营扎寨。[25] 有一支侦察分队被派出去执行任务，他们遭到城墙上投射武器的密集攻击；接着，门农的部队突然出动，其进攻时间掌握得恰到好处，在对方还没弄清楚情况时就通过城门撤了回来。这不是什么好兆头。亚历山大对哈利卡那索斯的防御研究得越多，心中就越感到不安。他可能已经跟城中的亲马其顿势力取得了联系。[26] 如果是这样，那由此得到的情报必定很令人失望。门农身边有数千名希腊雇佣兵（包括两名雅典指挥官厄菲阿尔特斯［Ephialtes］和特拉叙布罗斯［Thrasybulus］，在摧毁忒拜城后亚历山大曾要求雅典交出二人）。门农的物资和军备都很充足，并且防御装备中还有围城弩炮。

堡垒的陆地一侧矗立着高大的有雉堞的城墙，其上每隔一段距离就有一个哨塔，墙外还有一条 45 英尺宽、超过 20 英尺深的护城河。此外至少还有三个防御良好的要塞，即使城市本身沦陷，它们仍然可以，实际上也确实坚持了很长时间。其中之一就在旧卫城西北角的堡垒那里。另外的两座，一个叫萨马基斯要塞，在海岬的最南端；另一个是所谓的"国王城堡"，在近海的阿孔涅索斯小岛上；两座要塞控制着海港的入口处。港口本身还受到波斯舰队的保护，此时舰队就停泊在那里。

既然亚历山大已经解散了自己的海军，那么他就没法从海上进行封锁。如此一来，哈利卡那索斯不可能缺乏补给，更不用说因为断粮而投降了。另一方面，自从在小亚细亚登陆以来，亚历山大第一次发现自己面临着严重的补给问题。当他的部队路过赫勒斯滂的弗里吉亚时，当地正获丰收；那是一块肥沃的土地，边上有三条大河灌溉，其中包括格拉尼科斯河和斯卡曼德河（根据弗雷德里克·莫里斯将军［General Sir Frederick Maurice］的看法，单单这条河流就足够为公元前 480 年的薛西斯大军提供饮水了）。一直到米利都为止，向南进军的途中都是类似的情况，到处都是富饶的耕地，还有来自大迈安德河的充沛水源。库尔提乌斯（Curtius）告诉我们，即使这样，凡马其顿人过处，便有如飞蝗横扫，其消耗之大连原路返回都几乎不可能。现在正值旱季之末，而他们又驻扎在多岩石的波德隆半岛上（一块著名的贫瘠之地）。最近的水源远在 20 英里之外，而且可能满足不了需要。食物、饮水和草料可能都得从米利都那里运来，而这又是一段长达两三天的路程。[27]

显然，国王的一大希望便是通过直接进攻拿下哈利卡那索斯。但是，在此他面临着另一难题：他的攻城器械还没到。波斯海军一直在海岸巡逻，亚历山大的运输船队一直无法躲开他们。他最初的计划是把这些重型装备卸在闵都斯，即哈利卡那索斯西面 10 英里远的一个小港口。他跟通常的反对派取得了联系，其领袖向他保证，如果他在某个晚上把军队带过来，城门自会打开，城市也就自然落入他的手中了。但是，有些事情出了差池，这也是此类安排经常出现的情况。亚历山大于午夜时分到达，却发现城门紧闭，城墙上到处都是守卫者。尽管如此，他还是让他的步兵在某个哨塔下挖掘坑道。正当挖掘之时，有大批海上援军从哈利卡那索斯赶来，马其顿人只得撤退。要么出于背叛，要么是因为谈话走露风声，亚历山大差点掉进预设的陷阱之中。

接连几天，由于没有港口可以卸载攻城武器，亚历山大在没有这些武器的情况下攻城只是徒劳。不过，他的运输船队最终突破了封锁，大概是在刻拉密克湾沿岸的一个废弃小湾登陆的。自那以后，围城才真正开始。在棚子或弹盾的掩护下，亚历山大的士兵填平了某段护城河。接着，他架起了移动塔楼，用石头和其他投射物轰击守城者，同时破城槌不断撞击城墙，坑道工兵也在挖掘哨塔的基底。通过这些方法，他成功打破了哈利卡那索斯的防御工事，于是方阵步兵便踏着碎石一拥而入。但这时他们才真正遇到对手。门农的雇佣兵同样训练有素，并且还具有额外的优势，即他们可以从设在城墙上的弩弓的密集射击得到掩护。进攻如此反复再三，士兵都在奋力搏斗一番之后被赶了回去。到了晚上，工人们轮班工作，用半月形的间壁墙把缺口围上，而门农则派遣一支突击队去烧毁亚历山大的塔楼和器械。随后又是一场殊死战斗。最终波斯人被迫撤退，不过在此之前已有约300名马其顿人受了重伤。

现在，亚历山大把攻城武器转移去进攻城市的北面。破城槌和弩炮在连续不断地轰击后，终于摧毁了两座塔楼以及二者之间的间壁墙，随后亚历山大决定尝试进行一次夜袭。[28] 这次行动遭到了惨败，其主要原因在于马其顿人被里层的一道间壁墙挡住了去路。他们设法撤离了战场，但是次日早晨亚历山大不得不向门农请求休战，以便把牺牲将士带回来。

这时，驻军的几位指挥官——门农、奥隆托巴特斯和两位雅典人厄菲阿尔特斯和特拉叙布罗斯——正在举行军事会议。厄菲阿尔特斯生来力大过人，而且勇气非凡，他坚持认为如果想要保住哈利卡那索斯，他们就必须采取攻势，门农很明智地表示了赞同。两人制定了一个极为高明的行动方案，这个方案后来差点儿成功。他们从驻军中挑选了2000名雇佣兵，这些是他们整个军队的精华。接着，他们将这些人分成两个突击队。第一组配有火把和沥青桶，天明时从间壁墙后面冲出去，放火烧毁亚历山大的攻城器械，"立刻引燃了一场熊熊大火"。正如门农预计的那样，国王立刻率领步兵前来救援，并派其他部队去灭火。一旦方阵开始投入战斗，门农的第二支突击队就从附近的主城门冲出去——阿里安说，"这是马其顿人最没有预料到会有人冲出来的地方"，然后从侧翼和后方进行包抄。同时，门农还把新攻城器械投入使用：这是一个高达150英尺的木塔，每层都布满了弩炮和标枪兵。当厄菲阿尔特斯在下面凶残地率兵出击时，飞石箭雨便从上方朝马其顿方阵倾泻而下。

门农一直密切关注着此次交战的进展，这时他把后备的波斯步兵也投入了战斗。看起来，亚历山大几乎就要失败了：他被四面围住，除了拼死一战以外别无他法。最终，他被老兵预备队救了下来，这些人曾和腓力并肩作战，现在已被免除了战斗职责。受到眼前混战的刺激，他们决心给这群乳臭未干的年轻人展示一下什么是真正的战斗。他们组成盾墙，长枪闪亮，由此组成一个牢不可破的阵形，然后加入到战斗中。这对厄菲阿尔特斯及其士兵产生了相当大的心理冲击。正当他们以为胜利唾手可得之时，却发现还有第二波战斗要打。他们一时军心动摇，而马其顿人则借机扳回劣势，并且很幸运地杀死了厄菲阿尔特斯。

在短短几分钟内，整个波斯突击队全线崩溃，纷纷逃回城里。随后，在间壁墙附近发生了血腥的肉搏战，同时由于有太多人挤上护城河上的桥，该桥因不堪重负而坍塌。城门内的守卫者大为惊慌，由于一心想阻止马其顿人入城，他们竟把许多自己人关在了门外。[29] 有些人在奔跑过程中被践踏至死；其他人则死在了马其顿追兵的枪下。此时夜幕开始降临，于是亚历山大选择撤退：在当时的情况下，他能勉强获胜已属幸运。马其顿人撤回了营地，亚历山大知道此时不宜继续冒险。

不过，守城者承受不住了。他们的伤亡惨重，特别是最后的那次出击。城墙也多处毁损。当晚，门农和奥隆托巴特斯决定突围。他们让残存的最好部队留驻港口要塞；其余的守备力量连同轻便的物资和装备一起由海路撤到科斯岛上。（很可能一大部分公民也追随离去，尽管古代没有任何史料记载此事。）在离开之前，他们放火烧毁了军械库和装有攻城器械的大木塔，以及与城墙毗邻的房屋。当时正在刮着大风——此时秋季干燥的西北风还吹拂着波德隆——大火迅速蔓延开来。

亚历山大目睹了一切，但无可奈何。他也没办法阻止他们撤退——这正是对他完全放弃海军政策的有力批评。他没有像样的舰队，再说港口的据点也还在波斯人手中。他和他的部队只能借着火光驻足观望，看着门农把所有他能塞到船上的人员、物资和装备都运走。黎明时分，马其顿人进入尚在燃烧的城中。他们接到严令，要尊重有礼地对待所有公民，还要营救那些受大火围困的人。哈利卡那索斯毕竟是亚历山大的盟友兼义母阿达女王的首府。由于这样的原因，他以忒拜为范例，将城市夷为平地的习惯做法，在此显然是不行的。不得已时，他的工兵部队或许会做一些紧急的拆毁工作，以防止火势蔓延。他考察了一下尚在敌军手中的要塞，发现它们固若金汤，于是明智地决定不去管它们。他用一座高墙和一条濠沟把萨马基斯要塞围住，不过对于岛上的阿孔涅索斯堡垒就无能为力了。[30] 虽然拿下了主要目标，但代价十分高昂。现在，他必须继续前进。

阿达女王正式成为了卡里亚总督，尽管除了残垣断壁和硝烟未散的碎石乱砖外，她曾引以为傲的首都已经什么也不剩了。亚历山大给她留下了3000名雇佣兵和由托勒密指挥的200名骑兵，他们的任务是肃清该地区波斯残存的抵抗力量。（这些行动，包括消灭哈利卡那索斯城的要塞中的驻军，花了他们整整一年时间。）现在，所有新婚将士都被送回国去过冬假，这一举措使国王大受拥戴。作为护送他们回国的军官，克勒安德洛斯（Cleander）和科伊诺斯得到指示，要从马其顿和伯罗奔尼撒半岛招募一些新兵过来。这两人是兄弟，而且克勒安德洛斯还是帕美尼翁的女婿。*此前亚历山大通过任命其为吕底亚总督的方式，摆脱了老帅的兄弟阿桑德洛斯：没有马其顿贵族会拒绝升迁。

远征军现在分成了两支独立的部队，其原因之一可能是为了减轻冬季征战时的补给压力。帕美尼翁率领塞萨利骑兵、同盟部队和辎重队伍——包括亚历山大的重型攻城装备——向北折回到萨尔狄斯，从那里出发，征讨安纳托利亚高原中部的各个部落。与此同时，国王本人则往东进入吕西亚和潘菲利亚，"力图控制住海岸一带，以便使敌军舰队丧失机动能力"。

---

* 原文如此，但帕美尼翁的女婿是科伊诺斯。

完成此事后，他调转方向，经由皮西狄亚内陆地区，于翌年早春时候在戈尔狄昂与帕美尼翁会合，这里也是那些结束休假的部队的会合点。[32]

两位统帅就这样分开了，或许各自都乐得能离开对方一阵子。亚历山大从哈利卡那索斯向东南行进，[33] 沿着科耶吉兹湖东岸前行，绕过考努斯和克尼多斯这两个尚在波斯手中的海滨堡垒（后来它们被托勒密拿下了）。他渡过达拉曼河，占领了一个名为叙帕尔那的城镇——目前该城尚未确认具体位置——然后到达了海边的特尔美索斯。这个城镇很顺利地落入了他的手中。克里特人涅阿尔科斯和他的私人占卜师阿里斯坦德洛斯都有朋友在这里，其中有人会见了涅阿尔科斯，问他怎么才能最好地帮到他。涅阿尔科斯派了一群舞女及其奴仆去卫城，作为给波斯驻军指挥官的礼物。这些人在长笛中藏了匕首，在筐子中藏了小盾牌。晚餐之后，酒过数巡，他们动手杀了主人，于是卫城很快就沦陷了。[34] 由于在这一计策中所起的作用，涅阿尔科斯随后受到嘉奖，被任命为吕西亚和潘菲利亚总督。

从特尔美索斯出发，亚历山大来到克珊托斯河畔，在那里他接受了大约 30 个城镇和村庄的归顺。不过，在这期间他跟帕美尼翁的队伍完全失去了联系：他们之间隔着崇山峻岭，现在又为积雪所阻。因此，他向北进击，一直打到能出克珊托斯河谷的山口，目的是为了打通连接弗里吉亚和海滨的主干道。在此，由于高山积雪和敌对部族的阻遏，他陷入了困境，仍没能实现目标。这时，来自吕西亚东部的法塞利斯和其他城镇的使节到了，"给他带来金冠和友谊"；[35] 他们必定也透露了更便捷的路线就是他最后取道萨伽拉索斯和刻莱奈走的那条。

亚历山大估量了一下风险，决定暂时搁置通讯联系一事。他返回海边（除了疯子，没有人会在严冬季节直接翻越山岭），在克珊托斯河这边发生了一件事，让他确信自己不去冒险是对的。由于地下的某种震动，城市边上的一个泉眼像间歇泉一样喷发起来，从中吐出了一块刻有古代符文的青铜板，这可能是某个丢失多年的还愿物。对于任何有点脑子的的占卜师而言，这必定是神的馈赠。阿里斯坦德洛斯随即解读了这篇神秘的铭文：铭文说（谁会反对他的说法呢？），"终有一天波斯人的帝国将会被希腊人摧毁而走向终结"。亚历山大大受鼓舞，于是再度出发。这次他选择了靠东边的路线，沿着海滨道路一直走到福尼凯（菲尼凯），然后从那里穿过凯利多尼安半岛，最终到达法塞利斯。[36]

法塞利斯和西德之间的唯一一条陆路最初的那一段，农民骑骡而行毫无困难，但对大部队来说却并不好走。这是克利马克斯山上的一个山口，狭窄而陡峭；开始是一条侧壁高耸的石灰石隧道，从凯梅尔谢开始逐渐升高，一直延伸到贝尔迪比南缘的潘菲利亚平原。亚历山大还记得当初翻越奥萨山时所用的计策（参见上文第116页），现在他派色雷斯工兵上前工作，命他们凿出阶梯并拓宽隧道。[37]

在法塞利斯短暂停留期间，亚历山大第一次收到了来自帕美尼翁的信息（关于安纳托利亚高原中部的路线状况，这位老师似乎比国王有更好的情报来源）。来的是一支小队，他们随行带来了一个名叫西西涅斯（Sisines）的波斯囚犯。此人所叙述的有关林刻斯提斯的亚历山大之事十分详尽且令人不安；当时林刻斯提斯的亚历山大作为色雷斯骑兵指挥官正在帕美尼翁手下效力（参见上文第184页）。据西西涅斯所说，这位林刻斯提斯人给大流士写信，准备向波斯投诚。波斯大王在回信中允诺给他1000塔兰特的黄金，如果他能成功刺杀亚历山大，波斯将全力支持他登上马其顿的王位。西西涅斯则被选中充当秘密中介。不过，（他告诉国王）他还没来得及完成任务便被帕美尼翁的卫兵抓获，为了保命便在受讯时全盘招供了。[38]这件事只能由国王亲自裁决。

西西涅斯的供词让亚历山大陷于进退两难的困境（就像此事给现代史学家造成的困境一样）。他要不要相信此事呢？奥林匹娅斯在最近的来信中一直要他警惕这位林刻斯提斯人——至少他后来是这么宣称的。尽管我们可以看出，此人对王位的要求根本站不住脚，但这未必会妨碍大流士去刺激他的野心。佩狄卡斯之子阿敏塔斯已死，权力的诱惑看起来非常诱人。另一种可能是，整个故事都是波斯间谍捏造的，目的是为了在马其顿最高统帅部中制造猜疑和不合。但另一方面，亚历山大不禁怀疑，在所有人中，为什么是帕美尼翁突然这么特别关心他的利益；对此，有一种可能的解释马上浮现了出来。

在远征开始时，亚历山大任命那位林刻斯提斯人做色雷斯骑兵指挥官。

现在，色雷斯人在帕美尼翁手下服役，这个职位虽在保萨尼阿斯＊军中却不受其支配，而他本人肯定也格外反感。帕美尼翁或多或少把色雷斯人和塞萨利人看作是自己的侍友骑兵（参见上文第 159 页），而亚历山大则决心消除这种潜在的危险。对那位林刻斯提斯人的任命可以视为实现这一目标的第一步，同时这也绝不是唯一的一步。到格拉尼科斯河战役为止，塞萨利人一直由卡拉斯指挥，此人是帕美尼翁亲自提名的，此前在先遣部队时就在帕美尼翁手下当差。不过，在战役结束后，亚历山大迅速把他从该职位上调走，改任为赫勒斯滂的弗里吉亚总督；这一升迁他几乎不可能拒绝。空缺的塞萨利骑兵指挥职位则由亚历山大自己的助手墨涅拉奥斯之子腓力填补；不过，要想削弱帕美尼翁的权威还得更进一步。

因此，这位老帅有着充分的理由想摆脱那个林刻斯提斯人；后者的域外王国背景（加之他的两个因背叛而遭受处决的兄弟），给出了一种可以达到这一目标的明显办法。如果帕美尼翁捏造了一份非常可信的报告，证明林刻斯提斯的亚历山大是一名叛徒，那么只需轻轻推一把——事实证明，从长远来看这就足够了——就能保证他遭受处决（参见下文第 345 页及其下文）。西西涅斯被派去与他接洽，这或许是真的；但作为潜在的叛徒，他却未必知情。倘若其身后有另一把刀顶着，这位波斯人自然不会太讲究他对亚历山大所讲的故事的确切性。再说，亚历山大一直远在法塞利斯，他怎么可能彻查此事？如果一切顺利的话，他可能会立即下令处死那个林刻斯提斯人；实际上，如果他听从了参谋人员眼下所提出的建议，那结局便是如此。

国王显然因这个间接叙述的故事感到怀疑和焦虑。但是，他不想在没有对此事做详细调查的情况下就把一位优秀军官牺牲掉。因此，他采取一个折衷的办法。他派了一个名叫安福特洛斯（Amphoterus）的参谋押送西西涅斯回到帕美尼翁那里，并指示说那个林刻斯提斯人应予以拘禁并严密看管，等待进一步的调查。国王还抢先一步，在帕美尼翁打空缺的骑兵指挥官职位的主意之前，把它交给了他交情最深和最为信任的朋友密提勒涅

＊ 原文如此，疑为帕美尼翁。

的厄里吉奥斯。*

在此期间，色雷斯人在克利马克斯山上开出了一条不错的小路。亚历山大命令大部队以纵队形式翻越隘道，而他自己则在一支小型护卫队的陪同下沿着海岸行进。这条路只有在北风怒吼时方可通行，其他时候，大海在海岬之下咆哮，而海岬之上只有一条小路在岩石和砂砾中间蜿蜒曲折，一直延伸到远处的沙滩上。现在，时不时地还有南风呼啸，想走这条捷径几乎是不可能的。然而，亚历山大决定碰碰运气。根据卡利斯特涅斯和其他人的说法，大风在适当的时候变成了北风，于是国王及其护卫队得以顺利通过这条路。

卡利斯特涅斯自然会在官方通讯中对此事大书特书。风向的改变被归功于神明的干预：大海认出了亚历山大的皇家威仪，为表礼敬（proskynesis）它选择了让步。[39] 事实上，这一奇迹般的风向变动很可能根本就没发生过，纯粹是为宣传而虚构出来的。亚历山大在他的信件中对此事只字未提；不过，当时这种自我包装也不是安提帕特所感兴趣的事情。此外，如果斯特拉波（Strabo）对此事的记载是真实的版本（似乎确实如此），那该记载也是用于审查而非宣传的版本。按他的说法，亚历山大"在海浪消退之前就出发了，结果他的士兵们全天都在齐肚脐深的海水中行进"。[40]

一翻过克利马克斯山，军队便来到了富饶而美丽的潘菲利亚平原——即现代土耳其的里维埃拉地区；这是一个60英里长、18英里深的灌溉良好的新月沃地，是大海与如高墙般环绕的山岭之间的一块闪亮飞地。这是亚历山大沿海岸进行的突袭的最东端。从西德一直延伸到奇里乞亚的是一块荒凉、崎岖且无人居住的地区，既没有港口也没有适当的陆上交通，这里不需要再派军深入。[41] 不过，当亚历山大通过平原向佩尔伽进军时，他的后卫遭到一伙皮西狄亚土匪袭击。这些强盗在山上建立了一个坚固的岩石要塞，以此为基地定期侵扰低地地区，恐吓农民和抢劫旅客。他们的突然袭击给亚历山大的辎重部队造成了不小的损失。马其顿人伤亡惨重，而

---

* 亚历山大的交通线有多么不稳当，我们可以通过这一事实看出：安福特洛斯及其队伍必须在当地向导的带领下穿行内陆地区，还得装扮成当地人的模样以免被人认出（Arrian 1.25.9）。——原注

袭击者则带着大量的俘虏和役畜逃走了。

然而，这次皮西狄亚人挑错了下手的对象。亚历山大愤怒却又很冷静，他下令暂停前进，包围了那座岩石要塞。那些强盗顶住了他两天的进攻。接着，当看出他不拿下要塞就绝不会善罢甘休时，强盗中的年轻人决定孤注一掷。他们约有600人，都无视年长者的投降提议，在家中活活烧死了家人以防他们被俘，而自己则在夜幕的掩护下从亚历山大的封锁中偷偷溜走，逃到山里去。[42]

国王自有十足的理由来清理这些强盗的老巢。既然他已稳稳地控制住向东远达潘菲利亚的海岸，那么他主要关心的就是向内陆进击，并重新与帕美尼翁取得联系。他似乎还不太清楚那条经由萨伽拉索斯和刻莱奈通往戈尔狄昂的相对便捷的路线。因而，他仍旧试图向西北强行翻越山口，由此打通前往基布拉的干道。这座岩石要塞——弗雷娅·斯塔克夫人（Dame Freya Stark）已令人信服地将其确定为坎狄尔——正好处在这条路线上。我们可以推测，无论法塞利斯还是潘菲利亚沿海地区的居民，都不急于告诉他更短的路线。他们将马其顿军队视为上天派来为自己清除山上的敌对要塞的工具，眼下这支军队正以最热忱的方式完成使命。如果亚历山大决定沿着基布拉的道路逆势而上，他们甚至可以完成得更好。这条路在离开海岸后便深入到一个峡谷当中，从泰尔美索斯这座强大城市俯瞰可以俯瞰该峡谷。为了强行通过这条隘道，亚历山大将不得不去对付泰尔美索斯人——这些海滨城市显然凭自身力量做不到这一点。

不过，国王在向内陆进击之前，必须先处理好海滨地区的事务。佩尔伽干脆地投降了，马其顿人进一步推进到阿斯潘多斯。在城外他们遇到一个代表团，其人表示归顺，但同时也要求免除有损尊严的驻军。亚历山大早就了解了阿斯潘多斯的资源情况，而且眼下他既缺少现金，也缺少战马，因而他同意不在城市中驻军；但他为此特权开出一个非常高的价格。阿斯潘多斯需把他们著名的种马饲养场为大流士驯养的所有马匹转交给他，除此以外，还要"奉献50塔兰特的钱币作为酬报"。阿斯潘多斯人或许有钱，但这简直就是勒索。不过，代表团在这件事情上别无选择。他们接受了亚历山大的条件，然后返回城中。国王继续前进，来到了重要港口西德，在这里他留下了一支驻军。接着，他转向西北，越过山岭来到了叙利昂，这是雇佣兵控制的一个孤立要塞。这看起来是项棘手的任务，而且偏离他行军的直接路线。所以，亚历山大决定绕过它。

之所以做出这个决定，部分原因在于来自阿斯潘多斯的消息。该城的公民在听说了他蛮横的条件后，拒绝了以他们名义签定的协议。当亚历山大的军需小队前来征收马匹和"献金"时，却发现城门紧闭。阿斯潘多斯位于一个能俯瞰欧律墨冬河的小山上，其城郊建有城墙，墙下便是河流。现在，公民们撤离了地势较低的城郊，躲到了城堡当中，妄想着国王会因为忙于他处的事务而无暇返回对付他们。不幸的是，实际情况并非如此。国王需要金钱和马匹，而且一心想要得到它们。很快，阿斯潘多斯人就看见亚历山大及其部队进驻了空无一人的城镇。这时候，他们丧失了勇气，于是派了一个传令官下来，请求按原先同意的条件投降。

不过，亚历山大不想就这么轻易地饶过他们。他说，他们须按照前约交出马匹。但是，那已经高得离谱的"献金"现在得加倍；此外，他们每年还需交纳一定的金钱作为贡赋——应注意的是，这些贡赋不是交给同盟，而是要交给马其顿。阿斯潘多斯将被置于总督的直接控制之下，这几乎肯定包括在城市中驻军。所有的公民领袖得交出来作为人质。最后，国王下令公开调查有关阿斯潘多斯从邻居那里窃夺土地一事：至于调查团会发现些什么，这是不言而喻的。[43]阿斯潘多斯的例子赤裸裸地展现了亚历山大在小亚细亚的根本目标。只要他能得到别人自愿的合作，泛希腊远征军的表象就可以继续维持下去。但是，任何抵抗，哪怕只是对他意志的轻微违背，都会面临即时而野蛮的报复。"不做我兄弟，便做刀下鬼"：自此，亚历山大的行为就变成一种阴沉的陈词滥调、一个反革命的笑话。但是，对那些像阿斯潘多斯人一样的受害者来说，这可不是什么笑话。

就这样，他的海岸事务圆满解决了，于是亚历山大带着新补充的战马和几周的军饷回到了佩尔伽。由此他开始朝泰尔美索斯方向的内陆地区前进。他所选择的路线需经一条狭长的峡谷，而泰尔美索斯人则控制着两边的峭壁，看起来几乎无法攻克。不过，亚历山大一如既往地展现出他对"蛮族人"心理的精准判断。他不打算强行通过这一山口；相反，他命令士兵们就地扎营过夜。如他所料，泰尔美索斯人在看到这一情况后，便把主力撤到了附近的城镇中，只留下一个小队看守隘道。一次突击就解决掉了这些守卫。亚历山大沿着峡谷前进，却发现又被泰尔美索斯城本身的城堡挡住去路，该城堡居高临下，海拔有3000英尺。除非长期围攻，否则毫无办法，而这恰恰是亚历山大所极力避免的。

幸运的是，这时候有一队使团前来拜见；他们来自塞尔加，一个靠近阿斯潘多斯北面的山城。这些塞尔加人都是出色的战士，而且敌视泰尔美索斯；他们向亚历山大表示友好并且愿意提供支持。他们还告知了穿越安纳托利亚中部的更便捷的其他路线，而这正是亚历山大一直缺乏的关键情报。他当即放弃泰尔美索斯，调头回返，在塞尔加人的引导下，经由基尔克戈兹和德设美，朝布尔杜尔湖前进。[44]在这一地区，他所遇到的最后一次真正的抵抗是在萨伽拉索斯。在此他不得不进行了一场最为棘手的战斗。在此战中，他要仰攻山上一座防御坚固的据点，而且因为地势极为陡峭和崎岖，骑兵无法提供支持。不过，马其顿人的训练和纪律证明了自己的价值，经过一场激烈的战斗，萨伽拉索斯被攻陷了。

亚历山大花了点时间清理山上的一些小据点，然后全速向高原进发，途中所经地区"水流顺着赤裸的沙地流淌，村庄在白杨中若隐若现，几条曲径在岩石中间蜿蜒"。[45]绕过有着荒凉盐滩的布尔杜尔湖，他离刻莱奈只有五天的路程了。这个城市位于迈安德河和马尔西亚斯河这两条河流的源头区。马尔西亚斯河发源于一个巨大的石灰岩洞穴，水流在岩石间奔腾激荡，直向平原的另一边流去。居鲁士曾经在这里有过一个行宫，还有一个满是野生动物的大园林。对于长途行军劳累的马其顿人来说，这景色必定令人心旷神怡：此地草木繁盛，郁郁葱葱，是贫瘠的安纳托利亚荒野中的一块绿洲。

不过，它的地理位置也使得它具有巨大的战略价值。刻莱奈位于横穿高原的几条主要干道的交叉处，其中一条往南到达潘菲利亚，亦即亚历山大来时所走的路；另一条向西通往赫尔摩斯河和迈安德河河谷；还有一条朝北直抵戈尔狄昂。后两条路线构成了波斯皇家大道的一部分。薛西斯此前便是通过刻莱奈而前往萨尔狄斯的。亚历山大在继续前进之前,必须要确保拿下刻莱奈。这条南北尚有未征服部落的狭长"走廊",将是他连接中东与伊奥尼亚唯一可靠的交通要道。

该城有一个地势高、防御强的卫城,对于这种卫城亚历山大不会愚蠢到想要去进攻它。他刚刚到达,城市的居民便放弃了地势低洼的城镇,准备坚守这座城堡。国王派了一位传令官过去,威胁说如果他们不投降的话,就会以各种残忍手段进行报复。于是,他们带着传令官巡视了一遍防御工事,让他知道亚历山大显然还没有意识到他即将要对付的是什么。传令官带着消息回来,报告这个要塞坚不可摧,而且居民们准备战斗到底。亚历山大没有做出什么惊人之举,只是将卫城封锁住,切断它与外界的联系,然后等待。十天的时间足以动摇防卫者的信心,这主要是由于他们的储备并不充足。

这时,他们便向亚历山大提议,如果在接下来两个月内大流士没有派遣任何援军过来,他们就自动投降。亚历山大接受了这一提议:时间很宝贵,而他并没有太多选择。尽管如此,这仍是一次危险的赌博。因此,他把他最好的将军之一、人称"独眼的"厄利密奥提斯的安提柯(Antigonus of Elimiotis)留在了刻莱奈;此人后来自己也成了国王。他给了安提柯1500人的部队,这是他所能抽出的所有力量,用以保卫交通线,同时任命他为中弗里吉亚总督(尽管事实上大流士的命官还在卫城上坚守着)。一个信使被派去帕美尼翁那里,再次确认在戈尔狄昂会合一事。然后,亚历山大自己也启程了,沿着皇家大道向北行进。[46]

他和将士们平静无事地走了130英里,于公元前333年3月初到达了戈尔狄昂。在路途的最后部分,他们沿着桑伽里奥斯河而行,朝北绕过了已故多年的弗里吉亚国王的陵墓;在进入戈尔狄昂时,他们经过了那个巨大的亚述大门,该大门在弥达斯统治时就已经非常老旧了。他们没有遇到任何抵抗,该城自愿投降了。在这里,他没过多久*就和帕美尼翁的军队以及那些被送回国过冬假的部队会合了。他们很及时地给他带来了一支援

---

* 时间在4月底。参见缪里森的研究(Murison, *Historia* 21(1972), 404),作者是根据季节的天气状况推算出来的。——原注

军——3000 名马其顿步兵、500 名骑兵和 150 名来自厄利斯的自愿兵。但是，据返回的军官报告说，希腊和爱琴海的总体局势非常糟糕，远比他所担心的还要严重得多；同样，主导者又是亚历山大最危险的对手，诡计多端且难以捉摸的雇佣军首领，罗得岛的门农。

在他那卓越但最终徒劳的哈利卡那索斯防御战之后，门农被大流士任命为小亚细亚所有波斯军队的最高指挥官。现在，波斯大王批准他——迟做总比不做好——去实行他在格拉尼科斯河战役之前提出的战略：把战火引向马其顿和希腊。波斯舰队（或者准确点说，腓尼基舰队）早已归他支配；此外，大流士还给他提供了一笔资金，足以招募一支职业雇佣军。这正是门农所做的事情——或许还可以部分解释，为什么克勒安德洛斯在伯罗奔尼撒会遇到自愿兵不足的情况。

有了这么一支海陆兼备的军队，门农开始有系统地夺取爱琴海东部的岛屿：这是任何剑指希腊本土的远征的首要一步。科斯岛和萨摩斯岛已经向他投诚，不久基俄斯岛也步其后尘。他可能还夺回了米利都和普里厄涅；他迫切需要一个伊奥尼亚海岸的基地。他肯定没有遇到太强烈或太顽固的抵抗。亚历山大在向南推进的过程中很少讨希腊城邦的喜欢：鉴于门农本人也是个希腊人，许多城邦将其当作更加名副其实的解放者。其他城邦则可能觉得选择此占领军与选择彼占领军之间并无太大分别。当这位来自罗得岛的将军从基俄斯岛继续向北驶往累斯博斯岛时，他的代理人正在希腊忙着把波斯大王的黄金分派给潜在的支持者，并且向他们允诺，门农很快就会带着一支大军和一支 300 艘战船的舰队在优卑亚登陆。

这一前景确实很诱人。在雅典，军事上的准备工作正在日夜不停地进行中：现役可用的三层桨战船已有 400 艘之多。包括斯巴达在内，许多希腊城邦都已做好反叛的准备，只等门农一句话了。当门农通过一场血战拿下密提勒涅这一关键港口时，希腊人更是热情高涨。一听到这消息，基克拉迪群岛中几乎所有的岛屿都派出使节以示效忠。[47] 看起来，侵袭优卑亚和希腊本土的许诺马上就要变为现实了。

这样一来，亚历山大就面临着一个关键决断。如果继续前进，他很可能就会失去赫勒斯滂，甚至马其顿本身：希腊已经到了全面反叛的边缘。但是，如果回师救援，他远征波斯之使命的最终实现就变得遥遥无期。撇开心理上可能存在的有失颜面之感，无论大流士还是门农，他们都不太可能错过这一喘息的机会。当门农让亚历山大在小亚细亚的努力前功尽弃时，波斯大王就有时间来组建和训练一支真正强大的防御力量。更糟糕的是，马其顿仍旧处在濒临破产的危险边缘，而大流士那传说中的财富目前落入亚历山大手中的却少之又少。就在年轻的国王仍为这一问题苦苦思虑时，那个著名的戈尔狄昂之结的故事登场了。和许多面临两难之选择的人一样，亚历山大也准备把一切寄托于神的预兆：现在正是倾听来自天国的声音的时刻。

在戈尔狄昂的宙斯·巴西琉斯神庙边上，他找到了他一直在寻觅的东西。这是一辆古老的货车，据说是戈尔狄亚斯之子弥达斯在成为弗里吉亚国王时奉献的，当时作为受人崇敬的遗物仍旧放在卫城上。它有一个非常奇特之处：它的轭被绑在一根带有许多皮带的辕杆上，皮带上则附有山茱萸的树皮，然后打了一个错综复杂的节，水手们称之为花箍结。有一个古老的神谕曾预言说，任何能成功解开此结的人将会成为全亚洲之主。*这种挑战正是亚历山大所无法抗拒的。实际上，不试图解开这个戈尔狄昂之结就离开戈尔狄昂是绝无可能的。敌人马上就会借机宣扬，说他对远征的最终结果信心不足。

所以，当他和侍从们一起走上卫城时，一大群弗里吉亚人和马其顿人也在后面跟着，驱使他们上去的远不止是随随便便的好奇心。气氛既紧张，

---

* 在此背景下，有两个与货车最初之奉献相关的传说特别有趣，二者都是从弗里吉亚人那里流传下来的。第一个是这么说的。很久以前，在一次国内的斗争中，神谕曾预言会有一个驾着货车的人来结束弗里吉亚人的不和，并从此统治他们。弥达斯——一个贫穷的农民，他在民众集会争论这个神谕时驾着牛车过来，于是就成了国王。而根据第二个故事，弗里吉亚人最初居住在马其顿的边境上——其实就是弥达斯花园（参见上文第55页），该花园以他们的国王的名字命名。后来，他们移民小亚细亚，在戈尔狄昂附近定居了下来。这意味着他们成功征服了土著居民，而这个故事亚历山大在米扎做学生时必定已经从亚里士多德那里听说过了。当弥达斯把他的货车奉献给宙斯时，其实就是回报他得以统治弗里吉亚一事（大概也象征着他与其人民四处漂泊的游牧生活的结束）。——原注

又充满期待；国王的许多侍从都被他的盲目自信搞得紧张兮兮的，乍一看他们也不无道理。花箍结的一大特征就是它没有任何端头露在外面。亚历山大很努力地解这个错综复杂的绳结，但解了好久却一点进展也无。最后他放弃了，"完全不知道该怎么下手"。失败将会是最有害的政治宣传，因此必须做点惊人之举。阿里斯托布罗斯说，亚历山大抽出了贯穿辕杆和轭的木栓，于是便解开了绳结。这听起来像是一种事后追溯的文饰说法。根据其他的史料（从心理学上说，它们更符合亚历山大的性格），亚历山大一边高喊着"我是怎么解开的又有什么关系？"*一边拔出剑来，朝着绳结一剑劈下，就这样把深藏在内部的端头暴露了出来。

当晚又是雷鸣又是闪电，对此亚历山大及其占卜师都认为，这说明宙斯认可了国王的行为（当然，这同样可以解释为神明的愤怒）。[48] 不管怎样，现在亚历山大已经下定了决心，他将继续征战下去，无论代价如何。安福特洛斯已被任命为保卫赫勒斯滂的海军司令，而赫格罗科斯（Hegelochus）则指挥以阿拜多斯为基地的陆军。亚历山大给了他们 500 塔兰特的钱以从希腊盟友那里招募一支新的舰队（这纯粹是一项费力不讨好的任务），同时又给了安提帕特 600 塔兰特，用于偿付驻军费用和国内防御。诸如此类的权宜安排充分暴露了他膨胀的野心。现在，为了追求更大的目标，在必要的时候，他连马其顿都准备牺牲掉。他从来都没把联军统帅的职位当回事，而只是将其作为一种临时的便宜安排，跟成为亚洲之主的前景相比，它显得无足轻重。此时此刻，他的祖国必定显得非常地渺小而遥远。

最新的情报证实，大流士仍在苏萨，但已经开始召集一支大军了。亚历山大没有时间可以浪费了，在劈开戈尔狄昂之结后，他便立即率领军队再次上路（公元前 333 年 5 月）。在他们离开之前，一个非常不合时宜的使团刚好从雅典赶来，他们请求国王释放那些在格拉尼科斯河一战中被俘、现在被拘留在马其顿的雅典囚犯。这一请求遭到了拒绝。亚历山大用一种阴沉的暧昧的口吻告诉使团，当局势变得更有利时，他们再来找他（参见

---

* 也可以这么认为——毫无疑问这正是亚历山大所理解的：神谕的措辞是很模糊的，因为希腊语中的"luein"不仅指"解开，松开"，也指"分解，打破，分解"。不管怎样，他用剑劈开就是一种正确的象征手法，因为如果要成为亚洲之主，他只能依靠武力。——原注

下文第 279 页）。⁴⁹

从戈尔狄昂出发，他朝东北行军，来到卡帕多基亚和帕夫拉戈尼亚交界的安库拉（安卡拉）。帕夫拉戈尼亚人派来一个使团，在向他表示归顺的同时，相应地要求他不要侵略他们的国家。此时亚历山大最不想要的就是在北方进行山地作战，因而欣然同意。他还免除了他们的贡赋（毕竟他们也没给波斯人交过）；但为了保全颜面，他告诉他们，现在他们应对新任的弗里吉亚总督卡拉斯负责。不过，这种例行公事双方谁也不会太当回事。他也接受了哈吕斯河以西整个卡帕多基亚和"对岸诸多地区"的"投降"。在这儿，他甚至都没有强行建立一个马其顿政府，而只是任命了一个地方贵族萨比克塔斯（Sabictas）代他管理这一地区——这是此类做法的第一个有据可查的实例，往后他将越来越依赖这一做法。不过，在此（而且后面也经常如此）这种做法并不是很奏效。当地人对亚历山大的手段了然于胸：他们在觐见他时开了张愿意合作的空头支票，而他前脚一走，他们就开始在后头闹事。一年后（参见下文第 264 页），独眼的安提柯在这一地区进行了不下三场大战，以保持亚历山大交通线的畅通。

在安库拉时，国王收到了一个让人欣喜若狂的消息：在围攻米利都之后不久，门农因病去世。门农是大流士在小亚细亚所拥有的唯一的一流将领，他从战场上消失对亚历山大来说真是莫大的幸运。对希腊的入侵完全依赖这位罗得岛人的技艺和主动性。随着他的去世，整个计划大概也瞬间化为乌有。与此同时（即 7 月中旬），有消息传来说，大流士最终离开苏萨到达巴比伦，正忙着准备让帝国军队进入实战状态。不过，迄今亚历山大对波斯大王处此类事务的悠然作风一直有着精准的认识，他看不出有什么理由要去改变自己最初的战略。⁵⁰ 从安库拉出发，他向南经奇里乞亚关到达塔尔索斯，由此沿着海岸取道提尔和西顿到达埃及。只有当东地中海的所有主要港口都在他手中，并且腓尼基舰队就此不再构成直接的威胁时，他才打算与大流士一决胜负。

门农死后，他的远征军的指挥权落到了两位波斯贵族手中：他的外甥法尔那巴佐斯（Pharnabazus）和奥托弗拉达特斯（Autophradates）。他们首先在密提勒涅驻扎了2000名雇佣兵,并对公民征收重税以偿付军费。接着,这两位指挥官分头行动。奥托弗拉达特斯继续在爱琴海诸岛征战,而法尔那巴佐斯则率领一支强大的雇佣军由海路来到吕西亚,其目的显然是为了夺回亚历山大所征服的沿海地区。但是,这一看上去大有可为的战略很快就被大流士叫停了,和亚历山大一样,他知道没有门农本人的直接运作,这一侵略计划成功的机会十分渺茫。因此,他召开了一次秘密的议事会,把问题摆了出来。他是应该继续尝试把战争引向欧洲?还是和马其顿军队硬碰硬地一决雌雄?

波斯大臣们的总体意见是,大流士应当和亚历山大进行决战。他们还强调,如果他能亲自率军出战,那必能鼓舞全军的士气。这种观点受到了雅典将军卡里德摩斯(参见上文第150页)的反对,他的反对十分有力但却不够得体。他非常正确地指出,让大流士把王位孤注一掷实在是太过愚蠢。波斯大王应当留在苏萨,从全局掌控战争进程,而让专业的将军去对付亚历山大。当被问到需要多少人投入战斗时,卡里德摩斯提出需100000人——其中有三分之一是希腊雇佣兵。他还明显地表示,他非常乐意亲自担任最高指挥官。这简直就是格拉尼科斯河战役前的门农;看起来没有一个希腊人能忍住不提对波斯士兵战斗能力的蔑视,哪怕在会议上表达一个观点时也不能。

可以想见,大流士的大臣们对这种侮辱的反应极为激烈。他们含沙射影地说道,卡里德摩斯只是想得到指挥权,以便更容易把军队出卖给马其顿人。这时,卡里德摩斯非常要命地大发脾气:作为雇佣兵,他比其他人更容易受此类臆测的攻击。于是,会议变成了一场口水仗。他对伊朗人怯懦和无能的指摘也激怒了(精通希腊语的)大流士,以致大流士"按照波斯人的习俗抓住他的腰带",并下令立即处死他。当他被人拖出去时,卡里德摩斯大声叫道,大流士将会为这不公正的处罚付出失去王位和王国的代价。

大流士的怒火一平息,他就幡然悔悟,不该处死他现有的最优秀的将军,然后下令为卡里德摩斯举行一个特别的葬礼。但是,这并不能解决谁来代替门农这个问题。最终,他不得不承认他找不到合适的人选。结果,入侵欧洲的方案被正式放弃，取而代之的是与亚历山大的正面对抗：可以说，这一决定改变了整场战争的结局。法尔那巴佐斯被正式批准为门农的继任者；但这一荣誉却成了一个空衔，因为同时大流士又把他所有的雇佣兵都召了回去，他自己迫切需要用他们来加强波斯的步兵阵线。法尔那巴佐斯尽心尽力地去干这项苦差事，他带着缩了水的部队去和奥托弗拉达特斯会合，然后一块继续他们的海上作战。达塔迈斯（Datames）率领10艘三层桨战船去袭击基克拉迪群岛，其余的则向北行驶，占领了特奈多斯。马其顿人依旧组建不出一支差强人意的舰队，因而他们也没有遇到太多的抵抗。安提帕特的一个海上巡逻队成功地在西弗诺斯岛附近粉碎了达塔迈斯的海军分队；但是，这种小成就并不能掩盖这一事实，即现在波斯人实际上控制着整个爱琴海。[51]

当大流士在巴比伦等待援军的到来时，亚历山大顶着8月的炎炎夏日，越过卡帕多基亚磐石交错的火山台地，全力向南推进。其中约有75英里的行程，他们几乎得不到任何水源和补给：和另一类似的、路程相近的行程一样，亚历山大率领军队进行强行军，一路上只带了野战口粮和最低限度的饮水。横亘在他们与海滨平原之间的是托罗斯山这座巨大的屏障。唯一的通道是一条幽深而蜿蜒的峡谷，峡谷两边的峭壁可谓遮天蔽日。在某个历史时期，有位故去已久的国王曾派工程师沿着峡谷开凿出一条狭窄的通道，从此人们便不用再绕大弯了。这条幽森的隘道就叫作奇里乞亚关。在人们炸开一条现代公路之前，峡谷几乎没有可以容纳两匹负重骆驼并排而行的空间。只需一个团的兵力，就可以在弓箭手箭矢的配合下，方便地利用落山的滚石来抵挡住一支大军。这条隘道中间还穿越了好几处沟壑和山间河流。

亚历山大自然预料到了在此关将要遇到的麻烦，但也没有其他可行的路线。不曾想，奇里乞亚的波斯总督阿萨迈斯（Arsames）竟给他省去了许多麻烦。阿萨迈斯是格拉尼科斯河战役的指挥官之一，当门农提出焦土政策时他也在场。拒绝该政策所带来的灾难给他留下了非常深的印象。阿萨迈斯只不过是一个常见现象的突出例子而已，亦即一个二流指挥官得到了一个点子，然后就固执到底。不幸的是，这个点子在格拉尼科斯河那里会是一个绝妙的战略，而在奇里乞亚却完全是个灾难。

奇里乞亚关给他提供了一个无与伦比的防线。如果他压上所有部队，不惜一切代价地扼守这条通道，那亚历山大将别无选择，只能撤退。然而相反，阿萨迈斯一心想要照搬门农的策略，避免发生正面对抗，他只留下少量部队据守奇里乞亚关，而把大量的时间和精力用于夷毁身后的奇里乞亚平原。这根本无法激发他前锋卫队的英雄气概，不可能让他们像温泉关的列奥尼达斯那样血战到底。实际上，这些战士很快就开始怀疑阿萨迈斯有意要抛弃他们；所以，当亚历山大对他们的据点发动夜袭时，他们立马逃之夭夭。到黎明时分，色雷斯人打头去清剿可能存在的埋伏，而弓箭手则爬上山脊为他们提供火力掩护。接着，全体马其顿军队沿着奇里乞亚关行进，四人一排，就这样一直走到平原上。后来，亚历山大自己曾说，在他的整个征战生涯当中从未有过如此不可思议的好运。

现在，他得到消息，阿萨迈斯正在撤空塔尔索斯。按照既定政策，这位总督打算带走该城的财宝，然后将城市付之一炬。亚历山大立即派帕美尼翁率领骑兵和轻装部队先行赶过去。听说他即将杀到，阿萨迈斯赶忙逃走，而把城市和财宝都原封不动地留了下来。大流士此时已经从巴比伦启程上路，于是这位总督便往东跑去和他会合。[52]

公元前333年9月3日，在经过托罗斯山下的急行军后，汗流浃背且疲惫不堪的亚历山大终于进入了塔尔索斯。夏末的奇里乞亚平原，在三面群山的环绕下，几乎就是一个烤人的火炉。穿城而过的是一条名叫居得诺斯河（塔尔索斯河）的河流，水流清澈而湍急，同时还带着高山积雪融化时的冰凉。当亚历山大来到河边时，这位年轻的国王从马上下来，脱掉衣服，一头扎进了河里。瞬间，他感到一阵剧烈的抽筋，旁观者以为他出现了痉挛。他的侍从立即跳到水中把他捞上来，此时他已经是半昏迷状态，面如死灰，身体冰凉。在洗澡之前，他似乎就已经得了某种支气管感染，而现在病情进一步恶化成了急性肺炎。

接连几天他都卧床不起，持续高烧。他的医生对他康复的可能性持悲观态度，他们甚至拒绝治疗，以免被人指控为失职或者——更恶劣点——

谋杀。（他们的担心自有道理：波斯大王正公开悬赏，他愿意给予任何杀死亚历山大的人1000塔兰特的奖赏。）只有一个医生，即阿卡纳尼亚的腓力（Philip of Acarnania）愿意为他治疗。这是亚历山大自幼便认识的心腹御医。腓力说，他有一些速效药，但它们也包含着一定的风险。国王一心惦念着大流士的到来，没有表示反对。他自己在药理学方面也颇有造诣，知道腓力的药可能实现预期效果。在药剂配制好后，帕美尼翁送来一份便笺——和林刻斯提斯的亚历山大一事的情况一样，这种关切古怪而暧昧——警告说腓力已经被波斯大王收买：他所配的泻药乃剧毒之物。

亚历山大把便笺递给腓力，然后拿起药来，在腓力还没读完时便一饮而尽。这个医生相当镇定，只是说了一句如果亚历山大遵从医嘱，他自然会康复。但是，当时的情况让人心惊肉跳。泻药马上产生了剧烈的效果：国王的声音越发虚弱，开始出现严重的呼吸困难，不久便陷入了半昏迷状态。腓力不断给他按摩，同时还使用了一系列的热敷药剂。最终，亚历山大的强壮体质把他从生命危险中拉了回来，剩下的就只等药力发挥余效了。他的高烧很快就退了，三天后亚历山大便恢复良好，足以下床站到焦急的将士面前。人们不禁好奇，要是他听从了那位老帅的警告，后果会是怎样——无论对他还是对帕美尼翁。[53]

不管怎样，帕美尼翁在国王康复期间一直忙得不可开交。亚历山大派他率同盟步兵、希腊雇佣兵和色雷斯与塞萨利骑兵去监视大流士的动向，同时封锁各个山口。帕美尼翁横扫亚山德勒塔湾，占领了伊索斯这个港口小城镇，以此作为前进的基地。这里有且仅有两个山口是大流士可以率军通过从而进入奇里乞亚的。帕美尼翁开始侦察这两个山口。首先，他沿着海岸向南推进，其左侧便是连绵不断的崇山峻岭。他渡过了两条河流——即德利河和巴耶斯河，占领了今天称为约拿之柱的狭窄隘道。大约再往前15英里便是叙利亚关（拜兰山口），穿过关口有一条大道沿着奥伦特斯河谷通往幼发拉底河上的塔普萨科斯。到达关口时，帕美尼翁听说大流士借助浮桥已经渡过了幼发拉底河，现在正往海岸方向行进。一得到这消息，他就留下一支侦察分队来看守叙利亚关，并让主力部队驻扎在约拿之柱，然后赶忙朝北折回，扼守波斯大王的另一个入口。这个入口便是巴塞山口，在古代也叫阿马尼克关；该山口横跨塔尔索斯城正东的山脉，如今铺设了一条铁路连接卡尼亚和阿勒颇。* 和在叙利亚关一样，他在此清剿了敌人的一些哨所，然后设立了自己的哨所：可能就在卡斯塔巴拉，紧挨着山口的入口处。

亚历山大从帕美尼翁的报告中得知，局势并不像他所担心的那样紧急，便又花了一两周的时间在塔尔索斯休养。即便如此，他也绝没有闲着。他接管了一个大型铸币厂，第一次铸造自己的钱币，这是意义极为重大的新举措。在翻越托罗斯山之前，他仍可以一直宣称要"解放希腊人"。但是，自奇里乞亚开始他就变成了一个征服者。如果他想要叙利亚人或腓尼基人承认他的领主权，他就得树立起和波斯大王本人所行使的相类似的权威。颁布新铸币便是这一过程中非常明显的一步。[54] 旧币被召回并回炉重铸，然后再打上亚历山大的名字和标志：在塔尔索斯开始的事情很快就为塞浦路斯的铸币厂所效仿，之后则是所有沿腓尼基海岸的铸币厂。一些旧式钱币继续和新币一同流通，但亚历山大无疑已经实现他的主要目的——使自己"被承认为所有新领土的主人"。由此，他还得到了一个方便支付军饷的财政中心。

也就在这时，他的财政官和军需官哈尔帕罗斯据说叛变了，不过证据[55]非常含糊不清。事实上，哈尔帕罗斯可能是接受了一项观察希腊政治局势的秘密任务，叛变只是他掩人耳目的说辞。我们所知道的是，他被一个名叫陶里斯科斯（Tauriscus）的"奸人"说服，离开了亚历山大。两人一块逃到了希腊，但之后就分道扬镳了；哈尔帕罗斯留在了麦伽拉，而陶里斯科斯则继续前往南意大利，在那里他加入了伊庇鲁斯的亚历山大所率领的远征军，** 后来就被杀掉了。整个事情一直隐藏在迷雾和政治宣传

---

* 另一可能的地点是稍稍偏南的哈桑贝利山口，那里现在铺设了一条主干公路：参见前引缪里森（Murison）著作第408页。由此出发，有一个稍小一些的卡勒科伊山口可以通往伊索斯平原。——原注

** 亚历山大受塔伦敦之邀前往意大利；他带着15条船和众多的马匹渡过海峡，而留下克里奥帕特拉（亚历山大大帝的妹妹）作为摄政。在公元前331年之前，他一直征战顺利（有证据表明他的冒险得到了他妻舅的同意，如果不说极支持的话），但最后却死在了战场上。据说他曾评论道，他在意大利遇到的都是男人，而亚历山大在亚洲打的都是女人。参见本章注释55，在下文第538页。——原注

之中。不论哈尔帕罗斯在希腊做了些什么，都不妨碍他后来官复原职（参见下文第 281 页）：他是亚历山大的随从当中最神秘莫测的一个，往后我们还会再次碰到他。

来自帕美尼翁的消息表明，现在至少还有时间可以稍微展现一下对奇里乞亚的"征服"。亚历山大首先去了安奇亚罗斯，这座城位于塔尔索斯以西，约有一天的路程。在此，有人向他展示了据传是萨达那帕罗斯（Sardanapalus，即亚述巴尼拔[Assurbanipal]）之墓，上面有一块浮雕，刻绘着巴尼拔王正捻自己的手指。下方则是一块铭文，上面写道（或者说，导游是这么告诉他的）："萨达那帕罗斯……在一天之内建造了塔尔索斯和安奇亚罗斯。吃吧，喝吧，纵欲吧！还有什么能比得上这些欢乐呢！"国王把这个故事告诉了亚里士多德，后者说这篇墓志铭倒不妨写在一头公牛的墓上。[56] 从安奇亚罗斯出发，亚历山大行进到了索利附近，这里居民着实不愿乖乖就范。结果，他们被迫接受一支驻军，并因其"亲波斯的态度"而被课以 200 塔兰特的罚款。国王不得不花一周的时间来对付附近山上的奇里乞亚游击队，这些事情不大可能让他心情变好。[57] 但是，当他回到索利时，他得到了一个极好的消息。托勒密、阿桑德洛斯和阿达女王（参见上文第 193 页及以下）最终在哈利卡那索斯打败了奥隆托巴特斯，重新占领了科斯岛，现在整个卡里亚海岸都在马其顿的手中了。

亚历山大对西方事务的关切要比他所愿意承认的更多，和往常一样，他在官方庆典中肆意地挥洒着自己的解脱感。（他要是知道在一两个月内米利都、哈利卡那索斯和多数岛屿将再次被波斯人夺去，他的狂热或许会有所减弱。）丰盛的祭品被献祭给了医神阿斯克勒庇俄斯（Asclepius），作为对国王康复的感谢。此外，还有公共竞赛、接力跑、火炬游行以及文学比赛，等等。在庆典结束后，亚历山大从索利回到了塔尔索斯。菲罗塔斯和骑兵被派了出去，他们一直走到了亚历山德勒塔湾西面的皮拉摩斯河。国王本人则统率着皇家卫队和步兵。他似乎很用心地去争取沿途的奇里乞亚城镇的支持，不过这并没有明显地耽搁他的行程。

在卡斯塔巴拉，帕美尼翁带着最新消息前来觐见。大流士已在索契扎营，其位置就在叙利亚关（拜兰山口）以东的开阔平原的某处。他好像准备呆在那里：当地的地形非常适合大规模的骑兵机动。他的到来对当地城市的影响很大，许多城市又转变成了亲波斯的立场。帕美尼翁催促亚历山大率领大军到伊索斯去，在那里等候大流士。在山海之间如此狭小的空间里，马其顿人不会有被侧翼包抄的危险。讲述此事的库尔提乌斯没有提及另一明显的理由，而这一理由必定是帕美尼翁心中最关切的：在伊索斯，不管大流士选择通过哪个山口，亚历山大都可以抢先到达那里。不过，亚历山大似乎确信，大流士若要继续前进必会经过叙利亚关。或许波斯人故意"泄露"了错误的消息，而亚历山大情报部门拾获了此消息，并信以为真。

不管怎样，国王并没有在伊索斯等候。他把病号和伤员留在那里——这说明他认为此地安全，不会遭受攻击；同时他率领其他部队经由约拿之柱急行到了密里安德罗斯。他在此地亦即山口的对面安营扎寨，等候着根本不会到来的敌人。[58] 很明显，这正是大流士一直希望他走的一步。波斯大王已派人把辎重部队、所有的非战斗人员以及他的多数财宝护送到了大马士革，从而使他的军队更轻简机动。当亚历山大被一场雷暴耽搁在密里安德罗斯时（这个理由实在是太牵强了：马其顿军队后来完全可以在印度雨季的大雨中连续行军），大流士启程北上，闪电般地直奔阿马尼克关。*

大流士通过了山口，没被发现也无人阻挡，随后从卡斯塔巴拉突袭伊索斯，在那儿俘虏了亚历山大的多数伤员。波斯人砍掉了这些人的手，并用沥青烧灼，押着他们绕着波斯军队游行；最后把人释放，让他们把所见报告给亚历山大（在希波战争期间，薛西斯也曾对在他营地中抓获的一群希腊间谍做过相同的事情）。从伊索斯出发，波斯大王一直行进到了皮那洛斯河——可能就是巴耶斯河而不是德利河[59]——然后在其北岸抢占防御

---

* 据说，由马其顿叛徒阿敏塔斯统领的希腊雇佣兵曾劝他留在平原作战，在那里他将具有人数上的优势。这是根本不可能的事情。大流士的大军（据某些史料说有六十万之多）纯属虚构，是马其顿宣传人员编造出来的。在伊索斯，他所指挥的军队不会比亚历山大的多多少，甚至可能还没那么多，因为他行动过于匆忙，都来不及等待边远行省的军队到来。不管怎样，即使专业人士也不得不佩服波斯大王的策略。参看 Arrian 2.7.1；QC 3.8.11-13；Plut. *Alex*.20.1-3。缪里森（前引著作第 400—403 页）很欣赏大流士那受人低估的战略天分，不过他对此事的叙述在一些重要方面与本文有所不同。——原注

194 马其顿的亚历山大

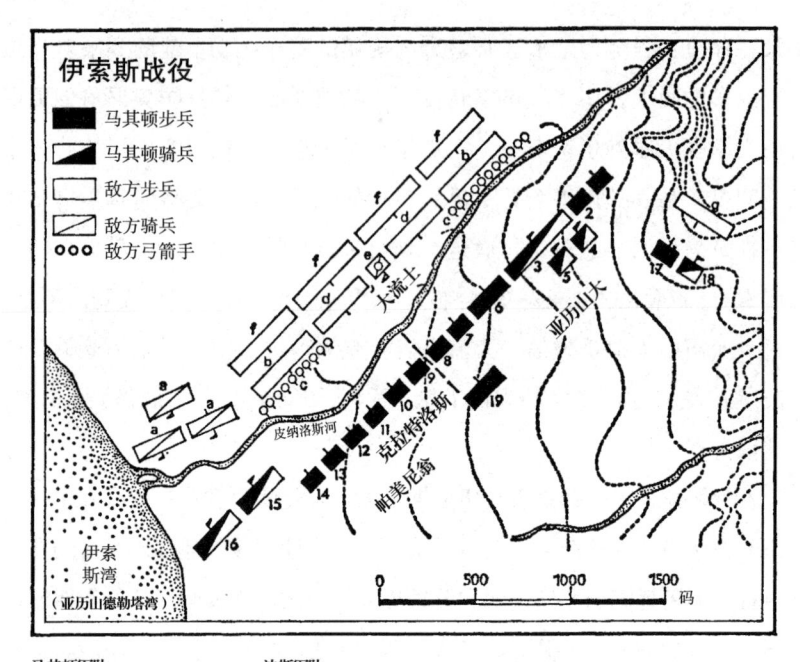

伊索斯战役

- ■ 马其顿步兵
- ◪ 马其顿骑兵
- □ 敌方步兵
- ◫ 敌方骑兵
- ooo 敌方弓箭手

马其顿军队
1 阿格里安人
2 马其顿弓箭手
3 侍友骑兵
4 派奥尼亚轻骑兵
5 枪骑兵
6 翊卫队
7 科伊诺斯所辖方阵
8 佩狄卡斯所辖方阵
9 克拉特洛斯所辖方阵
10 墨勒阿格所辖方阵
11 托勒密所辖方阵
12 阿敏塔斯所辖方阵
13 克里特弓箭手
14 色雷斯标枪兵
15 塞萨利骑兵
16 希腊同盟骑兵
17 阿里安分队
18 轻骑兵中队
19 希腊雇佣兵

波斯军队
a 纳巴尔扎涅斯所辖骑兵
b 卡尔达凯斯
c 弓箭手
d 希腊雇佣兵
e 大流士及其卫队
f 亚洲兵
g 分遣队

阵地。现在，大流士处于亚历山大的后方，正好切断了他的交通线，亚历山大将被迫回身接战。

亚历山大掉进了一个近乎完美的陷阱之中。其南边的腓尼基城市可能抱有敌意。如果他通过叙利亚关撤退，沿着大流士走过的路线向北行进，波斯大王就能及时地预知他的到来，并通过封锁巴塞山口来挡住他。届时只能背水一战，而且是在极为不利的情况下战斗。对波斯人来说，打成平手就是胜利。正如塔恩所说，他们只要"守住阵线，亚历山大的事业将就此终结"。在策略上，亚历山大也没有太多的选择：要么正面进攻，要么彻底放弃。他必须将大流士的军队彻底击败，而且越快越好。他的马其顿军队在两天之内行军不下 70 英里，在这次马拉松式行军的末尾，一场暴雨冲毁了他们的帐篷。士兵们一个个都淋成了落汤鸡，筋疲力尽，怨声载道。不过，亚历山大那超凡的乐观精神竟有十足的感染力，这在他的激动人心的演讲中表现得淋漓尽致。在演讲的末尾，他提及了色诺芬和万人长征队，士兵们听罢都热烈地欢呼。

现在已是午后，亚历山大（他比拿破仑知道得更早，军队只有填饱肚子才能行军）确保士兵们吃了一顿饱饭。然后，他派了一支骑兵和弓骑兵小队外出侦察。当夜幕降临时，他统率全军行进到约拿山口；到了半夜，他在能够俯瞰该山口的高地上建立了一个指挥所，从那里可以看到大流士的营火遍布整个平原，在黑夜中闪烁。当军队抓紧时间休息几个小时时，亚历山大自己却爬到山顶，借着火炬的亮光向本地的守护神献祭。如果说亚历山大有需要他们帮助的时候，那就是次日早晨了。在离开密里安德罗斯之前，他还把一辆四马战车驱入海里，作为祭品献给波塞冬——这或许是希望不要遭到大流士的腓尼基舰队的突然袭击。[60]

黎明时分，马其顿军队开始下山前往伊索斯。亚历山大走了 3 英里方才离开约拿山口，之后他还得再走 9 英里才能到达皮那洛斯河。山脉的走势很不规则，有各种各样的尖坡和山脊。不过，平原却越走越开阔，像一个狭长的等腰三角形一样。等到马其顿军队走到离河流约有 1000 码的距离时，其正面有 3 英里之宽可供军队机动。即使方阵被赶到了这个楔形的顶角，也至少不会被人侧翼包抄。亚历山大率军开始是以纵队形式行进；随着地形逐渐开阔，他便以营为单位将步兵部署成一条阵线，一边使左翼紧挨着海岸（帕美尼翁接到严令，不得远离大海），一边把右翼一直延长到山脚下。

布置完毕常规步兵团后，亚历山大开始在其中安置他的骑兵分队。他把包括塞萨利骑兵在内的大部分骑兵都集中到了右翼——这次帕美尼翁不得不跟希腊盟友们共事了——因为他最初认为这个位置将是大流士主要的进攻点。侦察兵来报，敌人的部队正往山上集结；在亚历山大看来，这些调动都是大迂回运动的一部分，意在袭击他的右翼和后方。但很难确定这就是大流士心中所想的，因为他很狡猾地派了一大群骑兵和轻装部队过河，以掩饰他的真实意图。

和以往一样，波斯人的最大弱点在于步兵。大流士的亚洲征召兵在马其顿方阵面前简直不堪一击，因而他自觉地把他们合到一处，放在后方留作预备队和营地卫兵。于是，组建正面战线（参见第225页的平面图）就成了问题。在正中间的位置他安排了皇家卫队，这是一支由2000多名伊朗人组成的劲旅，这些人的枪杆上还饰有金温榁。而他本人则按传统惯例，呆在巨大且装饰豪华的战车里，紧跟着皇家卫队。皇家卫队两侧是大流士极为倚赖的希腊雇佣兵：根据我们的史料，他们有30000人，尽管一般认为这个数目有所夸大。最后，处在两翼的是两队轻装的波斯步兵，即所谓的"卡尔达凯斯"（Cardaces）：这是一些伊朗年轻人，正在接受或者刚刚完成军事训练。*为做进一步的防备，他在河岸较低且危险的地方都建造了尖头木栅（在潮湿且不稳的砾石滩上安置这些栅栏一定非常困难）。

当大流士把所有步兵都摆成战斗队形时已到下午，此时马其顿人越来越近，近得让人有点不安。这并不是说亚历山大已经急不可耐，他率领部队以一种非常从容的步伐缓缓前进，还会不时停下来整理衣着，同时观察一下敌人的动向。大流士的意图依旧不明。接着，原先一直充当屏障的波斯骑兵突然得到号令，转身渡过河流，被调到战斗阵形的最后一列去了。这时，大流士的意图变得非常明显了，亚历山大不得不紧急重整己方阵线，因为波斯大王没有把伊朗骑兵集中起来对付亚历山大的右翼，而把他所有最好的骑兵都部署到了海边，用来对付帕美尼翁。

亚历山大立即命令塞萨利骑兵作为增援力量回到左翼，而且要求他们

---

* 把卡尔达凯斯部署在前线是一种新的尝试，不过也仅此一次。至于战前他多大程度上信赖这些人的战斗勇气，可以从他安排在他们前方及两侧的强大弓箭兵中做些推测。参见塔恩的论述（Tarn, vol. II, pp. 180-82）。据说大流士的雇佣兵有30000人，而卡尔达凯斯更是多达60000人；这一数字遭到了波利比奥斯的批判（Polybius, 12.18），他认为狭窄的海岸不可能容纳如此之多的士兵。这一反对意见对于许多现代学者来说很有吸引力，不过它忽视了方阵纵深这一因素。这些部队的各个单元会排成多少行呢？这一问题仍有待探讨。——原注

在方阵后面行动，这样敌人不会注意到他们的调动。这时有消息传来，爬到山脊的波斯军队占据了山上一个突出的尖坡，实际上就位于马其顿右翼的后面。亚历山大派了一支混合的轻装部队去对付他们，不过他（不管出于何种原因）仍然更担心敌人的正面包抄行动。他把骑兵巡逻队派了出去，并从中军调了两个分队以加强右翼力量。然而，山上的波斯人无心战斗，一次快速突击便马上将其击溃。亚历山大留下300名骑兵监视他们的动向，但把弓箭手和阿格里安人召回来，作为侧翼的额外保护力量。

这样，马其顿军队展开了一个3英里宽的阵形，以稳定的步伐继续前进。亚历山大在阵线上来回跑动，迅速地用他富有个性的手势压一压急躁的部队，担心他们在接战时会喘不过气来。几乎就在一箭之遥的距离内，他又停了下来，期待着波斯人会发起冲锋。但是对方并没有。亚历山大身边的参谋人员在窃窃私语，说波斯大王毫无志气。事实上，大流士占据着极好的防御阵地，他当然不想轻易地放弃掉。这时候，亚历山大觉得再拖延下去毫无意义。现在已经将近傍晚，在做了最后一遍巡视后，他再次率领军队前进，起初步伐缓慢，队形密集，直到他们进入波斯弓箭手的射程之内。弓箭手们大规模齐射，"箭矢之密足以使它们在空中彼此碰撞"。随后号角声响起，亚历山大一马当先，渡过河流发起冲锋，冲散了大流士的弓箭手，把他们赶回到轻装的波斯步兵当中去。这次漂亮进攻非常成功：在一开始的极短时间内便赢得了右翼的战斗。

不过，他们的中军可就没这么顺利了。中军的方阵在过河时遇到了大麻烦。他们所要面对的是一个陡峭的河堤，有些地方甚至高达5英尺，而且长满了荆棘——更不用说还有波斯人的尖头木栅。马其顿步兵很快就陷入了血腥的肉搏战当中，他们的对手是同样坚韧、同样专业的希腊雇佣兵，在此他们已不仅仅是在为报酬而战。好长一会儿双方谁也没法前进一步。接着，亚历山大的鲁莽冲锋不可避免地导致了严重的后果：方阵的右翼出现了一个危险的缺口。这是一个千载难逢的好机会，雇佣兵的前锋深深插入马其顿的阵线：在随之而来的殊死博斗中，塞琉古之子托勒密和大约120名马其顿军官牺牲。

在此期间，亚历山大已经包剿了波斯人的左翼，现在他调转骑兵方向，杀入雇佣兵和皇家卫队的后方队列。如果说波斯人在格拉尼科斯河一战中力图杀死亚历山大，那么现在亚历山大更是拼尽全力想要杀死或俘虏大流士。波斯大王是未来任何涉及帝国所有行省的抵抗行动所瞩目的最好的——或许还是唯一的——焦点。失去他，将对波斯的事业造成重创。再者，他的广大臣民并不关心是谁在统治他们，只要自己的地方利益不受触动就行了。[61] 谁若推翻了大流士，谁就能轻而易举地成为他的后继者并得到普遍的认可。

一旦确定了波斯大王的战车的位置，亚历山大就径直朝那里冲锋，而那天每个马其顿战士也有着同样的抱负。不过，波斯人的防守同样非常英勇：大流士肯定知道如何赢得伊朗贵族的忠诚。他的兄弟奥克萨特雷斯（Oxathres）率领皇家禁卫骑兵拼死保护他。垂死的士兵和马匹堆叠在一起，混乱不堪。亚历山大的大腿受了伤，据说是大流士本人击中的。倘若果真如此，那说明他差点就实现了他的目标。*大流士战车的马匹遍体鳞伤，加之受到倒在它们边上的尸体的惊吓，蹿了起来，后腿直立，几乎要发起狂来。有那么一会儿，情况危险到它们差点儿带着波斯大王直接冲到亚历山大的阵线中去。在这危急关头，大流士顾不得皇家礼仪，亲手抓紧了缰绳。波斯人找来了另一辆更轻便些的战车。大流士眼见自己将有被俘的迫切危险，于是爬上第二辆战车，逃离了战场。

在大流士逃跑的时候，亚历山大从方阵那里收到紧急求救，他们此刻还困在河岸下，情况十分危急。左翼那边也好不到哪去，帕美尼翁的塞萨利骑兵正与纳巴尔扎涅斯（Nabarzanes）指挥的波斯重骑兵艰难搏斗，仅仅勉强守住了本方的阵线。由于中军和左翼都如此危险，亚历山大别无选择，只能暂停追击波斯大王。他一定会因失望而愤怒；不过，他也立即行动起来，极为有效。亚历山大率领整个右翼部队进攻雇佣兵的侧翼，对方惨重伤亡，被迫离开河岸。纳巴尔扎涅斯的骑兵看到中军已被击溃，并且听说大王已经逃走，也调转马头，跟着波斯大王一起逃跑。撤退很快就变成了溃败。

---

* 然而，在战后他写给安提帕特的信件中（Plut. *Alex.* 20.5, *Moral.* 341C），亚历山大只提到："我碰巧被一把匕首击中大腿。不过，这一击并没有导致什么严重的后果……"——原注

随之而来的是不可言状的混乱。纳巴尔扎涅斯的骑兵为自己笨重的鳞甲所累，而塞萨利骑兵则紧追不舍。没怎么参与战斗的波斯步兵，为保性命逃向山中的安全地带。许多步兵被自己的骑兵践踏，而骑兵又受到后方追击的压迫，当他们接近隘道时全都挤在了一起，于是成了亚历山大弓箭手的活靶子。后来托勒密说，他和他的骑兵分队是踏着成堆的尸体跨过深水河道的。

亚历山大一看到方阵和塞萨利骑兵脱离危险，便立马和侍友们动身去追击大流士。但是，各方面条件都不利于他们。现在已是11月的下午5点多了，天色渐渐黑了下来。波斯大王逃走时原本就离他们不下半英里。更糟的是，他所走的路线——可能是通往德尔特约尔和哈萨的山路——这时挤满了波斯帝国军队的残兵败将。[62] 尽管如此，他们还是追击了约25英里之远。黑夜完全降临时，亚历山大才不得不放弃，调头回来。不过，他并没有空手而回。大流士抛下战车，脱掉御用披风和所有会被认出来的标记，自己骑着马翻过山岭逃走了。这些东西连同他的盾牌和弓都被亚历山大找到并留作战利品。

与此同时，马其顿军队占领了大流士的大本营，他们发现自己进入了劫掠者的天堂。每个帐篷都塞满了金器银器、饰有宝石的剑、有嵌花装饰的家具和无价的挂毯。尽管主要的辎重和财宝已被送到了大马士革，获胜一方还是抢到了不下3000塔兰特黄金的巨额战利品。波斯宫廷的贵妇根据习俗陪同大流士出征，而现在却被抢走了贵重物品，还遭到亚历山大军队的残酷虐待。只有波斯大王的御帐以及他的近亲家属不受冒犯，而且得到了严密的保护。根据征服者的权利，现在这些都归亚历山大本人所有。

大约午夜时分，灰头土脸的亚历山大拖着极速奔驰过后疲惫不堪的身体回到营地。他洗浴了一番（在波斯大王的浴盆里），换上了新衣服（波斯大王的某件皇袍，对他来说必定显得太大），然后走进大流士的大御帐中，里面可谓灯火通明。桌子上放着一个御用金盘，人们正在忙着准备庆祝晚宴。躺到奢华的躺椅上，亚历山大他转身面对他的晚宴同伴，以他诸多名言中惯有的模棱两可的反讽语气说道："看起来，似乎做国王的滋味就是这样的咯。"

正当他舒服地坐下准备就餐时,附近的营帐里却传来哭泣和哀悼之声。亚历山大派了一个侍从去查看吵闹声是怎么回事。原来,波斯宫廷的一个宦官看到波斯大王的战车和皇家仪仗,于是妄下结论说大王已经死了;此刻,大流士的母亲、妻子和子女正为他哀恸。亚历山大赶忙去澄清这不幸的误解。他一开始是想让密特里涅斯去走一遭,因为这是个波斯人。不过有人提醒他,叛徒(密特里涅斯以萨尔狄斯城投降［参见上文第184页］,现正与马其顿人勾结在一起)的出现可能会使那些妇人更加难受。于是,他便改派近身护卫官列昂那托斯前往,此人同时也是他的密友。

当列昂那托斯及其侍卫来到王太后的营帐门前时,王太后的侍从尖叫着跑了进去。她们想当然以为,所有被俘妇女就要被处决了,而来人就是行刑队。列昂那托斯有点尴尬地走了进去,大流士的妻子和母亲立即扑倒在他脚下,请求让她们在临死前先把君王的遗体安葬。列昂那托斯通过翻译官之口告诉她们不要害怕,大流士没有死,而且亚历山大不是出于个人的敌意而反对他,他是在"为亚洲的统治权而合法地战斗"。她们将保留所有与其皇室身份相称的头衔、礼仪和标志,并且还会得到与她们从大流士那里得到的一样多的津贴。正如塔恩所注意的,"后来的作家们不厌其烦地渲染亚历山大是如何对待这些妇人的,对他所作所为的赞美恰恰直截了当地表明了人们对他所做之事的期待。"[63]

另一方面,这种宽宏大量不太可能完全是出于利他的动机。亚历山大从亚里士多德那里学到了许多有关波斯习俗和宗教的知识。他想必知道,在阿契美尼德王室中,王位继承权很大程度上要通过母系方面来建立[64]——这就是在波斯的宫廷政治中王太后会有如此大权力的原因之一。因而,毫不奇怪他会对大流士的家人这么好:当时机一到,她们就是他将自身篡夺者身份合法化的唯一机会。他对她们的怜悯既是值得称赞的,也是充满政治意味的。当他经过长途奔袭回到营地后,他对一个侍友说道:"走,我们去大流士的浴盆里清洗战斗的汗污"——别人却提醒他,浴盆现在不属于大流士,而是他的了。不用说,相同的道理自然更加适用于这些极为宝贵的人质。

伊索斯之战是一场巨大的胜利,但还不是真正的决战。这场胜利使亚历山大摆脱了极度危险的处境。它带来了丰厚的战利品，而且宣传意义极大。不过，有超过10000名雇佣兵有序地逃脱了，他们将构成另一支波斯军队中的希腊人部分的核心；巴克特里亚等东方行省也尚未触及；而最重要的是，只要大流士还没被擒获，战争就不可能结束。

第七章
永生的宣示

大流士一刻也不停地逃跑，不顾崎岖的山路，也不管伸手不见五指的黑夜，一心只想在黎明之前尽可能把亚历山大甩得远远的，而陪在他身边的只有少数几个参谋军官和侍从。次日早晨，他和其他散乱的逃跑部队会合，其中包括4000名希腊雇佣兵。他带着这些残兵往东奔跑，一路马不停蹄，直到渡过幼发拉底河进入巴比伦为止（参见 Arrian 2.13.1; QC 4.1.1-3；Diod. 7.39.1）。此时此刻，波斯大王完全吓坏了。大流士估算着亚历山大几天内就能赶来攻打巴比伦的城门，而他那被击溃的部队根本没法再打另一仗。帝国的管理彻底乱了套；波斯大王的御前会议成员大多也是战场指挥官，天知道他们此刻到底在哪儿。

因而，大流士没有其他选择，只能靠自己主动采取行动。既然不可能在短时间内再打一仗，他决定尝试一下外交手段。虽然还有很多疑虑，这位逃亡的、忧心忡忡的亚洲之主还是草拟了一份外交备忘录给亚历山大，提出了一些和谈条款。如我们所见（下文第240页），大流士所提出的条件极为慷慨：他大概想不到他的对手竟会断然拒绝。他还不了解亚历山大的野心之大和抱负之强。

在战后的某天早上，亚历山大在他的挚友赫淮斯提翁的陪同下，亲自去会见大流士的女眷。两人都只穿着马其顿战袍，赫淮斯提翁更高大、帅气。王太后希绪冈比斯（Sisygambis）自然而然把他错认成了亚历山大，于是匍匐在他脚下哀求。当侍从指出错误时，她满脸尴尬，不过她鼓起勇气"重来一遍，对亚历山大表示礼敬"。国王对她的道歉并不在意，只说："老太太，没关系的。你没有弄错，他也是亚历山大。"接着，他亲自重申了他让列昂那托斯传达的承诺：他甚至答应为大流士的女儿们提供嫁妆，并以与其皇室身份相称的礼遇抚养波斯大王六岁的儿子。这个孩子一点也不害怕,当亚历山大叫他过去时,他立马跑了过去,搂着国王的脖子亲吻。亚历山大被这一举动打动了,他对赫淮斯提翁说,多可惜啊,做父亲的却没有儿子那样的勇气和镇定。[1]

此后,根据惯例他去看望了伤兵,还为牺牲将士举行了隆重的军事葬礼,整支军队都为他们游行致敬。而那些英勇作战者则各自得到了勋章。尼卡诺尔之子巴拉克洛斯(Balacrus)被任命为奇里乞亚总督,因为哈尔帕罗斯而空缺出来的财政官和军需官这两个职位,亚历山大则分派给了菲罗克塞诺斯(Philoxenus)和科厄拉诺斯(Coeranus)。除了其他职责,他们还负责监管各地的铸币厂(在奇里乞亚和密里安德罗斯,后来又增加了阿拉多斯、比布罗斯和西顿的),作为普遍的政策,亚历山大开始从这些铸币厂发行自己的钱币。

马其顿人第一次实际体验到东方的奢华,一个个都陶醉于其中:大流士的营地(哪怕最重要的辎重已经运到了大马士革)所提供的战利品完全超乎他们的想象。亚历山大自己可能不屑一顾,但将士们可不会。从今而后,他们对舒适生活的向往日渐增长。在经过马其顿的近乎斯巴达式的艰苦生活后,他们很容易堕入挥霍无度的放荡之中。有个军官在自己靴子上钉满了银钉。还有一个在御用的紫色地毯上接见自己的部下。他们还占有了大量的波斯妾婢和随营人员,随着亚历山大军队不断深入亚洲,这类人员的数量日益膨胀。有时,这倒也不见得是好事。安提戈涅(Antigone)被帕美尼翁之子菲罗塔斯纳为情妇,后来被唆使去监视菲罗塔斯,报告他的私下谈话(参见下文第339—340页)。不过,正如普鲁塔克所说,马其顿人现在"就像狗一样渴望追逐和扑抢波斯人的财富",这也不足为奇。

战役甫一结束,亚历山大就告诉他们,"除了用亚洲的主权来为他们的辛劳加冕以外,再无他事"。最终,这成了一项无限拓展的计划。如果他们以为将很快追上大流士,在抢得另一堆波斯战利品后胜利回国,那么注定会失望。实际上,在这征战的关键阶段,亚历山大必须仔细思考未来的战略方向。他所打败的波斯军队并没有被彻底击溃,同时也绝非大流士最后的后备兵力。这支军队的幸存者四散而逃。其中有些人,包括骑兵在内，往北跑到了托罗斯山；他们很可能会切断亚历山大那一向脆弱的安纳托利亚交通线。东部的行省未曾受过侵犯，它们的军队也根本没到伊索斯来，而在这些行省中大流士将征募新防御军队的主力。

眼下谁也无法说清波斯大王到底去哪儿了，而亚历山大也不想掉进广袤亚洲的危险的游击战当中，去面对一群游离不定的敌人。此外，腓尼基舰队依旧逍遥海上，波斯仍然控制着爱琴海的大部分地区。尽管伊索斯之战必定会对希腊城邦产生极大的心理震撼，但这种影响很容易受到高估。而小亚细亚的局势依旧极不稳定，亚历山大的下一步战略必须充分考虑到这一点。亚历山大能够最终击败大流士的方式是诱引他再次正面交战，而且这一仗波斯帝国还得把全部力量都投进来。因此，他很精明地决定，暂时先去应对其他事务。波斯大王的自尊心摆在那里，等时机一到，他自会来决一死战。在此期间，大流士将有足够的时间来重整和加强已然残损的军队。

这个计划十分切合亚历山大的需要。当大流士正忙个不停时，亚历山大可以完成原本中断的征服腓尼基海岸的计划，而不会遇到大规模的抵抗。一如既往，他没有浪费任何时间。伊索斯之战后仅仅过了几天，马其顿军队就拔营出发，沿着海岸来到了叙利亚。在离开之前，亚历山大故作姿态地免除了他强加在索利身上的50塔兰特的巨额罚款。事实上，即使没有挑起更多的仇恨，他在后方还是容易遇到许多麻烦。再说，从今往后只要愿意，他尽可以这么慷慨大方。[2]

从密里安德罗斯出发，马其顿军队沿着古老的腓尼基道路向南行进：先是在内陆地区行军，途中经过了奥伦特斯河谷，在此他留下梅农（Menon）作为低地叙利亚的总督；接着，沿海岸取道加巴拉（杰布莱）和帕尔托斯（阿拉伯的马力克）到达马拉托斯，该城的海滨有一个防御坚固的小岛；最后到达了阿拉多斯（阿耳瓦德）。马拉托斯原本会给亚历山大造成不小的麻烦。但这一次他同样运气十足。腓尼基和塞浦路斯的地方君主集合了各自的海军，然后驶向西方去支援爱琴海的法尔那巴佐斯。其中就有马拉托斯的统治者，他离开时把城市交给了儿子斯特拉顿（Straton）。由于驻军所剩无几而海军则近乎没有，所以斯特拉顿在面对进攻时根本无能为力。当他听说马其顿人即将到来时,他断定抵抗是徒劳的。于是,他骑马出城会见亚历山大,后者风度良好地接受了他所献的金冠,和马拉托斯、阿耳瓦德以及远至马利安纳城的所有附属内陆地区的投诚。最后提及的这个城市乃是最有价值的收获。它不仅控制着最好的耕地,而且本身就位于从帕尔米拉到巴比伦的重要商路上。

当亚历山大到达马拉托斯时,他遇到了两个带着大流士休战提议的使节。波斯大王抗议说,腓力和阿尔塔薛西斯原本一直处于和平与联盟的状态;后来腓力侵犯了阿尔塔薛西斯的继任者阿尔塞斯,而亚历山大更是背弃了"这份古老的友谊",肆意地侵略亚洲。他——大流士——只不过是在捍卫自己的国家和主权。战斗已经"如神灵所意愿的那样"分出了胜负。如果亚历山大能归还他的妻子、母亲和孩子,那他愿意为此偿付相应的赎金。而且,如果亚历山大同意和波斯签署友好同盟协议,那波斯大王将割让给他"哈昌斯河以西的亚洲领土和城市"。事实上,大流士所提出的条件正是当年腓力所要征服的"从奇里乞亚到锡诺普的亚洲地区",而这也是伊索克拉底一直主张的。

因此,亚历山大发现他现在的处境有点微妙。如果他向军事会议公布波斯大王的和平条款,那么帕美尼翁和老将们肯定会无可反驳地认为,波斯远征军已经实现了所有目标,应当立即接受这份条款。但是,亚历山大自己的雄心壮志远远超出了这样一个有限的目标。到最后,他对什么都无法满足,只想彻底推翻大流士,自己成为亚洲之主,通过征服的方式继承阿契美尼德王朝的王位和帝国。既然有此目标,那么波斯的提议就必须予以拒绝。因此,亚历山大把原始文件压下,伪造了一份新的,新提议不仅语气傲慢、令人愤怒,而且更为重要的是,遗漏了有关割让领土的条款。毫不奇怪,军事会议当场表示拒绝。

于是,亚历山大草拟了一份答复,开头就非常傲慢,即"亚历山大国王致大流士"。他把波斯大王视为一个卑劣十足的篡位者,通过和巴戈亚斯共谋,"以不正义和不合法的手段"夺得王位。他还把针对薛西斯及其继任者的陈年控诉都搬了出来。他指责大流士阴谋杀害腓力——这是不实的;而且支持希腊内部的反马其顿的第五纵队——这倒是真的。他自称愿意归还王太后、王后及其孩子而不要赎金——只要大流士亲自过来谦恭地恳求他。不过，他最后的几句话才是最引人注目的：

> 将来［他写道］你要和我联系就得写上致全亚洲之王。不要以平等的身份给我写信。你所拥有的东西现在都是我的了；所以，如果你想要任何东西，都得以恰当的言辞让我知晓，否则我会把你当作一个罪犯来对待。不过，如果你对王位归属存有异议，那就起来战斗到底，不要逃跑。无论你藏身何处，我都一定会把你揪出来。

被选去递送这份措辞严厉的控书的使节得到严令，"不要讨论任何可能从中提出的问题"——这是非常必要的预防措施。

如果说亚历山大的信表明了他的目标有多么远大，那么它也充分展现了亚历山大对人心的精准把握。在写作时，那最后的威胁只不过是一种吓人的、有意制造的虚张声势；但它很可能会刺激大流士——他的声望已经严重受损——去做能让亚历山大彻底毁灭他的事情，亦即召集另一支帝国军队，并再次与马其顿军队一较高下。在苏萨，头脑冷静的人必定明白，胜利在于避免发生此类正面对抗；但是现在牵涉到了荣誉和声望的问题。另一方面，单单大流士要割让小亚细亚这一提议，就充分说明了伊索斯之战给他造成了多大的震撼。将来无论亚历山大愿意进行什么样的谈判，那都会是一个很令人振奋的信号。

大流士一收到亚历山大的回复，就立即开始筹划一场新的战役。东部行省还有大量未曾利用的人力资源，只不过他需要时间把他们组织起来。与此同时，门农把战争引向欧洲的计划——由于波斯最高统帅部的命令而被暂时搁置——又重新得到了讨论。如果大流士能完全控制住赫勒斯滂从而切断亚历山大在亚细亚的陆上交通，并且说服希腊城邦全面反叛安提帕特，那么马其顿军队的处境就将变得岌岌可危——至少人们会这么认为。波斯大王盘算着，通过这种方式，或许不用进行另一场大战就可以迫使亚历山大撤退。再不济，他至少还能赢得宝贵的时间以重建他那支离破碎的军队。

因而，他发出了一份重要指令给伊奥尼亚沿海地区的指挥官们。毫不奇怪的是，自伊索斯之战后，爱琴海战役一直处于停火状态；而由于大流士的指示，它重新获得了最高优先权。法尔那巴佐斯（他已经占领了米利都和哈利卡那索斯并以后者为作战基地）一直和斯巴达国王阿吉斯（Agis）保持着私下联络，现在正积极策划一场民族主义抵抗运动。一得到大流士的命令，法尔那巴佐斯就把阿吉斯召到哈利卡那索斯，让他带着波斯的战船、波斯的黄金（"以便使希腊的政治局势转而支持大流士"）和不下8000人的雇佣兵回国；这些雇佣兵是在伊索斯之战后从伊索斯逃到卡里亚的。* 也就在此时，内马尼的塔伊那隆港口成了一个登陆点和反叛自愿者的招募中心。同时，根据大流士的命令，另一支雇佣军被派去重新占领赫勒斯滂地区。小亚细亚的许多重要城市（我们的史料没有提及它们的名字）也被波斯人重新占领了。而最重要的是，这些部队——包括纳巴尔扎涅斯的精锐骑兵分队——在沿托罗斯山北部逃跑时引发了卡帕多基亚和帕夫拉戈尼亚的全面反叛。如我们所见（参见上文第209—210页），亚历山大的交通线需要经过刻莱奈这一狭窄的瓶颈地区。大流士估计，在山地部落的帮助下，用不多久就可以完全封锁这个交通瓶颈。被留作安纳托利亚中部总督的独眼的安提柯却又非常危险地缺乏兵力。如果亚历山大发现自己被切断了与欧洲的联系，他可能更愿意听从意见。但是，这是一种错误的猜想，尽管大流士并不知道这点。在戈尔狄昂时，亚历山大已经做出关键决定：在不得已的情况下，希腊和马其顿都可以被牺牲掉。而伊索斯之战的胜利则只可能加强这一立场。[4]

与此同时，帕美尼翁和往常一样又接到了最烦人和最危险的工作，而

---

* 至少有4000雇佣兵在巴比伦和大流士会合，因而是可以直接服役的。在伊索斯之战后，约有12000多人整齐有序地撤退，并且沿着腓尼基海岸到达特里波利斯港；而把他们从爱琴海运过来的舰队仍然停泊在那里（Arrian 2.13.2-3；Diod. 17.48.2；QC 4.1.27）。他们登上所需船只烧毁其余的以免其落入亚历山大手中，然后航行出海。马其顿叛徒阿敏塔斯带着4000人到达塞浦路斯，在那里他争取到了一些地方驻军（Diod. 17.48.3；QC 4.1.27）；从那里又到了埃及，但在孟菲斯他连同整支军队被波斯驻军全部消灭（Arrian 2.13.3；Diod. 17.48.2-3；QC 4.1.29-33）。这是大流士的希腊军队中唯一叛变的一支。（作为一个马其顿人，阿敏塔斯属于非常特殊的一类人。）其他大多数都尽忠到底，即便波斯大王已经明显不可能翻盘了。——原注

他的部队人数却又不足以安全地执行任务。他在伊苏斯战后所得到的指令是,通过低地叙利亚朝大马士革进军,接受该城的投降并看管好波斯大王的辎重。除了塞萨利骑兵,他手下并无一流的部队,因而不免会觉得有些不安。现在已经入冬了,如果大马士革的公民决心关闭城门,坚守以待,那他也无可奈何。他的部队在暴风雪中行进。即使雪停了,地面也满是冰霜,冻如坚石。天气真可谓严寒刺骨。不过,当他们离该城大约还有四天的路程时,收到了该城总督的一封信,信中说"亚历山大应当快速派一名将军带着少量部队过来,他会把大流士交由他负责的东西移交给那人"。

借口说大马士革的城墙和防御工事过于破旧而无法抵御进攻,总督现在下令全面撤离,而且算好了时间,以便财宝、辎重和显要的囚徒能在帕美尼翁到来时顺利交接。一切都按计划进行着。马其顿人遇到了一长队在雪中缓慢行走的逃难者(由于太冷,财宝搬运者身上裹着大流士的金色和紫色的袍子)。塞萨利骑兵发起了冲锋。辎重搬运者和武装护卫队立即逃走,而波斯皇室的财宝则散落在雪地上,到处都是钱币、黄金饰品、镶有珠宝的马笼头和战车。每一物品帕美尼翁都仔细登记,以便作为清单呈递给亚历山大。这里共有2600塔兰特的钱币和500磅银制品。倘若我们的史料可以信得过的话,金杯的总重约有4500磅,或者说超过了两吨;杯中内嵌的贵重宝石则有3400磅。此外,大流士的所有内侍都被俘虏;清单上显示,其中共有329名奴婢(受过音乐训练)、277名宴饮侍者和17名酒保。其他俘虏没有那么富有异域气息,但却有更为重大的政治意义:各种各样的波斯达官贵人、大流士将领和亲属的妻儿,以及门农的遗孀、阿尔塔巴佐斯的女儿巴尔西涅(Barsine)。最有趣的是,里面还有来自忒拜、斯巴达和雅典的使节。

帕美尼翁给亚历山大送去一封急讯,详述了种种事情;同时,一块送去的还有一个制作工艺和镶嵌的宝石都很华丽的黄金珠宝箱,人们都说这是大流士最好的艺术藏品。(亚历山大以他典型的风格,把它用作《伊利亚特》的旅行盒。)在急讯中他还询问道,国王现在有何指示?亚历山大的回复非常干脆而实际。他命令帕美尼翁配合新任总督门农为低地叙利亚组织一支防卫军。大流士的财宝仍然留在大马士革,而被俘的使节则需送往马拉托斯接受讯问。帕美尼翁还得到授权，可以在大马士革铸币厂发行马其顿钱币。在信中他问道，对那两名被控强奸雇佣兵妻子的马其顿士兵该如何处置？亚历山大回说，如果确实有罪，他们就应"像生来要糟蹋人类的野兽那样被处死"。

也就在同一封信中，他跟帕美尼翁说——或许还有点执拗——他从没见过，也不想见大流士的妻子，甚至不允许别人在他面前讨论她的美貌（可能在伊索斯之战后的早晨她就被盖上了面纱），进而还说波斯大王的女眷很"辣眼睛"。帕美尼翁这人颇有一种圆滑的幽默感，他不仅按要求把三位使节遣送到亚历山大那里，还把巴尔西涅也一并送了去；这时候的她不到四十或四十出头，既有波斯的贵族教养，又受过极好的希腊教育。这次尝试（倘若我们能够相信阿里斯托布罗斯的话）可谓极为成功，虽然传说中的此次结合所诞生的儿子多半是杜撰出来的。[5]

公元前332年1月初，亚历山大从马拉托斯出发继续前进。比布罗斯很顺利地投降了。马其顿人沿着海岸向南行进，渡过凯勒卜河到达商业大港西顿；在途经凯勒卜河时，他们可以看见来自巴比伦、亚述和埃及的先驱者早就在河边的崖面上刻下了自己的铭文。西顿的居民很欢迎亚历山大的到来——据阿里安说，这是由于他们憎恶大流士和波斯人（Arrian 2.16.6）；不过，西顿和几十英里外的提尔港的长年竞争恐怕才是真正的决定因素。西顿人抛弃了自己的执政君主（他似乎已经被处决了），并把继任者的任命权留给了亚历山大。据说，亚历山大要求他的好友赫淮斯提翁选一个合适的候选人。赫淮斯提翁选择了王室的一个旁系成员，此人眼下生活穷困，只是市场中的一名园丁。

这个人名叫阿布达罗尼摩斯（Abdalonymus），其腓尼基语的含义是"诸神的奴仆"。现在，他正式登上了王位；后来，古代的道德家们总是不厌其烦地引用他的事迹，以此作为"命运所影响的不可思议的剧变"的经典例子。（亚历山大肯定算计过了，这种一步登天的升迁将会使他永远顺从他的神一般的恩人。）阿布达罗尼摩斯还有另一项声名：是他制作了那个如今在伊斯坦布尔的巨大的"亚历山大石棺"，上面雕满了狩猎和战斗的场景。这些浮雕不仅描绘了亚历山大本人，很可能还包括赫淮斯提翁和帕美尼翁（尽管相关身份的鉴定受到了质疑）。石棺浮雕特别有趣的一点是，和亚历山大开始在西顿的古老铸币厂（自公元前475年以来一直很兴旺）发行的钱币一样，国王被描绘成了年轻的赫拉克勒斯——强健、帅气，而且戴着赫拉克勒斯传统的狮皮帽。

这点在马其顿的传统中有很多先例，因为阿吉德王朝的君主们一贯认为，强调他们的赫拉克勒斯血统是非常有用的。不过，亚历山大新发行的金币和德卡德拉克马*银币中出现了一些重要变化。在铸币图案中，这位征服者正在接受尼刻女神（胜利女神）的加冕，而后者则伸着手臂，拿着花冠；并且早期钱币上的蛇也被波斯的狮首格里芬像取代。此外，赫拉克勒斯通常是和腓尼基的神祇墨尔卡特**相等同的。亚历山大夺取东方统治权的野心可谓昭然若揭；实际上，这种苦心孤诣、强调赫拉克勒斯血统的宣传手段为理解后来某个时期所发生的事件提供了一种有趣的线索。

从西顿出发，亚历山大继续向南推进到了提尔，这是奇里乞亚与埃及之间最有影响力的军港和商港。提尔港位于离海岸半英里远的一个岩石岛上，边缘有高达150英尺的城墙保护。当亚历山大的军队到来时，一个包括王子在内的使团前来欢迎他，他们献上了一顶金冠并且反复表示效忠。[7]不过，他们的热情态度是有欺骗性的。他们根本不想把提尔港交给马其顿人；相反，他们打算为大流士和腓尼基舰队坚守这座岛屿。如果他们能通过一点外交贿赂而免去麻烦，那当然再好不过了（他们随身带来的丰盛礼物至少能够使这些粗野而讨厌的来客不去劫掠周边的乡村）。但他们不想妥协。要是亚历山大不肯让步，那就让他尽管来围城好了。之前他们就打退过不少围城者，何况马其顿军队连舰队之利都没有。再者，他们把亚历山大拖得越久，大流士就越有时间动员一支新军队，并在小亚细亚执行他的作战计划。[8]

亚历山大很快就看出，提尔人"更愿意和他结盟而不是归顺他的统治"。他感谢使团带来的礼物。接着，他用平淡的语气说，作为赫拉克勒斯的王族后裔，他最大的心愿是亲临该岛，并在墨尔卡特的大神庙中为其献祭。

---

* 德卡德拉克马（decadrachm）即十德拉克马之意。
** 墨尔卡特（Melkart），意为"城市之王"，是提尔城的守护神并被当作提尔王族的祖先。

248 提尔人很清楚这种赫拉克勒斯和墨尔卡特的等同关系，可能也知道亚历山大想要借此捞取何种利益。现在正是墨尔卡特的年度大庆，[9] 庆典吸引了许多访客，特别是迦太基的。让亚历山大得偿所愿，无异于承认他是他们的合法君王。（如果我们可以套用其他的近东的惯例，在此庆典期间向墨尔卡特献祭就完全是一种皇家特权。）因此，使节们镇定自若地告诉他，很遗憾，这是不可能的。不过，在大陆上的旧提尔城里还有一个同样好的神庙，不知他是否愿意在那里献祭？[10] 他们说，他们无意冒犯，只是想严守中立而已。在战争结束之前，他们不想让波斯人或马其顿人进入他们的城市。

面对这种明显的虚与委蛇，喜怒无常的亚历山大一下子火了。盛怒之下，他发出各种威胁，赶走了使团。一回到城中，使团就建议执政者，在跟如此可怕的对手作对之前要再三考虑一下。但是，提尔人对他们天然和人工的防御工事信心满满。提尔城和大陆之间的海峡深达 20 英尺，而且常有猛烈的西南风来卷动风浪。他们相信，他们的防御工事足以抵挡现今最强大的破城槌。城墙高耸于海上，没有船，哪支军队能够爬得上来呢？距离如此遥远，岸上的攻城武器同样无可奈何。迦太基访客们承诺会派来大量援军，于是深受鼓舞的提尔人决心坚守到底。[11]

250 即便亚历山大本人，对发动如此危险的围城战也有所犹豫，这或许是因为部下给他指出了一些难以令人乐观的困难。因此，他派了传令官到提尔城去，劝说他们接受和平协议。然而，提尔人误以为这是软弱的表现，于是便杀了传令官，把尸体扔在城垛上。[12] 这种愚蠢的暴行即便没有其他作用，至少也让亚历山大赢得了全体参谋人员的坚定支持。亚历山大对他们发表演说（当时在场的托勒密记下了演说全文），[13] 阐明了对战略现状的深刻理解。当时有些人提议，留一支驻军在旧提尔城里以"牵制"该岛，然后直奔埃及。另一些人则急着要放弃整个腓尼基，然后继续追击大流士。而亚历山大强调，只要提尔仍然是波斯舰队的潜在基地，两条道路就都不可行。但是，一旦他们获得东地中海的海上霸权，埃及自然就唾手可得；

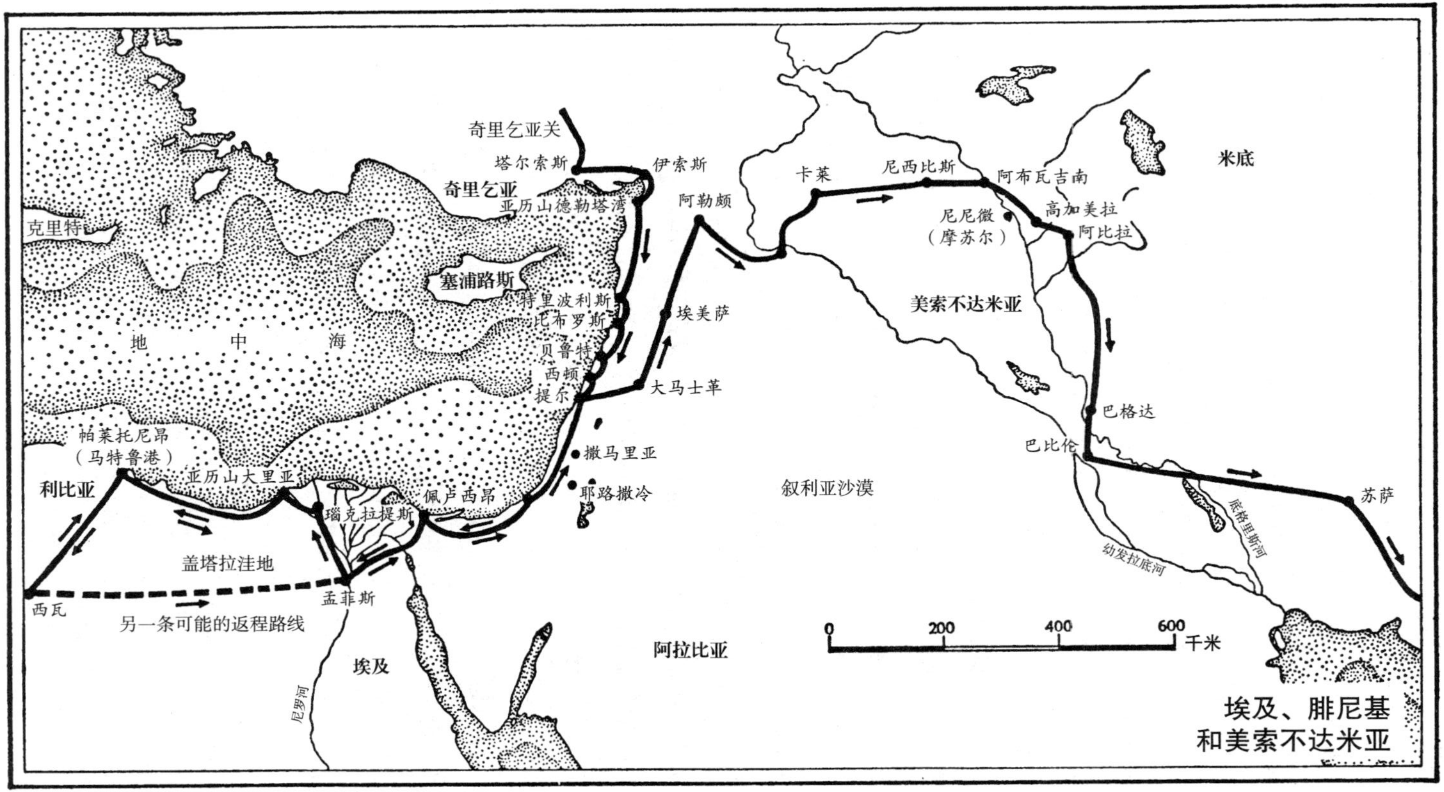
埃及、腓尼基
和美索不达米亚
奇里乞亚关
塔尔索斯
伊索斯
奇里乞亚
亚历山德勒塔湾
阿勒颇
克里特
塞浦路斯
特里波利斯
比布罗斯
贝鲁特
西顿
提尔
埃美萨
大马士革
地
中
海
帕莱托尼昂
（马特鲁港）
亚历山大里亚
利比亚
瑙克拉提斯
佩卢西昂
撒马里亚
耶路撒冷
盖塔拉洼地
西瓦
孟菲斯
另一条可能的返程路线
埃及
尼罗河
阿拉比亚
叙利亚沙漠
卡莱
尼西比斯
阿布瓦吉南
尼尼微
（摩苏尔）
高加美拉
阿比拉
美索不达米亚
米底
巴格达
巴比伦
苏萨
底格里斯河
幼发拉底河
0
200
400
600
千米

到那时,埃及和腓尼基都已稳定,他们便可启程前往巴比伦。*

这些理由或许可以说服亚历山大的高级军官;但是,马其顿的普通士兵却毫不关心这种战略问题。他们只看得到自己将要做的工作,而且不大喜欢。亚历山大宣布,他打算建一个跨海峡的、直抵提尔城的防波堤。士兵们仔细看了那深深的、风急浪高的海峡,还有彼岸的提尔要塞以及敌人已经搬上城墙的投射武器。这一障碍实在是太过明显而难以克服,即便亚历山大没有海军这一弱点也比不上。一条半英里长的防波堤,穿过这样的水域?这一次,国王的要求太过分了。[14] 但正如库尔提乌斯所说的,亚历山大"一点也不缺做士兵思想工作的经验",他声称自己做了一个梦,在梦中看见赫拉克勒斯站在提尔城墙上向他招手。阿里斯坦德洛斯解释说,这个梦的意思是提尔城将会被攻下,但只有在他们付出了如赫拉克勒斯般的辛劳后才有可能:其推论已经再明显不过了。[15]

最后,所有的反对意见都被克服了,于是亚历山大开始了他的整个征战生涯中最漫长、最艰苦的一次战役。[16] 他先是拆了旧提尔城,以获取基石和碎石。[17] 同时,他派了一队工兵前往内地,穿过下贝卡河谷,到安提勒巴农山山坡砍伐木材,特别是雪松。这次考察行动和随后亚历山大亲自对该地区的劫掠(参见下文第 255 页),很可能不仅仅是为了寻找对建造防波堤至关重要的木材,同时也是在搜刮粮草。尽管离城市约有 5.5 英里远的利塔尼河提供的水量十分充足,但当地的储备明显无法长期为亚历山大的军队提供食物。约瑟夫斯(Josephus)告诉我们,在围城结束之前,亚历山大曾给耶路撒冷的大祭司写信,"要求他派一些援手过来,并为他的军队提供粮草"。[18] 在此期间,不仅是亚历山大自己的军队,就连周边城镇和乡村的所有强健男子都被征作临时劳工,其规模之大据估计达"好

---

* 埃及和塞浦路斯(正如亚历山大对他下属指出的那样)尚在波斯的控制之下。斯巴达已经处于反叛的边缘,而雅典则只是由于恐惧而保持着观望态度,并不是因为她有丝毫的忠诚。如果马其顿军队不拿下提尔城就朝内陆前进,那么大流士就能毫不费力地重新夺回整个腓尼基海岸,之后从海上对希腊发动全面进攻就是板上钉钉的事了(不过,亚历山大感到惊慌的事未必会触动到他的部将,参见上文第 214 页)。另一方面,倘若提尔城沦陷,腓尼基海军由于丢了基地,很快就会向胜利者投降——随后发生的事情自会证明这一精准的预判,参见下文第 254 页。——原注

几万人"。

这项工程的前期阶段,[19]亦即跨越滩涂和浅水区的部分,并没有遇到什么难题。亚历山大的攻城技师们把成堆的木材沉入泥沼,然后在木材之间放置石块,在此基础之上再放置大块的木料。最终,这个防波堤据说有不下200英尺之宽,因为亚历山大想要他的进攻面尽可能地宽一些。他本人一直亲临现场,随时准备解决任何技术难题,同时也不断鼓励士兵们,并为他们的出色表现而颁发奖赏。

一开始,提尔人把这项工程当作笑话看。他们经常挤在一块观看,坐在投射武器射程之外,放肆地说三道四。他们嘲笑那背负重物的士兵像役畜一样。他们还戏谑地问道,亚历山大是不是已经狂妄到要跟波塞冬一较高下的地步了。[20]不过,工程快速而高效的进展很快就使提尔人变了腔调。他们撤走部分的妇女和小孩,[21]同时开始为陆上防御另行建造额外的弩炮。[22]现在这些人不再嘲笑亚历山大的防波堤,而是积极尝试破坏它,以免它变成一个真正的威胁。八艘满载着弓箭手、标枪兵和轻型弩炮的战船开向工地的两侧,接着枪林箭雨就朝工地上成千上万的劳工倾泻而下。[23]这么短的距离他们基本不会射歪,而亚历山大的士兵则因为工作时没有穿盔甲,一时伤亡惨重。*

为作防范,国王树立了一些由兽皮和帆布制成的防护障,并且在防波堤的末端附近放置了两座高大的木塔。站在木塔上,弓箭手和弩炮手可以直接朝下射到敌人的船中去。此类预防措施此时极其必要。工程进展到这个阶段,用不了多久就会进入城墙上弩炮的射程之内;但是同时因为已经到海峡的最深部分,工程的进展之慢几如龟速。[24]无数的石块倒入海里,但其下的基础却没有显著地升高。木材的供应速度也没有预计的那么快,因为伐木分队经常要停下来对付阿拉伯劫掠者。[25]除此之外更要命的是,机敏多变且善于相机而动的提尔人在这时候发动了一次极为

---

* 库尔提乌斯(Curtius,4.4.3-4)和狄奥多罗斯(Diodorus 17.41.5)都记载说,在这攻守期间,有一只巨大的海怪从深海中出现并撞到了防波堤上,不过没有造成任何损坏。提尔人和马其顿人都把这当作吉兆,前者为了庆祝此事甚至彻夜狂欢,当第二天早晨要上船时,他们依然醉半醒,头上戴着花环。——原注

成功的突袭。

他们取来一艘宽大老旧的运马船,在里面装满干燥的木柴,又在木柴上浇了大量液态沥青。船头安了两根新桅杆,在桅杆突出的桁端位置挂上一口满是易燃物质的大锅,里面装的可能是石脑油。最后,他们在这艘怪船的船尾压了大量重物,以致于本身装满东西的船头在航行时都翘了起来。当大风开始吹向海岸时,他们派了一队基干队员上船,用两艘快速三层桨战船拖着这艘临时装备的火船朝防波堤冲去。水手们卖命地划桨,好让火船能达到最高速度。到了最后一刻,两艘三层桨战船一个左转一个右转,各自调头离开,而运马船上的水手们则把拖缆解开。他们把火把扔到易燃物质当中,然后迅速跳船潜入水中。

这艘熊熊燃烧的驳船径直冲向防波堤,其船头粉碎并碾压着最外层的基础,而亚历山大的木塔就近在咫尺。木塔马上也被引燃。与此同时,那两艘三层桨战船调转方向,停靠在防波堤边,一有马其顿人把头探出木塔或试图灭火,就立即对其射击。接着,挂着大锅的绳索烧断了,锅中的石脑油登时倾泻而下。其后果有如炼油厂发生了一场小型爆炸:两座木塔当即被烈火吞没。同时,一直跟在火船后面的小船队从四面八方冲到防波堤里。其中有一支突击队大肆屠杀从岸边搬运石块的士兵,其他人则拆毁亚历山大的防护障,并放火烧掉在最初的大火中幸存的攻城器械。整个进攻仅仅进行了几分钟,袭击者就撤退了,留在他们身后的只有遍地残骸和漫天的黑烟。此时,整个防波堤上到处都是烧焦的尸体和烧得变形的木材。[26]

对此,亚历山大毫不气馁,下令建造新的木塔和弩炮,并指示应进一步加宽防波堤。然后他留下佩狄卡斯和克拉特洛斯负责各项事务,自己则在翊卫队和轻装部队的护卫下回到西顿。这次损失惨重的挫折充分说明了一点:没有一支强大的舰队,他还是彻底放弃为好。只有从水陆两面同时进攻才真正有可能取得胜利。而且,要获得战船并没有原来设想的那样无望。在他对高级军官的演说中,他曾预言当伊索斯之战以及随后种种胜利的消息传到爱琴海时,许多在法尔那巴佐斯手下效命的腓尼基舰队将会叛变。现在,这一乐观的预判得到了证实,而且其进展十分惊人。

比布罗斯和阿拉多斯（阿耳瓦德）的国王听说他们的城市落入了马其顿人手中，就撤走各自的舰队，驶回了西顿。此外，有 10 艘三层桨战船从罗得岛（目前是波斯的一个据点）过来，还有 10 艘来自吕西亚，另有 3 艘来自索利。这样加上西顿自身的海军，亚历山大马上就拥有了 103 艘战船。不过，更好的事情还在后头。仅仅过了一两天，塞浦路斯的国王就带着一支不下 120 艘战船的联合舰队驶进了港口。如此大规模的叛变意味着波斯舰队很快就会失去战斗力。与此同时，一艘有五十桨的马其顿桨帆船成功突破法尔那巴佐斯的封锁，带来了一个好消息，即在安福特洛斯和赫格罗科斯的领导下（参见上文第 214 页），一支强大的防御海军正在赫勒斯滂地区建造。

亚历山大自然是兴奋不已。只用了一两周，他就聚集了一支远比提尔舰队强大得多的舰队；同时，希腊和伊奥尼亚的局势总算开始往好的方向发展。他马上从塞浦路斯和腓尼基征来新的工程师，命令他们把攻城器械（包括破城槌）装上驳船或者老旧的运输船。就在舰队整装待发之时，亚历山大却亲率一支轻兵前往黎巴嫩山脉的崎岖且覆盖着冰雪的荒原，花了十天时间去打击那些威胁其补给线的部族。

有天晚上，他和贴身侍从落在了大部队的后头，这主要是因为亚历山大年迈的导师吕西马科斯坚持要与他们同行，又没法跟上他们的步伐。到了夜里他们迷路了，一个个在寒夜中瑟瑟发抖；而那些飘忽不定的敌人的营火就在不远处闪烁着。亚历山大以印第安侦察兵的风格，独自跑出来，悄悄地溜到最近的营帐，用刀杀了两个土人，然后拿着一支大火把跑了回来。这样，他们生起了自己的火堆，勉强过了一夜，次日早晨他们便和其他人会合了。这个故事（假设是真的，因为太不可思议了）所表现的就是一种典型的无端的个人冒险，而这种个人冒险在亚历山大的整个征战生涯中从来都没有停止过。这确实让人钦佩，但万一那些阿拉伯山地游击队员中有一个反应稍稍敏捷一点，那又会发生什么呢？有时候，我们很难说在什么情况下勇敢会蜕变成纯粹无谓的不负责任。在黎巴嫩冰雪中的挥剑一击很可能就会改变整个希腊历史的走向。[28]

这场小规模讨伐顺利结束了，亚历山大也匆忙回到了西顿。在此，他发现有更叫人欣喜的援军在等着他。²⁹ 克勒安德洛斯终于从伯罗奔尼撒的征兵处回来了（参见上文第 200 页），随之而来还有不下 4000 人的希腊雇佣兵。人们四处宣扬，亚历山大的远征现在不仅可以清偿债务，而且开始分发不错的红利了。此后，国王在招募雇佣兵时再没遇到过真正的麻烦，他想招多少就能招到多少。

此时，舰队也做好了作战的准备。于是，亚历山大立即以战斗队形拔锚启航。他以五十桨的马其顿桨帆船为旗舰，两侧各部署半支大型塞浦路斯分队以加强整体的攻击力量。提尔人的舰队司令一听说亚历山大前来，第一反应是准备接战。但是，当他看到这支舰队远比其预料的庞大时，马上改了主意。亚历山大一心想要一决胜负，却发现敌军调转航向逃回港口。见此，他赶忙下令舰队全速前进，要抢在对手之前到达北面的港口，由此展开了一场生死攸关的海上竞赛。提尔城的多数精锐都作为水兵上了战船，如果亚历山大能抢先进入港口，那他就有极好的机会占领提尔城。

以纵队队形行进的提尔人，正好赶在亚历山大的先锋之前成功躲到了港口中。三艘三层桨战船调头抵御攻击，然后一艘接一艘地沉了下去。与此同时，在它们身后一排整齐的战船把船头并排堵在了港口的入口处。类似的防御策略后来在该岛东南方向的埃及港那里也曾使用过。³⁰ 亚历山大眼见没法强行进入港口，便率领舰队停泊在防波堤的背风面。然而，如果说入港是不可能的，那么同样，他也不想再让提尔舰队出来。次日一早，他就派塞浦路斯和腓尼基分队去封锁港口。这样一来，提尔的整个海军就被有效地困住了，亚历山大通过一次出击便获得了制海权。³¹

现在，由战船组成的密集防御障足以保护工人们免受袭击，亚历山大可以放心地全速建造防波堤了。³² 不过，波塞冬似乎是站在提尔人一边的。海上刮了猛烈的西北风，不仅使得工程无法取得进展，还对现有结构造成了严重的损害。然而，亚历山大绝不会认输。许多巨型黎巴嫩雪松原木被扔到迎风一侧的水中，由此吸收了风浪的强大破坏力。在风暴平息后，这些巨型原木又被建造成防波堤的防护垒。防波堤所遭受的损坏很快得到修复，站在防波堤上的亚历山大终于发现他已经进入了城墙上远程武器的射程范围之内。³³

于是，他开始发起古代形式的饱和攻击。[34] 投石器和轻型弩炮在防波堤的末端架设了起来。当投石器向提尔的防御工事猛烈轰击时，弩炮则在弓箭手和投石手的配合下，集中打击城垛上的那些守兵。与此同时，海军也从海上朝提尔城发起同样猛烈的攻击。亚历山大的工程师们制作了许多海上破城槌，每一个都搭在架于两艘驳船之间的大型平台上。其他类似的浮动平台则搭载着重型弩炮和抛石机。而所有这些都有相应的防御措施，免受来自城墙上方的攻击。[35] 现在，这些船舶在正规的战船的护卫下，围绕要塞形成了一个紧密的环形包围圈，从而使整个要塞都经受着最猛烈且毫不间断的攻击。那些巨大的破城槌通过撞击城墙的疏松部位打开缺口，而弩箭弓矢则把城墙上的守兵一个个射了下来。

提尔人也在拼命反击着。他们张起兽皮和其他柔韧物质以缓冲石球的杀伤力。在城垛上，他们建起木塔并让弓箭手进驻其中，用火箭射向下方的攻城船舶。又以极快的速度修补被破城槌撞开的缺口，而当缺口无法修补时，便在后面建起一道新的间壁墙。[36] 那天，当漫长的战斗结束时，提尔人的处境着实让人乐观不起来。不过，值得欣慰的是，与防波堤相对的那面的防御依旧十分稳固。这里的城墙是最高的，并且是以料石配以灰泥建成的，即使面对马其顿人最重型的攻城器械也毫无压力。亚历山大对此非常清楚，不过他决定尽量发挥他的优势，尝试从海上发动一次夜袭。在夜幕的掩护下，他所有的突击队都已就位。结果，提尔城又一次被恶劣天气拯救了。当时，云层遮住了月光，还有浓厚的海雾。接着又刮起了大风，剧烈的风浪开始冲击着亚历山大的浮动平台，有些平台直接就解体了，在风和日丽的条件下它们尚且笨重难当，在风暴中则更是无法操控。亚历山大无可奈何，只得取消行动。[37] 舰队的多数船只都安全返回，尽管有许多受到了严重的损坏。

这次失败给了提尔人一次短暂而宝贵的喘息机会。现在，他们非常巧妙地把一大堆石块和砖瓦倾倒到城墙下面的浅水区中——为了获得这么多的材料他们大概拆毁了不少房屋。幸运的话，这一防卫措施足以使亚历山大的海上破城槌发挥不了作用。提尔人的工程师和铁匠看起来很有发明创造的才华，他们日夜不息地锻造出了许多奇特而可怕的武器。事实摆在眼前，除非有什么难以预料的事情发生，否则亚历山大的防波堤很快就会延伸到岛上来。这就是为什么他们设计了大量用于肉搏战的武器的原因。这些武器包括垂梁（它们可以从起重机甩到船上去）、铁钩或带钩的三叉戟（连在绳索上，可以把进攻者钩下木塔）、掷火器（能抛出大量熔融金属）、大镰刀（安在杆头用以割断捆绑破城槌的绳索），以及带铅粒的渔网（用以缠住任何想要通过梯桥冲进要塞的敌人，简单却很有效）。[38]

之所以紧急制造这些武器，其原因之一是从迦太基前来的使节带来了一个极其糟糕的坏消息。那些还留在城里的迦太基人肯定跟国内报告说，提尔城成功守住的可能性已经越发渺茫。他们的政府觉得提尔人即将崩溃，因此不想让迦太基卷入一场旷日持久且代价惨重的战争之中。于是，迦太基人突然想起自己国内尚有诸多麻烦，这个理由正好不过，所以尽管觉得很遗憾，但实在没法给提尔城派遣任何援军。[39]这个消息在这个正受围困的城市中引起了极大的恐慌。有个人非常鲁莽，竟然声称他做了一个梦，梦见神灵（可能是巴力，不过古代史家说是阿波罗）离开了提尔城；不过，马上就有人说，他编造这个故事是为了讨好亚历山大。一些年轻人甚至要用石头砸他，不得已这个人跑进墨尔卡特神庙寻求庇护。其他更加迷信之人则把愤怒转到神灵身上；他们用黄金索把神像牢牢地捆起来，以防他叛变到敌人那里去。[40]

在此期间，亚历山大一直在费尽心力地要把倾倒在城墙下的海水中的石块和砖瓦清除掉。这项工作只有带有强力起重机且能平稳停泊的运输船才能完成。而提尔人的潜水员则通过切断船舶的锚索来阻挠这些打捞工作。一直到亚历山大用锁链替代了绳索，水手们才得以继续作业。最终他们清理掉了所有石块，把它们扔到了无人能及的深海里。[41]于是，攻击船又可以撞击城墙了。大约同时，在经过了一番连赫拉克勒斯也会感到自豪的努力后，防波堤终于延伸到了提尔城；亚历山大所立下的他要让提尔城与大陆连为一体的诺言总算实现了。[42]此时要是不发起正面进攻就太不符合他的个性了。现在，高达150英尺的攻城塔已经就位，登城的堤道也已经准备好，随后便开始了对城墙的猛烈轰击。[43]

提尔人等这一刻已经等了好久，他们凭借大无畏的勇气拼死抵抗着。

他们手中最天才和最为可怕的武器却也是最为简单的装备。提尔人在许多大金属碗中装满沙子和细小的碎石，并把它们加热到接近白热的状态。这些碗放在胸墙上，每一个配有相应的抛掷器；这样，碗中的沙石就可以被悉数倾泻到任何进入射程之内的进攻者身上。这些火红的沙石滑落进敌人的胸甲和衬衣里，能给皮肤造成深度烧伤：这种武器恐怖而有效，堪称是凝固汽油弹的前身。最终，亚历山大被迫撤退：由于敌人的精心部署，这次进攻可谓损失惨重。此时此刻，据说身心俱疲的亚历山大曾认真考虑过要放弃围城而直接朝埃及进军。[44] 现在正是盛夏时节，他花了将近六个月的时间在提尔的城墙下苦心劳作，但却一无所获。人力和物力的消耗已经到了惊人的地步；而大流士却在日夜不停地组建和训练一支新的大军。如果亚历山大仍旧咬牙坚持，那也是因为他早就没有退路。现在放弃围城的代价会比强行攻下大得多。

最终让他如愿以偿的还是提尔人。提尔人的舰队在一次午后时刻差点成功突围，但在一场激战之后又被赶了回来，仍旧困在北面的港口里——在围城期间他们一直呆在这里。现在，亚历山大可以毫无障碍地围绕该岛四处行动，以便找到其薄弱之处，然后全力进攻。他在船上架起弩炮和破城槌以攻击北面港口的防御工事，但依然无法突破。[45] 于是，国王把整个突击队全调到了提尔城的东南面，就在埃及港的下面。在这里，他的运气就好多了。有一段城墙在密集轰击下坍塌了，其余的也是摇摇欲坠。亚历山大迫不及待地要利用这个缺口，他立即叫人从船上搭好突击桥，然后命令突击队的前锋攻进去。但是，他们被敌人猛烈而精准的投射武器赶了回来。[46] 尽管如此，亚历山大还是确信终于发现了提尔城防的薄弱之处。

怕时已经是 7 月 28 日了。亚历山大决定在总攻之前先让将士们休息两天。对于亚历山大这突如其来的信心阿里斯坦德洛斯大概已有所察觉，在占卜后他宣布提尔城将会在当月顺利拿下。大海又一次变得波涛汹涌，但是第三天晚上风突然停了，到了黎明时分亚历山大开始对城墙进行猛烈的轰击，所选的位置仍是早先攻破过的那个点。[47] 在把一大段城墙打得粉碎后，他撤下了笨重的弩炮船，调来两船载满突击部队的特别突击艇。与此同时，塞浦路斯和腓尼基舰队在两个港口都发起强攻，其他战船则载满

弓箭手和箭矢，环绕该岛在任何需要的地方予以援手。⁴⁸

突击艇就位，舷门一开，一大波马其顿士兵立即冲了出来，朝着城垛直奔而去。最先到达的是翊卫队，紧随其后的是克拉特洛斯手下的方阵营。先头部队的指挥官阿德美托斯（Admetus）被敌人用斧子劈开了脑袋。他倒下之后，亚历山大亲自上阵指挥。马其顿军队沿着城垛奋力地杀开一条血路。接着，从下面的港口那里传来一阵欢呼声：塞浦路斯和腓尼基舰队成功地闯进港口。⁴⁹城墙上的提尔人害怕腹背受敌，于是撤到了城市的中心，他们一边撤退，一边在狭窄的街道上设置路障。同时，他们还在屋顶上不断用瓦片袭击追兵。等退到阿革诺尔（Agenor）神庙，提尔城的防御者们已无路可退，只能死战到底。⁵⁰

在消灭了最后的有组织的抵抗之后，亚历山大的老兵们在全城展开野蛮的捕杀行动；一切约束都被弃诸脑后，在经过长期艰苦的攻城之后，他们变得歇斯底里而几近疯狂，如今都成了彻头彻尾的屠夫，一个个都在不停地击杀、践踏和肢解，直到把整座提尔城都变成一个血腥、恶臭的屠宰场。⁵¹有些公民把自己锁在屋里，然后自杀。亚历山大下令，除了那些在神庙避难的人以外，所有人都应当处死，而他的士兵们执行起此命令来简直丧心病狂。空气中到处弥漫着房屋着火后的浓烟。有7000名提尔人死在这场恐怖的大屠杀之中，要不是因为有随亚历山大军队进来的西顿人，这个数字还会更高得多。尽管提尔在几百年里一直是西顿的对头，但是作为受难者的邻居，西顿人被眼前的景象吓坏了，于是他们设法把大约15000人偷偷送到安全地带。⁵²

这座希拉姆*曾经统治过的伟大城市，现在被彻底摧毁了。国王阿齐米利克（Azimilik）和其他众多显贵，包括迦太基的使节们，都躲在墨尔卡特神庙中避难，因此亚历山大免他们一死。剩下的幸存者，约有30000人，他全都卖为奴隶。有2000名达到服役年龄的男子被钉死在了十字架上。接着，亚历山大走进神庙里，扯掉了神像身上的黄金索（现在他下令将其重新命名为阿波罗·菲拉勒珊德尔［Apollo Philalexander］）**，然后进行

---

* 希拉姆（Hiram），传说中提尔城的国王，统治年代可能在公元前980—前947年。
** 菲拉勒珊德尔即"爱亚历山大的"之意。

他那被耽搁已久的献祭：这堪称代价最为高昂的血祭，即使墨尔卡特也从未遇到过。[53] 之后则是盛宴和游行、为马其顿阵亡将士举行的隆重葬礼、火炬比赛和壮观的海上阅兵。那个最终摧毁提尔堡垒的破城槌，亚历山大把它奉献给了赫拉克勒斯，其身上的铭文连托勒密都不愿复述出来。[54]

不过，一个名叫匝加利亚（Zachariah）、在荒野中哭号的犹太先知已经为提尔城撰写了悼文：

> 神谕：上主的话临于……提洛为自己建筑了碉堡，堆积的银子多如尘土，金子像街市上的泥土。看，吾主必要占据她，把她的财富抛入海中；她必为火所吞灭。[《匝加利亚》9：1—8][*]

夏日天空下的亚历山大的防波堤平静祥和，沙粒从海岸的沙丘上流动下来，打磨着石块和栏栅的尖锐轮廓，把提尔城与大陆连得更近一些。上主的惩罚已经完成。随着时间的推移，这个半岛日渐加宽。今天，在柏油街道和居民住宅的深处，这条神奇堤道的核心基石依然矗立着：这是亚历山大留给后世的有形和永久的遗产之一。

匝加利亚不是预见提尔城被毁的唯一一人。大流士必定也明白这个城市坚守不了太久。可惜，他没法支援城中的守军。与传闻所说的情况相反，大流士并没有怎么费心组建一支新的帝国军队，而是把赌注都押在了小亚细亚和爱琴海的胜利上。他现有的所有一线部队都投到了这两个战场当中。然而，到了公元前332年夏天，即在亚历山大攻入提尔城之前不久，大流士被迫承认这一代价不菲的战略最终失败了。亚历山大在赫勒斯滂的指挥官安福特洛斯和赫格罗科斯终于成功组建起了一支强大的舰队（伊索斯之战的消息可能也对此有所帮助）。他们在特奈多斯打败了阿里斯托美涅斯（Aristomenes）的舰队，随后往南横扫爱琴海，重新占领了累斯博斯、基俄斯以及其他岛屿。法尔那巴佐斯舰队中腓尼基分队的全体叛变，也使

---

* 原文为 Knox Bible，是一个天主教圣经英译本，故中文采用思高本，内容与常见的和合本有所不同。提洛即提尔，和合本中为推罗。

得他们的任务日渐轻松。

（从大流士的角度来看）陆上的形势也好不到哪去。巴拉克洛斯打败了波斯总督叙达尔涅斯（Hydarnes），夺回了米利都。卡拉斯对帕夫拉戈尼亚人的征讨也很顺利。不过最重要的是，被派去切断亚历山大在安纳托利亚中部的交通线的波斯军队遭遇了彻底的失败。独眼的安提柯和纳巴尔扎涅斯的精锐骑兵分队打了三场血战，最后全部获胜。[55]

在仔细评估了当前日益恶化的形势后，大流士决定与亚历山大再谈判一次。[56] 这一次他提出的条件甚至更加慷慨。领土割让条款保持不变：他愿意割让哈吕斯河以西的所有行省。不过，他为其家人提供的赎金现在则翻倍，从10000涨到了20000塔兰特；除此以外，他还愿意把长女嫁给亚历山大，顺带奉上与波斯大王的驸马相称的一切福利。他在信末还不忘告诫亚历山大一番。波斯帝国是非常辽阔的，早晚有一天，亚历山大那为数不多的军队将会进入大草原当中，对他来说那里可要危险得多。然而，已经稳稳控制住提尔城的亚历山大，毫不犹豫地拒绝了这些新条款。他告诉波斯使节，大流士许给的妻子自己什么时候都可以娶；至于嫁妆，他已经自己拿到手了。他没有渡海去赚取像吕底亚和奇里乞亚这样的不足道的利益，是因为他现在的目标是波斯波利斯以及东方的各个行省。亚历山大重申，如果大流士想要保住帝国，他必须为之战斗，因为无论他在何处藏身，马其顿人都会把他揪出来。

得到这个消息后，波斯大王放弃了通过外交手段达成协议的尝试，而"开始积极准备战争"。[57] 他命令所有行省总督带着全额的兵力到巴比伦来跟他会合。其中，最强的一支是巴克特里亚总督的：大流士不能没有他们的支援，尽管他本人非常不信任巴克特里亚的总督贝索斯（Bessus），因为此人野心勃勃，一心想要当波斯大王——就血统而言他确有一定的权利。鉴于此前的失败部分原因在于装备不足，大流士这次花了更多的心血在部队的武器上。他们驯服了整群整群的马匹，以为先前徒步战斗的军团提供鞍马。用标枪战斗的人现在则分配到了剑和盾牌。同时，更多的骑兵获得了防身用的锁子甲。同时作为一支特别的威慑力量，波斯大王下令组建了有两百辆战车的卷镰战车队，"在快速行进时能将一路上的任何阻碍都切成碎末"。

当亚历山大还在提尔城时，希腊同盟派来了 15 名代表。他们宣布，同盟的成员国已经投票通过，决定授予亚历山大一顶黄金花冠，以此奖励他的英勇并表彰他"为希腊的安全和自由"（原话如此）所做的一切。国王非常现实，自然不会接受这种表面上的阿谀奉承，不过这确实是一个很有价值的表征，说明伊索斯之战的消息已经大大改变了希腊的政治气候。与此同时，帕美尼翁从低地叙利亚回来了，在回来之前他把军事指挥权交给了安德洛马科斯（Andromachus）。因而，亚历山大准备继续他的征程。

在提尔城陷落的消息传开了之后，向南直通埃及的路上的沿海城市都纷纷表示归顺，只有一个例外。这个城市就是加沙，一个地处沙漠边缘的堡垒，有着坚固的城墙，建在距海几英里远的内陆的一个土丘上，周围都是陡峭的沙丘。除了控制通往埃及的道路外，加沙还位于一个古老商路的端头，由此变成了东方香料贸易的一个天然集散地。它的非利士人和阿拉伯人混杂的居民们也借此获得了巨额财富——这是不可绕过此城的另一原因。加沙的总督巴提斯（Batis）坚信此城固若金汤。当亚历山大在围攻提尔城时，巴提斯招募了一支强大的阿拉伯雇佣军，并囤积了大量的粮草。和提尔人一样，他现在信心满满地等待亚历山大的到来；此时他很清楚地记得，上一个通过强攻拿下加沙的统帅是冈比西斯（Cambyses），而那已经是两个世纪以前的事情了。

亚历山大不为所动，他派赫淮斯提翁由海路带着舰队和攻城器械先行出发，自己则率领军队从陆路赶过去。赫淮斯提翁的任务之一很可能是确保军队有足够的粮食和饮水供应：八九月间，在提尔与加沙之间长达 160 英里的路上，大部分河床都是干的，此外巴提斯早已把巴勒斯坦地区的粮食储备搜刮殆尽。亚历山大不可能只依靠沿途少数几个城市的水井和谷仓来维持生存，而唯一可用的一条大河是约旦河；所以，明显的解决方法是通过海路从提尔城及更远地区定期运送补给。军队原先一直沿着海岸行进，可以很方便地从补给船获得物资；而后来当因受莫克兰海岸山脉的阻碍而被迫转向内陆时，他们在格德罗西亚沙漠中遇到麻烦了（参见下文第 433

页及以下）。马其顿军队通过阿凯（此地曾经被波斯用作进攻埃及的一个据点）向南行进，亚历山大在此设立了一个新的铸币厂；接着，他们翻越巴力的圣山卡尔迈勒山，行经约帕——安德洛墨达（Andromeda）曾在此耐心等待海怪到来——又途经了低地叙利亚边境上的亚实基伦。撒马里亚投降了——暂时而已；不过，所谓亚历山大曾到耶路撒冷朝圣的说法只不过是一种一厢情愿的传说罢了。

到了加沙，这段轻松的行程便戛然而止。亚历山大的坑道工兵开始在城墙下挖掘坑道，但是这项工作比他们所预计的要困难得多。攻城塔顺利搭建起来，却又陷进了细小且极易流动的沙土中，沙子直接没到了车轴的位置。在巴提斯的雇佣兵的一次突袭中，亚历山大的肩膀被射中一箭，箭头直接射穿了他的铠甲。当时，他流了很多血——好像伤到了动脉——然后在半昏迷中被人抬下战场。防守的一方不断袭扰亚历山大的交通线，试图烧毁他的攻城器械。最后，他只得围绕加沙建了一个和土丘一样高的土墩——这是一个工程量极大的任务。接着，亚历山大总算可以把他最强大的弩炮派上用场了，这些弩炮通过斜坡被拉到了土墩顶上。在巨型石球的连续轰击下，防御工事被打开了一个缺口。一队突击组经由这个通道攻了进去，而另一队则通过坑道破墙而入。在经过一场血腥的肉搏战之后，加沙最终陷落了。

在攻城的过程中，第一个伤口尚未痊愈的亚历山大又被炮石打折了腿。这让亚历山大愤恨不已，再加上巴提斯的抵抗还使他的行军计划滞后了两个多月。于是，他将大约10000人的守城者悉数屠杀，至于他们的妻儿则全部卖为奴隶。从加沙的库存中他还缴获了数量极其庞大的香料——借此，他特意给年老的列奥尼达斯送了一份极为可观的香料大礼（参见上文第42页）。巴提斯本人被列昂那托斯和菲罗塔斯生擒，他们把他带到亚历山大面前听候处置。此人是一个高大肥胖、皮肤黝黑的宦官，站在那里，神色冷峻而充满藐视，身上尽是尘土、汗水和血污。当亚历山大问话时，他一言不发，甚至都不求宽恕。国王原本就非常厌恶丑陋之人（何况他当时脾气也非常差），此刻更是怒不可遏；提尔围城战之前的种种经历也让他变得更加暴躁。库尔提乌斯说，亚历山大把巴提斯的脚踝绑在战车的后面，拖着他绕着加沙的城墙奔驰，一直到他死了为止：这种残忍的手段正是《伊利亚特》中阿基琉斯对待赫克托尔遗体的方法的变种。[58]*

从加沙出发，亚历山大朝着尼罗河三角洲行进，一周之内走了130英里到达佩卢西昂，这次急行军可能又是因为沿途不易获得饮水和补给，这一地区纯粹就是一片贫瘠的沙漠。和之前一样，舰队仍旧负责为他陆上的部队提供补给。舰队先行一步，当马其顿军队到达佩卢西昂时他们已经在那里等候多时了——一同欢迎马其顿军队到来的还有喜出望外的埃及人，对他们来说亚历山大乃是真正的解放者。自公元前525年冈比西斯第一次占领埃及以来，波斯人一直颇为艰辛、断断续续地统治着埃及。冈比西斯开了一个恶劣的头，因为他试图打破埃及祭司阶层的权力——他摧毁了埃及人的神庙，嘲笑他们的信仰，还亲自用剑杀死了神牛阿庇斯。

埃及的农夫要比其他民族更能忍受虐待，但是不能容忍对他们宗教的亵渎。两个世纪以来，他们一直把波斯人当作不信神的压迫者，一有机会就会起来反抗。其中，最成功的一次叛乱持续了约60年，在此期间埃及基本上就是一个独立的国家。波斯人接连三次想要重新征服这个行省，但都收效甚微。一直到残忍的独裁者阿尔塔薛西斯·奥科斯时，他才最终镇压了所有的抵抗运动（参见上文第51—52页）。因而毫不奇怪，自公元前343年以来又忍受着波斯人统治的埃及人，现在把亚历山大当作解放者一样欢迎。波斯人对待这个行省尤为严苛，因为他们和后来的罗马人一样，只是把它当作一个巨型的免费粮仓，随心所欲地以各种方式进行盘剥。即使是在公元前5世纪，埃及的贡赋额就已经被定到了700塔兰特，排在了帝国所有行省的第二位。这还不包括它须为波斯常驻埃及的20000人的军队所提供的军粮。

所以，当亚历山大到达时，各方面因素都对他十分有利。如果他能注

---

* 亚历山大在征战腓尼基的过程中伤亡必定非常惨重，而且肯定比宣传所披露出来的要严重得多，因为（举个例子）在提尔之战中，他们公开承认的马其顿军队的伤亡人数仅有400人。所以，在继续前进之前，他派安德洛美涅斯（Andromenes）之子阿敏塔斯带着10艘三层桨战船回到佩拉，以便再招一些新兵（Diod. 17.49.1; QC 4.6.30-31）。当地不缺自愿者和雇佣兵；但是，亚历山大军队的主力仍是方阵，而且只有马其顿人——至少在那时——才有资格填补方阵中的空缺。——原注

意不去伤害当地的宗教感情——或者参加某种公共仪式以表明权力已经转移到他手中,那就更好了——那他就能获得全体埃及人的热烈支持。最终,他所赢得的比预期的要多得多。起初被当作一种政治手段的行动,却转变成了一种深入内心的情感和精神体验。毫不夸张地说,亚历山大待在埃及的几个月,亦即从公元前332年10月到公元前331年4月,是他人生中一个重大的心理转折点。

从佩卢西昂出发,马其顿舰队和军队溯尼罗河而上,以庄严的队列朝孟菲斯行进。波斯驻军没有做任何抵抗。大流士的总督马扎刻斯(Mazaces)出城会见亚历山大,随行还带来了"800塔兰特钱财和所有的皇室家具"。这种殷勤服务给马扎刻斯换来了新政权中的一个行政职位。不过,当亚历山大进入孟菲斯时,发现还有一份大礼正等着他。通过征服本土的王朝,波斯国王在职位上就成了埃及的法老。现在,亚历山大打败了大流士,所以在祭司眼里他就变成了他们的合法君主。这样,在公元前332年11月14日,这位马其顿年轻人隆重地登基为法老。他们把红白双冠＊戴在他的头上,把弯钩权杖与连枷交到他的手中。现在,他变成了神兼国王,亦即拉神和奥西里斯的化身和儿子;他是金荷鲁斯,强大的君主,阿蒙神所钟爱者,上下埃及之王。

可以想见,这种神示会对亚历山大产生多大的影响。在这里,奥林匹娅斯关于他的神圣出身的信念终于有了一个可以接受的说法。法老信仰弥合了凡人与神灵之间的界限,把神性与王权融合到了个人的身上。无疑是在宣传部门的指导下,亚历山大的新臣民很快便把有关他出身的旧传说吸收到他们固有的神权体系中。那位幻化成蛇(圣蛇的形象?)而出现在奥林匹娅斯身边的神灵乃是涅克塔尼布,即最后一位埃及本土法老;这次结合所诞生的孩子就是亚历山大。

太过成功自有其危险之处:权力孕育着其自身特殊的孤绝状态。种种迹象表明,在伊索斯之战后亚历山大就已经开始疏远马其顿将士,而这种超人般的神性魅力的注入更是加速了这一过程。他的成就早已超越了赫拉

＊ 古埃及法老的王冠,是由下埃及国王的红冠和上埃及国王的白冠组合而成的。

克勒斯。埃及文明总是不断激发起希腊人心中半神秘的敬畏，而如今在其古老的光辉下，亚历山大意识到他实际上就是一个神，是某位神的儿子。希腊的传统将二者区分得清清楚楚，但埃及的传统没有。对亚历山大来说，这将会导致很有意思的后果。

在加冕仪式结束后，这位埃及的新法老向阿庇斯及其他埃及神灵举行公开的献祭。接着，为了表明不管怎样他本质上仍然是一个希腊人，亚历山大举行了盛大的竞技比赛和文艺汇演，邀请了许多著名艺术家从希腊前来参与其中。他地方性和非地方性的头衔不断增多，在未来的日子里将会导致许多严重的问题。此前，他已是马其顿国王、希腊同盟领袖和卡里亚的阿达女王的继子，而现在又成了埃及的法老。在新任的职位上，他迫不急待地强调他的统治将不同于他的波斯前任。在离开孟菲斯之前，亦即公元前331年1月，他下令至少在卡尔纳克和卢克索重建两座神庙（它们很可能都是被冈比西斯毁掉的）。然后，他顺尼罗河而下；这次是沿着西面的支流——即卡诺比支流——航行。

在这点上，他所遵循的乃是由来已久的希腊惯例。几个世纪以来，所有的海上贸易都通过所谓的"卡诺比口"进入尼罗河，然后继续航行约50英里，穿过三角洲到达希腊人的国际商埠瑙克拉提斯。很明显，亚历山大的目的是访问瑙克拉提斯，并评估一下它作为商业中心的价值。在摧毁了提尔之后，现在他准备把东地中海的极具暴利的海上交通中心从腓尼基转移到埃及来。或许是因为地处内陆且相对孤立，瑙克拉提斯并没有给他留下太深的印象。当他到达海边，沿着马瑞奥提斯湖航行时，他发现了一个更好的地方，这里是湖海之间的一条石灰岩地峡，就在法罗斯岛的对面。这里的港口的水很深，是一个极好的避风港。陆地两边的入口则很容易封锁起来以对付敌人的入侵。徐徐吹拂的海风带来了舒爽宜人的气候，哪怕在盛夏也是如此。这里没有雾气蒙蒙的沼泽，没有沙尘暴，没有疟疾。又一次地，亚历山大做了一个梦，在梦中有位头发灰白的智者声称荷马的诗句间接提到了法罗斯岛。因此，作为他的第一道敕令，埃及的这位马其顿法老决定在此建造一座新城——亚历山大里亚，这也是后来所有以他的名字命名的城市中最为出名的一个。[59]

大概就在这时,赫格罗科斯来到了埃及,他带来了一个大好消息,即马其顿海军已经在爱琴海取得了胜利。此外,他还带来了许多基俄斯的"硬派的"寡头分子,这些人在法尔那巴佐斯控制爱琴海时一直统治着基俄斯岛。赫格罗科斯认为这些人过于危险,不能交付给联盟议事会去进行不可预测的裁决,对此亚历山大表示赞同;于是,他们便被立即驱逐到了厄勒潘提涅,那是尼罗河上游方向很远的一个地方。当然,这就等于公然违背同盟协议;不过,此时的亚历山大已经不在乎希腊的舆论了,一次程序上的非法行动对他来说无关紧要。然而,赫格罗科斯所带来的最重要消息是关于雅典的。现今负责雅典城邦税收的德玛德斯(同时他是安提帕特的好友),成功说服了雅典公民大会不让斯巴达国王阿吉斯动用他们的强大舰队,因为此时的阿吉斯正在策划一场暴动。他指出,如果他们这么做的话,就会平均每人失去50德拉克马,因为那些原本用于在安特斯特里亚节(一个春季的宗教节日)期间公开分发的资金,将会被挪用到海军身上。甚至连德摩斯提尼也保持沉默;他与赫淮斯提翁之间可能保持着某种私下的联系。[60]

这时候,亚历山大表达了一个很特别的念头,即到西瓦绿洲的宙斯-阿蒙神庙那里征询神谕的 pothos(渴望,参见上文第128页)。[61] 因为西瓦离这儿约有300英里之远,中间还要穿过热浪灼人且荒无人烟的利比亚沙漠,所以他必定有一个非如此不可的理由。亚历山大从来不会因为单纯的心血来潮而浪费掉六周甚至更多的时间。不过话说回来,在他征战的每次重大进展之前,他确实都会去征询一下神谕。他曾专门绕道去了德尔菲,戈尔狄昂的事件也曾给他留下了深刻的印象。现在,他同样希望能把那块遮掩着前程的面纱揭下来。若说到文化背景,有一点很重要,即尽管"阿蒙"是埃及神灵阿蒙-拉神的希腊化形式,但西瓦神谕在希腊语世界中享有着最高的声誉。[62]

克洛伊索斯(Croesus)曾派人征询过神谕,而在他之前——或者说根据相关的传说——亚历山大的先祖珀尔修斯(Perseus)和赫拉克勒斯也曾征询过。品达曾为阿蒙神创作过一首颂诗,题献在他在忒拜的神庙里。在伯罗奔尼撒战争期间,雅典人向他求过神谕;阿里斯托芬在其可靠性上曾把西瓦与德尔菲、多多纳相提并论。此后，西瓦神谕的声誉一日胜过一日。包括斯巴达的吕山德在内，许多著名的希腊人都向它寻求指示。大体上，希腊人是把阿蒙神对应于他们自己的宙斯神，虽说二者并不能完全相等同：雅典的"阿蒙神殿"（Ammonium）的存在充分说明了阿蒙神是如何被希腊人改造的。作为法老，亚历山大如果想要征询埃及的神谕，根本不用踏出尼罗河河谷一步——譬如，在有百座城门的底比斯*即可。不过，亚历山大尽管长期以来对东方文化很感兴趣，但在许多方面仍然异乎寻常地狭隘，特别是在宗教事务上。他所想要的是可达范围内最值得信赖的希腊神谕。亚历山大可能觉得自己一直受到诸神的眷顾；但对他而言，那些是希腊诸神，而且只会通过恰当的希腊化了的方式谕告。

要进行这样的朝圣之旅，亚历山大自有其充足的理由。尽管一些现代学者持有怀疑态度，但可以肯定，他十分渴望搞清楚有关他的神圣血统的重要疑问。如果他真的像祭司在给他加冕时所宣称的那样是阿蒙神——或者宙斯——的儿子，那神谕就应当支持他们的说法。此外，亚历山大即将进入征战的关键阶段，要是他对最终的胜利或失败毫不在意，那也未免太不合常理了。西瓦神谕会不会确认戈尔狄昂的预言，宣布他将成为亚洲未来的君主呢？还有一个问题，即有关他想在尼罗河口建造一座新城的问题；因为没有神谕的支持，没有一个希腊人胆敢进行这样的事业。最后，他还想知道杀害他父亲的所有凶手是否都已经受到惩处——在这一问题上几乎所有的史料都可以相互印证。如果他本人确实是刺杀行动的一员，这种暧昧的探询就足以使我们窥测到他心中的疑惧。对神的报复的恐惧一直萦绕在他心头；腓力那愤怒的幽魂就像奥瑞斯特斯**摆脱不掉的复仇女神一样，仍然游荡在他的身边。再者，如果他被认定是神的儿子，那么根据这一事实，就不再是弑父之罪，而只是单纯的谋杀，而谋杀这种纤芥之罪对他来说根本就无关痛痒（他所犯下的杀伐何其之多）。

---

* 埃及的底比斯和希腊的忒拜在英文中是同一个词，即 Thebes，但埃及的 Thebes 国内可能更多译作"底比斯"，而希腊的则更多是译作"忒拜"。译者遵从这种习惯，同时也是为了便于区分。

** 希腊神话中阿伽门农之子。阿伽门农被妻子克吕泰涅斯特拉伙同奸夫谋杀后，他为父报仇，杀死母亲，最后受到复仇女神的惩罚。

因此，大概在 1 月底的时候，他带着一小队人马往西而去，他走过的那条海岸之路后来因另一位伟大统帅和另一场更加现代的战争而名垂千古。他所途经的村庄现在叫阿拉曼*；在走了约 170 英里后，他到达利比亚边境的居民点帕莱托尼昂（马特鲁港）。在这里，他遇到了从昔兰尼来的使团，他们带着贵重的礼物，并且提出要建立友好同盟关系。亚历山大与他们签订了一份正式协议，在协议中双方还就北非的小麦贸易达成了一致。在确保边境安全方面亚历山大一向小心谨慎。[63] 从帕莱托尼昂出发，他往西南方向走，在进入沙漠之后则沿着一条古老的商路前行。此时，距离西瓦还有 200 英里之远。

亚历山大的这段旅程既危险，又艰苦。[64] 4 天之后，全队的饮水就便消耗殆尽，好在一场及时的大暴雨拯救了他们。之后，从沙漠南边吹来了可怕的喀新风**，随之而来的沙尘暴则把所有的路标都摧毁了。亚历山大的向导完全迷失了方向，直到看见了一群往西瓦方向迁徙的候鸟他们才得以重新上路。在 2 月底的时候，他们总算到达了西瓦，此时距出发之日已过三个星期了。此处的风景必定会让他们眼前一亮：遍地都是橄榄树和枣椰，随处都可听到泉眼的潺潺的流水声。[65] 但是，亚历山大并没有停下来放松一下。他径直朝神庙走去，早就听说他要来的大祭司正在那里等待。[66] 这位新任法老受到了传统的问候："阿蒙之子，善良之神，两地之主。"就这样，在踏进这座至圣神殿之前，他的第一个问题便得到了解决。

由于亚历山大不允许任何侍从跟着他，而他也从未透露过在这次著名的神谕咨询中所发生的事情（尽管出于某种考虑祭司们有可能会这么做），他所得到的回复一定还是问题重重的。[67] 在走出神庙之后，面对大家的急切询问他的回答只有一句话："他所得到的正是他心中所念想的。"在后来写给母亲的信中，亚历山大说自己了解到了一些秘密之事，一回国就会告诉她，而且只告诉她一个人。由于他死前再也没能踏上马其顿的土地，这些秘密也就随之进了坟墓。尽管如此，传统的说法可能也不会太过离谱。现在，亚历山大作为神之子的身份已经更加广为人知，同时也得到了更加

---

* 二战期间阿拉曼战役的发生地。
** 喀新风（khamsin），指 3 月底到 5 月初从撒哈拉沙漠上吹来的席卷埃及的热南风。

上图 居鲁士之墓，位于今天的帕萨尔加德。这位后来被称为"大帝"的波斯君主一手建立了波斯帝国。亚历山大还曾经以亵渎居鲁士之墓的罪名处死了一位总督。

下图 琉克特拉之战（公元前371年）纪念碑。在这场战役中，厄帕密农达斯指挥的忒拜军队战胜了斯巴达军队，终结了斯巴达的霸权。

佩拉遗址。阿凯劳斯一世统治时，位于平原的佩拉取代了埃盖成为了马其顿的首都，这是亚历山大的出生之地。

上图　马其顿旧都埃盖（位于今天的维尔吉纳）的墓葬中出土的文物，这两个头像来自主墓室，镶嵌于一个豪华的家具之上。人们一般认为左边为腓力二世，头像右眼上有一处伤口，腓力这里曾受过伤。而右边的无须的头像一般认为为亚历山大。

下图　这幅精美的画作是一个大理石宝座的座背装饰，这个宝座发现于埃盖墓葬所谓"欧律狄刻之墓"的主墓室。画作描绘的是希腊神话中哈迪斯和珀耳塞福涅的故事，其中哈迪斯和珀耳塞福涅并排站在马车之上。

上左图　奥林匹娅斯的头像。

上右图　一个印有腓力二世头像的青铜项链垂饰，位于塞萨洛尼基考古博物馆。头像只显示了腓力的左侧，没有显示他受过伤的右眼。

下图　亚里士多德的半身像，亚里士多德的父亲尼科马刻斯曾是腓力的父亲阿敏塔斯三世宫廷中的医生，他本人也自小和腓力相识。当亚历山大需要一个导师时，他应召从小亚细亚来到马其顿的米扎教导亚历山大。

上图　一座罗马时代的亚历山大骑马的雕像。存于那不勒斯国家博物馆。

下图　腓力的盔甲，出自埃盖的腓力墓，盔甲为铁制，上面有金制的装饰。

上图　埃盖墓葬主墓室出土的这个精美的拉耳纳克斯棺原先是放在大理石石棺中的,棺中装着黄金和紫色织物包裹着的男性骨灰。棺盖是铰链式的,上有十六角马其顿星星,中部是带玫瑰花饰的蓝色珐琅。

下图　这个精致的金花环发现于主墓室,有细细的扭枝,共有 80 片美丽的桃金娘叶子,120 朵花,其中花瓣和雄蕊都是单独做就的。

上图　德摩斯梯尼的半身像。他是腓力和亚历山大最顽固也是最不妥协的敌人。正是在他的倡议之下，忒拜和雅典最终联合起来与马其顿在喀罗尼亚激战。

下图　喀罗尼亚之狮。在喀罗尼亚战役中腓力指挥的马其顿军队击溃了忒拜和雅典联军，其中忒拜的圣团全军覆灭，这尊雕像即纪念他们。

这座被称为"亚历山大石棺"的棺材于1887年发现于今黎巴嫩沿海的西顿王陵。人们认为它是阿布达罗尼摩斯所制。长面的中部阿布达罗尼摩斯在用长矛刺狮,左边穿着希腊服饰的人物可能是亚历山大。

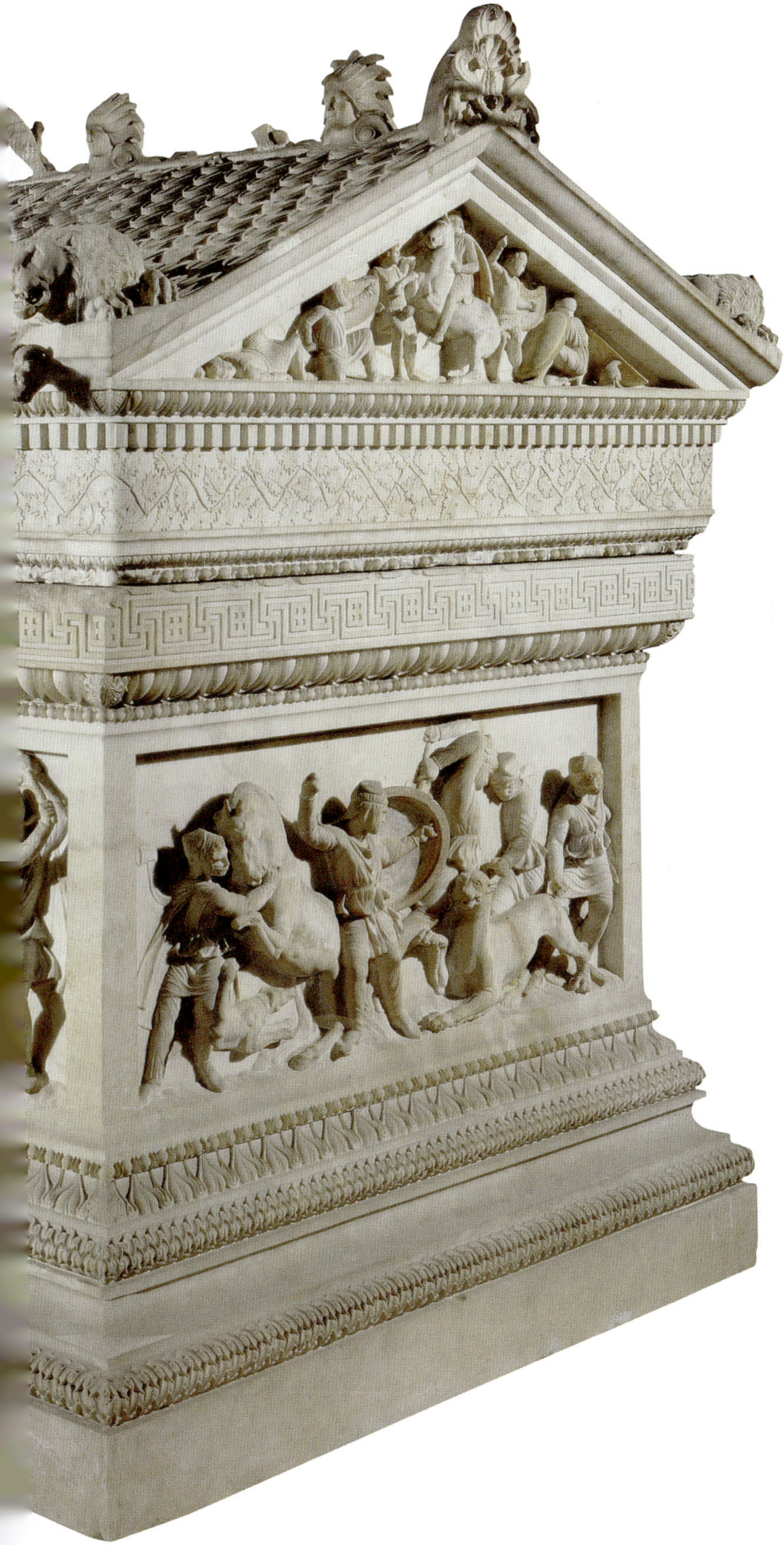

上图　德尔菲神谕所的遗迹。德尔菲是古代世界最著名的神谕所,腓力和亚历山大都曾经在这里寻求预言,亚历山大也正是从德尔菲得到了他的"不可战胜"的头衔。

下左图　这座亚历山大半身像描绘的是他二十来岁时候的情景。所有的亚历山大像都是以这种无须的形象表现的。这座像最初出自埃及亚历山大里亚,现存大英博物馆。

下右图　赫淮斯提翁的头像。赫淮斯提翁是亚历山大终生的挚友,赫淮斯提翁死后不久亚历山大也去世了。这座头像可能出自波利克莱塔斯之手。

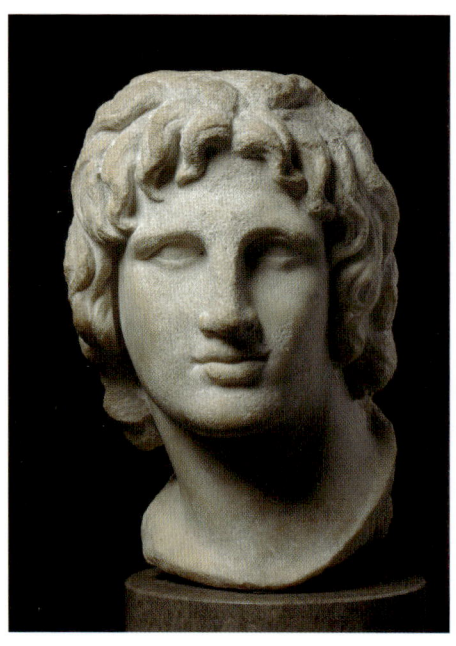

上图　印有亚历山大头像的铸币。出自亚历山大里亚铸币厂，是在托勒密的命令下铸造的。像中亚历山大带着大象头饰，这是纪念他在印度的胜利。背面是女神雅典娜，挥舞着长矛，举着盾牌，右侧有一只鹰。

下图　西瓦神谕所的遗迹，亚历山大曾经在这里询问过关于自己出身的预言，而他听到了什么我们已经不得而知，但是这则神谕改变了亚历山大本身，也改变了整个古代世界。

上图 发掘出来的巴比伦遗址,在亚历山大的时代,这是整个近东最为富饶的城市,后来亚历山大也死在这里。

下图 这是一幅18世纪画作,出自弗朗西斯科·德·穆拉之手。画中希绪冈比斯错误地把赫淮斯提翁当成了亚历山大。

波斯波利斯遗址。这是波斯的旧都,波斯波利斯的宫殿在亚历山大手下付之一炬。

上图　托勒密的半身像，位于罗浮宫。托勒密是亚历山大的好友和部将，后来建立了埃及的托勒密王朝。他的回忆录是阿里安的《亚历山大远征记》的主要参考来源。

下图　波斯波利斯的著名的"人面飞牛门"。

上图 这幅出自庞贝古城的壁画描绘了亚历山大和大流士三世之女斯塔泰拉的婚礼，现藏于那不勒斯考古博物馆。

下图 这是一幅18世纪画作，出自普拉奇多·科斯坦齐，描绘的是亚历山大建立埃及的亚历山大里亚时的场景。

16世纪画家阿尔布雷希特·阿尔特多费对伊索斯之战所作的浪漫化描绘。

广泛的认可：其他神谕所也纷纷支持了这一说法。如果说阿蒙神没有答应把阿契美尼德帝国给他，那至少也会告诉他，如果——或者当——他成为亚洲之主，他应当向哪些神灵献祭（参见下文第429页）。亚历山大里亚的建城位置肯定也得到了认可。根据传统说法，在有关杀害腓力的凶手问题上亚历山大不得不改换一下措辞，因为他原先说的是"他的父亲"，而说神死于非命乃是对神的不敬。不过，无论亚历山大在西瓦听到了什么，有一点是可以肯定的：神启的力量深深地触动了他的内心，而且给他将来的整个事业都留下了永久的印记。

亚历山大的目的就此达成，阿蒙神的祭司们也得到了相应的奖赏，于是他便离开西瓦，沿着来时的路往回走：先穿越沙漠，接着沿着滨海道路向东走到马瑞奥提斯湖。他原本可以选择更直接一点的路线，通过盖塔拉洼地直达孟菲斯；但这将是一段长达400英里的旅程，途中还要穿越一片寸草不生的沙漠，无论是对亚历山大还是对1941年的隆美尔来说，这都不是一条可取的路线。[68]何况，亚历山大正急着要去规划他的新城，往后有的是时间再访孟菲斯。回去的时候，国王显然已经做好了亚历山大里亚的整体规划。新城将沿着地峡兴建，其形状颇具象征意味地与马其顿的军用披风十分相近。新城的规划者、此前曾重新规划过以弗所的戴诺卡瑞斯（Deinochares）说服了亚历山大采用轴对称-网格体系，即一条中央大街自东向西贯穿全城，其他街道则以直角与之相交。不过，在其他一些事务上国王有自己的主意，例如城市外围防御工事的部署、中心市场的位置以及为各种神庙预留的位置——包括献给埃及女神伊西斯（Isis）的圣所。

他在地峡上快步走着，手中用白垩粉做着标记，侍从和勘测员则在后面气喘吁吁地跟着。码头区和港口区就在法罗斯岛对岸，而小岛本身则通过一个大型防波堤与大陆相连（后来这条防波堤被叫作赫普塔斯塔狄昂[*]，因为它有7斯塔狄昂[**]或7弗隆[***]之长）。城市网格将以某种角度来安排，使得每条街道都能充分享受到地中海季风的便利。不久，亚历山大的白垩

---

[*] Heptastadion, 即七斯塔狄昂。
[**] 斯塔狄昂（stade），古希腊长度单位，约合180米。
[***] 弗隆（furlong），英国长度单位，约合201米。

粉用光了，殷勤的侍从立即给了他一筐专门用作工人口粮的大麦粗粉。国王对城市规划充满热情——至于工人们对此有何说法，史无明文——哪里让他觉得满意，他就往哪里撒一把粗粉。他的主要目的似乎是想给城墙做一次准仪式性的规划。不一会儿，成群的饥饿的海鸥和其他鸟群落了下来，迅速吃掉了这份意外的美餐，吃得一点儿也不剩。

极度迷信的亚历山大非常惊恐，一开始他把这事看作一个不祥的预兆。不过，那位天才的占卜师阿里斯坦德洛斯很快就消除了亚历山大的疑惧。他预言，这座城市将会有"最丰富和最有益的资源，而且将会成为各个民族人民的乳母"。这一次，他可以说是歪打正着，所有了解亚历山大里亚作为国际大都会之辉煌历史的人都会完全支持他的预言。城市正式的奠基日是4月7日。在放置第一块砖头之后，亚历山大把城市交给建造者们去继续建造，而他自己则溯流而上，回到了孟菲斯，[69] 在那里他又一次投身到了神圣王权的氛围当中。在卢克索、卡尔纳克和孔苏的神庙墙上，埃及艺术家都忙着刻画他们的新法老："南北之王，阿蒙所钟爱者 – 拉神所挑选者，太阳之子，新锐之主，阿克山德瑞斯"，众神之一，正在举行献祭。

实际上，这种新的阿谀奉承并不局限于埃及一地。希腊人一听说在孟菲斯和西瓦所发生的事情，就马上看出可以充分利用亚历山大的地位来为自己赚取利益。在众多等候亚历山大回来的使团中，有一个来自米利都，他们带来了有关狄迪马附近的阿波罗神谕的好消息。自从在希波战争中被毁之后，这座神庙就再也没有发布过神谕。甚至连圣泉都已经干涸了。但是，随着亚历山大的到来——或者说使节们是这么说的——令人惊奇地，泉水又开始流动，而神灵也重新开始发布神谕。由于米利都人急着想为自己在爱琴海战役中支持法尔那巴佐斯开脱罪责，国王大概对他们所说的半信半疑。不过，这确实产生了很有益的政治宣传效果。阿波罗认可了亚历山大的宙斯血统，预言他将来会取得伟大的胜利（但没有提及大流士之死），还判定斯巴达国王阿吉斯所图谋的暴动是不会有结果的。[70]*

---

* 不过，阿吉斯国王在伯罗奔尼撒的活动还是让亚历山人有所担忧。安提帕特所送来的援军之少——只有400雇佣兵和500名色雷斯骑兵（Arrian, 3.5.1）——也足以说明这位将军对当前的局势并不乐观。——原注

自此，亚历山大开始对希腊本土的使节采取明显更加温和的立场。例如，他当即批准了所有在孟菲斯等候他的使节的请求。事业的成功连同他在西瓦所了解到的事情，可能使国王情绪变得宽宏了许多。不过不难看出，他也受到了伯罗奔尼撒一触即发的形势的影响。只要能防止希腊城邦发生全面反叛，一切努力都是值得的。

对埃及的管理有一些特殊的问题。这个国家的规模、财富及其巨大的战略价值都给亚历山大留下了深刻的印象。他也知道，作为行省，埃及有两大痼疾：一是民族主义者的起义，二是有野心的总督的割据自立。所以，他现在所做的一切安排都是为了消除这两大问题，其核心原则就是行政与军事的彻底分离。亚历山大尽可能地把实际的行政管理工作交到埃及人手里——这为他赢得了广泛的拥戴。地方政府仍然和之前一样，由一群地区行政专员运转着。这样一来，尽管税收现在被用于偿付马其顿的军费，但它们依旧由本土官员来征收；即使埃及农夫有什么不满，他们也不会怪到亚历山大头上来。甚至政府高层也沿用着固有的体系，于是一名埃及的"州长"（nomarch）便继续以纯正的法老风格管理着上下埃及。不过，由于他既不掌握军队，也不负责税收，几乎没有获得实际权力的机会。

军事方面同样也是采用这种分而治之的体系。东西边境的防务由两名希腊人负责，其中之一是瑙克拉提斯的克莱奥美涅斯（Cleomenes of Naucratis），他还负责接收征收上来的税收。亚历山大在孟菲斯和佩卢西昂安置了马其顿的驻军；雇佣兵则仍由他们各自的军官统领，然后被派驻埃及其他地方。所有这些部队——总数约4000人——的最高指挥权分属两位（也可能是三位）将军。但即便是他们也无权指挥被留下来守卫尼罗河三角洲的海军分队。不过，尽管有这么多的防范措施，聪明人照样能立马让自己摇身一变，成为埃及的事实上的总督——这里所说的便是克莱奥美涅斯。他深知成功的关键在于要有现金，于是（借助他的军事兼财政官的职位）开始积聚巨额财富。他通过劫掠、勒索、粮食投机贸易和大规模敲诈活动，很快就掌握了大权，不过这一过程太过复杂且在这里关系不大，就不作赘述了。但值得注意的是亚历山大对此的反应。

没过多久——可能一年，至多两年——这个典型的中东式成功的故事

279 就传到了国王的耳中。不过，亚历山大非但没有撤他下属的职，也没有指控他腐化堕落，反而默认了他地位的上升。之后，他又得到了官方的进一步认可，而他过往所有的越轨行为却被一笔勾销了。尽管克莱奥美涅斯可能为人狡诈，但是他做事十分高效，而且（更重要的是）完全没有政治野心。对他而言，对主人不忠并没有什么好处。他为自己赚取了巨大的利益，同时人也很聪明，知道要把最大的份额分给亚历山大。于是，克莱奥美涅斯就成了唯一一个持续任职到国王驾崩的马其顿总督（这里不包括独眼的安提柯，此人另有手段使自己无可替代）。这里我们也可以得出某种教益。[71]

现在，在埃及的休假结束了。原本一直在埃塞俄比亚游历，同时（相当有预见地）推测尼罗河源头的卡利斯特涅斯，准备继续履行他那更为严肃的官方职责。亚历山大先是为孟菲斯下游的尼罗河和附属运河架设了桥梁，在完成此事后他便启程回到了提尔。这时已经是 4 月中旬了。就在军队开拔之前，帕美尼翁的儿子赫克托尔（Hector）在一次航行中淹死了。尽管据说亚历山大私下里跟这位青年十分亲近，但一想到赫克托尔的死意味着帕美尼翁又少占了一个职位，他心中也就没那么悲伤了。当他沿着海岸行进时，有消息传来，他派驻低地叙利亚的将领安德洛马科斯被撒马里亚人活活烧死了。一次快速而凶狠的突袭就足以把这些游击队从他们藏身的达利耶旱谷中赶出来。凶手便被送出来处决了。

到了提尔城，亚历山大发现舰队正在等着他，与舰队一起的还有来自雅典、罗得岛和基俄斯岛的使节。雅典人再次请求释放他们在格拉尼科斯河战役中被俘的同胞（参见上文第 215 页）。这次，该请求没有受到任何
280 驳斥就马上得到了批准。基俄斯人和罗得岛人则抱怨他们那里的马其顿驻军。在经过一番调查之后，国王认可了他们的意见。同时，他还补偿了密提勒涅公民在爱琴海战役中的损失，在对岸的大陆上划了一大块领土给他们。国王这时的所有举措表明，在东征大流士之前他急于尽可能地安抚希腊人。他授予塞浦路斯的各个独立君主以极高的荣誉，以表彰他们的舰队在提尔围城期间的杰出表现。

亚历山大的这项政策表现了他的外交远见，但很大程度上也是为从希腊本土传来的不利消息所迫。冬天的时候，阿吉斯及其兄弟阿格西劳斯（Agesilaus）成功争取到了克里特岛上多数城邦的支持。在离开埃及之前，亚历山大命令安福特洛斯（他从赫勒斯滂回来述职）率领一支海军特遣队前去"解放"克里特岛，并清剿该海域的"海盗"——即便没有特别指明，所谓"海盗"无疑也包括他们遇到的任何亲斯巴达的舰队。但到达提尔城时，亚历山大听说阿吉斯已经公开反叛。他征集了一支强大的雇佣军，并且不断呼吁所有希腊城邦加入他的起义。然而正如人们所能预料到的那样，许多城邦要么犹豫不决，要么一心想撇清麻烦。这就给亚历山大提供了良机。现在，有100艘塞浦路斯和腓尼基的三层桨战船驶往克里特与安福特洛斯会合。接着，这支联合舰队前往伯罗奔尼撒海域，极力争取那些尚处中立的城邦以共同对付斯巴达。此外，还有传闻说色雷斯也出现了反叛。但是，亚历山大不想浪费任何时间或资源在希腊上；从现在起，一切全看安提帕特的了。

最后在离开提尔之前，亚历山大在行政方面做了一些重要调整。叙利亚总督梅农在就职后不久就死了，而临时继任的总督在为即将往内陆进军的军队提供补给方面的效率又无法满足亚历山大的高标准。于是，国王精心挑选一人以取代那位代总督。不过，这件事也提醒他，最好任命两名财政长官，分别管辖腓尼基和小亚细亚的沿海地区。他们的主要任务是从马其顿治下的不计其数的"独立"城邦那里征集税收（或者说是"献金"）。

之所以做这些调整，其部分原因在于哈尔帕罗斯又神秘地回来了；作为亚历山大的前军需官和财政官，据传闻他在伊索斯之战前叛变了，不过他跑去希腊很可能肩负有秘密使命。（他或许给亚历山大带回了有关阿吉斯在伯罗奔尼撒活动的情报；从后来的发展来看［参见下文第308—309页］，雅典没有参与暴动很可能跟他有关。）在他离职期间，国库由科厄拉诺斯和菲罗克塞诺斯两人共同管理。据说，是亚历山大亲自邀请哈尔帕罗斯回来的，他承诺不仅会给予特赦，而且——从表面上看，更加不同寻常的是——还将使其官复原职，恢复其原有的大权和责任。[72]

除非哈尔帕罗斯的"叛变"只是为了掩人耳目，否则很难相信像亚历山大这样的人竟会相信他人的忏悔，尤其是当事关一个负责管理庞大战利品和金银的职位时。无论真相如何，哈尔帕罗斯自然毫不犹豫地接受了亚历山大的好意。不过，他一回来亚历山大就得为其他人另寻职位。要是浪费了他们新得的技能，那未免有点可惜。因此，亚历山大任命他们作地区财政官，从而干净利落地解决了这一难题。当然，这就使他们成了哈尔帕罗斯的直接下属。

公元前331年初夏，亚历山大率领全军通过叙利亚向东北行进，在7月10日以后到达了幼发拉底河上的塔普萨科斯。[73] 这时正是两河流域的盛夏时节。平原上的温度已经达到43°C；对于背负战斗装备的战士们来说，这可不是好天气，他们很可能要背负很重的革制水袋（更不用说军用干粮了）。*由赫淮斯提翁指挥的先头部队已经搭建起了两座浮桥，不过为了防备敌人的攻击，浮桥的最后一段还没有建好。他们的行动受到巴比伦总督马扎欧斯（Mazaeus）手下一支有3000多人的骑兵部队的监视。大流士很清楚，亚历山大的下一个目标一定是巴比伦。这座幼发拉底河下游的大城市乃是帝国的经济中心，是保卫苏萨、波斯波利斯以及东部各行省的堡垒。在大流士的心目中，他的对手会选择哪条路线也是显而易见的。他知道，亚历山大的进攻凶狠、快速而且极其高效。因此亚历山大多半会沿着幼发拉底河东岸南下——就像公元前401年居鲁士**所做的那样——然后他将会在库那克萨遭遇惨败。

种种迹象表明，大流士仔细研究过库那克萨之战，而且很想让这场战斗重演一遍。所以，在敌人到来之前马扎欧斯的前锋便同样地奉命撤退，临走时烧毁了所有可作粮草的庄稼。甚至著名的卷镰战车（一种极为过时的战争装备）也重新被引入到军队中，因为阿尔塔薛西斯曾用来对付

---

* 亚历山大显然预料到了此次行军军需供应的困难：他命令叙利亚总督阿里马斯（Arimmas）先行为军队设立好补给站，并且当总督没能提供充足的粮草时便将其撤职（Arrian 3.6.8，这段文字描述了从提尔到塔普萨科斯的旅程）。在哈马-阿勒颇地区还有一段60英里的无水地带。——原注

** 小居鲁士，大流士二世之子，曾率希腊雇佣军与其兄阿尔塔薛西斯争夺王位，最后在库那克萨战役中被杀，希腊雇佣军成功撤回希腊。详情可见色诺芬的《长征记》（Anabasis）。

居鲁士。显然，大流士认为他已经找到了获胜的秘诀。库那克萨平原在巴比伦西北约60英里，非常适合骑兵机动，而波斯大王现在手头上就有大约34000名骑兵可供调遣。他估计，当到达库那克萨时，亚历山大的军队将会燥热疲惫，而且饥肠辘辘。到时由于马扎欧斯的焦土政策和两河流域的炎炎烈日，他们马上就会变成他那装备精良、人数占优的新军队的刀下鬼。

然而，如此美妙的幻想完全基于亚历山大会按他所设想的那样去做，而这从来都是一种危险的假设，眼下更是愚不可及。波斯的最高统帅部一定能想到，他们的对手肯定至少和他们一样对库那克萨的溃败十分了解。亚历山大无疑是知道《长征记》的，而既然有了居鲁士的前车之鉴，他自然是不会走进这个陷阱的。此外，即使马扎欧斯不做损毁，幼发拉底河狭长的农业地带也不足以支撑他的大军。所以，当浮桥搭建好之后，马其顿军队没有像预期的那样顺流而下，而是朝东北横穿美索不达米亚平原。

马扎欧斯一见他们离开，大为吃惊。于是，他快马加鞭，赶了440英里的路把这个消息送到了巴比伦。大流士只得抛掉第二次库那克萨之战的美梦，他必须立即转变战略。因此，波斯大王决定在底格里斯河迎击亚历山大：这是一个大胆而危险的方案，因为没人能肯定马其顿军队要往哪里去。一共有四个可能的过河点。其中，离巴比伦最近的一个是在摩苏尔，约有356英里远；而从塔普萨科斯走到摩苏尔则会稍远一些，约有371英里远。不过，越往北走，距离之比就会越有利于亚历山大。离巴比伦最远的渡口同时也是离塔普萨科斯最近的一个，其距离之比为308英里对422英里。

大流士的方案看起来策划得很好。他立即派了一支轻装侦察兵前去侦察所有可能的渡口；他们会把消息报告给马扎欧斯所统领的先头部队，然后马扎欧斯再亲自向大流士汇报。帝国军队的主力——现在或许有100000多人——将通过皇家大道北上阿比拉城，该城就在摩苏尔正东方向。这里是波斯大王所中意的战场，他希望亚历山大会选择在这里过河。然而，如果他选择另一个渡口，那么马扎欧斯及其骑兵部队就能打一场阻击战，直到由大流士亲自统率的主力军赶来，将马其顿军队消灭干净。但实际上，波斯大王别无他法，只能专注于摩苏尔的渡口。由于军队庞大，这是唯一他有望在亚历山大到达之前摆好阵型的渡口。即使这样，想要留出一点富余的时间也需极好的运气。整个方案依赖马扎欧斯、侦察队和统帅部之间的完美协作。帝国军队必须不惜一切代价如期到达阿比拉。而最重要的是，绝不能让亚历山大知道这个新战略：任何安全方面的泄密都将是致命的。

波斯大王率领军队到达了阿比拉，准备继续向摩苏尔进军。在此期间，正沿着北线穿越美索不达米亚平原的亚历山大，很幸运地俘获了大流士的几名侦察兵。经过审讯，他们不仅全盘透露了波斯的作战计划，而且提供了有关波斯军队的规模和人员构成的详细重要信息。（我们将会看到，亚历山大多大程度上相信他们的话是另一回事。）如果马其顿军队最初是想去摩苏尔渡口——这是很有可能的，此时就得赶紧改变路线；因此，他们转而朝北面约40英里远的阿布·瓦吉南方向而去。[74]

亚历山大于9月18日到达底格里斯河，一路上并没有遭遇大流士所预想的那种艰辛。美索不达米亚平原北部不仅比幼发拉底河流域要凉爽得

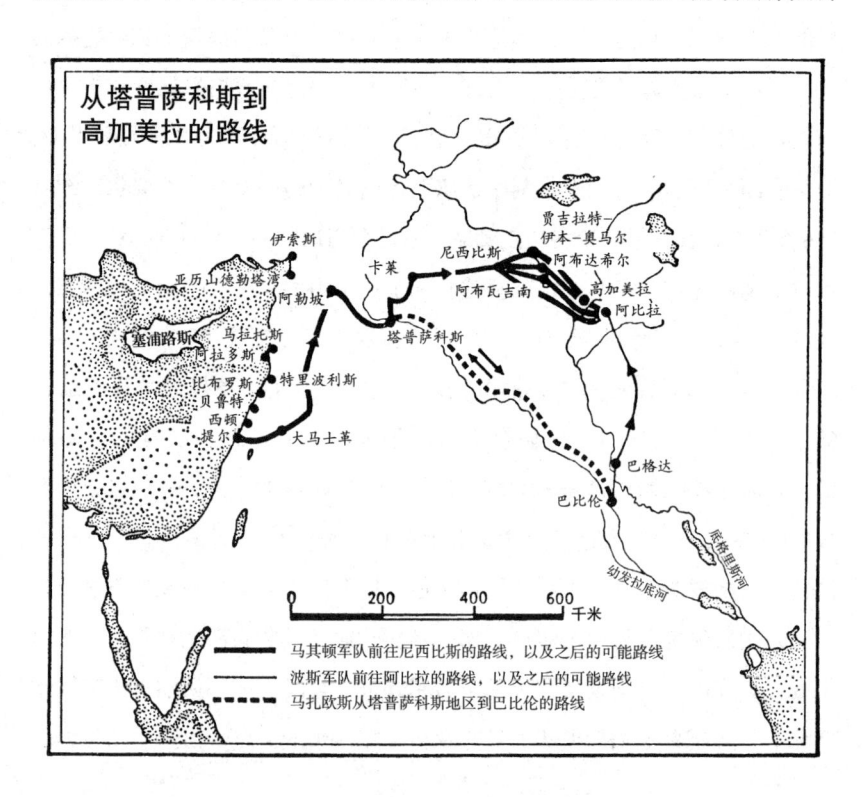

多，而且粮草也更富裕。亚历山大的士兵们既没有受饥饿之苦，也没有因中暑虚脱而萎靡不振。甚至渡河的危险也被夸大了许多，在传统文献所描绘的场景中，马其顿方阵在汹涌的、水深齐胸的河流中勉力而行，相互牵着胳膊以免被水流冲走。那里或许曾下过一场暴雨；但是根据现代旅行者的报告，在9月份，从杰济拉到摩苏尔的底格里斯河，其平均水深大约只有1英尺。不管怎么说，反正马其顿军队在阿布·瓦吉南没有遇到什么抵抗。一些惊恐的侦察兵带着消息向南逃窜，于是波斯大王——他已经渡过大扎卜河，即将到达摩苏尔——又得改变他的作战方案。他和亚历山大的军队之间已经没有底格里斯河的阻隔了。马其顿军队就在约50英里远的地方。现在，他的最佳选择是找到一个适合骑兵和战车机动的开阔平原，然后把亚历山大引到那里。

　　波斯的侦察兵在高加美拉（戈美尔废墟）找到了他所需要的地点，这是一个位于哈济尔河和尼尼微废墟之间的村庄。大流士让军队停驻于此；他自己到平原上视察了一番，然后立即派工兵把所有的树木、岩石和碍事的土丘清理掉。不过，他没有派人去占领西北方向3英里远的那些小山丘，而这个疏忽后来让他付出了惨重的代价。通过这个便利的瞭望点，亚历山大的侦察队随后发现并报告了大流士的所有军事部署。

　　在渡过底格里斯河后不久，亚历山大便遇到了马扎欧斯的骑兵小队。于是，阿里斯通（Ariston）便率领派奥尼亚的侦察骑兵前去解决这个小麻烦。波斯人转身便逃；阿里斯通用枪刺中他们的指挥官，然后割下他的头，"在热烈的欢呼声中把头放到国王的脚下"。随后，马其顿军队休整了两天。在继续行军的前一晚（9月20—21日，晚上9点20分），出现了近乎全食的月食。对此，一向乐观的阿里斯坦德洛斯解释说，亚历山大将"在一个月内"获得胜利。听到这话，军队就放心地再次启程了。四天之后（9月24日），马扎欧斯的骑兵又出现了。这是否意味着波斯大军已经来了呢？国王亲自率领骑兵进行了一次突袭，抓到一两个俘虏。这些俘虏把亚历山大想知道的都说了。现在，大流士停驻在高加美拉，就在小山那边不超过8英里远的地方。他的清场行动表明，他不会离开当前的营地。因此，亚历山大非常明智地让军队又休整了四天（9月25—28日）。平原上的热浪足以灼人，亚历山大希望能在尽可能凉爽宜人的天气里进行决战。

在此期间，大流士的特务试图散布消息说，如果有哪位马其顿人能杀掉或背叛亚历山大，那他将会得到丰厚的奖赏。这些消息都被截获，并且（在帕美尼翁的建议下）受到了查禁。同时，军营周边也挖了壕沟、立了栅栏，以此加强戒备。[75] 也就在这时，波斯大王他那不幸的王后病故了，不是死于分娩，就是死于流产。自从公元前333年11月她与丈夫分离以来，已经过了两年，因此亚历山大或许并没有像他所宣称的那样觉得她"辣眼睛"（更不用说他长远的帝王野心了）。王后的一个贴身宦官偷了马其顿军营的一匹马，逃到波斯的营地里，把这个悲伤的消息带给了大流士。

波斯大王的反应很有意思。他的悲伤和愤怒是可以理解的，只是在恢复镇定之后，他第三次，也是最后一次试图通过和平谈判来跟亚历山大达成协议。这一次他所提出的条件远比之前的更多：幼发拉底河以西的所有领土；30000塔兰特以赎回他的母亲和女儿；以其中的一个女儿进行联姻，同时他的儿子奥科斯终身留作人质。虽然这一次亚历山大的决心不曾有一丝动摇，但还是把这些条款放到了军事会议的面前。作为老将们的代言人，帕美尼翁很反感自从占领大马士革以来一直带着这么多累赘般的俘虏，他认为，为什么不把这些人赎出去，就此了结？至于那个老妇和两个女孩，倒是可以用来讨价还价。迄今还没有人曾统治过从幼发拉底河到多瑙河这么大一片国土——而现在还没开战大流士就主动提出了这些条件！最后，帕美尼翁总结说，"如果我是亚历山大，我就会接受这份提议。"而亚历山大则回答说，"如果我是帕美尼翁，我也会这么做的。"他转身面向大流士的使臣们，告诉他们，天无二日，亚洲亦无二主。如果大流士想要保住王位，就得为之战斗。他随即拒绝了波斯的条款，而大流士也"放弃了任何进行外交谈判的念头"。[76]

亚历山大尚未亲眼见过大流士的新军队，而且很怀疑他所听到的任何相关消息。他似乎认为，这支军队不会比他在伊苏斯打败的那支庞大多少，也不会比之更有战斗力。俘虏的报告以及类似的消息来源总会夸大其辞。当时，他自己的军队已经扩充到了47000人。在9月29日的黎明前，他登上了高加美拉附近的小山丘，第一次看到了对手的情况。这着实让他吓了一跳。大流士的军队几乎完全由骑兵组成，而且都是重装骑兵。透过清晨的薄雾，亚历山大看到了无数的披甲骑士，并且其中还有来自帕提亚和巴克特里亚的精锐骑兵。粗略估计一下，在这个重要兵种上波斯与马其顿的兵力之比至少达到了五比一。由于无法召集一支称职的步兵队伍，波斯大王便完全放弃了让步兵参与一线作战的想法。

这支非同一般的军队不仅比亚历山大所预期的更强大、装备更好，其阵形也让他大为震惊。很显然，这一次大流士决心不再让马其顿军队故技重演，阻止其再次赢得像在伊索斯和格拉尼科斯河那样的胜利。在左翼，他安排了一支由巴克特里亚和斯基泰骑兵组成的强大兵力，其中还有他半数的卷镰战车。亚历山大越是研究波斯的部署，就越觉得事情不妙。因此，他召来全体将领，向他们询问意见。是现在就发起进攻呢，还是等到明天？亚历山大没有透露波斯军队要比预期的更强大，只是说可能还需要再侦察一下地形。有传闻说，战场上暗藏陷阱，其中布满了尖头木桩，此外还有许多铁蒺藜和其他类似的装置。多数将领都嚷着要立即作战，但亚历山大——在帕美尼翁的支持下——最终说服了他们。

于是，9月29日的大部分时间里亚历山大都在精骑卫队的护卫下巡视可能的战场，仔细地勘察地形和大流士的军阵。波斯人没有阻拦他。接着，（像他的英雄阿基琉斯一样，只不过原因有所不同）他回到了营地。当士兵们在吃饭和睡觉时，亚历山大却一直坐那儿，"满脑子都是波斯军队的数量"，他考虑了一个又一个的作战方案，然后一个又一个予以否定。当晚，帕美尼翁前来觐见，提议出其不意地发动一次夜袭。国王冷冷地回答说，窃取胜利只是一种廉价的诡计（他可能还会补充说，在宣传上也很不好）："亚历山大必须光明正大地打败敌人。"此外，就像阿里安所提醒的那样，夜袭是所有作战行动中最危险和最不可预料的。不过，这并不妨碍亚历山大故意"泄露"他有可能会发动这种袭击，于是谣言很快就传到了大流士那边。结果，波斯人枕戈待旦，一夜未眠，而到了早上便全都昏昏欲睡了。

思前想后，亚历山大终于把主要策略构思好，随后他便扎进梦中，好好地睡了一觉。太阳渐渐升高，但国王并未起床。陪侍的将领们自行吹响起床号，然后命令士兵们去吃早餐。亚历山大此时继续熟睡。最后还是由帕美尼翁把他摇醒了。现在急切需要组织战斗队形，只有亚历山大本人才知道要组成什么样。国王打了个哈欠，伸了个懒腰。当帕美尼翁对他竟能如此酣睡而大感不解时，亚历山大回答说："这没什么可大惊小怪的。当大流士烧焦土地、夷平村庄和销毁粮草时，我确实有点儿失控；但是现在，他正准备来场大战，那我又有什么可担心的呢？赫拉克勒斯在上，他所做的正是我想要的。"

从某种意义上说，他所言不虚，情况就如当初在格拉尼科斯河一样，其原因也是类似的（参见上文第170—171页）；但同时这也是一种虚张声势。大流士有34000名一线骑兵，而亚历山大仅有7250名：策略——或者说亚历山大所想——再高明也掩盖不了这一基本事实。[77] 亚历山大会被人侧翼包抄，而他自己也知道。这里不像在伊索斯那样有高山和大海可以保护他，而波斯人的阵线几乎比他的宽了一英里。因此，尽管基本的战斗队形保持不变，亚历山大又花了额外的精力去保护他的侧翼和后方——同时也故意让他的战线看起来比实际更薄弱一些。在右翼，他安排了一支强大的雇佣军，并故意让他们隐藏在骑兵部队之后。他还让两翼后退，跟主阵线保持一个45°的斜角。最后，他让同盟步兵以及其他希腊雇佣兵来保护后方。

实际上，亚历山大这么做并不完全是迫不得已。当他独自一人在灯火明亮的营帐中思考时，仅仅是出于天才的直觉构想出了一种作战方案；在千百年后，马尔伯勒*在布伦亨、拿破仑在奥斯特利茨都曾模仿过这种方案，除此再无其他将军（就目前所知）曾构思过它。为了减小人数上的巨大劣势，并为他的决胜冲锋创造机会，亚历山大打算把尽可能多的波斯骑兵从中军吸引出来，让他们去跟自己的侧翼防卫部队交战。当侧翼胶着在一起时，他就会猛烈地朝大流士的已经变得薄弱的中军发起进攻。当然，

---

* 马尔伯勒（Marlborough，1650—1722），英国军事家、政治家，在1704年的布伦亨战役中大败法国与巴伐利亚联军。

高加美拉战役

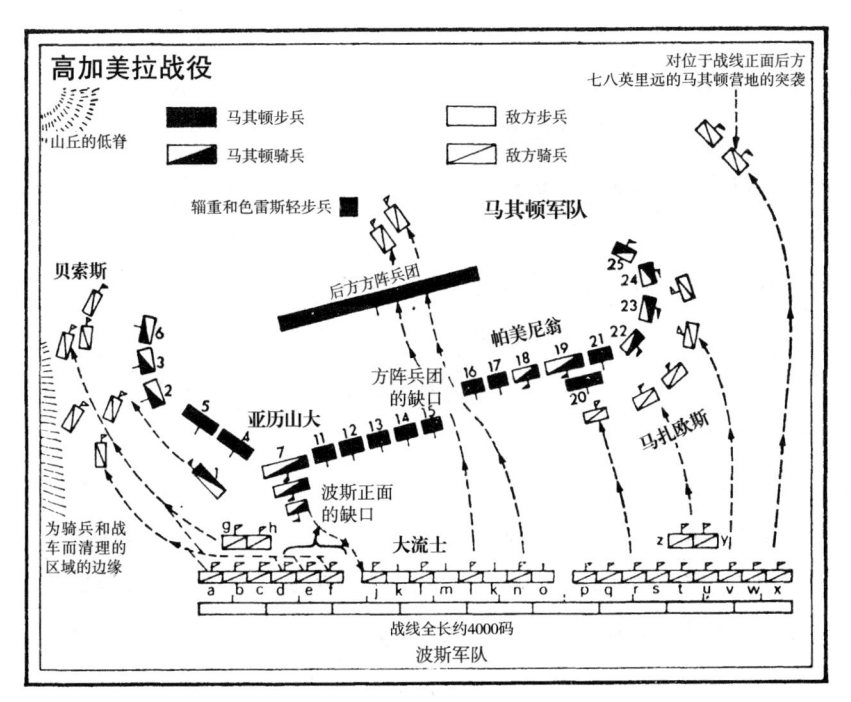

图例:
- ▮ 马其顿步兵
- ▱ 敌方步兵
- ◢ 马其顿骑兵
- ◿ 敌方骑兵
- 辎重和色雷斯轻步兵
- 山丘的低脊
- 对位于战线正面后方七八英里远的马其顿营地的突袭

图中标注：贝索斯、马其顿军队、后方方阵兵团、帕美尼翁、亚历山大、方阵兵团的缺口、波斯正面的缺口、马扎欧斯、大流士、为骑兵和战车面清理的区域的边缘、战线全长约4000码、波斯军队

右侧卫队
1 希腊雇佣骑兵——美尼达斯
2 枪骑兵——阿瑞特斯
3 派奥尼亚骑兵——阿里斯通
4 1/2 阿格里安人——阿塔罗斯
5 1/2 马其顿弓箭手——布里索
6 雇佣兵老兵——克勒安德洛斯

右翼
7 侍友骑兵——菲罗塔斯
8 标枪兵——巴拉克洛斯
9 1/2 马其顿弓箭手——布里索
10 1/2 阿格里安人——阿塔罗斯
11 翊卫队——尼卡诺尔
12 方阵——科伊诺斯
13 方阵——佩狄卡斯
14 方阵——墨勒阿格
15 方阵——波吕佩孔

左翼
16 方阵——辛米亚斯
17 方阵——克拉特洛斯
18 希腊同盟骑兵——厄里吉奥斯
19 塞萨利骑兵——腓力
20 克里特弓箭手——克勒阿尔科斯
21 阿开亚雇佣步兵

左侧卫队
22 希腊雇佣骑兵——安德洛马科斯
23 色雷斯骑兵——西塔尔刻斯
24 希腊同盟骑兵——科厄拉诺斯
25 欧德里西亚骑兵——阿伽通

波斯军队

左翼
a 巴克特里亚骑兵
b 达海骑兵
c 阿拉霍西亚骑兵
d 波斯骑兵
e 苏西亚骑兵
f 卡杜西亚骑兵
g 巴克特里亚骑兵
h 斯基泰骑兵
i 战车

中军
j 卡里亚骑兵
k 希腊雇佣兵
l 波斯骑兵卫队
m 波斯步兵卫队
n 印度骑兵
o 马尔狄安骑兵

右翼
p 科伊罗——斯基泰骑兵
q 美索不达米亚骑兵
r 米底骑兵
s 帕提亚骑兵
t 萨奇亚骑兵
u 塔普里亚骑兵
v 叙尔卡尼亚骑兵
w 阿尔巴尼亚骑兵
x 萨凯西尼骑兵
y 卡帕多基亚骑兵
z 亚美尼亚骑兵

这种方案需要把时间掐得恰到好处。亚历山大没有多余的骑兵可以挑动大流士。波斯大王本人必定会主动出击，必定会禁不住那看似薄弱的侧翼的诱惑，发起大规模的侧翼包抄。此外，决胜的一击必须在合适的时候发起。"如果他冲锋得太早，其攻势就容易被挫败；而如果他进攻得太晚，其侧翼就可能崩溃，到时连重骑兵都得为活命而拼死一战。"[78]

双方的统帅都做了战前演讲，[79]并且各自的演讲都包含了有趣的神学的一面。大流士一边向密特拉祈祷，一边对他的军队强调这是一场神圣的战争而不仅仅是权力的争夺：他对亚历山大和马其顿军队的描绘看起来颇不寻常，很像后来波斯人对愤怒种族恶魔的漫骂（这可能实际影响到了库尔提乌斯的叙述）。亚历山大在身穿白袍、头戴金冠的阿里斯坦德洛斯的陪同下，向塞萨利骑兵和同盟步兵——注意，不是向马其顿部队——发表了长篇的激励演说，祈求诸神"如果他真的是宙斯的后裔，就让他保卫和增强希腊人"。这时是公元前331年9月30日上午。前奏结束后，马其顿和波斯的军队开始向前行进，双方都小心翼翼，明显不愿接战；一场大战即将开始，最终这场战斗"让亚历山大有机会占有从幼发拉底河到兴都库什的整个波斯帝国"：这是他的军事杰作，无论谋划还是指挥。

和以前一样，马其顿军队的左翼在行进中逐渐往后形成一个斜角，以此引诱由马扎欧斯指挥的波斯右翼过早地投入侧翼的战斗。与此同时，波斯左翼——由巴克特里亚总督、未来的波斯大王贝索斯指挥——远远宽过亚历山大的阵线，以致亚历山大及其侍友骑兵几乎正对着大流士的指挥中心。双方都不想主动出击：亚历山大和大流士——他现在已经了解到了对手"斜线式"前进的秘密——一直缓缓前进，直到他们快到波斯人为战车和骑兵清理过的那片地区的边缘。总得有人先动手，最终这个人是大流士。由于担心这样下去会走到危险的崎岖地带，他命令贝索斯向亚历山大正在前进的右翼发起进攻。

这正是亚历山大所期待的一步。一旦贝索斯的骑兵全力投到战斗中，国王就算好时间，不断从他深厚的侧翼卫队那里调兵增援。为了应对这持续增长的压力，贝索斯调来一个又一个的骑兵分队，决心现在就突破或包围亚历山大的侧翼；他大概还没意识到马其顿骑兵后面还有6700名雇佣兵正等着他。终于，亚历山大这支不超过1100人的骑兵部队，缠住了十倍于他们的波斯重装骑兵，并坚持了相当久。在此期间，大流士为了缓解压力，派出了他的卷镰战车，不过事实证明这总体上没有起到什么作用。亚历山大安置在主力部队前面的轻装部队不断把标枪掷向拉战车的马匹，当战车驶过的时候就刺杀驭手，从而使战车部队出现混乱。战场上到处都是被削掉的脑袋和四肢，这个场面后来成了希腊罗马演说家的极好题材；不过，训练有素的方阵队伍敞开了大口，幸存者被亚历山大的马夫围起来，这时翊卫队一些敏捷的士兵也主动过来帮忙。

现在，波斯两翼几乎所有的骑兵都在作战。帕美尼翁正拼死抵抗马扎欧斯的进攻，而亚历山大刚刚把最后的巡逻骑兵也派出去对付贝索斯。在这关键时刻，国王敏锐地发现了对手的一个薄弱点，可能只是一时在大流士中军左侧露出来的小缝隙。机不可失。亚历山大召集剩余的所有部队组成一个巨大的楔形阵发起了冲锋。楔形阵由侍友骑兵打头，亚历山大还亲自统率其中的皇家骑兵分队。其后还有七个分队，连同翊卫队和其他所有尚未交战的方阵兵团，再往后轻装部队也跟着发起了冲击。

侍友骑兵穿过薄弱的波斯中军，径直冲向大流士，击溃了他的皇室骑兵和希腊雇佣兵。就在这短短的两三分钟内，战局完全逆转了过来。还在全力与亚历山大的右翼作战的贝索斯，突然发现自己的侧翼危险地暴露在正在冲锋的侍友骑兵面前；他与大流士失去了联络，害怕亚历山大的楔形阵随时会绕到后方把他包围。因此，他很明智地下达了撤退的号令，开始把部队撤出来。同时，大流士被亚历山大的骑兵和步兵逼入绝境，他眼见自己有被杀的危险，便像在伊索斯时那样逃离了战场。这一次，他勉强赶在包围圈合围之前跑了出去。就在这关键时刻，亚历山大收到帕美尼翁的紧急报告，说左翼的战斗十分惨烈；传令官可能在国王率领侍友骑兵发起冲锋之前就被派出来了。*

帕美尼翁的塞萨利骑兵和正在冲锋的方阵兵团之间出现了一个缺口。一群印度和波斯骑兵立即冲进了这个缺口，大概其最初的目的是想抄袭帕美尼翁的后方。然而最后，可能由于冲得过猛，他们既没有左转也没有右转，而是继续向前冲破了后备步兵，朝亚历山大的辎重营发起了进攻。在劫掠了一会儿并释放了一些波斯俘虏后（王太后很明智地决定继续安坐不动，直到局势变得明朗为止），他们又被赶了出来。在往回撤时，他们冲向了亚历山大及其骑兵队伍，挑起了整个战役中最惨烈的一场战斗。在这场混战中，至少有 60 名侍友战死，而亚历山大本人也是处在极度的危险之中。

不过此时，波斯的整个战线正在迅速崩溃。同样，崩溃的关键因素又是波斯大王跑了。大流士驾着战车，穿过平原，朝阿比拉方向逃窜，在身后卷起了无数的烟尘。马扎欧斯一看见他逃跑，就立即停止了跟帕美尼翁的长时间殊死搏斗。在遥远的另一侧，贝索斯早已开始相对有序地撤退。帕美尼翁的塞萨利骑兵原本寡不敌众，打得十分艰苦，现在却可以冲出去追击落败的敌人了。[80] 不过，亚历山大杀死或俘虏大流士的企图又一次落空。当帕美尼翁虏获波斯人的辎重以及大象和骆驼时，国王却往尘土飞扬之处疾驰而去，还指望着能追上大流士的人马。当夜幕降临时，他让疲惫不堪的士兵和马匹休息了一两个小时，然后又继续追到了半夜。马其顿军队连夜追赶约 75 英里，终于在黎明时分进入了阿比拉，却发现大流士已经走了。不过，和在伊索斯一样，他把战车、弓以及不下 4000 塔兰特的钱币留了下来。这倒也是个货真价实的安慰奖；再说不管怎样，波斯大王的声望遭到了严重的打击，相对而言他个人的逃窜也就不那么重要了。阿契美尼德帝国已经一分为二，它的统治者的权威也已荡然无存。如果亚历山大此时宣布自己取代大流士成为波斯大王，那么除了贝索斯还有谁会否

---

* 后来，这件跟帕美尼翁相关的事情，被卡利斯特涅斯和其他人改写得不太可信。他在战斗中的指挥被说成"反应迟钝且很不称职"；他"嫉妒而且憎恨"亚历山大，他的报告——可能在国王确定发起冲锋的时间之前就已经预先安排好了——无耻地向亚历山大求援，从而耽搁了亚历山大太长时间，以致他没能抓到大流士；参看 Marsden, p. 62。——原注

认他对这个头衔的权利呢?

马其顿的情报人员很快就整理出了有关波斯大王逃窜的情况。他和随从们匆忙撤到了阿比拉,甚至都顾不上摧毁逃跑时所经过的桥。不久,他们跟贝索斯及其巴克特里亚骑兵、2000名忠诚的希腊雇佣兵和皇家卫队的少数幸存者在这里会合。这位战败的国君把他们聚集在身边,在继续逃亡之前发表了一个简短的演讲。他正确地预言说,亚历山大将会直扑伊朗南部的富庶城市,"因为那里有人居住,道路也便于运送辎重,此外巴比伦和苏萨无疑就是这次战争的奖赏"。他还说,他本人打算翻过山岭进入米底和东部行省,从那里再招募一支军队。让马其顿人去尽情地搜刮金银,尽情地在妾婢和奢华中消磨时光:没有什么比这些更容易削弱一支劲旅了。

有人或许会怀疑,大流士的听众是否会认真对待这种辩解,不过在这种情况下他也只能做到这些了。他们遭遇了一次惨重而耻辱的失败,[*]这是任何言语都难以抚慰的。无论出于何种原因,放弃巴比伦都将会再添耻辱。然而,希腊人依旧忠心不二;甚至连贝索斯现在都不敢完全抛弃大流士。作为名义上的领袖,他还有一定的价值。所以,午夜过后不久,这些波斯大军的残兵败将一起从阿比拉出发,往东翻越亚美尼亚山脉,最后从北进入埃克巴塔那。大流士在此稍作停留,以便其他散兵能与之会合。他做了一些零星的努力来重新组织和武装他们;同时,他也给巴克特里亚和其他高地行省总督和将领发去明显充满忧虑的公文,要求他们保持忠诚。但是,高加美拉一役摧毁了他的勇气,而他再也没能恢复过来。[81]

---

[*] 亚历山大不仅在敌人所选择的战场上打败了一支远比他强悍的军队,而且自身没有遭受太大的损失。他有据可查(P. Oxyrh. 1798)的最高伤亡人数是1000名士兵和200匹马(其他人的估算在300〔QC 4.16.26〕和100〔Arrian 3.15.6,可能来自托勒密的记载〕之间),而根据同一史料,波斯的损失则约有53000人。——原注

第八章
亚洲之主

戈尔狄昂的神谕预言亚历山大将成为"亚洲之主",即波斯帝国的国王和大流士的合法继承人。正因如此,在通信时,他便要求大流士这么称呼他,虽然那会儿有点过早。不过在高加美拉之战后,这一要求看起来就比较理所当然了。正如普鲁塔克所言,"人们认为波斯帝国已经彻底瓦解了"。亚历山大让将士们知道了他的梦想,于是庆贺胜利时,他们便欢呼他为"亚洲之主"。这样,高加美拉战役就各个方面来说都是亚历山大人生的一个转折点。从未把他的民主宣言当回事的希腊人认为,这个新进展完全符合亚历山大的品性。对他们来说,亚历山大一直都是一个典型的野心勃勃的僭主,而现在他更加证实了他们的判断。

然而,此战对马其顿军队的影响是非常深远的。从此以后,亚历山大和军队之间的关系日益恶化,后面我们将会看到这甚至到了兵变和谋杀的可怕程度。国王明显倒向了东方专制主义,这对马其顿保守贵族们震动极大。对他们来说,亚历山大在亚洲的使命已经完成了,他应当带他们回国去,越快越好。帕美尼翁很直率地告诉他,他应该把目光转回到马其顿,而不是盯着东方。但是,亚历山大的征战视野仍在拓展,对他来说马其顿已经变得既渺小又遥远。

国王自己也深知当前的困境。他不会,也不能放弃荣耀与帝国之梦,正是这些梦想推动着他前进;但是,他必须想办法安抚那些最激烈的反对者。在离开阿比拉之前,他慷慨地把"财宝、地产和行省"分配给他的高级将领。同时,由于迫切想得到希腊人的支持——这毫不奇怪,毕竟伯罗奔尼撒已经反叛了——他写信告诉他们,所有的僭主政治都将废除,他们从此可以在自己法律的统治下生活。这一举措似乎既美好又高尚;不过,国王私下里给安提帕特的指示可不是这么回事。不管怎样,西库昂、佩勒

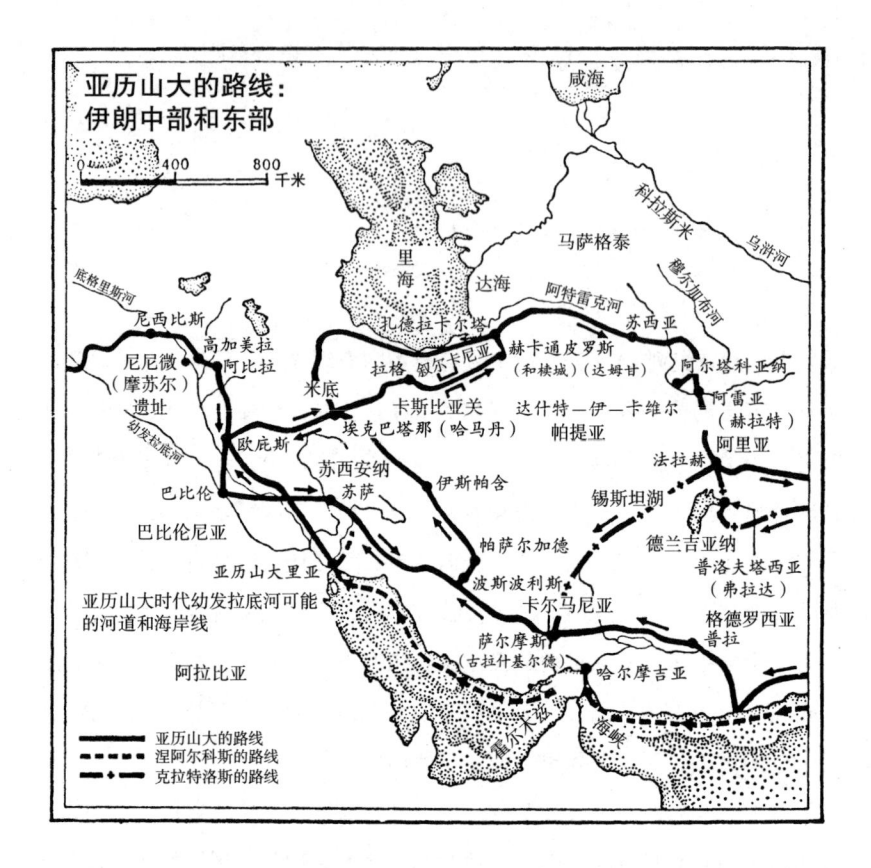

涅和美塞尼亚的僭主们仍旧在位；此后，当所有的危险都过去之后，拿安提帕特做此事的替罪羊就可以了（参见下文第458—459页）。但是，亚历山大却兑现了他要重建普拉塔亚的承诺，这大概是对忒拜复兴的一种防范吧。[1]

不过，随着他对波斯本土的入侵，国王所要面对的最棘手的难题才刚刚开始。他迄今一直能宣称自己是一位解放者。尽管他在腓尼基沿岸施行过一些纯粹恐怖性质的政策，但是在小亚细亚和埃及，这一口号还是很有说服力的。甚至在巴比伦这个曾经独立的骄傲城市，这一套说辞可能也有一定的效果。但是，一旦他开始踏上前往苏萨和波斯波利斯的道路，他就必须想出一个不同的口号来。亚历山大没法说要把波斯人从他们自己人那里解放出来。所以，就像马克思主义者所说的那样，亚历山大很快就陷入到矛盾之中；这或许可以解释，为什么这时期他寄回国的公文在谈到远征的动机时，更强调复仇而非解放。他对马其顿军队无疑也是采取同一宣传政策。

然而，如果亚历山大想防止身后出现麻烦——更不用说做大流士的继承人了——他就必须以明白无误的方式安抚波斯的贵族，而这又会使得马其顿人疏远他。许多伊朗显贵都毫不犹豫地选择与侵略者合作。尽管如此，还是有一群以波斯祭司阶层玛哥斯僧为首的抵抗分子，他们对亚历山大的敌意主要来自宗教，因为在他们看来，亚历山大纯粹就是一个异教侵略者。他不崇拜阿胡拉·马兹达（Ahura Mazda）；他不是具有阿契美尼德血统的波斯贵族，甚至不是出自"七大贵族家族"。在这群权贵眼里，他登上王位靠的是武力，而且是赤裸裸的武力。他们的宣传话语很自然地把他描绘成一个普通的篡位者，一只被派来摧毁波斯的凶残的狮子。

亚历山大曾在亚里士多德门下学习过玛哥斯僧的教义，他似乎是知道这些反对意见的。如果他想让自己被认可为波斯大王，就需要在民族的宗教情绪和王室的观感方面做非常大的让步。他唯一使自己成为合法的阿契美尼德国王的机会是除掉大流士，然后再娶一位王室成员：因此，他很认真地奉养王太后。[2] 尽管斯塔泰拉（Stateira）*死得不是时候，大流士又第二次成功脱逃，让他尽快与王室联姻的计划未能实施，但是他的成为阿契美尼德国王的雄心终究会导致他与同胞之间关系破裂。比如说，如果不遵循波斯的宫廷礼仪，他是很难登上波斯的王位的。波斯大王身边有无穷无尽的禁忌和宗教仪式——这跟马其顿君主与贵族之间轻松的关系形成了鲜明对比。想要把这些角色合而为一终究是不可能的，他迟早得在其中做出选择。

亚历山大只在阿比拉待了一两天。他安葬了己方的阵亡将士，对波斯人则弃之不顾：起程在即在这时是一个绝佳理由。菲罗克塞诺斯率领一支部队先行前往苏萨，负责接受该城的投降并保卫好城中的财宝。与此同时，亚历山大自己则渡过底格里斯河，朝南边300英里远的巴比伦进军。他所

---

* 前文所说的大流士的妻子。

走的路线经过了美索不达米亚平原最肥沃的地带：这片地区灌溉沟渠纵横交错，完全不缺水源和阴凉地。在门尼斯、现在的基尔库克附近，亚历山大遇到了一个沥青湖，还有一口原油或石脑油油井。当地居民一心想要展示一下这种液体的神奇性质。有天晚上，他们把它们洒在那条通向亚历山大营帐的街道上，接着把火炬扔到地上，于是"火焰飞速地从这一头窜到了另一头，整条街道都变成了一条火龙"。[3]

这时候，亚历山大和马扎欧斯正在私下里极力讨价还价；此人在高加美拉战役后回到巴比伦，继续做他的总督。亚历山大想要该城和平投降，而马扎欧斯则希望在新政权中维持原有的职位。在南下的过程中，他们已经达成了某种临时协议。尽管如此，亚历山大并不信任他的前对手，所以

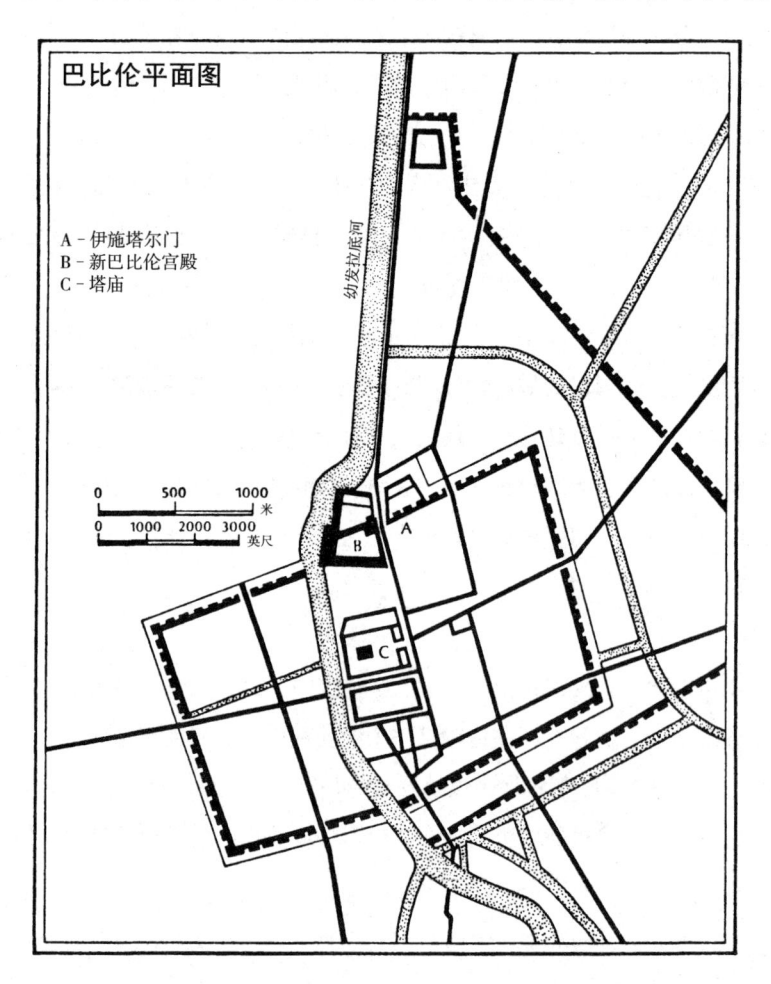

他以战斗队形接近巴比伦，随时应对对方的背叛或突袭。对那些沿着幼发拉底河长途跋涉的灰头土脸的士兵来说，巴比伦看起来想必就像平原上的一个飘渺不定的海市蜃楼：高高的白色门廊，繁茂的绿色植物和带雉堞的城墙与塔楼，这一切构成了一幅梦幻般的远景。巴比伦大致成方形（每一边约有 15 英里长），并且被河流和游行大道分割成两部分。其外围的防御城由泥砖加沥青构成，城墙顶上十分宽阔，可以容得下两辆驷马战车并排行驶。

这时，一支绚丽多彩的队伍正吹着喇叭，打着铙拔，顺着皇家大道出城迎接亚历山大及其军队。倒戈的马扎欧斯骑着马走在前头，正式把城市、堡垒以及财宝交到国王的手中。其后是巴比伦的首要公民，他们带着各色牲畜作为献礼：其中不仅有马和牛，还有关在笼中的狮子和豹。再往后还有唱着庄严圣歌的巴比伦祭司团体，最后则是装备华丽的波斯皇家骑兵护卫队。现在，亚历山大登上一辆战车，并让士兵在战车边上围成一个空心队列（他似乎仍然怀疑对方设有某种圈套），然后以威严和得胜的姿态进入巴比伦。整条道路都撒满了鲜花和花环。为表对征服者的敬意，银制的祭坛上堆着高高的各式香料，现在正香气四溢地燃烧着。当亚历山大驶到那座高大的有着公牛与龙之纹饰、装饰着华丽的黄金和青金石的伊什塔尔门时，胸墙上的人们便大声欢呼并向他抛洒玫瑰花瓣。

非常讽刺的是，当两百年前（公元前 539 年 10 月 29 日）居鲁士大帝进入巴比伦时，他同样也作为解放者受到了马尔杜克（Marduk）的祭司们的欢迎。不过在公元前 482 年，由于民族主义者的反叛，巴比伦遭到了严厉的惩罚。尼布甲尼撒（Nebuchadnezzar）所修建的防御工事被拆毁，最糟糕的是，他们有 300 英尺之高的七层金字型塔庙（ziggurat）也被拆毁了，其上还建有马尔杜克的神庙埃萨吉拉，即所谓的"开天辟地之所"，而神庙在被拆毁之后就再也没能重建起来。至于那有 18 英尺高、近 800 磅重的黄金神像，则被薛西斯的军队运走并熔铸成了金块。后来，巴比伦的城墙得以重建，埃萨吉拉却一直是个失落的记忆。亚历山大之所以受到热烈欢迎，部分原因就在于他承诺将会重建塔庙和神殿——马扎欧斯必定将这一承诺传遍了全城。又一次也是最后一次，他把自己表现成为一个破除波斯之不义与压迫的解放者。

不管怎样，这些快活的、喜爱奢华的巴比伦人考虑到（理由很充分），合作总比遭受提尔城的命运来得好，于是便想方设法让马其顿军队度过了一个足以让他们终身难忘的月假。军官和士兵都住在豪华的私人宅院，在那里他们绝不缺乏美食、好酒和女人。无数热情的良家女子加入了巴比伦的名妓群，其中还包括上层人士的女儿和妻子。（餐后的脱衣舞似乎非常流行。）她们会向客人们展示通常的观光景点，包括传说中的空中花园——这是一座石阶式的树林和灌木园，是亚述国王为他的妻子修建的，她是伊朗人，很怀念家乡的森林和高地。[4*]

军队在纵情声色，卡利斯特涅斯在监督对巴比伦祭司的天文记录的抄写（如果这些记录真的能回溯31000年，他必定会忙得不可开交），此时国王却全身心投入到了管理问题当中。他的第一步并且无疑也是最重要的一步，是批准马扎欧斯继续担任巴比伦的总督，享有铸造银币的传统权利。不难想象帕美尼翁和马其顿的保守派们会怎么看待这项对前敌人的重新任命；但这是非常现实的一步。从现在起，如果亚历山大想要成为阿契美尼德王朝的合法继承人，他就必须取得波斯贵族的支持；这意味着不仅仅要压制潜在的反对势力。伊朗的贵族家庭可以为帝国提供传统的管理人才，并且亚历山大没有受过相关训练（更不用说有双语能力）的文职官员可以取代他们。

从这一角度看，对马扎欧斯的任命乃是特别精明的一招，因为这位总督有一个巴比伦妻子，而且有极强的地方关系。这样，亚历山大设法改善了他在波斯人心中的形象，同时在面对巴比伦的民族主义者时，他可以把自己打扮成一个解放者。不过，他也不会愚蠢到把大权全部交给马扎欧斯。巴比伦的驻军指挥官是一个马其顿人；负责行省征兵和扩军工作的也是如此。马扎欧斯可能有权发行钱币，但无权征税，这项职责属于哈尔帕罗斯

---

* 亚历山大嘲笑了刻在宫殿青铜柱上的法律规章，这些条文规定了大流士的早餐和晚餐。条文规定许多事项，其中包括要有100只鹅或小鹅、400浦式耳的小麦面粉和1塔兰特（57.5磅）重的大蒜（Polyaenus 4.3.32）。翻译官大概忘了告诉他，这些款项（无可否认确实很奢侈）是为波斯大王的整个宫廷和所有扈从准备的。——原注

手下的一位马其顿财政官员。也就在此时，亚历山大第一次对巴比伦宗教和占星学产生了强烈的兴趣（或许他错误地把埃及的萨拉匹斯［Sarapis］等同于马尔杜克，因为后者有时指的是萨里－拉布［Sarri-rabu］，即"大王"）。他下令重建马尔杜克的神殿和塔庙，最初可能是出于纯粹的政治考虑；但没过多久，他似乎就对这些迦勒底祭司有了发自内心的敬重。无论这些人规定了什么样的仪式，他都照做不误；而当军队继续前进时，他们中的许多人也加入了他的扈从队伍。[5]

苏萨这个波斯大王的宏伟的第二首都坐落在巴比伦东南约 375 英里、靠近波斯湾的一个地方。它所在的平原极为肥沃，但这块平原为群山所环绕，因此有九个月的时间都热得像火炉一样。斯特拉波曾写道，"当太阳最热的时候，中午连蜥蜴和蛇都不可能在城市的街道中穿行而不被烤焦"。亚历山大之所以在巴比伦呆了一个月，原因之一就是为了等苏萨凉快下来。到了 11 月中旬，他终于启程了，此时风向已经转为南风或东南风，而且开始下雨了。*当军队在赶路时，阿敏塔斯带着大批援军追了上来（参见上文第 267—268 页注释）：共有 1500 名骑兵和不下 13500 人的步兵，其中有将近三分之一是在马其顿本土招募的。另外还有 50 名新的皇家侍从：国王肯定竭力想确保国内不出现麻烦，不过后来这些侍从本身就成了一个麻烦（参见下文第 378 页）。

新部队的到来促使亚历山大停驻了一两天，以便在指挥架构上做一些革新。增援的步兵仍按地域原则分配到各个方阵兵团中去，同时还组建了第七个方阵兵团。但是对于骑兵，亚历山大则尽量打破所有地域编组模式。各个骑兵中队现在分成两队（lochoi），各有一名队长，然后在随机的、非地域的基础上进行重组互换。未来的升职将是根据战功而非资历——这使国王得以更加牢固地掌控所有的军事任免。这种改组加上在巴比伦的赏

---

* 我们发现，此时亚历山大拿出了巨额的赏赐（Diod. 7.64.5-6; Plut. *Alex.* 34, 39; QC 5.1.45），由此可以推断他在劝说军队放弃巴比伦的温柔乡和重新上路时必定遇到了一些困难——尤其因为他们的进军方向是往东而非往西，是深入亚洲而非返回家乡。每个马其顿骑兵得到了 600 德拉克马——将近一年的薪水，其他士兵各有份额。全部花费超过了 2000 塔兰特，不过巴比伦的财宝足以支付这笔费用。——原注

306 赐表明，亚历山大已经遇到了将士们明显激情消退的局面——这已经是比较缓和的说法了。这次重组有两个目的：提高效率和忠诚度。狄奥多罗斯说："他让整支军队完全忠于它的统帅、服从他的指挥，并大大提升了效率。"其中的优先次序很能说明问题。

当亚历山大还在去往苏萨的路上时，菲罗克塞诺斯派人向他报告，该城已经投降，所有财宝都得到了保护。类似地，马其顿军队又受到了皇家级别的欢迎。总督阿布利特斯（Abulites）派其子护送亚历山大的军队到科亚斯佩斯河，而他本人则亲自在那里守候着。他的见面礼包括骆驼、单峰驼和12头大象；这时候，马其顿的辎重部队就像是一个流动的动物展览队一样。亚历山大一进苏萨城便立即被带进王宫，然后通过饰有生动的釉面砖浮雕的立柱大厅——浮雕上刻有带角的狮子、带翅膀的狮身鹰首兽以及一长队的衣着华丽的波斯弓箭手——来到了金库。在这里，阿布利特斯正式把40000—50000塔兰特的金银条块连同另外的9000塔兰特的波斯金币交给亚历山大。如此惊人的宝库远远超出了亚历山大的想象。

不过，这只是一个开头。金库中还有超过100吨的来自赫尔密俄涅的紫色布匹，将近两个世纪过去了，其颜色依旧鲜艳而没有褪色。薛西斯从希腊抢来的所有战利品都藏在这里，包括著名的"僭主刺杀者"哈尔摩狄奥斯（Harmodius）和阿里斯托盖通（Aristogeiton）的组像在内。附属国送来的作为效忠的信物、装有尼罗河和多瑙河河水的坛子也收在此处。此外，金库中还有宫殿自身的陈设物品、金制盘碟和珠宝；当亚历山大坐下来与侍友们一块进餐时，其场面就像更早时候在《以斯帖书》中所记载的那样：

307 　　有白色、绿色、蓝色的帐子，用细麻绳、紫色绳从银环内系在白玉石柱上，有金银的床榻摆在红、白、黄、黑玉石的铺石地上。用金器皿赐酒，器皿各有不同。

事实上，如果大流士希望这些炫目的财富能让亚历山大分心，以便后者能更充分地准备下一场战斗，那么这个诱饵真是再合适不过了。[6]

然而，亚历山大的雄心远在单纯的战利品之外，对他来说这些东西从来都没什么诱惑力。在视察过金库之后，他的第一个行动——这无疑是个精心谋划的姿态——便是坐到大流士的带有著名的黄金华盖的宝座上去。他知道，除合法的在位者以外，对其他人而言这就是在找死。年老的科林斯的德玛拉托斯见到这一幕喜极而泣，随后不久便去世了，就此永别。尽管很有象征意义，但这事还带有一点意料之外的喜剧色彩。大流士身材高大，而亚历山大则略低于平均身高；当亚历山大坐下来时，他的双脚竟够不着御用的脚凳。

有个侍从非常机敏，他迅速把脚凳拿走，然后换上一个桌子。站在一旁的一个波斯宦官看见了，便开始号啕大哭。亚历山大问他怎么了，他解释说这是他的主人大流士先前吃饭时的御用桌子。亚历山大担心冒犯阿契美尼德王朝的宗教禁忌，准备把桌子重新移走，但聪敏精明的菲罗塔斯指出，他的行动虽然是无意的，却有一种预兆性的意义。于是，亚历山大便以一种真正的圣经式的行事风格，把敌人的桌子当作自己的脚凳。于是，那个桌子就留在了原地。

差不多同时，亚历山大又犯了一个甚至更加可笑的过失，这个过失恰恰说明波斯上层与马其顿风俗之间仍然存在着巨大的鸿沟。作为礼物，奥林匹娅斯派人把大批的紫色布匹送给她的儿子，陪同的还有织布的妇女。而亚历山大则将这些悉数献给了波斯的王太后希绪冈比斯。他跟她说，如果她喜欢这些东西，这些妇女可以教她的孙女自己做。这种有点幼稚的好意被希绪冈比斯理解成了最具恶意的侮辱。单单这种让皇家女子做卑贱之事的想法，就足以使阿契美尼德的王太后怒不可遏。她认为，国王一定是在嘲笑她现在的卑屈地位。结果，亚历山大花了很大的工夫进行解释，又做了无数的诚恳道歉，方才修复两人之间的友好关系。亚历山大向她保证，他自己的姐妹也会帮忙织布，而希绪冈比斯很可能觉得这话只不过是唬人的推辞而已。[7]

阿敏塔斯汇报说，希腊现在的局势非常不妙。他告诉亚历山大，斯巴达的国王阿吉斯的势力还在扩张，泰格亚、厄利斯、阿卡狄亚以及其他一些城邦都倒向了他。他现在的全部兵力已经有将近 30000 人，其中约有三分之一是职业雇佣兵。与此同时，亚历山大的色雷斯总督门农也决心反叛——这个时间点绝非巧合，明显是为了响应阿吉斯的行动；而佐皮里翁（Zopyrion，本都地区的总督）则在一次完全未经批准的斯基泰远征中战败被杀。因此，安提帕特现在是腹背受敌（而且一定会咒骂国王把那么多他迫切需要的一线部队都调走），后方的局势十分危急。

亚历山大很清楚现在的情况，也在尽可能地帮助他那处境艰难的摄政王。他派现任的叙利亚、腓尼基和奇里乞亚监察长美尼斯（Menes）带着3000塔兰特回到地中海海岸，命令他无论拉凯戴孟之战需要多少钱，他都要按需偿付安提帕特（显然，亚历山大预计这会是一场持久战）。同时，国王也在设法使雅典保持中立：他对斯巴达－雅典的和解的担忧从来就没有停止过。他特意把僭主刺杀者的组像送回了雅典，作为波斯的战争赔偿（这一举措不会带来任何损失，反而可以加强他作为同盟统帅的地位）；同时，他还把巨额的钱财（或者说贿赂）送给雅典的许多显要公民，金额从50至100塔兰特不等，其中包括福基翁和色诺克拉特斯，不过两人都拒绝了这项馈赠。

很讽刺的是，亚历山大原本不必如此忧虑，也不必如此破费。可惜他不知道，色雷斯和伯罗奔尼撒的危机已经解决了。安提帕特全力出击以对付门农，也就是要叛乱者摊牌；门农最不希望的就是一场大规模的战斗，于是他欣然与这位摄政大臣谈判，结果是他可以继续做总督。（他必定是个狡猾的机变之人，因为他把持着这个职位一直到公元前327/326年奉命率领一群援军到印度去为止——那时他依然有着不错的声名。）而在麦伽罗波利斯城外，斯巴达国王阿吉斯战死在了安提帕特的步兵手中——他英勇地战斗到了最后一刻，仍然没有得到雅典的任何援助；其时间大约是亚历山大本人在高加美拉打败了大流士的时候。

不过，在决战开始之前，阿敏塔斯就已经离开希腊了。亚历山大可能在到达波斯波利斯时才会知道阿吉斯战败和死亡的消息——只是他那敏感的军事自尊心是不会允许他承认安提帕特的功绩的，哪怕后者的功劳如此之大。他宣称，"将士们，当我们在此征服大流士时，远在天边的阿卡狄亚爆发了一场老鼠之战。"一直到公元前330年夏天，安提帕特有关希腊战役（和伊庇鲁斯的亚历山大战死在意大利）的详细报告才最终送到亚历山大那里。[8]古代战争和现代战争最显著的区别就在这种传递关键信息的时间差上。

现在是1月份，各个山口都是寒风刺骨。凡是从情理考虑的人（这也包括了大流士）都可以预测亚历山大现在将会做些什么。横亘在苏萨和伊朗的两大行省波西斯与米底之间的，是巨大的白雪皑皑的扎格罗斯山，有的地方甚至高达15000英尺。可以可靠地假定，马其顿军队将会在苏萨过冬。而当春天到来时，他们将会再度出发：要么朝东北方向去埃克巴塔那，要么往东南方向去波斯波利斯和帕萨尔加德。但是和以往一样，亚历山大又出乎所有人的意料。他专门研究了冬季作战，打算充分利用他在高加美拉的胜利：这意味着不会绅士般地给大流士三个月的喘息时间。

1月中旬，亚历山大离开苏萨，前往波斯波利斯。*唯一一个事先猜到他的意图的波斯人是总督阿里奥巴扎涅斯（Ariobarzanes）。自高加美拉之战后，这位果敢而精力充沛的总督便召集了一支有25000人的步兵部队，另外还有700名骑兵。一听说马其顿军队已经动身，阿里奥巴扎涅斯就占据了被称为苏西亚关的一个幽深峡谷，在此建造了一道防御墙。去往波斯波利斯有两条路线，这是其中相对直达的一条。如果亚历山大正面进攻这个峡谷，那他肯定会被击退，伤亡也会十分惨重。可是，如果他选择南部较为便利的那条路线（差不多就是现代穿越卡泽伦和设拉子的那条公路），那波斯人也会有充分时间返回波斯波利斯。在亚历山大到来之前，该城就可以撤空，其金库也可以转移到安全地点。这个绝妙的方案只有两个弱点。阿里奥巴扎涅斯认为他在苏西亚关的据点是牢不可破的，而且没有考虑到亚历山大可能会兵分两路。

国王的路线最初经过一个地区，那里住着一个山地部族乌克西亚人。和该地区的其他几个部族一样，他们习惯于向包括波斯大王在内的所有过往的行人征收通行费，外来侵略者自然不能例外。所以，他们告诉亚历山

---

* 波斯大王的母亲、女儿们和儿子被留了下来：在亚历山大未来即将进行的游击战中这些人会是一个很大的累赘，而且当最后到达目的地时，他们有时也会给他带来很多麻烦。他找来一些教师教他们希腊语（Diod. 17.67.1；QC 5.2.17-22），免得他们无所事事。——原注

大，如果他要率军经由此地前往波斯波利斯，他就必须为此付钱。亚历山大不动声色地告诉他们，在山口等着，"然后从他的手中接受钱款"。他派克拉特洛斯带着精锐分队爬到隘道之上的高处。在黎明之前，亚历山大通过一条少有人知的山路下山，快速袭击了几个还在睡梦当中的乌克西亚村庄。接着，他朝山口发起了进攻。守兵全无斗志，都逃到了山里，结果被克拉特洛斯的部队歼灭了。自此，乌克西亚不再勒索而开始进贡——每年100匹马、500头役畜和30000头绵羊。

现在，亚历山大派帕美尼翁率领辎重部队、塞萨利骑兵和所有的重装部队走南部的主干道，而他自己则带着一支轻装灵活的突击纵队，翻过山岭，去对付阿里奥巴扎涅斯。经过五天的艰苦行军，这支军队来到了苏西亚关。最初通过直接进攻夺取城墙的企图落空了，而且损失不小。阿里奥巴扎涅斯在城墙上架设了弩炮；而士兵则从峡谷陡峭的突出位置滚下大石块，并朝马其顿军队倾泻利箭和标枪。亚历山大的军队伤亡惨重，被迫撤退。不过，在突袭当中他抓到了一些俘虏，其中有一个是本地的牧人，他自愿带他去走一条极为艰难的山路，这条路可以使他绕到阿里奥巴扎涅斯的背后。国王让克拉特洛斯留守峡谷的入口，并给他配备了500名骑兵和两个方阵兵团。为了迷惑敌人，他还要保持正常的营火数量。当听到亚历山大的号角时，他就向城墙发动进攻。这样一来，阿里奥巴扎涅斯将会陷入腹背受敌的境地。

那条山路只有12英里，但亚历山大的突击队花了一天两夜的时间才走完这段险路。就在第三天的黎明之前，他们到达了目的地。他们悄悄杀掉了两名哨兵，接着吹响号角，于是严阵以待的克拉特洛斯立即向城墙发起正面强攻。与此同时，亚历山大及其士兵从阿里奥巴扎涅斯的营地后方的崖边冲了下来。波斯人发现自己遭到夹击，便试图爬上峡谷的两侧逃走。亚历山大预料到了这点，他在峡谷顶上安排了一支3000多人的部队。多数逃兵都在随后的肉搏战中被杀；这大概会是一场恐怖的大屠杀。只有阿里奥巴扎涅斯以及仅仅700名骑兵成功脱逃。

即使亚历山大的部队通过了苏西亚关，还有相当长的一段路并不好走。一路上到处都是沟壑和水流，而且常常被厚厚的积雪遮住道路。就在这时，波斯波利斯的驻军指挥官提里达特斯（Tiridates）派来一位信使。信使说，提里达特斯愿意投降，但提醒亚历山大及其军队必须速速赶来，否则居民们可能会在撤离之前洗劫王室的金库。亚历山立刻行动。他一边命令步兵尽可能快地跟上，一边率领骑兵立即出发。他星夜兼程，在黎明时分到达了阿拉克塞斯河。河上没有桥（也可能被人拆毁了）。于是，国王及其士兵采取了简单的应急方法，他们拆了附近的一个村庄，用从房子上拆下来的木材和料石以最短的时间建造了一座桥，然后他们继续前行。

过河后不久，他们遇到了第一个代表团。不过，这些衣衫褴褛的代表不同于此前亚历山大所接待的既文雅又趋炎附势的通敌者。他们的欢迎和哀求表明他们是希腊人：大部分已是中年甚至更老，可能是当年站错队反对阿尔塔薛西斯·奥科斯的雇佣兵（参见上文第51—52页）。他们变成这副可怜的鬼样，显然是因为受过可怕的摧残。他们的耳朵和鼻子被全部割掉，这是典型的波斯刑罚。一些人缺了胳膊，另一些则少了腿。此外，他们的前额还烙上了印。狄奥多罗斯说："这些人都有技术或者手艺，在传授技术方面都有不小的贡献；结果，他们肢体的其他部分被人截去，而只留下那些对他们的职业至关重要的部位。"

起初，亚历山大表示会把他们遣送回国的。不过经过一番讨论，这些人说他们宁愿留下来，组建一个单独的社区。要是回到希腊，他们就会被孤立起来，变成人们可怜的对象和社会的弃民。在这里，即便身处不幸之中，他们至少还有同伴可以相互照应。国王很赞赏他们的选择，给他们提供了当小农所需要的所有东西——耕牛、种子、绵羊和资金补助，并永久免除了他们的赋税。当地政府直接负责他们的安全和福利。[9]我们不必怀疑这件轶闻的真实性，因为除阿里安以外，我们的主要史料来源都详细叙述了这件事。同时，亚历山大必定也会看到、而且也强调了这件事的宣传价值，它正好可以用来为他随后在波斯波利斯的所作所为做辩解。如果是作为——至少部分作为——对当年波斯人对希腊人所犯暴行的报复，那么有组织地洗劫和烧毁帕尔萨*的圣殿看起来还算可以理解。

---

* Parsa, Persepolis 的别称

公元前 330 年 1 月 31 日，亚历山大进入了波斯波利斯。这座城市是阿契美尼德国王的传统陵邑所在地，也是他们所积聚财宝的储藏地，还是整个帝国的宗教中心（故而不受一般总督的管辖）。每年 4 月，庄严的阿基图新年庆典会在此举行；在此期间，波斯大王会经历一次仪式性的受难——浮雕上刻画了他与丑陋的死亡恶魔搏斗的场景——然后获得胜利，他的王权得到更迭，人们庆祝他成为阿胡拉·马兹达在人间的代表。实际上，波斯波利斯是一座圣城，类似于麦加或耶路撒冷，有着丰富的庄重的宗教关联。亚历山大如果仍想根据传统惯例，在波斯贵族和玛哥斯僧的祭司阶层的支持下继承阿契美尼德王位，那么比起其他城市，他就更应该恭敬有礼地对待这座城市。稍有差池都有可能会引起那些他最需要进行安抚的人的永久敌视。

不过，有迹象表明，当亚历山大到达波斯波利斯时，他对说服伊朗精英支持他继承王位一事已经不抱太大的希望了。他没有料到，纯粹宗教或意识形态上的对立竟能引起如此顽固的对抗——在这方面，他固有的务实本性蒙蔽了他的双眼。许多伊朗贵族是一心想要合作的：任何国家都不缺政治投机分子。但承认亚历山大是阿胡拉·马兹达所挑选者则是另一回事。我们知道玛哥斯僧曾散布对他不利的言论，[10] 这些言论正好与大流士在高加美拉之战前的演说相呼应。对他们来说，亚历山大和野蛮的马其顿军队都是"长着愤怒种族的蓬乱头发的恶魔"。[*] 在《但以理书》中也有类似的态度，在书中马其顿帝国被形容成野兽，"甚是可怕，极其强壮，大有力量，有大铁牙，吞吃嚼碎，所剩下的用脚践踏"（第 7 章第 7 节）。

有一份西比林神谕更是明白无误地把亚历山大描述成一个不敬神的、暴力的外来篡位者：

> 有一天，一个不信神的人将会来到富饶的亚洲，
> 他的肩上披着紫色的披风，
> 粗野、专制，而且暴戾。他会点燃

---

[*] 作者误引作 "Day of Wrath"，根据作者提供的出处，原文为 "Race of Wrath"。这一短语出自《巴列维书》，在该书中反复出现。

像闪电一样的大火，整个亚洲将受到罪恶的
奴役，大屠杀的鲜血将会浸透这片土地。

自伊索斯之战以来，亚历山大一直在试图改变这种形象，但收效甚微：血洗提尔城之类的事件更是印证了这种形象。军中的不满情绪、阿吉斯的暴动以及这种最糟糕的道德上顽固而无形的敌对氛围，都在不断地刺激着他原本就十分暴躁的脾气。甚至他对大流士的女眷所表现出来的友好姿态，最后也以失败告终。这或许可以解释，为什么尽管提里达特斯已经正式投降，但他还是纵容军队洗劫了整个波斯波利斯——除了宫殿和城堡，因为那里是大流士财宝的所在地。既然他不能屈服，那么就选择毁灭。如果阿契美尼德的王位不属于他，那他就以武力硬抢，让自己变成一只连玛哥斯僧也不敢预言的可怕的"愤怒雄狮"。

现在，他对将领们发表了一篇慷慨激昂的演讲，怒斥波斯人对希腊所犯下的罪行——此时，路遇伤残的希腊雇佣兵一事显然可以派上用场——而且把波斯波利斯说成是"亚洲最令人憎恶的城市"。马其顿军队不需要更多的鼓励。他们上一次纵情享受强奸与抢劫之乐还是在加沙。自那以后，特别是在巴比伦和苏萨，亚历山大的安抚政策都严厉地约束着他们。现在，缰绳一松，他们立马全都疯狂了起来。国王允许他们杀掉他们所遇到的所有成年男子，只要"他们觉得这对他是有利的"。现在，他大概意图通过纯粹的恐怖政策来确保波斯人的顺从。不过，他也是在给疲惫不堪的军队放个假，而后将率领他们踏上一条漫长而艰辛的征程，去前往东部的行省。

一整天下来，马其顿军队纵情地劫掠和破坏。每一个私人住处都放满了金银饰品、华美的挂毯和漂亮的嵌花家具。大量的无价艺术品被人打碎，以便相互争夺的劫掠者可以分得上面装饰的贵金属和珠宝。打斗经常发生，那些积聚了特别多的战利品的人常常被嫉妒的争夺者杀死。没有人想要俘虏，因为值不了几个钱，而且许多人为保全自己免受悲惨的侮辱，纷纷自杀。

在此期间，亚历山大正忙着查看皇室金库，那里贮藏着多年积累、不下120000塔兰特的资产，可以一直追溯到居鲁士大帝时期。波斯大王的卧室里还有8000塔兰特的黄金，还有镶有珠宝的黄金藤条；亚历山大肯定知道，这个藤条乃生命之树的象征，代表着"在阿胡拉·马兹达佑护下阿契美尼德统治的合法而正当的赓续"。现在，这巨额的财富正好可以用来支持亚历山大继续往东征服。部分财宝他随军带走，其余多数则转运到苏萨，最后又从那里运到了埃克巴塔那。为了这次转运，人们从苏萨和巴比伦调来了所有的役畜，包括不下3000头的亚洲骆驼。换算成1913年的英镑，这些金银大概价值44000000英镑，相当于公元前5世纪全盛时期的雅典帝国将近300年的国家收入。[11]

现在，亚历山大的霸权有了保障。他耀武扬威地行进在寒冷的冬雪之中，朝着大流士那摇摇欲坠的帝国的核心和神经中枢前进。扎格罗斯山已经干净利落地绕过去了，而波斯波利斯的陷落则打开了通往埃克巴塔那的道路。同样，根据先前的情况，任何从情理考虑的人都可以推断亚历山大下一步会做什么，亦即往北直扑，不惜一切代价去抓住大流士，从而结束这场久拖不决的波斯战役。但事实又一次证明，亚历山大的行动完全不可预知。他一直到公元前330年的5月末或6月初才离开波斯波利斯。那一阵子天气宜人，他经常外出打猎。亚历山大访问过北边50英里远的波斯旧都帕萨尔加德（他刚一到达，该城就投降了，又给他奉上了6000塔兰特的钱财），参观了居鲁士大帝的陵墓。他仍旧把巨额的礼物赏赐给朋友，这一做法不仅招来了奥林匹娅斯的警告，还有与之合作的波斯人的劝诫。[12]

现在，亚历山大给人留下的印象无疑就是他在消磨时间。但为什么呢？尽管埃克巴塔那有500英里之远，但去往那里的路线沿着一个河谷，这片区域大部分土地都相当肥沃；他如此耐心地等待，不大可能是为了等庄稼成熟。那么，他拖延如此之久，会是出于什么原因呢？（毕竟普鲁塔克所做的四个月的估计看起来没错。）最近有人提出，[13]公元前331/330年的整个冬天，亚历山大与欧洲的联系完全中断了；在知道希腊反叛的结果之前他不敢前进，他的援军甚至都不确定他是在埃克巴塔那还是在波斯波利斯。对任何称职的统帅来说，这恐怕不是什么恭维，更不用说亚历山大了，他向来十分重视良好的通讯和情报。去年9月，阿吉斯就已经死了，而波斯波利斯一直到1月末才陷落。一定的延误是可能的，但即便与希腊的陆上通讯被切断了（这点现在还无法确定），亚历山大也仍控制着整个东地中海。很难想象，安提帕特胜利的消息会在2月份之后才传到他那里，实际应该快得多，可能12月中旬就已经送达了。

唯一可能使他在波斯波利斯一直留到4月份之后的原因是：波斯的新年庆典。他已经向伊朗的臣民们表明，他不是一个可轻易糊弄的人：对波斯波利斯的洗劫已经证明了这一点。不过，马其顿军队肆意破坏的行为也得到了小心的控制。宫殿和神庙、大会堂（apadana），以及构成城市精神中心、建立在广阔台地上背靠拉美特山的整个建筑群，无一受到损毁。换句话说，新年庆典仍然可以举行。亚历山大觉得，经过此番教训，这些骄傲的贵族和祭司或许会改变主意。甚至现在人们的理智占了上风，而他亚历山大将会以恰当的礼仪，被宣布为阿胡拉·马兹达在人间的代表。这种认可所产生的心理效应将是不可估量的，它的影响将会深入到帝国最遥远的角落里。

不过，这不仅仅是政治宣传的问题。亚历山大发现，自己所面对的是一个对自己的宗教（包括波斯大王所具有的神性）十分严肃的民族。如果说在这一棘手的问题上曾有过谈判，那这些谈判也很快就破裂了。时间从3月进入4月，随后情况很快明朗：当年波斯波利斯没有游行队伍，没有王权的仪式性更迭。大约在4月20日，亚历山大终于放弃了希望。在决定下一步要做什么时，他率军深入山区，花了一个月的时间来平定这个行省（这是他在紧张时最喜欢的放松方式之一，在赫淮斯提翁死后他也有类似的反应［参见下文第467—468页］）。他的征讨对象包括一群披发的穴居人，他们的妇女乃是出色的投手。此时春雨已经开始下了，马其顿军队在雪泥和雨夹雪中大吃苦头，特别是在高海拔地区。[14]

5月底，亚历山大回到波斯波利斯，他最后下定决心，必须摧毁这座城市。它象征着阿契美尼德王朝几个世纪的统治：一旦亚历山大继续向东征伐，这座城市显然会变成民族抵抗运动的一个集结点，既有宗教意义，也有政治意义。它巨大的檐壁、宫殿以及燔祭坛包含着某种马其顿征服者所难以有效应对的东西：一种纯粹精神性和意识形态上的对抗。当面对旁遮普的婆罗门时，他还会遇到同样的问题（参见下文第425页）。

当亚历山大把计划告诉帕美尼翁时，对方直言不讳地回答说，国王要是摧毁了自己的财产，那国王就是个傻子（这位老帅无疑想起了，当初在小亚细亚登陆时亚历山大本人对军队就是这么说的）。他也不可能单凭征服和破坏而使伊朗人屈服。既然亚历山大已经无法通过其他途径使伊朗人屈服，那么他只能重申，焚毁波斯波利斯乃是为了报复薛西斯对希腊神庙的破坏。这一次，阿里安忍不住发表了自己的看法，他说："在我看来，这是一项错误的政策。"虽然对国王的动机有不同的意见，但不同时代的学者们大都认可阿里安的判断（通常还会批判这是赤裸裸的野蛮行径）。毋庸置疑的是，这样的行动最终消除了亚历山大通过和平方式使自己成为合法的阿契美尼德成员的任何可能性。同时，这还促使东部行省顽抗到底。因此，许多人倾向于认为宫殿着火只是一次酒后狂欢的意外，并很快就为此感到惋惜。

这就是历史（或传说）流传下来的说法，现在也没有别的证据能够予以反驳。这个场景就是非常有名。亚历山大举行了一次盛大的宴会，在宴会上喝得大醉。托勒密的情人泰伊斯（Thaïs）以雅典人的身份说，要是把薛西斯的宫殿烧了那该多痛快啊——当然，这样一来就把祸首的责任从亚历山大身上移走了。火把点燃了，一队摇摇晃晃、头戴花环的队伍在长笛和管乐的伴奏中开始行进。当来到宫殿大门时，这群狂欢者一时有点犹豫不决。有个细心的好事者大声喊道，只有亚历山大才有资格干这事。于是，国王借着酒劲扔出了第一个火把——或许他还很高兴自己又一次成为了希腊的守护者，这个角色他已经越来越不屑一顾了。火势立即蔓延开来，吞噬了华丽的挂毯，爬上了干燥的雪松木横梁。匆忙带着水桶赶来的守卫反而停下来观火取乐。很快，整片庭院都陷于火海之中。

这是蓄意的纵火还是酒后的意外？前者明显更有可能。就像在忒拜、提尔和加沙时那样，当亚历山大的王权意志受挫时，他的判断力就容易受到遮蔽，并由此生发最疯狂的报复。他很可能有一天会后悔，因为这意味着他将来对波斯帝国的控制将完全依赖强权政治。但是，他想要并且第一个动手摧毁波斯波利斯一事,看起来也几乎是肯定的。这跟他的性格和人生经历的其他许多方面都非常相符。[15]

在被毁之前,这些宫殿已经遭到了有组织的洗劫——这是另一条线索。马其顿士兵找到并带走了几乎所有的钱币、金器和珠宝。他们闯入武库,拿走了剑和匕首,而撇下了成千上万的青铜和铁制的箭头。无数精致但无法直接变现的石瓶,他们全都扔到庭院中打碎。他们砍掉了雕像的头,毁坏了各种各样的浮雕。现在,征讨亚洲蛮族的希腊远征军正走向最后的胜利。今天残存的东西坚实而不可辩驳,这正是那场大火——以及大火所保存下来的东西——的证据。"在台阶和雕塑上,屋顶被烧的横梁仍留有印记。那一堆堆的灰烬全是雪松的残迹。"[16] 不过,那场大火也把成百上千的泥板烧制一遍(否则这些泥板早已化成了泥土),另外还给薛西斯的游行浮雕上了一层极好的釉。当亚历山大把烟火未绝的废墟抛在身后时,恐怕不知道他的纵火之举已经使波斯波利斯永垂不朽了。

这时候,亚历山大当前的战略是很清楚的。他不再指望通过向王太后献好而使自己成为合法的阿契美尼德成员(自此我们几乎再也没有听说过关于王太后的消息)。他最大的希望是活捉大流士:这至少可以给他一个极好的谈判筹码。如果波斯大王愿意退位,他就有可能说服那些顽抗的贵族以及东部的总督支持他的王权主张而非对抗到底。所以,6月初,亚历山大从波斯波利斯北上,同时留下3000人的马其顿军队以驻守该城及所在行省。留下这么一支相当强大的部队并不寻常。在去往埃克巴塔那(哈马丹)的路上,亚历山大遇到了新的援军,他们肯定是通过库尔德山区抄近路赶来的:共有5000名步兵和1000名骑兵,由一位雅典将军指挥。随军而来的还有安提帕特有关希腊、色雷斯和意大利南部的局势的报告。

此时开始有传言说,大流士征集了3000名骑兵和30000名步兵——其中包括4000名忠诚的希腊雇佣兵,决心再打一仗。不过,在离埃克巴塔那还有三天路程,亦即亚历山大已经走了400多英里时,有个叛变的波斯贵族带来消息说,大流士正在撤退。他所期待的援军没有到来,所以他五天前就已经往东撤退了，一同撤走的有巴克特里亚骑兵、6000 名精锐步兵，还有埃克巴塔那王宫金库中的 7000 塔兰特的财富。他的直接目的地似乎是卡斯比亚关，*此前他已经把后宫和辎重先行送到了那里。亚历山大必须加快速度。（那位叛变者说）大流士打算沿里海海岸一直撤到巴克特里亚，边走边毁坏沿途地区。这样一来，马其顿军队将面临严重的补给问题，因为他们的路线正好处在大盐漠的北缘。如果他们被人引诱到叙尔卡尼亚之外的荒芜的山脉和大草原上，只需一支以逸待劳且熟悉当地地形的行省军队，就可以轻松将他们击溃。[17]

当到达埃克巴塔那时，亚历山大迅速研究了一下局势。现在，他正进入征战的新阶段。火烧波斯波利斯给希腊远征行动画上了句号，他以此为由遣散了所有的同盟部队，包括帕美尼翁的塞萨利骑兵。希腊的危机已经结束，他不再需要这些潜在的生事者作人质了。现在他所设想的是一支精干的职业化军队，一支只忠于他一人且无论去哪里都愿意追随他的军队。他从波斯波利斯得来的巨额财富也表明，征募和维持这样的帝国军队是可能的。当他遣散同盟部队时，除了远征军的薪水以外，他还付给每位骑兵 1 塔兰特的奖金（6000 德拉克马）。付给步兵的奖金虽然少了点（1000 德拉克马），但仍然相当可观。前者相当于八年的薪水，后者则相当于三年的薪水。

摆在这些被遣散的军人面前的是一个更加诱人的诱饵。任何有意者都可以作为雇佣兵重新加入亚历山大的部队，而加入者在登记报名后便得到至少 3 塔兰特的奖金。只有非常高傲的老兵能抗拒如此慷慨的条件。整个协议花费了亚历山大大约 12000—13000 塔兰特的钱，但他可能认为这是一项极有价值的长远投资。几乎有同样数额的钱款被狡诈的财政官员侵吞——这是一个不祥的预兆。此时亚历山大要是知道这件事，可能还是会觉得国库有余额。对他而言，钱没有太大意义（现在更是无足轻重）；但通过巧妙的使用——马其顿人似乎同样也得到了一笔丰厚的奖赏——他一

---

* 这个山口可能在达什特－伊－卡维尔和苏尔赫山脉之间，它向东延伸，通过北部的岔路可以通往菲鲁兹库尔哈和古都克山口，然后朝东北折向阿拉丹后面的达姆甘；参见 J. F. Standish, *G&R*, 17（1970），17-24。——原注

夜之间给自己买来了一支雇佣军。非常关键的是，他还弱化了帕美尼翁对军事指挥结构的掌控。他盘算着，将来他的军队的首要效忠对象自然会是给他们发饷银的君王。[17]

被遣散的同盟部队由骑兵护送到地中海海岸，然后从那里乘船回国，他们可以安全航行到优卑亚岛。亚历山大也许认为，这些人将在各个希腊城邦中组成一个可资利用的亲马其顿势力，更不用说他们还可以作为免费的征兵宣传广告。这些人前脚一走，亚历山大就迫不及待地降低了帕美尼翁的地位。这位老帅被留在埃克巴塔那，担任地区军事指挥官：他副统帅的职业生涯已经结束了。亚历山大对他的处理很有策略。帕美尼翁毕竟已经七十岁了，他理当从一线作战中退下来休息——国王无疑这样安抚过他。

但是，这并不意味着帕美尼翁无事可做：实际上，作为地区指挥官，他的首要任务是把波斯大王的财宝护送到埃克巴塔那，之后他还得进行征战——亚历山大给他留下了大概6000名雇佣兵——平定里海南部和西南部的部落。当他外出征战时，财宝将由四个留下来承担轻型任务的方阵兵团守卫。在他回来后，这些兵团将前去和亚历山大会合；届时他们的指挥官将是黑面的克雷托斯，目前他正在苏萨休病假。这一切听起来非常合理：表面上帕美尼翁的尊严和威望都没什么损失。但是，这位老帅的实际权力却被大大削减了，这一点他本人也很清楚。在他的近亲中，只有菲罗塔斯和尼卡诺尔还拥有重要的作战指挥权。他完全失去了塞萨利骑兵，而如今取代他们的雇佣兵则从帝国的军需首长哈尔帕罗斯那领取薪水。当财宝护卫队到达埃克巴塔那时，哈尔帕罗斯将负责管理这些财宝，并通过皇家铸币厂发行亚历山大的钱币。帕美尼翁的新副手克勒安德洛斯是国王任命的。

亚历山大正一步一步、冷酷无情地困住帕美尼翁；从现在起，他已掌握了所有的王牌。有人说，埃克巴塔那标志着亚历山大的悲剧的开始，"其悲剧在于日益增长的孤独，在于对那些不能理解的人们的日益厌烦"。[19]事实上，马其顿的将领们，包括帕美尼翁在内，对此都心知肚明。军事胜利助长了亚历山大的自信，加剧了他对权力的渴求。加冕为法老，以及随后对西瓦的神秘访问，这些都使他强烈地意识到自己的神圣血统。不过说到底，一直到夺得大流士的巨额财富后，对他权力的实际约束才得以彻底解除，从此他可以随心所欲地放纵于自己的幻想之中。

所有手握绝对权力的独裁者都会陷于精神上的孤独，他们创造了自己的世界，创造了自己的真理：这是一条令人压抑的铁律，亚历山大也不能例外。从现在开始，那为数不多、敢于当面批评他的朋友，经常要为他们的正直而付出惨重的代价。这种状态大大助长了国王身边那些更为阿谀奉承的侍臣的粗鄙吹捧；而反过来，这也加剧了亚历山大潜意识中对伟大的幻想。于是，愤恨者便生发了各种阴谋，而阴谋的泄露或传言则引爆了亚历山大潜藏着的所有多疑情绪。公元前330年，这一进程尚未开始。但在接下来的几年里——加之国王越来越沉溺于饮酒——事情却以惊人的速度接连爆发。

亚历山大在埃克巴塔那片刻时间也没有浪费。事情安排妥当之后，他便马上继续追击大流士。幸运的话，他或许能赶在波斯人通过卡斯比亚关之前追上他们。但是，现在已经是7月中旬了，他所面临的主要问题是糟糕的炎热天气。他只用11天便走完了埃克巴塔那和拉格（在德黑兰附近）之间的200英里的路程。这速度已经很快了，但还算不上惊人：拿破仑曾在更恶劣的地区行军，平均每天行进28英里。即使这样，还是不断有人在路边昏迷过去，不断有马匹在他们身下死去。阿里安一直解释说，这是亚历山大行军速度过快所致。但事实上，军队一定是遭受了脱水和中暑。[*]

在拉格，亦即在距离关口大概50英里的地方，亚历山大得知大流士已经通过了关口，现在正前往赫卡通皮罗斯（达姆甘）[**]——该城后来成为帕提亚国王的夏日行宫所在地。若继续在烈日下不作休整或充足准备地

---

[*] 有关亚历山大的行军速度参见 C. Neumann, *Historia* 20（1971），196-8，诺伊曼（Neumann）赞同塔恩和哈蒙德（Hammond）而反对米尔恩斯（R. D. Milns, *Historia* 15（1966），266）；后者认为36英里的行军速度"从生理上说是不可能的"，而从拉格到卡斯比亚关口的52英里的冲刺是"很荒谬的"。诺伊曼引述从古至今一些非常有趣的行军速度（安油柯，每24小时44英里；西庇阿·阿非利加努斯，每24小时46至54英里；克劳福德将军，可能每24小时52英里）。参看 C. L. Murison, *Historia* 21（1972），409 n. 32。——原注

[**] 即中文史料中的和椟城，今伊朗的达姆甘。

强行军,那无异于自杀,而且毫无意义。于是,亚历山大在拉格宿营五日,然后行进到了关口面前。在关口的另一边,亦即厄尔布尔士山脉南部,有一片现在被称为达什特-伊-卡维尔的荒凉盐漠。亚历山大需要补充一下粮草,这样军队才可能继续前进。因此,科伊诺斯带着一些骑兵被派出去劫掠粮草。

就在科伊诺斯外出时,两位巴比伦贵族——其中之一是马扎欧斯的儿子——乘马带来了一个惊人的消息:大流士已被废黜,现在成了阶下囚。这场政变是由巴克特里亚总督贝索斯和大维齐尔纳巴尔扎涅斯共同策划的。看起来,亚历山大并不是唯一一个想拿这位可怜的逃亡君主作政治谈判筹码的人。这个消息促使国王立即行动起来。他甚至没等科伊诺斯回来就带着他最精锐的骑兵和翊卫队前去追击波斯军队。夜里凉快了些,于是他们连夜行军,直到次日上午也不停歇。在简短地午休之后他们继续追击,途中不再休息而一直追到黄昏,赶到了大流士被拘捕的地方。

在此他们发现了大流士的年老的希腊翻译,此人给亚历山大讲述了许多细节。一开始,纳巴尔扎涅斯提议,波斯大王可以——当然是暂时地——把王位让给贝索斯。这个提议很有实际意义。贝索斯在东部行省广为人知且深受敬重,而且具有阿契美尼德血统;如果说存在什么民族抵抗运动,那么,比起两次战败且意气完全消沉的大流士,他可以发挥更有效的领导作用。但是,疲弱而又愤恨的波斯大王勃然大怒,拔出他的短弯刀要杀纳巴尔扎涅斯。御前会议由此陷于混乱,而且导致撤退中的军队分裂成敌对的两个阵营。巴克特里亚人和其他东部部队把贝索斯看作他们的天然领袖,而阿尔塔巴佐斯统领下的波斯人和希腊雇佣兵则坚定地忠于大流士。

在这当口,军队进行对决是不可能的。因此,阴谋者便在形式上宣誓效忠大流士,表面上两方就此和解。由于阿尔塔巴佐斯慷慨激昂地发表演说,强调统一战线的重要性,所以没人敢质疑他们的真诚。然而一两个晚上过后,他们却把大流士劫持到了巴克特里亚军营中,将其置于严密的看守之下。大流士的希腊雇佣兵将领曾警告他可能会发生的事情,但他拒绝任何保卫。效忠派只有两种选择,离开或者投降。起初,他们选择前者。

阿尔塔巴佐斯、波斯人和希腊人往东前去帕提涅，他们"觉得干什么都比做叛徒的仆从来得安全"。但过了两天，大部分波斯人又跑到了贝索斯那里，一方面是受到他慷慨允诺的引诱，另一方面是"因为他们没有别人可以追随"。[20]

现在，贝索斯自命为波斯大王，号称阿尔塔薛西斯四世，并受到了部下的热情拥戴。[21] 他的前任被锁在一个老旧的有篷货车里，在行军过程中这种方式可以有效地隐藏他的关押处。当然，大流士也是反叛者的保险票：正如阿里安所说，这些人"决定如果听说亚历山大在追击他们的话，就把他交出去，借此为自己争取有利条件"。一得到这消息，亚历山大觉得现在一刻都不能耽搁。于是，他再次连夜赶路，一直追到次日上午。大约中午时分，马其顿人来到了一个村庄，前一天大流士及其拘捕者就在此歇息。照此速度，追击者在追上目标之前就会因疲惫和中暑衰竭而崩溃。亚历山大必须不惜一切代价阻截波斯人。于是，他问这里有没有近路可抄。

村民告诉他，有，这里有一条小道，但这条小道要穿过一个无人居住的荒漠，而且没有水源。亚历山大没有理会这些障碍，他强行征调了当地的向导，然后让500名骑兵下马，把马匹让给他最强悍和最健壮的步兵。接着，他穿越荒漠，连夜奔袭，以惊人的速度跑了50英里，就在黎明第一道曙光出现时追上了波斯军队。波斯人拖沓地走着，没有武装，连一点准备抵抗的样子都没有。显然，他们认为自己离亚历山大至少还有两天的路程，亚历山大的突然出现完全震住了他们。不过，根据普鲁塔克的记载，实际上只有60名骑兵跟上了国王。如果贝索斯的士兵没有陷于恐慌——他们在人数上占据优势，他们就有可能创造历史，既拘捕了大流士，又俘虏了亚历山大。*

相反，他们一心只想逃跑，越快越好。大流士的笨重货车明显拖累了他们的速度。贝索斯和纳巴尔扎涅斯催促里面的囚徒上马和他们一块逃跑。但波斯大王拒绝了。如果说他没能保住自己的帝国，那他至少可以有尊严地死去。他说，他是不会跟叛徒同行的。神的报应就在眼前，他愿交由亚

---

* 另一个相同事件参见下文第369页。——原注

历山大处置。现在已经没有时间继续争论，正在撤退的部队随时可能会被包围。贝索斯和纳巴尔扎涅斯此时只能确保大流士不会被亚历山大生擒。因此，他们和同谋者们用标枪刺穿了大流士，然后各自沿着不同的路线逃跑，纳巴尔扎涅斯前往叙尔卡尼亚，贝索斯回到自己的巴克特里亚行省，而其他人则向南逃窜，跑到了阿雷亚和德兰吉亚纳（锡斯坦）去。

这给亚历山大设置了一个大难题。如果波斯大王依然被囚禁着，那么撤退中的部队哪一支是负责看守他的呢？这完全没法判断。疲惫的马其顿军官们抱着一线希望，在被弃的辎重车队里穿梭。同时，载着大流士的货车已无人驾驭，拉车的公牛偏离了道路达半英里之远，正往有水源的河谷走去。它们停了下来，身上的累累伤痕还在流血，炎热的天气也使它们虚脱。有一个名叫波吕斯特拉托斯（Polystratus）的马其顿士兵，在农夫的指引下来到河谷中的泉眼边。他看见这辆货车停在那儿，觉得很奇怪，公牛没有作为战利品被聚拢起来，反而被刺伤了。接着，他听到了一个将死之人的呻吟。出于好奇，他走过去揭开了盖布。

大流士国王就躺在车上，仍然上着镣铐；他的御袍已被鲜血浸透，凶手的标枪还在插在胸膛里；他孤零零的一个人，只有一条忠诚的狗伏在他身旁。他用虚弱的声音要水喝。波吕斯特拉托斯用头盔盛了一些水给他。大流士紧握着这位马其顿士兵的手，同时感谢上苍，他不是完全孤独地死去，也没有被彻底地抛弃。随后，他那费力的呼吸渐渐沉寂了下去，生命就此终结。波吕斯特拉托斯立即把消息报告给了国王。当亚历山大最终站在对手残破的遗体前，看到大流士死于其中的肮脏难忍的环境时，他的悲痛是显而易见的，同时也是真心实意的。他脱下自己的御袍，盖在大流士的遗体上。在他的明确命令下，大流士被庄严地运回了波斯波利斯，以国王的身份安葬在了其阿契美尼德先辈的旁边。[22]

不过，亚历山大这种宽宏有礼的姿态尽管部分是出于个人的悲悯，但也有其他更加实际的动机在其中。大流士已死，因而也就无法让位给他，亚历山大仍然是以外国侵略者的身份来夺取阿契美尼德王位的。更糟糕的是，他现在要应对的是一个强悍得多的真正的阿契美尼德争位者——贝索斯（或者说阿尔塔薛西斯国王，就像他现在自封的那样）。这乃是最危险的变化。如果贝索斯得以重整西部的力量，亚历山大就仍处在大麻烦之中。事实上，他将不得不继续在东部行省作战，没办法通过一般性的协议让他们投降。换句话说，战争远没有结束。

自大流士去世的那一刻起，亚历山大唯一可能的策略便是，自己表现得似乎他就是波斯大王实际指定的合法继承人。他必须抓住贝索斯，不是将其作为王位的竞争者而是作为叛徒和弑君者抓住。他曾追击波斯大王到他死，而现在他必须迅速转变角色，变成波斯大王的复仇者。当占领帝国东部时，他必须是作为大流士的继承者。[23]但是，他最初所期望的乃是大流士本人的公开支持。因此，有几份材料记载了一个可疑的说法，[24]说波斯大王在弥留之际承认亚历山大是他的继承者，他郑重地请求亚历山大为他的死而向杀死并抛弃他的叛徒复仇。有的甚至暗示说，当亚历山大找到大流士时他尚未断气，亚历山大亲耳听到了这最后的至关重要的口谕。整个事件听起来更像是宣传部门临时编造的故事，宣传人员突然听说大流士已死，不得不在仓促之间尽量利用好这一坏消息。

失去了谈判筹码，亚历山大的反应非常迅速，而且符合他的一贯风格：他带着骑兵直追贝索斯而去。要是能赶在这个强有力的王位竞争者逃回巴克特里亚行省之前将其抓获并处死，那一切就可能变得顺利许多。不幸的是，贝索斯已经逃走很久了，于是追击很快就放弃了。亚历山大带着部队回到了附近的赫卡通皮罗斯城，在此休整了几天。这时，军营里开始出现传言——在这种情况下很好理解——传言说这就是远征的终点了，他们很快就都能回到马其顿去。波斯大王已死，同盟部队也已经解散了。原先的一厢情愿现在变成了坚定的信念。有一天早上，亚历山大醒来听到了货车的声音，它们正在装载，准备回国。

亚历山大早就在筹划漫长的东方征战，士兵们的这种心态引起了他相当大的警觉。他召集了全体指挥官，"满眼泪水地抱怨说他正在追求荣誉的半道上，现在却要被中途召回"。他们表示愿意竭尽忠尽力，但建议国王在向军队陈述时要讲究策略，要注意安抚士兵。他们说，如果他此时过于严厉，那有可能会当即引起兵变。结果，亚历山大所做的甚至更为有效：他把士兵们都吓傻了。他的整场演说都在强调其征服多么不稳固，波斯人又是多么不愿意接受马其顿的霸权。"他们克制是因为你们的武器而不是因为他们的天性；当我们在的时候，马其顿害怕我们，而当我们不在的时候，他们就会变成敌人。"马其顿也不应低估贝索斯。要是现在就回国，那该有多蠢；过几个月马其顿就会发现，这个叛变的总督竟越过了赫勒斯滂海峡，准备侵略希腊！除非他被制服了，否则士兵们的任务就不会结束。

到了演说的末尾，亚历山大对士兵们说，"我们现在已经站在胜利的门槛上了。"一旦贝索斯被杀，波斯人自然而然就会屈服。再说，那位总督的首府离这儿仅有四天的路程（这是彻头彻尾的谎言：这个距离有462英里）。整场演讲结束后发生了什么呢？军队大声欢呼来响应他：通过个人魅力和修辞术的巧妙运用，又一场危机被克服了。

尽管把波斯的民族抵抗运动描述得毫无前景，尽管烧毁了波斯波利斯，但亚历山大仍在伊朗贵族中仔细寻找合作者。在离开赫卡通皮罗斯之前，他认真审查了他的俘虏，挑出其中出身高贵和地位较高者（总共约有1000人），此后对他们予以特别的关照，他们将是未来新政权中的管理人员或行政官员。别的不说，他现在已经没有富余的有教养的马其顿人可以担任这些职位了，而且越往东走，这一问题就变得越发急迫。[25]

过了两天，军队拔营北上，前往叙尔卡尼亚。这是一个毗连里海、荒芜多山却又十分肥沃的地方。他们遇到了马匹短缺的问题：在追击大流士的过程中，已有许多马匹死于酷热，现在由于吃了有毒的草根，更多的马匹死去。在往首府扎德拉卡尔塔（萨里）行进时，亚历山大收到了纳巴尔扎涅斯的一封信。这位大维齐尔先是为自己在谋杀大流士过程中所扮演的角色开脱，然后表示如果他得到安全保证和其他合理条件，他就会投降。亚历山大立即派人送去他所要求的保证。这个级别的每一个叛变者都将削弱贝索斯，并使其越发孤立。

一到扎德拉卡尔塔，国王就看到许多高层波斯人——阿尔塔巴佐斯也在其中——正等着向他表示臣服，这是最振奋人心的标志。另外还有一些希腊雇佣兵的代表。波斯人——特别是年老的阿尔塔巴佐斯，他曾是腓力宫廷的贵客——都受到了很高的礼遇。但亚历山大断然拒绝以相同的态度对待雇佣兵的代表，他说为了波斯而与自己的骨肉同胞战斗的希腊士兵"比罪犯好不到哪去，是个希腊人就不会对他们有什么好感"。对于这1500人，他只接受无条件投降。这种对格拉尼科斯河战役之后的政策的突然反转，听起来像是一场面向公众的宣传，私下里他可能会表现得更亲切友好一些。不管怎样，雇佣兵们毫不犹豫地接受了他的条件——这1500人后来全体编入马其顿军队，他们领取的是标准的薪酬。

现在，国王对马尔狄安人发动了一次快速的惩罚性征讨。这些马尔狄安人是"一个有着野蛮的生活习俗且惯于抢劫的民族"，后来他们给亚历山大提供了一些一流的弓箭手。他的主要目的可能是为了免费征集新的战马，因为马尔狄安人乃是优秀的骑手。反过来，作为报复他们偷走了布凯法拉斯——亚历山大一点都不喜欢这个玩笑。他放出话来，如果不归还那匹马，"他们就会看到自己的土地全部被践踏成废墟，居民也将被杀得一个不剩"。马尔狄安人意识到他绝对是认真的，便立即把布凯法拉斯送了回来。马其顿还派了至少50名部落长老，带着贵重的礼物，来表达他们最深的歉意。亚历山大接受了礼物，同时还把代表团的几个领袖扣下作为人质，以此迫使该部落将来守好本分。[26]

国王回到扎德拉卡尔塔后不久，纳巴尔扎涅斯前来觐见。为了在觐见中讨好国王，这位大维齐尔带来了许多贵重的礼物，其中包括"一个格外漂亮、正值青春年华的宦官，此人曾经深受大流士宠爱，往后也将得到亚历山大的喜爱"。[27]这个不祥的少年名叫巴戈亚斯：随着时间的推移，他逐渐对国王产生了极大的影响力。事实上，亚历山大已经保证了纳巴尔扎涅斯的生命安全，但是据说他献上巴戈亚斯乃是为了给自己带来进一步的好处。同样，这也是一个危险的征兆。

在马其顿人看来，更切近的问题是亚历山大的日益东方化：他采用了波斯的服饰和礼仪，先前他只留给马其顿人的荣誉现在开始授予伊朗贵族，原先的敌军也日益渗透到了野战部队中。如我们所见，他实施这些改革的动机是非常实际的，但这并没有使它们广受欢迎。迄今，他一直在使用亚洲宫廷的礼宾官，甚至允许某些波斯人（包括大流士的兄弟奥克萨特雷斯）进入到了他的侍友行列中。他开始戴上波斯的蓝白王冠，不过没有缠上相应的冕状头巾——这是一种典型的不伦不类的折衷产物。类似地，他还采用了半波斯风格的服饰，摒弃了像裤子一类的野蛮人的搭配，但保留了其独特的白袍和绶带。

起初，他只在私下里或与波斯朋友在一起时穿这些异族服装；但很快这些就成了他的常规打扮，甚至在公开的会见场合或外出骑马时，他也是如此打扮。总的来说，他的宫廷越来越像波斯大王的宫廷了。马其顿的战马用波斯的马具来装饰，亚历山大甚至接受了由365名妾婢（每天晚上一个）组成的传统嫔妃团，她们原来是服侍大流士的，是从全亚洲最漂亮的女人中精选出来的。亚历山大不太可能是主动或出于个人偏好而做这些革新的。他很快就厌烦了嫔妃们，波斯的宫廷仪式也是如此（至少起初就这样）。但是，他需要新的行政人员和官僚；如果要让波斯人接受他为国王，那他就必须以某种合适的方式扮演波斯大王的角色。当然，他这么做就会出现与马其顿人疏远的危险。

更要命的是，他试图进行折衷，结果是两面不讨好。如果他想采用波斯王冠，就得有毅然决然的勇气，还得戴上高高的冕状头巾。如果他身边嫔妃成群，但却没跟她们共寝，也不会有人会因此对他有所好感。所谓他"只是偶尔采用这些风俗"，对马其顿人来说毫无作用，因为他们完全反对他这么做；而波斯人也不大可能崇敬一位如此勉强地遵循他们的传统的君主（更何况此人还烧毁并洗劫了他们的圣城）。亚历山大的困境可以从他自此开始使用的两枚印章戒指中很好地反映出来。在与欧洲联系时，他用的是旧的马其顿戒指，而在波斯帝国境内传递文件时，他盖的是大流士的御印。他让侍友们——有时候是强迫地——穿上有紫色边饰的白色波斯披风，并且（当其他手段都失败时）试图用越发慷慨的赏赐和钱财来平息对他越来越严厉的批评。[28]

然而，从长远来看，任何如此明显地想要两面讨好的统治者，都难免会遇到麻烦。诸如赫淮斯提翁等亚历山大的密友，以及通常的宫廷佞臣团伙，他们都积极支持这种新的融合政策。职业军官们——克拉特洛斯就是个很好的例子——则对此漠不关心，只要他们自身的地位和前途不受影响。但是，腓力那些态度强硬的老兵们对这整个试验极为反感。[29] 他们年轻的国王穿着异族服装走来走去，与那些他刚刚打败的聒噪、阴柔、野蛮的贵族亲密无间，这样的场景让他们感到无比的厌恶。对他们来说，接纳先前的敌人为战友，这种观念同样恶心。就他们所关心的而言，战争已经随着大流士之死结束了，亚历山大继续东征的宏伟梦想并不能打动他们。他们只想回国，而且越快越好。

现在，亚历山大开始委任不同的助手负责与外界的联络事宜，这更是突显了他们与国王之间不断加深的裂痕：赫淮斯提翁负责与波斯人相关的所有事宜，而克拉特洛斯则负责与马其顿人和希腊人相关的事宜。如果帕美尼翁依然渴求原来的大权——毫不夸张地说——那么目前的局势可以给他最有力的支持。有许许多多的马其顿人（包括几乎所有最资深的将领），他们强烈反对当下所发生的转变。任何领导人只要把亚历山大的政策扭转过来，然后马上回国，就肯定能重新赢得他们的支持。国王刚刚说服军队继续原来的旅程，而军营中绝不缺乏好事者，他们一定会强调他的训诫演说与亲善政策之间的矛盾。现在的气氛可谓一触即发，随时都有可能爆发。

亚历山大采取了几个步骤以缓和紧张局势。和大多数严厉的领导人一样，他毫不掩饰对大众人性的鄙夷，而且似乎觉得，如果他乐意，只需满足他们更大的胃口就足以控制整支军队。就在这个时期，大规模的奢华宴会和会饮开始成了军营生活的常规活动：面包加马戏的点子绝不是罗马人的发明。与此同时，国王积极鼓励马其顿士兵跟与之一路相伴的妾婢结婚，似乎是向他们提供某种原始的家庭福利来作为诱饵。[30]

这是非常精明且富有远见的一招。在军中拥有个人家庭的士兵不大可能会整天吵着要立即回国。再过一段时间，他们要求回国的难度还会变得更大。最终，他们将会把军事生活当作一种永久性的生活方式。亚历山大似乎把这些安排与将来的征兵联系了起来。如果是真的，那这种想法就很值得玩味。这意味着国王把征服与探险本身就当成一种目的，当成人的自然状态；同时也意味着他预计这种状态将在未来 20 年里基本保持不变。

不过，立即行动起来是对付兵变之威胁的最好办法。军队向东方开拔，从扎德拉卡尔塔到了阿雷亚的苏西亚。这里的总督、大流士的谋杀者之一萨提巴尔扎涅斯（Satibarzanes）前来归顺（大概已经通过外交接触达成了一致）。他带来消息说，贝索斯现在正被广泛承认为亚洲之主，他和亚历山大不同，毫不犹豫地戴上了冕状头巾，当然他也确实更加名正言顺。新部队正在招募，不仅包括巴克特里亚的，还有远至乌浒河的游牧部落。

这种威胁必须在其失控前彻底消除掉。因此，亚历山大批准萨提巴尔扎涅斯继续担任总督——这个决定他很快就会后悔的——然后全速往巴克特里亚进军。在行军的途中，帕美尼翁的儿子、翊卫队的指挥官尼卡诺尔病故。亚历山大着急前进，顾不上以最高的军事荣誉将他安葬；亚历山大本人继续东征，让菲罗塔斯留下来负责他的兄弟的葬礼，事后再尽快赶上大部队——我们将会看到，这次分离可能让菲罗塔斯葬送了自己的生命。

在马尔古斯河（穆尔加布河）时，*亚历山大听说萨提巴尔扎涅斯屠杀了马其顿驻军，并在阿雷亚发动叛乱。国王当即决定不去巴克特里亚。他让克拉特洛斯留下来指挥大军，自己则率领一支机动部队南下到阿尔塔科亚纳，即总督的所在地，萨提巴尔扎涅斯正在那里招募军队。仅仅两天，亚历山大便赶了将近100英里的路。萨提巴尔扎涅斯被打了个措手不及，于是就带着2000名骑兵逃往巴克特里亚。其余部队则躲到了附近密林莽莽的山区中（卡拉特-伊-纳狄里）。此时正是8月，亚历山大直接放火烧山，把他们全烧死在里头。

另一位波斯人阿萨刻斯（Arsaces）被任命为阿雷亚总督，以取代萨提巴尔扎涅斯。为了避免再次出现麻烦，亚历山大在阿尔塔科亚纳附近

---

* 唐·恩格斯先生在一次未发表过的交流中提出，亚历山大此时到达的不是穆尔加布河而是库什克河，离苏西亚（图斯）约180英里；阿里安（Arrian, 3.25.6）说，阿尔塔科亚纳离亚历山大调头去处理反叛的萨提巴尔扎涅斯的地方有600斯塔狄昂（70英里），"这说的就是在库什克河的一个地方，而不是更北的穆尔加布河"。恩格斯先生颇为有力地证明，亚历山大"可能绕过了达什特—伊-科尔的南缘，顺卡沙夫河而下到达捷詹河（奥科斯河），从那里再到库什克河……如果亚历山大从图斯出发朝正东方向前进，那么他到达穆尔加布河之前就只有一条捷詹河，该河流在100英里之外，其中有50英里要穿越达什特—伊—科尔。因此，他更有可能会选择南部的路线。"这很有可能，但目前证据还不够充分。——原注

建立了一个殖民地，叫作阿雷亚的亚历山大里亚（赫拉特）。这是第一个建立在战略要地的军事据点，后来这种据点遍布东部各行省。现在，马其顿军队将要前往的地区，以西方人的标准来看基本不存在什么城镇，这些地区的地理状况他们也几乎一无所知。比如说，他们以为药杀河（锡尔河）就是顿河的上游，而兴都库什山脉大概是高加索山的延伸。从现在起，他们进入了不存在于已有地图之中的伊朗东部地区。各种传说和无稽之谈开始大量出现——最先出现的是一则被很多人力证的传闻，亚历山大停驻在扎德拉卡尔塔时，他接待了阿马宗女王的到访，后者一心想和他生个孩子。

另一方面，随后三年（公元前330—前327年）的山地游击战没有任何浪漫和神秘的地方。从阿富汗到布哈拉，从锡斯坦湖到兴都库什，亚历山大遇到了以前从未遇到过的最彪悍、最顽抗的对手。贝索斯及其继任者斯皮塔美涅斯（Spitamenes）打的是一场带有很强的宗教意味的民族主义战争：比起大流士的所有参战部队，他们二人给亚历山大所造成的烦恼要长久得多。[32]

建立赫拉特的任务因为一支援军的及时到来变得更轻松了——这批援军包括3000名安提帕特派来的伊利里亚人和差不多相同数量的吕底亚雇佣兵。现在，克拉特洛斯带着主力部队（包括黑面的克雷托斯从埃克巴塔那带来的四个方阵兵团）跟亚历山大会合，然后他们一同南下。亚历山大暂时放弃了直接进攻扎里亚斯帕——也叫作巴克特拉（巴尔赫）——的最初方案，因为还有另一个反叛的弑君者需要先行处理。那就是德兰吉亚纳和阿拉霍西亚的总督巴萨恩特斯（Barsaentes），他管辖着一片从锡斯坦往东一直延伸至印度河的广大地区。

经过这次千里绕行，亚历山大计划穿过阿拉霍西亚向东北行进，然后取道兴都库什山脉到达贝索斯的大本营。巴萨恩特斯一听说亚历山大就在附近，便逃往印度，但当地居民将其抓获并送了回来。国王下令将他立即处决，罪名是叛国和谋杀。于是，这个偏远地区的民族抵抗运动便被轻而易举地粉碎了。（这只是暂时的，因为几个月后亚历山大还得应对来自萨提巴尔扎涅斯的更多麻烦。）马其顿军队在德兰吉亚纳的首府休整了一阵子，该城位于锡斯坦湖的东岸，后来被帕提亚人占领，他们把它叫作弗拉达。公元前330年秋（当时的情况和德雷福斯事件*差不多一样隐秘难测），就是在这里，亚历山大最终清除了帕美尼翁及其仅剩的儿子，傲慢且野心勃勃的菲罗塔斯。[33]

正如我们所看到的，国王在很长一段时间内逐步削弱了帕美尼翁的权力和威望。除了私人的宿怨以外，帕美尼翁还是马其顿保守派最顽固的代表。亚历山大近来的做派引起了整个保守派的强烈反感，他的副统帅或许是其中最为反感的一个。倘若基层士兵还能够保持忠诚的话，这倒也无妨；但是，现在出现了一些令人不安的迹象，表明士兵们的忠诚度已经严重下降。胜利、战利品和荣誉早就不能满足他们了。战争持续了太久，而和平却一天天地往东方的地平线退去。更糟的是，他们原本将其作为英雄来崇拜的领袖，现在正快速蜕变成一个不可亲近的东方式暴君。有位老兵哀叹道："我们已经失去了亚历山大，失去了我们的国王。"

随着大流士的去世以及关于继承波斯王位问题的明显意味，摊牌是早晚的事情。亚历山大以他典型的性格，决定要先发制人。帕美尼翁在军中深受爱戴，直接对他下手很可能会引发暴乱，甚至更糟。显然，亚历山大的策略是通过他的儿子来扳倒这位老帅，因为相比之下菲罗塔斯可就不那么讨人喜欢了。菲罗塔斯为人不够圆滑，而且专横浮夸，许多将士都非常讨厌他那刻薄的毒舌和跋扈的作风。帕美尼翁曾告诫他要注意言行，但菲罗塔斯不以为意。近来一段时间，亚历山大一直在稳步提拔克拉特洛斯和佩狄卡斯，不断侵蚀菲罗塔斯的权力。

同时，他还采纳克拉特洛斯的建议，教唆菲罗塔斯的情妇安提戈涅向他汇报她情人的任何叛逆言论。[34] 亚历山大大概是想搜集他的一些无心言论，然后据此进行摆样子的公审。然而，这种方法取得的铁证少得让人诧异。有一次，菲罗塔斯喝醉了，他激烈地宣称，亚历山大所有的辉煌成就

---

* 德雷福斯事件（Dreyfus Affair），是19世纪末发生在法国的一起政治事件，事件起于法国的一名犹太裔军官德雷福斯被误判为叛国，法国社会因此爆发严重的冲突和争议。德雷福斯于1906年获得平反，随后还授予法国荣誉军团勋章。

都是靠他和他父亲取得的——这种话或许有所不敬，但绝对称不上有谋反或叛逆之意。实际上，菲罗塔斯最严重的缺点在于他的口无遮拦，这和叛逆非常不同。如果我们可以相信库尔提乌斯的话，[35] 菲罗塔斯在西瓦事件结束后曾写信给亚历山大，祝贺他拥有神的血统，并（可能只是半开玩笑地）表示他很同情那些将来要受超凡权威之领导的人。

这种巧妙的贬损恐怕也不是为了提升亚历山大对他的好感的。不过，菲罗塔斯的另一品质使他得以免受罪责，至少在高加美拉战役结束之前一直如此。他是一个杰出的骑兵指挥官，自信而神采飞扬地统率着侍友骑兵。然而现在，亚历山大的使命召唤他从平原走进山区，游击战变成了常规，因此菲罗塔斯便失去了作用，亦即他已经可有可无了。他最后一个兄弟尼卡诺尔的死，更使得他孤立无援，而帕美尼翁又远在埃克巴塔那。亚历山大所需要的只是一个合适的动手理由，而命运——或者某种幕后的精心操纵——正好提供了契机。

在处理完尼卡诺尔的葬礼后，菲罗塔斯在锡斯坦湖与大部队会合了。过了一两天，他在亚历山大的帐外被一个名叫凯巴利诺斯（Cebalinus）的年轻人拉住，这人向他透露了一个混乱而不可信的阴谋，说有人想谋害国王。据说，凯巴利诺斯的兄弟爱上了一个名叫杜姆诺斯（Dymnus）的人，后者邀他一同参与阴谋，当然（凯巴利诺斯说）他拒绝了……我们可以想象，菲罗塔斯一边听对方啰嗦，一边不耐烦地踏着脚步在想：又是一次同性恋之间常见的带有阴险指控的争吵，这明显是子虚乌有的事。这时，凯巴利诺斯列举出了几个重要人物，包括近身护卫官德美特里奥斯（Demetrius）。菲罗塔斯肯定觉得，这事越来越棘手了。没有证人，也没有证据：那个年轻人甚至都没有亲自过来，而是派了他的兄弟。现在他却在指控国王的朋友。最好还是别掺和进去——这种传闻会带来无穷无尽的麻烦。

凯巴利诺斯一直请求个不停，非常烦人，于是为了摆脱这个人，菲罗塔斯答应会马上向亚历山大报告——他可能觉得，过一会儿这事自然就平息下去了。也可能在他的思想背后，潜藏着一种不可告人的念头，即虽然非常不可能，但如果传言是真的，那不妨任其发展下去：

> 你不可杀人，也无须
>
> 多费心力去救人。*

总之，尽管他在之后的两天里数次和亚历山大谈话，但从未提起这桩传说中的阴谋。[36] 凯巴利诺斯每次见到菲罗塔斯都会问他跟亚历山大报告了没有，而菲罗塔斯（不想用捕风捉影的传言来刺激国王原本就已敏感多疑的神经），每次都找一些冠冕堂皇的理由来敷衍这个执拗的家伙。最后，凯巴利诺斯狐疑不定，又把这事告诉了国王的一位侍从。[37]

这次，凯巴利诺斯马上得到了响应。侍从把他藏到军械库里，然后在国王洗澡的时候报告了这件事。[38] 亚历山大立即下令逮捕杜姆诺斯，接着又盘问凯巴利诺斯本人。他理所当然地问道，为什么拖了48个小时才让他知道——特别是，凯巴利诺斯知情时政变已经策划了三天？[39] 这时候，菲罗塔斯的名字第一次进入到了对话之中。凯巴利诺斯无意将他牵涉到阴谋当中去，而他也不在杜姆诺斯的同谋名录之中。[40] 凯巴利诺斯只是抱怨菲罗塔斯迟迟不肯替他传达消息——毋宁说，他的抱怨只为了给自己开脱，并没有别的恶意企图。

但亚历山大立马看出，这正是他期待已久的由头，一个用来扳倒菲罗塔斯的绝佳手段。等只剩一口气的杜姆诺斯（被捕时他持剑自杀了）被拖进来时，国王心中憋着一句令所有人都胆战心惊的话，他大声吼道："我到底对你做了多大的恶，以致你觉得菲罗塔斯比我更适合统治马其顿人？"然而，杜姆诺斯此时已经丧失了说话能力，还没回答这个非同小可的问题就死了。[41] 接着，亚历山大召来了菲罗塔斯。菲罗塔斯起初没有把这事当回事儿，据库尔提乌斯说，是因为他"担心如果他把两个情人之间的争吵汇报上去，就会受到其他人的嘲笑"。杜姆诺斯自杀的消息使他大吃一惊。他承认或许他本应上报这件事情，并为没有这么做而道歉。亚历山大接受了他的道歉，两人还握了手，表面上这事就这么过了。菲罗塔斯走出来时依旧是个自由身。[42]

---

* 出自英国诗人克拉夫（Arthur Hugh Clough，1819—1861）的《最新十诫》（*The Latest Decalogue*）。

当然，事实上国王其实只是需要再多一点时间来完善他的计划。他召集了一次私密的议事会，菲罗塔斯不在席中。[43] 到场的有赫淮斯提翁、克拉特洛斯、科伊诺斯——他是帕美尼翁的女婿，但素来见风使舵——密提勒涅的厄里吉奥斯，以及两名近身护卫官佩狄卡斯和列昂那托斯。这些人后来都被提拔为高级将领，其中的四个还成了帝国的元帅。这些人构成了亚历山大所信赖的内部圈子。

凯巴利诺斯的兄弟尼科马科斯（Nicomachus）被带了进来，详细复述了他所参与的事情。[44] 随后克拉特洛斯站了起来，猛烈地抨击菲罗塔斯——他个人的竞争对手——和帕美尼翁，并且断言只要他们还活着，亚历山大就不可能安全。议事会上的其他人也附和着。菲罗塔斯肯定与阴谋有关联，否则他为什么不愿上报？应当对他严加拷打，或许那时他就会供出其他同谋者。

在得到下属们的支持后，亚历山大立马动手了。对菲罗塔斯的实际逮捕将是整个行动中最危险的一步，因为总有一丝可能性军队会站在他那边。国王采取了一切可能的预防措施。他宣布次日早晨将进行便步行军训练。骑兵巡逻队被派驻到营地的各个入口以及营地外的道路上，以确保没有人可以趁夜逃出去给帕美尼翁传信。为了消除菲罗塔斯的疑虑，亚历山大给他发去了一份晚宴邀请。大约午夜时分，一个精选的特遣队从国王的营帐中被派出去逮捕菲罗塔斯和凯巴利诺斯的兄弟所提到的其他同党。在菲罗塔斯睡下后，他的住所被悄悄地包围起来，所有的逮捕行动都完成得非常顺利。[45]

次日早晨，亚历山大下令马其顿军队全体集合。因为在叛国罪中，国王是原告，而终审判决则属于军队。当气氛越发紧张之时，沉默良久的亚历山大开始发表演讲。杜姆诺斯的遗体就躺在他面前，而菲罗塔斯暂时还没出现。此刻，他言之凿凿地宣布，帕美尼翁就是阴谋背后的主使者，而菲罗塔斯和其他人则是他的代理人。对此，他所能提出的最有力的证据是那位老帅被人截获的信件，其中有一些含糊其词的指令："首先，你们要照看好自己，然后是你们的伙伴，如此我们才能完成我们所筹划的事情。"[46]

凯巴利诺斯、他的兄弟以及把消息报告给亚历山大的皇家侍从，都被传唤出来作证：但他们中没有一个人说菲罗塔斯有罪。亚历山大无奈地重新提起那些陈旧的传闻和流言蜚语；甚至菲罗塔斯的情妇给他提供的材料也没有任何确实可靠的根据。现在，被指控者终于被带了出来，他双手绑在后面，身上穿着一件破旧的披风。他的出现引起了军中同情他的窃窃私语。有个名叫阿敏塔斯的军官突然站起来试图反驳这种表示同情的舆论，他说这个囚犯曾把他们全都出卖给蛮族人，因为这个人他们所有人都再也见不到自己的妻子、家乡和孩子了。* 紧随阿敏塔斯之后的是菲罗塔斯的妹夫科伊诺斯，他指责菲罗塔斯是国王、国家和军队的叛徒，他几乎忍不住想用石头砸死他。

根据习俗，菲罗塔斯有权为自己辩护，但亚历山大在嘲讽他不用马其顿方言发言后就离开了，没有听他的发言。这可能是件好事，因为菲罗塔斯以一种轻蔑的悠闲态度把整场起诉批驳得体无完肤。后来一个行伍出身的将领费了不小的力气才重新激起了大会的敌对情绪；他提醒大家菲罗塔斯多么傲慢、多么自以为是，他曾经是怎样把部队从宿舍里赶出去以便放置他的私人物品的。这引发了一阵愤怒的声讨，其中有个卫兵大声喊道，他要亲手把这个叛徒撕成碎片。

亚历山大一如既往地算好时机，重新出现并解散了大会，等到明天再开。当晚，第二次议事会同意菲罗塔斯及其同党都应接受传统的惩罚，即处以石刑。不过，亚历山大希望先拿到两样东西：一份菲罗塔斯亲笔写的自白书，和某种牵涉到帕美尼翁的供状。因此，克拉特洛斯、赫淮斯提翁和科伊诺斯得到授权可以拷打菲罗塔斯，直到他拿出这两样东西来。动手前，国王还跟克拉特洛斯私下会谈过（库尔提乌斯说，"会谈的主题没有公开"，这倒也正常）。然后他就回到了自己的营帐，任由他们继续——或者根据普鲁塔克的说法，他在一块帘子后面监视着事情的发展。[47]

在天亮前，施刑者拿到了书面自白书，可能还有足够的额外细节，足以把帕美尼翁也牵扯进来，不管这一切是想象的还是回忆出来的（菲罗塔斯一度还以厌倦的玩世态度，请求克拉特洛斯解释清楚到底想让他供认什

---

* 这可能会煽动军队，但也触怒了亚历山大，因为他一直在努力消解早先一直存在的归国念头。——原注

么）。当这位受害者被带到全军大会上听候处置时，他只能被别人抬着出来，因为他已经没法走路了。我们主要的史料来源库尔提乌斯说，甚至在写出自白书后，他又遭受了一顿拷打。菲罗塔斯和其他被定罪之人刚被处决，亚历山大（素来喜欢一石二鸟，在这个场景里用的是真的石头）下令将与他同名的林刻斯提斯的亚历山大带来受审。[48] 但是，三年的幽禁似乎使这个曾经高傲的贵族丢了魂。当轮到他为自己辩护时，他支支吾吾、结结巴巴，只吐出了几句不知所云的话，然后就沉默了。站在一旁的卫兵有点不耐烦了（或者可能得到过授意），干脆就用枪刺死了他。

安德洛美涅斯四个儿子中的三个也被提审；这主要是因为他们跟菲罗塔斯过从甚密，而且亚历山大的母亲也曾写信警告他要当心这几个人。他们的第四个兄弟波勒摩（Polemo），一听说菲罗塔斯被捕就立刻逃跑了——人们可能认为，这已经足以马上判他们有罪。但是，最为年长的（同时也是奥林匹娅斯恶意攻击的主要对象）阿敏塔斯，提出了一个有力的辩白。他说，除了其他的因素，太后之所以对他充满恶意，主要是由于当初在马其顿征兵时，他根据国王的特旨强征了她的几个年轻宠臣。[49] 令人惊讶的是，亚历山大竟放他们自由了。（他们三兄弟之一的阿塔罗斯是佩狄卡斯的妹夫，他们的获释或许跟这有关系。）国王可能觉得对个别人进行宽大处理有利于证明所有审判都是公正的。* 于是，当近身护卫官德美特里奥斯自辩无罪时，亚历山大就让他走了；后来在所有纷争都已平息后，亚历山大又悄悄地重新逮捕了他。[50]

不过，国王无意对所有持异见的马其顿军官进行大规模清洗。他已经实现了他的直接目标，知道应当适时收手。只剩一件事——或许也是最重要的事——还没完成。侍友之一波吕达马斯（Polydamas）被派了出去，他穿着阿拉伯服饰，带着两位阿拉伯向导，穿过伊朗中部的沙漠，带着帕美尼翁的处决令。为了保证能在那位老帅听到他儿子已死的消息之前赶到埃克巴塔那，他们骑上赛跑用的骆驼，只用11天便走完了这段平常要30天才能走完的路程。

---

* 至少有一位现代学者为这种老套的宣传伎俩所骗：参见塔恩的第一卷第63—64页（Tarn, vol. I, pp. 63-4）和巴迪安的论述（Badian, *TAPhA* 91 [1960], 334-335）。——原注

当波吕达马斯到达目的地时，已经是晚上了。他换回马其顿的装束，然后直接去找帕美尼翁的副手克勒安德洛斯。克勒安德洛斯看了一下亚历山大的处决令，这已经足够了。他命令他的参谋人员做好戒备，同时安排波吕达马斯次日早晨在皇家苑囿的小树林中与帕美尼翁会面。波吕达马斯还带了两封信给帕美尼翁本人，以免他的突然到来引起对方的怀疑。其中一封是亚历山大写的，而另一封则盖着菲罗塔斯的印章，甚至有可能是和他的"自白书"同时写的。当这位老帅满怀欣喜地打开信时，克勒安德洛斯连刺两剑，第一次从肋下，接着是喉咙。他的同行军官们也紧跟这么做。甚至在帕美尼翁已经断气了后，他们依旧刺个不停。

树林外的卫兵们迅速召集军营中的战友，然后回来威胁要处死他们。对于这种危险的状况克勒安德洛斯早有防备，他向卫兵的带头人出示了信件，"这些信件叙述了帕美尼翁谋反的计划以及亚历山大要求他们将其处死的命令"。士兵们只是略微得到了安抚，他们要求安葬老帅的尸体。起初，克勒安德洛斯担心这一让步会触怒国王，便当即予以拒绝。但眼看就要发生暴动，他只好同意妥协。帕美尼翁的首级被割下来并送到亚历山大那里，而他残缺的躯体则在埃克巴塔那接受军事葬礼。[51]

帕美尼翁的那支非常爱戴他的部队，从未忘记或原谅他被杀一事。多年以后，当那些刽子手反过来受到清洗时（参见下文第438—439页），士兵们一个个都欢欣鼓舞。对亚历山大来说，此事可谓惊险至极。他煽动军队起来反对菲罗塔斯，然后借着这精心安排的问罪一并除掉了帕美尼翁和林刻斯提斯的亚历山大。现在他终于摆脱了压抑了他如此之久的梦魇。但是，整个事件导致了一种混杂着猜疑与仇恨的恶劣后果。自此以后，亚历山大从未完全信任他的部队，反之亦然。

为了能知道士兵们在想些什么，亚历山大创建了第一个已知的军事邮递审查体系。国王鼓励士兵和军官们写信回国，他恐吓他们说越往东进军这样的机会就越少。信件是通过他本人的信使而发送的。在经过三个邮递站后，这些信件会被召回，在闲暇时亚历山大会将它们一一过目。在信中，有些人批评他本人以及他的政策，或者为帕美尼翁之死（在他看来）而过度悲伤，或者抱怨他们那一再延长的兵役；对此，亚历山大"将这些人集中起来，组成所谓的'纪律团'*，以免其他的马其顿人受到这些不当议论和批评的腐蚀"。查斯丁说，组建该团的最终目的是为了派人去执行一些特别危险的任务，或者派驻到东部边境遥远的军事要地。[52]

与此同时，亚历山大决定（不过后来又撤销了），不再把他至关重要的侍友骑兵交给一个人控制。因此，他把菲罗塔斯的指挥权分割给黑面的克雷托斯——这个任命显然是为了安抚保守派旧部——和他最亲近的密友赫淮斯提翁。[53] 这是赫淮斯提翁的第一个重要职位。从此他的权力稳步增长，而且决不是完全凭借裙带关系：他看起来也是一位称职的骑兵指挥官，只是也许算不上有灵气。

当安提帕特听说帕美尼翁之死时，他说："如果连帕美尼翁都谋反，那还有谁值得信任呢？如果他没有谋反，那这又是怎么回事呢？"[54] 这种反应是可以理解的，而且将来还会反复出现。整个事件自始至终都是个谜。普鲁塔克认为，唯一真正存在的阴谋是反对菲罗塔斯的；而近来大多数的史学研究也倾向于认可这种说法。[55] 按照这种观点，无论菲罗塔斯还是帕美尼翁，他们都是亚历山大个人的报复心和政治独裁的无辜牺牲品。这其中或许有真实的成分在，但将此作为全部的真相无疑是一种危险的过度简单化。

除非我们决心把所有史料都弃置一旁，否则很明显，确实存在有关谋反的传言。何况，国王随后将菲罗塔斯空出来的职位一分为二，这种做法提示我们，不论正确与否，他本人——如果不算其他人的话——相信死者是有罪的。至于他是否把帕美尼翁也当作叛徒就很难说了。不满情绪早就蔓延开，而帕美尼翁自然成了其中的核心人物。再者，他还控制着亚历山大的交通线上的关键位置，而且一旦发生政变，他所处的位置正好便于夺取从苏萨和波斯波利斯收集来的财宝。无论国王的私人感情怎样，亚历山大都不可能在处决了他仅存的儿子后，还让他待在如此有权势的位置上。

---

* Disciplinary Company, 希腊文作 ἀτάκτων τάγμα, 字面意思是无纪律的一队士兵。

如果在这关头确有阴谋存在，那只可能有一个目的，即：推翻亚历山大，扭转他那不得人心的政策，并尽快结束征战。这种谋划的天然挑动者自然是马其顿保守派，而他们的天然领袖则是帕美尼翁和菲罗塔斯这样的人物。这就是亚历山大所能做的推断；他或许决心先发制人——特别是他和他们父子俩都有旧怨要算。不过，有些细节还有待斟酌。不管菲罗塔斯的解释看起来多么言之有理，他一再拒绝汇报他所得到的传闻一事依旧让人困惑不解。从帕美尼翁给他儿子的信（如果不是纯属伪造的话）中摘录出来的话，即使做最好的解释，也还是非常模棱两可的。如果说林刻斯提斯的亚历山大真有成为未来名义领袖的危险，那么突然且毫无明显动机地处决他一事或许就可以理解了。

如今真相无论如何都无法复原了。即便当时，恐怕也无人——尤其是亚历山大本人——掌握所有线索。那么，我们对"菲罗塔斯事件"的结论就应当是"证据不足"而非确凿的"无罪"。同时，我们也不应过分同情帕美尼翁，他自己也有过不义杀人的记录（参见上文第 120 页），那同样经不起彻底的细查。凡动刀者，必死于刀下；这位坚韧而狡猾的马其顿投机者只不过比多数人生存得更久罢了。

第九章
探寻大洋

等到亚历山大重新上路时已经是冬天了。如果只是单纯想追击贝索斯而没有别的目的，那么他本可以向北折回到他之前离开穆尔加布河（或库什克河）时的位置，然后再朝扎里亚斯帕进军。相反，他转向东北方向，并穿越了阿拉霍西亚，这意味着他将不得不翻越兴都库什山脉。他选择这条漫长而艰辛的路线的主要原因，似乎是因为南部行省仍旧不安分，其中就包括阿拉霍西亚省。的确，离心的倾向一直在蔓延。他刚刚出发就收到了后方再次叛乱的报告，这次又是萨提巴尔扎涅斯领导的。亚历山大立即派了一支讨伐军去阿雷亚解决叛乱，其指挥官密提勒涅的厄里吉奥斯在一对一的对决中亲自杀死了萨提巴尔扎涅斯，从而赢得了极大的声名。

虽然叛乱平息了，但阿雷亚依旧麻烦不断。一位可靠的马其顿人随后取代了它原来的波斯总督。亚历山大还任命另一位马其顿人梅农做阿拉霍西亚的总督，并设立一个新的军事据点以增强他的权威，这个据点可能就在现代的坎大哈附近。很显然，这整个地区远远没有臣服，更谈不上可靠。

公元前329年2月，亚历山大到达坎大哈，并于4月初开始翻越兴都库什山脉。在东阿富汗高原地区的冬季行军过程中，他的军队深受冻疮、雪盲和慢性疲劳之害，最后一项可能是高海拔缺氧所致。[1]在喀布尔附近，国王让他们做了一次短暂的休整。接着，在设立了第三个驻防城镇后（该城名为高加索的亚历山大里亚），他率领军队翻越哈瓦克山口（海拔11600英尺），并沿着索尔赫阿卜河往北朝德拉普萨卡（昆都士）进军。据说，他们翻越山口只用了17天——这是相当了不起的成就，需要事先在营地中做好最细致的规划和储备工作。在北兴都库什山脉，贝索斯采取了焦土政策，一切储备要么被毁掉，要么被当地居民藏在坑洞中。这给马其顿人造成了相当大的困难，但并没有挡住他们前进的步伐。*

贝索斯本人带着7000名巴克特里亚军队和一些强悍的索格底亚那**战士——后者由两位强大的封臣斯皮塔美涅斯和奥克西亚特斯（Oxyartes）统领——正在阿奥尔诺斯（塔什库尔干）自信地等待着亚历山大的到来。从喀布尔到乌浒河谷至少有七个山口：贝索斯理所当然地认为，马其顿人会选择海拔最低的那个。但一向出人意料的亚历山大并没有这么做。哈瓦克山口不仅是七个中最东边的（正因如此他选择了这个山口），而且也是海拔最高、积雪最厚的。他的军队以不可思议的速度通过了该山口，而位于西面80英里远的贝索斯突然发现自己被侧翼包抄了。于是，他决定完全放弃巴克特里亚，撤退到乌浒河对岸，以索格底亚那作为防御基地。[2]

当他宣布这一计划时，大部分巴克特里亚骑兵当即逃走，回到了他们自己的村落。不过，正如后来所证明的，贝索斯的策略既非怯懦，也不愚蠢。巴克特里亚主要由多缝隙、多岩石且人迹罕至的山区组成，几乎没有可用于战斗的地形。而在乌浒河对岸，情况就大为不同。索格底亚那（布哈拉和突厥斯坦）以平原和沙漠为主。而当地居民是彪悍而独立的游牧民族，几乎在学会走路之前就会骑马了。这两点结合在一起，可以完美地用来实施一种打了就跑的消耗战（参看 Fuller, p. 117），骑兵游击队可以突袭行进中的队列，当受到追击时又可以退回到茫茫草原中。

在德拉普萨卡做了短暂的休整后，亚历山大占领了塔什库尔干和巴克特里亚的首府——也是琐罗亚斯德的出生地——扎里亚斯帕，而且没有遇到什么像样的抵抗。然后，他留下年老的阿尔塔巴佐斯做新征服的行省的总督，自己则继续朝乌浒河进军。现在是6月份，一个干旱的季节，而他

---

* 从公元前330年一直到前326年，亚历山大可能是从希腊的"粮仓"以强征或大批采购的方式征集粮食，以保证东征期间大军的补给（根据老普林尼的说法［the Elder Pliny, *HN* 18.12.63-65］，当时的"粮仓"主要是西西里、北非、埃及和本都）。至于当时希腊普遍存在的粮食短缺以及从昔兰尼获取救济粮（高达805000埃吉纳麦丁努斯，或超过一百万阿提卡麦丁努斯，1麦丁努斯大约合1.5蒲式耳）等问题，可以参见托德所收录的那则著名的铭文（Tod, II［no. 196］）以及编者的注释（第273—276页）。——原注
** 索格底亚那即中文史料中的粟特。

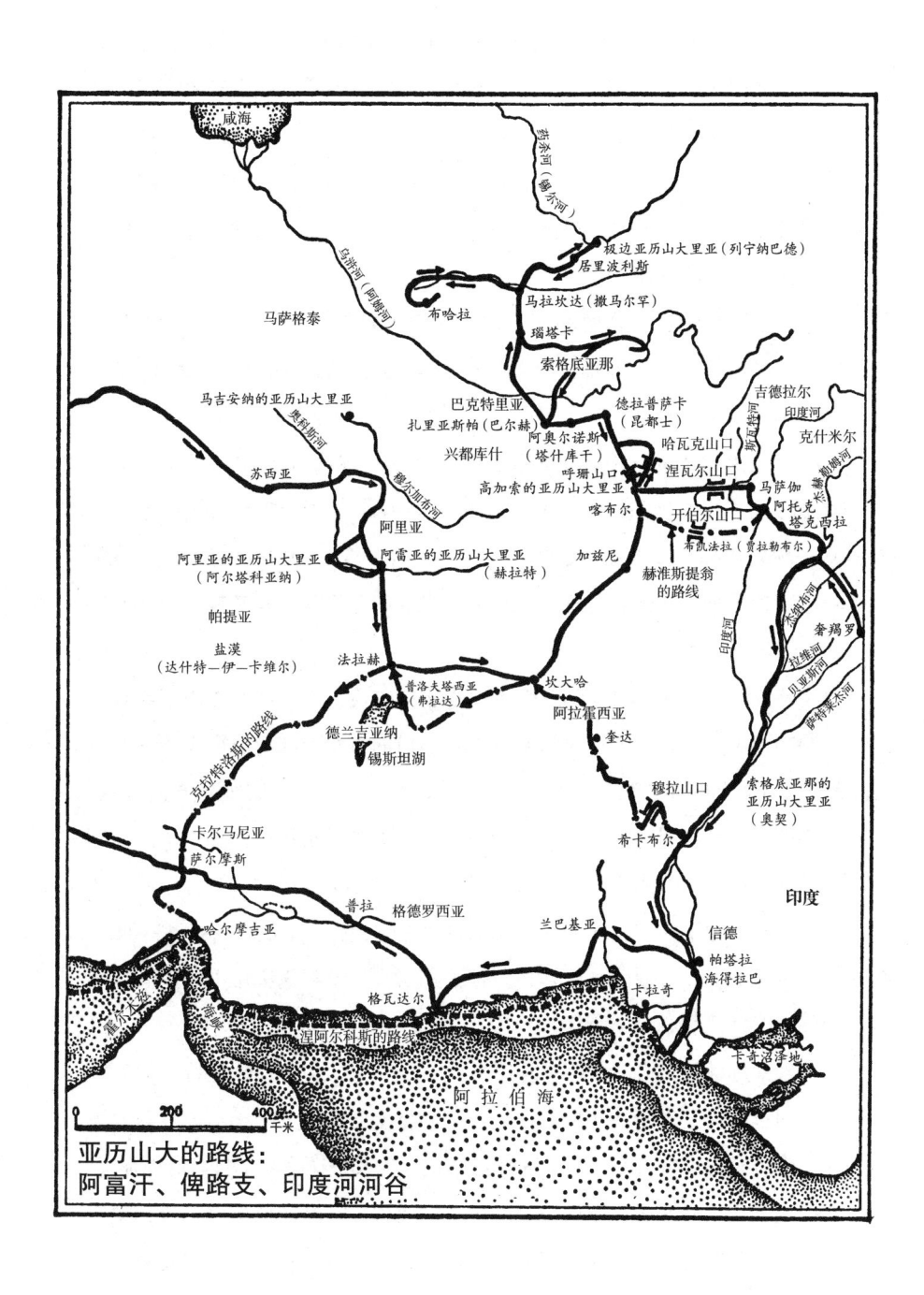

亚历山大的路线：
阿富汗、俾路支、印度河河谷

的行军路线却要穿过一个酷热缺水的沙漠，原本饱受冻疮之苦的将士们突然发现他们面临着中暑的威胁。夜间行军没那么难受，因为在夜里气温下降了很多（从超过38℃降到了21℃甚至15℃）。即使这样，在这场折磨人的长途行军中许多人还是掉了队，而且人数很多，以致亚历山大最终在日落时分到达乌浒河时不得不为他们点上烽火：否则，这些人在黑夜中可能就找不到他的营地了。

经过这次经历，塞萨利人（由于帕美尼翁被杀，这些人已经很难驾驭了）集体抗命，许多胖力的老兵也仿效他们。现在离家乡已有4000英里之远，他们受够了。国王无可奈何，只好遣散他们，并付予解雇金和津贴。这次意外的遣散行动使得亚历山大的一流部队严重不足。更糟糕的是，由于脱水之后过量饮水，许多人竟因此丧命，减员人数甚至比任何一场战斗都多。因而，亚历山大赌了一把，第一次大规模地在地方征募"蛮族"辅助军队。他的冒险非常成功——至于其他马其顿人怎样看，那就是另一回事了。

乌浒河（今阿姆河）是一个难以克服的障碍。这条河流发源于高耸入云的帕米尔高原，带下来大量来自中亚高山的雪水。在亚历山大渡河的凯利夫，河流有四分之三英里宽，水相当深，河底又是沙质的，而且水流湍急。国王的工程师试图打下桩子以便造桥，但这些桩子很快就被冲走了。周围尽是没有树木的贫瘠之地，要收集足够的木材必定会耗时过久。最后，亚历山大回想起了他在多瑙河采用过的便宜之计（参见上文第128—129页），只不过这次他没有舰队可以帮忙。他们把所有皮革帐篷都用干草塞满，然后仔细缝好，制成一个个浮筏。

借助这种权宜方法，国王让军队渡过了河流。但是，这耗费了他五天的时间；如果贝索斯在此期间发起攻击，将使亚历山大处于十分不利的境地。就后面的事情来看，如果这样做的话，他或许还挽救了自己的性命。[3]然而相反，贝索斯认为亚历山大会被乌浒河拦住，除非他募得一只运输船队——这正如此前他曾自信却又错误地推断，从喀布尔过来的马其顿人会通过哪个山口一样。在巴克特里亚撤退之后，他的军事声望已岌岌可危，而当亚历山大最新的事迹传来时，他的威信便荡然无存了。这时候，斯皮塔美涅斯和索格底亚那的封臣们觉得，变换一下宗主也未尝不可。于是，他们囚禁了贝索斯，然后派遣使节去通知亚历山大，如果他能派个将领和卫队过来，他们就把弑君者交出来。这是极为高明的一招，不仅可以让这个新的军人集团甩掉贝索斯本人，而且能够使亚历山大相信他们的合作意愿。

不过，亚历山大的反应十分谨慎，因为这消息有可能是个陷阱。拉古斯之子托勒密（他在德美特里奥斯被清算之后成了一名近身护卫官）受命去执行这一棘手的任务。为了对付可能出现的麻烦，他带了一支很强的部队——大约1600名骑兵和4000名步兵。[4]斯皮塔美涅斯及其同伙同样也信不过亚历山大，他们有意避免亲自与来使接触。托勒密被带到一个偏远的村庄，他在那儿发现贝索斯正由重兵看守着。于是，他派人向亚历山大报告，询问应怎样把贝索斯带回去见他。

国王的指示非常明确。贝索斯应置于亚历山大及其军队将要经过的路旁，需赤身裸体地绑在一个柱子上，还要在脖子上戴一个奴隶戴的木枷。一切都照办了。当亚历山大（他对贝索斯的处理似乎主要是为了告诫那些桀骜不驯的伊朗贵族）行到被囚者的位置时，他从御用战车上下来，责问贝索斯为什么囚禁并杀害"他的国王、亲人和恩主"大流士。贝索斯回答说，这是集体的决定，"为的是能赢得亚历山大的欢心，以保住他们自己的性命"。但众所周知，只有在他被看成一个外族篡位者的时候，人们才会想要这样的欢心，而外族篡位者这一标签恰恰是亚历山大所极力想要避免的。为了表明他对贝索斯叛徒行为的厌恶，亚历山大先是将其鞭打一顿，接着把他送回扎里亚斯帕，在那儿贝索斯于公元前328年以弑君罪接受审判。他的鼻子和耳朵被割掉了——这是一种波斯习俗，大流士一世曾用在某位争位者身上，但这里是由亚历山大直接下令执行的——最后在埃克巴塔那，当着米底人和波斯人全体大会的面，他被公开处决。[5]至于亚历山大的阿契美尼德式的主持正义的姿态对他们产生了多大的影响则争论不断。

翻越兴都库什山脉以及随后的沙漠行军使得马其顿骑兵的马匹损失很大。亚历山大用当地的突厥斯坦马来重新装备骑兵部队，这种马要比他们此前遇到过的任何品种都要高大、强壮得多。随后，由于高兴但错误地以为斯皮塔美涅斯现在已是他的臣属兼盟友，并且索格底亚那的西南部已全部归顺，亚历山大向北朝马拉坎达（撒马尔罕）和药杀河（锡尔河）进军。这条河流乃是波斯帝国东北方向最远的边界。河流的对岸便是无边无际的"斯基泰"草原和山区，那里住着野蛮的游牧民族——达海人、萨卡人和马萨格泰人。在此，亚历山大发现了一个前哨基地和一连串的七个要塞，据说是由居鲁士设立的。他把雇佣兵派驻在这里，同时还计划建立一个新的军事据点，"既可作将来远征斯基泰的绝佳基地，又可作对付河流对岸游牧部落袭扰的防御阵地"。这个据点名叫极边亚历山大里亚（列宁纳巴德或科真德）。

许多"斯基泰"部落派遣使节前来觐见，希望能缔结盟约。亚历山大亲切有礼地接见了他们。一些马其顿军官随同这些使节返回部落，以便巩固双方的友好协定——同时尽可能地收集有关当地地形、军事装备和部队人数等各方面的信息。用外交人员当间谍决不是现代才有的现象。

就在这时，真正的麻烦开始了。亚历山大召集斯皮塔美涅斯及其同伙在扎里亚斯帕会面。斯皮塔美涅斯可能担心国王想借此扣留人质以使他们安守本份，于是就拒绝了。在他的领导下，整个行省都起而反叛。当地部队将亚历山大的驻军屠戮殆尽，重新占领了居鲁士的前哨基地及相连的要塞。斯皮塔美涅斯本人则率军包围了马拉坎达。一听到消息，国王马上采取了行动，但他似乎还没有完全意识到将要对付的是什么样的情况。他派往马拉坎达的援军根本不足以完成使命。事实上，援军名义上的指挥官法努刻斯（Pharnuches）是一位吕底亚翻译，他被选派出去可能是为了外交谈判而非战斗。他通晓当地语言，"而且能够老练地跟当地居民打交道"。他所带的只有 60 名侍友骑兵和 2000 名雇佣兵，其中有 800 人是骑兵，由三位马其顿军官统领。

亚历山大则亲自处理沿河要塞里的敌人。在向马拉坎达行进时，他的腿骨被流矢射中，这更让他大怒不已。他用三天时间重新夺取了七个要塞中的五个，作为报复他把守军全都屠杀掉。主要的前哨基地居洛波利斯在突击队沿着城墙下的一条干涸河道潜入城中后也陷落了。有 8000 名战士在无望的抵抗中战死。剩下的 7000 人连同其余两个要塞的守军随后（据阿里斯托布罗斯记载）被集体处决。在肉搏战中，亚历山大的面部和颈部被一块大石击伤。有一段时间，他的视力和声带都不大正常，大家一度担心他会就此失明。

他所需要的无非就是休息和康复。骨头碎片不停地在他受伤的腿里活动，同时他一定还忍受着极为严重的偏头痛的折磨。尽管几乎无法站立，亚历山大接下来还是花了三周的时间监督了极边亚历山大里亚新城墙的建造。在康复期快要结束时，由于受到对岸游牧部落的讥讽和威胁，他深入他们的领地，进行了一次漂亮的突袭。环绕在四周的游牧骑兵反过来被亚历山大设计包围住，有 1000 人被亚历山大的重骑兵斩于马下。在撤退时国王喝了一些受到污染的水，渡过药杀河后，他得了肠胃炎，真可谓祸不单行。

然而，最坏的消息还没到来。当法努刻斯及其援军即将到达时，斯皮塔美涅斯从马拉坎达撤退，并巧妙地将追击者引诱到了布哈拉；该地位于扎拉夫尚河对岸，在马萨格泰人的荒芜领域内。在这里，他们遭到伏击和包围，差点儿被全歼了（确切情况各家说法不一）。只有 300 名步兵和大约 40 名骑兵成功脱逃。紧接着，斯皮塔美涅斯率军返回马拉坎达，重新包围了该城。当亚历山大从幸存者那里得知这个可怕的消息时，他威胁倘若他们胆敢把这件事泄露出去的话，就会处死他们。亚历山大熟读希罗多德的《历史》，大概还记得居鲁士征讨马萨格泰人时的背运；那次征伐以类似的这样一场大屠杀告终，连国王都在该役中殒殁。有一件事是显而易见的：斯皮塔美涅斯是自罗得岛的门农之后亚历山大所遇到的最危险的敌人。

国王再次以惊人的速度前进。他带着一队骑兵和轻装步兵，沿着药杀河强行军，通过饥饿草原并进入扎拉夫尚河河谷，在第四天破晓时分到达了马拉坎达，整段路程约有 160 英里。斯皮塔美涅斯及其骑兵立即放弃围城，逃到了沙漠中。亚历山大追击了一会儿，但最后感觉追不上，也就放弃了。返回时，他有组织地劫掠了沿河地带：没有草料和补给，敌人将很难在冬天进攻马拉坎达。他还绕道前往法努刻斯被伏击的地方，把那些抛尸荒野的阵亡将士安葬好。[6]

完成此事后，他渡过乌浒河，回到了扎里亚斯帕的冬季营地（公元前329/328年）。在这里，贝索斯得到了最终的裁决（参见上文第355页）；同时，亚历山大还处理了阿雷亚的反叛总督，此人被其贵族同党用锁链送了回来。令人高兴的是增援部队也从海岸过来了，其中大部分是雇佣兵。与他们同行的还有帕美尼翁的兄弟阿桑德洛斯（此人后来就没被提及，这可能只是巧合）和亚历山大的发小涅阿尔科斯。他直到最近一直担任吕西亚总督（参见上文第201页），现在则被任命为翊卫队的兵团指挥官。各种使团的到来也使冬天的日子显得热闹许多；其中有一个使团来自科拉斯米亚，该部落居住在从乌浒河到咸海的地区，其国王法拉斯美涅斯（Pharasmenes）亲自率团来访。

亚历山大可能是第一次从法拉斯美涅斯那里得知咸海的存在，地理概念的不足和过于臆想的翻译似乎使两人彼此严重误解。法拉斯美涅斯很想得到如此伟大的征服者的支持，以对付其西面居住在里海一带的邻居；但不知怎的，这让亚历山大想到了科尔齐斯和阿马宗人，进而他确信法拉斯美涅斯想要远征黑海。最有意思的是国王的回应。他告诉法拉斯美涅斯，他首要关心的是征服印度以结束亚洲的征战。不过他又说，回到希腊后，他计划对黑海发动一次全面的海陆并进的远征；到时这位法拉斯美涅斯的提议将能派上大用场。[7] 这是现存史料中有关亚历山大征服世界的终极计划的第一次表露，完全征服了东方后还会有进一步的远征。

不过，在他能够考虑朝印度进军前，亚历山大还得对付行踪不定的斯皮塔美涅斯。公元前328年早春时候，亚历山大留下克拉特洛斯和四个方阵兵团以维持巴克特里亚的秩序，自己则重新渡过乌浒河，开始解决这项少有的棘手任务。[8] 他把大军分成五个机动纵队，分别由赫淮斯提翁、托勒密、佩狄卡斯、科伊诺斯以及他本人统领。这些纵队在乡间扫

---

* 在乌浒河的渡口，人们在为国王的营帐挖掘堑壕时挖出了两个泉眼，一个清水，一个石油。占卜师阿里斯坦德洛斯以他惯有的圆滑和自信，将此解释成"未来之困难和最终之胜利的象征"。——原注

荡，扫除了当地零星的反抗势力，并建立了一个相互联系的军事前哨网。或者就在此时，或者稍晚一些，相同的前哨体系也在马吉安纳（巴克特里亚西部）建立了起来。原有的堡垒得到了利用，同时新的也在建造，相互之间可成犄角之势。单单在索格底亚那，查斯丁就罗列了不下 13 个这样的要塞。[9]

与此同时，斯皮塔美涅斯身处马萨格泰人之中，离亚历山大远远的，据说他正在招募一支强大的骑兵队伍。当五个马其顿纵队根据约定于仲夏时节在马拉坎达会合时，国王派科伊诺斯和年老的阿尔塔巴佐斯去监视他的活动。斯皮塔美涅斯轻而易举地躲开了他们的侦察兵，向南迂回进入了巴克特里亚，占领了边境的一个要塞，劫掠了扎里亚斯帕周边的土地，还把由冒险出城对抗他的由马其顿老兵组成的临时部队歼灭了。克拉特洛斯（他和四个方阵兵团一直在内地）听到这一消息后，立即率军追击斯皮塔美涅斯，终于在沙漠边缘追上了他。接着便是一场激战，在此战中约有 150 名马萨格泰骑兵阵亡。但是包括斯皮塔美涅斯在内的其他人故伎重施，再次逃到了草原上，这样克拉特洛斯就没法继续追击了。[10]

那年夏天，营地里的气氛紧张而焦躁。原本应该只是一场快速的小型战役，如今却不知要拖到何年何月。两次史无前例的失败更是叫人受挫。腓力的旧部和国王的希腊-东方侍臣之间的厌恶和嫉妒达到了新的高潮。烈日下的马拉坎达酷热难耐。包括亚历山大在内的所有人，都开始过度地豪饮。在这种情况下，一个小小的导火索就足以引爆早已紧绷的情绪。很快，在一次马其顿宴会过后的喧闹中，充满愤恨的人们愈发肆无忌惮。大家酒后吐真言，由于长期压抑，他们的话便说得更加激烈难听，就像腓力最后且致命的那次婚宴的情形一样。情绪是迟早要爆发的；而当它来临时，采取了一种特别糟糕的形式。[11]

和平常一样，那天晚上以一场豪华的宴会开始——可能是为黑面的克雷托斯举办的，他次日将就任巴克特里亚总督一职，这是一个危险且责任重大的职位。[12] 不久，宴会就变成了通常喧闹不堪的酒会。醉醺醺的亚历山大在他周围的阿谀奉承者的鼓动下，开始大肆吹嘘自己的功业。拍马屁之人也把国王的业绩与赫拉克勒斯的相提并论。这种自命不凡的态度可能处心积虑地想要刺激保守派们的,倘若如此,那他确实达到了目的。[13] 这时候,克雷托斯(在他眼里亚历山大的东方化行为和侍臣们粗俗的谄媚一样讨厌)生气地说,这是对神的不敬。总而言之,他接着说道,他们在夸大其辞。亚历山大的大部分功绩得归功于马其顿军队(这个话题克雷托斯一会儿还会再提,其结果是致命的)。[14] 听到这话,国王"深受伤害"。我们完全可以想象当时的场景。

亚历山大的侍臣们素来喜欢煽风点火,现在更是全力贬低腓力,说他所做的"只不过是些普通而平常的事情罢了"。国王也主动接过了这个话题。腓力不愿意承认他在喀罗尼亚战役中的功劳,即便他——亚历山大——在战斗中挽救了父亲的性命。其他深藏已久的怨恨也都一倾而出。[15] 此时既醉且怒的克雷托斯激烈地维护腓力的功业,而且(理由很充分)"认为那些功业比现在的胜利要高得多"。他甚至出言为帕美尼翁辩护,说亚历山大之所以能轻松取胜,全靠腓力的老兵。

库尔提乌斯说:"于是,这激起了新战士与老兵之间的争论。"[16] 但是,分歧不仅是因为年龄,更根本且无法调和的是民族主义与东方化政策、简单朴素与复杂世故、坦言直谏与曲意迎合之间的矛盾。当然,也完全有可能是亚历山大(他对近来反对他的阴谋极为敏感——这或许有他的道理)故意挑起这场冲突,以便了解像克雷托斯这样的老将们的真实想法和感受。不管怎样,他竟火上浇油地让一个希腊歌者出场,[17] 此人为了取悦人群,上演了一段充满恶意的短剧,(没有点名地)讽刺某些最近在讨伐斯皮塔美涅斯时被打败的马其顿指挥官(参见上文第357—360页和注释10)。这引发了在场年长的马其顿人的强烈抗议,但亚历山大及其侍臣却十分愉快,他们叫歌者继续演,不要停。

克雷托斯忍无可忍地怒吼道,真是耻辱,竟然任由敌人和蛮族人(他指的是国王的波斯客人)"羞辱马其顿人,马其顿人就算遭遇不幸也比这些嘲笑他们的人要好得多"。现在我们明白了,为什么亚历山大会挑在餐后安排这个闹剧的原因。显然,克雷托斯也是被影射的指挥官之一,而且已经上钩了。国王轻声说道,把懦弱叫作"不幸"听着就像诡辩。"正是你所说的懦弱在格拉尼科斯河战役中救了你的命，"克雷托斯大声喊道，"正是靠马其顿人的血和我们这些人的伤，你才爬到如此高的地位——否认腓力而宣称阿蒙神是你的父亲……"同样重要的是，他还指责亚历山大谋杀，不是谋杀帕美尼翁而是谋杀阿塔罗斯，这就表明了他自己在那场权力斗争中未曾表露出来的态度。[18]

亚历山大的回应也非常地耐人寻味。"这就是你一直以来对我的看法，是不是？这就是引起马其顿人之间敌对情绪的原因。别以为你能逃得了惩罚……""听着，亚历山大，"克雷托斯说道，有意按照腓力的习惯直呼国王其名，"就算现在我们也不会逃避。我们那么辛苦，可我们又得到过什么奖赏呢？那些死了的人是最幸运的，他们不用眼睁睁地看着马其顿人被米底人的棍棒抽打，或是为了见到自己国王而向波斯人磕头。"这段发言受到了热烈的欢呼，但此时亚历山大或许没有他假装的那么醉，他转过头对坐在旁边的两位希腊侍臣说："你们不觉得希腊人走在马其顿人中间就像半神走在野兽当中吗？"这句话大概是蓄意让任何保守的马其顿人情绪彻底失控。

当时非常嘈杂，克雷托斯没有听清国王的话——实际上那句话可能是有意用来进一步刺激他的。于是，这位老战士对亚历山大吼道，你要么公开把话说清楚，要么别邀请"我们这些自由且敢于直言的人"来参加宴会，去招待那些只会匍匐在你的白袍和波斯绶带下的奴隶和蛮族人吧。亚历山大勃然大怒，抓起他手边的第一个东西，一个苹果，[19]扔向克雷托斯，然后回头要找他的剑。有个近身护卫官很有先见之明，事先就把剑拿开了。国王的密友佩狄卡斯、吕西马科斯和列昂那托斯感觉情况不妙，便围了上来，强行把他按住。亚历山大奋力挣扎着，同时嚷嚷说这是阴谋，他像大流士一样遭人背叛了。

与此同时，其他人在拉古斯之子托勒密的带领下，把克雷托斯生拉硬拽地拖出了宴会大厅。国王终于挣脱开了，他用马其顿语大声喊道，"警卫集合！警卫集合！"他命令号兵吹响警报，但这位勇气非凡、头脑清醒的号兵却拒绝执行命令——后来他因此举而大受称赞，因为他可能成功避免了一场暴乱——然后遭到了一顿痛打。这时，克雷托斯又挣脱了束缚，摇摇晃晃地从另一个门进来，喊了欧里庇得斯的《安德洛玛刻》(*Andromache*)中的一行诗句："哎！在希腊有一个多么邪恶的政府啊！"*在马其顿，欧里庇得斯是深受喜爱的悲剧诗人，学童们都能长篇记诵他的作品，亚历山大也一定可以毫无困难地把克雷托斯非常贴切的引用接下去：

> 当公众树立起战争纪念碑时
> 那些真正流血流汗者是否得到了荣誉？
> 哦，没有！荣耀被一位将军攫取了！——
> 他不过是在千万人中挥舞着自己的一根长矛，
> 只做了一个人的事，却得到了无穷的赞美。
> 这些自命不凡的国家元老
> 自认为在人民之上。凭什么，他们什么也不是！

亚历山大被这种讽刺深深刺痛了，现在也不会顾得上（如果曾经有过的话）斯多亚学派的博爱论，如果这种学说伤害了他的自尊的话；他跳了起来，从一个卫兵那里夺来一支枪，然后投向克雷托斯，后者当场死亡。[21]

转瞬间亚历山大就后悔不已，他把枪从那位老战友的遗体中拔出来，试图（大概并不是很拼命地）刺向自己。但是，他的朋友再次围了上来，强行把他控制住了。[22] 他把自己关起来，一整夜都在悲痛之中，此外还想起了自己忘记向狄奥尼索斯献祭；这听起来像是要把杀人一事归咎于神灵的愤怒，从而为自己的责任开脱。[23] 黎明时分，他让人把克雷托斯的遗体抬过来，哀悼了一会儿，之后遗体便被人抬走了。[24] 在相当长的时间里——史家的说法不一，普鲁塔克说36个小时（最有可能），查斯丁说四天（典型的夸张），而库尔提乌斯和阿里安则接受闭门三天的说

---

* 作者引用的是普鲁塔克《希腊罗马名人传·亚历山大传》洛布丛书版的译文（Alas what evil government in Hellas），但该译文恐怕有误。希腊原文是"οἴμοι, καθ' Ἑλλάδ' ὡς κακῶς νομίζεται"，意思是"哎！在希腊有一个多么坏的习惯啊！"从下文可知，克雷托斯引用这句话是想讽刺亚历山大独享胜利的荣光，有点感叹"一将功成万骨枯"的意思，并不是要批判政治。

法²⁵——他一直把自己隔离着，不吃也不喝。

很难说从什么时候他的真正的悲恸开始开始变成某种精心的作秀：也许两者从一开始就是兼而有之。我们只能根据结果作判断，而此事的结果很耐人寻味。一旦亚历山大的追随者们开始觉得他真的会饿死自己，而使他们被抛在这遥远的蛮族之地，而且群龙无首，他们就会想方设法来改变他的决心。事实上，国王不仅想要赦罪，还想要他们的信任支持：他两者都得到了。卡利斯特涅斯试图用睿智的哲学话语宽慰他，但没有奏效。²⁶不过，阿纳克萨科斯（Anaxarchus）作为一个政治务实派立马看出，亚历山大需要的不是理性的安慰，而是哲学上的合理化解释。于是，他走进国王的卧室，简单粗暴地叫他起床，别再哭哭啼啼的：国王超乎人类的法律之上。

毫无疑问，这正是亚历山大想要听到的；从此以后，阿纳克萨科斯不断受到重用，而卡利斯特涅斯则逐渐失宠。马其顿人从国王的反应中得到启示，于是"断定克雷托斯被正当地处死了"，其罪名大概是叛国。一些占卜师则把他的结局归咎于狄奥尼索斯的愤怒，让事情更复杂了，因为他们所"回想起"（即捏造出）的各种预兆都可以证实这一点，如此一来责任便从亚历山大转到了"命运的判决"身上（在此阿里斯坦德洛斯起了重要作用）。通过这样的回溯，亚历山大的罪行就被合法化了，同时他也意识到，从今往后不管发生什么事情，他都能在关键时刻得到军队的支持，这时，亚历山大同意起来进食。²⁷然而，宴会现场的所有人都知道真相。克雷托斯被杀是因为他勇于公开批评国王，而不是因为别的。更糟的是，亚历山大的杀人之举竟公然得到了辩护。自此，再也没有什么能约束得了他了。的确，正如库尔提乌斯所说，在帕美尼翁死后没隔多久，克雷托斯又死了，这标志着自由的终结。²⁸

现在，亚历山大在巴克特里亚和索格底亚那度过了两次作战季，但都没什么收获。斯皮塔美涅斯仍旧逍遥在外。国王下定决心，要在春天到来之前把他干掉，因为他不想把入侵印度的计划再往后推了。这时确实已经拖延得太久了。克雷托斯的职位空出来后，亚历山大亲自执掌侍友骑兵。

大部分军队都回到了瑙塔卡的冬季营地，而科伊诺斯则率领两个方阵兵团和一支强大的混合骑兵，奉命去防卫西北边界。

马其顿的要塞网络现在开始发挥作用。斯皮塔美涅斯发现，补给和马匹的获得已经越发困难，更不用说一个安全的基地了。最后绝望之下，他取得3000名马萨格泰骑兵的支持，尝试进行一次大规模突围——这也正是亚历山大在部署军队时所预见的那样。科伊诺斯斗志昂扬地把这支庞大但纪律涣散的游牧军队打得七零八落，杀死了800名骑手，而自身却几乎没有损失。少部分一直追随斯皮塔美涅斯的索格底亚那人向马其顿人投降——他们的许多同胞早就在马其顿军中服役了。斯皮塔美涅斯本人则率领游牧民逃到了沙漠中，由于这场可耻的败仗，他的声望大跌。事实上，当马萨格泰人听说亚历山大亲自追击他们时，便果断处死了斯皮塔美涅斯，并将其首级作为议和条件送给国王。*他们的沙漠邻居达海人在听说了所发生的事情后，也立马把斯皮塔美涅斯的副手交了出来，从而得到了谅解。[29]

随着斯皮塔美涅斯被杀，北部边境所有有组织的抵抗运动都就此瓦解。尽管这位索格底亚那领袖的军事才华被高估了，但他确实是一个优秀的游击战统帅。和门农一样，他也看出对付亚历山大最好的办法是突袭和游击战。亚历山大那支迄今未有败绩的大军被他牵制在突厥斯坦达两年多之久；如果他能得到比那些只想四处劫掠的沙漠游牧部落更可靠的支持的话，甚至可以做出更好的成绩来。

时入隆冬，亚历山大还在清剿东南方向的荒凉山区（帕莱泰刻涅，在今塔吉克和巴达赫尚之间）的敌人，那里至少有四个大领主仍在凭借他们的石堡对抗他。仅仅过了两个月，在瑙塔卡的马其顿军队再度出发。这时是1月初，气候条件十分恶劣；夜里气温降到零下，暴雨、雷电交加的风暴以及猛烈的冰雹凝为了坚冰。在这次行军过程中，大约有2000人冻死

---

* 根据库尔提乌斯的说法（Curtius, 8.3.1 及以下），处决是由斯皮塔美涅斯的妻子执行的，她做了雅亿（Jael）对西西拉（Sisera）所做的事，因为她厌倦了四处逃窜的游击战生活但又无法说服他投降。——原注（在圣经中，以色列女士师底波拉召来巴拉率领一万人迎战西西拉，西西拉战败，逃到雅亿的帐棚，向雅亿讨水喝。雅亿为示热情，降低他的警觉，用自己的奶来款待他。当他睡着后，雅亿悄悄地到他旁边，用锤子将帐棚的橛子钉进他的鬓角，将他杀死。）

或死于肺炎。和往常一样，亚历山大展现了他应对危机时的过人品质。他想尽办法来提振士气低落的马其顿军队：大量的树林被砍倒拿来生火，冻僵的肢体因而变得暖和。有个士兵在森林里迷路了，最后回到营地时几乎站不起来，更不用说拿稳武器了。国王便让他坐在自己的椅子上，靠着熊熊的火堆。当士兵恢复之后看清所坐的位置时，出于训练有素的卫兵的条件反射，他登时跳了起来。

亚历山大的反应很有其个人特色——同时也意味深长。他友善地看着士兵，说："现在你有没有发现，在国王手下你过得比波斯人更好？对于他们，坐在国王的位置上是死罪，而对于你，却是一种救命手段。"即便在这冰天雪地的山坡上，国王也还是在焦虑着一个不解的难题（即使考虑到库尔提乌斯的罗马式修辞），即，怎样在政治上赢得所有人。他母亲的暗示、在埃及加冕为法老，甚至是伊索克拉底恭维式的预言——在喀罗尼亚战役后伊索克拉底告诉腓力，一旦征服波斯大王，他还能做的就只有成为神——都指向了一个越发具有吸引力的答案。[30] 不管怎样，难道他不是已经超越了赫拉克勒斯的功绩了吗？

第一个遭到亚历山大攻击的山地要塞是所谓的"索格底亚那石堡"。当地领主奥克西亚特斯有一支大军驻守在此（据说有30000人，数目之大令人生疑），为了安全，他还把自己的妻子和孩子也送到了那里。储备非常充裕，足以应对两年的围困。大雪不仅阻碍了马其顿人前进，而且为守军提供了丰沛的饮用水。石堡本身非常陡峭，可以说牢不可破，至少守卫者是这么认为的。在初步谈判时，当亚历山大提出，如果他们交出堡垒，他就保证他们安全回家时，守军对自己的守卫显然非常乐观。听完谈判条件他们大笑不已，然后问他的士兵是否会飞，因为他们只向长了翅膀的战士投降，"至于其他人他们一点都不担心"。国王的名声本应使他们在发出挑战前三思而行：这不会使他气馁，而只会激发他的决心。

亚历山大立即在全军遍寻经验丰富的攀岩能手和登山家，总共找到300人。侦察表明，守军只守卫堡垒的直接通道。现在，亚历山大要求自愿者从远处的陡峭岩面爬上去，为前12个成功登山者提供丰厚的奖赏。

他们带了剑、矛以及两天的补给。到达堡垒上方的山顶后，他们将以挥舞白旗作信号。

每个人都是自愿执行这场危险任务的。阿里安和库尔提乌斯所记载的细节表明，两千多年来高山攀登技术并没有多大的改变。这些突击队员用绳索绑在一起，借助插入岩石缝隙的铁楔和钢锥攀上最艰难的山崖突出部。他们在夜里登山，这更添危险。大约有 30 人坠落到了山脚的雪堆中，其尸体再也没能找回来。不过，黎明时白旗终于在山顶上挥舞起来，亚历山大派传令官告诉守军，如果往上看，他们就能看到他那些长了翅膀的士兵。奥克西亚特斯的部队被这突如其来的情况惊呆，以至于他们立即投降，虽说跟登山者相比，他们的人数优势几近一百比一，而且亚历山大的主力依旧无路可以上山。对敌人心理的洞察又一次带来了巨大的回报。[31]

不过，好戏更在后头。索格底亚那石堡投降后，亚历山大表示他对奥克西亚特斯的女儿罗克珊娜（Roxane）十分钟情；所有马其顿人都认为这个姑娘是"他们在亚洲遇到过的最漂亮的女子，如果不算大流士的妻子的话"。亚历山大是否真的爱上了她颇有争议，尽管不同的史料都这么说；她直到赫淮斯提翁死后、在亚历山大生命的最后一年里才有了身孕。*不管怎样，对各方面而言，这种结合所带来的政治利益是非常巨大的。因而，亚历山大和罗克珊娜顺理成章地结了婚：新郎和新娘共享一块礼仪性的面包，亚历山大用剑将其切成了两份。这大概是马其顿的习俗，当然是象征性的。

浪漫传奇给历史的细节罩上了一层迷雾，而如法国学者所说，这些历史无疑是一些"精致的宣传"。[32] 随后，亚历山大继续他的冬季征伐，现在同行的还有其极具影响力的岳父，他是亚历山大前敌人中最强大的一位，亚历山大可以让他去说服那些顽抗的领袖们前来归顺。当他们遇到另一个在 4000 英尺高、周长不下 7 英里的山岩上的更难企及的堡垒时，幸

---

* 除非我们接受梅茨史纲（Metz Epitome [c.70]）可疑的引证，根据该史料，公元前 326 年夏，罗克珊娜曾在杰赫勒姆河（叙达斯佩斯河）为亚历山大生下一名男婴，但这个孩子不久就夭折了。——原注

亏有奥克西亚特斯。国王费尽力气在通往该堡垒的狭谷上架好了桥梁，然后他派奥克西亚特斯去劝说敌方统帅，继续抵抗是没用的，而如果投降，他就会得到优待。这一计策奏效了，于是双方达成了协议。亚历山大同意这位领主科里厄涅斯（Chorienes）继续执掌该堡垒；作为交换，科里厄涅斯为亚历山大全军提供两个月的口粮。（他忍不住强调说这只是石堡储备的十分之一，言外之意即他投降是出于自愿而非被迫。）现在，索格底亚那全境已基本平定。[33] 国王派克拉特洛斯带一支部队去处理剩下的敌人，而他自己则统率大军返回扎里亚斯帕，为拖延已久的入侵印度做准备。

面对这来之不易的胜利，亚历山大十分清醒。他终于征服了东北的两大行省；但除非他采取一些有针对性的预防措施，否则再次翻越兴都库什山脉的时候可能还会有严重的麻烦。通过与罗克姗娜结婚——这种策略无疑会得到他父亲的赞许——他为自己赢得了一定的当地支持，虽说这可能会（又一次）疏远马其顿保守派们。除此以外，他还能怎样巩固自己的势力呢？一个方案是他所建立的军事要塞网。有些要塞可以转变为永久的城市。该地区已知至少有六座大城，全部名为亚历山大里亚，其中包括马吉安纳（梅尔夫）、乌浒河边的塔尔密塔（铁尔梅兹）和极边亚历山大里亚（列宁纳巴德或科真德）。它们的主要作用是防御边境，但有几个却成了重要的贸易中心；同时，这些城市也可以方便地用来安置为数众多的*服役期已满或忠诚度可疑的希腊雇佣兵。[34]

此外，大批援军的到来（公元前328年，光步兵就有16000人）也使得他有条件驻扎一支特别强大的军队。取代黑面的克雷托斯担任巴克特里亚总督的阿敏塔斯最终得到了10000名步兵和3500名骑兵，按此前的标准这是很大的一个数字。不过，此时亚历山大所采取的最重要的一个措施（也是受腓力影响最明显的一招）是征募30000名地方青年，教他们希腊语，并进行完全马其顿式的军事训练。所有男孩都是从各行省的名门望族中根据体力、健康和智力而精心挑选出来的。

---

* 后来至少有26000人叛乱（参见下文第421和第450页），但我们不知道有多少人继续留在那些城市里。——原注

这一策略有两大目标，一个直接的，一个长远的。最终，这些学员将补充到亚历山大的军官团体中去，由于战斗伤亡、疾病、驻防和行军路线上的管理需要，军官减员已十分严重。后来国王说他们是他的"继承者"，他所指的当然是指继承马其顿的旧部队。不过就目前来说，当他在向印度和海岸行军时，他们只是作为高价值的人质而已。[35]

显然，这种革新举措是没法保密的，即便亚历山大有此愿望。当跟参谋人员商讨时，他无疑会强调这些"继承者"的人质属性；但从他们的角度来看，这整个理念不免会让他们回想起令人不快的皇家侍从军团，而且如今规模要远更大。不过，国王原有的马其顿指挥体系中的另一部分，即"将领和总督培训营"，[36]将直接面临来自蛮族新贵的竞争。看上去，亚历山大的确像是有意（理由很明显）想把所有的马其顿影响从王室机构中清除出去。保守派领袖们，作为唯一一个强烈排外的小团体，一直反对和嘲讽国王的帝国抱负，此时他们已经被一个个地消灭掉了。如今在亚历山大的统治体系中，波斯贵族已经占据了越来越多的重要职位，波斯的宫廷礼仪也使那些名义上的同侪越来越难以接触到他。

然而，还是存在着一个大难题。把伊朗和巴克特里亚的部队和马其顿部队或希腊雇佣兵编在一起不难，然而，除了在侍友部队、翊卫队和方阵兵团中，上哪去找一流的兵团或师旅指挥官？无论乐意与否，亚历山大都不得不迁就他的军官阶层；而正是这些军官直率的马其顿式的无礼行为，约束着他的东方式的自我膨胀。

这方面，最好的例子莫过于宫廷内部在匍匐礼或敬礼方面的分歧。对波斯人来说，这是日常的约定俗成的礼仪规范，只不过敬礼方式会随行礼者社会地位的相对差异而有所不同。对地位相等者要亲其嘴，对地位略高者要亲其脸颊，而——用希罗多德的话说——"地位极卑者则要全身匍匐以示恭敬"。可以想见，若推而极之，有资格接受所有臣民最为极致的匍匐礼而不论其等级的，自然就是波斯大王。然而，对希腊人来说，匍匐礼乃是一种只有在拜神时才会做的动作。如果只在社会语境中，他们觉得匍匐礼是一种可笑、屈辱且渎神的行为——"是东方奴性的典型表现"。[37]在马拉松战役后，卡利亚斯（Callias）很震惊地看到一个波斯俘虏对他行此大礼。派往波斯的使节们也常常被此事弄得很尴尬。在这种关键时刻，有个机灵的外交官把印章戒指丢到地上，然后自我安慰说他只是趴下去捡戒指而已。在波斯波利斯，有一幅米底人向波斯大王行匍匐礼的浮雕被亚历山大的部队故意毁坏，这清楚地表明了他们对此礼的态度。

更麻烦的是，由于希腊人把匍匐礼当作一种宗教敬拜，他们错误地认为，既然波斯人在波斯大王面前行匍匐礼，他们必定认为国王是有神性的。不难想象这些冲突的信念在亚历山大宫廷中会激起何等的混乱和愤恨。波斯显贵们理所当然地向亚历山大行匍匐礼，正如他们反过来也会接受地位更低者的匍匐礼一样。亚历山大如果想废除这种习俗，必然会使他自己继承波斯大王之位的诚意受到质疑。另一方面，当有人行匍匐礼时，许许多多的马其顿将领总是大笑不已，或者表现出一种粗鲁的轻蔑态度。波吕佩孔（Polyperchon）曾用戏拟马其顿教官的口吻对一个匍匐在地的波斯人说："快，别只是用下巴触地，得磕出声来，兄弟，得磕出声来！"[38]

显然，这种状况不可能一直持续下去。宫廷里一半在行匍匐礼，一半在旁边嘲笑，这是不可容忍的。但是该怎么办呢？亚历山大不可能囚禁或处决他所有的最优秀的将领。（他一度把波吕佩孔关起来，但很快就把他释放了；另一个失礼之人列昂那托斯也没有受到惩罚。）唯一的希望是，通过一步一步仔细的操控，使马其顿人把匍匐礼当作一种单纯的文明礼仪来执行。在这背后，亚历山大和宣传部门（包括卡利斯特涅斯和阿纳克萨科斯），以及马其顿高层的许多人私下里进行了无数的商讨。

这些商讨的痕迹就保留在阿里安和库尔提乌斯所述的程式化的辩论中。[39] 阿纳克萨科斯知道马其顿人对匍匐礼的反对主要在于该礼暗含了神性之义，因此在一群勤勉的宣传人员的支持下，[40] 他提出了一种大胆却也十分合理的建议（该建议无疑得到了国王的毫不谦逊的默许）。他问，为什么不承认昭昭可见的既成事实，把亚历山大当作神呢？亚历山大注定会在死后得到神一般的荣耀。"那么，从各方面来说，在他还活着的时候就给予荣耀，难道不比在他死后更好吗？那时对他又有什么用呢？"他的功业早就超越了赫拉克勒斯和狄奥尼索斯——而且本来他跟后者的联系也不强。把亚历山大当作一个纯粹的马其顿的神——这是迎合民族主义者的虚荣——难道不是更好吗？

但是，阿纳克萨科斯讨好马其顿人的企图终究失败了：他们坚定地拒绝了这份诱饵。更要命的是，他们竟出人意料地得到了某个人的支持。御用历史学家卡利斯特涅斯站了出来，他基于传统的宗教立场，完全反对阿纳克萨科斯的提议。为什么会这样？在将其雇主美化成宙斯或阿蒙神之子时他未曾有过疑虑。在过去的六七年里，他一直在宣传亚历山大的功业，而且有时也不是那么严谨或真实。他不喜欢保守派们，也非常乐意参与诋毁帕美尼翁的运动（参见上文第 175 和第 294 页）。尽管现代有人为他辩护，[41] 但他此前的人生表明他其实是一个能屈能伸且自负的趋炎附势者。

那么，是什么原因导致他突然转变了呢？可能就像他自己所表明的，他觉得把亚历山大神化的做法实在与他的宗教感情相悖，虽然对他（如同多数希腊智者）而言，现实存在与文学的修辞夸张之间顶多只有那么一丝的联系。更有可能的是，这是他对宫廷中的权力平衡的变化所做出的回应。很明显，他一直期待着一旦马其顿保守势力被最终清除出去，希腊人能够占据主导地位。我们可以猜想，他之所以支持马其顿保守派，是因为将来取而代之的不会是希腊人，而是波斯人。

无论其个人动机是什么，卡利斯特涅斯对当前局势的判断相当敏锐。不管怎样，亚历山大必须倚仗他的马其顿诸将；而只要该礼仪含有把他当神的意味，他们又强烈反对匍匐礼。现在卡利斯特涅斯站在占优势的一边，亚历山大的计划只好暂时搁置一旁。然而，这位希腊史家所未能察觉到的是，他竟因这次不合时宜的反对而挖好了自己的坟墓。对亚历山大来说，希腊主义如今已成了明日黄花。所以克雷托斯死后（参见上文第 365 页），卡利斯特涅斯在意识形态上的过失使他再也得不到国王的欢心，因为国王希望他的手下不仅要高声赞成，还要把话说得漂亮。这些事情阿纳克萨科斯做得更好，于是其地位也相应上升了。当然，这方面的成功范例是阿里斯坦德洛斯，阿纳克萨科斯无疑都看在眼里，然后有样学样。

由于卡利斯特涅斯的反对，神化计划流产了；现在亚历山大伙同赫淮斯提翁以及其他一两个密友想出了一个替代方案，把匍匐礼作为某种世俗礼仪引进来。他们特意安排了一场宴会,在宴会上当酒杯在众人当中传递到该计划的知情者们时,他们就站起来,匍匐在国王面前,而反过来,他们将得到国王代表同等地位的吻,以抵消这一动作可能带来的屈辱感。他们期望,接下来其他宾客出于礼貌,也会跟着这么做。

历史上曾有过更为拙劣的变通手段,实际上当时一切都进行很顺利,直到轮到了卡利斯特涅斯——这次又是他。亚里士多德的这个侄子,他一生都在玩弄文辞,此时却没有意识到他是在玩火。他似乎坚信,笔杆子就是比利剑更强大;亚历山大及其功业,以及其他的一切,他卡利斯特涅斯的记述既能造就之,亦能毁败之——这是一种常见的错觉,但在此却是致命的。于是,他把酒喝了,但却没有匍匐。当时亚历山大正和赫淮斯提翁交谈,没有注意到;但边上有个廷臣马上指出了这一遗漏。于是亚历山大拒绝了卡利斯特涅斯的致敬,而这个希腊人转过身去,大声地说:"好吧,我离开时将比大家少一个吻。"[42] 他又一次扼杀了亚历山大的匍匐礼方案。赫淮斯提翁为了保护自己,被迫说卡利斯特涅斯原本是认可这一做法的,但后来又反悔了。

这次事件决定了卡利斯特涅斯的命运,不过哲学家本人好似幸福地没有看清现实。他模糊地意识到,他使亚历山大疏远了他;但是在马其顿人当中一夜走红之事已经冲昏了他的头脑。他的脑子还沉浸在哲学之中,他开始把自己看作暴君的对抗者、自由的守护人,捍卫着传统的希腊精神,使其不受堕落的蛮族式革新的腐蚀。

就因为这个故作姿态的书生,亚历山大精心安排的计划没能如愿以偿,亚历山大对此并不高兴。宣传部门已经开始散播关于卡利斯特涅斯的流言蜚语,他们攻击他古板刻薄,还上报说他发表了许多所谓的"煽动性的"言论(主要是修辞学中常见的反暴君的陈词滥调)。另外,据说他在离开国王时曾小声咕哝道:"帕特罗克洛斯也死了,他可比你强得多。"* 不过,国王的主要目标是消解卡利斯特涅斯在保守派中新获得的声望。事实证明这事竟如此简单。通过挑拨一方的天生自负和另一方的固有偏见,亚历山

---

* 出自《伊利亚特》卷二十一,阿基琉斯在杀死吕卡昂之前对他所说的话。

大一个晚上就达到了目标。

宴会过后,卡利斯特涅斯受邀即兴颂扬一下马其顿人,以此展现他的演说才华。他的演讲非常成功,获得了经久不息的掌声,他本人也被戴上了花环。这正是亚历山大所想要的,他要让卡利斯特涅斯上升到一个极端自负从而再也下不来的位置。国王引用了《酒神的伴侣》中的两行挑衅性诗句("当能言善辩的聪明人找到了好的点子 / 把话说得漂亮并非难事"),*然后考察他的辩论术技巧(参见上文第 61 页),让他采用对立论点,以同样的力度贬损马其顿人,"这样他们或许可以在错误中学习进步"。

作为一个天生的训诫者和教师,这位哲学家不需要别的鼓励就接受了这一诱惑,开始抨击马其顿人的风俗习惯和希腊人的派系倾轧,最后以一行格言般的诗句结束——"在纷争的时候,卑鄙的人也能获得荣誉"——这明显是在嘲讽腓力,至少他的听众是这么觉得的。贵族保守派们分不出何者是辩论术的训练、何者是发自肺腑的言辞,总之他们都气得要死,而亚历山大偏偏火上浇油地说,卡利斯特涅斯所证明的其实是他的恶毒而非辩才。[43]

在此之后,只需找到一个这位历史学家也牵涉其中的莫须有的密谋即可:在菲罗塔斯身上能奏效的,自然也能在一个普通的希腊平民身上奏效。机会很快就出现了。有个侍从因为其个人对亚历山大的怨恨,密谋要刺杀他。另外还有四个侍从也参与合谋。这次尝试失败了,由于有个侍从走漏了风声,五人全部被捕。在审讯时,他们全都供认不讳。事实上,由于抱着必死的决心,带头的赫摩劳斯(Hermolaus)趁机大肆抨击亚历山大为人妄自尊大、酗酒无度且专横跋扈。但是,哪怕是在强压之下,他们也无人牵连卡利斯特涅斯,虽然国王一听说此事就把他当作同犯进行审问。

---

* 引文(《酒神的伴侣》第 266 行及以下)本身就意在羞辱。其后的诗行如下:
  你巧舌如簧,好像很有智慧,
  其实你的话中毫无见地。
  胆大妄为又能说会道,这样的人
  会变成一个没有头脑的坏公民。——原注(英译文偏意译,且行数跟希腊原文有出入,因此中译文由译者从希腊原文译出。)

和其他希腊哲学家一样，卡利斯特涅斯在一般意义上抨击过专制统治，但也仅此而已。对他的控告是基于个别捕风捉影的证据。据说，当赫摩劳斯抱怨他被亚历山大鞭打时，卡利斯特涅斯告诉他，要记住你现在已经是一个男人了。审讯时这句话被解释成他在煽动弑君，实际上这更像是一种斯巴达式坚忍品德的劝诫。不管怎样，卡利斯特涅斯最终被判有罪。就像亚历山大自己说的那样，"人们所误信的谎言，往往会变成真相"。[44] 五个侍从当即被处以石刑。至于卡利斯特涅斯，史家们说法不一，有的说他晚些时候被处以绞刑，也有人说他被关在囚笼里随军行动直到病死。

在写给安提帕特的信中，国王叙述了五个侍从被处决一事，但是他说在惩罚"那位智者"——这是他对卡利斯特涅斯的蔑称——"以及那些把他送到我这儿和那些窝藏图谋杀害我的人"一事上，他个人会亲自负责：这些话必定会让亚里士多德和安提帕特两人颇费思量（参见下文第459—460页）。

亚历山大关于印度的观念此时仍旧是非常粗略的。在当时的希腊人看来，印度河对面的这片土地是一块不大的半岛，北面是兴都库什山脉，东面是环绕世界的大洋，*（他们相信）大洋不会离信德沙漠太远。对于印度次大陆的主体他们几乎一无所知，更不用说从中国到马来西亚的广大的远东地区。实际上，亚里士多德认为站在兴都库什山脉的顶峰上就可以看到大洋。对于这个谬误至少亚历山大已经通过亲身观察予以否定了；但总体上他对印度的地理状况仍旧非常无知，他整个的东方战略都基于一个错误的假想。当他明白的时候已经太迟了。恒河平原如此之大，单单其存在就足以粉碎他的梦想，比任何军队都更为有力得多。

两个世纪前，居鲁士大帝曾在白沙瓦和旁遮普北部建立一个"印度行省"，据说后来该省每年以金沙的形式上缴高达360塔兰特的贡赋。约公元前517年，大流士一世曾派一个希腊人卡律安达的斯库拉克斯（Scylax of Caryanda）去开拓印度的商贸路线。斯库拉克斯沿印度河航行，经由波

---

* 准确地说，在希腊人的观念中，"大洋"（Ocean）其实是一条围绕世界的环河。

斯湾返回，之后他据此行程写了一本书。而希罗多德和克特西亚斯（Ctesias，希腊医生，公元前5世纪后期曾在波斯宫廷里服务）都记述过印度的事情。这三种著作亚历山大及其参谋人员都很容易获得，他们一定仔细研究过了这些明显相关的资料。不过，就算这么做了他们也不会知道多少的，因为到了公元前4世纪时波斯已经放弃了印度行省，而且即便在"欣度什"是帝国一部分的时候，那里也始终是一片未知领土，一片充斥着神话和传说的地区，就像中世纪时的中国那样。希罗多德相信，印度的黄金是由比狐狸还大的巨蚁挖出来的；而克特西亚斯则为我们描绘了一个神话般的世界，如同耶罗尼米斯·博什＊所作的画。[46]＊＊

亚历山大有诸多令人信服的理由要入侵这片神秘的奇幻之地。作为自封的波斯大王，他想要收复居鲁士的行省。而开伯尔山口的存在意味着他必须保卫突厥斯坦免受东方的侵犯。不过，他的主要动机似乎是一种强烈的好奇心，一种对未知世界的 *pothos*，此外他还决心实现真正意义上的世界征服。当他站在大洋的最远海滨时，他的雄心将得以实现。正如他对法拉斯美涅斯所说的那样（参见上文第359页），一旦征服了印度，"他就完全掌控了亚洲"。要永远做最优秀者：无论居鲁士大帝还是半传说的人物赛米拉米斯女王（Queen Semiramis）＊＊＊，此前没有一位尘世的统治者曾完全征服过印度。迄今，这种胜利还只属于神明。狄奥尼索斯曾带着他的酒神随从来到这个国家，对其进行征服和教化（此外，据说葡萄就是由他带到印度的）。根据传统说法，在15个世代之后，亚历山大的先祖赫拉克勒斯也来到了这里，并通过他的女儿生育了一长串的印度国王。亚历山大决心超越他们；甚至可能是让他自己被承认为神灵，无论在这里还是在

＊ 耶罗尼米斯·博什（Hieronymus Bosch，约1450—1516），荷兰画家，其画作想象奇特，擅长描绘人类的罪恶和道德的沉沦，常以恶魔、半人半兽甚至是机械的形象来表现人的邪恶，被视为20世纪超现实主义的启发者之一。

＊＊ 在他的《印度史》（*Indica*）中，克特西亚斯人描绘了长着尾巴和狗头的人，可怕的食人兽马提科拉（martichora），阴茎长至脚踝的矮人，长有八个指头、耳朵大到足以遮住太阳的弓箭手，以及一个其婴儿出生时没有肛门、直到青春期才会长出来的部落——这些奇闻轶事后来又重新出现在《曼德维尔游记》（*Travels of Sir John Mandeville*）中。——原注

＊＊＊ 古希腊传说中新亚述帝国的传奇王后。亚洲的很多古迹上都标有她的名字，似乎伊朗或两河流域的每一件巨大工程都可以归结到她。

其他地方。[47]

在出发前，国王极大地扩充并重新整编了原有的骑兵部队。八个侍友骑兵分别和来自中部行省的伊朗骑兵混编在一起，成了新的独立分队，即所谓的"骑兵队"（hipparchy）。这项整合政策是为了提高军事效率，但同时也是对保守派的又一次冲击。如果每个马其顿骑兵将领指挥的都是多民族的部队，那么他组织军人小团体的可能性就会大大降低。

这支军队于公元前327年春再度翻越兴都库什山脉，其规模几乎没法准确估算。亚历山大统领的马其顿部队不到15000人，其中有2000人是骑兵。不过，骑兵总数估计在6500人到15000人之间。步兵人数也同样不确定，约在20000人到120000人之间。塔恩估计作战部队人数在27000到30000人之间，这无疑太保守了点。另一方面，相对可靠的推测是，这120000人代表总体人数，其中包括营妓、商贩、仆从、马夫、妻子、情人、儿童、科学家、教师、办事员、伙夫、骡夫，以及如今构成"流动国家和帝国行政中枢"一部分的其他所有人员。[48]

古代史料告诉我们，这支庞大的队伍翻越萨朗山口（120000英尺）到达高加索的亚历山大里亚，竟只用了10天时间；更有可能的是，这是先头部队建立前哨营地所用的时间，大部队而后才陆续跟进。当亚历山大还在巴克特里亚时，有一个名叫萨西古塔（Sasigupta，西西科托斯［Sisicottus］）的印度王公跑过来加入亚历山大的部队，此人是从贝索斯那里叛逃出来的，他很可能向亚历山大陈述了开伯尔山口那边的政治状况。不管怎样，国王事先派遣使节到塔克西拉（塔克沙西拉）*的王公安比（Ambhi，翁菲斯［Omphis］）和"印度河以西的印度人"那里去，要求他们在方便时到喀布尔河谷来与之会面。安比和其他几位较次的君主骑着25头大象如约而至；他们带了礼物，还说了许多表示欢迎的客套话。这些大象引起了亚历山大的极大兴趣，最后——大概是在某种压力之下——那些印度人同意把它们作为礼物送给他。不过，安比自有理由要与亚历山大交好：他希望马其顿军队能帮助他对付竞争对手波洛斯，一个领地在杰

---

* 即中文史料中的呾叉始罗。

赫勒姆河（叙达斯佩斯河）对岸的强大君主。

这时，亚历山大分兵两路。赫淮斯提翁和佩狄卡斯率领超过半数的骑兵、三个方阵兵团和辎重部队，通过开伯尔山口向印度河进军。阿里安说，"给他们的指示是以武力或和平的方式拿下沿途的所有地方，一旦到达印度河就要做好渡河的准备工作"——大概就是用轻便的船只组建一座浮桥，这种浮桥直到最近仍可在当地见到。安比及其印度同僚将作为向导随军前往。与此同时，亚历山大以克拉特洛斯为副手，率领一支机动部队溯科亚斯佩斯河（库纳尔河）而上，穿过巴若尔和斯瓦特等山地，同时征服沿途的敌军堡垒，以此掩护大部队的左翼。最后，两支部队将在印度河会师。[49]

在这次行军中，赫淮斯提翁这一支除了有一次一个月之久的围城外，进展顺利，一路平淡无奇。然而，亚历山大这一支却一路坎坷。他所途经的山地难以翻越，而且他所遇到的部族又大都是一等一的战士。在一次交战中，他的肩膀还中了一箭；到战役结束时（这次战役起于公元前327年11月终于公元前326年2月），他的状况实在堪忧。他所进攻的多数城镇不仅从一开始就拒绝开门投降，而且抵抗得十分顽强。*作为报复，当他们最终战败时，亚历山大将居民全部屠杀：和以往一样，违抗他的意志必受严厉的报复。在马萨伽他背信弃义地屠杀了7000名印度雇佣兵，包括他们的妻儿——而且是在向他们做了安全承诺之后——因为他们拒绝和他一道对付自己的同胞。普鲁塔克说，这次行动"成了他军事生涯中难以去除的一大污点"；现代的印度史家理所当然地会赞同普鲁塔克的论断。

也就在这时候，我们第一次发现一些迹象，宣传部门开始宣扬亚历山大的神性，而不是神之子的身份。在马萨伽围城期间，国王的脚踝受了轻伤，当时在场的有个名叫狄奥克西波斯（Dioxippus）的雅典人，他引用了荷马的一行诗句："灵液，就这样从永乐的天神身上往外流"。亚历山

---

* 克雷托斯有一句话曾让亚历山大特别恼火，它让人回想起伊庇鲁斯的亚历山大在意大利时说过的话：他在与男人战斗，而马其顿的亚历山大只不过是赢了亚洲的女人而已（QC 8.1.37）。到目前为止，这种嘲讽差不多就是真相。但从现在开始，情况就不一样了。印度行省的战斗部族给了亚历山大不曾遇到过的最顽强的抵抗，并且他还发现波洛斯是一个比门农和斯皮塔美涅斯都要出色的对手。——原注

大当即喝止他的恭维:"那不是灵液,那是血。"显然,这么说有点过分了。[51] 对一个希腊人来说,说出这种话是一种失言;从我们的视角来看,有意思的是他竟然会这么说,或者他觉得这么说别人会爱听。即使只是作为征服印度人的一种手段,亚历山大的神性这一理念想必也得到过严肃的讨论。此外,同样重要的还有两则出自该战役的著名传闻(这大概也是官方层面的宣传),二者都跟神联系在一起,一是关于赫拉克勒斯,二是关于狄奥尼索斯。

在解决了库纳尔和巴若尔河谷的阿斯帕西亚人(阿斯瓦卡人)后,亚历山大向北进军,进入了吉德拉尔之下森林茂密的山区。有天晚上,军队在一座森林里扎营。由于天气太冷,他们收集了大量的木柴,点起了许多的营火。火焰熊熊升起,吞噬了悬挂在树上、后来才知道是雪松木棺的东西。这些木棺像易燃物一样燃烧爆裂。这时,森林那头传来犬吠的声音,这说明马其顿军队就在一个城镇边上,碰巧就在该城镇的奇异的坟地里。

在短暂的围城之后这个城镇投降了。城镇名为尼撒,这个名字跟狄奥尼索斯紧密地联系在一起,该城据说是由一位神明建立的,(从当地居民对亚历山大所说的话来看)而且这位神明具有许多酒神的特征。对马其顿人来说,城镇周边的一座高山进一步证实了狄奥尼索斯的存在,因为那里不仅生长着葡萄藤,还有常春藤——这种植物他们在远东地区的其他地方从未发现过。亚历山大与将士们登上这座大山,给自己戴上常春藤花环,并进行了为期十天的酒神狂欢(史料是这么说的),尽情地宴会、饮酒和作乐。库尔提乌斯说:"因此,这数千人的叫喊响彻了高山与河谷,他们在祈求那位居住在这片树林里的神明。"

以往一般认为,整个故事纯属虚构。它仅仅是一种宣传手段,要么是亚历山大自己提出来的,要么是(在更清教徒式的学者看来)他的敌人宣扬出来的。不过,吉德拉尔南部山区的情况——那里野味丰富,盛产葡萄和常春藤、胡桃、水榆、桑树和杏树——却跟古代的记述非常吻合。而且,那里仍然住着一个独特而封闭的民族,即所谓的卡拉什人;他们酿造葡萄酒(这种技术并不为该地区其他部族所知晓),用山羊作牺牲,还把死者放在木棺中然后悬挂在树林里。[52] 和其他地方一样,这种看起来非常不可能的轶事最终证明是有其确凿的事实依据的。

第二则是亚历山大占领一个堡垒的著名故事，阿里安把这个堡垒称为阿奥尔诺斯：大概是梵语 avarana 的希腊语译名，意为"避难之地"。[53] 这个堡垒在一座名为皮尔沙尔的高山上，位于阿托克以北 75 英里印度河的一个拐弯处，高出河流达 5000 英尺。阿里安说它方圆大约 25 英里。堡垒水源充沛，要上去只有一条路可走，陡峭而且艰难。当地传说有位神明（马其顿人认为是赫拉克勒斯）曾试图占领这个难以接近的要塞，但没有成功。阿里安尖锐而戏谑地评论道，"人们总是喜欢夸大困难，为此编造了一个连赫拉克勒斯也没能将其征服的传说"。当然，亚历山大立马产生了要亲自攻占阿奥尔诺斯的强烈欲望（pothos）；可以想见，"赫拉克勒斯的故事必定是诱因之一"。

在和赫淮斯提翁取得了联系之后（他们的会合地点定在欧印德，阿托克上游约 16 英里的地方），他立即开始解决这项名义上超越赫拉克勒斯的任务。正如奥雷尔·斯坦因爵士（Sir Aurel Stein）所说，亚历山大应对此事时的"毅力、技巧和勇气，恐怕只能在传说中神一般的英雄身上找到，而非凡尘的领袖所能拥有"。[54] 如果人们愿意奉亚历山大为神，那主要是由于他完成超神之功业的欲望和能力——何况这是他有意挑战他的神灵先辈。在阿奥尔诺斯，为了把投石机和弩炮带到射程之内（将其拖到 8721 英尺高的乌纳萨尔山上本身就是一项卓越的成就），亚历山大不得不在乌纳萨尔和一座俯视皮尔沙尔的高山之间的峡谷中架起一座木制通道。这种非凡的架构想必跟美国早期的铁路架柱桥非常相似。当通道建好、亚历山大的弩炮就位后，守军就逃走了。一队马其顿士兵费了好大功夫登上山顶，而"那块曾挡住赫拉克勒斯的的岩石则留给了亚历山大"。[55] 如果国王的宣传人员能够好好利用，那至少他们有一些不同寻常的东西可以宣扬了。

亚历山大任命萨西古塔担任阿奥尔诺斯的驻军指挥官，然后对周边地区做了快速侦察。侦察队奉命去讯问当地居民，"尤其是要获得一切有关大象的信息，因为他对这种动物最感兴趣"。大部分印度人逃到了河流的对岸。亚历山大的随从人员中已经有了一队猎手和象夫，他们抓到了 13 头被人遗弃的大象（另有两头掉到了悬崖下面），并将其编入军队中。接着，他建造船只，把包括大象在内的整支军队顺流运到了欧印德。他的工兵此前已经造好了浮桥[56]——这是很突出的业绩，因为即使在旱季印度河也很少少于一英里宽，一般情况下还会更宽——而赫淮斯提翁也征集了大量船只，包括两只三十桨的桨帆船。

这时，安比送来了大批珍贵礼物，包括银条、献祭的绵羊等，由700多名当地的精锐骑兵护送而来。这位王公还允诺交出他的首都塔克西拉，该城是印度河与杰赫勒姆河之间最大的城市，曾作为波斯的行省首府。这确实是一份不寻常的礼物。在古代，塔克西拉以贸易和艺术中心而闻名，现代考古发掘证实了这一点：它的遗址面积约有12平方英里，周边位于阿托克和拉瓦尔品第之间的乡村地区广阔而肥沃，正如斯特拉波所说的那样。

此时已是3月（公元前326年）。亚历山大让部队休整了一个月，还举行了运动竞赛和骑兵游行。接着在盛大的献祭过后——相应地预兆很吉利——整支军队渡过了印度河，开始朝塔克西拉进发。安比出城走在自己军队的前头去迎接他们，他的军队摆出了完整的战斗阵形，军中还列有大批盛装的战象。当他们在平原上行进时，其景象必定非常引人注目。不过，亚历山大尚未从折磨人的斯瓦特战役的紧张情绪解放出来，他当即认定这是一个危险的陷阱。他认为，安比的所有礼物和外交活动都意在使马其顿人产生一种错误的安全感，从而放松警惕。现在，这个背信弃义的印度人准备在他们没有防备时大开杀戒。于是，战斗号角吹响了，命令逐级传达下去，所有马其顿人急忙转换成战斗阵形。

国王能够怀有这种荒谬想法，这为我们透露了他此时的精神状态。那位王公的军队在5英里之外，他们的行进可以看得一清二楚，很难看出他有突击别人的意思。事实上，当安比看到"马其顿人的紧张活动"并猜到个中缘由时，他带着一小队骑兵卫队疾驰而来，然后让自己及全军正式归顺亚历山大。[57]于是国王松了一口气，命他恢复原位，继续做享有全权的塔克西拉王公。在接下来的三天里，安比慷慨地招待马其顿人，除了先前送过的，他又送了许多奢华的礼物。

但和通常一样，最后是亚历山大说了算。没有人可以超过他，无论在军事上还是在慷慨上。他返还了安比的所有礼物,并添上自己的30匹马、成套的波斯袍服、一些金银器皿,以及从军费中划拨的不下1000塔兰特的现金。[58] 在次日晚餐过后,兵团指挥官之一墨勒阿格(Meleager)[59] 酸讽地祝贺国王终于发现了一位价值如此之高的人,即便这需要大老远地跑来印度。墨勒阿格是一位信得过的侍友,这会儿喝醉了;在克雷托斯事件后非常警惕的亚历山大,却罕见地克制着自己,只是说了一句,嫉妒的人是他们自个儿最坏的敌人。不过,这事还是留下了一些阴影:亚历山大在世时,墨勒阿格就再也没有晋升过。

国王对安比的慷慨有着明显且非常务实的动机。到了这时候,他的情报组织必定已经向他提供了有关杰赫勒姆河对岸敌军的规模和力量的基本信息。波洛斯这位战士国王的领地从古杰拉特绵延到旁遮普,显而易见,他和阿比萨瑞斯这位克什米尔的反叛王公联合起来足以强大到抵抗亚历山大的进一步前进。塔克西拉的安比可能是他们的宿敌,但在当时的情况下,他们很可能会提出非常诱人的和解条件。因此,亚历山大必须确保,一旦出现这种情况,安比能稳住立场。当地三个国王联合抵抗马其顿军队,即便不会构成致命威胁,至少也会是最严峻的挑战。

所以,国王当然得慷慨一些(这一点对任何有头脑的参谋将领而言都是显而易见的;如果墨勒阿格从来没能晋升到更高级别,那也是因为他太过愚蠢)。亚历山大的慷慨大方并不意味着盲目信任。尽管表面上安比获得了大量的荣誉和奖赏——包括保留王位——但亚历山大又任命了一个马其顿人担任塔克西拉的军事首长,有一支强大的驻军供他调遣。在此时,没有必要做无谓的冒险。另一方面,亚历山大在塔克西拉逗留达两三个月之久,在某种层面上这是个致命的错误:这意味着当他踏上下一段征程时,已经是6月初了,那时雨季已经开始。即便如此,如果他能跟阿比萨瑞斯和波洛斯达成某种外交妥协,从而避免新的大战,那么时光也不算虚度。

4月初的时候,阿比萨瑞斯派使团带着礼物过来,承诺将会归顺。这些亚历山大全都接受了:他们的真诚度非常可疑,但至少起到了很好的宣传效果。这位王公的真正意图很可能是想确保自己在动员军队时不会被马上攻击。不过,阿比萨瑞斯使团的到来也促使亚历山大派遣自己的使节到波洛斯那儿去,此时向他示好正是时候。这位保拉瓦君主被要求到杰赫勒姆河边去见亚历山大(那里是他的边界),并献上贡赋以示效忠。

他对此提议的回应正是亚历山大所担心的,也是他所预期的。波洛斯说,他一定会到杰赫勒姆河边去见亚历山大的,但会带上全部军力,并准备为他的王国而战。情报表明,他召集了三四千骑兵和五万步兵,另外还有大约200头大象和300辆战车。[60] 预计援军会从阿比萨瑞斯那边过来,此时印度军队已经开始在河流东岸集结。显然,亚历山大不能再拖沓了。他的第一个迫切需要是运输船队。最近的可通航的河流离塔克西拉也有好几英里远,不管怎样,从头开始造船是来不及了。于是,科伊诺斯奉命回到印度河,把亚历山大的浮桥拆解掉,然后把船只拆了,装到牛车上去。它们将通过陆地运过来,然后在杰赫勒姆河边重新组装起来。[61]

当科伊诺斯在忙这事的时候,亚历山大做了最后的军事和行政上的安排。5000名印度军队被征作步兵,同时国王又得到了30头大象,这些是从阿拉霍西亚的叛乱总督那里俘获的。大约6月初时,雨季开始了;过了几天,亚历山大冒着瓢泼大雨率领军队南下去迎战波洛斯,在接下来的两个月里这种暴雨将几乎不会停止。军队取道卡克瓦拉和阿拉翻越了盐岭;在通过了南达纳山口后,他们折向西南,在哈兰普尔附近抵达杰赫勒姆河,两天之内他们大约行进了110英里。[62] 即使这只是先头部队的速度,在雨季的情况下能取得这种成就也是相当惊人的。

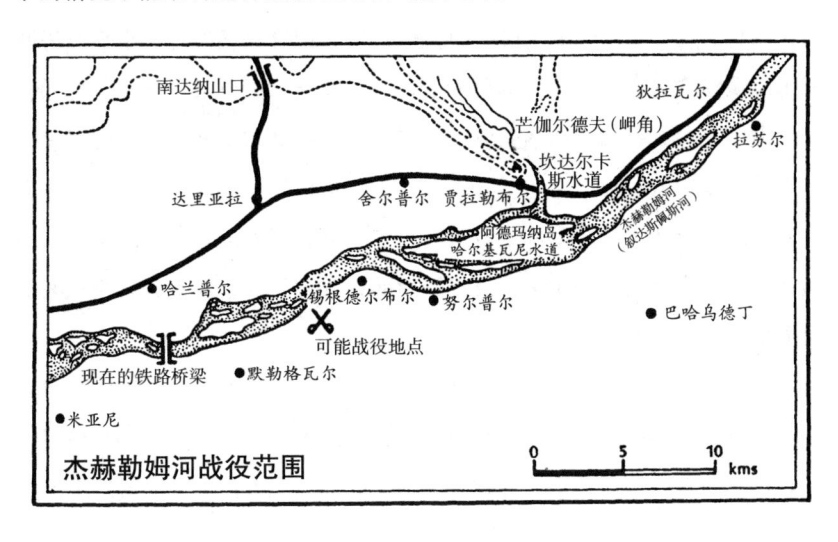

杰赫勒姆河战役范围

根据先期到达的情报人员的消息，亚历山大得知，哈兰普尔是他在雨季有望渡过杰赫勒姆河的为数不多的渡口之一。（现代铁路将其作为设桥点也可以证实这一点。）显然，波洛斯也考虑到了这些相关的路线。当亚历山大到达哈兰普尔渡口时，他发现对岸已经驻扎了一支大军，其中有弓箭手，也有战车。最令人不安的——尤其令马匹不安的——是波洛斯的大象。这支数量达85只之多的巨兽分队把守着渡口，它们踏着沉重的脚步来回走动，一边跺脚，一边吼叫。河流因雨季的到来而暴涨，浑浊的洪流咆哮而下，此时河面已有半英里之宽，然而看不到任何预期的渡河点。

即便能过河，渡河去迎战这样一支大军无异于自取灭亡：只要靠近大象，亚历山大的骑兵马匹就会因恐惧而慌乱。[64] 进一步的侦察表明，波洛斯在附近其他每一个可能的渡河地点都部署了强大的守卫部队。现在似乎陷入到了僵局之中，而亚历山大则有意加强这种印象，他命人把粮食和其他补给源源不断地运到营地中来，而且就在敌人眼皮底下这么做。幸运的话，这将使波洛斯确信，对手正如他公开声明的那样，打算在杰赫勒姆河边坚持到雨季结束、河流再次可渡之时。

与此同时，马其顿部队的调动也说明他们有可能会立刻进攻。骑兵部队从一个前哨奔驰到另一个前哨。方阵兵团则沿着河岸来回行进，在深厚的红泥中艰难地、嘎吱嘎吱地走着。船只和进攻艇上下不断游动着，偶尔运送一些士兵登上哈兰普尔附近的一些小岛，这些小岛有可能会成为亚历山大的桥头堡。[65] 但过了一段时间，没有任何进攻行动出现，于是波洛斯就不怎么注意这些令人分心的调动了，而当然，这正是亚历山大所想要的。在此期间，马其顿的骑兵侦察队一直在探索杰赫勒姆河地势更高的河段，一直远到东边的贾拉勒布尔。正是在那里，即在营地上游17英里的地方，他们发现了亚历山大所要的地方：一个大型的、树木茂盛的岛屿（阿德玛纳岛），两边是狭窄的水道，靠近岸边的地方则有一个深水区，便于部队和进攻艇隐藏。[66]

国王决定在夜色的掩护下强渡杰赫勒姆河，于是他花费了许多时间和机巧来迷惑波洛斯，以便掩盖他的真实意图。每天晚上，火把大范围点燃着，同时喧嚣不断。每天晚上，托勒密率领大队骑兵"沿河岸上下跑动，使劲地制造各种声响——射击声、号角声以及各种可能被当作渡河前奏的喧闹声"。[67] 起初，波洛斯很严肃地对待这些现象。他追踪对岸的每一处声响和运动，一听到警报就唤起大象，而他的骑兵则巡视着河流的每一处可能的紧急登陆地点。然而过了一段时间，他发现这些吵闹和喧哗背后没有什么实际行动，于是就放松了警惕。这不仅仅是单纯的熟视所以无睹。在这暴雨倾盆的半夜里，无穷无尽的错误警报以及随之而来的混乱调动，势必会极大地损害印度军队的士气。可能波洛斯断定这就是亚历山大的真正目的。最后，他终止了所有的夜间调动，只依靠上下游的前哨链进行警戒。

亚历山大这时得知，克什米尔王公阿比萨瑞斯正在南下的路上，实际上离亚历山大已不到50英里远了，带了"一支不比波洛斯的少多少的军队"。[68] 决不能让他们合兵一处。所以，必须在48小时内干掉波洛斯。亚历山大的船队已经被零零碎碎地调往贾拉勒布尔，在坎达尔卡斯峡谷的深水区重新集结。这时国王召开了一次紧急参谋会议，概述了他的进攻方案。保密只能够维持一段时间。亚历山大可能在何处及何时渡河方面骗过了波洛斯，但是一旦真的开始渡河，波洛斯的侦察兵就一定会很快发现并向上汇报。[69]* 因此，任何作战计划都不能寄希望于进行突然袭击。唯一能使波洛斯保持犹豫不决的方式是派一支疑兵干扰他，使他无法确定主要进攻点在哪儿，直到决战时刻到来。

亚历山大据此做了相应的部署。大部分军队连同辎重和非战斗人员仍旧留在哈兰普尔渡口的大营里，由克拉特洛斯指挥。渡河的准备工作将公开进行。国王的御帐也将扎在河岸附近的一个显眼位置，同时有一个跟亚历山大本人非常像的马其顿军官穿着御袍出现在那里，"以制造国王本人就在那段河岸的假象"。[70] 实际上，国王正带着进攻主力（或者像富勒所说的"迂回部队"）前往贾拉勒布尔。这支部队约有5000名骑兵和至少10000名步兵，他们将在黎明前渡河，然后沿着南岸朝波洛斯的营地行进。第二支部队由三个方阵兵团，外加雇佣骑兵和步兵组成，占领哈兰普尔和与主渡口相对的阿德玛纳岛之间的阵地，只有在交战开始后才能渡河。[71]

---

* 亚历山大让卫兵沿着从大本营到贾拉勒布尔的河岸站岗，彼此的距离在听力所及范围之内——这种新举措明显是在模仿印度的警戒体系。——原注

在此期间，克拉特洛斯的留守部队暂时不渡河，"直到波洛斯离开营地开始攻击亚历山大时"，并且还必须等到已经没有大象留在河岸之时，"或者直到他确定波洛斯正撤退、希腊人已经取胜时"。[72]

这是一个非常了不起的方案，它将波洛斯置于一个两难的困境之中，对军事史家来说这种困境乃是一个经典案例。[73] 无论他往哪里移动，他的后方都会受到攻击，不是被亚历山大就是被克拉特洛斯攻击。他可能的防御安排是派遣一支规模有限的强悍部队，在亚历山大的进攻部队建立起滩头阵地之前将他们消灭掉，而自己继续在哈兰普尔牢牢控制局面。作为反制策略，亚历山大从马其顿军队中挑出一些精锐，组建"迂回部队"：皇家侍友骑兵中队，共三个骑兵旅，由赫淮斯提翁、佩狄卡斯和德美特里奥斯指挥；翊卫队，共两个方阵兵团（由科伊诺斯和白面的克雷托斯［Cleitus the White］指挥）；弓箭手和阿格里安人；来自巴克特里亚和突厥斯坦的骑兵部队；还有一支斯基泰的特种弓骑兵。整支部队约15000—16000人，在进攻日的清晨3点，亚历山大将其带到渡河点，然后登上船只和筏子。学者们有时认为这种军事调动不足为奇，但这是一个巨大的错误。亚历山大之所以能够连续不断地取胜，其关键因素之一便是他在指挥补给和运输方面无与伦比的效率。1415年亨利五世花了三天时间才把8000—10000人渡到阿夫勒尔，而为了运送2000匹马和3000名步兵过英吉利海峡，诺曼底的威廉（William of Normandy）需要大约350艘船，当想起这些时，我们才能意识亚历山大在杰赫勒姆河所取得的成就。[74] 他必须在大白天将这么一支大军带出营地，而且不能被波洛斯的侦察兵发现；接着行军17英里（在雨季的情况下所需时间不会少于6小时）；然后重新集结并使足够的运输船下水；最后包括马匹在内的整支进攻部队要在黎明前登船。

更为复杂的是，行动的关键部分不仅要在黑夜中，还要在雷电交加的暴风雨中进行。在某种意义上，这场风暴来得正是时候。瓢泼的暴雨间或加以震耳欲聋的雷声（亚历山大因闪电而损失了几名士兵），完全掩盖住了登船的响声。[75] 当黎明破晓、风雨渐弱之时，船队已经航行在北部的河道中了，而且由于阿德玛纳岛上树木茂密，波洛斯的侦察兵对此仍旧毫无察觉。但是，他们一越过该岛的西端，警报便立刻发出，传令兵马上全速去向波洛斯汇报。[76]

就在这时，亚历山大的一个失误差点儿让他输掉整场战斗。当他离开阿德玛纳岛时，他把全部军队都卸到岸上，并由骑兵打头。但是，亚历山大很快发现他误以为河岸的地方其实是另一个既狭且长的岛屿。如果不是情报出现大错，那就是暴风雨在夜间又开出了一条新河道。已经没有时间重新登船了，他们唯一的希望是找到一个涉水点。起初，这项任务似乎是不可能的。这段河道并不宽，但杰赫勒姆河正裹着泥沙激荡而下，以致河床没有可靠的立足点。最后他们强行登岸；当时步兵身负重甲，不得不在齐胸高的急流中挣扎前行，而马匹则几乎被淹得只剩脑袋。浑身湿透且筋疲力竭的进攻部队总算有一支先头部队在岸上站稳了脚跟——骑兵在右，步兵在左，两翼各有轻装部队掩护，并一道与弓骑兵排列在前。[77]

要让这么一支部队上岸必定得花费数小时之久，那时候波洛斯无论如何都已经知道了。这是亚历山大的疑兵，还是全面进攻的序曲？这时没人敢做断言。克拉特洛斯的营地正在大规模调动：无论波洛斯怎么做，他都不可避免地会陷入困境之中。然而，这位印度王公并非等闲之辈。他立即派出2000名骑兵和120辆战车，由其子统领，全速向东奔去；如果可能，就在亚历山大的进攻部队离开河岸之前将其消灭掉。在当时的情况下，这是他唯一可行的对策，可惜太迟了。[78]再说，他儿子在数量上处于绝对劣势，而且后面事实证明他们也不是马其顿全军最精锐骑兵的对手。[79]在短暂的交战之后——在战斗中布凯法拉斯受伤，后来它因此次伤而死——印度人逃走了。此役他们有400人阵亡，包括小波洛斯本人。[80]由于战车深陷泥泞之中，他们只得弃车而走。很可能就在这时，由墨勒阿格、阿塔罗斯和高尔吉亚指挥的预备兵团从主要渡口渡过了河流，与亚历山大的先头部队会合。国王带领骑兵一直在快速前进，步兵则在后面按自己的速度跟随。到这会儿，二者之间出现了一条两英里宽的间隙。

当儿子战败的消息传来时，[81]波洛斯一时有点举棋不定。无论是在进行佯攻，还是把这种小规模渡河作战当成是完全的胜利，克拉特洛斯的士兵一直在积极准备强渡哈兰普尔渡口。不过，波洛斯最后正确地断定，他的决战对手必定是亚历山大。他留下一支包含大象的守卫部队以应对克拉特洛斯，[82]然后统率其余部队向河的上游前进，准备决战。这时候，除去守卫的和损失掉的，他可能还有20000名步兵、2000名骑兵、130头大象和180辆战车。他仔细挑选了战场：一块平坦的沙质平原，没有淤泥，大象和骑兵都有足够的机动空间。*

波洛斯把步兵布置在正面中央，大约每一百英尺安排一只大象以增强步兵的力量。（古代的史家们说，这看起来像一座堡垒，其中大象是塔楼，步兵是间壁墙。）在两翼，他先是部署防卫侧翼的步兵，然后是他的骑兵，骑兵前面由战车掩盖。总体上，印度军队的阵线有将近4英里长，其中步兵至少占了三分之二。正如伯恩正确地指出，[84]这种部署方式缺乏灵活性，该弱点一定会被亚历山大利用。在等待步兵跟上时，亚历山大对波洛斯的部署进行了仔细的侦察，同时小心翼翼地使自己的部队藏在树林和高低不平的地面之后，以免被人发现。正面攻击是不可能的：面对大象时马匹可能会惊慌，亚历山大绝不能冒这种风险。但是，如果由方阵步兵去对付波洛斯的中军，那首先得击溃对方的印度骑兵，否则马其顿部队就会在进攻时被人侧翼包抄，进而被击溃。[85]

为了打败波洛斯的骑兵，亚历山大采取了一个非常高明的策略。如果亚历山大的骑兵对印度军队的左翼发起进攻，并且人数正好比波洛斯的所有骑兵少得多，少到能使波洛斯确信只要他全力反击就定能消灭他们，那么波洛斯就有可能会进行大回旋，把右翼骑兵调到左翼，以期获得完全的胜利。这种策略成功的前提在于亚历山大有能力隐藏两支骑兵分队而不被敌人发现，直到波洛斯不可挽回地把骑兵都调到左翼去参战。骑兵分队的指挥官科伊诺斯收到了非常明确的指令。[86]他将悄悄地绕到波洛斯的右翼，然后等待另一侧战斗的开始。如果波洛斯把右翼骑兵都转移过去，科伊诺斯就从敌军阵线的后方发起冲锋，[87]从背后将敌军击溃。不然他就正常进行战斗。类似地，方阵兵团和翊卫队也得到命令，"不得参战，直到印度军队——包括骑兵和步兵——显然都因马其顿骑兵而陷入混乱

---

* 确切的地点现在还无法确定，但必定在努尔普尔和默勒格瓦尔之间的某个地方。该地区至今还有个村庄名为锡根德尔布尔（"亚历山大镇"），尽管这个名字在旁遮普经常出现，但杰赫勒姆河战役很有可能就是在这里进行的，或者在其南边一二英里的地方。——原注

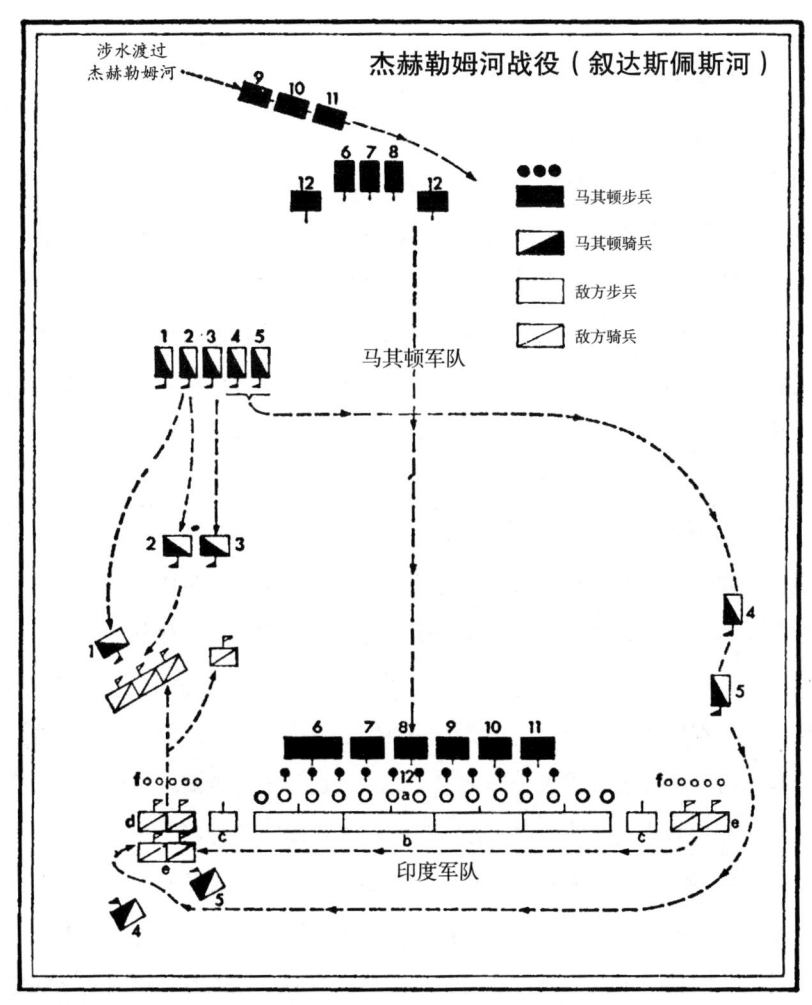

马其顿军队
1 骑兵、弓箭手和侍友骑兵
2 赫淮斯提翁
3 佩狄卡斯
4 科伊诺斯
5 德美特里奥斯
6 翊卫队，塞琉古方阵兵团
7 安提柯
8 克雷托斯
9 墨勒阿格
10 阿塔罗斯
11 高尔吉亚
12 阿格里安人，弓箭手和标枪兵

印度军队
a 大象
b 步兵
c 侧翼步兵
d 左翼骑兵
e 右翼骑兵
f 战车

之中"。[88]

安排妥当之后，亚历山大立即发起进攻。1000多名弓骑兵朝印度军队的左翼齐射，击溃了波洛斯几乎所有的战车——这有效地削弱了敌军的力量。[89]接着，国王身先士卒，率领骑兵发起冲锋。[90]波洛斯的反应正是亚历山大所期盼的。波洛斯坐在巨大战象的象轿上（这是一个极好的指挥所），快速评估了马其顿的骑兵力量，然后调来右翼骑兵，准备进行最后一击。科伊诺斯率领两支生力骑兵分队，立刻从隐蔽处冲出来开始追击。正在与亚历山大交战的印度军队，突然发现他们还得应对后方科伊诺斯的进攻。[91]阿里安说："当然，这不仅对印度军队部署是致命的打击，对他们整个战斗方案也是如此。"

他们刚一回头，亚历山大就奋力攻击，而印度军队则在大象的保护下后退。现在，马其顿重步兵侧翼的危险全都解除了，于是他们在弓箭手和标枪手的支援下，开始向波洛斯的中军行进。他们很侥幸地非常走运。印度弓箭手使用一种很长的重型弓：它所发射的一码长的叶形头的箭在中程距离上具有巨大的穿透力——不久亚历山大将为此付出代价。但是，他们在拉弓时通常要把弓脚置于地上，而此时地面却极为滑溜，这严重削弱了他们的有效攻击力。[92]不过，方阵步兵的真正噩梦却是那些狂怒、吼叫、暴烈的大象，这些噩梦此后一直萦绕着他们。亚历山大已经想出了一个计策来对付这些猛兽：包围它们，让弓箭手射掉象夫，接着朝它们身上最脆弱的地方抛掷长矛和标枪，同时步兵用波斯弯刀击砍象鼻，或者用斧头劈砍象腿。

这些大象自己也有非常有效的计策。它们把一些马其顿士兵踩在脚下，将他们连同盔甲一块踩成血肉模糊的一团。它们还用象鼻抓住其他人，然后摔到地上。还有一些人则被这些猛兽的长牙刺穿。除了这些大象，马其顿士兵还得跟印度步兵进行殊死搏斗（不过马其顿的萨里萨长枪在此又一次发挥了作用）。现在到处都是泥泞、鲜血、暴雨以及如此骇人的杀戮，在这种环境中能保持战斗秩序本身就是一项了不起的成就，正是这样的纪律使得胜利成为可能。印度骑兵的一次反攻失败了。随着波洛斯的骑兵被击退，大象被挤到一个狭小的空间里，开始踩踏己方的人员：

骑兵为此损失特别惨重。[93]

波洛斯亲自率领大象做最后的冲锋,但没有成功。现在,马其顿军队逐渐知道该怎样以最小的风险对付这些笨重的猛兽,他们像躲避许多巨型公牛一样躲避它们,无情地朝它们及其驭手击砍和射击。不一会儿,这些大象就受不了。它们"开始像船一样慢慢地后退,同时哀号不已"。[94]这时,亚历山大把围攻波洛斯军队的骑兵包围圈收得更紧,同时传令翊卫队和方阵步兵"组成盾墙以密集阵形前进"。[95]到了最后,战斗就变成了一场纯粹的屠杀,经历了如此创伤的马其顿军队一个个都杀红了眼。对印度军队的伤亡的估计各有不同,从12000多人到23000人(其中有3000人是骑兵)不等。有些人成功突破了亚历山大骑兵的包围,结果却被刚渡过河流正带着生力军四处追击的克拉特洛斯砍倒。[96]波洛斯的指挥官和军官团体的损失尤其惨重,他的儿子们全部战死。

波洛斯本人则战斗到了最后一刻。后来,当他眼见继续抵抗已无希望时,他骑着战象慢慢退出了战场;当时他失血过多,变得非常虚弱(一把标枪刺穿了他的右肩)。亚历山大"一心想要保住这位伟大而英勇的战士的命",立即派安比带着和谈的条件去追他。这是一个非常糟糕的外交失误。波洛斯将安比视为叛徒和变节之人,当他靠近时,受伤的波洛斯便试图用枪刺死他。不过,最终一个更为合适的传信人来到已从大象身上下来、虚弱且口渴的波洛斯身边,然后把他带到亚历山大那里。

再没有比阿里安对这次历史性会面的记述[97]更好了(其他史家当然比不上,因为他们让这事淹没在通常枯燥乏味的修辞赘语之中):"当两人相见时,亚历山大勒住战马,以钦佩的眼神看着他的对手。此人有七英尺之高,身材魁梧,相貌英俊,举手投足之间丝毫不减傲气,完全是一副曾为王国光荣战斗过的勇士见勇士、国王会国王的神态。"当亚历山大问他希望受到什么样的对待时,这位高贵的保拉瓦战士说道:"像国王那样。"亚历山大进一步追问他。还想要点别的什么吗?他这样问道。波洛斯说:"所有的一切都已包含在刚才的要求里了。"

这则轶闻——大体上是真实的——与亚历山大的最后一场大战是十分相称的,许多学者把这看作亚历山大最伟大的事迹。高加美拉一役以少胜多,重要的是结果。而在杰赫勒姆河一战中,从最初的英明部署到最后智取波洛斯骑兵的计谋,亚历山大都充分展现了他战术上的灵活和机智,在其他地方从来没有如此出色过。此外,他还得应对糟糕的天气,而最要命的当属印度的战象。在这种情况下,他对自身的严重损失轻描淡写也就不足为奇了。有据可查的最高伤亡数字是 280 名骑兵和不下 700 人的步兵,但对史料的细致考辨则提示我们,4000 人的总伤亡人数或许更接近历史真相,[99] 其中损失尤为重大的是方阵兵团。

这场可怕的战斗给亚历山大的士兵留下了深刻的印记。即使没有被吓破胆,他们的勇气也大为挫伤,无论亚历山大说什么或做什么,都没法让他们再次去面对战场上的大象。[100] 他们已经到了忍耐的极限,或许和大象一样,雨季也是最终促使他们崩溃的原因之一。只有那些亲身体验过印度或缅甸的雨季的人,才能完全理解其对装备、地形和士气的影响。当金属(无论剑还是枪)的每一部分在擦亮五六个小时后开始生锈时;当帐篷、皮革和织物长了潮湿的绿色霉菌并且在几周内开始腐烂时;当每个身着军服的士兵都忍受着脚腐病和痱子的痛苦(更不用说还可能有疟疾或阿米巴痢疾)时;当大地变成桑拿式的沼泽,空气中充满蚊子如同带锯一样的嗡鸣时——在亚历山大或温盖特(Wingate)*的时代一样,军营里就势必会出现抗命的言论,同时集体性的忧郁和沮丧也会迅速演变成思乡的焦虑。[101]

在战斗结束后,据狄奥多罗斯记载,"马其顿军队休整了 30 天,享用着充沛的储备"。即使这样,有些人还是休息得比其他人少。在这个月里,国王抽出时间,突袭了附近尚未归顺的印度部族的领地。这些新近征服的土地都转交给了波洛斯,他已经恢复了原有的王位以及相应的各种尊荣。[102] 实际上,亚历山大对波洛斯的宽宏处理使得印度人把他当作一位"达尔马维杰伊"(*Dharmavijayi*),亦即"公正的征服者"[103]——这种观念仍影响着一部分现代史家。国王无疑非常真诚地钦佩他的手下败将,同时

---

* 奥德·温盖特(Orde Wingate,1903—1944),二战期间英国陆军上将。长期在缅甸进行对日作战。

也将其视为最有价值的盟友、一流兵士的来源、塔克西拉的安比理想的制衡者。虽然亚历山大安排两位王公公开和解,但是他更希望二者能够相互监督。

布凯法拉斯终于死了,既由于年老,也因为受伤:亚历山大为他忠实的战马举行国葬,亲自引领送葬队伍。在战斗的实际地点,他所建立的两座新城之一被命名为布凯法拉,以此作为纪念(亚历山大把另一个殖民点叫作佩里塔,这是他最喜爱的一条狗的名字)。第二座新城叫尼西亚("胜利"),可能就是今天的贾拉勒布尔,建在他实施夜渡的地点。(二者都是泥砖城镇,很快就建好了;亚历山大还发现,苦力劳动非常便宜,而且用之不尽。)这样一来,尽管波洛斯不受常驻的马其顿总督的节制,但通过这些军事驻防城镇,亚历山大仍旧可以对他的活动进行一定的制约。

事实证明,这种担忧是多余的。作为一个高尚之人,波洛斯在国王在世时一直以坚定不渝的忠诚来回报亚历山大的信任——这一点对多数印度部族而言难能可贵,尤其是在巴若尔和斯瓦特,现在亚历山大不得不去平定那里的叛乱。[104] 不过,他在杰赫勒姆河的大胜对阿比萨瑞斯这样的统治者有着重大影响——此人很精明地没有赶上战斗。现在,这位克什米尔王公派他的兄弟作为使节,带着财宝和大象(国王最喜欢的礼物)来见亚历山大,表示愿意奉献除了亲自归顺以外的一切东西——"因为他活着不能没有王权,他也无法作为俘虏而统治。"国王简单回复道,如果阿比萨瑞斯不来见他,那他自会去见阿比萨瑞斯,同时还会带上一支军队。[105]

亚历山大的一个驷马战车雕塑组被立在战场上作为标志,而国王则慷慨地把黄金赏赐给各级将领和士兵,以表彰他们在杰赫勒姆河一战中的英勇。但是,对他来说这只是下一次征战和探索的前奏而已。狄奥多罗斯写道:"他打算走到印度的边境,征服那里的所有居民,然后再顺流而下进入大洋。"阿里安大体上也表达了类似的看法。[106] 在此我认为,我们对他在战胜波洛斯后的直接目标已经有了一个准确的概括。再者,只有在亚历山大仍然相信他的远征军已经离大洋之岸不远的情况下,这项扫平印度其余地区的主张才具有战略意义。换句话,尽管他正在筹划东方征战,但是他依旧不知道恒河的存在,[107] 而且克拉特洛斯所准备的船队在渡过叙伐西斯河（贝亚斯河）后不久就奉命去寻找大洋了。

正如我们所看到的，亚历山大及其参谋人员关于印度的基本地理概念都来自亚里士多德。一手的观察（上文第 379 页及注释 46）已经否定了亚里士多德的一些基本事实。然而，根据《天象学》（Meteorologica）的研究，亚历山大也许仍断定大洋的东部就在旁遮普之外不远的地方。[108] 这种错误观念是何时被消除的呢？可以肯定，通过与安比、波洛斯以及其他印度显贵长时间的交流，此时亚历山大必定清楚地意识到，希腊人关于东方大洋的信念（参见上文第 379 页）与当地的有关信息完全相左。但这并不意味着他会马上摒弃亚里士多德的教导：人们往往不愿放弃习以为常的信念，即使理性早已要求将其摒弃。尽管亚历山大的世界地理概念可能比较模糊，但是他一向会收集他所要到达地区的准确情报，这次也不例外。有人提出，他"一边继续从叙达斯佩斯河（杰赫勒姆河）东进，一边收集地理情报以便澄清疑问"，[109] 而就目前来说这可能是对的；但是古代史家说，就在军队即将到达贝亚斯河、处于反叛边缘之时（参见下文第 407 页），他才第一次直觉到了真相，这种说法明显不可信。

缺乏一手情报意味着低效，这恰恰是亚历山大所无法容忍的。更有可能的是他这时已经知道真相——其实已经怀疑了相当一段时间——但一直保守着秘密，担心会对军队已经低落的士气造成影响。亚历山大绝不是那种会被单纯的地理因素拦住的人。如果他能诱惑军队往前再过一条河流，同时告诉他们大洋就在下一座山的另一头，他或许就能达到目的。这种诳骗手段完全基于他对当地的情况知道得比军队更多，而他经常这样。* 但是，贝亚斯河地区并没有山峦可以欺骗士兵，有的只是一片向东延伸的广阔平原，而再过去则是高耸入云的西喜马拉雅山脉——晴天时在古尔达斯布尔便可看到，亚历山大也许到达了那里的河流。[110] 没有有效的激励手段，叛乱是可想而知的。在赤裸裸的地理事实面前，再狡诈的谎言也无能为力。

---

* 斯特拉波（2.1.6, C. 69）说，"那些和亚历山大一同远征者只知道一些粗浅的信息，而亚历山大则做过精确的调查，因为对当地最熟悉者已经向他汇报了一切情况"。用现代人的话说就是，他有亲自向当地领袖打听情报的习惯，从马扎欧斯到波洛斯无一例外：这是他能取得战略胜利的一个重要原因。——原注

不过，在亚历山大即将从杰赫勒姆河继续前进之际，还有另一个意料不到的风险。只要可能，他就想利用一下自己的情报和军队道听途说之间的巨大的信息不对称。考虑到这一点，他让宣传部门极力淡化未来征战的范围和限度。他还散布传言（他自己是不会信的），说杰赫勒姆河和杰纳布河以某种神秘的方式成了尼罗河的源头，因为那里可以看到鳄鱼，两岸还长着"埃及"豆。[111]

他为什么要这么做呢？答案是显而易见的。亚历山大熟读希罗多德，甚至可能还有斯库拉克斯的《环海记》（*Periplus*）。在征服印度之后，他下一个计划是探索阿拉伯和波斯湾的海岸。附近的山脉有充足的冷杉、松树、雪松以及其他船用木材可供使用；克拉特洛斯已经被派去建造一只巨大的舰队了。[112] 公开的消息就是这么些。但要是告诉军队这段航程到底有多长多危险，亚历山大（有理由）觉得这非常不明智。这次所用的宣传策略被斯特拉波记载了下来：亚历山大"设想这支舰队是用来远航到埃及的，他以为可以通过这条河流一直航行到那里"。但不巧的是，真相很快就泄露了出去。许多希腊人或操希腊语的商贩和殖民者一直跟亚历山大的军需部门有联系；过了一阵子，国王不情愿地承认，顺杰赫勒姆河而下确实会首先进入印度洋。[113] 正是这次地形信息的泄露导致亚历山大和军队最后闹翻。

7月初，亦即雨季行将结束之时，国王继续他的东征之旅——从心理学上说这是个巨大的失误，但现在他似乎也有点烦躁了。他渡过了杰纳布河和拉维河，打败了一些部族并逼迫其他部族前来归顺。有一个城市奢羯罗被夷为平地。天空一直灰蒙蒙的，暴雨不断，潮湿的空气宛如蒸汽一般。[114] 马其顿军队艰难跋涉着，浑身湿透，绝望又无助，整天像自动机一样地行军、战斗，同时还为蛇所困扰，为了避免被咬夜里不得不睡在挂在树上的吊床里。在行军过程中，他们也逐渐了解到前方的一些确切信息——根本没有海岸，只有一片漫无边际的平原，那里住着强悍的好战部族。

国王及其密友受到了当地归服王公的热情招待，无论是女人还是印度猎犬他们都通通送上来，而军营里的士气却日渐低落，这是理所当然的。

亚历山大的老兵再也不是 8 年前刚从佩拉出发时的那群热血青年。他们行军不下 17000 英里，参加了各种各样的战斗和围城。很少有人可以经受如此考验而安然无恙。他们的武器和盔甲业已报废，只该扔到垃圾堆里，他们的马其顿服饰也早就不见踪影。现在他们已经危险地到达崩溃边缘了。服从、纪律和忠诚也只能维持他们到这种程度了。在没有明确终点的情况下，亚历山大的马其顿士兵的忍耐是有极限的，而现在他们已经到了这个极限。[115] 对奢羯罗的围攻既艰难又血腥：即使托勒密（他一惯极力压低马其顿人的损失）也承认，在战斗中有 1200 人受了重伤。

现在，随着亚历山大及其军队逐渐靠近因雨水而变得宽广的叙伐西斯河（贝亚斯河），有关前方土地和人民的谣言开始传播开来。过了贝亚斯河后再行军 12 天，他们将会遇到一条更大的河流（大概就是萨特莱杰河），河流对岸住着一个凶猛而好战的民族，他们有着庞大的军队和战车，最要命的是他们还有不下四千头的战象。[116] 再者，贝亚斯河似乎就是大流士一世帝国的东部边界，这一事实不可能不对马其顿人产生影响（尽管现代有人认为情况正好相反）。[117] 到这里，亚历山大至少可以宣称，作为大流士的继承者他要收复那些丢失的行省，这些行省是他通过征服和继承而拥有。这个终点无论多么遥远，总算是看到了。然而一旦越过贝亚斯河，亚历山大的雄心壮志的极限就无法预知，他们所面临的将是一条无限后退的地平线。他现在所计划的是走到世界的尽头（最最字面意义上的尽头），所以他的老兵抗拒这种设想也就不足为奇了。

迄今，亚历山大固有的对普通人的蔑视还不曾给他带来过大麻烦，因为他超凡的个人魅力足以应对一切。对于士兵，他似乎是假设他们完全是靠恐惧、贪婪和野心推动着。在多数情况下，这种假设确实可以成立。借助严酷的纪律和丰厚的战利品这对大棒加胡萝卜的组合，他使军队既高效又忠诚，如此达十年之久。为什么惯用的手法这次却不起作用了呢？士兵们累了，对此他很清楚：他们度过了身心俱疲的两个月。兵变的言论也不是什么新鲜事。他们所需要的是某种特别的奖励，一种能迅速改变他们的奖励。

但是，当亚历山大最终到达贝亚斯河时，那里的地平线使得这一问题变得无解。就算只到恒河的最西边的支流朱木拿河,那也得在北部印度沙漠中穿行200英里。随后从朱木拿河行进到恒河,再从恒河行进到大洋又得走上一千多英里。不过亚历山大似乎还是以一种不可思议的乐观态度认为,稍微放纵一下就可以诱使老兵们继续穿越这片无边无际的未知土地。于是,他给了军队一个假期,允许他们自由地抢劫和掠夺周边的乡村地区。他没法给他们第二个波斯波利斯,但这也完全足够了。当地王公招待了亚历山大两天,而且是他名义上的盟友,但亚历山大对此毫不在乎。当老兵们的忠诚已岌岌可危时,牺牲一下当地人的友善也无妨。[118]

当马其顿军队外出享受合法劫掠的欢乐时,亚历山大和任何蛊惑民心的政客一样,用免费月粮和儿童津贴的允诺来讨好他们的妻子。[119]这非常清楚地表明了他根本就不明白他所面对的问题是什么。这次情况完全不同:通常的收买、威胁和讨好根本不起作用。他以为军队外出劫掠、满载而归之后就会改变主意,然后继续上路。然而并没有。勉励他们继续争取光荣业绩的演说实际上毫无效果。他们没有什么大胆或过分的反叛行为,只是死一般沉寂地站着,同时拒不妥协。[120]

由于拿士兵们没办法,亚历山大便召集高级将领,开了一次秘密会议。他正处于一个非常危险的境地,因为眼下他需要马其顿将领甚于他们需要他——这一点他们心知肚明。没有他们的无可匹敌的训练和经验,他的整个指挥架构就会在瞬间轰然崩溃。目前而言,伊朗军官团体还无法取代他们。如果他们罢工了,他不可能继续。他对这个核心团体的演讲清楚地说明了麻烦的关键所在。[121]他向这些满腹狐疑的听众保证,未知的世界总是听起来比实际情况更可怕。他们应当明白其中的夸大成分。河流没有谣言所说的那么宽阔,印度战士既没有那么多,也没有那么英勇。至于大象,他们已经打败一次了,完全可以再打败它们一次。不管怎样,他们的征程就快结束了。很快,他们很快就要达到恒河和东方的大洋。离目标已经这么近了,为什么要现在返回呢?而且如果现在就回去,他们可能会失去他们所赢得的一切。

亚历山大说完后,会场长时间鸦雀无声,场面十分尴尬,这一点也不奇怪。要反驳这一番胡说八道和特别的请求,同时又不招致国王那可怕的怒火恐怕是不可能的。不管怎样，他已经完全亮明了态度，他说："在我看来，对于一个真正的男人，事业如果有着高贵的目标，那么除其自身以外就没有其他目的。"没有人和亚历山大争论，迫不得已时人们可以保留意见，但即便这样也还是有风险。尽管如此，但是在他几次要求大家发言后，科伊诺斯——现在他已经老了，而且可能正受疾病折磨——还是勇敢地站出来跟他挑明真相。[122] 科伊诺斯一再强调，老兵们已经累透了，他们所受的辛劳已经超出了人的极限。许多人死于疾病或战斗。幸存者也是"苟延残喘，他们旧日的热血和决心早已荡然无存"。他们只想要一样东西：早日回家，趁一切还来得及。亚历山大可以再次从希腊发动远征，带上更年轻的战士。科伊诺斯说："陛下，如果说有什么事情是成功者应当知道的，那便是在合适的时候收手。"

这番演说得到了雷鸣般的掌声。亚历山大怒不可遏，于是宣布散会。翌日，他再次把将领们召来，试图采用另一种策略。他告诉他们，无论他们跟随与否，他都会继续前进的，其他许多人也会这么做的。就他的计划而言，他们并非不可或缺。他们如果想回国，就尽管回去。他还补充道："你可以告诉你们的同胞，说你们弃国王于敌人之中而不顾。"说完他便回到自己帐篷里，像之前在克雷托斯事件之后所做的那样，在接下来的两天中不见任何人。[123] 这纯粹是虚张声势，而这一次大家并没有上当。亚历山大的马其顿将领们没有像国王满以为的那样改变心意，而继续保持他们愤怒而固执的沉默。如果亚历山大打算饿死自己，那么他们至少没有要阻拦他的意思。现在他们意识到，即使没有他的协助他们也可以把军队带回去。职业战士对他是不可或缺的，这一点他们自己也明白。

到了第三天，亚历山大意识到将士们是不会声泪俱下地来求和的，也不会发誓他去哪儿就跟着去哪儿的。这一次，他那一贯可靠的个人魅力靠不住了。事实上，除非他小心行事，否则他就有被军人集团废黜的危险。科伊诺斯毕竟是帕美尼翁等旧部中仅剩的成员。他曾经转变过立场，自然还可以再变一次。所以国王结束了自己的退隐状态，宣布他仍然打算继续前进，同时会进行一次献祭，"以期获得渡河的好兆头"。当然，所有预兆都是不吉的：这是一个保全面子的便宜之计，在其背后人们又可以感受到阿里斯坦德洛斯那不知疲倦的预言技巧。在强压之下让步是万万不能的，而在天意面前低头则意味着审慎和虔诚。[124]*

十二座巨大的纪念性祭坛被立在河边，以崇敬十二位奥林波斯神。它们夸张的尺寸，连同外围众多的特殊防御工事和军事装备，甚至包括亚历山大所留下的宴会躺椅，无一不是用来向当地人民证明，他们的敌人乃"身材魁梧之人，有着巨人般的力量"。[125] 一个比较晚近的不很可靠的名叫菲罗斯特拉托斯（Philostratus）的作者说，[126] 这些祭坛上刻着这样的铭文："献给天父阿蒙神、天兄赫拉克勒斯、雅典娜·普洛诺伊亚（Athena Pronoia）、奥林匹亚的宙斯、萨摩色雷斯的卡贝洛斯诸神（Cabeiroi of Samothrace）、印度河、赫利奥斯（Helios）和德尔菲的阿波罗"——这些受奉献者的集合如此古怪，以致我非常愿意相信，这回菲罗斯特拉托斯确实是一个诚实的记录者，铭文也确实是真的。他还记载了一个黄铜的方尖碑，并且暗示说这是印度人立的，上面还刻着铭文"亚历山大止步于此"。

当国王决定撤军的消息传出来时，突然解脱、喜极而泣的人们挤在他的帐篷里，祈求上苍降福于他，因为他做了如此高尚的退让。如果说亚历山大曾有过要手刃全体马其顿将领的冲动，那无疑就在此刻。他从来没有忘却贝亚斯河边的屈辱，他也决不会原谅此事的出头者。"亚历山大的欲望被愠怒的士兵所挫败，在他对此事的反应中，人们可以最为清楚地看到专制者的怨恨、自我中心和忘恩负义……他们阻挠了他，而这就够了。"[127] 他下定决心，不管用什么方式，都要让士兵们的归家之路变成一场地狱之旅，而这个目标他无疑实现了。[128]

---

* 克拉特洛斯（他当时不在那儿）写信回国说，亚历山大实际上到了恒河——这是两人分开时国王预计他在克拉特洛斯写信时将会实现的目标。参见斯特拉波的记述（15.1.35, C. 702）。——原注

第十章
巴比伦之路有多远?

公元前326年秋，亚历山大开始返回杰赫勒姆河。当军队停驻在杰纳布河时，阿比萨瑞斯派来一个新的使团，他们带来了30头大象和其他珍贵礼物。这位克什米尔王公又一次没有亲自现身：这回他以生病作为托辞。（生病可能不仅仅是外交托辞，因为一年后阿比萨瑞斯就死了。）然而出人意料的是，亚历山大竟表现得十分宽大。他不仅接受了该王公的致歉，而且任命他做他自己的"行省"总督。事实上，他也是无可奈何。彻底打垮阿比萨瑞斯需要再发动一次战役，而马其顿人是不会乐意爬到喜马拉雅山上去追击那些行踪不定的部族的。亚历山大突然对印度北部失去兴趣，主要是由于情况已经超出了他的掌控范围。为了节省时间和避免麻烦，远至贝亚斯河的所有领土通通划入波洛斯王国。[1] 这样一来，这位保拉瓦王公突然发现，悖谬的是，自己此时竟比杰赫勒姆河之败前更有权势了。

在东进的过程中，赫淮斯提翁和克拉特洛斯一样也被派了出去——幸亏不是去同一个地方，因为二人彼此厌恶，如同权力争夺者通常会出现的情况那样。赫淮斯提翁"平定"了一大片区域，在军队抗命前不久刚与亚历山大会合。他的任务之一是在杰纳布河的渡口建立一个有防御工事的驻防城镇。现在这个"城镇"（可能也就是一个泥砖营地和市场）已经完工了。和通常一样，亚历山大在其中安置了各色人等：本地自愿者加上不够健壮或已过服役期的雇佣兵——这种简单粗暴的做法很少能真的带来和平或稳定。克拉特洛斯非常高效地建成了海军舰队，一直在等马其顿军队回到杰赫勒姆河。[2] 这支舰队总共有80艘三十桨战船，200只无甲板桨帆船，800条服务船——运马船、运粮船、驳船，还有众多的筏子和更小的河船。船员已经在随军出征的腓尼基人、塞浦路斯人、卡里亚人和埃及人中招募好了。大型船只是即时建造的，木材来自喜马拉雅山；其余则是征调来的。

大批援军——30000名步兵和大约6000名骑兵——也从色雷斯、希腊和巴比伦赶来了。此外，哈尔帕罗斯派来的巴比伦援军还带来了军队迫切需要的医药补给和25000副新盔甲，这些盔甲全都嵌有金银，非常美观。亚历山大把新盔甲分发给士兵，命他们把旧装备烧掉——这是对它们破损情况的一个生动注解。也许国王曾给哈尔帕罗斯送过更换装备的急令。至于他是否还要求送来金银条块或钱币，我们就不得而知了。很显然，两者似乎都没有送来，这既费解又可疑（跟与哈尔帕罗斯相关的其他事情一样）。

尽管传说中印度人的财富（多数是关于珠宝和金沙的）多种多样，但是亚历山大在东征过程中并没有收获多少战利品。另一方面，他的开销（特别是用在收买、赏赐和捐赠上）非常地大，有时甚至会引起强烈的反感，他赏赐安比的1000塔兰特就是个例子。单单他每日日常的共餐费用就得10000德拉克马，每次都有不下六七十位军官和他一起用餐。显然他完全负担得起这样的生活标准。大流士的财富使他成了已知世界中最富有的君主。不过，到印度征战结束时有迹象表明他现金流十分紧张。他建造舰队所需的费用有一部分是按照雅典的方式，以任命30名"三层桨战船船长"（亦即需负责配备船只并支付水手的薪酬的富余者）而支付的。等到舰队进入印度洋时，亚历山大就像征战之初在马其顿所做的那样（参见上文第155页），又一次沦落到跟朋友借债的地步。[4]

无论波斯的财宝在何方，它们都没有运到印度来。不过，既然哈尔帕罗斯所派的7000名士兵可以随行带来25000副盔甲，那他们自然也可以轻易地把金条运过来。我们可以推断，特别是从后来所发生的事情来看，结论很清楚：哈尔帕罗斯对财宝另有打算，而且主要是出于私人目的。这事可以跟这位帝国财政官举止的惊人传闻很好地联系起来，这些传闻现在已经传到亚历山大耳朵里了。

起初，哈尔帕罗斯似乎没有任何特别行为，只是在实验一些异国情调的园艺。（他为皇家花园引进了大批的希腊植物和灌木，除了常春藤以外都长得十分繁盛。）但过了一段时间，这位五十多岁的跛脚的大臣发现，除了那些一年生的植物外，这些用之不尽的钱财可以用来买更多的东西。他带来了一个迷人的雅典名妓，开始在她身上肆意挥霍亚历山大的黄金。

在她死后，他为她建了两座纪念碑，一座在巴比伦，一座在雅典；二者的花费超过了200塔兰特。哈尔帕罗斯似乎是一个痴情的老主顾，如果不说惧内的话；他从来不曾有过超过一个情人，而且始终如一地钟情于当下这位。他的下一个情人是格吕凯拉（Glycera），同样也是个雅典人。她对前任被当作阿芙洛狄特的化身来崇拜这事怎么看，我们无从得知；但既然她本人在塔尔索斯的宫殿中有如公主一般，那她也就没什么可抱怨的了。痴情的哈尔帕罗斯给了她一顶金冠，还让宾客们以匍匐礼向她问安。渐渐地，涉及这位"巴比伦女王"的各种笑话开始流传开了。

所有这些可能只是因为痴情，并没有其他的用意。但是，匍匐礼的引入（无论开玩笑还是认真的）包含着不祥的政治寓意。再有，公元前327/326年塔尔索斯铸币厂开始印制一系列波斯风格的银币，但却没有印上亚历山大。大约同时，在腓尼基和塞浦路斯也出现了独立发行的货币。不管是真是假，人们普遍认为哈尔帕罗斯只要有机会就会反叛国王。在这种背景下，他与雅典的联系——这种联系绝不仅在于获得一两个名妓——其意义就极为重大。在公元前330至前326年的希腊大饥荒期间——其部分原因也许是亚历山大的军事征用，哈尔帕罗斯自作主张给雅典运送了一大批小麦，为此他被授予雅典荣誉公民权。

尽管具体细节不甚清楚，但很显然，和其他许多在位者一样，哈尔帕罗斯也把赌注压在国王的政治前景上。如果亚历山大无法从远东回来——在欧洲和小亚细亚，有很多人认为这很有可能——到时候哈尔帕罗斯坐拥巨额财政储备，可以轻而易举地成为帝国中最有权势之人。有了希腊的支持，他就可以进一步废黜安提帕特。但是，如果亚历山大确实带着胜利的荣耀回来了，那么这位侵吞公款（可能还煽动反叛）的帝国财政官就得尽可能地招揽盟友。无论是哪种情况，雅典公民权都是有好处的。[5]

当这些传闻第一次传到亚历山大的耳朵里时，他把报信人投到了监狱里。不过，来自基俄斯的历史学家泰奥彭波斯的详细报告似乎使他相信，至少有一部分指控是真实的。当舰队顺流而下时，在乡村狄奥尼索斯节上（公元前326年12月），上演了一部讽刺短剧，把哈尔帕罗斯、格吕凯拉、雅典人和波斯的玛哥斯僧嘲讽了一番——立这些靶子其意义不言自明。

这部名为《亚真》（*Agen*，有残篇存世）*的短剧必定得到了国王的支持；实际上根据某种说法，该剧就是他本人写的。[6] 不过，在回到巴比伦之前，他对哈尔帕罗斯的所作所为也是无可奈何。不管怎样，他看起来并没有非常严肃地对待这些传闻。他的波斯湾探险照常进行。或许在他看来，哈尔帕罗斯这人滑稽甚于危险：一个跛足而衰朽、如赫淮斯托斯般的帕夏，一个挥金如土、因爱而上当的垂垂老朽。

在从下游出发前，科伊诺斯病重而亡。那些忤逆亚历山大的人——无论蓄意还是偶然——很少能在触怒他之后还活得很久。阿里安不动声色地说道："在当时条件的许可下，亚历山大为他举行了一个极为隆重的葬礼。"库尔提乌斯则补充说，尽管国王为他的亡故而悲痛，但他还是"忍不住评论道，科伊诺斯为了这短短的几天时间而高谈阔论，说得好像命中注定只有他可以再见到马其顿似的"。另一方面，亚历山大最近的对手波洛斯现在被加冕为除塔克西拉以外所有被征服的印度领土的国王：这种对比必定会给科伊诺斯尚在的友人们造成一种强烈的暗示，即比起长年为之辛苦服役，败在亚历山大手中反而能带来更大更直接的回报。而且，归顺的安比尚有马其顿"常驻代表"监视他的活动，而波洛斯（像卡里亚的君主一样）却如同独立的附属国君一样，直接对亚历山大负责。[7] 这种区别清楚地说明，国王对他们每个人的信任程度存在一定的差异。

公元前326年11月初，舰队从贾拉勒布尔出发。克里特的涅阿尔科斯被任命为舰队司令，统率所有的1800只船。在出发那天的黎明，约有8000人开始列队登船——这仅是远征军总体的一小部分，但包括了朔卫队和侍友骑兵。其余的被分为三个独立的纵队，分别由克拉特洛斯、赫淮斯提翁和新任的塔克西拉的"常驻代表"（或者说总督）腓力领导。在一切准备就绪后，亚历山大进行献祭。他站在旗舰的船头，把金杯中的酒浇奠给相应的神灵：奥凯阿诺斯（Ocean）、波塞冬和涅瑞伊得斯（Nereids）；舰队航行过的河流——杰赫勒姆河、杰纳布河和印度河；他的先祖赫拉克

---

* 对标题的含义有多种推测，但均不可靠。

勒斯和他的天父宙斯－阿蒙神。接着号角声起，缆绳解开，亚历山大的舰队以完美的队形开始向下游划动，船上都飘着鲜艳的彩旗和布条，船桨随着艇长的号子上下划水。

从此处到与杰纳布河汇合之处，杰赫勒姆河至少有 2.5 英里宽，这个宽度足够 40 条带桨船只并排航行。当时的景象必定非常壮观。当地人从未见过这样的情景，竟跟着舰队走了好几英里（他们对运马船尤为惊奇）。阿里安记载道，在许多地方，"附近能听到桨手的号子声和船桨的拍水击打声的其他友好部族，纷纷跑到河岸边，一边唱着他们的蛮族歌曲，一边加入行进的队伍"。舰队以非常悠闲的速度航行着，一天不过 5 英里，还时常下船上岸。

克拉特洛斯和赫淮斯提翁走在前头，前者靠右，后者（统领大部队和 200 头大象）靠左。鉴于他们之间的宿怨，这是一个明智的安排。腓力起初带着辎重部队跟在后面，但后来被派到东边沿着杰纳布河行军，以此掩护赫淮斯提翁的左翼。[8] 当舰队顺流而下时，阿里斯托布罗斯朗读他新近创作的有关杰赫勒姆河战役的作品，试图讨好国王。这是一段哗众取宠的虚构情节，其中亚历山大与波洛斯进行了一场史诗般的决斗，并且以标枪一击杀死了后者的大象。亚历山大（他看起来仍旧反对这种赤裸的谄媚，特别是那种骨子里就不可信的）把这篇阿谀之作扔到船外，还说阿里斯托布罗斯居然写出这种垃圾作品，他就该跟着跳下去。[9]

杰赫勒姆河和杰纳布河汇合处的急流和漩涡使国王着实颠簸了一阵子。特别是轻型船只，它们像软木一样颠簸摇摆，几乎要失去控制，在急流处转弯时船桨甚至喀嚓折断。在有的地方皇家旗舰差点儿触礁沉没，不会游泳的亚历山大在朋友的帮助下勉强转移到安全地带。不过，舰队最终还是顺利通过了。现在，亚历山大可以吹嘘说，像他的偶像阿基琉斯一样，他也曾跟河流战斗过——他也确实这么做了。一旦安全航行到杰纳布河的宽阔水域，舰队便在预定地点停靠，整个远征军再次会合。

一路上亚历山大没有遇到什么像样的抵抗，但这时传来消息说，有两个强大的部族——马利（摩腊婆）和奥克西德拉凯（可能是刹帝利或首陀罗伽，即印度的武士阶级）——正在集结力量要阻拦他。据说他们有

100000 名带甲武士和 900 辆战车。一得到情报，亚历山大便派涅阿尔科斯和舰队率先航行到杰纳布河和拉维河的交汇处，同时将军队一分为三，准备在马利人与盟友会师之前将其消灭干净。

这时，亚历山大老兵们意识到他们又得打一场恶仗了（他们所希求的乃平静无事的旅程），于是再次威胁要抗命。他们颇为有理地抱怨说，他们"暴露在未征服的国土上，将要以他们的血为代价，打开通往大洋的道路"。就像他们的代言人迫不急待地指出的那样，就算他们最终打开了道路，大洋本身无论如何都不是一个有吸引力的目标。他们已经厌倦了荣誉和美名。在这八年中，他们忍受了比大多数人一生都要多的辛苦。此刻他们唯一想要的就是快速安全地回家。通过好言相劝，并加之以动人的修辞和最为高超的谎言（大洋就在前头，他们几乎可以嗅到海风的味道；他们所面对的部族一点都"不好战"），亚历山大总算说服他们继续前进。不过尽管他们为他欢呼，但士气依旧十分低落——这一点在随后的恶战中表现得非常明显。

国王本人的战术才能和神气丝毫不减（通过黎明前在沙漠中行军 50 英里，他又打了一场漂亮的胜仗），但他的士兵已经到了崩溃的边缘。和全世界任何恐惧而绝望的军队一样，他们开始以野蛮乃至残忍至极的方式战斗。劫掠和大屠杀成了家常便饭：即使在认为亚历山大很少做恶的塔恩看来（有点夸张地说），"在亚历山大的征战中，此战也以其恐怖的大屠杀而与众不同"。[10]* 不过，由婆罗门祭司阶层激发的抵抗却因此而更加顽强，这反过来又突显了亚历山大那迄今战无不胜的军队的低落士气。

在围城时他们两次拒绝爬上云梯，直到国王带头前进，他们方才羞愧跟上。在第二次中，有位占卜师（他无疑感受到了军队的厌战情绪）告诫亚历山大不可强攻，因为征兆显示国王有生命危险。亚历山大恶狠狠地看着他，呵斥道："如果有人在你正在做自己的工作时打断你，我敢说你一定会觉得欠妥而且讨厌，对不对？"这位占卜师点了点头。"那好，"国王接着说，"我的工作，极为重要的事，就是拿下这个堡垒，我不想有任

---

* 这里的注释 11 实际应为注释 10。

何迷信的疯子挡我的道。"说完这些,他大声地命人把云梯拿来。士兵们退缩着,犹豫不前。愤怒的亚历山大自己夺来一个梯子——似乎只有两三个可用——把它靠在胸墙上,然后自己爬上去,同时拿着一个小盾牌保护脑袋。

登顶之后,他快速砍倒了上前抵挡的守兵,独自一人在城垛上站了好一会儿——对弓箭手来说这正是绝佳的靶子。他的朋友大声叫他回来。然而相反,凭着卓越却又莽撞的胆量,他竟跳到了城堡里面。他背靠城墙,身体的一侧由一棵大树保护着(这说明战斗发生在平地上),只手应对来犯之敌。过了一会儿,又有三个马其顿人加入进来:列昂那托斯、为他持盾的佩乌凯斯塔斯(Peucestas)和一位衣着华丽的翊卫队军官阿布瑞阿斯(Abreas)。他们是众多增援者中的头一批——他的姿态产生了预期的效果——但蜂拥到云梯上的士兵人数太多,竟把梯子给压垮了,导致亚历山大一时失去了联系。

当发狂的马其顿工兵用鹤嘴锄和斧子从后门砸出一条通道时,国王和三位忠诚的援手已经打退了许多人。石头、弩箭,各种投射物在他们所配备的盾牌和头盔上砸得当当响。阿布瑞阿斯脸上中箭倒下了。接着,一支印度长箭射穿了亚历山大的盔甲和胸膛,就射在肺部上方。他弯下一只膝盖,差点就晕过去,不过在完全倒下之前他使出最后一点力气,用剑刺死了另一个攻击者。佩乌凯斯塔斯站在国王倒下的地方,用伊利昂的神盾护着他,同时被凶狠的敌人包围着。这时候援兵来了。一个突击队用临时制作的钢锥爬上了城墙。后门也被砸开了,一群愤怒的马其顿人冲进城堡里,无论男女老少见人就杀。在此期间,亚历山大被人用他的盾牌抬到了御帐里,人们开始传言他已经死了或者就要死了。[11]

拔出箭头确实是一个冒险的举动。箭头是叶状且带有倒钩,大约有三英寸长两英寸宽,深深地插在心脏旁边的胸骨里。当箭头最后被拔出来时——有种说法说是佩狄卡斯用剑完成的,因为找不到外科医生或者无人愿意冒此风险——亚历山大出现大出血,之后便昏迷过去了。他的侍从勉强把血止住,在之后的一周里国王生死未卜。[12] 没有人相信他还能活下来,对他死亡未经确认的推测很快就传遍了整个地区。印度人立马重获信心,这个消息在亚历山大的大本营（当时扎营在杰纳布河和拉维河交汇处）中引起了极大的恐慌。

他的士兵们无法想象还有别人能领导他们。看起来没人有资格取代他。现在他死了，他们再也没法回家了。在贝亚斯河他们有一条相对安全的撤军路线。而在这里他们四周全是敌对而好战的部族，若没有亚历山大的名字压制他们的勇气，他们就会打得比之前更凶狠。甚至连这些河流都突然看起来更宽了。"没有亚历山大带他们走，每一个困难似乎都无望解决"（Arrian 6.12.2）。此事最为清楚地证明了国王领袖地位的私人属性和魅力属性，亦即它的根本局限性。

亚历山大所建立的一切都基于他的肉体存在所带来的敬畏和激励作用；他一死，整个帝国就会陷入军阀混战的无政府状态，没有任何中央政策或权威可以将其整合为一体，或者遏制在他去世后迅速出现的分崩离析之势。当这个虚假的流言传到巴克特里亚时，大约3000名希腊雇佣兵殖民者立马反叛，启程返回西方的家乡，这是对未来发生的事情的一个不祥的预兆。同时，他的声望和个人权威是如此巨大，以致在他之后建立王国并且自己也成为伟大统帅的人们——一个是塞琉古，一个是托勒密，一个是佩狄卡斯——全都笼罩在他的阴影之下。他或许拥有人类历史上最为卓越和最有才华的下级团队，但直到他死的那天，他们仍是下属，仍是称职的参谋将领，仅此而已。只有亚历山大能掌控他们，只是他的技巧如此纯熟，以致军队看不出他们中有谁能成为他天然或命定的继承者。

国王几乎一清醒过来就写了一封公开信给大本营里的军队，粉碎了他死亡的谣言，并且承诺只要身体状态适合移动他就会过去和他们在一起。但到了这时候，士兵们已经陷入失常的状态，根本不信他们所听到的内容。他们说，这封信是伪造的，是亚历山大的将领们捏造出来提振士气的计策。消息传回后，国王知道只有他亲自现身才能防止军纪的彻底崩塌。他的伤口尚未愈合，但不管好没好，他都必须立马去大本营。他被人用担架抬到拉维河；有两条船被捆在一起，他的床放在二者之间的一个高台上，这样岸上的人就可以很容易地看到他。让印度人知道亚历山大还活着，让他们失去那虚假的希望。

但是他依旧虚弱不堪，甚至虚弱到他的船得走在其他船的前头，跟它们保持距离，"这样他才获得必需的安静……以免被船桨的击水声干扰到"（QC 9.6.2）。当他们接近大本营时，他下令去掉遮阳篷，以便在阳光下他可以被清楚地看到。即使到这时，这军队仍然心存疑虑。他们窃窃私语，说那个一动不动的是亚历山大的尸体而不是活人，不是他们的统帅。这时国王微微抬起手来向他们致意，于是士兵们发出了巨大的欢呼声。但是这还不够，还得证明亚历山大不仅还活着，而且实际上 *aniketos*，不可战胜的。

当船靠岸时，有一个担架正在等他。他告诉侍从把它拿开，然后把他的马牵过来。凭借人们难以想象的如钢铁般的意志，他站起来，爬了上去，在军队的注目下缓缓骑到营地里。突然间响起了震耳欲聋的欢呼声，"声音如此之大，连两岸及其附近的峡谷都传来回声"（Arrian 6.13.3）。快骑到御帐时，亚历山大从马上下来，自己走完剩下的路。老兵们簇拥在他周围，充满着迷信般的敬畏，触摸他的手臂和衣服，好像是为了确认他不是鬼魂。花环和鲜花撒在他的身上。之后他离开众人进入营帐——在这次超凡的努力之后，他可能立刻就晕了过去。即使像亚历山大这般超常的体格也有它的极限，有迹象表明他再也没有从这次骇人的损伤中完全恢复过来。

之后国王的朋友严肃地批评了他。他们说他没有必要为了展现自己的英雄气概而冒生命危险，这差点儿就葬送了整场远征的成果。应当率先登上云梯的是军官们而不是统帅。对此亚历山大理直气壮地回答说，如果军官们能不那么懦弱畏缩，那他也就用不着身先士卒了。那位跟他说"亚历山大啊，功业属于英雄"*的波奥提亚人没有完全说错。此外，亚历山大还可以说，（除了其他事情）他个人的英勇功绩大大缩短了整场战役。由于丢掉了主要堡垒，马利人被击溃了，而且同样重要的是，鉴于他们战败的过程，他们觉得继续抵抗这个神明般的人物是徒劳的，因此决定投降。与此同时，有众多使团从奥克西德拉凯那边过来，他们被亚历山大攻打马利人的战役震慑住了，未作反抗就前来归顺。[13]

---

* 出自阿里安《亚历山大远征记》卷六第十三章，英译本为"my lord"，但希腊语原文直呼其名，译文据此做了改动。这位波奥提亚人接着引了一句诗，意为"苦难也是做事者的宿命"。

如果国王有意要证明他是不可或缺的，那这回他称心如意了。从今往后，他几乎做任何事情都不会受到惩罚，也越来越为所欲为了。或许这九死一生的经历使他相信他确实拥有超人的力量。在他康复期间，当克拉特洛斯和托勒密外派回来向他致敬时，他心中最惦记的是奥林匹娅斯死后封神的事。[14] 亚历山大又一次充满了成神的愿望；这一次，这种想法不但没有被弃置一边，反而日益强烈。

国王完全康复之时举行了一次盛大的庆祝宴会。在宴会上发生了一件不愉快但非常有代表性的事情。亚历山大最出色的马其顿老兵之一科拉戈斯（Corragus）跟著名的雅典拳击手狄奥克西波斯单挑。狄奥克西波斯赤身裸体，只拿了一根棍棒，而科拉戈斯则全副武装，既拿剑又持枪。狄奥克西波斯比罗马持网斗士还要灵巧，三下五除二便把对手打倒在地。亚历山大（他支持科拉戈斯）愤而离席，因为此事关乎民族声望。这事之后佞臣们不断地诋毁狄奥克西波斯，甚至在一次晚会上偷放一个金杯在他身上，然后举报他偷窃。最后这个可怜的运动员选择自杀，而不是等待进一步的迫害。[15] 亚历山大知道事情的真相后，和以往一样懊悔不迭。但为时已晚。

他们继续南下，中途经历了多次小型战役。大约公元前325年2月，亚历山大极大扩充了的舰队从杰纳布河进入印度河。这两条大河的交汇处就是腓力行省的南部边界。这里建了一座带有船坞的边境驻防城镇，新造的三十桨战船正等着舰队的到来。与此同时，为了加强与伊朗东部的联系，亚历山大任命自己的岳父奥克西亚特斯做帕洛帕米索斯（兴都库什）的总督，以取代原来不甚可靠的波斯总督。

国王又花了五个月的时间才到达印度河三角洲。在此期间，他跟许多独立的王公打了一系列的血战，他们不是要阻挡他前进就是在他离开后发动叛乱。同样，大屠杀的记录非常惊人。狄奥多罗斯（17.102.5）说，亚历山大用战火、破坏和全体奴役的方式"把对他名字的恐惧传遍了整个地区"，这点毫不夸张。他所遇到的特别顽强的抵抗主要是由于婆罗门祭司的圣战宣传。和之前一样，亚历山大只会用彻底的恐怖主义来回应意识形态的反抗。作为威慑，许多落到他手里的婆罗门被吊死。其中一个在被问到为什么要唆使某位领袖叛乱时说："因为我希望他带着荣誉而生，或者带着荣誉而死。"在这里国王严重误判了对手。抵抗非但没有为他的铁腕政策所粉碎，反而越挫越勇：在公元前 300 年之前，五河之地*的马其顿驻军就被全部消灭掉了。[16]

可能在现代的西卡波拉附近（细节不太清楚，因为印度河千百年来改道多次），亚历山大将军队一分为二。克拉特洛斯以波吕佩孔作副手，统领三个方阵兵团、大象和所有已过服役期的马其顿老兵，由陆路进入卡尔马尼亚行省。舰队和其他部队将在那里跟他会合，具体地点或者在幼发拉底河河口，或者在波斯湾沿岸更近一点的地方。克拉特洛斯将会翻越穆拉山口进入奎达和坎大哈，进而穿越古代的阿拉霍西亚行省；然后由此折向西南，中途还会经过锡斯坦湖、克尔曼沙漠和巴瑞兹山。亚历山大再次设法将他和赫淮斯提翁分离——我们可以注意到，他一走赫淮斯提翁便成了代理最高统帅。

不过，这次行动最有趣的一面是它所反映的亚历山大方面所拥有的详细地理知识。由于该地区是沙漠环境且补给短缺，必须兵分两路，这些是显而易见的。让人惊奇的是国王事先对情况的了解的深度和广度：很显然，他已经把整个探险之旅都计划好了，包括会合地点。人们很容易忘记他的情报部门、勘察员和科学家在远征背后所做工作的巨大价值：绘图、测量、收集标本、研究自然资源以及筛选各类信息。**没有他们持续不断的协助和有关从盐矿到沙漠路线的各类报告，远征就不会那么顺利，甚至有可能会遇到无法补救的灾难。[17]

公元前 325 年 7 月，亚历山大到达了印度河三角洲头的帕塔拉。该城的统治者先前曾向他投降，但惊恐于国王的惩罚手段，把帕塔拉和周围的乡村地区都撤空了。因为亚历山大计划在此扩展港口和船坞（为此他需要苦力劳动），所以他派人传话给逃难者，说他们可以回来继续像之前那样

---

* 即旁遮普，Panjab 字面意思意为"五河之地"，以其境内五条主要河流得名。
** 可以想见，亚历山大对印度的医药知识有着浓厚的兴趣：当托勒密被毒箭射中时，国王用一种现代命名为蛇根木（Rauvolfia serpentina，原文为 Rauwolfia serpentina，可能有误——译者注）的植物治好了他，"现代第一种镇定剂，但在印度用于治疗蛇咬已有数千年"（Snyder, pp. 163-4, with note）。古代史家在这件小事上的详细记载证明了托勒密回忆录的广泛影响，因为相关记载无疑是从他那里而来的。——原注

耕种自己的土地。大部分人都回来了。佩通（Peithon）被任命为下印度至海岸地区的总督，亚历山大征服战役圆满结束了。

希腊作家醉心于这片未知的异域，极力夸大这场远征的重要性，其实那只不过是一次大规模的袭扰罢了。亚历山大所到之处不会超过西巴基斯坦，他的名字也不曾进入之后印度的文学传统之中。曾有一小段时间，他的代理人统治着——至少从理论上，如果不总在事实上——从克什米尔到卡拉奇的广大地区。但是他们对该地区的掌控一直都不稳定，而且对印度人来说他们只是一些野蛮的入侵者，除此之外什么也不是。事实上，亚历山大刚刚离开，他的成果就开始崩溃了。总督腓力被一群雇佣兵杀死。抵抗运动开始在旁遮普聚集，由一个名为旃陀罗笈多（Chandragupta）的刹帝利阶层的年轻平民领导。亚历山大死后，一个名叫帕瓦塔卡（Parvataka）的旁遮普国王也加入旃陀罗笈多的阵营，此人几乎可以肯定就是波洛斯。这两个人一块征服了亚历山大梦寐以求但从未实现的帝国。[18] 旃陀罗笈多所建立的孔雀王朝东至孟加拉和恒河，南至迈索尔。

亚历山大也不曾理解，印度人的性格跟他此前所遇到过的一切事物之间有着怎样的根本差异。当他第一次到达塔克西拉时，和所有的西方到访者一样，被赤身裸体的耆那教苦行僧和上师震惊到了，这些人在希腊人中被称作 gymnosophistae，即"赤身哲学家"。关于这种文化冲突有着许许多多的故事，其中多数（但并非全部）是杜撰的。亚历山大及其顾问一向秉持希腊式的调和解释，他们似乎相信这些赤身哲学家所宣扬的乃是第欧根尼的犬儒主义在当地的一个变种。这种观点确有部分的真理，因而也阻碍了对他们思想的严肃推敲；何况狂热的犬儒主义者也不会有什么顾忌去填补二者之间的鸿沟。（只有后来建立怀疑学派的皮洛好像抓到了他们的哲学的实质：他的无为和蔑视外在现象的教义与耆那教的教诲有很大的相似之处。）和亚历山大生平的许多方面一样，他与赤身哲学家的遭遇很快就演变成了传奇或神话。

不过，有些奇闻轶事确有一定的真实性在其中。亚历山大曾说服一位圣人放弃苦行冥思的生活而加入他的远征军，大概是想让他做一名听话的随行智者，作为亚历山大的希腊占卜师和迦勒底占星学家的补充。此人被严苛的苦行僧所看不起，认为他是"屈从肉欲的奴隶"，选择去服务一个并非是神的主人；后来他把自己活活烧死，以自我毁灭的方式来表示悔恨。又有一次，亚历山大及其随从经过一片牧场，一些赤身哲学家聚集在那里讨论哲学问题。对于军队的到来，"这些人别的什么也没做，只是在原地跺脚"。当亚历山大通过翻译官询问他们古怪行为的原因时，他得到了这样的回复：亚历山大国王，每个人所能占有的地面只有我们所站的地方那么大。你和我们并无不同，除了你总是很忙但又不做好事，还千里迢迢来到这里，给你自己和其他人都带来了很多麻烦。瞧吧！你很快就会死去，那时你所能占有的只不过是一片刚好能把你埋葬的土地罢了。[19] 据说亚历山大听罢赞扬了这些话，这种反应和他与第欧根尼相见时一模一样（参见上文第 123 页）。然而正如阿里安提醒我们的那样，"他的行为总是跟他当时口头上钦佩的正相反"。

在帕塔拉，印度河在入海之前分成两大支流。现在亚历山大留下赫淮斯提翁加强城堡的防卫并监督船坞和港口的建设，而他自己则航行去勘察右侧或西边的港湾。西南季风还盛行着，舰队因风暴而遭到严重的损害。在近海的某处，他们被迫在边渠里避风，结果却被潮汐推高而搁浅——这种现象起初使这些地中海水手们非常惊恐，他们从没见过这种情况。他们无助地在滩涂上闲荡，小心地避开大螃蟹和其他讨厌的生物，以为他们会一直搁浅在那里。不过这种错觉只持续了几个小时，一个和刚才一样吓人的巨浪再次把他们抬了出来，同时使船只进一步受损。亚历山大尽可能做点维修，然后继续航行。舰队在河湾入口处的岛上找到了一个不错的抛锚点。他们终于到达了大洋。

在拜访西瓦期间，亚历山大曾征询神谕，问他是否能够征服整个亚洲。看起来，阿蒙神不仅给了一个他所希望的回复，而且规定了当预言实现时亚历山大必须奉上什么样的祭品给哪些神明。这一刻终于来了，国王按要求向阿蒙神所规定的诸神公开献祭。他东方的征服战役显然没法走得更远了，然而他必须展现他对大洋的权威，哪怕这种举动只是例行公事或是象征性的。因此，他航行到离海岸约 25 英里远的第二个岛屿，在那里他再次根据要求为奥凯阿诺斯和特提斯（Tethys）设立祭坛。对海岸做了一次短途的探险巡游后，他回到了河湾的抛锚点。在这里他把公牛献祭给波塞冬，祈求回程平安，然后便往上游返航。尽管印度河东部港湾会使舰队多走 200 英里的航程，但他还是希望这条航线能少一点危险。

最终他如愿以偿。这条航道可以避开季风。这条支流注入卡奇沼泽地，在这个时期该沼泽深入内陆，由此形成一个宽阔的内陆咸水湖。在勘察了入海的水道后，亚历山大带领骑兵沿海岸向西走了三天。其他人则留下来在不同地点挖淡水井。港口和船坞就建在盐湖边上，同时还驻有一批军队。[20] 这些事务完成后，国王回到营地开始具体筹划这次远航。

如果舰队要从印度洋进入波斯湾，那么每隔一段距离就需要有水源和补给点。所有的报告都确认沿途几百英里的海岸全是贫瘠的沙漠，到处狂风肆虐，荒凉到只剩沙尘和赤岩，在今天人们称之为莫克兰。亚历山大打算沿这条路线航行，带上大部队和所有的非战斗人员，尽可能挨着海岸，沿途他们会挖水井并建立补给点。至于储备，他们准备了四个月的量（Arrian 6.20.5，大概就是粮食和咸鱼）。通过仔细研读史料（参见下文注释 22）我们可以清楚地知道亚历山大的策略。舰队和军队将按照协同配合的方案行进。舰队负责运载大批补给，而军队则负责寻找水源。* 这是公元前 480 年薛西斯入侵希腊时所采用的极为成功的海陆协同策略；但亚历山大（他无疑是从希罗多德的《历史》中借用来的）理应知道，舰队和军队长时间分开很可能会导致严重的后果。后来这直接引发了他征战生涯中最为灾难性的一段经历。

亚历山大进行这项危险探险的动机某种程度上可以说很复杂。他可能认为这个方案是带领舰队和军队顺利通过这片极为贫瘠之地最好最安全的方法。他确实非常关心舰队重新获得供给的问题，否则他可能会让整个远征军都从海路走。再说，在伊朗－俾路支地区留下一些未征服的领地是相当危险的，因为这意味着要缩减与莫克兰相邻、尚未开化的格德罗西亚行省面积。也许如阿里安所说（Arrian 8.32.11），他有意探寻印度与幼发拉底河之间是否可以开辟一条贸易航线。

---

* 这一点可以从以下事实中清楚地看出，当舰队到达霍尔木兹时，水手们状况良好，而军队却因为一度和海上补给站失去联系，由于饥饿而不得不吃掉随军的役畜。——原注

这些考虑看起来非常合理。但是涅阿尔科斯（他所处的地位使他最清楚真相）记载说，亚历山大尽管知道这些困难，但仍有一种强烈的欲望，一种 *pothos*，想要按这种路线行军（Arrian 8.20.1-2）。根据传统说法，赛米拉米斯女王和居鲁士大帝都曾做过这种尝试，其中女王的队伍有 20 位幸存者，而居鲁士的则只有不到 7 个。亚历山大又一次被强烈的竞争之心驱使：要永远做最优秀者。如果他在别人失败的地方成功了，成功地带领全部军队安全通过莫克兰，这难道不是一件辉煌的成就吗？涅阿尔科斯还这么认为：通过研读关于前面状况的情报资料，亚历山大还觉得可以对他那支庞大军队进行一些修剪和精简，特别是在非战斗人员中。这次行军将会是一场适者生存的旅程。

国王最直接的问题是购买补给。不管出于何种原因（参见上文第 414 页），军费已经所剩无几，亚历山大又一次沦落到要向朋友募捐的地步。他向他的秘书长欧美涅斯索要 300 塔兰特。欧美涅斯有点不情愿地说他只能提供所求金额的三分之一。亚历山大勃然大怒，一把火把欧美涅斯的营帐烧了，看他怎么救出那些暗藏的宝物。通过这种方式他获得了超过 1000 塔兰特的金银。但同时，远征军的许多文件和资料也被毁掉了（Plut. *Eum*. 2.2-3）。有些东西亚历山大也许乐见其被毁，虽然他后来又四处写信给各地总督和将军，要求他们提供复本。既然波斯的财宝完好无损，且小亚细亚的铸币厂依旧在生产，那么很显然（无论有心还是无意）至少有一批甚至更多的金银条块没有及时送来。

亚历山大经过一番犹豫，最后任命涅阿尔科斯做舰队司令。据涅阿尔科斯说，国王起初不想让他的这位密友承担如此危险的任务，但涅阿尔科斯一再坚持，最后获得了指挥权。军队的士气依旧低落，涅阿尔科斯的到任将保证水手们有足够活下来的机会。不过，舰队必须等到季风结束才能起航，到时风向就不再是西南风向，风力也会较为温和，而这最早也得到 9 月末。但是亚历山大和军队在 8 月底时就先于涅阿尔科斯出发了。这样一来，由于没人可以准确预知季风将在何时结束，所以从一开始海陆两支军队的联系在时间上就是不确定的。

不过，最初一切都进展得很顺利。亚历山大及其士兵在相对肥沃的地区内行军。他们沿海岸挖好水井,同时进行了一次快速出击,把紧靠现代卡拉奇西边的各个部落逐一平定。他们在这里兴建了一座城市,名为兰巴基亚,离大海不远。阿波罗法涅斯(Apollophanes)成了该地区的总督,列昂那托斯也留下来担任驻军指挥,手下有一支相当可观的军队可以调遣。他们得到的指示是压制当地民众,并为舰队的到来做准备。[21] 在这期间,亚历山大显然不缺补给,因为他征集了许多,并为涅阿尔科斯及其舰队留下了不少于十天的口粮(Arrian 8.23.7-8)。*

现在亚历山大进入了格德罗西亚,尽可能地挨着海岸行进。他首先遇到的是个处于石器时代的可怕部落,希腊人称之为伊克杜奥法吉人或食鱼人。他们浑身多毛,头发又长又乱,没有剪过的指甲犹如野兽的爪子一般。狄奥多罗斯(17.105.3-4)说他们"既不友好又无比野蛮"。他们穿着兽皮或鲨鱼皮,用搁浅的鲸鱼骨架建造房屋。甚至连他们的牛群也以鱼粉为生,牛肉都散发着一股鱼腥味。想从他们那里获得补给根本不可能。这是一片不毛之地,除了一些荆棘、柽柳和偶尔可见的棕榈树外什么也没有。

随着他们深入莫克兰,土地变得越发荒凉。亚历山大让先头部队一直挖水井,但不久他到达了莫克兰的海岸山脉塔拉尔-伊-本德,该山脉一直延伸到海边。由于山脉的存在,他被迫往内陆绕了一大圈,由此失去了与舰队会合的机会,他甚至猜测舰队超了过去。可以预见,真正的灾难正是从现在开始。他们严重缺水,在一个咸水井到下一个水井之间经常要走上 25 至 75 英里的路程,而且多数要在夜间行军。当到达水井时,士兵们都渴疯了,经常连盔甲都不脱就一头扎进水中。许多人死于脱水过后的过度饮水,而更多的人则死于中暑。最后,亚历山大只得在离取水点三四英里的地方扎营。

尽管如此,他还是通过与士兵们同甘共苦而成功维持了自己的威信和

---

* 至少涅阿尔科斯是这么说。我们将会看到(下文第441页),当他后来为格德罗西亚大难自辩时,这位野心勃勃的克里特人完全有可能出于个人原因而伪造记录。特别是他必须解释为什么舰队和军队没有在约定地点会合,而且还要为自己没能为亚历山大提供补给做自我辩护。第一条他可以推说是因为季风的多变,而第二条他只好说亚历山大实际上有补给,而且还有剩余:如果他为舰队留了十天的口粮,那舰队司令又如何能为军队的粮食短缺负责呢?——原注

声望。有一次，别人从附近的沟渠中为他取来一头盔的泥水——当时仅有这么多了，他哈哈大笑，在谢过献水者后便把水泼到了沙里。"这一举动产生了非常显著的效果，全军上下好像都喝到了亚历山大所泼出来的水似的"（Arrian 6.26.3）。很讽刺的是，在这次可怕的行军期间，军队应该经过了一个盛产没药和甘松的地区：随军出征的腓尼基商人在役畜上载满了这些珍贵的药草，而士兵们则把没药枝挂在帐篷上，他们踩踏过的甘松根则沿途散发着沁人心脾的香气。

烈日炎炎，大部队在松软不定、如海浪般起伏的无尽沙丘上艰难前进，货车陷到了车轴的位置，而靴子里则灌满了烫人的沙砾。毒蛇隐匿在草木中，到处都是有毒的植物——带刺的胡瓜会喷射出一种致盲的汁液，月桂状的灌木则能使役畜口吐白沫而死。长有多汁"卷心芽"的枣椰可以提供点救济，但食用太多未成熟的椰枣却经常让人噎死。很快，亚历山大的部队偷偷宰掉了役畜，并打开了封存的储备。亚历山大很明智地假装不知道，因为现在的问题是要活下去。士兵在不断掉队，有的筋疲力竭地死在烈日之下，有的则因为无法行军而被抛下。

过多的水和过少的水一样危险。有天晚上，辎重部队和非战斗人员在一条干涸的河谷中扎营——马其顿将领本该知道这是绝不允许的——突然山上爆发了一场山洪。巨大的水流在黑夜中咆哮而下，把帐篷、辎重（包括御帐）、几乎所有的妇女和小孩以及剩余大部分的役畜都冲走了。许多士兵勉强逃过一劫，除了武器和脚下的一片地以外什么都没了。亚历山大立即派出特使，命令周边的行省提供粮草和其他必需的补给。这些东西将通过竞赛用的骆驼运送（大概信息也是用这种方式送出的），然后在卡尔马尼亚等待军队的到来。各个总督是否有能力执行这些命令是很成问题的，或许这时候亚历山大的主要目的是为这些突然降临的灾难找一些替罪羊。

最后的灾难是一场猛烈的沙尘暴，这场沙尘暴把所有的路标都掩埋了，以致连向导都失去方向，走了一条离海岸越来越远的路。亚历山大意识到了这一点，往南派出一小队骑兵，终于到达了海岸。他和士兵们在这里的沙砾中挖了一些水井，清澈的泉水喷涌而出，这让他们大喜过望。在接下来的一周里，整支军队沿这片海岸行进，挖掘的时候总能找到水源。之后亚历山大的向导找到了通往格德罗西亚内陆首府普拉的路。在进入莫克兰60天后，这些衣着褴褛、瘦弱黝黑的士兵终于到达了安全地带。[22] 他们的损失非常惊人。亚历山大行军之初带了85000人，其中大部分是非战斗人员：现在这些人只有25000人活下来。他的侍友骑兵从1700人减员到只剩1000人。[23] 马匹、骡子、储备和装备全都丢了。这次穿越沙漠的悲惨行军堪比拿破仑1812年从莫斯科撤军的情景。

如果亚历山大是带着超越居鲁士和赛米拉米斯的念头出发的，那么他这份僭慢的雄心必定受到了严厉的谴责。如果他一直以来认为自己可以超越所有的自然危险——这看起来非常可能——那么这种骄傲和自信必定受到了极大的动摇。这两方面亚历山大必须找到替罪羊，也许所需要的还不止一个。由于他通常会采取一些明智而实用的预防措施来维持其超然地位，我们不禁要问他是否真的能找到合理的理由来指责某些下属没有执行委派给他们的命令。正如我们所看到的（上文第426页），他事先关于格德罗西亚及相邻地区的情报是全面而彻底的，他的计划也是谨慎而细心的。很难想象他会不知道塔拉尔-伊-本德的存在，或者没有想到需要往内陆绕一大圈。

由此不免要得出结论，在离开港口之前亚历山大与涅阿尔科斯安排了至少一个会合点，以便为军队运送能够穿越沙漠的军事干粮。当舰队没有如期出现时，亚历山大没有办法，只能赶紧继续前进。等待的每一天都在消耗他已经很少的储备。无论涅阿尔科斯，还是格德罗西亚、苏西安纳、帕莱泰刻涅和卡尔马尼亚的总督们都没有送来他迫切需要的补给。涅阿尔科斯可以为他的延误找到充足的理由，亚历山大看见舰队回来时也松了一口气，没有过分追究这些理由。但那些总督就没有这么幸运了，因为他们反映了某种更大的威胁。[24]

亚历山大后来的举动表明，至少他认为事情远不止是失职这么简单。个中缘由不难理解。哈尔帕罗斯没有给他送来所需要的金银条块，自己倒玩起了皇家气派（参见上文第414页），而且被许多人认为图谋不轨。[25] 至少有两个甚至更多的行省总督在这次非常危险的行军中让他极度失望。舰队也在他最需要的时候消失不见。哪怕是一个不如亚历山大偏执的头脑也难免会由此推论出哈尔帕罗斯、涅阿尔科斯以及其他人都阴谋背叛他,都盼着他死在炽热的格德罗西亚沙漠中。问题是,他的怀疑有根据吗?由于年代久远,加之掌握的史料有限,我们无法给出定论;但是在亚历山大深入印度之后涉及总督叛离倾向的证据不应受到忽视,[26]至于涅阿尔科斯,他当然有充分的时间为亚历山大和后世雕琢一个解释他的舰队失职的故事。[27]

国王的第一个和最明显的牺牲品是可怜的阿波罗法涅斯(参见上文第432页),因为灾难就发生在他的辖区里。亚历山大写了一封信,正式解除他的职务。这时列昂那托斯正好派人送来急讯,说当地部落民兵攻击了他的分队,在给他们造成很大损失后就撤退了。阵亡者当中就有阿波罗法涅斯。撤职不成的亚历山大想尽办法把这次失败改编成了一场胜利,说列昂那托斯歼灭了 6000 名当地民兵,自身只损失 15 名骑兵和少量的步兵。军队的士气还没有恢复到可以承受另一场失败的程度。[28]

一个更加鼓舞人心的消息从克拉特洛斯那里传来,他挫败了两个图谋反叛的波斯贵族,正把他们捆绑着送到亚历山大这儿来。但是总体情况并不让人乐观。关于背叛、低效和大规模贪污的传闻接踵而来。舰队也还没有任何消息。许多将领相信亚历山大不会从印度回来了,于是开始自立为独立的东方君主,并给自己配备了强大的私兵。各种僭越奢华和行政腐败的消息层出不穷。局势相当危险,在这种情况下哈尔帕罗斯也不再是一个跳梁小丑般的角色了(到这时亚历山大肯定在那方面不会再有什么幻觉了)。这件事发生的时间也不能再糟了。由于在格德罗西亚遭受了严重的伤亡,亚历山大在声望上也损失了很多,*aniketos*(不可战胜的)这一称号现在也颇受怀疑。除非国王立即采取果断行动,否则他可能会面临比单纯的渎职要糟糕得多的局面。那些感到恐惧罪恶不安的人是天然的共谋者。

在普拉做了短暂的休整之后,亚历山大再次出发,因为显然没有时间可以浪费了。他的直接目的地是卡尔马尼亚的萨尔摩斯(雅亚遗址;参看 *Iran* 7, 1969, p. 185),在霍尔木兹海峡靠近内陆一点的地方。在这次行军中,他很明智地放松了纪律。一直以来有一种说法,说在通过一片富饶的乡村地区时他和军队连续七天举行酒神宴会。和腓力一样,亚历山大非常醉心于这样的准宗教式的狂欢，所以该故事有其可信之处。

不过，此类宴会享乐并没有让他从军国大事中分心。当军队进入卡尔马尼亚时，他们受到了伊朗总督阿斯塔斯佩斯（Astaspes）的欢迎。亚历山大早就得到了此人的相关材料，（除了没提供补给外）这位总督据说在亚历山大远征印度期间企图反叛。亚历山大什么也没提，热情地欢迎了阿斯塔斯佩斯，接受了他所献的一切东西，并确认了他的职位。然而等到达雅亚遗址时，国王收集了更多的证据。他也感受到了整个行省阴沉的敌对情绪。突然间，阿斯塔斯佩斯被捕，随后遭到处决。亚历山大清算行省总督的行动开始了。事实上也可以说早些时候就已经开始了；被亚历山大的岳父奥克西亚特斯取代的帕洛帕米索斯（兴都库什）总督后来也以叛国罪遭到处决。

亚历山大不久前召集了许多总督，命他们带着粮草和役畜到卡尔马尼亚来见他，其目的显然不止一个。埃克巴塔那的队伍刚到达，他们的领导者（克勒安德洛斯、西塔尔刻斯［Sitalces］以及两位代理指挥官）就全部被捕入狱。他们是帕美尼翁的刺杀者（参见上文第 346 页），在军中很不受待见，因而亚历山大一点儿也不缺证人，无论波斯人还是马其顿人都出来作证，"指控他们劫掠神庙、盗掘古墓，还对行省居民犯下其他恶劣暴虐的罪行"（Arrian 6.27.4；参看 QC 10.1.1-5）。克勒安德洛斯和西塔尔刻斯被判处死刑；他们下属的情况我们不得而之，大概遭遇了同样的命运。当然，克勒安德洛斯是科伊诺斯的兄弟。这些人很可能与神出鬼没的哈尔帕罗斯有联系（克勒安德洛斯事实上跟那位帝国财政官属于同一家族，即域外王国的厄利密奥提斯王族）。

哪怕没有反叛的证据，这个集团独立控制几大中部行省本身就相当危险。但是如果勾结真的存在，那亚历山大现在已经及时消灭了。不过，哈尔帕罗斯本人却成功脱逃了，他知道从今往后要离亚历山大远远的。召令一下达，他立刻带着 6000 名雇佣兵和 5000 塔兰特的白银逃到海边。（为什么他没有从国库中带走更多的钱呢？有没有可能亚历山大实际上采取了预防措施，把财宝分由独立的司库管理，而古代史家却没透露出来？）他由此前往雅典，希望用金钱换得救助和荣誉公民权。

在克勒安德洛斯和西塔尔刻斯被处决、哈尔帕罗斯仓皇出逃之后，关于有组织政变的担忧也就烟消云散了。亚历山大以其惯有的冷静鉴别力和心理洞察力，走了非常危险的一步。或许他回想起了公元前358年阿尔塔薛西斯·奥科斯在面临相同局势时所采取的手段。那位嗜血的君王所做的首要事情（在杀掉近亲和平定行省叛乱之后）之一，便是命令小亚细亚的各个总督解散他们的雇佣兵。当时阿尔塔薛西斯的命令引发了叛乱。不过，亚历山大做了更好的预备，当他"写信给亚洲的所有将领和总督，命令他们一收到信就立即解散雇佣兵"（Diod. 17.106.3）时，这一命令的确得到了执行。

另一方面，只有在政治危急的情况下才会出现这样的命令。姑且不算新解散的，当时游荡在亚洲的无主雇佣兵就已经够多了（参见上文第421页）。这项政策的社会后果是可以预见的。没有雇主，这些人为了生计就会四处劫掠。很快整个亚洲就会遍布这些散兵游勇，一旦希腊的抵抗运动烽火再起，他们自然会横渡爱琴海去加入其中。当这些人受到惩罚时，引来报复女神的就不仅仅是腐败，其中必定还有政治因素。那位已经变成埃及的实际总督的希腊人克莱奥美涅斯（参见上文第278—279页）是亚历山大的所有官员中贪污和金融敲诈最为厉害的一位。但是，他既忠诚又能干，关键还是非马其顿人。因此，国王认可了他的职位。菲罗克塞诺斯在奇里乞亚也做了很多类似的事情，但也逃过了一劫，虽然他因为给亚历山大献上一个漂亮的男妓差点毁了自己的前程。这种举动并不讨喜，而且亚历山大绝不是那种会让别人替他挑选情人的人。[29]

这时已经12月了（公元前325年）。克拉特洛斯带着军队和大象安全抵达，不久之后传来消息说涅阿尔科斯也在附近出现。起初亚历山大不相信这个消息，而且以散播谣言的名义把行省总督抓了起来。甚至当涅阿尔科斯——衣衫褴褛、长发上粘满了盐渍——出现时，国王的第一个念头是他及其五个同伴是仅剩的幸存者。想象中舰队覆没所带来的痛苦情绪完全盖过了舰队司令逃过一劫所应有的喜悦。但是，在听到涅阿尔科斯说舰队完好无损，此时正在霍尔木兹整修，而水手们也健康良好后，亚历山大欣喜若狂。

那些走海路的人有许多惊险要说。涅阿尔科斯极为厚颜无耻地这样说道，由于当地人的攻击，他被迫提前拔锚起程：亚历山大前脚一走，当地人就不再恐惧，开始像自由人一样放肆。当然，后来季风、风暴以及各种事故使他一再拖延，以致超出了亚历山大60天行军时间达两周之久，但显然没有任何消磨时间之事。涅阿尔科斯也不说他及其手下的航行相对比较轻松。他声称海岸贫瘠而荒凉，甚至说补给逐渐耗光了（四个月的补给只有略多于两个月的量能够提供：其余的呢？）。故事继续着，由于饥饿，他们被迫突袭一个友好城镇，将其储备掠夺殆尽。真正到了饥饿关头，他们宰杀并吃掉了7头骆驼。在他的叙述中，深海里的危险也没有被忽略。一群鲸鱼的突然出现引起了极大的恐慌，但涅阿尔科斯这时随机应变，命令舰队同时吹响号角，然后向它们冲去，这样便把它们全部吓跑了。

现在亚历山大向诸神献祭，举行了一次盛大的运动和音乐庆典，以此感谢舰队平安归来，并且（根据阿里斯托布罗斯的说法）还"感谢让他征服印度，感谢让军队走出格德罗西亚"（Arrian 6.28.3）。至于那些幸存者对这些惊人的、以敬神为名的谎言会怎么看，我们就只能想象了。涅阿尔科斯成了当时的大英雄：他走在游行队伍的前列，军队则把饰带和鲜花撒在他身上。歌舞的优胜者则是亚历山大的嬖幸——宦官巴戈亚斯（参见上文第333页）。在场的所有人都说国王应该亲吻获胜者。亚历山大便照做了。

有趣的是巴戈亚斯会怎样跟赫淮斯提翁相处：或许他们的雄心和影响领域差异太大，以致相互间并不把对方当作真正的对手。另一方面，赫淮斯提翁跟克拉特洛斯一见面就又吵了起来。两人甚至拔剑相向。亚历山大将两人拉开，公开斥责赫淮斯提翁，"说他是蠢货和疯子，不知道没有亚历山大的支持他就什么也不是"（Plut. Alex. 47.6）。克拉特洛斯则在私下里受到了斥责。[30] 他们公开和解，但显然这两个脾气暴躁的人越早分开越好。公元前324年1月，在亚历山大起程前往波斯波利斯之前，他让赫淮斯提翁负责辎重、大象和大部队，命他们沿漫长的、容易走的东海岸行军，那里他们将会找到丰富的补给。他本人则带着侍友骑兵和轻装步兵穿越大陆。我们大体上可以肯定克拉特洛斯将与他同行。根据他自己的要求，涅阿尔科斯仍和舰队在一起,他们的下一个会合地点是苏萨。[31]

波西斯的总督死了,替代他的是一个富有的伊朗贵族,其人名为奥西涅斯(Orsines),自称是居鲁士的后裔。当亚历山大来到帕萨尔加德时,奥西涅斯带着各种珍贵礼物出城迎接,其中有许多是给他的朋友和将领的。然而,对于巴戈亚斯他什么也没给。当有人小心翼翼地告诉他那个宦官是亚历山大的宠爱时,他以贵族的轻蔑口吻回应道,"他敬重的是国王的朋友,不是他的娼妓"(QC 10.1.26)。这话很快就传到了巴戈亚斯的耳中,他马上开始恶意进谗,从各个方面污损奥西涅斯在亚历山大心中的形象。有人发现居鲁士在帕萨尔加德的陵墓被恶人盗掘,所有珍贵的金银财宝被洗劫一空,巴戈亚斯看到了机会。*要让多疑的国王相信奥西涅斯用死者的财宝来奉承活人并不难。于是,这位总督被逮捕、定罪和绞死,死前的最后一句话是对那个毁灭他的奴才的嘲讽。

在格德罗西亚的灾难之后,亚历山大出现了不良的倾向。他变得日益偏执和多疑,非常轻信别人对他下属的诽谤,无论其来源多么不可靠。连小小的过失他都会进行严惩,理由是轻微的违规行为很容易发展成严重的犯罪。这句台词可能部分因为他正在进行的清算活动,但其背后也有更为根本的意指。现在有嘲笑这样一种观点的倾向,该观点认为亚历山大的性格此时发生了相当大的蜕变(古人普遍持有这种观点)。这并不是说他的天性发生了根本的转变:那个烧毁波斯波利斯的人同样也是那位摧毁忒拜的少年。从一开始他的野心就是无法填满的,一旦受挫他只会更加疯狂。但是考虑到他后来的情况,连续不断的胜利、无与伦比的财富、绝对而不受挑战的权力、持续而沉重的生理压力以及初显现的酗酒等,都是不可忽视的因素。年少时还有所节制,现在却经常喝过头。导致国王此时这些举动的因素也不止是政治压力,还有他日益突显且不受控制的妄自尊大。[32]

亚历山大从帕萨尔加德前往波斯波利斯,奥西涅斯在那里被处决。接替他的是国王的持盾卫士佩乌凯斯塔斯,此人最近已经升任为额外的近身护卫官。佩乌凯斯塔斯忠心不二,并且出身不高:二者是亚历山大最为看

---

* 陵墓被盗一事出自阿里安(Arrian 6.29)。库尔提乌斯的记载有所不同,他说亚历山大自己下令打开陵墓的,发现随葬品很简陋并表示了惊奇。

重的两个条件。另外，他忠实地接受了国王的东方化习惯，能说一口流利的波斯语。同时，哈尔帕罗斯空出来的帝国财政官职位落入了一个称职的无足轻重的罗得岛会计师安提美涅斯（Antimenes）手里。看起来亚历山大觉得，关键职位交给名不见经传的希腊官僚或勤勉忠诚的下属会更安全些（也更容易撤职）。

公元前 324 年 2 月末，亚历山大到达苏萨，他在此停留了很长时间，总督清算行动也终于要结束了。苏西安纳总督及其子双双被处死，罪名和通常的一样：管理不善、敲诈勒索以及最重要的没有为在格德罗西亚的军队运送补给。总督阿布利特斯给亚历山大献上 3000 塔兰特现金作为补偿。国王把钱扔给他的马，马没有碰这些钱，这时他问道："你们说这算哪种补给？"据说他亲自处死了阿布利特斯的儿子，用枪刺穿了这位可怜的年轻人；克雷托斯的幽灵似乎已不再让他烦恼。与此同时，他又有了新的远征计划，这次的目标是地中海西部。迦太基、西班牙和意大利都是潜在的目标。甚至有传闻说他打算进行环绕非洲的航行。涅阿尔科斯带着舰队安全抵达，两人讨论起了新计划。国王下令在幼发拉底河的塔普萨科斯建造不少于 700 艘的大型桨帆船。塞浦路斯的各个国王受命为舰队提供铜、大麻和帆布。[33]

在亚洲，所有的反对派此时都已被有效清除，亚历山大可以放手推行他的东方化政策了。尽管现代学者提出了一些巧妙的辩解，[34] 但我们仍可以肯定地说，这项政策并非出自任何与种族融合或博爱相关的意识形态。支持这种观点的论据随处可见，[35] 这里只需简短地提一个就够了。普鲁塔克（Plut. *Alex.* 27.6）曾讲过一个关于亚历山大与西瓦绿洲的阿蒙－宙斯神祭司谈话的故事，我们还记得他就是在那里被宣布为神之子的。祭司以老调重弹但又不容置疑的口吻说，神是人类的共同父亲；对此亚历山大回答说，"神的确是全人类的共同父亲，但他更偏爱人类中最高贵最优秀者"。根据这个陈述，塔恩找出了支持亚历山大具有博爱观念的证据。当然，这话完全可以往另一个方向理解，其中暗含着一种更为邪恶得多的口号，就像在乔治·奥威尔（George Orwell）的《动物庄园》中所说的："所有动物都是平等的，但有些动物比其他动物更平等。"

除了这句新奇的主张，塔恩的证据主要是以下两段文字：普鲁塔克第一篇修辞专论《论亚历山大大帝的命运或美德》的第六章（Plut. *Moral.* 329A-D），和阿里安所记载的"族际联谊宴会"——此事发生于欧庇斯抗命事件亚历山大与士兵们和解之后（Arrian 7.11.8-9）。后一件事将在恰当的语境中详加讨论（参见下文第 453 页及以下）；对于前者，我们只能说这是普鲁塔克年少时候的作品，意在证明一个非常不可信的主张，即亚历山大以其事迹证明了他是真正的行动哲学家。到开始创作《希腊罗马名人传》时，普鲁塔克便审慎地放弃了这种无甚意义、似是而非的理论。当然，塔恩将这种态度上的变化解释为普鲁塔克中年丧失了理想主义——"热情之火已然低微，多半为广博的阅读所淹没"。[36] 读者只要用心观察亚历山大的人生，就不难自己看出国王的理想主义的本质和限度。

非常可能的是，亚历山大（或宣传部门）使用各种关于人类一体的哲学理念来阐释他的那些政策，使其可以被人接受，否则这些政策可以恰切地被说成单纯的政治或军事上的机会主义。这些理念至少从公元前 5 世纪开始就一直在流传，[37] 显然可以利用来正当化扩张主义者的征服政策。一种今天仍在使用且很有效用的宣传策略可能就是从普鲁塔克那里传下来的（Plut. *Moral.* 328E），他提出那些被亚历山大打败的人要比那些躲开他的人更为幸运，因为前者得到了希腊文化和哲学的恩泽，而后者则保持着落后野蛮的原始状态。像阿纳克萨科斯这样的宣传家，他可能会用这些理论来维护亚历山大的利益，由此开启了一个传统，后来被普鲁塔克适时地采用并沿袭。但对现代史家来说，照字面意思来理解、误把宣传话语当作真实的信念则是一种严重的政治幼稚病。

亚历山大所采取的种族融合政策都是极为有限的，都有其直接可见的纯粹务实的目的。他的政策远非出于博爱的理想主义冲动，而仅限于政府高层和军队人员（特别是军官阶层）；它的两大目的是把波斯将领和校尉吸收到现有的指挥体系中来，同时创造一个波斯－马其顿联合行政阶层。实际上，我们甚至可以说亚历山大的最终目的是彻底抛弃马其顿官员。由于在印度和莫克兰遭到了严重的损失，他把侍友骑兵分队的数目从八个减少到了四个，然后以皇家骑兵分队为基础增加了第五个。这是第一次伊朗人不仅以分队的规模和这些部队编在一起，而且完全与之结合为一体。一些有特权的波斯人甚至被允许进入皇家骑兵分队，而且配备马其顿的武器。

更严重的是，亚历山大派去接受马其顿式军事训练的30000名伊朗青年（参见上文第371—372页）现在重新出现在苏萨，他们已经完成了那漫长而艰辛的训练。他们装备极好，精神饱满，热情高涨，不知疲倦地展示他们在武器操练方面的技能以及一流的体魄和纪律。亚历山大夸起这些人来不吝赞美之词。他不仅称之为"继承人"——这已经够糟的了——而且明确表示如果必要他们将被用作"马其顿方阵步兵的平衡力量（antitagma）"（Diod. 17.108.3）。所以毫不奇怪，这些人的出现在亚历山大的老兵中引起了深深的恐慌和厌恶，他们既鄙夷又嫉妒地把他们蔑称为"战斗小舞者"。除了独裁行为和波斯服饰，亚历山大宫廷生活中还有各种难以亲近的繁文缛节，所有这些都"成了引起马其顿人愤愤不平的原因，他们只觉得东方文化对亚历山大的荼毒日甚一日，他已不再关心自己的民族或本土的风俗习惯"（Arrian 7.6.5）。

大体上这种担忧是有事实依据的。巴比伦很早就取代了佩拉成为亚历山大的宇宙中心；比起他庞大帝国的其他边陲行省，很难说现在他对希腊所发生的事情更加关注。譬如，当时有人汇报说奥林匹娅斯和克里奥帕特拉两人勾结起来反对安提帕特，并约定事成后马其顿归克里奥帕特拉，伊庇鲁斯归奥林匹娅斯。对此，亚历山大只是说了一句，他母亲的选择更加明智，因为马其顿人是不会接受女人的统治的。[38]

国王加强高层融合的高压——如果不说独裁的话——政策在著名的苏萨集体婚礼上达到了顶点。在这次非同寻常的盛典上，约80至100位马其顿高级将领娶了波斯或米底的新娘，这些新娘全部来自伊朗最高贵的家族。婚礼采用波斯的习俗，盛大而隆重。新郎们按级别高低坐在椅子上，在祝酒过后新娘们进场，他们牵起她们的手并亲吻她们。在稍后的宴会上，在场的每一位客人的面前都有一个金杯。婚礼至少进行了五天。在这场婚礼上，亚历山大自己娶了两位妻子，分别是大流士和阿尔塔薛西斯·奥科斯的女儿。如果他想加强他对阿契美尼德王位的继承权，他最好把事情做得更彻底些，哪怕这样一来他至少得立三个王后。他还为赫淮斯提翁娶了大流士的另一个女儿，表面上是因为他希望他们的孩子做他的侄子和侄女。

然而，赫淮斯提翁的竞争对手很快就看出国王牵线搭桥其实另有意图，而且颇为不利。千夫长（Chiliarch）或大维齐尔的职位已经为赫淮斯提翁重新设立了。最近他又成了侍友骑兵唯一的指挥官，尽管此前亚历山大曾决定不再把这个职位委派给某一个人（参见上文第348页）。无论亚历山大在愤怒时对他说过什么（参见上文第442页），赫淮斯提翁如今已是帝国的二号人物，也是国王最有可能的继承人。但这些都没有提高他的声望。婚礼也没有达到亚历山大预期的效果。婚礼是在国王的直接命令下被迫进行的，国王一死几乎所有新娘都遭到休弃。对马其顿人来说，这些婚礼是亚历山大东方专制主义最糟糕的象征。他试图创造"一个混血的、摆脱了所有民族忠诚或传统的统治阶层"，但这种理念最后完全失败了。[39]

军队已彻底不再信任他，亚历山大沦落到了要用大范围收买的方式来安抚他们的地步。这种手段有时起作用，有时却引起了灾难性的后果。他命人把娶了亚洲妻子的人登记汇总起来（总数超过了10000人），目的是给他们发放迟到的结婚礼物，对此士兵们没有异议。但是他的下一步行动，尽管明显是一种恩赐，却相当不受欢迎。大部分士兵都严重亏欠随军出征的小贩、商人、马贩、妓院老板的的债务（要不是有许多未偿债务在炽热的格德罗西亚沙漠中被一笔勾销，情况还会更糟糕得多）。由于亚历山大重新拿到了充足的资金——我们看到哈尔帕罗斯只侵吞了波斯灭亡后留下来的180000塔兰特中的一小部分——他认为现在是时候解决这些债务了，为了赢得爱戴，他宣布将为他们偿还债务。因此，他要求大家写上名字，列出清单，以便可以立即偿付。

响应者寥寥无几，几乎没有人写下他们的名字。全军上下想当然地认为这只不过又是亚历山大的把戏，为的是找出他们中支出超过薪水的人。愤怒的亚历山大告诉他们，国王就义务而言一定会对臣民说真话，他们没有理由妄自揣度。在说出这颇为惊人的话后，他把结算办公室设在军营里，指示出纳员一见到债券或借据就立即予以偿付，并且不必登记任何人的名字。士兵们终于信了，带着勉强的感激之心陆续前来结算。最后，这次慷慨大方的举动花费了亚历山大20000塔兰特的资金。[40]

还有一个更为紧急、很大程度上是亚历山大自身政策所导致的问题，即有不计其数的无主希腊雇佣兵仍在四处游荡。他们逐渐由一个单纯的社会问题（这已经够棘手的了）演变成政治上和军事上的严重威胁。他们中的多数人都是流亡者，是傀儡寡头政治的受害者，而那些寡头政治正是安提帕特根据国王的指令在希腊推行的。他们唯一的谋生方式是到大流士手下服役。这样一来他们就成了非法之徒，因为效忠波斯就会被希腊同盟当作叛徒。亚历山大很快就明白，对雇佣兵采取强硬政策是行不通的；但这对同盟里的希腊城邦并无影响，它们不管现在还是未来都根本无意吸纳过去的政治敌人。这就创造了一大群无家可归、四处流浪之人，要使他们不构成危害就得让他们参加正规兵役。

国王已经采取一些措施缓解这个难题了。只要能在军队中找到位子他就尽可能吸纳这些雇佣兵，而且正如我们所看到的，他还在远东地区建立了为数众多的驻防殖民地。然而，这并不能解决他们所有人的问题；不管怎样，有些人深深厌恶亚历山大及其所代表的一切，无论诱惑有多大他们都不愿在他手下服役。当然，使危机更加急迫的是国王让总督们解散私兵的紧急法令（参见上文第439—440页）。这立即导致一大批训练有素且残忍无情的流氓无赖失去生计，并使他们充斥整个国际市场。此外，当亚历山大开始清算帝国官员时，有相当一部分的波斯总督和将领卷款而逃，跑到了拉科尼亚南部的塔伊那隆，那里正逐渐发展成反马其顿的招募中心。

这种联合实在是一个不可多得的机会，于是有个名叫列奥斯特涅斯（Leosthenes）的雅典将军——可能是在雅典政府的默许下——开展了从小亚细亚到伯罗奔尼撒的偷渡业务，专为雇佣兵服务。现在局势有点一触即发了。雇佣兵们在此找到了中心、组织和能付给他们薪水的领袖——特别是哈尔帕罗斯，他现在带着5000塔兰特的钱来到了塔伊那隆。来自巴克特里亚的3000名反叛的殖民者（参见上文第421页）也大约在这时回到了希腊。除非亚历山大采取快速而强有力的措施，否则他即将面临一个巨大的危机。

但他能采取什么样的措施呢？巴迪安教授（*MP*, p. 220）简要概括了亚历山大所面临的难题："他不能把集结起来的亡命徒们解散掉，也无法把他们全部重新招募进来，他还发现没法使他们定居他国。唯一的解决之道是把他们送回国。"流亡者当中大多数是和他不共戴天的敌人，但如果他能结束他们的流亡生活，他们也会对他产生好感的。另一方面，当不得不接收这些死敌时，安提帕特所支持的傀儡政府可能会大唱反调：这个局势是无法避免的。

亚历山大直接面向流亡者发布声明，内容如下："亚历山大国王致希腊诸城邦的流亡者。我们不是你们被流放的原因，但是除了被诅咒者（即因为宗教亵渎或杀人而被诅咒者，亚历山大也把忒拜的流亡者排除在外），我们将是你们返回祖国的原因。我们已就此事去信告知安提帕特，如果有城邦不愿恢复你们的公民权，他将会对其采取强制措施。"（Diod. 18.8.4）换句话说，国王施展了一些策略，准备抛弃他的那些希腊内奸（他们本来就是牺牲品）；同时把关于流亡者的困境的罪责转嫁给安提帕特（他还不是牺牲品，但很快就是了）；然后颠倒了马其顿先前的党派政策，改为支持民主派，轻易地赢得了民众的拥戴。这项法令必然会导致一系列的诉讼和行政纠纷，所以必须为奉命执行该法令的人制定具体的指示。[41]

到了3月份，最终草案在亚历山大的全军大会公开宣读。国王希望正式的声明可以在当年夏天的奥林匹亚赛会上公布，于是亚历山大的特使尼卡诺尔——亚里士多德的养子——稍后就出发了。此外，他还携带了第二份不相关的法令，这份法令在学者们中引起了相当大的争论，但在希腊人自己看来似乎就一笑话而已，而且即使作为笑话其品味也堪忧。亚历山大现在要求同盟各城邦应公开承认他是一位神。这不太可能只是一种单纯的政治计策[42]，因为事实上亚历山大从对他的神化中得不到什么实际的利益。这不可避免地会惹恼马其顿人（不过这种情况他现在一定心平气和地接受了），而波斯人也一定会认为这纯属亵渎。世故的希腊人则用讽刺诗嘲笑国王的狂妄自大。最佳的（当然也是最讽刺的）评论也许出自斯巴达人达米斯（Damis）。当大家在争论这个属于神的荣誉时，他说："既然亚历山大渴望成为神，那就让他成为神吧。"[43]

无论神化对别人意味着什么，毫无疑问亚历山大本人是非常严肃对待的。某种意义上，终其一生他一直在朝最后的神化而努力。他的血管中流着神的血液；他的先祖有许多人是英雄或半神；通过在孟菲斯的法老加冕典礼和在西瓦朝圣期间与阿蒙神的启示，他母亲关于他出生的隐晦提示也得到了彰显。如果超乎凡人的成就可以换来神性（就像阿纳克萨科斯在巴克特里亚所暗示的那样），那么亚历山大无疑可以为自己在万神殿中争得一席之地：迄今，他的功业远远超过了阿基琉斯和赫拉克勒斯。亚里士多德曾教导他，真正的国王乃凡人中的神。垂死的伊索克拉底也提出，等候亚洲征服者的没有别的，只有成神。

年复一年，随着与同胞（因而也与现实）的日益疏离——这是对不断登上绝对权力的惩罚，亚历山大对自身潜在的妄自尊大的控制已逐渐减弱。最终打破这种控制的是贝亚斯河抗命事件和格德罗西亚沙漠之难所带来的心理震动。"通过运用更大的权力，他免除了权力的不安全感：就像神干预凡人的事务，他将决定各个君主和各个民族的命运。"[44] 当他不再信任他作为凡人的权力时，他想成为神，用不可战胜这面神盾来与内心对失败的恐惧作斗争，用永远青春这份神礼作为护身符，来对抗年老、疾病和死亡的忧虑：这些肉身上的危险总让他想起自己的凡人性。酗酒滋生多疑，他的梦想变成了一些浮夸的癫狂之举。他依旧强大，但离前路的终点已经不远了。[45]

公元前 324 年春，亚历山大离开了苏萨。赫淮斯提翁带着大批步兵经由陆路西行到底格里斯河。国王本人则顺着欧莱奥斯河而下，沿着海岸航行，直到他抵达底格里斯河的河湾，然后逆流而上前往赫淮斯提翁的营地。由此继续前行直到欧庇斯这个海拔最高的通航点，该地约在巴比伦以北 200 英里。波斯人曾建造一系列的堤堰，预防敌方舰队突袭上游，随着亚历山大的前进，工兵们把这些堤堰都清理掉了，同时在主河道上另外建了一些堤堰，以保证三角洲地区的灌溉水源。[46] 可能就在这次旅程中，在欧莱奥斯河与底格里斯河河湾的某个地方，国王建立了苏西安纳的亚历山大里亚（卡拉克斯），这个港口后来成了巴比伦主要的货物集散地。

清理堤堰也具有类似的含义，除了其他目的，还希望以此促进贸易和商业的发展。

在欧庇斯，亚历山大把马其顿军队集合起来，同时宣布"所有因年龄或伤残而不适合继续服役的士兵"即刻遣散（Arrian 7.8.1）。他承诺他们会得到丰厚的津贴和遣散费，当他们回国时足以使同胞们艳羡（不用说这也是未来征兵工作的流动广告）。对此阿里安评论道："毫无疑问他打算用他所承诺的东西来满足他们。"确实毫无疑问。但是他知道他们的不满日甚一日，现在很不好对付。如果再次发生抗命，这必须是在形势对他有利的情况下发生的。[47] 不管怎样，他的话几乎引起了一场暴乱。[48] 他打算遣散的那些人大声喊道，把长年服役的人榨干然后再把他们扔到垃圾堆里，这简直是一种侮辱。年轻一点儿的过了服役期的老兵则自己要求退伍。他们服役得如此之久，战斗得如此之苦，为什么要对他们进行差别对待？所有压抑已久的对国王东方化政策的不满，全在暴烈的质问和呐喊声中爆发了出来。[49] 其实在表面之下，这些人一个个都非常害怕：害怕国王不再需要他们，害怕他们会变成几乎已是纯波斯军队中的卑微孤立的少数，害怕亚历山大知道他终究可以控制住局面。

他们最大而且不无道理的担忧是，"他会把王国的首都永远设在亚洲"，这样他们又会好几年见不到家乡，甚至永远也见不到了。最后他们威胁要集体离开他。"继续带着你那些战斗小舞者去征服世界吧！"一个老兵喊道，这是对波斯"继承人"刻薄的影射。"你是说，带上他的父亲阿蒙。"另一人反驳道。[50] 这句话大家都听到了，引发了一阵嘲讽和讥笑。这话自然会产生一定的效果。勃然大怒[51]的亚历山大从台上跳下来，身边的护卫军官也跟着跳下来，然后他大踏步走到队伍里将主要的闹事者一一指出来。共有13人被捕，他们被拖出去当即处决。[52]

其他人被吓坏了，全部鸦雀无声。接着国王以其在危机中一贯的沉着冷静径直回到台上，开始发表一场尖酸而鄙夷的演讲，逐一列举马其顿军队从他父亲腓力那里获得的福利和恩泽。[53] 他说，最初在腓力的时候，你们只是"一群穷得响叮当的流浪汉"，穿着羊皮衣，连保卫自己的边界的本事都没有。而当他去世时，他们已是爱琴海最伟大国家的主人。"但是，"

亚历山大接着说，"跟我给你们的相比，这些未免相形见绌。"——随后他又把他的成就一一列举了出来。他严厉斥责士兵们的不忠和怯懦。然后高潮来了，他大声喊道："你们都想离开我，那就走吧！别让我再见到你们！"说完他便转身回到自己的住所，而全军上下一个个都目瞪口呆得说不出话来，他们像绵羊一样在那里站了好久，完全不知所措。[54]

和之前遇到类似情况一样，亚历山大把自己关起来，不跟外人接触，就这样一直等着。就像他的英雄兼楷模阿基琉斯，无与伦比又不可或缺的亚历山大，他只要不出现便是对战友们最严厉的惩罚。成群结队的老兵们非常无助地站在他的御帐外头。他拒绝接见他们。这一回他的心理冲击策略运用得无比成功。[55] 到了第三天，他传出消息说他正参照旧有的马其顿精锐部队，用"继承人"组建新的波斯部队，包括一支波斯皇家骑兵分队和侍友骑兵，还有一支波斯翊卫队。同时，他召集伊朗的军功勋贵，任命他们担任先前由马其顿人把持的所有旅级指挥官。[56] 这些高官还按照阿契美尼德王朝的习惯被称为国王的"亲戚"，他们有资格与国王进行友谊性的亲吻。[57]

当军队得知这些事情时，他们的反抗立即土崩瓦解：这种冷酷的情感敲诈彻底击溃他们的心理防线。他们全都冲到亚历山大的御帐前，一边哭喊着乞求让他们进去，一边自责为没用的忘恩负义之徒，可以对他们进行任何处罚，但不要让蛮族人篡夺他们的位置。他们表示愿意交出煽动抗命者和"那些带头与国王作对的人"。他们绝不会散去，除非亚历山大答应他们：这是一种相反意义上的静坐罢工。[58] 既然已经把他们的情绪操纵到了悔过的程度，亚历山大便重新出现，准备展现他的慷慨大度。看到这些饱经战争创伤的老兵都快把眼睛哭瞎了，他自己也忍不住落泪——可能是因为彻底解脱了。

一位年长的头发花白的骑兵军官作为军队的代言人，他说他们主要气愤的是亚历山大让波斯人做他的亲戚，给他们进行友谊性亲吻的特权，但却没有一个马其顿人曾得到这样的荣誉。这种场面太好对付了。国王大声说道："但是我把你们所有人都当作我的亲戚。"听到这话，在场的许多人在那位老骑兵军官的带领下纷纷上前亲吻他：作为公开和解的象征，他充分满足了大家的愿望。[59] 之后他们拾起武器（这些武器被扔在门前以示请愿）回到营地，一路高唱胜利颂歌；不过有人可能会觉得，如果确实有人要唱颂歌，那也该是亚历山大。

尽管如此，马其顿人依旧是他目前最好的部队，一旦达到目的，他当即以一种公开的浮夸姿态讨好他们。现在又举行了一次盛大的宴会，[60] 以此庆祝这次双重和解：亚历山大与老兵们之间的和解，和波斯人与马其顿人之间的和解。由于他把抗命士兵唤作"亲戚"，国王便把他们在形式上提升到了与波斯贵族相等的社会地位：这一特权地位在宴会上也得到了突显，士兵们很荣耀地坐在国王身边，并且从御用的调酒缸里饮酒。这里并没有跨民族联欢的意味，它不是所谓的博爱的盛宴，尽管至少有一位学者[61]声称在欧庇斯的宴会中发现了博爱精神。波斯人被明确置于马其顿人之下，而其他民族则又在他们之下。当亚历山大在宴会上为"马其顿人和波斯人的统治的和谐（homonoia）和共处（koinonia）"做出著名的祈祷时，他确实怀有此愿，但也仅此而已，至于谁才是他优先的搭档这是不言而喻的。*

庆祝仪式一结束，亚历山大就继续他的裁军计划，但这回的规模要比他最初计划的要大得多。[62] 至少有11000名老兵被遣散，这意味着大部分年轻一些的过了服役期的士兵也跟着走了。亚历山大的目的是在亚洲保留一支由13000名步兵和2000名骑兵组成的马其顿核心部队担任驻防职责。在如此大规模的裁军之后，甚至就连这么小的一支军队，他可能都得从波斯军队中来招募来作为补充。此外，这次遣散的条件是极其丰厚的。在老兵们回家的路上，现役的薪水是照常发放的——这也是对他们在路上可能遇到的状况的生动提示。除此以外，每个人还会得到1塔兰特的遣散费。亚历山大指示安提帕特，在剧场和所有的公共竞赛中必须为他们保留特别席位。阵亡士兵的孤儿将会得到他们父亲的报酬。

---

* 普鲁塔克的记载（Alex. 71.4-5，Moral. 329A-D）连同 homonoia 和 koinonia 这两个常见的哲学术语的使用，都提示我们阿纳克萨科斯及其助手一直忙着为欧庇斯的和解提供合适的理论依据，因为这次和解无论在军事方面还是在政治方面对亚历山大未来方案的实施都极为重要。但国王自己的信念则可从神化法令中一探究竟。也许所有人都是兄弟，但却是在他之下的兄弟——正如普鲁塔克生动暗示的那样（Alex. 27.6）。——原注

与此同时,国王坚决要求所有的本地妻妾及其孩子应当留下,以免(他这么说)他们与在马其顿的原生家庭发生冲突。他承诺留下来的男孩子将会免费接受良好的马其顿式的教育——"特别是军事方面的训练"。[63] 亚历山大还略为模糊地补充说,在他们长大之后他会把他们送回马其顿。事实上,这大约10000个男孩他打算用来组建"一支王家军队,这支军队由混血且没有固定居所的军营孩子组成,他们只知效忠于他"。[64] 显然,在不远的将来,他并没有终止继续征战的计划。阿里斯托布罗斯曾说他的征服欲永不满足,他征服西方直达大西洋的计划尽人皆知。[65]

亚历山大任命克拉特洛斯担任被遣散的回乡老兵们的行军指挥官,波吕佩孔做他的副手。不过,这个看似例行公事的任命只是帝国中最受觊觎的职位的前奏。当克拉特洛斯到达马其顿时,他将"掌控马其顿、色雷斯和塞萨利,并确保希腊的自由"(Arrian 7.12.4)。换句话说,他将取代安提帕特担任摄政,或者说亚历山大的副王。安提帕特本人也得到交出权力的命令,同时还要招募马其顿新兵,并把他们带到巴比伦来,以替代刚刚遣散的老兵。

安提帕特早就知道下一波清算可能就是针对他的。他在此呆了十年,足以巩固他的地位。在打败阿吉斯国王之后他称雄希腊,无人可与之争锋:正是在此役之后,亚历山大开始指责他"有僭越之心"。大概在同一时间,他在意志的较量中打败了奥林匹娅斯;太后现在退居伊庇鲁斯,她在给其子信件中不断地诋毁安提帕特。有人认为(不过其依据的是后来并不可靠的史料),正是奥林匹娅斯的信件最终促使国王对他在欧洲的代理人下手。[66] 他的怀疑是否有更为确实的依据呢?

安提帕特真的被亚历山大的神化法令深深地震惊了,他根本不想和这事有任何相干,实际上他从根本上反对整个东方化政策。国王嫉妒他的功业,亚历山大把麦伽罗波利斯之役形容为"老鼠之战",这话必定使他有所警醒:倘若他作为领袖过于成功,那等待他的将是怎样的下场。再有,他与亚里士多德过从甚密,后者同样反对亚历山大自命为神。不久前(参见上文第379页),国王曾在信中显露过对二人的不快和威胁。他似乎确信(或者说想让别人相信),安提帕特这位最后一个手握大权的保守派贵族正阴谋篡夺他的王位。当有人赞扬这位总督生活朴素时,亚历山大呵斥道:"安提帕特外表一身白衣,但内里全是紫袍。"[67]

这种性质的评说很快就传回了马其顿。流亡者法令的模糊条文和克拉特洛斯突然晋升为副王的消息同样如此,后者必定在正式文书下达之前就已经传到了安提帕特的耳朵里。除此之外,用不了多久他就会明白他将成为亚历山大在希腊的高压政治的替罪羊,虽然他只不过是在执行国王的命令而已。他被克拉特洛斯取代的消息被宣传成民主新时代的曙光,而大约40000名民主派流亡者的回归一定程度上也加强这种宣传的可信度。

另一方面,如果安提帕特遵从诏令前往巴比伦,那他必死无疑,这一点他心知肚明。即便已年过七十岁,他也不想因又一起子虚乌有的谋反罪而掉脑袋。卡利斯特涅斯、菲罗塔斯、帕美尼翁以及他自己的女婿林刻斯提斯的亚历山大,他们的死清楚地揭示了现在的政坛风向。现在,国王的脾气越发不可捉摸,多疑和自大的心态也跟他的行动大体相符,最近的清算行动更是残酷无情,所有这些都充分说明安提帕特必须不惜一切代价摆脱他的掌控。这位副王在马其顿声望颇高(我们可以猜测,这特别是由于他如此坚定地对付奥林匹娅斯),而且更为重要的是他有本土军队的支持,因而他大可拖延一段时间。他甚至可能会利用这些优势采取一定的反制措施。[68]

安提帕特估计亚历山大暂时不会跟他公开撕破脸,于是没有遵从国王的召唤,而是派自己的长子卡山德前去代他进行陈情(参见下文第472—473页)。卡山德的陈情非常微妙。可以肯定,他得到指示不仅要当面判断国王的意图,还要评估国王的精神状态。此外,他可能还得巧妙地从佩狄卡斯等高级将领口中打探消息,看看他们是如何看待这次调任的。也许他在路上遇到了克拉特洛斯并做了一些私下交易,因为当一年后亚历山大去世时,老兵们才走到奇里乞亚。我们可以猜想,安提帕特并非唯一富有远见之人,在那最后的关键的几个月里两面下注的不止他一个。

我们也不难理解,为什么古代长期广泛流传着这样一种说法,说安提帕待和亚里士多德这时开始阴谋用致命的毒药来杀死国王。[69] 现代有位学者甚至发展了这种假说，认为亚历山大是被他的高级将领佩狄卡斯和安提帕特等人（他们至少暂时紧密联合在一起）组成的军人集团杀死的，卡山德则是其中的联络人，瓜分帝国的阴谋已经预先达成了。[70] 即使没有这样的强大支持，安提帕特拼死一搏的可能性也是不可忽视的。他在马其顿家喻户晓（且深受喜爱），而亚历山大却只是一个去国十年的统治者。他的军队能干、忠诚且朝气蓬勃；而亚历山大的军队则在无尽的战斗之后筋疲力尽，很大一部分已经被东方人取代（他们厌恶这些人），而且通过两次全军性的抗命表明了自身的态度。安提帕特有理由信心满满。

与此同时，他开始谨慎地在希腊城邦中寻找可能的支持者。有两个大国雅典和埃托利亚强烈反对流亡者法令，因为该法令的实施会使它们丢失部分领土（它们分别决心阻止流亡者返回萨摩斯岛和欧尼亚戴）。亚历山大准备强力打击它们的顽抗态度，这就使得它们很可能与副王进行秘密接洽。安提帕特私下里跟埃托利亚人结盟，可能跟雅典也做着类似的谈判：这个紫云冠之城有着庞大的舰队和固若金汤的海军武库，对希腊的全面防御是不可或缺的。[71] 不过，此时安提帕特必须小心从事。在得到卡山德陈情结果之前，他不能让自己走得太远。

就在这时，即公元前324年7月初，哈尔帕罗斯再次出场，这个政治烫山芋有一种误判阴谋时机的才能。如果他向安提帕特献上资金和军队（他如果听说副王被解职一定会这么做的），安提帕特一定匆忙地加以拒绝了。作为反叛者，哈尔帕罗斯显得异乎寻常地愚蠢。没有其他人像他这样，竟鼓动那些正在进行秘密外交的人公开反叛。接着，他满怀欣喜地要到比雷埃夫斯港去，同行的还有他的整支私兵，他天真地以为会受到英雄般的欢迎。然而相反，他发现该港口根本不放他进去。许多雅典人都迫不及待地想和亚历山大叛逃的财政官做交易——但绝不希望他们的活动变得如此明目张胆。

不过到了当月中旬，哈尔帕罗斯又回来了。这回他很聪明地把自己装扮成乞援人，只带了三艘船，外加700塔兰特的现金。由于他仍然享有雅典荣誉公民权,这一称号或多或少保证了他能够进入雅典。一进入雅典城内,他就与众多政治领袖联络,很快就为他所筹划的反叛行动赢得了广泛的支持。这时,从安提帕特、亚历山大和奥林匹娅斯而来的各路使节陆续到达,他们全都坚决要求引渡哈尔帕罗斯。(当国王的使节菲罗克塞诺斯出现在公民大会上时,德摩斯提尼说:"那些因灯光而目眩的人要是看到太阳会做些什么呢?")哈尔帕罗斯向老朋友福基翁求助,甚至提出要把所有的钱都委托给他。福基翁谨慎地拒绝了。

至于是否要把哈尔帕罗斯交出去以及要交给谁,人们争论得非常厉害。最后,德摩斯提尼想出一条计策平息了大家的争论,并为此事留了回旋的余地。哈尔帕罗斯本人被保护性地羁押起来,有守卫负责看守。他的钱则转交到一个特别委员会那里(其中就有德摩斯提尼),为了安全而存放在卫城上。这一策略招致了主战派的强烈指责。叙佩雷德斯(Hypereides)甚至指控说逮捕哈尔帕罗斯等于放弃了反叛的机会。不过,机会其实早就失去了,而由于雅典的这种做法,哈尔帕罗斯至少还活着,且没有被亚历山大抓住的危险。

这时,德摩斯提尼前往奥林匹亚,流亡者法令和神化法令将于8月初在那里公布。作为雅典的官方代表,他得到授权可以跟亚历山大的代表尼卡诺尔就法令影响到雅典的各项事务进行谈判。除了领土问题(特别是萨摩斯岛的地位问题,雅典有殖民者在那里)外,哈尔帕罗斯的命运必定也是会谈的重要议题。由于显而易见的原因,无论两人达成何种协议,这些协议都必须保密。但是,亚历山大——他有点不情愿,这是事实——确实同意雅典人继续保有萨摩斯岛,因而双方可能有过交易,其中最明显的交易条件莫过于交出哈尔帕罗斯。如果德摩斯提尼达成的是这样的交易,那他显然并不打算兑现承诺。他刚回到雅典,哈尔帕罗斯就在名义上不知名人士的默许下成功脱逃了。

这当然成了一件政治大丑闻,当人们发现原先的700塔兰特只有一半存放在卫城上的保险库里时,这事闹得更大了。人们普遍认为德摩斯提尼本人侵吞了至少50塔兰特。控告和反诉把雅典大多数的知名人物都卷了进来,双方唇枪舌剑,不断来回。起初,德摩斯提尼承认收了哈尔帕罗斯的钱，但又说他把钱花在了公共事务上，至于什么事情他不能透露（或许是用于支付列奥斯特涅斯的伯罗奔尼撒雇佣兵）。不久他改变主意，否认了整件事。最后在德摩斯提尼本人的建议下，受人尊敬的战神山议事会——他与议事会有着密切而良好的关系——指定了一个委员会来调查整个事件：和现在一样，这是一个非常有效的拖延技巧。六个月后委员会仍然没有公布调查结果。和其他人一样，他们也在等待事情的发展。[72]

除了进行联合抵制的雅典和埃托利亚，其他地区对流亡者法令的接受各有不同（具体得看各地当权派的政治倾向）。在每个地方，该法令都引起了大量的行政和法律问题。[73]亚历山大的神化要求则是另一回事，既然它对生活没有什么实际影响，大多数的希腊人就只是冷眼旁观，说点俏皮话。正面回应从愤怒的蔑视到觉得好笑的鄙夷等都有，不一而足。只有少数年长的保守人士，比如安提帕特，才真正感到震惊。

正如我们可以预见的那样，在是否要承认亚历山大为奥林匹亚万神殿第十三位神——像腓力那样——一事上，雅典发生了激烈争论。把话说得最直白的是雅典政治家吕库古。他质问：“当你们在离开他的神庙后第一件必做之事是净化自己时，这会是什么样的神呢？”有个反对者被人指责为年少轻狂，对此他反驳道，至少他比那位未来的神更年长。支持动议的德玛德斯说了一句狡猾的警告反对意见的话——后来在亚历山大确实已经死了之后，他因支持动议而被课以10塔兰特的罚金。他告诉他们，如果他们还在神灵问题上争论不休，可能会丢掉土地——即萨摩斯岛。这个提示起了作用。即使是德摩斯提尼，神化法令原则上的坚定反对者，这时他也不情愿地支持德玛德斯，他说：“好吧，那就让他做宙斯之子，波塞冬之子也没问题，如果他想要的话。”[74]于是，动议通过了。

为了躲避平原上的酷热，亚历山大从欧庇斯往东来到波斯大王的传统避暑地埃克巴塔那。在旅途中，暴躁的赫淮斯提翁——他的脾气显然没有因为克拉特洛斯的离开而缓解——和秘书长欧美涅斯之间爆发了一次可笑的争吵。欧美涅斯的下属替他征用了一套房子。赫淮斯提翁把他们赶了出去，把房子给了一个希腊吹笛者。亚历山大不得不再次充当这种琐碎而烦人的私人争吵的调停人。

在埃克巴塔那，一处理完所有的紧急事务，国王就举办了一场盛大而持久的酒神庆典，庆典上有体育和音乐节目，还有被专门带过来提供娱乐的 3000 名希腊表演者。每个晚上都有一场盛大无比的酒会。在其中的一场酒会之后，赫淮斯提翁（他的酒量至少与亚历山大的齐平）突然倒下，发了高烧，卧床不起。医生规定饮食要非常清淡，在接下来的一周里赫淮斯提翁一直都遵从医嘱。不久，病情开始好转。有天早上，医生刚离开他就起床狼吞虎咽地吃了一整只鸡，喝了大约半加仑的凉葡萄酒，之后自然又病得很重。亚历山大在别人告诉他赫淮斯提翁病情恶化后立马从竞技场赶回来，当时他正在那里观看小伙子们的比赛。等他赶到好友的床边时，赫淮斯提翁已经死了。

国王的这位密友在后世看来并不算一个招人喜欢的角色。他身材高大，相貌英俊，既娇生惯养又专横跋扈，同时本质上又有点愚蠢。他是一个称职的团级将领，但却担不了更大的权责。他最大的可取之处是他对亚历山大始终不渝的个人忠诚。有人声称克拉特洛斯同样也很忠诚，对此亚历山大回应道："克拉特洛斯爱的是国王，而赫淮斯提翁爱的是我本人。"可以想见，奥林匹娅斯必定会强烈嫉妒她儿子那形影不离的同伴。当她在信中诋毁完安提帕特时，常常不忘抛出一些针对赫淮斯提翁的尖刻的恐吓性言辞。最后，自负且傲慢的赫淮斯提翁给她写一封私人的责备信，用的是御用复数"我们"。信的结尾是这么写的："停止和我们争吵，也别再生气或恐吓。如果你坚持这样，我们也无所谓。你知道对我们而言亚历山大比什么都重要。"

亚历山大对赫淮斯提翁意味着一切，而赫淮斯提翁对亚历山大也是。当时国王肝肠寸断，痛不欲生。他倒在遗体旁边一天一夜，哭泣不止，没有人能安慰得了他。他下令整个东方都要进行哀悼。军营里所有的长笛和其他乐器全部禁止使用。就像阿基琉斯为帕特罗克洛斯所做的那样，亚历山大削下头发以示哀悼，甚至连他的战马的鬃毛和马尾也要剪掉。赫淮斯提翁那可怜的医生被钉死在十字架上，阿斯克勒庇俄斯在埃克巴塔那的神庙被夷为平地——这是一个神对另一个神的快意报复。无论在天国还是在人间，亚历山大对失职行为都绝不姑息。

遗体做了防腐处理，并由佩狄卡斯统率的皇家护卫队护送到巴比伦。亚历山大所设想的华丽葬礼需要一些时间进行准备。葬礼最终于公元前323年早春时候举行，帝国的每个行省都承担了相应的费用。火葬堆有五层楼高，底部有一弗隆见方，整个看来就像是一个饰有老鹰、船首、狮子、公牛和半人马兽的巨大的瓦格纳风格的怪物。"除了这些，上面还站着一些塞壬，它们内部中空，藏着许多为死者唱哀歌的歌者"（Diod. 17.115.4）。

赫淮斯提翁死后，空出来的侍友骑兵指挥官一职再没有人担任过：这支军队仍旧被叫作"赫淮斯提翁分队"。在欧美涅斯带头下，许多侍友机灵地把自己及武器奉献给死者。亚历山大曾派遣使节去西瓦，询问把赫淮斯提翁崇拜为神是否合法。即便对阿蒙神来说这也有点太过分了，神谕的回答是否定的，但为他建立英雄崇拜倒是可以。亚历山大立马写信给臭名昭著的克莱奥美涅斯，亦即当时的埃及总督（参见上文第440页），承诺如果他在埃及为赫淮斯提翁建立相称的圣祠并确保"赫淮斯提翁"一名出现在所有的商业契约上，那么他过往的所有恶行都将一笔勾销。现在，"凭赫淮斯提翁"起誓成了一种时尚，同时有关参观、治病和预言的故事也开始增多。最后，西瓦的指示被人们无视，赫淮斯提翁竟被崇拜为"神之助手和救主"。

这种过分悲痛的代价是非常大的。单单那个火葬堆就花费了亚历山大10000塔兰特，他随后下令修造的繁复的陵墓则耗资更甚：无数的资源被用于实现这个自大狂的梦想。国王对死去的挚爱的未来有什么样的设想和打算，我们只能猜想了，但有一点值得注意，在赫淮斯提翁去世的当月，罗克姗娜怀孕了，她随后生下的儿子乃亚历山大唯一的合法继承人。[75]

在幸运地从雅典逃出来后，哈尔帕罗斯回到伯罗奔尼撒，召集部队航行到了克里特岛——那是所有失意者的家园，到达后他马上就被刺杀了。凶手似乎是马其顿间谍，他与哈尔帕罗斯的副手串通，并且很可能是在亚历山大的直接授意下行动的。让这位渎职叛变的帝国财政官逍遥法外绝不是国王的风格。然而，哈尔帕罗斯的管家逃到了罗得岛，在那里，素来警觉的菲罗克塞诺斯——亦即当时的奇里乞亚总督——很快就将其抓获并加以审问。由此菲罗克塞诺斯获得了有关哈尔帕罗斯所有的私密联系的完整材料。于是他——如果不是直接听命于亚历山大，也显然经过了他的批准——发送了一份官方文书到雅典，罗列了所有哈尔帕罗斯曾贿赂过的雅典公民，包括所涉及的金额。

德摩斯提尼的名字最初是否也在其中尚有疑问，但是在战神山议事会终于公布他们对哈尔帕罗斯事件的调查结果的时候（公元前323年2月），他的名字无疑在列表上。随着赫淮斯提翁的去世，德摩斯提尼失去了他在宫廷中的朋友和联系，现在哈尔帕罗斯被杀也使他无法再以安全为由掩盖事情的真相。公元前323年3月，雅典陪审团认定德摩斯提尼犯有受贿罪，并课以50塔兰特的罚金。这一金额超过了他的支付能力，于是他进了监狱。然而，不久他就脱逃了，像哈尔帕罗斯一样，得到了守卫的默许。他逃到埃吉纳岛，之后一直留在那里直到亚历山大去世。[76]

治疗悲痛最好的灵丹妙药是工作，而亚历山大所知道的工作只有一种。公元前324/323年冬，那时候他的痛苦已经减弱为一种阴郁的侵略脾性，于是他对科塞奥斯人发动了一场快速战役——事实证明这竟是他最后的战役。他们是住在埃克巴塔那西南的山区部族。阿契美尼德国王每年给他们一定的金额，换取在他们领土的安全通行权，对这种做法亚历山大嗤之以鼻（参见上文第311页）。他花了五周的时间去消灭他们，并称此次行动为"给赫淮斯提翁的阴魂的供品"（Plut. *Alex.* 72.3）。[77]他的脑子里已经充满了新的征服和探险计划。在离开埃克巴塔那前，他派了一支勘察队到里海，包括木匠和船工。他们将在叙尔卡尼亚的大森林里砍伐木材，用来建造希腊式的战舰——表面上是用于探险，但其实是拖延已久的远征斯基泰的预备工作（参见上文第359页）。包括征服整个阿拉伯半岛的其他各项计划也在积极筹划之中。

等到亚历山大结束科塞奥斯人之战时，春天已经来临。现在他全军启程前往巴比伦，这次的行程较为轻松，路上经常停下来休息。行军途中还遇到了来自利比亚和南意大利的使团，他们是很多这类使团中的第一批，带着向亚历山大致敬的金冠和赞颂之辞。迦勒底占卜师发出了不祥的预言，他们警告国王，如果进入巴比伦就会有大灾降临。不过他们又补充说，如果他下令重建马尔杜克的塔庙和神殿，就可以逃过此难。无论如何，他应避免从东边，亦即面对着落日进入城市。

这是赤裸裸的厚颜无耻之辞。事实上，亚历山大7年前第一次入城时就已经下令开始这项巨大的工程了（参见上文第303—304页）。费用由神庙的金库负责——这是此类事务的通常做法。然而，据估计光清理土堆石块就需要10000人两个月的劳作；而所谓的金库一个多世纪以来早就进了祭司们的腰包。工程一旦启动，这项收益来源就会登时耗尽。结果，这项工程几乎一事无成。现在，虽然有些迟了，祭司们还是试图恐吓亚历山大让他本人买单。值得注意的是他仍然很严肃地对待这些预言——这也揭示了公元前4世纪宗教信仰的整体倾向。尽管心里很清楚祭司们的小算盘，但在一番犹豫之后还是决定不冒风险。

当大部队进入巴比伦时，亚历山大及其贴身随从还在城外扎营，保持安全距离。像阿纳克萨科斯这样的怀疑派哲学家对国王表现出来的迷信思想深感震惊，他很快就说服了国王变得更理性，于是亚历山大决定无视迦勒底祭司的警告。不过即使现在，他仍旧试图（虽然最后没有成功）在河流西面的沼泽和湿地中找到一条进入巴比伦的路。亚历山大入城时遇到了一些可怕的朕兆，于是他对希腊哲学家的评价低到了极点。

不过，其他分心的事情使他的注意力从命运的狡计中转移开了。每天都有来自地中海各个角落的使节到来，特别是（当亚历山大的西征计划公之于众时，我们可以预期到）来自西西里、意大利、西班牙、北非和迦太基的。有些是来寻找可资利用的盟友，有些是来为自己的政府反驳各种指责和控诉，但所有人都满怀希望地带了官方贡赋和用来表示致敬的金冠或花环。最后因为来人太多，亚历山大不得不明确且严格地规定觐见的优先顺序，而且这一次序值得玩味。宗教事务优先处理，献礼其次，然后是有争端要裁决的，或者是相对次要的内政问题。列在最后的（大概也是最普遍的），是"那些想要为拒绝接收流亡者而陈情的人"（Diod.

17.113.3）。

奇怪的是，阿拉伯竟没有派代表到巴比伦：亚历山大宣称，他因此要征讨阿拉伯。即便阿里安也觉得这个理由过于牵强，他很快评论道，真正的动机其实是"亚历山大永不满足的拓展领土的欲望"（Arrian 7.19.6）。派出去勘察阿拉伯海岸线的船队回来了，他们生动地报告了该地区的大小和繁荣程度，还说那里香料植物醉人的香气从陆地一直吹到海边，岛屿和抛锚点的位置十分便利。腓尼基桨帆船被分解成块，由役畜通过陆路运送，到了幼发拉底河再重新组装起来。在巴比伦挖了一个新的大型港域，据说大得足以容纳一千条船。有人告诉亚历山大，阿拉伯人只崇拜两个神，乌拉诺斯和狄奥尼索斯。听到此事，亚历山大说他有资格成为他们那多少有点局促的万神殿里的第三位神，因为"他的成就已经超越了狄奥尼索斯"（Arrian 7.20.1）。[79]*

当海军的准备工作进行之时，亚历山大却忙于为赫淮斯提翁举办葬礼。这项虔诚的工作一结束，他立马又离开了巴比伦。他和朋友们一起登上由小船组成的舰队，顺流而下去视察幼发拉底河下游的沼泽地区，检查工作包括河流的沟渠、堤坝和泄洪闸。他一直以来都对灌溉问题很感兴趣，在离开希腊之前曾专门抽出时间统筹科派斯湖的局部抽排工作。他还想检查一下他的阿拉伯舰队的航行装备，舰队里有两艘巨大的腓尼基五层桨战舰。

通过进入巴比伦并在灾难降临之前很快再次离开，国王觉得他已经否证了迦勒底祭司的预言。但是，随着船队深入那片恶臭无比、杂草丛生且疟疾肆虐的沼泽地，一个突发事件引起了他与占卜师们的极大不安。当他坐在船头时，一阵大风吹落了他所戴的太阳帽，包括帽子带着的御用的蓝白绶带。绶带飞走了，挂在一座古代王陵边上的芦苇上；据说所有的亚述国王死后都葬在这片沼泽里。对任何人来说这都是一个不祥的凶兆。但是，游过去把太阳帽拾回来的水手怕把它弄湿，不经意地把它戴在了

---

* 促使他继续征战（不仅是阿拉伯，还有意大利）的基本动机是他"想要竞比并超越狄奥尼索斯和赫拉克勒斯远征的范围"：参见 Plut. Moral. 326B 和维尔肯（Wilcken）的著作第225—226 页。他可能还计划把印度和埃及连接起来。——原注

自己的头上，这就使得事情变得更糟了。亚历山大赐给 1 塔兰特作为对他好意的奖赏，接着因为他的大不敬而将他一顿好打。某些版本还说，他听从预言竟把那个可怜的人斩首，因为"该预言警告他不要让戴过王冠的头颅安然无恙"。[80]

当国王回到巴比伦时，佩乌凯斯塔斯正在那儿等着他，他从波斯带了 20000 人的伊朗军队过来。菲罗克塞诺斯也到了，统率着一支卡里亚部队。米南德也到了，他是从吕底亚过来的。入侵阿拉伯的军队开始成形。亚历山大现在进一步推行他的融合政策。他重新整编了方阵步兵兵团，以四个马其顿人——作为班长和队长——带十二个波斯人。马其顿人仍旧装备萨里萨长枪，而波斯人则配备弓箭或标枪。或许幸运的是，这支非比寻常的混合军队从未被用于实战：要使它具有哪怕最微弱的战斗力，那也必定需要最严格的训练和纪律（更不要说交流时的语言问题了）。另一方面，这样的军队无疑可以有效地防止出现抗命问题。

有一天，亚历山大组织士兵们重新整编为新部队，中间他离开阅兵场主席台一会儿，在侍从的陪同下去喝几杯。当他不在时，有个潜逃在外的巴比伦囚犯爬上主席台，戴上国王的御用披风和王冠，并坐到王位上去。当别人对他严刑拷打，审问他动机何在时，他只说是神教他这么做。亚历山大怀疑这是民族主义者的某种阴谋；这事也非常蹊跷，非常像巴比伦的阿基图（新年）庆典上的假国王仪式*，而当时正是巴比伦新年，所以他也许是对的。[81] 不管怎样，古代史家都一致记述了亚历山大死前的许多不祥朕兆。这些现象虽然一般不大受重视，但是它们理应得到更多的仔细考虑。人们经常理所当然地认为这些都是事后的宣传，是在事情发生后编造出来的。但是，在这里这些事情同样可能是在事前就已经被编造出来的，是那些最希望亚历山大死的人编造出来的。这些事情无疑暗示说国王的死是由于神意或自然原因，而不是因为人力。最好的预言家（不妨改编一下欧里庇得斯的话）是那种能预先知道所要发生之事的人。

---

* 其中一个罪犯会穿着国王的服饰，象征性地代替国王受难，并于最后一天被处死。

现在有更多的代表团到达巴比伦,这回是来自希腊的,他们的代表在亚历山大面前表现得"好像他们来此是为了敬拜神明"(Arrian 7.23.2):从国王的角度看当然是这样,而希腊人——在亚历山大的时代就像在尤维纳利斯(Juvenal)*的时代一样——也赶忙配合国王的异想天开。"你命他上天,他就上天。"**阿里安又以一种讽刺的后视之明说道:"他的目的还远不止如此。"与这些使团一同前来的还有卡山德,他为乃父之事向亚历山大陈情,同时很可能(如果亚历山大的头脑毫无理智,或者表现出精神不稳定的危险迹象)还会与佩狄卡斯以及其他高级将领串通,准备将国王除掉(参看上文第460页)。[82]

安提帕特之子在巴比伦最初的表现不能再糟糕了,因为当他看见波斯人对国王行匍匐礼时竟神经质般地大笑。亚历山大见此勃然大怒,双手抓着卡山德的头发,把他的脑袋往墙上砸。稍后,当卡山德试图反驳对他父亲的各种指控时,国王说他是在做哲学式的胡搅蛮缠,还威胁说如果那些指控被证实了的话,要对他们进行严厉的惩罚。他这么做,大概就等于给自己签了份处决令。亚历山大那位年轻的陈情人几乎吓傻了。多年以后,当卡山德自己也成为马其顿国王时,哪怕只是看见亚历山大的肖像,他都会不由自主地颤抖和战栗,而且到巴比伦觐见所引起的憎恨一直持续到他去世的那一天。[83]

舰队的训练正全面展开,三层桨战船和五层桨战船在河流中来回比赛,优胜的水手将获得金冠。但是,亚历山大尽管想要发动新的征战,却一直非常倦怠,而且他酗酒无度,使得希腊医生非常担忧。有一次,他坦承他"完全不知道今后的人生应该干些什么"(Plut. Moral. 207D 8)。对此,罗马皇帝奥古斯都(他本人也是帝国创建者)曾有过评论,引起了许多历史学家的共鸣。他说他感到非常震惊,"亚历山大竟然没有觉得,让他赢得的帝国井井有条,要比赢得这个帝国本身更艰巨。"但是对亚历山大来说,征服和 areté 就是一切。枯燥但必不可少的日常行政管理对他毫无吸引力。

---

* 1世纪末2世纪初罗马讽刺诗人,作品多讽刺人类的愚蠢。
** 出自 Juvenal, *Sat*. III, 78。

他在东方所留下的混乱，甚至内战的威胁都也不能让他从阿拉伯的诱惑上分心。[84]

然而，这回梦想却无法实现。5月29日晚上，[85]亚历山大为海军司令涅阿尔科斯举行宴会，喝得酩酊大醉是少不了的。过后国王想要去睡觉——这有点反常，加上近来的倦怠，这些都暗示着（无论什么原因）他这一两周以来一直觉得身体有点不适。然而，他的塞利萨朋友美狄奥斯（Medius）[86]正在举行午夜聚会，劝说他也一块来参加。那些持下毒论（参见下文第476页）的史家认为美狄奥斯也是同谋之一。[87]在又一番狂饮之后——这是在纪念赫拉克勒斯之死——国王接过一大杯没有调过的葡萄酒，一饮而尽，接着立即"发出一声大声的尖叫，好似受到沉重的一击"。[88]于是他立即被抬回到自己住所的床上。

翌日，亚历山大发了高烧。尽管如此，他依然可以起床、沐浴和午休，接着又和美狄奥斯饮酒进餐。当晚，他高烧非常严重，以致为了退烧不得不睡在浴池里。次日早晨（5月31日）他回到卧室，玩了一天的骰子。6月1日晚上，他又睡到了浴池里，第二天早上他就在这里与涅阿尔科斯及其他高级将领商讨计划中的阿拉伯航程。这时他正发着持续不断且日益严重的高烧。6月3日晚上，他已经明显病得很重了。尽管如此，他第二天早上还是起来做了日常的献祭，并给将领们做了简要的指示。6月5日，他终于不得不承认病情的严重性，命令所有高级将领守在床边听候召唤。

到了6月6日晚上，他几乎无法开口说话，于是他把戒指交给佩狄卡斯，让他担任高级元帅，这样日常行政工作可以继续有效运转下去。听到这事，军营里开始盛传他实际上已经死了。马其顿士兵聚集在宫殿周围，威胁说如果不让他们进去见他就要破门而入。最后，他的卧室墙敲出了第二道门，老兵们排成一个看不到头的队伍，依次进来与他道别。有时他会痛苦地稍微抬起头来，但更多的时候他只是转一转眼睛以示招呼和相识。

6月9日和10日相接的晚上，一群军官在附近的"萨拉匹斯"神庙（可能就是马尔杜克神庙）为他守夜。但是当他们问神灵把亚历山大弄到圣所里有没有用时，神谕回答说让他待在他所在的地方会更好。听到此事，国王的朋友们聚在他床边，询问他要把王位传给谁——毕竟这是极为重要的问题。亚历山大用微弱的声音说："传给最强者。"他最后且非常具有预言色彩的话是："我预见到了自己的盛大的葬礼赛会。"公元前323年6月10日清晨，他的眼睛永远地闭上了。

国王有一位侍友是安菲波利斯的阿波罗多洛斯（Apollodorus of Amphipolis），此人在亚历山大东征期间在巴比伦和埃克巴塔那服役，他曾讲过一个极为详尽的故事。国王从印度回来后，阿波罗多洛斯就被随后发生的对高级将领的无情清算吓坏了，害怕自己也可能被清算掉。于是，他就个人的前程询问他的兄弟、著名的占卜师佩塔戈拉斯（Peithagoras），还说他尤为害怕的是亚历山大和赫淮斯提翁。佩塔戈拉斯回信告诉他不用担心，因为在他的人生之路上这两人很快就会被清除掉。常识告诉我们，无论这位占卜师根据献祭用的没有肝叶的肝脏说了什么（这是他解释自己的先见之明的方式），真相其实是他得到了某种内部消息，或许在事情发生之前他也被人怂恿去编造一些相关的预言（参见上文第472页）。在阿波罗多洛斯得到佩塔戈拉斯的秘密消息后一两天，赫淮斯提翁就死了，他的死亡方式跟亚历山大的几乎如出一辙，都是大醉之后出现怪异的高烧。

古代史家们都记载一种传统说法，即亚历山大事实上是被毒死的：亚里士多德准备了毒药，安提帕特之子卡山德把它带到巴比伦，国王的斟酒人、安提帕特的另一儿子伊奥拉奥斯（Iolaus）把它放进没有调过的葡萄酒中，然后让国王喝下去。[89]直到最近，这种传统说法一直被斥为荒谬的宣传。很明显，这种说法无法得到证实。同样明显的是，当克拉特洛斯、安提帕特和佩狄卡斯等几位元帅后来闹翻时，他们都会毫不犹豫地诋毁对方；最近有人颇有说服力地提出，这种传统说法反映了佩狄卡斯抹黑安提帕特的企图。[90]但我们不能就此推论出谋杀一事并不存在：我们面对的是可能是一场有众多同谋者参与、执行得非常漂亮的政变。

巴迪安正确地说道，下毒的控告"如果是真的，那一定会遭到否认或无视，如果是假的，那一定会被反复申说。"[91]但我们至少应承认此事有很强的可能性；尽管把责任全部归于安提帕特听起来有点像事后的宣传，但别的不说，单从谁受益的原则来看这事本身仍然是有可能的。毕竟安提帕特被解职而且被召到巴比伦。而亚里士多德的侄子已经被处决，他自己也可能有生命危险。两人都被他们眼中的国王的东方化的奢华震惊到了，更不用说他自命为神的举动了。对他们来说，亚历山大已经变成了一个专制的、不可捉摸的暴君；亚里士多德本人就写道（*Pol.* 1295a）："没有一个自由人愿意忍受这样的统治。"

新近的传记作家 R. D. 米尔恩斯（R. D. Milns）也指出，[92] 亚历山大最后的症状，特别是疲乏和高烧，与马钱子碱慢性中毒很相符。马钱子碱很容易提取，而且可以保存在骡子蹄中或其他不那么奇异的容器中很长时间（某些古代史家说是前者）。亚里士多德的朋友特奥弗拉斯托斯描述过它的用法和剂量，[93] 而且特别指出掩盖它的苦味的最好办法是把它掺在没有调过的葡萄酒中。有许多旁证（和一些直接的证言）暗示我们，无论亚历山大还是赫淮斯提翁都不是死于自然原因。如果是这样，那么真相可能是两人是被由高级将领组成的军人集团干掉的（参与者当中重要的有克拉特洛斯、佩狄卡斯和安提帕特），这是一次"成功的政变，做得干净利落"。[94]

如果国王不是被毒死的，那么很可能是死于急性胸膜炎，或者别的，比如更可能的疟疾（可能是在那次沼泽之行中感染的）。不管是哪一种，加上重度的酗酒和他在印度所受的重伤，最终使他那钢铁般的抵抗力降低到了他再也无望存活的程度。无论围绕他最后时日的真相如何，有一点是很清楚的（但并未被广泛注意到），即那时候为亚历山大的过世而哀悼的男人很少，女人则更少。在希腊和在亚洲一样，终其一生及其死后的几个世纪，他一直被当作暴虐的侵略者、外来的独裁者，只会用暴力将自己的意志强加在他人头上。当他死在巴比伦的消息传到雅典时，演说家德玛德斯鲜明体现了公众的反应。"亚历山大死了？"他大声喊道，"不可能。要是那样整个大地就会散发出他尸体的臭味。"[95]

这种反应是完全可以预料的。亚历山大一路劫掠、屠杀且征服了25000 英里。他所获得的持久性价值很大程度上是无意识的：从政治方面来说，他在近东地区的开创性活动有一种非常奇异的昙花一现的特质。他前脚刚走,身后的叛乱就此起彼伏;他一死,正如他自己所预料的,其缔造的帝国立刻四分五裂,陷于无秩序的混乱状态,而之后的40年更是见证了几位尚存的元帅之间野蛮而血腥的争斗。在这些"葬礼竞技会"的早期阶段(公元前310年),卡山德杀死了罗克姗娜及其13岁的儿子亚历山大四世,国王的直系血脉就此断绝。

亚历山大生前一直渴望神化,但很讽刺的是,他死后却被神话化了。他的遗体在尚完好时被托勒密顺利地劫持到亚历山大里亚,放在玻璃棺材里供人瞻仰,并成为当地防腐技术的明证;与此同时,他的传奇故事开始生根、繁荣。阿里斯托布罗斯(参见上文第417页)尚且可以就最近发生、人所共知的事情进行纯粹的虚构,并当着当事人的面公开朗诵,那么一旦人们不再担心亚历山大会把他们歌功颂德的溢美之词扔进河里,也不再担心他会以类似的方式对待他们,有什么是传奇作家们不敢写的呢?[96]亚历山大一死,他的性格、声望和征战生涯就立即被无数的宣传人员、自立为王的君主、历史学家和许许多多别有用心的利益相关者拿去做文章。

在希腊化时代他并不受欢迎(不过在艺术领域他的肖像——特别是吕西波斯所画的——却开启了一次广泛流行的肖像画风潮,同时各国统治者很喜欢把他的头像印在钱币上,作为一种政治认同),这或许可以部分解释为什么现存跟他相关的主要史料都是在他死亡近三百年后写就的。等到又有人开始征服世界时,亦即奥古斯都的时代,亚历山大和奥古斯都一起,已经逐渐变成一个巨人、一个半神、一个超乎凡人的传奇人物,在中世纪时他被刻画成带双角的伊斯坎德尔(这种类型源自表现他头戴宙斯·阿蒙神的公羊角的钱币头像)。

对这一进程助力最多的是所谓的"亚历山大传奇"。或许在公元2世纪,又或许更早些时候——某些细节内容表明,传奇出现的时间就在国王死后不久[97]——有位托名卡利斯特涅斯的佚名作家,就亚历山大的征战生涯写了一部耸人听闻、半神话半现实的作品,此书一出,其他更加严肃的版本尽废。它迅速火遍了整个希腊罗马世界,甚至传到了东方。譬如在这部著作中，亚历山大据说是埃及法老涅克塔尼布变成巫师的模样与奥林匹娅斯交媾生下的。到了公元5世纪这个奇异的大杂烩的叙利亚和亚美尼亚版本开始流传。阿拉伯和波斯诗人也利用这部著作，结果是德干高原的塞坎得拉巴等城市还保留着亚历山大的名字，尽管他从来没有去那些地方。

有一个事实让人不舒服，即亚历山大传奇偶尔也包含着明显真实但在别处看不到的材料，而反过来，所谓更可靠的来源却经常充斥着偏见、宣传话语、修辞诡辩或显而易见的歪曲和隐瞒证据。阿里安主要依据的是托勒密和阿里斯托布罗斯的著作，我们已经看到，对于他们也参与其中的事情这两个人都有很强的动机保存各有偏袒的版本。目前还没有人对普鲁塔克和狄奥多罗斯所依据的折衷版本做过令人满意的分析。[98] 库尔提乌斯的著作尽管有许多烦人的修辞学式的夸张，但也包含了别处不可见的珍贵史料，不可一概将其斥为克雷塔科斯（Cleitarchus）或"漫步学派"所恶意捏造的东西，就像塔恩想要让我们相信的那样。[99]

实际情况是，关于亚历山大从来就没有"好"或"坏"的史料传统，只有受到不同程度掺杂的 *testimonia*（证引），永远都需要我们利用可能性这种外部标准进行甄别。无论是现存的完整记载还是其中所引用的早期的支离破碎的证据，这一点都同样适用，对于前者尤甚。在校勘学中，豪斯曼（A. E. Housman）曾批评这样的倾向，即"当前盛行的方式，依靠单一抄本的方式，寄希望于此，指望老天这个抄本不会造成什么危害"，而这种批评原则上也适用于亚历山大研究，在这个领域中人们直到最近都是以那样的方式来对待阿里安的著作的。博尔扎曾敏锐地注意到，[100] 这主要是由于长期以来学者们对亚历山大的性格形成了刻板的印象，进而"以证据是否与他们的人物描述相一致为依据来选择接受或拒绝"。

这种循环论证也使得他们的判断严重受到当时风尚和偏见的左右，从结果上来看，亚历山大研究特别容易出现这样的情况（解释者的情感与理智参杂在一起）。每个人都把他当作他们的私人真理、他们的梦想和抱负、恐惧和权力幻想的一种投射。每个国家、每个世代都以不同的眼光看待他。每个传记作家，包括我自己，都不可避免会把个人、自身的背景和信念融入到这个多变的形象中，其中的自我形象几乎和从史料中抽离出的历史真相一样多。亚历山大性格的力量和魅力是无可否认的，它们对现代学者的影响就如当年对马其顿老兵的影响一样强烈。国王的个性如此之强，如此迥然不群，任何的宣传手段无法掩盖，不论正面抑或负面：诋毁者有之，颂扬者有之，追星式神化者亦有之。

通过仔细分析，有时确实可以从宣传和传奇中找出一些真相。* 但真正的困难就在这里，因为每位学者不可避免会根据自身社会、伦理或政治的无意识的预设来选择和设立标准。就其最宽泛的意义上说，每个人所受的道德规训在其中所起的作用要比大多数人——特别是历史学家——所意识到的更大得多。而时代的风尚起到的作用也很大。对奥古斯都时代的罗马人来说，亚历山大就是当时盛行的世界征服者的原型；他们把他唤作"大帝"，这没有丝毫自卑之意，因为他们元首的成就大大超过了他，无论在规模上还是在延续性上。在稍后写作的尤维纳利斯的年代里，帝国夸耀已经成为了某种老生常谈的东西，他把亚历山大视作人类虚荣心最突出的例子。[101]

在中世纪，欣赏尤维纳利斯对财富和野心的辛辣讽刺的人们对该主题又做了进一步的发展。"那个征服了一切的亚历山大在哪里？"利德盖特**这样问道；许多诗人也效仿这种修辞学式的质问。随着文艺复兴的到来，亚历山大又反转成了一种奥古斯都式的形象。正如普鲁塔克《希腊罗马名人传》的流行所表明的那样，伟大统帅的形象又一次占了上风。当时所盛行的风气可以用马洛***的令人神往的诗句加以概括：

> 做一个国王并胜利地走进波斯波利斯，难道不是一种非常快意的事吗？

---

* 最全面完整的尝试是莱昂内尔·皮尔森（Lionel Pearson）的《亚历山大大帝失传的历史》（*The Lost Histories of Alexander the Great, I* ［Providence, 1953］）。——原注
** 利德盖特（Lydgate，约 1370—约 1451），英国诗人和修士，著有《特洛伊书》（*Troy Book*）等诗作，是一位非常高产的诗人。
*** 马洛（Marlowe，1564—1593），英国剧作家、诗人和翻译家，与莎士比亚同时。引文出自诗人的剧作《帖木尔大帝（上）》（*Tamburlaine*, Part 1）第二幕第 5 场。

这种看法一直延续到19世纪早期而无人挑战。预示着亚历山大的名声将要发生变化的事件,无疑是紧随法国大革命和美国独立战争之后的希腊独立战争。有教养的自由主义者的思想倾向迅速转而反对帝国主义;当时的风气是支持所有被压迫民族为自由而斗争,亚历山大的征战生涯自然与之格格不入,除非彻底地重新审视相关的史料(如果不说是进行诡辩的话)。

这种倾向在乔治·格罗特(George Grote)的著名的——至今依旧非常可读——《希腊史》(History of Greece)中达到了理论上的顶点,此人是一位职业银行家和坚定的自由主义者,当时这两个属性还没有后来那样显得那么不兼容。在格罗特的心中,公元前4世纪的英雄是德摩斯提尼,在他看来,德摩斯提尼在面对恬不知耻且处心积虑的帝国主义侵略时代表了真正的独立精神。他把腓力和亚历山大贬斥为只为追逐权力、财富和领土扩张的残酷无情的冒险者,激发他们的只是纯粹的征服欲。更早时候的历史学家当然也说到了这些,但是他们没有格罗特那样的道德批判。

不过,热忱的自由主义并非19世纪学术界的普遍特征。欧洲历史的发展路径各有不同,有的会更加独裁一些,因而亚历山大的声名也同样多种多样。亚历山大研究中的一个里程碑是约翰·古斯塔夫·德罗伊森(Johann Gustav Droysen)所写的传记《亚历山大大帝》(Alexander der Grosse,1833年),此书至今仍有极大的影响力。人们常说,这是关于亚历山大的第一部现代史学著作,这么说是有道理的:德罗伊森无疑是第一个在审视史料时运用严格批判方法的学者,因而便有了这部奠基之作。不过,德罗伊森的立场很大程度上也支配着他对亚历山大的看法。[102] 他绝不是自由主义者,而是热情拥护在强大的普鲁士领导下实现德国统一,并且在1848年之后曾短暂做过普鲁士议会议员。

因而亚历山大的这位传记作家坚定信赖君主制,热烈地投身于普鲁士民族主义;完全可以想见,他人生的一个方面会如何影响到另一面。对于希腊蕞尔小邦们的独立愿望(可与当时德意志诸侯相比拟),他不屑一顾。在他看来,马其顿的腓力才是希腊的真正领袖,此人注定要统一这一地区,并推动它完成自身的历史使命;而亚历山大则通过在当时已知(和广大未知）世界传播希腊文化的福音，把这一进程又推进了一步。普鲁塔克早期关于亚历山大的文章也提起相同的观点，他把原始的野蛮人和幸运的少数种族做了对比，前者没能从国王的教化关怀中获益，后者则因与国王相遇而收获了希腊与东方的混合文化，德罗伊森有所误导地称之为希腊主义。

正如当代有位学者所说，[103]"德罗伊森所提出的概念非常有力，它们实际影响了后来关于这一主题的整个学术史。"无论他们对其成就的本质有何看法，后来多数的传记作家都倾向于把亚历山大看作某种形式的伟大的世界推动者。令人惊奇的是，这种观点一直延续到第二次世界大战之后。19世纪后期毕竟是大英帝国的鼎盛时期，那些在业余时间读吉卜林*的小说读得热泪盈眶的学者，不大可能会去反驳德罗伊森关于亚历山大的观点。但这也是英国绅士精神的全盛期，这个迷人的传奇人物的许多特质也开始成为他们形象中的一部分——例如亚历山大对性方面缺乏兴趣，对女人彬彬有礼的态度，他对更广泛更梦幻的帝国荣耀所抱有的理想和抱负。

这一趋势的顶峰当然就是威廉·塔恩爵士（Sir William Tarn）所写的传记，这部传记不仅著名，而且有着巨大的影响力，它在《剑桥古代史》（*Cambridge Ancient History*，1926年）中首次发表，1948年再版时，叙述框架基本没变，但增加了一大卷对许多重要话题的深入研究。塔恩对亚历山大的基本描述与德罗伊森的相仿，但他增加了一些新的内容：社会哲学，关于亚历山大信仰博爱的观念。他之所以持这种观点其原因是显而易见的。塔恩他在开始这项工作时有一个道德困境要解决，在他开始写作时，帝国扩张主义在进步知识分子眼里已经成了不可容忍之物，除非其中有某种理想主义式或传教式的信条作支撑。因此，塔恩无法将亚历山大看作一个纯粹而简单的征服者，同时还毫无保留地赞同他。他必须为这位帝国的冒险者找到某种值得追求的隐秘目标，也确实是这么做的。

很巧的是，他的解决策略就在眼前。20世纪20年代早期是国联的

---

* 吉卜林（Kipling，1865—1936），英国作家和诗人，著有《丛林故事》（*The Jungle Book*）等，作品带有为帝国主义扩张讴歌的色彩。1907年，吉卜林获得诺贝尔文学奖。

辉煌时期，作为维多利亚时代后期的有教养的自由主义者，塔恩——连同阿尔弗雷德·齐默恩（Alfred Zimmern）、吉尔伯特·默里（Gilbert Murray）以及其他许多人——立即为国际理想主义浪潮所席卷。和德罗伊森的情况一样（不过结果有所不同），塔恩个人的政治信仰强烈影响了他后来对亚历山大的处理。国联当时正在宣扬博爱理念。塔恩在欧庇斯的宴会上费了不少心思，他把宴会与某种不怎么可靠的原始斯多亚主义相关联，又添加一点普鲁塔克早期的可疑的修辞话语（参见上文第 445 页），然后逐步发展出了国联版的亚历山大。

如果我们愿意的话，可以批评塔恩犯有政治幼稚病，这自然是一部巨著中最显著且最为有害的缺陷，虽然这部巨著无论以什么样的标准进行评判都不失为重要的学术成果。但是在这种背景中有两个重要的点我们应当记住。第一点，可能也是最重要的一点是，事实证明他的版本深受欢迎。不管是真是假，这就是大多数人乐意相信的，所以他们相信塔恩，尽管当时以及后来的许多头脑清醒的历史学家已经用很多论据将塔恩的中心论点批判得千疮百孔了。第二个值得注意的因素是，塔恩是在一个世纪的和平和富足之末度过他的成长岁月的，那时候所享有的金融、社会和政治的稳定，是自安东尼治下的罗马帝国时期以来世界少有的。那些生活在其中的人把这个时代看作植根于 18 世纪的理性进程的顶点，如今我们认识到这是一种独特的现象。不用说，这种意识深刻改变了我们对历史问题的态度。

塔恩和其他相似之人认为，情感和非理性之恶已经被永远地束缚和抑制住了。他们相信人类的理性是至高无上的，人性根本上是善的。过去 60 年的残酷事实已经教育我们，唉，人类的一生依旧和修昔底德或托马斯·霍布斯所见到的没什么两样：卑鄙、野蛮且短暂。维多利亚时代思考问题时的乐观理想主义特质与人类的总体历史并没有太大关联。等快到了生命的尽头时，塔恩隐隐约约开始意识到这一点。他在《剑桥古代史》研究的最后一段，是为博爱这一永恒理念的不灭性而做的热情辩护。然而在 1948 年版中，他附加了这么一条脚注："本段的最后部分是 1926 年写就的，我保留原样不作改动。自那时以来，我们见证了许多新异而丑恶的事物的诞生，我们仍在走向一个我们从未意识到的世界，而我不知道该怎样来重写本段。"

在此我们听到了一个人文主义者的心声，一个理想主义灵魂在衰朽无力时所发出的绝望的呼声。在这些繁杂的抽象概念背后，那些未曾倒下而只是睡着了的幽灵仍在悄悄地游荡着：譬如像毒气室和氢弹这样的可怕之物，充斥着双重思想和无情的权力政治的世界和奥威尔的《1984》中的世界，这些事物修昔底德和亚历山大以及奥古斯都都可以透彻地理解，而在20世纪初的西欧或美国却根本无法想象。塔恩在道德的心理学方面也持有极为天真的态度：在他眼里，谋杀是错的，乱交是错的，同性恋尤其是错的，没有理由的纯粹侵略行为是错的。亚历山大作为伟大的男人和伟大的英雄，必须尽可能地免于这些罪责。从这一公理出发很容易推论出，那些表现亚历山大良好道德形象的传统说法是可靠的，而不利的证据则肯定是虚假的宣传，可以很有把握地被摈弃掉。

简而言之，心理学作为一门科学崛起，加上极权主义作为政治工具回归，致使塔恩的方法原则上几乎完全失败了，只有他在细节方面的成就（比如亚历山大在东方所建立的城镇）依然突出，因为在这些方面道德的考虑并不适用。对于一个生活于20世纪中间几十年的人来说，不可能不把其中的教训运用到亚历山大的生涯之中，毕竟他在许多方面与其他自命的世界征服者极为相似，他们都把宣传作为一种有意利用的工具，都相信真理是可以为了自身目的而加以操纵的商品。

那些读过罗纳德·塞姆爵士（Sir Ronald Syme）的经典之作《罗马革命》（*The Roman Revolution*）的人会清楚地意识到，我们关于奥古斯都的形象早已被这场重创人类的现代经历改得面目全非了。很难想象，旧有的对亚历山大的美好印象还能一如既往。对战后的历史学家来说，国王又一次变成了一个单纯的世界征服者，他的征服不是实现目的的手段而就是目的本身，是一个空想的自大狂为满足他那强烈的自我的无尽欲望而进行的。[*]与此同时，弗洛伊德心理学元素近年来也渗透到亚历山大人格研究中，

---

[*] 以不同方式支持此类观点的学者有巴迪安、博斯沃思、汉密尔顿、米尔恩斯和沙赫尔迈尔（参见参考文献）；或许还应再增加一下安德烈奥蒂（Andreotti, *Historia* I ［1950］, 583 ff.）。——原注

这或许是不可避免的。分析者指出，他对性的厌恶，同性恋的传闻——特别是他与相当愚钝的赫淮斯提翁和邪恶但年轻俊美的宦官巴戈亚斯的终身友情——加上他对中年或年长妇女的偏爱，以及早年他可怕的女家长式的母亲奥林匹娅斯对他的全面掌控，这些都提示我们，他的本性中有着某种接近俄狄浦斯情结的东西。

不用说，和前人一样，这一代人也无法避免自身的先入之见的影响；或许我们又在把自身在生活和社会中所恐惧、所欲求和所深切关心之事，融入了对亚历山大的多变人格的解读中。正如我先前提示的（参见上文第56页），弗洛伊德心理学对亚历山大动机的解读很容易走过头；看起来阿德勒心理学学派的权力情结理论与事实更加相符。在我看来，这种新方法真正的优点是它根本上的实用主义：至少它不会从一开始就用先入为主的道德理论来看待历史事实，而这种道德理论往往基于对人物的武断评价。这种研究方法所得出的形象很难让理想主义者高兴，但它却具有许多政治的和历史的意义。揭掉层层的神话迷雾，尽可能从现存史料中发掘出历史上活生生的亚历山大，这是当代历史学家义不容辞的使命，而我也尽自己最大能力去做一下尝试。

对我来说，就根本层面上，亚历山大真正的天才在于统兵作战，他或许是古往今来世界上最无与伦比的统帅。[104] 他在速度、临场应变和战术灵活方面的天资，在危机中保持冷静的心理素质，使自己从绝境中脱身的能力，对地形的掌握，对敌人意图的心理洞察能力，所有这些品质使他得以跻身人类历史上的伟大统帅的前列。伟大统帅的神话如今日渐褪色，对他们的成就的钦佩也在慢慢地衰减：在这点上，我们也是这个时代和自身道德规范的牺牲品。若从政治而非军事的眼光来看，亚历山大的一生有一种熟悉的可怕意味。对此我们无权去掩饰它。

腓力之子是被当作国王和战士来培养的。他的任务、他短暂但多彩的一生中最为执着的便是战争和征服。掩饰这种核心的真相，辩称他梦想着在鲜血和暴力中奋战、通过劫掠一片大陆来实现博爱理念，这是徒劳无益的。他耗尽一生，用传奇般的胜利来追求个人的荣耀、阿基琉斯式的 *kleos*（美名）；并且直到近来，这一直被当作完全值得称赞的目标。他所建立的帝国在他逝世的那一刻轰然倒塌，他作为征服者而来，而他所做的工作却是毁灭。不过，他的传奇依旧在流传，他仍能在其他人心中激发信念，这便证明了他的不朽。这就是为什么亚历山大仍然比他所有功业之和还要伟大的原因，这就是为什么无论如何，不论对今人还是对后人来说，他依然还是个不解之谜。亚历山大的伟大令一切评价都黯然失色。他象征了人类天性中一个活跃而永恒的原型元素：永远执着追逐世界尽头，可以用丁尼生*的《尤利西斯》(*Ulysses*)的最后一句诗行生动地加以概括："去斗争，去寻找，去发现，不要屈服。"

---

* 丁尼生（Tennyson，1809—1892），英国著名诗人，曾获得桂冠诗人的称号。

附录：在格拉尼科斯河的宣传

格拉尼科斯河战役至少有两点值得我们特别注意：它不仅是亚历山大在亚洲土地上所打的第一场战役，也是表面上最具戏剧性的战役之一。然而总的来说对此役的记载非常贫乏，而且现存的记述[1]包含着一些自相矛盾和反常之处，一直没有令人满意的解释。动机依旧不可解，史料记载的战术部署也从任性到疯狂不等。1964年，戴维斯（E. W. Davis）曾清楚地揭示了史料的内在困难，[2]他在分析了先前至少四种——塔恩、贝洛赫（Beloch）、富勒和沙赫尔迈尔等人的——解释后得出结论说，这个问题从根本上讲是无法解决的，"因为根据现存的信息我们无法知道波斯领导者的想法"。[3]戴维斯完全没有必要地被他那奇怪的假设[4]束缚住了手脚，他假定波斯军队不是受阿尔西特斯而是受一个委员会指挥——这或许是为了替波斯人不理智的策略开脱，这种策略被古代史家明确记载了下来。同时，他的悲观是完全可以理解的，他所提出的三个基本问题——"为什么要打这场战役，为什么要在它发生的地方战斗，为什么要像它发生的那样进行战斗"[5]——是任何研究这场难解的战役的学者必须认真面对的。

前两点不会耗费我们太多时间，对于二者人们已经有了相当的共识（如果不说一致认为的话）。第三点真正存在一些困难。从亚历山大的角度看，立即交战至关重要。在南下之前他必须拿下赫勒斯滂的弗里吉亚；更重要的是，他迫切需要现金和补给，而只有一场胜仗才给他带来这些。他当时已是负债累累。渡海进入亚洲时，亚历山大已欠下70塔兰特（可能代表部队两周的薪水），在外的粮草储备只有不到一个月的量。[6]在狄奥多罗斯笔下"以战略见解而闻名"（διαβεβοημένος ἐπὶ συνέσει στρατηγικῇ）的门农，他准确地断定了亚历山大的困境；因而他提出一个精明的建议，即波斯人应避免战斗，实施焦土政策，并且如果可能就把战争引到希腊。

届时亚历山大将因缺乏补给而被迫撤退。[7] 由于亚历山大的侵略战略非常明确,既没有时间也没有装备可以对沿途的城市进行围城。如果它们没有自愿立即向他投降,他就直接绕过去。[8]

然而,波斯人拒绝了门农的建议,反而选择在格拉尼科斯河建立防线,企图阻止亚历山大东进到达斯居利翁;如果可能,就把马其顿侵略军消灭"在亚洲的门户"(ὥσπερ ἐν πύλαις τῆς Ἀσίας)。正如大多数学者所认为的,这可能是个错误的决定,但这个决定完全可以理解。骄傲之心在作祟:阿尔西特斯宣称他不会让他行省中的任何房子被烧毁。阿尔西特斯也不信任公然蔑视波斯步兵的雇佣兵将领门农,而且认为——不论对错——他"蓄意拖延战事是为了(即为了延长)他从国王那里得到的职权"(τριβὰς ἐμποιεῖν ἑκόντα τῷ πολέμῳ τῆς ἐκ βασιλέως τιμῆς ἕνεκα)。[9]

现代学者找到了额外或替代的解释,不过并非全都让人信服。塔恩的解释我稍后处理。沙赫尔迈尔提出,波斯的贵族准则不允许他们不战而退,所以门农的建议原则上是不可接受的。[10] 尽管伊朗贵族和所有贵族一样都遵从严格的荣誉准则,[11] 但这并不妨碍他们半个世纪前采取类似的战术对付阿格西劳斯;而正如戴维斯所说,[12] "没有证据表明,波斯人的骑士精神要求在中间这段时间里有显著的提升"。戴维斯提出了另一种更有说服力的看法,即总督们要应对的不仅有贵族准则,还有大流士;那时亚历山大还只是年轻的马其顿元首、腓力的儿子,并非几年后魅力四射的世界征服者;除非对侵略者采取坚定的立场,否则伊奥尼亚的希腊城邦无疑会真的进行反叛。[13]

然而,一旦做出了进行战斗的决定,那自然要守住格拉尼科斯河防线。这条今天名为科萨巴斯河的河流,发源于伊达山脉,往东北方向注入马尔马拉海,流经一个相对平坦、起伏较缓的地区,周围低山环绕,是波斯骑兵惯常作战的理想地形。到了5月份,亚历山大在小亚细亚行进时,格拉尼科斯河将会涨水,不过届时在主要的渡河口那里仍然可以涉水而过。这时波斯人从他们的泽莱亚(萨里-凯亚)营地前来,在河流既高又陡的东岸建立阵地。正如富勒指出的,[15] "地势较低的南缘也得到了防卫,以防经由湖泊西面迂回而来的敌军,该湖泊现在名为埃德杰湖。"既然波斯人决定奋起战斗，阿尔西特斯及其同僚便为此选择了最好的战斗地形。

但是，有一点一直困扰着该战役的每个研究者，亦即波斯人后来所采取的策略，如果古代史家们的记载可信的话。他们沿着河岸列队，由此构成一个很宽的正面，身后则是一片高地。根据阿里安的记载，他们的步兵放在后头，实际上就失去了作用，而骑兵则置于前列，那里他们又不能冲锋。[16] 戴维斯不无道理地评论道，[17] "每个错误都够糟的了，但两个错误加起来简直无可救药"。波斯人迄今不曾表现出良好的判断力，而这样的举动更使他们看起来蠢得不可理喻。不用塔恩作担保，[18] 我们也相信这决非防守河岸的恰当方式。维尔肯的评说（"一个显著的战术错误"）[19] 是大多数历史学家对这一奇怪失误的典型反应，在战役中这一失误白白浪费了一大批训练有素的希腊职业雇佣兵，导致后来他们近乎被全歼。

许多人试图解释这样的举动，如果不说辩护的话。正如戴维斯如实指出的，所有人都"试图找出某种合理的解释，看看波斯人在这表面疯狂之举的背后怀有怎样的目的"[20]，也就是说，他们的逻辑前提是我们的史料当从字面意思来理解。没有一个具有丝毫的说服力。比方说，塔恩提出波斯统帅们"实际上有一个非常英勇的方案，他们打算通过杀死亚历山大来把战争扼杀在摇篮阶段"。[21] 他在其他地方[22]将这一理论进一步发展，宣称"他们采用这种不同寻常的阵形是为了引诱亚历山大冲锋"。但是像古代所有指挥官一样，亚历山大势必会亲自统率军队；鉴于他在格拉尼科斯河的位置，他不可能拒绝战斗，哪怕他有这样的念头。波斯人不必采用特殊的阵形——更不用说这种明显自杀式的阵形——来使他发起进攻，或者在他进攻时尽全力杀死他。[23]

再说，我们无法想象，把波斯人唯一的一流步兵拉到战线之外，这如何能够更有效地杀死国王。在战术问题上一向敏锐的富勒指出，[24] "如果波斯人的唯一目标是杀死亚历山大，那么最好的方式是用枪阵迎战他的骑兵冲锋；让他自己冲上受死，要是他突破了这一关，就用标枪制服他。"在其他地方，[25] 富勒清楚说明了他们没做的正是本该做的事情："他们没有把希腊雇佣兵部署在河流东岸，让波斯骑兵在两翼，同时也部署在步兵背后，以应对任何能够突破的步兵部队的攻击。"和塔恩一样，富勒也认为他们没能这么做是个事实，同时费力为其寻找解释。

他给出的答案几乎和沙赫尔迈尔的如出一辙，我们可以方便地将二者放在一起处理。这便是军事礼节或中世纪比武大会理论。根据沙赫尔迈尔的看法，这是容克对容克的正式比赛，那里只有骑兵可以参加，双方将遵循骑士的战争规则：在骑士之战中，国王想与对手面对面。但是，步兵和轻装部队事实上也参加了战斗，而并没什么已知的骑士准则要求波斯采用那样的阵形。那么（我们有理由问）既然不打算派上用场，为什么还要花钱招募几千名希腊雇佣兵呢？富勒的回答是"纵观历史，骑兵一惯轻视步兵，把希腊雇佣兵置于战斗前线等于把荣誉之地拱手相让。军事礼节不允许这样做。"[27] 为了加强论证，他援引了塔伽那伊（公元552年）和克雷西战役。他没有强调的是这些据说被轻视的希腊雇佣兵，在伊索斯和高加美拉的战斗前线所扮演的关键角色——不过这在他随后的叙述中非常明显。[28] 而且显然地，居鲁士在库那克萨部署军队时并没有这些社会疑虑。[29] 事实上，希腊雇佣兵经常在波斯的战术布置中占据荣耀之位，而不受任何假设的骑士优先的要求的妨碍。所以这种理论并不成立。

实际上有且仅有三种可能。1. 波斯指挥官完全不称职。2. 他们也非常厌恶和不信任雇佣兵将领门农，即使花了重金收编他们，也宁愿战役失败而不是让他和他的部队获胜。[30] 3. 我们现存关于是役的叙述包含重大错误，不管出于何种原因。虽然原则上并非不可能，但1和2基本上不需要进行细致分析。我们来看看3有什么问题。通过对三种主要史料进行细致对比，第一且最明显的事实是阿里安和普鲁塔克相互吻合得很好（某些例外我稍后会讨论），而狄奥多罗斯则讲述了一个非常不同的故事，由此可以推断他至少有一部分是根据另一个不同的史源写成的：不一定是从前所认为的克雷塔科斯，[31] 当然也不是塔恩假设的"雇佣兵作品"，[32] 不过有可能是出自特洛古斯（Trogus）的著作。[33]

阿里安和普鲁塔克都说战斗发生在傍晚，狄奥多罗斯则说是在黎明。[34] 阿里安和普鲁塔克把交战描述成波斯人占据河流较高的东岸以此抵御渡河而来的直接攻击；在狄奥多罗斯那里，亚历山大使全军悄悄渡河，在波斯人采取行动阻止之前就已经列好了战斗队形。[35] 此外还有其他的差异，但这些是最为重要的。[36] 有一点值得注意，虽然只有相对而言不多的学者认为狄奥多罗斯的版本更值得认真对待，但其中就有康拉德·莱曼（Konrad Lehmann）、尤利乌斯·贝洛赫（Julius Beloch）、赫尔穆特·贝尔佛（Helmut Berve）以及最近的 R. D. 米尔恩斯（R. D. Milns）。[37] 贝洛赫抱怨要找到"不受阿里安崇拜影响的"的叙述非常困难；[38] 当我们读到戴维斯所说的贝洛赫"不重写整场战役绝不罢休"，[39] 很容易想起贝洛赫的抱怨——不过事实上贝洛赫只是利用了狄奥多罗斯的证据而已。

现在阿里安和普鲁塔克都间接提到了在黎明发起进攻的可能性。按照他们的说法，这个策略是帕美尼翁在军队最初到达格拉尼科斯河时向亚历山大建议的。那时已是傍晚，波斯人占据了极为有利的位置；而格拉尼科斯河河岸又陡、河水又深、水流又急，河流本身就构成了第一道难以克服的险阻（另一头阿尔西特斯军队的实际部署我现在暂时搁置一边）。在极端不利的情况下发起进攻并暴露在敌人的密集攻击之下，这引起了腓力旧军官们不小的恐慌。这不是他们的年轻领袖第一次做出危险的错误判断：他征讨克雷托斯和格劳基亚斯的战役差一点就全军覆没。[40] 他们很机智地提出，对马其顿人来说戴西奥斯月是不宜作战的月份；亚历山大的回应是在历法中进行了临时置闰，这样现在的月份（至少形式上）便是第二个阿尔特弥西奥斯月。[41]

同样按照阿里安和普鲁塔克的说法，这个问题解决了之后战斗便开始了，在经历最初的奋战后，马其顿人大获全胜。不过，现代很少有学者会反对普鲁塔克的论断，即亚历山大所运用的策略"看起来既疯狂又愚蠢，绝非理智之举"（ἔδοξε μανικῶς καὶ πρὸς ἀπόνοιαν μᾶλλον ἢ γνώμῃ στρατηγεῖν）。[42] 事实上我们可以断定，使得此策略没导致全军覆没的一个因素是，另一边波斯人所采用的更加疯狂的策略。这不免引人深思，特别是因为狄奥多罗斯给我们提供了一个不仅非常不同，而且明显更加理智的策略。

毫无疑问，我们得到了另一种情况，其中帕美尼翁的建议得到了采纳。亚历山大在黎明行动，带领全军不受阻拦地渡过格拉尼科斯河——由此可以做出肯定的推论，前一个夜里他远离波斯人的阵地并找到了另一个相对容易的涉水点（暂且假定记载可靠）。往哪个方向呢？韦尔斯（Welles，参见第 36 页）主张，狄奥多罗斯或者他的资料来源可能"把战斗确定在上游远处的山脚下"。他没有引用证据支持这种观点，总的来说该地区的地形也不利于这种观点。在此波吕埃诺斯（Polyaenus）的证据也值得考虑一下（诚然该证据比较模糊）。据波吕埃诺斯记载，在渡过格拉尼科斯河时，亚历山大 Πέρσας ἐξ ὑπερδεξίων ἐπιόντας (αὐτοὺς) αὐτὸς ἐπὶ δόρυ τοὺς Μακεδόνας ἀναγαγὼν ὑπερεκέρασεν（看到波斯人占据了有利位置，便把马其顿人带到右边）。亦即波斯人正在前进（ἐπιόντας），这在托勒密和阿里斯托布罗斯所描述的交战中是看不到的，而且他们是 ἐξ ὑπερδεξίων 前进。这个短语在许多情况下可以简单理解为"从上方"或"从更高处"，它的根本含义是"从右方上方"，在许多例证[44]中它指的是"从上游"。然后亚历山大开始从右侧包抄攻击者，这是该战役正统版本的另一个重要差异：ἐπὶ δόρυ... ὑπερεκέρασεν。不论我们赋予 ἐξ ὑπερδεξίων 以何种含义，波吕埃诺斯所描述的似乎是与河流成直角而非与之平行的一场战斗，这就提示我们他也是利用了狄奥多罗斯的说法。

这样，在狄奥多罗斯的叙述中，波斯人的阵形非但不是那种完全无法解释的怪招，反而非常地合情合理。正是在亚历山大已经渡过河流并部署好军队之后，[45]阿尔西特斯及其同僚才决定迎击马其顿人的攻击，以全体骑兵作正面，步兵作预备队。这种方案跟大流士在高加美拉的战斗次序很相似（参见上文第 289—290 页），其原因也是非常类似的。首先，波斯步兵（或者说任何在人数上处于明显劣势的步兵）"不适合平原上的激战，无论要对付的是重装步兵还是冲锋的骑兵"。[46]其次且更为重要的是，在骑兵方面波斯要比对手更强大得多，这一定程度上可以弥补他们在一流步兵方面的不足。

要计算波斯人在格拉尼科斯河可用的实际军队人数很大程度上只能靠猜测，但这也是最能揭示内情的一种方式。阿里安（1.4.4）说他们有 20000 名骑兵和 20000 名步兵，后者只包括雇佣兵。狄奥多罗斯（17.19.5）给出的数据是超过 10000 名的骑兵，外加 100000 名步兵。后者的数据本身就不大可能，又跟阿里安在其他地方（1.13.3）的说法相左，因为阿里安提到波斯步兵"在人数上处于劣势"，因而即使最高的估计数目也应低于全部马其顿军队的43000人[47]——其中至少有一部分是负责维护交通路线的。普鲁塔克没有给出任何数据，而查斯丁（11.6.11）则提出其总数高达600000人（原文如此）。

现在我们不妨将这些数据跟伤亡数做一下比对。狄奥多罗斯（17.21.6）宣称，波斯人损失超过2000名骑兵和10000名步兵。普鲁塔克（Alex. 16.7）声称步兵损失20000人，骑兵2500人。阿里安（1.16.2）没有对步兵的损失做过估计，只说除了大约2000人以外希腊雇佣兵全部被歼。狄奥多罗斯还记载说俘虏有20000人——在此背景下这显然是指步兵俘虏。相比之下，根据史料马其顿军队的损失小得令人难以置信。骑兵损失的最高记录（Justin 11.6.12）是120人；阿里安（1.16.4）的数字是60人，其中包括25名侍友骑兵，而普鲁塔克（Alex. 16.7）则根据阿里斯托布罗斯的说法，只记载了25名侍友骑兵。根据现有的证据，步兵损失甚至更小：阿里安说有30人，而普鲁塔克和查斯丁则估计不超过9人。考虑到当时战斗的激烈程度，历史学家或许会对此报以怀疑的微笑。

不过，从这些数据中立马可以看出一个非常明显且自相矛盾的事实。在这场交战中，波斯人据说完全依赖骑兵，而他们损失最惨重的却是步兵——或者说我们的史料是这么说的。不过，根据同一史料这些部队除了希腊雇佣兵以外少有抵抗：他们一触即溃，也没有被追击（Plut. Alex.16.6; Arrian 1.16.1-2）。看起来这就解释了10000名死亡人数和20000名俘虏：宣传的第一法则是把故事说圆了。不过与此形成鲜明对比的是，所记载的骑兵损失就目前来看是完全可信的。可能有人要问，在这种显而易见的差异背后隐藏着什么信息呢？

首先，我们来看看能否找到可以从中推断出波斯军队真实规模的证据。狄奥多罗斯（17.19.4）给出了阿尔西特斯战斗次序的一些信息，当然是关于骑兵的：无论他所利用的资料来源于何处，至少这些资料既能接触到马其顿的记录也有波斯的记录，可能通过缴获的情报文件而得到的（通常假设公元前4世纪有这些东西，但我们只有很少的证据）。[48] 位于左翼的是门农及其希腊雇佣兵，一般认为这完全是骑兵部队。紧挨着他的是阿萨梅内斯及其奇里乞亚军队；然后是阿尔西特斯，他指挥帕夫拉戈尼亚人；之后则是斯皮特里达特斯以及来自叙尔卡尼亚的东方骑兵。在此，狄奥多罗斯模糊得令人生气：他说处于中间的也是 τὸν δὲ μέσον τόπον ἐπεῖχον οἱ τῶν ἄλλων ἐθνῶν ἱππεῖς, πολλοὶ μὲν τὸν ἀριθμὸν ὄντες, ἐπίλεκτοι δὲ ταῖς ἀρεταῖς（其他民族的骑兵分队，他们人数众多，是凭其勇武而精选出来的）。他们的右侧是 1000 个米底人、2000 个巴克特里亚人[49]和 2000 个由雷奥米特雷斯（Rheomithres）指挥的身份不明的骑兵。

如果这份名录真实可信，我们就可以大致猜出波斯骑兵的规模。共有七个分队有名可查并有相关的描述；其他"民族部队"至少提供了两个分队甚至更多，可能有三个。我们知道两个分队有 2000 人，有一个是其半数。如果我们取一个（保守的）平均值 1500 人，就能获得一个大致的总数 15000 人——这是狄奥多罗斯和阿里安各自估计值的中位数。2000 多人或 2500 人（即 14%—16%）的损失人数可能比较符合人们的预期。[50]然而，当我们转回到步兵这边来时，情况就大为不同。首先，毫无疑问阿里安（或托勒密）严重夸大了参战雇佣兵的人数。[51] 当门农第一次接受大流士的委任时，他只有不到 5000 名雇佣兵，波吕埃诺斯甚至估计这个数目低至 4000 人。他所掌控的军队在他得到小亚细亚西部的最高指挥权之前不太可能有明显的增长；而在他死后，大流士便立即召回他所拥有的所有雇佣兵——这表明作为商品，雇佣兵依然非常短缺。[53] 实际上，只有到了公元前 333 年，亦即当亚历山大征服了安纳托利亚大部分地区时，波斯大王才开始认真地招募雇佣兵。到伊索斯之战时，他大概已经把雇佣兵人数提升到了 30000 人，之后他有据可查的雇佣兵总人数达到了 50000 人。[54]

但是在公元前 334 年 5 月，当亚历山大抵达格拉尼科斯河时，在埃及、小亚细亚以及包括东部行省等其他地区，大流士是否拥有总共超过 15000 人的希腊雇佣兵还很难说。事实上，他提供给门农去对付帕美尼翁的先头部队的人数大概是 5000 人；在这个阶段，我们无法断定他是否认为腓力初出茅庐的儿子已经危险到需要进一步增兵的程度。此外，还有两点值得注意。亚历山大在格拉尼科斯河屠杀20000名雇佣兵中的18000人，这事本身不能说完全不可能，但至少可以说可能性非常低。对忒拜的洗劫是一次更为全面和不加限制的集体屠杀，而那也仅仅造成三分之一的死亡规模；[56] 甚至在阿西纳洛斯河雅典人被屠戮的规模也没有那么大。[57] 其次，不管怎么估计，很难相信除了雇佣兵以外部队如此多样的波斯人会没有任何其他种类的步兵；实际上无论阿里斯托布罗斯还是狄奥多罗斯，他们都没有说情况就是如此。[58]

另一方面，如果我们想要寻找确实的数据，那几乎是毫无希望的。阿里安的20000人是唯一有点可信度的估计：我们不应因为托勒密宣称其中只包含雇佣兵就断然将其摒弃。但是，即使是这个数字也显得太大了些。查斯丁的600000人的总体估计值大得令人难以置信，这提示我们该数字很可能是因为文字讹误而非宣传。在某个时期，抄写员可能把希腊文中的 $\hat{M}$（30000）错看成 $\check{M}$（600000）；尽管这可能为我们提供一个非常可信的大致数据，但无法据此提出一个可靠的假说来。如果我们接受步兵人数为15000—16000人，其中三分之一是希腊雇佣兵，这可能就是我们所能得到的最接近实际数据的值。

现在让我们回到战役本身上来，就像托勒密和阿里斯托布罗斯记载的那样。亚历山大不顾帕美尼翁的审慎建议以及在马其顿士兵中普遍存在的抵触情绪，以轻蔑的态度坚持马上进攻（Arrian 1.13; Plut. Alex. 16.1-3）。接着根据阿里斯托布罗斯的说法（16.3），他猛地跳进河中，和他一起的仅有13个骑兵分队。另一方面，托勒密所说的战斗次序与狄奥多罗斯的黎明战斗版本在某种程度上很相似，[59] 同时他还强调了波斯人的部署：他们沿河岸摆弄阵势，骑兵在前，步兵在后，基本重复了狄奥多罗斯的记载。大体上可以认定，他们中有一个搞错了战役的时间。按照托勒密的记载，这时战场上出现了片刻的平静，双方都注视着对方同时什么也不做。接着，亚历山大派出侦察队、派奥尼亚部队、一支侍友骑兵分队和一队步兵，并亲自统率整个右翼，以与河流成斜角的方式朝波斯中军前进。这看起来是一个更加谨慎且组织良好的调遣，也更适合通常的陆地战斗。

两位史家在随后发生的事情方面基本上是一致的。马其顿先头部队要对付的是波斯骑兵，后者非常勇猛，但是他们这么做没有什么充分理由，他们所做的事情要是交给门农的重装步兵和轻装标枪步兵，效果会好得多（参看 Fuller，在上文）。奇怪的是，来自河流两岸如暴雨般落在马其顿人头上的是标枪（ἀκοντία, βέλη）；据说波斯人一直在 ἐσακοντίζοντες（投标枪），而马其顿人则用枪——δόρατα 或者 ξυστά——抵抗。当亚历山大被击中时，他正在 ἀκοντισθείς（投掷标枪）。然而我们可能会注意到，当专门提到波斯骑兵时，明显没有提及他们的武器。和马其顿骑兵一样，他们也使用枪（δόρατα），当枪折断时用剑（ξίφος）。他们当中有些人也装备有短弯刀或马刀（κοπίς），这是一种传统的骑兵武器。狄奥多罗斯也提到了 σαύνιον（标枪）。[61] 只有托勒密在这一场景中提到了 παλτά（梭标或矛之类的投掷物），[62] 但仍旧无法确定是哪一种矛或标枪，因为它们与骑兵的运用特别相关。

可以想见，第一波进攻损失惨重（这次的失败怎样与马其顿方面极小的伤亡相吻合一直是个谜），击退敌人的部分功劳要特别归于门农。[63] 现在托勒密的版本与阿里斯托布罗斯的之间出现了另一个有趣的差异。当骑兵正在这次短兵相接中进行英勇搏斗时，后者告诉我们，"马其顿方阵渡过了河流，双方的步兵开始交战"（Plut. Alex. 16.6）。但是根据托勒密的说法，波斯步兵（无论雇佣兵还是其他步兵）一直在骑兵后面。他们中哪一个说的是真的呢？（如果阿里斯托布罗斯是对的）这些身配标枪和梭标的幽灵似的步兵是谁，竟能一时（毫无疑问是在门农的命令下）抵挡住亚历山大的骑兵冲锋并随后与方阵步兵战斗：καὶ συνῆγον αἱ πεζαὶ δυνάμεις（步兵也加入了战斗）？[64] 在下一个句子中我们读到，他们"没有奋力抵抗，抵抗时间也不久，而是很快就溃散了，除了希腊雇佣兵以外"。这清楚地表明门农的部队不是唯一的为波斯而战的步兵。

托勒密至少前后一致：根据他的版本，亚历山大一直到主要的骑兵战斗获胜后才去对付敌人的步兵——注意，这也是狄奥多罗斯的观点。[65] 但是，狄奥多罗斯说得很清楚，他记述的是发生在次日黎明的一场战斗，而且战场环境大为不同：不是渡河而战，而是在对岸的开阔平原上——正如查斯丁所说（11.6.10），是在阿德拉斯泰亚平原上；这是很小的一个点，但并非没有意义。然而，在亚历山大及其军队登上格拉尼科斯河对岸并站稳脚跟之后——就在这个关键点上，托勒密和阿里斯托布罗斯的叙述在细节方面短暂地变得模糊不清，这非常引人联想——三种版本趋向了一致。我们知道亚历山大、密特里达特斯和罗萨刻斯之间的著名决斗；亚历山大在千钧一发之时被黑面的克雷托斯拯救；最后波斯军队溃败，亚历山大获胜。在狄奥多罗斯的版本中，亚历山大被处理得比较粗暴，不太像一个不可战胜的英雄：他竟然一度被打倒在地，斯皮特里达特斯及其王室亲戚从四面赶来攻击他。[66] 但是，在此之后三位史家在处理相同的战斗时都没有什么太大的分歧。

在进一步分析之前，不妨概括一下在目前探究中出现的几点事实。首先，我们有两种独立的（且表面看来无法调和的）叙述，记载了亚历山大在格拉尼科斯河打的战役。在其中的一个版本中，有人建议他等到黎明之后而非在极为不利的情况下发起不可能获胜的正面进攻；他拒绝了这项建议，进攻并最终获得胜利。在另一版本中，他一直等到了黎明。在一个版本中，他渡河进攻，登上了对岸陡峭的堤岸；在另一个版本中，他让部队悄悄地渡河而不被波斯人发现（至少到最后一刻），然后打了一场经典的马其顿式战斗。在一个版本中，双方的策略都很不明智，波斯人的简直令人难以置信；在另一个版本中，双方的策略都是恰当的，无可非议。在渡河时，托勒密和阿里斯托布罗斯不仅和狄奥多罗斯存在分歧，而且相互间偶尔也有差异，这暗示我们他们可能隐瞒了一些关键信息（即在第一波攻击中门农的步兵可能扮演的角色）。在渡河之后，该战役的有关叙述都可以跟狄奥多罗斯的版本很好地合并在一起，虽然后者表面上描述的是另一种情况。最后，我们得到的是对波斯步兵人数和损失的明显夸大，托勒密的版本甚至暗示说他们全是希腊雇佣兵；与此相对，对马其顿军队的损失的估计少得令人难以置信，我们几乎没法将其解释为政治宣传。毕竟宣传是为了让人们相信。

我们该怎样来理解这一切呢？我们可以很有理由地说，狄奥多罗斯的版本应该得到比它通常所得到的更多的关注。这就马上引出一个问题，即为什么大多数学者断然摒弃这一版本。这一问题的最有启发力的答案就包

含在戴维斯对贝洛赫的批评中：[67]

> 他将阿里安－普鲁塔克的版本直斥为一种单纯的传奇式的刻画，意在以荷马式的英雄观来展现亚历山大。这里他不仅偏好更差而不是更好的来源，而且将格拉尼科斯河一役与亚历山大的整个征战生涯对立起来。他把亚历山大大帝变成了帕美尼翁。为什么当时的情况就一定是亚历山大选择了更谨慎而非更大胆的做法呢？倘若亚历山大只是一个没有个人色彩的出色统帅的话，这也没法解释亚历山大后来的征战生涯或者他死后的历史。亚历山大正是一个荷马式的英雄。

现在不论我们对呆板地信赖"更好"而反对"更差"持何种态度，都得承认戴维斯的中心论点。狄奥多罗斯的叙述确实与我们所熟知的亚历山大的行事风格在所有方面都相冲突。但这是否意味着我们必须不加考虑地拒斥那种观点呢？恐怕未必。当时的状况可能连亚历山大都得做一次违心之举，甚至承认自己犯了严重的误判。在这种情况下，他自然而然会为了自身的利益而篡改记录。我认为，我们的问题要更为复杂得多，不仅仅是在两个相异的传统说法之间做抉择。我们所面临的是蓄意、明显且成体系的篡改证据。

所以我们无法像格列佛（Gulliver）那样简单地在大头党和小头党之间做出选择*，因为（与流行的看法相反）政治宣传不论何时都会尽可能地避免直接撒谎。政治宣传通常更倾向于保留表面痕迹，然后辅以两个久经时间考验的策略——隐瞒真相和虚假暗示。这种精心歪曲过的半真半假的叙述要比单纯的伪造来得更有效，至少因为要揭露其本质会更加困难。**

---

* 格列佛是斯威夫特的《格列佛游记》中的人物，其中的小人国有两党，一党要求吃鸡蛋的时候先磕大头，一党要求先磕小头。

** 当然，这条规则též有其例外之处。巴迪安教授提醒我，在西塞罗的作品中（De Orat. 2.241）有一个突出的例子，其中克拉苏（L. Crassus）声称孟米乌斯（Memmius）伤害了对手拉尔古斯（Largus）的手臂。西塞罗说："你们看这个故事多么机智，多么文雅，与演说家的身份多么相称——要么你讲述一件真实的事情然后用少量的谎言加以润饰，要么你凭空编造一个。"或许相反的原则是，如果要虚构，那就以惊人的尺度进行虚构，以此消除疑虑，例如"犹太贤士议定书"（Protocols of the Elders of Zion）就是完全虚构的呢。——原注如果我们能暂时接受这样的假说，即现有的关于格拉尼科斯河战役的主要叙述经过篡改，隐藏了一开始的失败，那么我们不仅对亚历山大的行为，而且对两种存在分歧的 *testimonia*（证引）就会有全新的认识，那两种 *testimonia* 也许就能以意想不到的方式进行调和。一方面，我们有一个格拉尼科斯河战役的"官方"版本；另一方面则是一个独立的版本，这个版本虽然接受了"官方记录"的某些可疑说法（例如有关波斯步兵损失的说法），但在几个关键点上与之不同。

托勒密和阿里斯托布罗斯（二者必定对真相极为清楚）利用了经过篡改的记录，如果我们自问谁最终要为记录的篡改负责，唯一可能的答案就是亚历山大，并且他很可能得到了秘书长欧美涅斯和远征军的官方史家卡利斯特涅斯的帮助。事情似乎已经很清楚了。但是，我们最重要的任务是不仅要找出真相是如何被歪曲的，而且要明白为什么被歪曲。毕竟格拉尼科斯河打赢了，这一事实是无可争辩的。但这引出了一个明显的难题。如果亚历山大是以狄奥多罗斯所说的方式获胜的，那他为什么要苦心编造一个完全错误且对他的战略感并无加分的版本呢？[68] 如果托勒密和阿里斯托布罗斯说的是真的，那狄奥多罗斯所采纳的极为正常且毫不传奇的版本又是如何传播开来的呢？关键是狄奥多罗斯把（无论发生在何时何地的）实战中的国王塑造成一个不能再荷马式的人物；只有在战斗前，国王的谨慎才引人注目。

在此我们不免会联想起戴维斯的问题："为什么当时的情况就一定是亚历山大选择了更谨慎而非更大胆的做法呢？"难道就不能是这样，即起初他并没有谨慎行动，而是非常典型地，像他所模仿的荷马式英雄那样行动，并且导致了灾难性后果？由此可以假定在格拉尼科斯河发生过两次战斗，[69] 第一次发生在下午，失败了；第二次发生在次日早晨，取得了全面的胜利。这种假说不仅可以使我们调和冲突的证据，而且能够为亚历山大后来伪造记录提供最强有力的动机。亚洲征战一开始时的失败——即使稍后马上得到了弥补——会造成最为恶劣的印象，尤其是对小亚细亚还在犹豫不决的希腊城邦。德尔菲宣布亚历山大是 ἀνίκητος（不可战胜的），[70] 他必须在任何情况下都是 ἀνίκητος。其中便蕴含着亚历山大超凡个人魅力的最终秘密，即对他不可能失败、他的领导就是胜利的保证的半迷信般的信仰。

正如我们所看到的，[71] 终其一生，一旦他的意志和雄心受到直接阻挠，亚历山大的反应往往非常暴烈。他的本能就是摧毁一切阻碍他的人；为了寻找合适和令人满意的复仇机会，他可以等上数年的时间。一旦最终获得胜利，在格拉尼科斯河的挫败，哪怕只是暂时的，也会给所有相关人员带来灾祸。波斯一方最善战且最有经验的部队自然是门农的希腊雇佣兵。亚历山大独独对这支特殊部队持有异常残暴的态度，这是否只是一种单纯的巧合呢？他将他们大规模地屠杀，并且像对待重犯一样给残存者戴上镣铐，送到马其顿去做苦力，那时候按常理他可以用优惠的费用来获得他们非常有价值的服务。再者，这乃是一个孤立的举动，自那以后，不论何时俘虏希腊雇佣兵他都会把他们招募进来。[72]

他表面上的理由（为托勒密所公开且为大多数现代学者所接受）是，"作为希腊人，他们违背了希腊舆论，竟与东方人并肩作战共同对付希腊人"（ὅτι παρὰ τὰ κοινῇ δόξαντα τοῖς Ἕλλησιν Ἕλληνες ὄντες ἐναντία τῇ Ἑλλάδι ὑπὲρ τῶν βαρβάρων ἐμάχοντο）。[73] 换句话，作为同盟的统帅他正在做一个姿态。但是，希腊舆论是只有在需要的时候亚历山大才会加以注意的东西，对他来说同盟只是用于遮掩可疑或诡诈行动的遮羞布，其中摧毁忒拜（参见上文第 147 页及以下）[74] 就是最为臭名昭著的一例。稍微好一点的希腊舆论有利无害，但是这绝不会是亚历山大的首要动机。阿里斯托布罗斯告诉我们，亚历山大"受愤怒影响甚于理智"（θυμῷ μᾶλλον ἢ λογισμῷ），[75] 这听起来更像是真相。他的行为实际上具有各种暴怒的特征，他的愤怒有时连最后的一点自制都能一扫而空，而引起他暴怒的往往是个人的受辱、对他命运的挫败以及对他意志、尊严或荣誉的冒犯。

在这方面，记录的篡改非常发人深思。步兵的人数要比实际情况多得多；在托勒密的叙述中（参见上文），他们也不是纯粹的波斯征召兵，而是清一色的训练有素的雇佣兵。我们已经看出这种说法是根本不可能的。然而，作为宣传它的意义是非常清楚的。希腊雇佣兵所代表的威胁被严重夸大，而战胜他们的荣耀也会相应地增长。不过同时，他们在实际渡河时所扮演的角色也从官方叙述中删掉了，即便这样做会导致波斯一方的作战方案变得令人难以置信。这种双重反应，加之后来亚历山大对他们的残暴处理，暗示着他们曾在一定程度上挫败了他的计划，使他处于十分难堪的境地，故而他决心让此事被人们遗忘。不管怎样，他所遇到的困难被严重地夸张了；如果曾一度失败，他就决心证明原本就没有一个凡人可以成功。

现在，如果亚历山大事实上直接听从了帕美尼翁的建议，在黎明时渡河并赢得胜利，那么他就没有必要编造托勒密叙述的那个冗长的和富有戏剧性的故事，细节还极为丰富：其中包括马其顿人的恐慌、闰月的置入、帕美尼翁的主张以及渡河过后第一波自杀式的进攻等诸多细节。这些事情真实地发生了，它们就发生在那个傍晚，正如托勒密所说的那样。如果至此我们认为狄奥多罗斯的叙述同样大体上是真的，那么亚历山大关于格拉尼科斯河战役宣传的本质就立马暴露了出来，所有表面无解的差异也就一目了然了。现在我们就可以重建事情的真实过程了。

当亚历山大到达格拉尼科斯河时，发现阿尔西特斯已经部署得非常妥当。阿尔西特斯让骑兵沿着河岸列阵，因为这是他手下最强的本土军队；但他们并非孤军作战。在渡河口他安排了门农的让人敬畏的雇佣兵，就像任何称职的将军都会做的那样。波斯人知道自身的防御力量，他们就那样紧挨着坐着，看看亚历山大会不会鲁莽到要发起正面进攻的程度（显然他那冲动的性格早已声名在外）。他们对敌人的判断很准确。亚历山大决定立即渡河，任何将领只要敢提出推迟进攻的计策，就有被视为怯懦的危险，如果不是说叛逆的话。[76] 国王年轻气盛，又不计一切代价地迫切需要一场战斗，这是他第二次同时也最后一次让冲动战胜了冷静的战略头脑。帕美尼翁建议，敌人很有希望拔营离开。[77] 当然，这正是亚历山大极力要避免的事情，可能也是促使他拒绝副统帅建议的主要因素。

此外，亚历山大的荷马式使命感正召唤他去实现英雄的伟业，就像他的偶像阿基琉斯那样；此时此刻还有什么比面临巨大的不利条件直接渡河作战，更能实现英雄伟业呢？他猛地冲进了河流，同行的还有 13 个骑兵分队。或许方阵步兵随后跟上，也可能没有。士兵中一片慌乱；帕美尼翁的建议被弃置一旁；而且几乎每个关键职位，包括翊卫队和侍友骑兵的，都被帕美尼翁的儿子、亲属或者他所提名之人占据着。伯恩问道，[79] 如果从一开始亚历山大和帕美尼翁之间就存在权力斗争，那为什么在格拉尼科斯河时军队不直接把亚历山大"变成乌利亚（Uriah）"*呢？他还补充说，没什么能比这容易了。事实上，我认为他们可能做过这种尝试，但就像亚历山大后来的功业所证明的那样，在不被政治斗争所击败这方面，他的天分比他父亲腓力更胜一筹。[80]

亚历山大及其骑兵分队跟门农的雇佣兵血战了一阵子，此时标枪像暴风雨一样落到了他们的头上。[81] 如果此时有其他马其顿部队，无论步兵还是骑兵，赶过来支援，他们也很难有什么进展。最后，他们被迫承认失败，转身撤回河岸。这便是托勒密和阿里斯托布罗斯所极力隐瞒的核心事实。亚历山大和波斯人的第一次小规模冲突以耻辱的失败而告终。更糟的是，事实证明帕美尼翁是对的；而且凭其六十五年的人生经验，他定会及时强调这一事实。不过，虽然亚历山大从未忘记或原谅这次的屈辱，但他也是个现实主义者，从未丢掉自己的终极目标。他把自己的高傲压了下去，当时必须赶紧做点什么。当晚，军队往下游行军，然后涉水渡过格拉尼科斯河。或许亚历山大只是提示了他的将领，如果次日早晨军队在战斗中大显身手，那么这个事情就算到此为止。毕竟，他比谁都希望人们尽快把第一次进攻忘掉。

事实证明确实如此：马其顿军队或许为之前的失败感到耻辱，于是赢得了一场全面的胜利。但是，从亚历山大的角度看事情并没有结束。还有一些账要算，还有一件事要掩盖。帕美尼翁是不可或缺的，要过几年时间，国王才觉得自己已经强大得足以与其一决高下；[82] 但那些促使他受到屈辱的雇佣兵却是另一回事。对于他们，他马上进行了残酷的报复，同时声称自己是在执行希腊同盟的判决，以此掩饰个人的动机。他最初的失败也可以为史料中马其顿极小的伤亡数字提供一种可能的解释。每个学者都认同，这些数字作为总体伤亡的估计值非常荒谬。如果关键的战斗是以托勒密所说的直接正面进攻的方式进行的，那我们可以肯定地说亚历山大的损失必

---

* 乌利亚是旧约《撒母耳记》中的人物，他的妻子拔示巴被大卫看上，大卫阴谋让人派遣他到危险的地方去作战，然后故意后退，使他被杀。

定非常惨重，其伤亡规模决不亚于克里米亚战争中轻骑兵所遭受的损失（二者的情形差不多）。但是，如果我们把这些数字仅仅当作那 13 个与亚历山大一同渡河冲锋的骑兵分队所遭受的伤亡，那这些数字就立马变得合情合理了——其中连那 9 个步兵也得到了解释，他们大概属于先头部队中的"一队步兵"（καὶ τῶν πεζῶν μίαν τάξιν）。[83] 亚历山大在狄昂为在格拉尼科斯河战死的 25 位侍友立了雕像——这又是另一个独一无二的举动，后来再也没有出现过：重要的是，据说所有人都是"在第一次进攻中"（ἐν τῇ πρώτῃ προσβολῇ）被杀的。[84] 纪念且仅纪念这忠心可靠的少数几个人是一种高傲之举，却非常符合我们所熟知的亚历山大的性格。

接下来要做的就是为了宣传目的而更改这一记录。没有必要篡改关键的战斗，只需转移一下战斗的背景即可。必须不惜一切代价将其抹去的是第一次损失惨重、考虑不周的耻辱的冲锋。因此两次独立的交战便合而为一，关键战斗的场景则从黎明变成了傍晚，从阿德拉斯泰亚平原变成了格拉尼科斯河河岸。卡利斯特涅斯（或者其他负责人）必须赶紧完成这项任务；出现一些未交代清楚的情节、很能说明问题的不一致，以及通过仔细寻找就可发现的刻意缀合也就不足为奇了。门农在防御中的作用被精心抹去了，虽说（正如我们所见）还不够仔细；波斯人的作战方案被原封不动地放到新的情境中，于是看起来有悖常理，甚至愚蠢（这本身就是一种出色的宣传）；而关于国王个人 ἀρετή（成就）的事迹则被无限地增加。

亚历山大在世时，无人敢公布真相：有太多的高级将领参与此次的篡改了。确实，在真实的故事里，相关人员也不会获得更多的功劳——或许帕美尼翁除外。这场战役毕竟打赢了，而人类又非常健忘。但是，差异注定会窜入官方的版本之中，其中大部分是由于对真相的无意识坚守，除了一些非常敏感的地方以外。最后，狄奥多罗斯的资料来源之一记录了亚历山大黎明调动的真实情况。这种记录的起源如今只能进行推测；但它出现在狄奥多罗斯的叙述中，虽然经过了严重删减，而且查斯丁和波吕埃诺斯对此也有所暗示。[85] 如果这种假说是正确的，它就向我们揭示了亚历山大整个征战生涯中的一个重要事件，即亚历山大亲身遭遇过失败，由此也使他更像是一个凡人。

眼下我并不认为这里所提出的假说可以完全合理地解释格拉尼科斯河战役的谜团，我也非常清楚那些反驳这种假说的论证。众所周知，狄奥多罗斯是一个没有批判精神、不大可靠的史家（或者说史料传承者）；他关于伊索斯之战的叙述充满问题，要是没有上文所做的（对我来说）不可回避的反思，我们很难接受他关于格拉尼科斯河战役的叙述。坦白地说，正如一位更有说服力的批评者所指出的那样，我也不觉得这种说法是内在合理的，即"在两种叙述之中，一个（阿里安）蓄意篡改，粗略地把第一次战斗的前一半和第二次战斗的后一半整合在一起；而另一个（狄奥多罗斯）则非常凑巧地，遗漏第一次战斗只给了关于第二次战斗的叙述"。我只是觉得这种情况并不比其他情况更不可能。同样，虽然在这件事情上托勒密和阿里斯托布罗斯的动机是非常清楚的，但对亚历山大有敌意的史家为什么不立刻拿第一次失败了的进攻大做文章，并尽全力公之于众，就像其他只为更少的人所知、稍后又被亚历山大的宣传人员压制或歪曲了的事情所发生的那样呢？这个问题我无法回答，就像我无法理解假如阿里安说的是真的，那狄奥多罗斯的版本（相比之下更为理智且更合乎常理）又是如何出现的。这个假设带来的问题和其他假说一样多。也许那天下午并没有发生拙劣的进攻，亚历山大未提异议，在黎明时分渡河。甚至有可能（这一点若没有对地形进行实地考察是很难做出判断的）他一开始就强行渡河成功了，我觉得这至少不大可能。但是，不管哪种情况，我所概括的真正难题仍旧有待解释。（例如，我们无法将狄奥多罗斯关于战役准备的叙述，简单地驳斥为一种其素材出自伊索斯之战的修辞学虚构。亚历山大几乎在他所打的每一场大战中都重复了这种基本的部署：如果说这是一种套路，毋宁说其是战术性的而非修辞学的。）我只敢说，我的假说所回答的问题要比它所提出来的更多。或许到头来戴维斯是对的，谜团永远都无法解开。

注释及引文

（译者说明：按照西方学者的习惯，作者在注释中大量使用缩略语，强行译出反而不便于阅读。因此，除叙述性文字以外，译者基本保留原样。鉴于有些缩略语读者可能较为陌生，这里列出几个注释中频繁出现的，供读者参考：ad loc.=ad locum，该处，至此处；ap.=apud，见于，被引于；cf.=confer，参看，试比较；Contra 相反地，相对地；ext.=extra，额外的，编外的；f., ff.=following, followings，及下页，及以下；ibid.= ibidem，同前，同上；loc. cit.= loco citato，在上述引文中；n., nn.=note, notes，注释；op. cit.= opere citato，前引著作；passim 各处，多处；ref., reff.=reference, references，引文，参考书目；s.v.=sub verbo，在……条目下；ut supr.=ut supra，如上，如上所述。）

第一章

1. See C. F. Edson, *AM*, p. 44.
2. 相关年表参见 Hamilton, *PA*, p. 7。
3. 据说腓力曾担任其兄佩狄卡斯之子阿敏塔斯的摄政，但这种说法只是基于一些可疑的证据（Justin 8.5.9-10），而且近来有一篇文章对此提出了有力的反驳，参见 J. R. Ellis, 'The Security of the Macedonian Throne under Philip II', *AM*, pp. 68-75。
4. cf. A. Aymard, 'Le protocole royal grec et son evolution', *REA* 50 (1948), 232-63.
5. See now S. Marinatos, *AM*, pp. 45-52.
6. *Suda* s.v. Κάρανος.
7. 即马其顿的罗伊奥斯月（Loios）的第六天；参看 Hamilton, *PA*, p. 7, and E. J. Bickerman, *Chronology of the Ancient World*, London, 1968, pp. 20-26, 38-40. 不过可以肯定，腓力早就得到消息了。
8. Plut. *Moral.* 177C 3 (= 105A, 666A).
9. Hdt 3.40-41.
10. Seltman. *GC*² p. 200 with pl. xlvi, nos. 11-14; Head-Hill-Walker, *Guide*, p. 39 with pl. IIIB, no. 20.
11. 这里的叙述很大程度上受益于哈蒙德的出色概述，参见 Hammond, *HG*, pp. 533 ff.。我还利用了埃德森的论文，参见 Edson, 'Early Macedonia', *AM*, pp. 17-44。
12. Appian, *Syr.* 63; Diod. 7.15; Thuc. 2.99.3; Edson, *AM*, pp. 20-21.
13. 尽管后来的一些证引（*testimonia*，例如 schol. Clem. Alex. *Protrept.* 2.8, Justin 7.1.10）声称，阿吉德王朝只是把伊德沙重新命名为埃盖，但是这两个地方虽然相距很近，但很显然两者是不同的。参见 Hammond, *AM*, pp. 64-5 和 Edson, ibid., p. 21 n. 18, 后者指出古代史家"往往把王陵和埃盖联系在一起，但从未与伊德沙相联系"：参看

AP 7.238; Diod. 19.52.5, 22.12; Pliny HN 4.33; Plut. *Pyrrh.* 26.12; *FGrH* no. 73, fr. 1。
14. See A. B. Bosworth,'Philip II and Upper Macedonia', *CQ* 21ns [65] (1971) , 99-100.
15. Strabo 7.7.8, C. 326.*
16. Hammond, *HG*, p. 534.
17. Hdt 5.22; Justin 7.22.
18. Green, *The Year of Salamis, 480-479 B.C.* (1970), pp. 258-60.
19. Demosth. 23.200; [Demosth.] 12.21, cf. Hdt 8.121.2, and Edson, *AM*, p. 26, with nn. 50-53.
20. Edson, *AM*, pp. 26-9.
21. Plato *Gorg.* 471; Athen. 5.217d; Aelian *VH* 12.43, 8.9; Arist. *Pol.* 5.811-12, 1311b.
22. Edson, *AM*, pp. 34-5 and reff. there cited.
23. Aelian *VH* 7.12.
24. Hdt 5.22; Thuc. 2.99.3, 4.124.1; Paus. 7.25.6; Pindar frs. 120-21 (Snell); Bacchylides 20B (Snell).
25. *SEC* 10.138; Andoc. 2.11.
26. *AM*, pp. 30-31. 至于改革的整体情况，参见 Harpocration and the *Suda* s.v. πεζεταῖροι**, citing Anaximenes of Lampsacus。
27. Thuc. 2.100.2.
28. 阿凯劳斯对希腊知识分子的倾慕：Dio Chrys. 13.30。宙克西斯之事：Aelian *VH* 14.17, cf. Athen. 8.345d, Plut. *Moral.* 177B。狄昂的"奥林匹亚节"的相关史料收集于 W. Baege, *De Macedonum Sacris* (Halle, 1913), pp. 10-12。阿伽通之事：Aelian *VH* 13.4, 2.21; cf. Aristoph. *Thesmoph.* 100-130, 191, and *passim,* also Plato *Protag.* 156b。欧里庇得斯之事：*AP* 7.51.4, Aelian *VH* 13.4。苏格拉底的拒绝：Arist. *Rhet.* 2.23.8, 1398a; Seneca *De Benef.* 5.6.6; DL 2.25。
29. Arist. *Pol.* 1324b; Athen. 18a.
30. 有关马其顿宫廷生活的生动（而且可能并没有过分夸张）的描述参见 Theopompus ap. Polyb. 8.9.6-13, 以及 Athenaeus 引用的同一位作家，4.167a-c; cf. Demosth. *Olynth.* 2.18-19。
31. 这段插曲可参见 A. B. Bosworth, *CQ* 21ns [65] (1971), 100-101 with n. 7。
32. Justin 7.4.7-8, 7.5.5. 这整个时期的相关证引收集在 F. Geyer, *Makedonien bis zur Thronbesteigung Philipps II*, Historische Zeitschrift, Beiheft 19 (Munich/Berlin, 1930), ch. 5, pp. 105-39。
33. Diod. 15.71.1. 很可能托勒密是某位阿敏塔斯的儿子，这个名字在马其顿非常常见（可参见 Berve *APG*, vol. II, nos. 56-65）。
34. Aeschin. *De Fals. Leg.* 29; Plut. *Pelop.* 26-7: Marsyas ap. Athen. 14.629d; Justin 7.5.1-3; Diod. 15.60-61, 67, 71, 77, 16.2 (with n. 2 in Loeb edn, pp. 236-7). 古代史家们非常混乱，有人说伊利里亚人在跟阿敏塔斯打了一仗后掳走腓力作为人质，大多数人都认为他被

---

* C. 326 是早期由 Casaubon 编辑的版本的页码，洛布版将其作为边码。

** 该词的拼法似误，查词典应为 πεζεταιροι，在 Suda 辞书中则作 πεζαίτεροι。

亚历山大二世赎了出来，然后被送到忒拜去了。不过，这基本不成立。现有的版本主要依据的是 Aeschines, *De Fals. Leg.* 26 ff.，并得到了大多数现代学者的认可。

35. M. Cary, *CAH*, vol. VI, p. 82.
36. QC 6.8.25; cf. Tarn, vol. II, p. 138, n. 1, and Edson, *AM*, p. 32.
37. Hammond, *HG*, p. 535.
38. Tarn, vol. II, p. 141.
39. Thuc. 2.100; Xen. *Hell.* 5.2.39; cf. Milns, p. 46, Fuller, p. 47, n. 1, Hammond, *HG*, p. 536, n. 1, and Snodgrass, pp. 119-20.
40. 其他的可能人选包括亚历山大二世和阿凯劳斯；但是前者在位时间太短，不足以推行长久的军事改革，而后者只是因为文本校勘才出现在选项当中。参见 Edson, *AM*, p. 31, n. 80。
41. Snodgrass, pp. 118-19.
42. Carystius ap. Athen. 11.506e-f, 508d-e.
43. Diod. 16.2-3; Polyaenus 4.2.1, 10; Aelian *VH* 14.48; Tarn. vol II, pp. 135 ff.
44. Tod II, nos. 143, 147, 148.
45. 即使像哈蒙德这样中庸而保守的历史学家也说，这时期的雅典"其外交和战争手段堪与海盗的相提并论"（p. 503）。至于提摩修斯的所作所为，参见 Diod. 15.81.6; Isocr. 15.108 ff.; Demosth. *C. Aristocr.* 150 ff.; Tod, II, no. 143。这里所引用的伊索克拉底的《论财产交换》（*Antidosis*）特别能揭示内情。
46. Aeschin. *De Fals. Leg.* 29-30.
47. Diod. 16.2.4-6.
48. Diod. 16.3.4.
49. Diod. 16.3.5-6; Demosth. *C. Aristocr.* 121.
50. Polyaenus *Strat.* 4.10.1.
51. Diod. 16.4.3-7; Justin 7.6.7; Front. *Strat.* 2.32; Polyaenus *Strat.* 4.2.17; cf. Bloch, *GG2*, III, i, p. 226 and n. 2, Hammond, *HG*, p. 538（有战术方面的精彩叙述）。
52. cf. Burn, *AG*, pp. 34-5.
53. cf. Plut. *Alex.* 3.4-5, Justin 12.16.6.
54. 对腓力统治时期这方面的业绩的出色叙述可以参见 Harry J. Dell, 'The Western frontier of the Macedonian monarchy', *AM*, pp. 115-26, esp. 118-19, 121-2, with reff. there cited。主要史料有 Demosth. *Olynth.* 1.13, 23, *Phil.* 1.48; Justin 8.3.7-8; Diod. 16.69.7。
55. 奥达塔、翡拉和菲林娜的相关情况参见 Satyrus ap. Athen. 13.557c-e。这整段都值得仔细研读，因为它不但揭示了腓力几次婚姻的年代顺序，而且在他娶了和未娶的女人（特别是菲林娜和尼刻西波利斯这两位塞萨利人，他只是跟她们育有后代而已）之间做了清楚的区分。现代学者并非总能注意到这种区别：可参见 G. T. Griffith, *CQ* 20ns [64] (1970), 70 with n. 1。这段文字还解释了为什么查斯丁（13.2.11）会把菲林娜称为 *scortum*（妓女）。他在其他地方（9.8.2）将她描述成一个 *saltatrix*（舞女），对此我们没有理由进行怀疑。
56. E. Badian, *Phoenix* 17 (1963), 244. 他还引用了一句被用于全盛时期的哈布斯堡王朝的欢乐的拉丁语六音步诗句: *Bella gerant alii: tu, felix Austria, nube*（"让其他人去作战，而你——幸运的奥地利——去结婚吧"）。

57. Diod. 16.4.1-2; Justin 7.6.6-9; Beloch, *GG*2, III, ii, pp. 68 ff.; Tod, II, p. 146.

58. Demosth. *In Leptin.* 33; Strabo 7.4.6 (C. 311); Tod, II, no. 151. 粮价自公元前 393 年以来已经翻了一翻。公元前 357 年，雅典从博斯普鲁斯的金梅里亚人的统治者琉孔（Leucon）那里进口了不下 2100000 麦丁努斯（1 麦丁努斯约合 1.5 蒲式耳）。至于授予琉孔及其子的特权参见 Tod, II, no. 167. 此时类似的考虑促使雅典发动远征，以确保把忒拜人隔绝在优卑亚之外：Demosth. *Olynth.* 1.8, *Chers.* 74; Tod, II, nos. 153, 154.

59. Isocr. *Phil.* 2; Aeschin. *De Fals. Leg.* 21, 70, 72, *In Ctesiph.* 54; *IG*, ii2, 127.

60. Diod. 16.8.3-4; Tod, II, no. 158.

61. Plut. *Alex.* 2.1-6, 9.3-4; Arrian 7.12.6-7. 这次婚姻可能也有政治动机在其中。至于伊庇鲁斯和上马其顿地区的特别联系，参见 Bosworth, op. cit., p. 102："品都斯山脉东西两侧的两个大国现在以联姻的方式结盟，他们的后代将会是混血的，正如阿塔罗斯后来所评论的那样。"

62. Diod. 16.3.7, 16.8.6-7, 16.53.3; Theopompus ap. Athen. 4.167a; Tod, II, p. 170; Bellinger, pp. 35-6; Griffith, *GR*, p. 127.

63. Plut. *Moral.* 177C2.

64. 参看 Hammond, *HG*, pp. 497-8, 作者对斯巴达的方法做了有力且正当的谴责。至于腓力的态度可参见 Plut. *Moral.* 177C-D4.

第二章

1. Plut. *Alex.* 3.1-4; Cicero *Nat. Deorum* 2.27, 2.69.

2. 例如普鲁塔克，他尽管使用了当时的史料，但却一心想要把亚历山大塑造成一个典型人物，一个受激情和雄心控制的"斗志昂扬"之人。尤其可以参见普鲁塔克早年的两篇文章 *On the Fortune or the Virtue of Alexander*, *Moral.* 326D-333C, 333C-345B，以及其他富有见地的评论: A. E. Wardman, *CQ* ns5 (1955), 96 ff., E. Badian, *Historia* 7 (1958), 436 f., and J. R. Hamilton, *GR*, p. 123, *PA*, pp. xxxviii ff.。至于研究亚历山大的历史学家心中的无意识偏见，参见上文 480 页及以下。

3. cf. S. K. Eddv, *The King is Dead*, pp. 11-12, 23 ff., 65-9; and below, pp. 314-15.

4. Hamilton, *GR*, pp. 123-4.

5. Plut. *Alex.* 5.1-3; *Moral.* 342B-C; Diod. 16.52.3, cf. QC 6.5.2, and Hammond, *HG*, p. 548. cf. Polyt. 12.22.

6. 至于腓力围攻并占领奥林托斯一事，参见德摩斯提尼的三篇奥林托斯演讲, *passim*; Diod. 6.53.2-3, 55 *passim*; Justin 7.4, 8.3. 至于伊庇鲁斯的亚历山大（"莫罗西亚人"），参见 Demosth. *Olynth.* 1.13; Paus. 1.11.3; Justin 8.6.5。

7. *Olynth.* 1.13.

8. Theopompus ap. Polyb. 8.9.6-13 and Athen. 4.167a-c; Demosth. *Olynth.* 2.17-19; cf. Parke, *Greek Mercenaries*, p. 160.

9. 至于他们的态度可参见 Theophrastus ap. Athen. 10.435a。

10. Tarn, vol. II, p. 326.
11. See, e.g., Isocrates, *Philippus*, 32-4, 111-20.
12. *Iliad* 3.179 and 6.208; 后一行诗曾被布伦特引用（P. A. Brunt, *GR*, p. 208）。至于亚历山大的谱系，参见 Plut. *Alex.* 2.1; Diod. 17. 1.5. 有关成就的轶事参见 Plut. *Moral.* 179D1。
13. Arrian 4.9.3; Plut. *Alex.* 5.4-5, 7.1, 22.5, 25.4-5.
14. Plut. *Alex.* 6.1; Arrian 5.19.5; Pliny *NH* 8.154; cf. A. R. Anderson, *AJPh* 51 (1930), 1 ff. 至于公元前 347 年腓力在狄昂的竞技庆典参见 Demosth. *Fals. Leg.* 192-5. 在评估布凯法拉斯的故事上，我十分受益于海军陆战队的巴克尔少校（Major E. N. Barker, M.C.）的专业意见，他是塞萨利的特里卡拉（Trikkala）的拉扎里纳马场（Lazarina Stud Farm）的总经理。至于塞萨利马在古代的声名，参见 Hamilton, *PA*, p. 15 and reff. there cited。我们没有比这更高的马匹价格的古代记录。与之最接近的是多拉贝拉（Dolabella）所付的 100000 塞斯特斯（sesterces，大约 4 塔兰特）：参见 Aul. Gell. *NA* 3.9.
15. 这则轶闻普鲁塔克有长篇而详细的记述，参见 Plutarch, *Alex.* 6 *passim*. 我只是做了转述而已。至于德玛拉托斯在此事中的角色，参见 Diod. 17.76.6 和 Chares of Mytilene ap. Aul. Gell. *NA* 5.2. 其他史料参见 Berve, no. 253, p. 133。
16. Aeschines *In Timarch.* 166-9; Plut. *Per.* 1.5.
17. Diod. 16.53.2-3, 55 *Passim*; Justin 7.4, 8.3; Demosth. *Fals. Leg.* 233, 237, 264 ff.; Tod, II, no. 166; Aeschines *Fals. Leg.* 18-19.
18. 主要的史料是德摩斯提尼和埃斯基涅斯所作的相互对立的演说《论辱命之使》（*On the False Embassy*）对于普通读者，我推荐两部作品的洛布版本，其中每一部都有一篇优秀的导论。
19. 现存德摩斯提尼、埃斯基涅斯、叙佩雷德斯以及其他人的演说辞，揭示了此次报复性诉讼的爆发的部分细节。至于菲罗克拉特斯所受弹劾，参见 Demosth. *Fals. Leg.* 114-16, 145-6。至于埃斯基涅斯受审一事，参见注释 18 中的各篇演说辞。
20. Diod. 16.59.3-4, 60 *passim*; Justin 8.4.12-8.5.6; Tod, II, no. 172; Demosth. *Fals. Leg.* 111-12, *Peace* 22, *Philip* 3.32.
21. Justin 8.2.1; Isocr. 5.2.0; Demosth. 1.21-2; cf. Griffith, *CQ* ns20 [64] (1970) 73 and n. 6, cf. 74 ff. 现在大部分历史学家都把这次任命定在公元前 344 年。
22. 有关尼刻西波利斯及其女儿，参见 Plut. *Moral.* 141B23, 178F22; Satyrus ap. Athen. 13.5573[*], Paus. 9.7.3, 8.7.7; Diod. 19.52; Strabo 7 fr. 24; Steph. Byz. s.v. Θεσσαλονίκη。
23. 有关安塔尔基达斯和约，参见诺林（Norlin）的分析（in Loeb edn of Isocrates, vol. I, pp. xxv, 116-17），非专业人士可以在其中看到比标准历史书更为清晰简明的叙述。
24. Diod. 15.9.19; cf. Isocr. *Paneg.* 15.
25. *On the Peace*: see esp. §§29, 34, 103, 120; and *Areopag.* 4.
26. *Paneg.* 182; *Archidamus*, *passim*; cf. Norlin, Loeb edn, vol. I, p. xl, with note.
27. *Paneg.* 140-43, 187-8, 166-8; *Philip* 99-105, 132-6, 95-8, 120-23.

---

[*] 5573 似误，应为 557b。

28. *Philip* 127.
29. 例如亚历山大把希腊雇佣兵安置在亚洲的城市中（§§ 122-3）以及科林斯同盟在公元前 337 年所接受的条款（参见第 94 页）。
30. Isocrates *Philip* 101-2; cf. Olmstead, pp. 424-9.
31. Diod. 16.44-50 *passim*; Demosth. *Phil.* 4.33-5, *Ep. ad Phil.* 6-7; Arrian 2.14.2; cf. Olmstead, pp. 436-7, 486, Cloché, *Philippe II*, p. 274. 我不接受这样的说法，即阿尔塔薛西斯允许腓力自由处理色雷斯，以此作为腓力不干涉的回报；没有证据表明这时期波斯对色雷斯卫地区可以实施任何有效控制。
32. cf. Jaeger, *Aristotle*, p. 119.
33. Jaeger, ibid., pp. 105 ff.; A.-H. Chroust, *Historia* 15 (1966), 189, and 21 (1972) 170 ff.; *GR* 14 (1967) 39-44.
34. Strabo 13.1.57; Diog. Laert. 5.1.3-4; Jaeger, ibid., pp. 112 ff., 288-90.
35. Plut. *Alex.* 7.1-2.
36. Plut. *Alex.* 4.1-3; Aelian *VH* 12.14; Plut. *Moral.* 530, 179D, 331B; Ps-Call. 1.13; Jul. Val. 1.7; Bieber, *Portraits*, pp. 24-5, pl. v. 对于亚历山大头部的特有姿势人们有不同的解释，有的归因于天生的斜颈，或者由于对某只眼睛的不良视力的代偿作用，或者出于纯粹的个人喜好。至于肖像所表现的女孩子气印象，参看 J. H. Jongkees, *Bull. Ver. Ant. Beschaving* 29 (1954), 32-3, and R. A. Lunsingh-Scheurleer, ibid., 40 (1965), 80-83。
37. Fredricksmeyer, *CPh* 56 (1961), 162-3.
38. 至于马尔西亚斯，参见 *Suda* s.v. Μαρσύας Περιάνδρου, and Berve *APG* no. 489, pp. 247-8。
39. Plut. *Moral.* 178E-F 22; cf. *Alex.* 7.4.
40. e.g. Burn, pp. 16-17; Milns, pp. 19-20; cf. Philip Slater, *The Glory of Hera*, pp. 98, n. 9, 132.
41. Plut. *Alex.* 4, *Moral.* 179D, 331B.
42. Plut. *Alex.* 7.4-5; Aul. Gell. *NA* 20.5.
43. Aristotle *Pol.* 1284a-b, cf. 1288a 28 ff.; cf. Balsdon, *MP*, pp. 185-6. 至于卓越之人如神，参看 *Pol.* 1253a 4-5, 25-9；另可参见 Jaeger, *Aristotle*, pp. 288-90。
44. 奴隶制自然论：*Pol.* 1252a 32, 1254b 20, 1253b 32, 1278b 33。波斯人（"蛮族人"）生性是奴隶之论：*Pol.* 1252b 8; Eur. *IA* 1400, cf. Ehrenberg, *Alexander and the Greeks*, pp. 89-90；至于对亚历山大的建议，参见 Aristotle fr. 658 Rose.
45. Didymus on Demosth. 5.64, 6.50 [Jacoby *FGrH* 2b, p. 640]; Diod. 16.52.5; Polyaenus 6.48; Ps-Arist. *Oecon.* 2.2.28; Demosth. *Phil.* 4.31-3. 没有必要像赫劳斯特（Chroust, *Historia* 21 (1972) 175）那样，假定公元前 343/342 年腓力召回亚里士多德的主要动机是为了保护一个就要被人识破的间谍，而不是真心想要为其子找一个非常出色的导师。
46. Ehrenberg, *Alexander and the Greeks*, p. 98, Hamilton, *GR*, p. 119.
47. Tarn, *CAH*, vol. VI, p. 357, repeated *AG*, vol. I, p. 8.
48. Eur. *IA* 1400; Plato *Rep.* 470C-471A; Isocr. *Paneg.* 3, 184, *Panath.* 163; Arist. *Pol.* 1256b 25.
49. *Eudem. Ethics* 1215b 35 (cf. Jaeger, pp. 253-5); Plut. *Alex.* 8.3.

50. Plut. *Alex.* 22, *Moral.* 65F, 717F.
51. Plut. *Alex.* 8.1.
52. See below, pp. 377 ff. 至于亚历山大对辩论术的兴趣，参见菲利普·梅兰的优秀论文（Philip Merlan, *Historia* 3 (1954/5), 60 ff.），至于此处所引的评论，尤见该论文第76页。
53. Merlan, ibid., pp. 60-63.
54. Demosth. *Chers.* 2; Diod. 16.71; Satyrus ap. Athen. 13.557b-e; cf. *CAH*, vol. VI, p. 251.
55. Demosth. *Halonn.* 16, *Chers.* 43-5, repeated in *Phil.* 4, 15-16.
56. Demosth. *Chers.* 6, 24-7; Isocr. *Ep. Phil.* 2 *passim*.
57. Demosth. *Chers.* 3, 11-13, *Phil.* 3, 9, 18, 25-7, and *passim*.
58. Demosth. *Halonn.* 16, *De Cor.* 87.
59. Demosth. *Phil.* 3.70-72, *Phil.* 4.52-3, *De Cor.* 87.
60. Diod. 16.72.1; Justin 8.6.4-8; Demosth. *Halonn.* 32; Tod. II, nos. 173-4.
61. Demosth. *Phil. Ep.* 6; [Plut.] *X Oral.* 847F-848A; cf. Demosth. *De Cor.* 76-7.

第三章

1. Theophrastus ap. Athen. 10.435a. 已知最早的亚历山大肖像与这则轶闻并不冲突，参见 Bieber, pp. 24-5。
2. Diod. 16.74.2-76.4; Plut. *Alex*. 9.1 (cf. Hamilton, *PA*, pp. 22-3).
3. Plut. *Moral.* 178B 16-17 = 806B; Val. Max. 7.2.ext. § 10.
4. Demosth. *De Cor.* 73, 76-7; *Ep. Phil.* 6; Diod. 16.76. 4-77.2; Justin 9.1; Plut. *Phoc.* 14.
5. Demosth. *De Cor.* 145 ff.; Justin 9.2-3 *passim*; Plut. *Moral.* 174F, 331B, 334A.
6. 他曾收买某个人去比雷埃夫斯船坞纵火，但没有成功；参见 Demosth. *De Cor.* 132。
7. Demosth. *De Cor.* 169 ff.; Plut. *Demosth.* 18; Diod. 16.84.2-5; cf. Grote, *HG*, vol. XI, pp. 287 ff.
8. 在这次危机期间发表的《泛雅典人节演说辞》（*Panathenaicus*），将腓力与特洛伊战争中的阿伽门农相比较，还几次提及忒拜、斯巴达和阿尔戈斯。尤可参见 §§74-83, 91 ff., 121 ff.
9. 事实上，福基翁曾率领一支小型海军中队驶往爱琴海北部，并攻击了那里的马其顿船只；但不构成威胁，而且很快就回到了雅典。参见 Plut. *Phoc.* 14.8, 16.1。
10. Aeschin. *De Fals. Leg.* 148; Plut. *Demosth.* 18.3; Polyaenus 4.2.8.
11. 下文有关喀罗尼亚战役的叙述，我非常受益于哈蒙德的精湛分析（N. G. L. Hammond, 'The two battles of Chaeronea', *Klio* 31 (1938), 186-218），以及他在《希腊史》中更为简明的叙述（*HG*, pp. 567-70）。至于双方军队的规模，参看 Diod. 16.85.7 with Justin 9.3.9。
12. Plut. *Demosth.* 18.4, 20.1, *Phoc.* 16.1-3, cf. Hammond, *HG*, p. 567. 战役日期经常被认为是在8月2日或9月1日（麦塔盖特尼昂月 [Metageitnion] 7日）；我遵从普鲁塔克的说法（Plut. *Camill.* 19.5），即麦塔盖特尼昂月9日。7月26/27日（Bickermann, *Chronology*, p. 119; cf. C. B. Welles, Loeb Diodorus, vol. VIII, pp. 78-9, n. 1），在雅典可以见到新月，因此8月4日是最有可能的日期。

13. 有关分析参见 Polyaenus, 4.2.7。
14. Diod. 16.86.1-5; Plut. *Alex.* 9.2, *Demosth.* 20-21, *Moral.* 845F; Polyaenus 4.2.2, 4.2.7-8; Hammond *ut supr.* n. 75 *passim*; W. K. Pritchett, 'Notes on Chaeronea', *AJA,* 62 (1958), 307-11, with pls. 80-81.
15. Diod. 16.86.6-87 *passim*; Plut. *Demosth.* 20.3, *Moral.* 715C, 849A.
16. Hypereides fr. B 18 [=*MAO* II, pp. 575-7, cf. pp. 364-5]; Lycurg. *In Leocr.* 16; Demosth. *De Cor.* 195, 248; Aeschin. *De Fals. Leg.* 159; [Plut.] *Vit. X Orat.* 848, 849A, 851-2.
17. Quintil. *Inst. Orat.* 2.17.2; Deinarch. *In Demosth.* 104; Sext. Emp. *Adv. Math.* 2.16; *Suda* s.v. Δημάδης; Plut. *Phoc.* 1; Aelian *VH* 5.12; Demades, *Twelve Years* frr. 29, 51; cf. Pierre Lévêque, *The Greek Adventure*, pp. 326-7, also Pytheas ap. Athen. 2.44a and Aul. Gell. *NA* 11.10.
18. Diod. 16.87; Justin 9.4; Demades, *Twelve Years* frr. 9-10; Aelian *VH* 6.1; Plut. *Moral.* 177E-F, *Demosth.* 10, 13, *Phoc.* 96; Hypereides *Eux.* 16-17 (cols. 12-13); Demosth. *De Cor.* 285; Theopompus ap. Athen. 10.435b-c.
19. 至于腓力对忒拜的处置，参见 Diod. 16.87-8; Arrian 1.7.11; Justin 9.4.6-10; Paus. 9.1.8, 9.37.8, 4.27.10。他对希腊诸城邦的总体处置，参见 Plut. *Moral.* 177C-D4，参看 Burn, *AG*, p. 42, 后者引用了现代的一句相似格言，即"拿着刺刀你可为所欲为，只要别坐上去"。
20. Paus. 5.20.9-10; cf. Bieber, p. 19, and literature there cited.
21. 参见 Badian, *Phoenix* 17 (1963), 246-7 and n. 16, with reff. there cited; Diod. 16.92.5, and C. B. Welles *ad loc.* (Loeb edn, vol. VIII, p. 101, n. 9)："对腓力来说，这一要求的隐义是他在某种程度上与十二奥林波斯神平等，并且同样有资格接受崇拜。"这段涉及十二奥林波斯神的插曲将在第 104 页那里得到更充分的讨论。至于吕山德，参见 Plut. *Lys.* 18; Paus. 6.3.14-15; Athen. 15.696; Hesychius s.v. Λυσάνδρια。至于阿奇罗科斯宫，参见 F. Lasserre and A. Bonnard, *Archiloque* (Paris, 1958), pp. lxxviii ff.。至于腓力对其他的神性主张的蔑视——譬如他对自封为"宙斯－医师"的迈涅克拉特斯（Menecrates）的处置，参见 Hegesander ap. Athen. 7.289c-e; Aelian *VH* 12.51。
22. Isocrates, *Epist.* 3, §5. 至于以弗所事件，参见第 98 页和注释 53。
23. Diod. 17.5.3-4; cf. Olmstead, pp. 489-90.
24. Justin 9.4.5; Polyb. 5.10; Plut. *Demosth.* 22; Hypereides fr.B 19.2-5 (cols. 77-80).
25. Paus. 1.9.4; Clem. Alex. *Protrept.* 4.54.5; Isocr. *Epist.* 3.3; Tod, II, no. 176; Demosth. *De Cor.* 285 ff. （德摩斯提尼引用一条不同且更长的碑文，他说那是公共出资刻在纪念碑上的。）此处所引铭文参见 *Anth. Pal.* 7.245。
26. Plut. *Moral.* 471E, cf. 331B, 1126D. 短跑选手的名字被误作克里松（Crison），此人活跃于公元前 5 世纪 40 年代（除非这是另一位同名之人，或许是以其伟大先祖的名字命名的）；这种失误并不必然会否定这则轶闻的真实性。
27. Plut. *Moral.* 217F, 233E 29, 760A-B; Paus. 8.7.4; Diod. 17.3; cf. Roebuck, *CPh* 43 (1948), 73-92, Wilcken, p. 41, Burn *AG*, pp. 43-4. 维尔肯认为腓力所派驻军得到了同盟的批准，但这只不过是说同盟很明智地认可了国王的愿望。
28. E. Badian, *Hermes* 95 (1967), 172. 至于斯巴达的拒绝，参见 Plut. *Moral.* 240A。福基

翁试图使雅典也追随斯巴达的榜样，但被德玛德斯否决，参见 Plut. *Phoc.* 16.4。

29. 这里关于同盟以及在科林斯召开的和会的叙述必然简化——或许过度简化——了一个极为复杂且充满争议的话题。我们主要的史料是一份记录和约条款的残缺的铭文（Tod, II, no. 177, pp. 224-31）。文献资料不足而且容易使人发生误解：Diod. 16.89.1-3; Justin 9.5。现代最好的阐释仍是维尔肯的（Wilcken, pp. 42 ff.）；另可参见博尔扎的注释 ad loc., pp. 328-9，其中包含有更新的参考文献。很少有学者还会支持拉森的论断（J. A. O. Larsen, *CPh* 39 (1944) 160），即腓力所组织的同盟"必定可以在世界历史上的伟大的政治成就中占有一席之地"，但它确实充分证明了腓力在政治运作中的狡诈和手段。

30. Diod. 17.22.5; cf. F. Mitchel, *GR*, p. 190.

31. Diod. 16 .89.3.

32. Diod. 16.93.9; 17.2.4. 至于阿塔罗斯的婚姻参见 QC 6.19.17；参看 Badian, *Phoenix* 17 (1963), 245。

33. 至于腓力与奥林匹娅斯离婚以及他所说的亚历山大是非婚生的，参见 Justin, 11.11.3-5。

34. 参见 Bosworth, *CQ* ns21 (1971), 102, with n. 2。尽管作者意识到了这一结合注定会对域外王国造成不好的影响，但他还是回避了对促使腓力走这一步的真实动机的讨论。

35. Aelian, *VH* 12.43; cf. above, pp. 12, 22.

36. Satyrus ap. Athen. 13.557d-e; Plut. *Alex.* 9.3-7; Justin 9.5.9, 9.7.3-4; Ps-Callisth. 1.20-22; Jul. Val. 26-8. 克里奥帕特拉在结婚前的少女名字似乎是欧律狄刻；参见 Arrian, *Succ.* 22.3; Justin 9.7.3.

37. 美姐，格泰国王科特拉斯之女；参见 Satyrus ap. Athen. 13.557d，以及上文第62页。

38. 至于这些解释，可参见 Milns, p. 27, Badian *ut supra*, p. 244, Bosworth loc. cit., and Hammond, *HG*, p. 573. 伯恩（Burn, p. 44）似乎接受了传统的说法，即腓力完全是被爱情冲昏了头脑。

39. Plut. *Alex.* 9.3. 注意，亚历山大在他的只和国王们赛跑的话中就暗含着对实际王位的权利要求，或许他让色诺克拉特斯草拟君主政体法则一事（参见上文第85页）也有相同的意味。

40. QC 8.1.23.

41. Demosth. *De Cor.* 67.

42. Homer, *Iliad* 1.120.

43. Plut. *Alex.* 9.3.

44. Bieber, p. 23, and figs. 3-4, with earlier literature there cited.

45. Wilcken, pp. 47-9; Hammond, *HG*, p. 572, with reff. 征讨波斯的"神圣战争"的理念并不是新出的：很久以前伯里克利在动议所谓的"外交大会法令"时就提过，参见 Plut. *Per.* 17。

46. 参见米尔恩斯的精彩分析（Milns, pp. 14-15）。至于同盟的宣战，参见 Diod. 16.89.1-3; Justin 9.5.1-7; Plut. *Phoc.* 16.4; Demosth. *De Cor.* 10。

47. See Olmstead, pp. 491-2, with reff.

48. Satyrus ap. Athen . 13.557e; cf. Justin 9.7.12. 这里对事件的复原假定，克里奥帕特拉在

腓力死前生了两个孩子：一个女孩，名为欧罗巴；一个男孩，名为卡拉诺斯。由于古代史家们从未同时提及这两个孩子，许多学者认为实际上只有一个孩子（例如参见 Tarn, vol. II, pp. 260 ff., 作者特别提出理由说卡拉诺斯是不存在的），并且把腓力与克里奥帕特拉结婚的时间往后推，推到公元前 337 年春天或夏天。这种论点并不影响我的主要结论。另一方面，这会使公元前 337 年亚历山大被召回一事变得很难解释。

49. Justin 9.7.7.
50. Plut. *Moral.* 179C 30, cf. *Alex.* 9.6. 至于德玛拉托斯在劝说亚历山大回来时所遇到的困难，参见 Justin 9.7.6。
51. Polyaenus 4.2.6.
52. Justin 9.7.6-7; Plut. *Moral.* 818B-C.
53. Justin 9.5.8; Diod. 16.91.2, 17.2-4, 17.7.1- 2; Polyaenus 4.4.4; Arrian 1.17.11; Tod, II, no. 192, and commentary, p. 265; cf. Badian, *Stud. Ehrent.*, pp. 40-41 and Brunt, *JHS* 83 (1963), 34-5. 至于厄里特莱，参见 *SIG*3 284 with Dittenberger's notes *ad loc*。
54. 至于公元前 4 世纪演员充任外交人员的现象，参见 A. W. Pickard-Cambridge, *The Dramatic Festivals of Athens* (1953), p. 287. 他们可以自由旅行，其身份似乎使他们拥有某种外交豁免权，因而他们就成了理想的代理人。特萨罗斯是某个团体的首领，他们曾于公元前 347 年和 340 年获得雅典的嘉奖；他随同亚历山大出征，在提尔城、可能还在埃及，都进行过演出（Arrian 3.1.4）；参看 Bervc, *APG*, II, p. 180, no. 371, and Hamilton, *PA*, p. 25。
55. 普鲁塔克的记述不甚了了；但这似乎是对腓力生气一事（10.3）的最好解释。参见 Hamilton, *PA*, pp. 25-6 *ad loc*。
56. 关于皮克索达洛斯事件，参见 Plut. *Alex.* 10.1-3; cf. Strabo 14.2.17, C. 656-7; Arrian 3.6.5; Badian, *Phoenix* 17 (1963), 245-6; Hamilton, *PA*, pp. 25-7. 关于托勒密的身世（或许说他是腓力之子的说法只是一种政治宣传，意在证明他后来成为埃及国王的合法性），参见 QC 9.8.22; Paus. 1.6.2。他的母亲据说曾是腓力的情妇之一。
57. Polyaenus 8.60; Justin 11.11.3-5.
58. Diod. 17.5-6; cf. Olmstead, p. 490.
59. 人们或许把这种情况跟最近（1971 年）波斯国王在波斯波利斯举办的宴会相比较。
60. Diod. 16.91.4-6; Justin 9.6.1-3.
61. Diod. 17.2.3; Justin 11.2.3; Paus. 8.7.7. 至于卡拉诺斯作为阿吉德王朝的创立者一事，参见 Diod. 7.15.1-3; Plut. *Alex.* 2.1; Justin 7.1.7-12, 33.2.6, Vell. Pat. 1.6.5。在希罗多德（Herodotus, 8.137-9）和修昔底德（Thucydides, 2.100）那里可以发现不同的说法，他们把佩狄卡斯一世作为第一任国王。有人提出（例如 Tarn, vol. II, pp. 260 ff.），"卡拉诺斯谱系"只是公元前 4 世纪的政治宣传，但这纯属推测。腓力肯定会利用现有的传统来表达自己的意思，无论其神话色彩有多浓，而不会专门为此凭空编造一个故事。
62. Milns, p. 31.
63. 通常人们——例如 Badian, *Phoenix* 17 (1963), 249, 和 Hamilton, *PA*, p. 28——会假定，奥林匹娅斯一直留在伊庇鲁斯直到婚礼结束，因而不可能在刺杀腓力的阴谋中起到直接作用。如果考虑到结婚者是谁，那么这种观点是很难让人信服的，而且与查斯丁（Justin 9.6.8-10）和普鲁塔克（Plut. *Alex.* 10-4）所提供的证据相左。

64. Diod. 16.92.3-4.
65. 基于一份非常残破的纸草文献（P. Oxy. 1798= *FGrH* 148），博斯沃思（Bosworth, *CQ* ns21 (1971), 93 ff.）最近提出，保萨尼阿斯是交给马其顿军队处死的。事实上，该文本并没有提及他的名字，所指人物同样有可能是林刻斯提斯的亚历山大的一个兄弟（参看 Arrian 1.25.1-2; QC 7.1.6-7）。
66. Badian, *Phoenix* 17 (1963), 244 ff., Milns, pp. 29-31.
67. 查斯丁（Justin, 9.6.5）说当时他乃是一位 *primis pubertatis annis*，即一个年轻的成年人；腓力跟伊利里亚人所打的最后一场有史记载的战役（之前肯定已经发生过许多次了），是在公元前344/343年（Diod. 16.69.7）。根据这份不大站得住脚的史料，这件事发生在公元前344年，即腓力被刺前八年。这实在让人无法相信，因为普鲁塔克（Plut. *Alex.* 10.4）和狄奥多罗斯（Diod. 16.69.7）都说得很清楚，这件事是不久前才发生的。更有可能的是，与伊利里亚人所打的仗是一场因流亡中的亚历山大在那里活动而起的小冲突（后来或许因此被掩盖起来），时间是在公元前337年，正好处在这个时期。查斯丁的话可以看作一种修辞学的夸张。瓦勒里乌斯·马克西穆斯（Valerius Maximus 8.14.ext. §4）记载了一则可疑的轶事，据说保萨尼阿斯曾问一位名为赫尔摩克勒斯（Hermocles，这人不见于其他史料，塞琉古一世 [Seleucus Nicator] 所委托的雕塑家很难吻合）的哲学家，他要怎样做才能立马收获声名，哲学家告诉他去杀一个著名人物。
68. Diod. 16.93 *passim*; Plut. *Alex.* 10.4; Justin 9.6.4-8; Arist. *Pol.* 1311b 2.
69. 我们可能会注意到庇西特拉图（Peisistratus）之子希帕尔科斯（Hipparchus）的刺杀者哈尔莫狄奥斯（Harmodius）和阿里斯托盖通（Aristogeiton）这一相似例子；类似地，同性恋妒忌被精心地用到了政治目的之中：参见 Hdt 5.55-6, 6.109, 123; Thuc. 1.20, 6.5.54-57。
70. Plut. *Alex.* 10.4; Justin 9.7.8-14.
71. Plut. ibid.; Justin 9.7.3. 所引欧里庇得斯的诗句出自《美狄亚》（*Medea*, 288），其中指涉的是克瑞翁（Creon）、伊阿宋（Jason）和克琉萨（Creusa）。这不是亚历山大人生中唯一一处欧里庇得斯的诗句与谋杀案相联系的情况：参见下文第364页及该处注释。我不会根据这种相似性推论说这些例子只是修辞学的虚构（我可以肯定有些学者必定这么说过，或者将会这么说）。
72. cf. Diod. 17.2.2, and below, p. 113.
73. By Bosworth, in *CQ* ns21 (1971), 93-105. 尽管有少量证据（Plut. *Moral.* 327C）表明，和希腊的一般情况一样，马其顿的内部派系在亚历山大继位后给他制造了一些麻烦，但博斯沃思没有举出有力证据证明阿敏塔斯或林刻斯提斯兄弟与刺杀一事相关。
74. 参见韦尔斯的尖锐评论，见于 Loeb Diodorus, vol. VIII, p. 101, n. 2.
75. 复数的使用（Diod. 16.94.4）非常引人深思。保萨尼阿斯本人只需要一匹马，这就提示我们，最初的方案安排了好几位刺客——涉嫌之人是不言而喻的。
76. 至于类似的解释，参见 Milns, p. 31 和 Badian, *Phoenix* 17 (1963), 249。
77. Milns, ibid.

第四章

1. 这似乎是确认继位的传统方法：参见 Berve, *APG*, II, pp. 46 f.; Badian, *Phoenix* 17

(1963), 248, citing Ps-Call. 1.26. 这里所暗含的对军队的平稳接管近来受到博斯沃思的辩难（Bosworth, *CQ* ns21 (1971), 103 and n. 1），但这种说法得到狄奥多罗斯（Diod. 17.2.2）和查斯丁（Justin 11.1.8）的共同证实。

2. By Bosworth, op. cit., pp. 96-7.
3. See J. R. Ellis, 'The Security of the Macedonian Throne under Philip II', *AM*, pp. 68-75, further developed in *JHS* 91 (1971), 15-24.
4. 据说大流士承诺给林刻斯提斯的亚历山大提供1000塔兰特，并帮助他巩固马其顿王位（Arrian 1.25.3 ff.：参见上文 第202—203 页），这种说法即使不是凭空编造出来、用以证明对林刻斯提斯的亚历山大的责难是正当的，那也只能说明他对大流士来说是可接受的篡位者。
5. See Justin 11.5.1-2, 12.6.14.
6. Arrian 1.25.1-2; QC 6.9.17, 6.10.24, 7.1.6-7; Justin 11.2.1-2, 12.16.4; Diod. 17.2.1; Plut. *Alex.* 10.4, *Moral.* 327C.
7. Diod. 17.2.2-3; Justin 11.1.8-10; Arrian 3.6.6; cf. Wilcken, pp. 63-4.
8. Plut. *Alex.* 11.1, cf. *Moral.* 327C-D; Diod. 17.3.3-5; Justin 11.1.2-3.
9. Ellis, op. cit., esp. pp. 72-3 and testimony there cited.
10. Aeschines, *In Ctesiph.* 77. 他的资料来源是雇佣兵将军卡里德摩斯（Charidemus）：参看 Plut. *Demosth.* 22。
11. 至于他们的关系，参见 Berve, *APG*, II, nos. 59 and 144；他在小亚细亚的职位参看 Justin 11.5.8。
12. Plut. *Demosth.* 22-3 passim, *Phoc.* 16.6 [*X Orat.*] 847B; Diod. 17.2.3-6, 17.3.2, 17.5.1; Aeschin. *In Ctesiph.* 77, 160; Justin 11.3.3-4.
13. Aeschin. *In Ctesiph.* 238; cf. Diod. 17.7.12; Plut. *Phoc.* 17.1-2. 拒绝希腊人对黄金的索要已经变成了波斯君主及官僚的第二本能：可参见阿里斯托芬的《阿卡奈人》中的有趣的段落（Aristophanes *Acharnians* 98-114），其中"大王之眼"所说的唯一一句能让人听懂的话是："没有金子，愚蠢的伊奥尼亚人"。
14. Plut. *Alex.* 11.2, cf. *Moral.* 327C.
15. Diod. 17.4.1-2; Justin 11.2.4, 11.3.1-2; Polyaenus 4.3.23; cf. Fuller, p. 82.
16. Diod. 17.4.3; Aeschin. *In Ctesiph.* 160-61.
17. Diod. 17.4.2-7; Plut. *Demosth.* 23.2-3, *Moral.* 3270; cf. Wilcken, p. 65, Olmstead, p. 495.
18. Diod. 17.5.1-2 ; Plut. *Demosth.* 23.2; QC 7.1.3, 8.7.5; Justin 11.5.1; Arrian 1.12.7, 1.17.9; cf. Badian, *Phoenix* 17 (1963), 249-50, *Stud. Ehrenb.*, pp. 41-3, Berve, *APG*, II, no. 59, pp. 29-30. 巴迪安认为阿塔罗斯被处死发生在忒拜陷落之后，我看不出这种说法有何根据。
19. 关于这一重要区别，参见 Wilcken, p. 65。
20. 关于麦伽拉所给的公民权，参见 Plut. *Moral.* 826C-D。关于斯巴达的拒绝，参见 Arrian 1.1.2。关于阿开亚和美塞尼亚的僭主统治，参见 Demades, *Twelve Years*, 4-7, 10-11; Paus. 7.27.7。
21. See Ps-Demosth. *On the Treaty with Alexander*, passim, esp. §§10, 15, 16, 19-20, 26. 非常讽刺的是，我们之所以知道条约的大部分条款是因为后来马其顿被指控违反条约。

22. 至于同盟在科林斯的会议，参见 Diod. 17.4.9; Arrian 1.1.1-3; Plut. *Alex.* 14.1-3; Justin 11.2.5; cf. Hamilton, *PA*, pp. 33-4, Wilcken, pp. 65-6。关于军事责任的安排，参见 Tod, II, no. 183, with commentary, pp. 240-41; Plut. *Moral*, [*Vit. X Orat.*] 847C。关于以弗所的代表，参见 Plut. *Moral.* 1126D。

23. Plut. *Alex.* 14.1-3, *Moral.* 331F, 605D, 782A; Diog. Laert. 6.32; cf, Berve, *APG*, II, p. 417, n. 3。这则故事在古代极为流行；贝尔佛（Berve, loc. cit.）收集了至少 22 个条目。不知出于何种原因，现代学者将其视为虚构之事，认为这些只是用来说明亚历山大的性格。我看不出为什么此类轶事就得自动被人当作无历史根据的，即使根据平均定律，至少也可以认为某些轶事是有其事实基础的。

24. Plut. *Alex.* 14.4; Diod. 17.93.4; 参看 Tarn, vol. II, pp. 338 ff., 塔恩认为——在我看来是正确的——这则轶事是真实的；又如 Hamilton, *PA*, pp. 34-5。至于向神庙捐献之事，参见 *SIG* 251H。

25. 至于接下来的事情，我非常受益于富勒在策略方面的精湛分析（Fuller, pp. 219-26）。唯一的详细史料是 Arrian, 1.1.4-1.6.11, *passim*; cf. 狄奥多罗斯的简短评论（Diod. 17.8.1-2); Plut. *Alex.* 11.3, *Moral.* 327A；现代学者的讨论参看 Tarn, vol. I, pp. 5-6, Burn, pp. 55-9, Wilcken, pp. 66-70, and Milns, pp. 35-8。

26. 没办法确切地定位这座小岛。我们只知道斯特拉波的定位（7.3.15, C. 305）肯定是错的，因为他认为该岛离多瑙河河口有 120 斯塔狄昂（=15 英里）；该岛一定至少再往上游 100 英里。河岸另一头亚历山大的对手是格泰人，和处在格泰人和大海之间的另外两个国家（绍罗马泰人和斯基泰人的国家）：参看 Arrian 1.3.2, 虽然他是以他那个年代的情形来叙述多瑙河部落的。可能还有其他几个同名的小岛。关于亚历山大是否沿着大流士的路线渡河 (see Hdt 4.90, with the note by How and Wells, vol. I, p. 334, and H. L. Jones's note on Strabo, Loeb edn, vol. III, pp. 216-17) 非常值得怀疑；他没有时间可以浪费在迂回路线上，而且阿里安的记述（1.2-3, *passim*）提示我们，从希普卡山口到多瑙河的行程最多不超过五六天。还应注意，据说在波刻这个地方，河流因为河道窄而流得非常急，这不可能是三角洲附近的状况。最后一点，大流士的对手不是格泰人而是斯基泰人：就大流士的情况来说，斯特拉波的定位可能是正确的。

27. Ehrenberg, *Alexander and the Greeks*, p. 60. "Pothos" 这一章（ibid., pp. 52-61）在心理学方面很见地。后来全文重印于 Griffith, *MP*, pp. 74-83。我没有忽视这样的可能性，即有时亚历山大的 *pothos* 可能只是为了掩饰某些他不想示人的动机的托辞而已。

28. Arrian 1.4.7-8; Strabo 7.3.8, C. 301-2. 塔恩（Tarn, vol. I, pp. 5-6) 指出，说害怕天塌下来乃凯尔特人（也是一千年后爱尔兰盖尔人）起誓的一种方式："我们将遵守誓言，除非天塌下来砸到我们，或者大地裂开吞没我们，或者大海涌起来淹没我们。"

29. 阿里安（Arrian, 1.5.2）对这一点的叙述非常详细。把马其顿人和东方人整编在一起似乎最早在伊索斯之战后很快就发生了：参见 Griffith, *JHS* 83 (1963), 69。但这里为我们提供了一条有趣的线索；而且应当注意，是在警卫旅而非骑兵当中，才如格里菲斯所说 (ibid., p. 74), "侍友骑兵成员一般被期望会更加赞同 [亚历山大的] 政治计划。" 当然，带上阿格里安人纯粹是出于军事目的。

30. Strabo 7.5-11, C. 317-18.

31. 富勒（p. 225, n. 3）一针见血地说道，"有时一声突然且巨大的叫喊其效果堪比步枪齐射"。他把亚历山大的计策和1836年在阿拉莫（Alamo）激战中的类似事例做了比较。马略（Marius）在努米底亚战役中也使用过相同的计策：参见 Sallust, *Bell. Iug.* 99。

32. Arrian 1.5.5-1.6.9, *passim*.
33. cf. Ellis, *AM*, pp. 72-5.
34. Demades, *Twelve Years*, 17（他还很讽刺地补充说，德摩斯提尼和吕库古"几乎已经把亚历山大的遗体放在台上给我们看了"）; Justin 11.2.7-8。
35. Diod. 17.8.2; Arrian 1.7.2-3; Aelian *VH* 12 .47; Justin 11.2.9.
36. Arrian 1.7.1-3; cf. Plut. *Alex.* 11.3; Diod. 17.8.2.
37. 至于相关事情的概要参见 Mitchel, *GR*, pp. 189 ff.；亦可参见 Ferguson, *Hellenistic Athens*, pp. 7-10。
38. Plut. *Demosth.* 23.2; Demades, *Twelve Years* 17; Diod. 17.8.6-7; Justin 11.3.3-5; cf. Arrian 1.7.4。
39. Plut. *Moral.* 327C.
40. 提及这事的非常多但（不可避免地）都充满偏见。例如德摩斯提尼的敌人指控他巨额贪污。特别参见 Deinarchus *In Demosth.* 10, 18-22; Hypereides, *In Demosth.* 4 (5) col. 17 [=*MAO* II, p. 513]; Plut. *Demosth.* 14.2, 20.4-5, 23.2-3; Aeschines *In Ctesiph.* 157, 160-1, 173, 209-10, and 239-40（其中他认为德摩斯提尼扣留了那些将交给卡德迈亚并把阿卡狄亚雇佣兵从地峡带过来的钱款）。
41. Diod. 17.7.1-2, 9; cf. Badian, *Stud. Ehrenb.*, pp. 40-41.
42. Diod. 17.7.1-10; Polyaenus 5.44.5; [Arist.] *Oecon.* 1347a 7, 1351b 29. 我的解释基本上不同于我看到的唯一一份完整的分析，即巴迪安（*ut supr.*）提出的，他似乎有点无视史料中所记载的事件的发生次序。显然，问题的关键在于解释，当门农得到命令前去居吉科斯时，为什么他的最短路线是翻越伊达山脉。
43. Diod. 17.7.2.
44. Olmstead, pp. 491-4.
45. Arrian 1.17.9, 1.25.3 ff.; Diod. 17.48.2; Plut. *Alex.* 20.1. 库尔提乌斯（QC 3.11.18）可能指的是另一位阿敏塔斯。
46. Justin 11.2.3, 12.6.14; QC 6.9.17.
47. Arrian 1.5.4.
48. Paus. 8.7.7; Justin 9.7.12; Plut. *Alex.* 10.4.
49. Arrian 1.7.5-7.
50. Diod. 17.9.2-4; Arrian 1.7.7-8; Justin 11.3.6; cf. Wilcken, p. 72.
51. Diod. 17.9.1, 5-6; Plut. *Alex.* 11.4-5; Arrian 1.7.11.
52. Diod. 17.11-13 *passim*; Arrian 1.8.1-7; Plut. *Alex.* 11.5-6; Justin 11.9.8. 阿里安遵从托勒密的记载，认为佩狄卡斯"行动过早"，没有收到命令便发起进攻。这是极为不可能的事。显然，托勒密想要弱化亚历山大在这次事件中的责任：他还进一步暗示说犯下暴行的是同盟部队而不是马其顿人。此外，佩狄卡斯从来不是他的朋友。这一次，狄奥多罗斯的叙述比阿里安的更完整、更连贯而且本质上更可信，我毫不犹豫遵从了他的说法。现在可看 Milns, pp. 40-41. 至于死亡及被俘人数，亦可参见 Aelian, *VH* 13.7; 至于忒拜城被焚毁，参见 Paus. 9.25.10。

53. Plut. *Moral.* 260C; Paus. 9. 10.1.
54. Diod. 17.14.1-4; Arrian 1.9.6-10; Plut. *Alex.* 11.5-6; Justin 11.9.8-11.4.8.
55. Arrian 1.9.9-10; Plut. *Alex.* 11-12, *Moral.* 259D-260D; Aelian *VH* 1.7.
56. Arrian 1.9.1-8；参看 Demades, *Twelve Years* fr. 65，其中这位演说家声称，"全希腊都因忒拜人的城市被毁而损失惨重"。
57. 此前人们认为（例如 Tarn, *CAH*, vol. VI, p. 356 = *AG* I, p. 7 and n. 2；但是那时塔恩只要有可能就总是弱化亚历山大的过失，如果不能在性质上也至少会在量级上），一个奴隶的平均价格在 300 至 400 德拉克马之间，因而所记载的忒拜被卖为奴的人数必定"只是一个刻板的数字"。现在我们知道这样的价格只适用于训练有素的专门奴隶，对于未经训练的奴隶来说，88 德拉克马与平均价格相差无几。可参见 W. K. Pritchett, 'The Attic Stelae', *Hesperia* 25 (1956), 276-81。不管怎样，30000 名奴隶进入市场中定会立即导致市场饱和，从而使价格有所下跌。
58. Arrian 1.10 *passim*; Plut. *Demosth.* 23, *Alex.* 13, *Phoc.* 17, *Moral.* 847C; Diod. 17.15 *passim*; Justin 11.3.3-5, 11.4.9-12; Deinarchus *In Demosth.* 101.
59. Deinarchus *In Demosth.* 32-4, with Burtt's notes *ad loc.*, *MAO* II, pp. 196-7. Cf. Plut. *Moral.* 847F, 848E; Arrian 1.10.6.

第五章

1. Justin 11.5.1-2, 12.6.15; Diod. 17.16.1. 被处死的人当中包括欧律罗科斯（Eurylochus）（Berve, *APG*, II, no. 323, p. 1 59），此人曾为腓力执行过外交任务，并于公元前 342/341 年担任派往德尔菲的宗教代表（*hieromnemon*）。
2. Burn, pp. 65-6; *contra*, Bosworth, CQ ns21 (1971), 104 (arguing for calculation).
3. Cited from Barbara Tuchman, *The Guns of August* (Dell, 1963), p. 374.
4. Arrian 7.9.6.
5. Griffith, *GR*, p. 127, n. 4.
6. See Plut. *Alex.* 15.3, *Moral.* 342D-E; Justin 11.5.5; Dessau, *SIG*3 332 (cf. Berve, *APG*, II, no. 672, p. 337).
7. 关于亚历山大的债务，参见 Plut. *Alex.* 15.1, *Moral.* 327D（都出自奥涅西克里托斯 [Onesicritus]）；Arrian 7.9.6（出自托勒密）。至于他资金短缺的总体情况，相关史料参见 Hamilton 所整理的，*PA*, pp. 36-7, 以及 Aeschin. *In Ctesiph.* 163. 至于他在进入亚洲时所拥有的现金和储备，参见 Plut. *Moral.* 342E。至于对军队开支的一种（保守）分析，参看 Bellinger, pp. 36-8. 不过，即使假定每个步兵每天所需要的平均薪水是 4 奥波尔而非 1 德拉克马，他估计每月也要花费 193⅓ 塔兰特。（不过，他以 2 德拉克马来计算骑兵的报酬，这是差不多是正确的。）我们可以注意到，这不是他最后一次向侍友们索求现金：参见下文第 431 页。查斯丁（11.5.9）则强调军队非常期待远征所得的丰富战利品。
8. 只有狄奥多罗斯（17.17.3-4）给出了详细的数据。总体数据来自许多的资料来源，具体如下：

步兵	骑兵	来源
32000	5100	Diod. 17.17.3-4

32000	4500	Justin 11.6.2
30000 [min.]	4000 [min.]	Plut. *Alex.* 15.1 (Aristobulus)
43000 [max.]	5000 [max.]	Plut. *Alex.* 15.1 (? Onesicritus)
30000+	5000+	Arrian 1.11.3 (Ptolemy)
30000	4000	Plut. *Moral.* 327D-E (Aristobulus)
30000	5000	Plut. *Moral.* 327D-E (Ptolemy)
43000	5500	Plut. *Moral.* 327D-E (Anaximenes)
40000	4500	Polybius 12.19.1 (Callisthenes)

现代最好的研究是 P. A. Brunt, *JHS* 83 (1963), 32-4。布伦特假定其中有些数据包含了已经在亚洲的远征军，并推测最后的总数遗漏了 600 名骑兵，由此他解释了这几组数据之间的主要差异。这得到了狄奥多罗斯的证实，他把他的数据加错了，分别得到30000人和4500人。布伦特得出最后的总体数据为步兵 42000 人（32000+10000；后者是一个约数，也许应当修正为 11000），骑兵 6100 人（5100+1000），第二个数据在每一组中都是先头部队的人数。

9. Diod. 17.9.3.

10. 参见 Brunt, ibid., pp. 34 ff., 和 Griffith, *GR*, pp. 129 ff., 后者为现有史料做了清晰合理的概括。

11. Justin 11.5.3. 至于侍从军团，参见 Arrian 4.13.1; QC 5.1.42, 8.6.2-6; Val. Max. 3.3。

12. 参看 Parke, p. 186. 部分现代学者（例如 Milns, p. 49）质疑这一数据，并估计亚历山大在远征伊始至少带了 15000 名雇佣兵。他们的论证并不能让我信服。至于为大流士服务的雇佣兵人数，参见 QC 5.11.5; Paus. 8.52.5。他们的人数在伊索斯之战后急剧增加，而在那场战役前总人数据估计为 30000 人（QC 3.2.7）。不过，参见下文第 228—229 页及该处注释；参看第 499 页及以下。

13. 至于有关该军队的良好且最新的叙述，参见 Milns, p. 48。

14. Milns, ibid.

15. Justin 11.6.4-7, 这是一个关键的段落，但我只见过一人在讨论问题曾加以利用，见于 Griffith, *GR*, p. 132. 至于关键职位在帕美尼翁亲属及支持者中的分配，参见 Badian, *TAPhA* 91 (1960), 327-8。

16. Tarn, vol. I, pp. 12-13.

17. Justin 12.6.17.

18. Diog. Laert. 5.5, citing Homer, *Iliad* 18.95; cf. T. S. Brown, in *MP*, pp. 36-7.

19. 阿特金森对卡利斯特涅斯的职位的分析不仅精彩，而且在政治上十分敏锐（J. E. Atkinson, 'Primary sources and the Alexanderreich', *Acta Class.* (Cape Town), 6 (1963), 125-37, esp. pp. 126-7），我非常受益于此。作为类比，阿特金森援引了美国总统肯尼迪的例子，后者在古巴导弹危机之后雇佣两位有名望的美国记者巴特利特（Bartlett）和艾尔索普（Alsop），来为他撰写执行委员会的发展历程。至于亚里士多德有关他侄子缺乏常识的观点，参见 Plut. *Alex.* 54; Johannes Lydus *De Mens.* 4.77。

20. 至于这些蹩脚诗人，参见 QC 8.5.7-8; cf. Tarn, vol. II, pp. 55 ff., Brown, *MP*, pp. 38-9。关于科伊里罗斯，参见 Horace *Epp.* 2.1.232, Porphyry on Horace *AP* 357。关于皮洛，参见 Sext. Emp. *Adv. Gramm.* 1.282。

21. Arrian 1.11.1-12; Diod. 17.16.3-4; Plut. *Moral.* 1096B; Athen. 12.538c, 539d.

22. Callisthenes ap. Arrian 4.10.2; Eratosthenes ap. Plut. *Alex.* 15.2; 关于塞琉古和拉奥狄刻的故事，Justin 15.4.1-6. 据说锚状胎记从塞琉古家族中遗传下来的（ibid., §9）：可以猜想，这正是合法性的便利证据。
23. Olmstead, p. 496.
24. Arrian 1.11.3-6; cf. Wilcken, p. 84; Hamilton, *PA*, p. 38; Hogarth, p. 177; C. A. Robinson Jr *AHR* 62 (1957), 328-9 = *MP*, pp. 56-7.
25. 这一行人需要六十艘船来横渡海峡，参见 Diod. 17.17.1。
26. Arrian 1.11.5-7; Justin 11.5.4-10; Diod. 17.7.1-2; Hdt 7.54. 至于掷枪之事（只有查斯丁有记载，但这并不必然否定其真实性），参见 W Schmitthenner, *Saeculum* 19 (1968), 31 ff., 和 H. U. Instinsky, *Alexander der Grosse am Hellespont* (Codesburg, 1949)，后者强烈主张征服波斯大王是有预谋的，并且强调亚历山大的泛希腊宣传涉及了特洛伊战争和希波战争。*Contra*, F. W. Walbank, *JHS* 70 (1950), 80 (reviewing Instinsky), and Badian, *GR*, p. 166, n. 1 and *Stud. Ehrenb.*, p. 43, with n. 29.
27. Justin 11.5.11: 'precatus ne se regem illae terrae invitae accipiant'. 关于亚历山大根本的宗教虔诚的出色探究，参见 Lowell Edmunds, *GRByS* 12 (1971), 363-91。
28. Strabo 13.1.25-6, C. 593, with Jones's notes *ad loc.*, Loeb edn, vol. VI, pp. 50-51.
29. Arrian 1. 11.7-8, 1.12.1; Plut. *Alex.* 15-4, *Moral.* 331D; Diod. 17.7.3;Justin 11.5.12; Aelian *VH* 12.7, 9.38; cf. Olmstead, p. 496. 至于普里阿摩斯被涅奥普托勒摩斯杀害一事，参见 Paus. 4.7.3. 10.27; Virgil, *Aen.* 2.547。至于阿基琉斯弹奏里拉琴一事，可参见 *Iliad* 9.185-91。埃里安明显暗示说阿基琉斯和帕特罗克洛斯（因而亚历山大和赫淮斯提翁）是同性恋关系。持有此类观点的证据可以追溯到埃斯库罗斯（参见 frs. 228-9 Mette，并参看 Plato, *Symp.* 179E-180B），不过荷马本人如何解释那就见仁见智了，柏拉图的说法有一定的偏见。
30. Diod. 17.17.6-17.18.1, with Welles's note, p. 167; cf. 17.21.2; Plut. *Alex.* 15.4; Arrian 1.11.7-8, cf. 1.1 1.2, 6.9.3.
31. Arrian 1.12.6; Diod. 17.17.3, cf. Hdt 7.44; Justin 11.6.1; Polyaenus 4.3.15. 亚历山大在此借用了斯巴达人在伯罗奔尼撒战争之初用以对付伯里克利的计策（或者更确切地说，是伯里克利早就预料到他们会用来损害他的名誉的诡计），参见 Plut. *Per.* 33。
32. 据保萨尼阿斯的阐释（6.18.2-4），阿那克西美尼自己声称他是因为一个众所周知的哲学计策而请求亚历山大绕开兰普萨科斯的；但真相隐含在普林尼的著作（Pliny, *HN* 37.193），他所获得的回报是当地矿坑出产极为贵重的宝石。门农清楚地意识到亚历山大的财政困境，参见 Diod. 17.18.2-4，并参看 Badian, *Stud. Ehrenb.*, p. 43 and n. 32。
33. Arrian 1.12.6-7.
34. Diod. 17.18.2. 米尔恩斯（Milns, p. 56）提示我们，由于公元前336年腓力被刺，直到公元前334年他们仍旧相信不会有侵略行动发生。这看起来比查斯丁的解释（Justin 11.6.9）更可信，后者认为大流士故意让马其顿人入侵他的国土，以便在一场大战中打败他们，从而获得更大的荣誉。
35. Arrian 1.12; Diod. 17.18.2-4. 戴维斯（E. W. Davis, 参见参考文献）探讨了大多数的难题（他的研究是近些年唯一细致研究格拉尼科斯河战役的专论），不过尽管他对塔恩、沙赫尔迈尔和贝洛赫的批评非常有力,但他本人却没能提出一个令人信服的意见。

36. Plut. *Alex.* 16.1.3; Arrian 1.13.4; Strabo 13.1.11, C. 587; cf. Schreider, p. 15.
37. 正如塔恩提示我们的那样（*CAH*, vol. VI, p. 361= *AG*, vol. I, p. 16; cf. Fuller, pp. 148-9），波斯人可能决心"通过杀死亚历山大来把战争扼杀在摇篮里"，但这是古代所有战斗中惯有的目标，许多现代战争也是如此（1942 年长距离沙漠群突袭隆美尔 [Rommel] 的司令部便是一例）。在当时的情况下，这个目标无疑是从属于波斯人的主要战略计划的。
38. cf. Fuller, p. 149.
39. 至于对人数的详尽分析，参见第 498 页及以下。
40. Arrian 1.13 *passim*; Diod. 17.19.1-2; Plut. *Alex.* 16.1-2.
41. cf. Hamilton, *PA*, p. 39, and reff. there cited.
42. Arrian 1.14.5-6, 15.1-5; Plut. *Alex.* 16.2-4, cf. Brunt, *JHS* 83 (1963), 27.
43. 至于"不良"建议的例子（包括本处），参见 Arrian 1.18.6 ff., Plut. *Alex.* 29.3, 31.10 ff.。在高加美拉之战中的事件，参见 ibid., 33.10。至于卡利斯特涅斯在诋毁帕米尼翁过程中的作用，现在可参见汉密尔顿出色且广博的注释（Hamilton, *PA*, p. 89）——至于亚历山大特有的想要"立即把失败补回来"的欲望，参见 Badian, *Stud. Ehrenb.*, p. 47。
44. 让人惊奇的是，在古代这种简单的计策似乎经常奏效：例如尼基亚斯在撤退到阿西纳洛斯河的过程中就用过这一计策（Thuc. 7.80），大流士一世在斯基泰时也用过（Hdt. 4.134-5）。这并不一定要从阿里安的另一处中（Arrian 5.9 ff., 参见下文第 394 页及以下关于亚历山大在杰赫勒姆所用的策略）推出，此类行动需要数天的精心准备。无论如何，在当天下午的事件之后，阿尔西特斯不大可能想到在次日之前亚历山大一方还会有别的行动。
45. Diod. 17.19.3; Polyaenus 4.3.16; Justin 11.6.10-12; cf. Schreider, p. 15. 至于对资料来源和战术的详细讨论，参见下文第 489 页及以下。阿里安（Arrian 1.14.4）认为波斯骑兵是沿着河流部署的，前一天下午发起过攻击。波吕埃诺斯的叙述——只有一句话——说得很清楚，他所说的既不是第一次进攻（如果确实发生过），也不是关键的战斗；因而可以从逻辑上推断，这是在黎明渡河时发生的一次小型战斗。事实上，要是像亚历山大这种规模的大军在渡河时竟完全没有被发现，那也太奇怪了。
46. 类似的头盔出现在一款德卡德拉克马银币上，这款银币是他（在公元前 324 年？）铸造出来用以纪念他在杰赫勒姆河战胜印度王公波洛斯（保拉瓦）的：参见 Hamilton, *PA*, p. 40, and reff. there cited。
47. Diod. 17.19.6, 20.2；参看 Arrian 1.14.7（托勒密将此转移到第一次进攻上面），并可参见 Fuller, pp. 151-2，富勒非常理解这种调动，尽管他沿用的是托勒密 - 阿里斯托布罗斯的文本。
48. 这里所记载的战斗细节的主要资料，参见 Diod. 17.19.6-21.5; Plut. *Alex.* 16.4-7; Arrian 1.15.6-16.3。
49. 参见 Diod. 17.21.6; Plut. *Alex.* 16.6; Arrian 1.16.2-3, 5；至于对双方损失的详细讨论参看下文第 497 页及以下。
50. Arrian 1.16.4; Plut. *Alex.* 16.7 (on the authority of Aristobulus): Justin 11.6.12.

51. 至于狄昂的雕像（由吕西波斯制作），参见 Plut. *Alex.* 16.8; Arrian 1.16.4; Veil. Pat. 1.11.3-4。
52. Arrian 1.16.2-3, 6; Plut. *Alex.* 16.6-7。
53. Arrian 1.16.7; Plut. *Alex.* 16.8; cf. (e.g.) Wilcken, pp. 88-9, and my Appendix, pp. 508 ff.
54. Diod. 17.21.6; Arrian 1.16.5; Plut. *Alex.* 16.8; Justin 11.6.13。

第六章

1. Badian, *Stud. Ehrenb.*, p. 46, cf. *GR*, p. 166.
2. Badian, *Stud. Ehrenb.*, ibid.
3. Arrian 1.17.1-2.
4. Arrian 1.17.8; Diod. 17.22.1.
5. Plut, *Alex.* 17.1; Diod. 17.21.7; Arria n 1.17.3-8. 至于波斯到萨尔狄斯和以弗所的皇家大道，参见 Cary, *The Geographic Background of Greek and Roman History* (Oxford, 1949), p. 151; cf. pp. 162-3。
6. 参看格里菲斯发人深思的讨论（Griffith, *Proc. Camb. Phil. Soc.* 10 (1964), 23-39, esp. pp. 24, 31-4），我在此利用到了他的许多内容。至于亚历山大对当地铸币厂的处置，参见 Bellinger, pp. 46-7；至于他处置吕底亚人的总体情况，参见巴迪安的敏锐评论（Badian, *Stud. Ehrenb.*, pp. 44-5）。
7. Arrian 1.17.9-13, 18.2; Strabo 14.1.22-3, C. 641; cf. Badian, *Stud. Ehrenb.*, pp. 45-6; Ehrenberg, *Alexander and the Greeks*, p. 14; Tod, vol. II, p. 142; Milns, *Historia* 15 (1966), 256.
8. Aelian *VH* 2.3; Pliny *HN* 32.95, 35.16.12; cf. Bieber, pp. 37-8, 45 ff.; E. von Schwarzenberg, 'Der lysippische Alexander', *Bonner Jahrbücher*, 167 (1967), 58 ff.
9. Arrian 1.18.1-2; cf. Badian, *Stud. Ehrenb.*, pp. 45-6, 53, *GR*, pp. 167-8; Bellinger, p. 48; Ehrenberg, *Alexander and the Greeks,* ch. 1. 至于亚历山大这时期资金短缺的情况，参见 Arrian 1.20.1 and p. 156。
10. Paus. 2.1.5, 7.3.9, 7.5.1-3; cf. Hdt 1.16; Strabo 14.1.37, C. 646.
11. Arrian 1.18.4.
12. 希腊舰队用三天时间把波斯人赶到米利都去，由此可以肯定地推论出舰队就在以弗所；大流士的海军分队在通过罗得岛前不大可能被发现，我们必须得算上国王获得消息的时间。
13. 达斯居利翁和萨尔狄斯的驻军共有 5000 人的同盟军队；帕美尼翁的部队拥有余下的 2500 人，外加 2500 名马其顿人；阿尔基马科斯的军团也有 5000 人。参见 Arrian 1.17.7-8, 18.1。这些不包括与阿桑德洛斯一同留下的骑兵和轻装部队。
14. Tod, vol. II, nos. 184, 185, pp. 241-4; cf. Badian, *Stud. Ehrenb.*, pp. 47-8.
15. Arrian 1.18.3-19.6; Diod. 17.22.1-5; Plut. *Alex.* 17.1, *Moral.* 180A 8; Val. Max. 1.1 ext. § 5; Hdt 6.6; Strabo 14.1.7, C. 635; cf. Tarn, vol. I, pp. 18-19; Stark, *AP*, pp. 230-32; Milns, pp. 60-61.
16. Arrian 1.20.1; Diod. 17.22.5- 23.1; QC 3.1.19.
17. Badian, *Stud. Ehrenb.*, p. 48（这是目前对该问题最务实的讨论）; cf. Tarn, vol. I, pp. 18-

19（此人认可托勒密的字面上的意思）；Stark, *AP*, pp. 231-2, and Milns, p. 61（米尔恩斯补充了一些有益的要点）.

18. Diod. 15.90, 17.23.4-6; Arrian 1.20. 2-3.
19. Arrian 1.23.7-8; Strabo 14.2.17. C. 656-7; Diod. 17.24.2-3; Plut. *Alex*. 22.4-5, *Moral*. 180A 9 ; cf. Badian, *GR*, pp. 170-71, Stark, *AP*, pp. 234-5.
20. Diod. 17.24.1-3，这是一段极有启发意义的叙述。
21. 斯塔克（Stark *AP*, pp. 232-4）指出了一条经由阿拉班达和拉格尼亚的路线；但他没有考虑到与伊阿索斯相关的史料（参见下面注释 22）。
22. Diod. 17.24.1.
23. Tod, vol. II, no. 190 and note *ad loc.*, pp. 252-3.
24. Pliny *HN* 9.8.27; cf. Athen. 13.606d-e. 这则故事的另一版本见于 Aelian, *HA* 6.15；其中，这个男孩无意间刺中海豚直立的背鳍，海豚便因此而死。
25. 至于围攻哈利卡那索斯的大体情况，参见 Arrian 1.20.2-23.6 *passim*; Diod. 17.24.4-27.6 *passim*; cf. Fuller, pp. 200-206. 后勤方面的细节问题我非常受益于奥斯汀的得克萨斯大学的恩格斯先生的一篇未公开发表的论文（'Some problems on the provisioning of Alexander's army', by Mr Don Engels of the University of Texas at Austin）。尤可参见下面注释 27 中的材料。
26. So Fuller, p. 205.
27. F. Maurice, *JHS* 50 (1030), 221; Naval Intelligence Division, *Turkey*, vol. II (Naval Intelligence Division of Great Britain, 1943), pp. 36, 147; QC 3.5.6.
28. 有的版本（Diod. 17.25.5; Arrian 1.21.1-2）说进攻是由佩狄卡斯兵团中的两名酒醉兵士无意中挑战的，这种说法是托勒密为亚历山大开脱而牺牲私敌佩狄卡斯的另一例证：参见上文第 147 页和注释 52，那里有关于在进攻忒拜时发生的类似事件的阐述。参看 Diod. 17. 12.3 和 Milns, p. 63。
29. Arrian 1.22.6. 狄奥多罗斯（Diodorus 17.27.4）说马其顿人强行突入；但这样一来，亚历山大的撤退就不好理解了。
30. 普林尼（Pliny, *HN* 5.31.134）记载了一则轶事，据说亚历山大把哈利卡那索斯的所有同性恋都赶到这座滨海小岛上，并将其重新命名为基奈多波利斯。
31. Arrian 1.23.6-7, 1.24.1-2, 2.5.7; QC 3.1.1, 3.7.4.
32. Arrian 1.24.3-4, 1.29.3-4; Diod. 17.27.6-7; Plut. *Alex*. 17.2.
33. 至于亚历山大在吕底亚、潘菲利亚和皮西狄亚的战役地图，我主要遵循的是 Freya Stark, *JHS* 78 (1958), 102-20, = *AP*, pp. 229 ff., and *Geog. Journ*. 122 (1956), 294-305。
34. Polyaenus 5.35; Arrian 3.6.6. 公元前 379 年，重新占领忒拜的民主派流亡者也曾使用过类似的诡计，参见 Xen. *Hell*. 5.4.1-5。
35. Arrian 1.24.4-5; Strabo 14.3.9, C. 666; cf. Stark, *AP*, pp. 238-43.
36. Plut. *Alex*. 17.2-3; cf. Stark, *AP*, pp. 245-7.
37. Arrian 1.26.1; Plut. *Alex*. 17.4; cf. Stark, *AP*, pp. 86-7.
38. Arrian 1.25 *passim*; Justin 11.7.1-2; 参看 Diod. 17.32.1-2, 狄奥多罗斯给出了奥林匹娅斯信件的细节，但把整个事件往后推了很多，那时亚历山大已经在塔尔索斯了。
39. Plut. *Alex*. 17.3-5; Arrian 1.26.1-2; Callisthenes ap. Schol. T. Eustath. Homer, *Iliad* 14.29.

近来有人提出（例如 Pearson, pp. 36 ff., 参看 Badian *Gnomon* 33 (1961), 661），卡利斯特涅斯没有说过大海向亚历山大礼敬，该说法可能出自某位注疏家。我认为这是最不可能的事。巴迪安正确地指出，卡利斯特涅斯是个有原则的人，最后为信念而死。但是，可以为原则而死的人未必总是靠原则活着，正如每个天主教教徒都知道的那样；卡利斯特涅斯的思想在语言修辞和生命的严酷现实之间分裂，绝对是公元前4世纪希腊知识训练中的一种独特的官僚元素。

40. Menander ap. Plut. *Alex.* 17.4 (=Kock, vol. III, p. 240); Strabo 14.3.9. C. 666-7.
41. 至于潘菲利亚海岸的地形图，参见 Stark, *AP*, pp. 248 ff., 和 Snyder, pp. 51-2。
42. Diod. 17.28.1-5; Arrian 1.24.6; cf. Stark, *AP*, pp. 80-81, 250-51。
43. Arrian 1.26.2-27.4; 参看 Badian, *GR*, p. 167, 和 *Stud. Ehrenb.*, p. 49, 后者写道："这时期亚洲的希腊城邦的自由，和斯大林时代的卫星国或者维克托·伊曼纽尔三世（Victor Emmanuel III）的状况并无二致，人们都说后者可以自由地做墨索里尼想要的任何事情。"
44. Arrian 1.27.6-28.1; 参见 Stark, *AP*, pp. 253-5，在复原事件方面我非常受益于斯塔克。
45. Stark, *AP*, p. 103. 至于萨伽拉索斯，参见 Arrian 1.28.2-8。
46. Arrian 1.29.1-4; QC 3.1.1-13; Hdt 7.26; Xen. *Anab.* 1.2.7; Livy 38.13; cf. Cary, *Geographical Background,* pp. 154-5; Tarn, vol. II, PP. 177-8.
47. Diod. 17.29.1-3, 17.31.3-4; Arrian 2.1.1-3（阿里安把门农之死置于攻下密提勒涅之前）。至于科斯和萨摩斯的反叛，参见 Arrian 1.19.8; Diod. 17.27.5-6。至于基俄斯，参看 Chios, cf. Tod, vol. II, no. 192, with commentary pp. 263-7。至于米利都和普里厄涅，参见 Badian, *Stud. Ehrenb.*, pp. 48-50, with reff. *ad loc*。
48. 至于戈尔狄昂之节一事，参见 Arrian 2.3 *passim*; QC 3.1.14-18; Plut. *Alex.* 18.1-2; Justin 11.7 *passim*; schol. Eur. *Hipp.* 671; cf. Schachermeyr, pp. 159-62, and especially E. A. Fredricksmeyer' *CPh* 56 (1961), 160-68。
49. QC 3.1.9-10, 19-20; Arrian 1.29.56, 2.2.3; Diod. 17.31.3-4.
50. Arrian 2.4.1-3; QC 3.1.22-4; Plut. *Alex.* 18.3; Diod. 17.29.4, 17.31.4. 至于这个夏天的关键几个月的时间表，参见 Miltner, *Jahr. Oest. Arch. Inst.* 28 (1933), 71; Judeich, in Kromayer and Veith, *Antike Schlachtfelder* 4 (Berlin, 1929), 355-6; and, now, Murison, *Historia* 21 (1972), 404-6 with n. 21。我不接受他因遵从贝洛赫（Beloch, *GG* III 22 311-12）而得出的意见（诚然只是尝试性的），亦即亚历山大在戈尔狄昂逗留是为了观察爱琴海的局势。另一方面，他可能花了比一般认为的更多的时间去"平定"安库拉附近地区，因为大流士走到巴比伦的消息到了7月中旬(Murison 406)才传到他那里，而他一直9月份才抵达塔尔索斯。
51. Arrian 2.1.3-2.2.5; QC 3.2 *passim*, 3.3.1; Diod. 17.30 *passim*, 31.1-2.
52. Arrian 2.4.2-6; QC 3.1.24, 3.4.1-15; Justin 11.8.1-2; cf. Snyder, pp. 57-8. 亚历山大在补给不良的狭长地带强行军的做法第一次是由恩格斯先生（参见上面注释25）向我指出的，我非常受益于此。
53. 关于进入塔尔索斯的时间，参见 Bellinger, pp. 10-11，并参看 Judeich, op. cit., p. 355。关于亚历山大生病，参见 Diod. 17.41.4-6; Arrian 2.4.7-11; QC 3.5-6 *passim*, 3.7.1; Justin 11.8.3-9; Plut. *Alex.* 19; Val. Max. 3.8 ext. § 6; Pap. Oxyrh. 1798, fr. 44, col. 1; cf.

Strabo 14.5.12, C. 673。库辛先生（Mr David Kusin）告诉我，亚历山大的许多症状——包括他呼吸和身体散发出的带甜味的香气（Plut. *Alex.* 4.2）以及在极端生理或情绪的休克之后出现的三天的康复—昏迷——都是临界性糖尿病的典型症状。

54. 至于亚历山大在奇里乞亚、叙利亚和腓尼基的铸币活动，参见 Bellinger, pp. 10-11, 34 ff., 特别是第 54—55 页，文中有引用到。帕美尼翁在亚历山德勒塔湾附近的行动，参见 Diod. 17.32.2; Arrian 2.5.1; QC 3.7.6-7。

55. Arrian 3.6.7; Plut. *Alex.* 41.4; cf. (with reservations) Badian, *Historia* 9 (1960), 245-6. 至于伊庇鲁斯的亚历山大在意大利南部的战役，参见 Arist. fr. 614 (Rose); Justin 12.2.1-11; Livy 8.24; QC 8.1.37; Plut. *Moral.* 326B（至于克里奥帕特拉众所周知的性生活方面的放荡，参看 818B-C）; Strabo 6.1.5, C. 256, 6.3.4, c. 280。

56. 许多史家都说到了这个故事，参见 Arrian 2.5.2-4; Aristobulus ap. Athen. 12.530b-c; Plut. *Moral.* 336C, cf. 330F; Strabo 14.5.9, c. 672, Photius and the *Suda* s.v. Sardanapalos*。那个墓和铭文几乎不可能就是传说的那个样子，参见 Snyder, p. 60, 斯奈德提出了一种可能的解释。至于亚里士多德对这则轶事的使用，参见 *Eth. Eud.* 1216a 16 (cf. Cicero, *Tusc. Disp.* 5.35), and Jaeger, *Aristotle*, pp. 253-5。

57. 这次行动的目标是为了保卫一条陆路通道，这条通道是进入奇里乞亚关以西的安纳托亚的唯一一条良好道路，参见 Stark, *AP*, p. 16。

58. Arrian 2.5.6-2.6.2; Diod. 17.32.4; QC 3.7.2-15. 亚历山大和帕美尼翁在伊索斯之战的行动很难根据现有史料复原出来。亚历山大犯了一次严重的误判，而托勒密则想尽办法来尽可能地掩盖这件令人不快的事情。阿里安把约拿之柱和叙利亚关相混淆，对我们没什么帮助。在马罗斯—卡斯塔巴拉—密里安德罗斯这一段路上，亚历山大一定以惊人的速度行动，在约 48 小时里走完了这段路程（约 75 英里），这一速度甚至激起学者们的质疑（参见 Murison, op. cit., p. 409, nn. 30, 32），但如果是按其先头部队的速度的话也决非不可能。参见上文第 325 页及该处注释。

59. 对皮那洛斯河的定位尚且存疑：至于不同观点的概要参见 Murison, op. cit., p. 403, n. 10。缪里森本人遵从扬克（Janke），后者则坚定地认为是德利河；但扬克的分析近来受到另一位地形家斯塔克（Freya Stark）的反驳。参见 *AP* p. 6, note cited by Murison。恩格斯先生同样认为是巴耶斯河。

60. Arrian 2.7.1-2.8.3, 2.11.9-10; QC 3.8.11-21; Diod. 17.32.3; Plut. *Alex.* 20.1-3; Polyb. 12.17.2-4, 12.19.4-9; Pap. Oxyrh. 1798, fr. 44, col. 2; cf. Tarn, vol. I, pp. 25-6 (quoted here).

61. 关于这个要点，参见 Marsden, *The Campaign of Gaugamela*, pp. 4-5。

62. 至于伊索斯之战，参见 Diod. 17.33-35.4; Polyb. 12.17-23; QC 3.8-11.5; Justin 11.9.1-9; Plut. *Alex.* 20.1-5, *Moral.* 341B-C; Arrian 2.8-11 *passim*; cf. Fuller, pp. 157-62, Marsden, pp. 1-6。

63. Diod. 17.35-37.4; Plut. *Alex.* 20.5-21.3; QC 3.11.16-12.12; Justin 11.9.12-16; cf. Tarn, vol. I, p. 28 (quoted here).

64. cf. Jaeger, *Aristotle*, pp. 132 ff.; Eddy, *The King Must Die,* pp. 62-3 and reff. there cited.

---

* Suda 辞书中作 Σαρδανάπαλος。——译者注

第七章

1. QC 3.12.15-26; Diod. 17.37.5-38.7; Arrian 2.12.6-8; Val. Max 4.7 ext. § 2.
2. Arrian 2.12.1-2, 14.7, 3.6.4 ff. ; Plut. *Alex.* 24.1-2; Ael. *VH* 9.3; cf. Wilcken, pp. 105-7, Milns, pp. 85-6. 至于亚历山大的铸币活动，参见 E. T. Newell（参考文献（一）c）和 Bellinger, pp. 10-11。
3. Arrian 2.13.8-14 *passim*; QC 4.1.6-14; Diod. 17.39.1-2; Justin 11.12.1-2; Isocr. *Phil.* 120, *Paneg.* 162; cf. F. M. Abel, *Rev. Bibl.* 43 (1934/5), 528-39（有关亚历山大在腓尼基的行军地形图）; Hamilton, *PA*, pp. 76-7, with reff. there cited; Marsden, pp. 6-7. 关于大流士和亚历山大之间的信件往来，参见 E. Mikrojannakis, *AM*, pp. 103-8，其中总结作者早期用希腊语写成的著作（参见参考文献（二）），并且尤可参见 G. T. Griffith, *Proc. Camb. Phil. Soc.* 194 [ns14] (1968), 33-48。
4. Arrian 2.13.1-6; Diod. 17.39.1, 48.1-6; QC 4.1.1-3, 27, 29-40 *passim*, 4.8.15; Justin 9.5.3; cf. Marsden, pp. 6-7, Parke, p. 200, Badian, *Hermes*, 95 (1967), 176-9; Tarn, vol. II, p. 73（关于交通瓶颈）; Burn, *JHS*, 72 (1952), 81-3（关于大流士的西部战略）.
5. Arrian 2.11.10, 15 *passim*; QC 3.13.1-17; Plut. *Alex.* 21.4-5, 22.2, 26.1, *Moral.* 85C; Athen. 11.781-2, 784a-b, 13.607f-608a; Justin 11.10.1-3; Cic. *Pro Arch.* 10; Plin., *HN* 7.29.108-9; Strabo 13.1.27, C. 594; cf. Bellinger, p. 56. 亚历山大对使节们的处置明显不合逻辑。他释放了两个弑拜人，因为一个是奥林匹亚冠军，另一个是贵族；他让雅典人留在身边作为上宾（虽然雅典是同盟的成员），而把斯巴达人公开拘禁起来（虽然斯巴达从未签署过同盟条约）。对巴尔西涅事件最持怀疑态度的是塔恩，这也是可预料到的，参见他的附录（excursus § 20, 'Barsine and her son Heracles', vol. II, pp. 330-38）。*Contra*, Berve, *APG*, II, nos. 206 and 353, pp. 102-4, 168. 很可能（参见 Arrian 7.4.4）这里出现了身份上的混淆，"巴尔西涅"也是大流士长女的名字——在这种情况下帕美尼翁有充足的王朝联姻的理由去促成此次结合。大流士本人也适时提出类似的条件：参见 Arrian 2.25.1 ff., and pp. 264, 287, above, with nn. 56 and 76 *ad loc*。
6. Arrian 2.15.6; QC 4.1.15-26; Diod. 17.46.4-6; Justin 11.10.8-9; Plut. *Moral.* 340D; Anaximenes ap. Athen. 12.531d-e; cf. Snyder, pp. 78-9; Bieber, pp. 48-52; Newell, *Sidon and Ake,* pp. 22-3, *Royal Greek Portrait Coins,* p. 13.
7. Arrian 2.15.6-7; QC 4.2.1-2; Justin 11.10.10.
8. Diod. 17.40.3.
9. QC 4.2.10.
10. Arrian 2.15.7, 16.7-8; QC 4.2.2-5; Diod. 17.40.2; Justin 11.10.11.
11. Diod. 17.40.3; QC 4.2.10-12; Justin 11.10.12.
12. QC 4.2.15.
13. Arrian 2.17 *passim*; cf. QC 4.2.18.
14. QC 4.2.6-9, 16; Arrian 2.18.1-2, 21.4; Diod. 17.40.4; Plut. *Alex.* 24.3.
15. QC 4.2.17; Arrian ibid.; Plut. ibid.
16. 至于围攻提尔城的大体情况，参见 Diod. 17.40.2-46 *passim*; Arrian 2.15.7-24 *passim*; QC 4.2-4 *passim*; Plut. *Alex.* 24.3-25.2; Polyaenus 4.3.4; Justin 11.10.10-14; Zachariah

ix, 1-8; cf. Fuller, pp. 206-16; Abel, pp. 543-4; K. Elliger, *Zeitschr. f. Alttest. Wiss.* 62 (1949/50), 63-115; M. Delcor, *Vet. Test.* 1 (1951), 110-24.
17. Diod. 17.40.5; QC 4.2.18 .
18. QC 4.2.18（材来自黎巴嫩山）; Josephus *Ant. Jud.* 11.317。虽然约瑟夫斯涉及亚历山大与犹太人关系的叙述（ibid., §§ 304-5, 313-45），大都是基于传说而非历史事实，但我们仍可从其中抽出一些真实的细节，这里所引用的可能就是其中之一。
19. Arrian 2.18.3-4.
20. Diod. 17.41.1; QC 4.2.20.
21. Diod. 17.4 1.2; QC 4.3.20; Justin 11.10.14.
22. Diod. 17.41.3-4; QC 4.2.12.
23. Arrian 2.18.5; QC 4.2.21-2.
24. Arrian 2.18.4-6; QC 4.2.23-4.
25. QC 4.2.24.
26. Arrian 2.19.1-5; Diod. 17.42.1-2; QC 4.2.24, 3.2-5.
27. Arrian 2.19.6-20.2-3; QC 4.3.1; Plut. *Alex.* 24.2.
28. Arrian 2.20.4-5; Plut. *Alex.* 24.6-8; Polyaenus 4.3.4; cf. Snyder, PP. 85-6.
29. QC 4.3-11; Arrian 2.20.5.
30. Arrian 2.20.9-10; Diod. 17.43.3 ; QC 4.3-12.
31. Arrian ibid.; Diod. ibid.; QC 4.3-11.
32. Diod. 17.42.5.
33. QC 4.3.6-7, 9-10; Diod. 17.42.5- 6.
34. Arrian 2.21.1 ff.; QC 4.3.13; Diod. 17.42.5-7.
35. Arrian ibid.; QC 4.3.14-15.
36. Arrian 2.21.3; Diod. 17.43.1-3; QC 4.3.13.
37. QC 4.3.16-18.
38. Arrian 2.21.4; Diod. 17.43.7-44 *passim*.
39. QC 4.3.19-20.
40. QC 4.3.21-2; Diod. 17.41.7-8, cf. 23; Plut. *Alex.* 24.3-4.
41. Arrian 2.21.5-7; cf. QC 4.3-10.
42. Diod. 17.43.5.
43. QC 4.3.24-6; Diod. 17.43-4 *passim.*
44. QC 4.4.1; Diod. 17.45.7.
45. Arrian 2.21.8-22.7 *passim*; QC 4.3.24, 4.4.6-9.
46. Arrian 2.22.7; Diod. 17.43.4-5.
47. Plut. *Alex.* 25.1-2; Arrian 2.23.1; QC 4.4.10.
48. Arrian 2.23.2-3.
49. Arrian 2.23.4-6, 24.1; Diod. 17.45-46 *passim*; QC 4.4.10-11.
50. Diod. 17.46.3-4; Arrian 2.24.2; QC 4.4.12-13.
51. Arrian 2.24.3-4; Diod. 17.46.4; QC 4.4.13.
52. QC 4.4.15-16.

53. QC 4.4.17-18; Arrian 2.24.5; Diod. 17.46.6; Plut. *Alex.* 4.4.
54. Arrian 2.24.5-6; Diod. 17.46.4; QC 4.4.16-18.
55. 至于在爱琴海和小亚细亚的行动，参见 QC 4.1.35-6, 4.5.13-18, 22, cf. 3.1.24。法尔那巴佐斯被赫格罗科斯俘虏，但随后逃走了（Arrian 2.3）。
56. 至于大流士第二次使节去亚历山大那里，参见 QC 4.5.1-8; Justin 11.12.3-4; Diod. 17.54.1。现代学者一般认为——与大部分的古代记载相对立——只有两次使节出使：可参见 Hamilton, p. 77, 和那里引用的其他 reff.，作者主要依据 Arrian 2.25.1-3。我不能接受这种观点。至于在高加美拉战役不久前的第三次使节出使，参见上文第 287 页和该处的注释 76。在提尔城时，大流士当然不会让幼发拉底河以西的全部领土。无论格里菲斯还是密克罗雅尼斯（Mikrojannis），他们没能澄清这一点。
57. 关于大流士在巴比伦集结一支新的大军，参见 Diod. 17.39.3-4; QC 4.6.1-4, 4.9.1-2。
58. Arrian 2.25.4-27; QC 4.5.9-12, 4.6.7-30; Diod. 17.48.6-7; Hegesias ap. Dion. Hal. *De Camp. Verb.* 18, pp. 123-6 R; cf. Abel, pp. 43 ff.; Fuller , pp. 216-18. 关于后勤问题，我必须再次承认我从恩格斯先生的著作中获益匪浅。关于处死巴提斯的神话方面的先例，亚历山大模仿的是阿基琉斯，可能模仿得比荷马说的还更接近；索福克勒斯（*Ajax* 1031）和欧里庇得斯（*Androm.* 399）都知道一种传统说法，赫克托尔还没死时阿基琉斯便切开他的脚踝，把他系在战车后面，拖着他围着特洛伊的城墙奔驰。没有理由假定亚历山大既不知道这种传说，也不会去模仿。
59. 关于伤亡和重新募兵，参见 Arrian 2.24.5-6; Diod. 17.49. 1; QC 4.6.30-31; cf. Badian, *Hermes* 95 (1967), 187。关于向埃及进军，参见 Diod. 17.49.1-2; QC 4.7.1-3; Arrian 3.1.1-4; cf. Bellinger, p. 66。关于亚历山大加冕为法老，参见 Beloch, *Griech. Gesch.* III, ii, p. 315; Wilcken, pp. 112-16。亚历山大的未来新城的选址，参见 Diod. 17.52.1-3; Arrian 3.1.5; Strabo 17.1.78, C. 792-4; cf. Welles, *Historia* 11 (1962), 271 ff.; Borza ap. Wilcken, pp. 335-6。至于荷马提及法罗斯岛，参见 *Od.* 4.354-5, cited by Plut. *Alex.* 26.3。
60. Arrian 3.2.2-7; Diod. 18.48.2, cf. Plut. *Phoc.* 30. 2; Aeschin. *In Ctesiph.* 3.163 ff.; Plut. *Moral.* 818E; Tod, II, no. 192 (pp. 263-7); [Dem.] *On the Treaty with Alexander*, esp. §§4-5, 7, 10-11, 12, 17, 20, 26; cf. G. L. Cawkwell, *Phoenix* 15 (1961), 74-8; *JHS* 81 (1961), 34; Ehrenberg, *Alex. and the Greeks*, p. 27.
61. 关于此事，一般参见 Diod. 17.49.2-51.4; QC 4.7.6-32; Justin 11.11.2-12; Plut. *Alex.* 26.6-27; Arrian 3.3-4; Strabo 17.1.43, C. 814; Ps-Call. 1.30; Jul. Val. 1.23; Plut. *Moral.* 180D 15; Tod, II, no. 196。当代文献非常丰富而且经常很幼稚，我只提一些我觉得特别有帮助的：Olmstead, pp. 510-12 (with further reff.); Hamilton, *PA*, pp. 68-70; Tarn, vol. II, pp. 347-59; Wilcken, pp. 121-9; Welles, *Historia* 11 (1962), 275 ff. 至于进一步的参考资料，参见参考文献。
62. Arrian 3.3.1-2; Strabo 17.1.43, C. 115; cf. Snyder, pp. 102-3.
63. Arrian 3.3.3; Diod. 17.49.2-3; QC 4.7.6-9; cf. Welles, ibid., pp. 280-81.
64. Arrian 3.3.3-6; Plut. *Alex.* 26.6-27.3; Diod. 17.49.3-6; QC 4.7.10-16.
65. Arrian 3.4.1-4; Diod. 17.50.1-5; QC 4.7.16-22.
66. Justin 11.11.6.

67. Diod. 17.50.6-51.4 *passim*; QC 4.7.23-8; Arrian 3.4.5; Plut. *Alex.* 27.3-5, 5-6; Justin 11.11.7-12. 流传下来的回复有：(1) 亚历山大被呼为阿蒙神之子（Just. 11.11.7; QC 4.7.25; Diod. 17.51.1; Plut. *Alex.* 27.3-4），(2) 对腓力的刺杀者的惩罚（Just. 11.11.9; QC 4.7.27; Diod. 17.51.2-3; Plut. *Alex.* ibid.），(3) 亚历山大赢得战争和帝国（Justin 11.11.10; Diod. 17.51.2; QC 4.7.26; Plut. *Alex.* ibid.），(4) 亚历山大被尊为神（Justin 11.11.11; Plut. *Alex.* 27.5-6），(5) 新城选址得到认可（Welles, *Hist.* 11 (1962), 275-6），(6) 关于当亚历山大成为亚洲之主时该向哪些神明献祭的指示（Arrian 6.19-4）。

68. Arrian 3.3.5, 3.4.5; QC 4.8.1; cf. Welles, ibid., pp. 278-9; Borza ap. Wilcken, p. 336.

69. Diod. 17.52.1-7; Arrian 3.1.5-3.2.2; Plut. *Alex.* 26.2-6; Strabo 17.1.6-10, C. 791-5; QC 4.8.1-2, 5-6; Justin 11.11.13; Val. Max. 1.4.7 ext. § 1; Pliny *HN* 5.11.62-3; cf. Welles, ibid., p. 284 and n. 67 (for the date), 285-9.

70. Olmstead, p. 512 and reff. there cited; Strabo 17.1.43, C. 814.

71. Arrian 3.5.1-5, cf. 7.23.6 ff., *Succ.* 5; QC 4.8.4-6; [Arist.] *Oecon.* 1352a-1353b; cf. Badian, *GR*, pp. 171-2 and reff. there cited.

72. Arrian 3.6.1-5, 8; QC 4.8.7-15; Diod. 17.48.1-2; Plut. *Alex.* 29.1-3; cf. Badian, *Stud. Ehrenb.*, pp. 54-5, *Hist.* 9 (1960), 245-6; Griffith, *Proc. Camb. Phil. Soc.* 10 (1964), 23 ff.

73. 至于下面关于高加美拉之战的叙述，我非常受益于马斯登的杰出而深刻的专著（E. W. Marsden, *The Campaign of Gaugamela*, Liverpool, 1964），任何想要细致研究这场战役及其筹备过程的人都应当参考此书。

74. Arrian 3.6.4, 3.7.1-2, 3.8.3-6; QC 4.6.1-4, 4.9.1-6, 12, 14-15, 4.10.11-15; Diod. 17.53.3-4; cf. Marsden, pp. 15-23.

75. Diod. 17.55.3-6; Arrian 3.7.2-3.8.1; QC 4.9.14-4.10.17.

76. 大流士妻子之死：Diod. 17.54.7; Plut. *Alex.* 30; QC 4.10.18-34; Justin 11.12.6-7; Plut. *Moral.* 338E. 大流士所派的第三次使节：Diod. 17.54.1-6 (with Welles', note, Loeb edn, vol. VIII, p. 228, n. 1); QC 4.11 *passim*; cf. Arrian 2.25; Justin 11.12.7-16; Plut. *Alex.* 29.4.

77. 侦察巡逻：Arrian 3.9.1-3。亚历山大夜间在战术和后勤方面的考虑：QC 4.13.16-17; Plut. *Alex.* 31.2-8; Diod. 17.56.1; cf. Marsden, pp. 46-7。双方军队的相对规模：Marsden, ch. III *passim* and reff. there cited。至于亚历山大睡过头以及他在战斗当天早上所说的话，参见 QC 4.13.23-4（参看 Marsden, p. 9, 我在此借用了他的翻译）；Plut. *Alex.* 32.2; Diod. 17.56.1。

78. Marsden, p. 64.

79. 关于战前的演说，参见 QC 4.13.12-14; cf. Eddy, p. 31; Hamilton, *PA*, pp. 80 ff. (Darius); Plut. *Alex.* 33.1-2; cf. Wilcken, pp. 138-9 (Alexander)。

80. 至于高加美拉之战，一般参见 Diod. 17.56-61; Arrian 3.8.7-3.15.7 *passim*; QC 4.12.18-4.16.33 *passim*; Plut. *Alex.* 32-3; Justin 11.13-14.5 *passim*; Plut. *Moral.* 180C 13; Polyaenus 4.3.6, 4.3.17; Strabo 16.1.3-4, C. 737, cf. 15.1.29, C. 399。我接受马斯登所确定的战斗日期——9月30日；其他提出的日期有10月1日（最常见的选择）和9月27日（Burn, *JHS* 72 (1952), 84-5）。另可参见 Hamilton, *PA*, pp. 83-90; Fuller, pp. 163-80; and Milns, pp. 122-6（近来最好的总体叙述，包含了马斯登观点的大多数有益之处）。

81. QC 5.1.3-9; Diod. 17.64.1-2; Arrian 3.16.1-2, cf. 3.19.1-2.

第八章

1. Plut. *Alex.* 34.1-2; QC 4.11.13; cf. Hamilton, *PA*, pp. 90-99, Wilcken, pp. 137-8. 至于希腊的僭主政治，参见 [Dem.] *On the Treaty with Alexander* (xvii), §§ 4, 7, 10, 16; cf. Badian, *JHS* 81 (1961), 28.
2. 至于波斯宗教方面对亚历山大的抵抗，参见 Eddy, pp. 41-7, 58-63，此处我主要利用了作者的论述；至于亚里士多德关于玛哥斯僧教义的知识，参看 Jaeger, pp. 132-5.
3. Diod. 17.64.3; Arrian 3.16.3; QC 5.1.10-16; Plut. *Alex.* 35.1-7; Strabo 16.1.15, C. 743; cf. Hamilton, *PA*, p. 93. 普鲁塔克和斯特拉波（Plutarch and Strabo *ad loc.*) 提到一个故事，说亚历山大把一个面庞纯净的小奴隶放在浴池中的火上，看看石脑油被点燃后是否能防水。至于另一则亚历山大用火考验（又是一个小男孩成了牺牲品）轶事，参看 Val. Max. 3.3 ext. § 1.
4. QC 5.1.20-39; Diod. 17.64.3-4; Arrian 3.16.3-5; Justin 11.14.8; cf. Hdt 1.179 ff. cf. Olmstead, pp. 237, 517-18; Badian, *Hermes* 95 (1967), 184-5; Andre Parrot, *Nineveh and Babylon* (1961), pp. 170-76; Eddy, p. 105.
5. 行政变化：Arrian 3.16.4-5；参见 QC 5.1.43-4, Diod. 17.64.6，重要的讨论参见 Badian, *GR*, pp. 173-5 和 *Hermes* 95 (1967), 185。巴比伦铸币厂：Bellinger, pp. 60-63, cf. Tarn, vol. I, pp. 130-31。卡利斯特涅斯的天文学研究：Aristotle *De Caelo* 2.12。埃萨吉拉的重建和亚历山大与迦勒底人的关系：Arrian *ut supr.* and 7.17.1-4, 7.24.4; Strabo 16.1.5, C. 738; Plut. *Alex.* 57.3; cf. Nock *JHS* 48 (1928), 21 ff.; and P. Jouguet, *Homm. J. Bidez et F. Cumont, Coll. Latomus* II (Brussels, 1949), p. 162. 军队休假：QC 5.1.36-9; Diod. 17.64.4. 欠付工资和奖金：Diod. 17.64.5-6; Plut. *Alex.* 34, 39; and especially QC 5.1.45.
6. Diod. 17.65.1-66.7; Arrian 3.16.6-7; QC 5.1.39-5.2.15; Justin 11.14.9; Strabo 15.3-10, C. 731; Plut. *Alex.* 36; Esther 6-7; cf. Olmstead, pp. 164-5; Parrot, op. cit., 198-9; and especially R. Ghirshman, *Perse. Proto-iraniens. Mèdes. Achéménides* (Paris, 1963), pp. 139-45.
7. Diod. 17.66.3-7, with Welles's important note, pp. 306-7; QC 5.2.13-15; Plut. *Alex.* 37.4, cf. 56, *Moral.* 329D. 至于亚历山大对希绪冈比斯所犯的过失，参见 QC 5.2.18-22, cf. Diod. 17.67.
8. 色雷斯的反叛和佐皮里翁的斯基泰远征：Diod. 17.62; Plut. *Ages.* 15.4; Justin 12.1.4, 12.2.16-17, cf. QC 9.3.21; Tod, II, p. 272; Badian, *Hermes* 95 (1967), 178-81. 阿吉斯在麦伽波利斯的失败：Diod. 17.62.6-63.4; QC 6.1; Justin 12.1.6-11; cf. Badian, ibid., 190; Parke, pp. 201-2. 博尔扎（Borza, *CPh* 66 (1971), 230-35）有力地提出叛乱是在高加美拉战役前被平定的，但尽管安提帕特关于此事以及其他事务（例如佐皮里翁悲剧的斯基泰远征和伊庇鲁斯的亚历山大在意大利南部的死亡，参看上文第308—309页）的详细报告，一直到公元前330年夏、大流士死后才送到亚历山大那里，当国王还在波斯波利斯时基本情况已经通过特使送达了（关于这个主题博尔扎收集到了一些非常有用的信息）。可进一步参见他的论文（'Fire from Heaven: Alexander at Persepolis', *CPh* 67 (1972), 233-45, esp. 239-40 (with n. 41) and 242），在文中博尔扎令人信服地提出，阿吉斯失败的消息可能在12月中旬之后的任何时间传到亚历山大那里，甚至可能早到10月份。关于僭主刺杀者雕像，参见 Arrian 3.16.4-8。关于给福基翁和色诺克拉特斯的贿赂，参见 Plut. *Phoc.* 18.1-4, *Moral.* 181E 30, 188C 9, 331E; Diog. Laert. 4.8-9。亚历山大还送了 800 塔兰特给亚里士多德作动物学研究之用（Athen. 9.398e）；埃里安（Aelian, *VH* 4.19）提出很有趣的一点，即这项拨款最初是腓力批准的。

9. Diod. 17.67-69 *passim*; QC 5.2.7-5.5.4 *passim*; Arrian 3.17.1-3.18.9; Plut. *Alex.* 37; Polyaenus 4.3-27; cf. Stein, *Geogr. Journ.* 92 (1938), 314 ff., Fuller, pp. 226-34; Burn, *JHS* 72 (1952), 89-91. 我关于阿拉克塞斯桥的叙述遵从的是狄奥多罗斯（Diodorus 17.69.1-2）和库尔提乌斯（Curtius 5.5.2-4），一般更多接受的是阿里安的版本（Arrian 3.18.6, 10），但此版本本质上更不可信。梅迪科所收集的藏品中的大型角形杯 – 双耳陶瓶反映了对向导的收买，这位向导向亚历山大指出了苏西亚关的山路，参见 H. E. Del Medico, 'A propos du trésor de panaguriště', *Persica* 3 (1967/8), 37-67, pls. II-IV, figs. 8-15。至于不同的观点，参见 G. Roux, *Ant. Kunst* 7 (1964), 30-41。残疾的希腊囚徒：Diod. 17.69; QC 5.5.5-24; Justin 11.14.11-12. 他们的人数据估计在 800 到 4000 人不等。

10. 至于这里玛哥斯僧对亚历山大的抵抗，我非常受益于 Eddy, esp. pp. 12-19；我还用到了他的西比林神谕的译文（*Orac. Sib.* 3.388 ff.）。至于波斯波利斯的新年庆典，参见 Ghirshman, op. cit., esp. pp. 147 ff.; cf. Parrot, pp. 193 ff.; Olmstead, pp. 172-84, 519-22。

11. Diod. 17.70-71; Plut. *Alex.* 37-1-2; QC 5.6.1-1O; Justin 11.14.10; Strabo 15.3.9, C. 731; Athen. 12.514e; cf. Olmstead, pp. 519-524; Eddy, p. 29 and reff. there cited; Borza, *CPh* 67 (1972), 239, 243.

12. QC 5.6.10; Plut. *Alex.* 39.6-41.2, Moral. 333A; Strabo 15.3.7, C. 730; cf. Ghirshman, pp. 130 ff.

13. Badian, *Hermes* 95 (1967), 186 ff.; 至于不同观点，参见 Borza-Wilcken, pp. 336-8。至于亚历山大在波斯波利斯逗留的时间长短，参见 Plut. *Alex.* 37.3（这受到了错误的质疑，见于 Robinson, *Ephemerides,* pp. 74 ff., and *AJPh* 5 (1930), 22 ff.）; cf. T. B. Jones, *CW* 28 (1935), 124 ff., and the excellent note by Hamilton, *PA*, pp. 98-9。冰和雪堆可能也阻碍了亚历山大的前进。

14. QC 5.6.11-20; Diod. 17.73.1; cf. Hamilton, *PA*, pp. 98-100.

15. Diod. 17.72; Plut. *Alex.* 38; QC 5.7.1-11; Strabo 15.3.6, C. 730; Athen. 576e; cf. Ghirshman, pp. 154 ff.; Borza-Wilcken, pp. 336-8; Hamilton, *PA*, pp. 99-101, and Borza, *CPh* 67 (1972), 243-4.

16. Olmstead, p. 523; 至于在波斯波利斯的发掘，参见 E. F. Schmidt, *Persepolis*, 2 vols. (Chicago, 1953, 1957), esp. vol. II, pp. 91-111。

17. Arrian 3.19.1-5; QC 5.6.11, 5.7.12-19 *passim*; Diod. 17.73.1-2.

18. Arrian 3.19.5-8; Plut. *Alex.* 42.3; Diod. 17.74.3-5; Justin 12.1.1; QC 6.2.10.

19. Tarn, vol. I, p. 55. 至于帕美尼翁（和哈尔帕罗斯）的地位，参见 Arrian 3.19.3, 7; Plut. *Alex.* 35; Justin 12.1.3; Diod. 17.108.4; cf. Griffith, *Proc. Camb. Phil. Soc.* 10 (1964), 24-7; Milns, pp. 143-5; Badian, *JHS* 81 (1961), 16-43, and *Hermes* 95 (1967), 188-90.

20. QC 5.12 .18-20.

21. Diod. 17.74.1-2; QC 6.6.13; Arrian 3.25.3; cf. Hamilton, *PA*, pp. 114-15.

22. 至于追击和大流士之死，参见 Arrian 3.19.5, 3.20-22.1; QC 5.10-13.25 *passim*; Plut. *Alex.* 42-3, *Moral.* 332F; Justin 11.15; Diod. 17.73.2-4; Aelian *HA* 6.25 (Darius'dog); cf. Milns, *Historia* 15 (1966), 256 ff.; C. Neumann, *Histaria* 20 (1971), 196-8; Hamilton, *PA*, pp. 113-14。

23. Wilcken, p. 150.

24. Plut. *Alex.* 43.2-3; QC 5.13.28; Diod. 17.73.3-4.

25. Diod. 17.74.3; QC 6.2.9, 6.3-4 *passim*; Plin. *HN* 6.17.44-5; Plut. *Alex.* 47.1-2.

26. 进军至扎德拉卡尔塔：Diod. 17.75; Arrian 3.23.1-9; QC 6.2.12, 6.4 *passim*（至于纳巴尔扎涅斯的信，参见§§8-14）; Plut. *Alex.* 44。波斯人和雇佣兵投降一事：Diod. 17.76.1-2; Arrian 3.23.4-5, 3.24.4-5; QC 6.4.23-6.5.10。亚历山大马匹短缺一事：Justin 12.1.2; Plin. *HN* 12.18.34。对马尔狄安人的征讨: Diod. 17.76.3-8; QC 6.5.11-21; Arrian 3.24.1-3, 5.19.4-6; Plut. *Alex.* 44.2-3, 45.3, *Moral.* 341B。

27. QC 6.5.23; Dicaearchus ap. Athen. 13.603b= Plut. *Alex.* 67; cf. Badian, *CQ* ns8 (1958), 144-57; *contra*, Tarn, vol. II, pp. 320-23, 塔恩极为不真诚地摒弃了巴戈亚斯的事情，认为那是漫步学派编造出来的。

28. Diod. 17.77.4-78.1; Justin 12.3.8-12; QC 6.6.4-12; Plut. *Alex.* 45.2-3, 47.5-6, *Moral.* 329F-330A; cf. Hamilton, *PA*, pp. 120-22.

29. cf. Milns, p. 157.

30. Justin 12.3.11-12.4.6，这是很重要但通常会受到忽略的段落。

31. QC 6.6.12.

32. Plut. *Alex.* 47; Arrian 3.25.1-7; Diod. 17.78.1-3; QC 6.5.32-6.6.35; cf. Tarn, vol. I, pp. 60-61; Wilcken, pp. 152-7; Cary, *Geogr. Background*, p. 197. 至于阿马宗女王的故事，参见 Diod. 17.77.1-3 (with Welles's notes 2-3, pp. 338-9); Plut. *Alex.* 46。

33. "菲罗塔斯事件"的主要史料是 Curtius (6.7-7.2.34 *passim*); cf. Diod. 17.79.1-80.4; Plut. *Alex.* 48-49.7; Arrian 3.26; Justin 12.5.1-3; cf. Badian, *TAPhA* 91 (1960), 324-38, also *JHS* 81 (1961), 21-3; and Hamilton, *PA*, pp. 132 ff. (附有一些非常合理的评论).

34. Plut. *Alex.* 48-9.

35. QC 6.9.18, 6.10.26-8, 6.11.23-5.

36. Plut. *Alex.* 49.3-4; QC 6.7.18-21; Diod. 17.79.3-4. 至于菲罗塔斯本人对此事的解释，参看 QC 6.10.15-18（基于他在审判闹剧中的自辩）。

37. QC 6.7.22; Diod. 17.79.4.

38. QC 6.7.23-8; Diod. 17.79.5.

39. Diod. 17.79.6; QC 6.7.24.

40. Diod. 17.79.2; QC 6.7.15.

41. QC 6. 7.29-30; Diod. 17.79.6; Plut. *Alex.* 49.4.

42. QC 6.7.31-5; Diod. 17.79.6.

43. QC 6.8.1-14.

44. QC 6.7.2-17; Diod. 17.79.2.

45. QC 6.8.15-22.

46. QC 6.9.14-15.

47. QC 6.8.23-6.11.40; Plut. *Alex.* 49.6-7; Diod. 17.80.2.
48. Diod. 17.80.2; QC 7.1.5-9.
49. QC 7.1.10-14; Arrian 3.27.1-3; Plut. *Alex.* 49.7.
50. Arrian 3.27.5.
51. Diod. 17.80.3; QC 7.2.11-34, cf. 10.1.1 f.; Arrian 3.26.3-4; Strabo 15.2.10, C. 724; cf. Badian (n. 33).
52. Diod. 17.80.4; Polyaenus 4.3.19; QC 7.2.35-8; Justin 12.5.4-8.
53. 至于赫淮斯提翁的晋升，参见 Arrian 3.27.4; cf. Hamilton, *PA*, pp. 131-2。
54. Put. *Moral.* 183F 1.
55. Plut. *Alex.* 49.1; cf. Badian, *TAPhA* 91 (1960), 331 and n. 18, with reff. there cited. 另一方面，塔恩（Tarn, vol. I, pp. 62-4）在没有对史料进行细致考辨的情况下，接受了对菲罗塔斯的定罪，不过在其他地方（vol. II, pp. 270 ff.）他千方百计地（但是徒劳地——正如他自己不得不承认的那样）为亚历山大杀害帕美尼翁一事开脱。正如埃德蒙兹所说，"帕美尼翁之死意味着亚历山大人生的马其顿阶段结束了"（Lowell Edmunds, *GRByS* 12 (1971), 367-8）。

第九章

1. 现有的史料（Arrian 3.28.1; Diod. 17.82.1-8; QC 7.3.5-18; Strabo 15.2.10, C. 725），包括他们所说的房屋完全被积雪覆盖等，可能夸大了亚历山大在这次行军期间所遇到的暴风雪。恩格斯先生告诉我，"至少在坎大哈，雪花一落地就融化了，等到亚历山大抵达坎大哈和喀布尔之间的山口（那里的积雪只存在两三个月）时，气温将会变得温和起来"。
2. 至于亚历山大直到翻越兴都库什山脉之时的战役，参见 Diod. 17.81-3 *passim*; Arrian 3.27.4-28.4; QC 7.3.3-19; Strabo 15.2. 10, C. 725. 关于萨提巴尔扎涅斯的失败，参见 Diod. 17.81.3-6; QC 7.3.2, 7.4.33-40; Arrian 3.28.2-3. 至于阿雷亚和阿拉霍西亚的地理状况，参看 Cary, *GB*, pp. 196-7。亚历山大可能在这时接受了格德罗西亚名义上的归顺：参见 Diod. 17.81.2 (with Welles's note); Arrian 3.28.1。至于他抵达兴都库什山脉的日期，参见 Strabo, loc. cit., and Jones (Bibl.), pp. 124-5。翻越兴都库什山脉：Diod. 17.83.1-3; Arrian 3.28-4, cf. 5.3.2-3; QC 7.3.19-23; cf. Milns, p. 168, Cary, *GB*, pp. 198-9。贝索斯的焦土政策和退却到奥克苏斯河对岸一事：Arrian 3.28.8-10; QC 7.4.20-25。
3. Arrian 3.29.1, 5, cf. 5.27.5, 4.17.3; QC 7.4.32-7.5.12, cf. 7.5.27; C. A. Robinson Jr, *AHR* 62 (1957), 335 (=*MP* p. 63). 渡过奥克苏斯河一事：见 QC 7.5.13-18; Arrian 3.29.2-4; cf. Wilcken, pp. 155-6。
4. Milns, p. 169 (based on Arrian 3.29.7).
5. 贝索斯被交出和被处决：Arrian 3.29.6-30.5, 4.7.3; QC 7.5.19-26, 36-43, 7.10.10; Diod. 17.83.8-9; Justin 12.5.10-11; cf. Hamilton 非常可靠的注释，pp. 114-15, and reff. there cited. 托勒密－阿里安所讲的贝索斯被拘禁一事，和我这里所叙述的一致；阿里斯托布罗斯和库尔提乌斯暗示说，斯皮塔美涅斯自己把这位囚犯押送到亚历山大那里，就当时的情况来说这是根本不可能的（不过这跟某个与托勒密针锋相对的史料却是一致的，但是托勒密并非总是撒谎并借此表现自己的英勇或值得赞扬的一面，有时——比如此处——他也会做一些其敌人不想提及的事情，即使在这过程中会出现一些不可思议的情况）。

6. 进军至马拉坎达：Arrian 3.30.6-11; QC 7.6.1-10。"斯基泰人"派来的使节：Arrian 4.1.1-2; QC 7.6.11-12。极边亚历山大里亚的建立：Arrian 4.1.3-4, 4.4.1; QC 7.6.13, 25-7。斯皮塔美涅斯反叛一事：Arrian 4.1.4-4.3.6; QC 7.6.13-23; Plut. *Moral.* 341B。渡过药杀河并进行突袭一事：Arrian 4.4.2-9; QC 7.7.5-7.19.6; Plut. *Alex.* 45.5; cf. Fuller, pp. 237 ff. 法努刻斯部队被歼一事：Arrian 4.3.6-7, 4.5.2-4.6.2; QC 7.6.24, 7.7.31-9；参见 Hdt 1.201-13（居鲁士被马萨格泰人杀死）。至于亚历山大在马拉坎达的强行军，参见 Arrian 4.6.3-7; 参见 Borza-Wilcken, p. 338（关于行军的地形图）。

7. Arrian 4.7.1-5, 4.15.1-6; QC 7.10.11-12; Strabo 11.7.4, C. 509. 关于法拉斯美涅斯的访问，参见 C. A. Robinson Jr, *MP*, pp. 63-4; and Hamilton, CQ ns21 (1971), 106-11。至于阿桑德洛斯和涅阿尔科斯，参见 Berve, *APG*, II, no. 165, p. 87, and no. 544, pp. 269-72。

8. Arrian 4.15.7-8; Plut. *Alex.* 57.4-5; QC 7.10.13-15; cf. Athen. 2.42 f.; Strabo 11.11.15, C. 518; Hamilton, *PA*, pp. 158-9.

9. Arrian 4.16.1-3; QC 7.10.15-16; Strabo 11.11.4, C. 517; Justin 12.5.13.

10. Arrian 4.16.4-4.17.2; QC 8.1.1-7; cf. Plut. *Moral.* 334F.

11. 至于克雷托斯被杀一事的总体情况，参见 QC 8.1.19-8.2.12; Arrian 4.8-9 *passim*; Plut. *Alex.* 50-52; Justin 12.6.1-17; cf. T. S. Brown, *MP*, pp. 40-44 ; Badian, *Stud. GR Hist.*, pp. 197-8（极为重要）。文中所引的欧里庇得斯的《安德洛玛刻》（*Andromache* vv. 693-700）的诗句的译文，除了第一行以外全部出自 J. F. Nims (*Compl. Gk. Trag.*, vol. VI, p. 184)。

12. 分配给克雷托斯的行省：QC 8.1.20-21。克雷托斯离开前的宴会：Arrian 4.8.2; Plut. *Alex.* 50.2; QC 8.1.22; Justin 12.6.1. 阿里安（4.8.1-2）和普鲁塔克（*Alex.* 50.3-4）都提到一个可疑的"预言性"因素，这强烈地表明了这经过了阿里斯坦德洛斯和阿纳克萨科斯事后的篡改，由此利用命定不可避免的死亡来替亚历山大杀死克雷托斯开脱责任。普鲁塔克记载说亚历山大做过一个梦，在梦中他看见克雷托斯死了，穿着黑色衣服，与帕美尼翁的儿子们（同样也死了）在一起——愤世嫉俗之人可能会将此解释为买一赠一的把戏。他进一步叙述说，克雷托斯在接受亚历山大的邀请时还没完成献祭，竟带着一只献祭的羊去赴宴；（根据这一流传下来的说法）亚历山大随后征询了占卜师，发现了一些不祥之兆，于是他下令为克雷托斯的安全而献祭。说这么多我想也足够了。阿里安更为收敛些，但显然也利用了类似的政治宣传，他说亚历山大错误地向狄奥斯库里兄弟而不是狄奥尼索斯献祭，从而大概招致了后一位神明的愤怒，导致了我们所看到的那个结果。

13. Arrian 4.8.2-3; QC 8.1.22.

14. Arrian 4.8.4-5.

15. Arrian 4.8.6; QC 8.1.23-6; Justin 12.6 .2.

16. QC 8.1.30-37; Arrian 4.8.6; Justin 12.6.3.

17. Plut. *Alex.* 50.4-5.

18. Arrian 4.8.6-7; Plut. *Alex.* 50.6; QC 8.1.41-2.
19. 根据普鲁塔克的说法（*Alex.* 50.2），亚历山大举行宴会的最初冲动源于希腊水果的寄达，这些水果是商贩们从海边带来的，亚历山大想和克雷托斯分享一下。相关的港口必定是波斯湾的入口哈尔摩吉亚（即霍尔木兹）。可能就是在这个场合中，有个西顿商人告诉亚历山大有一条比通常的苏萨－巴比伦－大马士革更短的去埃及的路线，即取道卡拉克斯、佩特拉和里诺科鲁拉（参见 Lucian, *Rhet. Praec.* 5-6，这段文字最有价值但很少有人引用，另见 A. M. Harmon's useful note *ad loc.*, Loeb edn, vol. IV, pp. 140-41）。亚历山大很不明智地把商人们当成了骗子。他对交通问题的关切是由关于埃及的不满情绪的报告引起的——可能是由于克莱奥美涅斯的劫掠（参见上文第278—279页）——因而他迫切希望尽可能快地把文书送达当地官员。卢奇安顺手提到了"驿使为传达亚历山大的命令不得不跑遍整个王国"，这是我们所拥有的为数不多的涉及这项关键部门的文字。
20. Plut. *Alex.* 51.1-4; Arrian 4.8.7-8; QC 8.1.43-7.
21. Plut. *Alex.* 51.5-6; Arrian 4 .8.8-9; Justin 12.6.3; cf. QC 8.1.28-9. 库尔提乌斯给出另一个不同杀死克雷托斯的版本，在这一版本中亚历山大冲到大厅里，夺过一支枪，一直等到克雷托斯最后一个出来。查斯丁（Justin 12.6.4）有一段相当粗俗的话，说亚历山大因克雷托斯赞扬腓力的军事天分而对这位不幸的死者大加辱骂。布朗（T. S. Brown, *MP*, pp. 40 ff.）相信普鲁塔克的版本要优于其他，如果可能的话应当遵从普鲁塔克而摒弃其他版本，对此我并不赞同；在史料考辨的过程中，豪斯曼抨击编辑者的说法同样存在，亦即"依靠单一抄本的方式，寄希望于此，指望老天这个抄本不会造成什么危害"（*D. Iunii Iuuenalis Saturae*, rev. edn, Cambridge, 1938, p. v：这整篇前言充满了忠告，值得历史学家认真对待）。像这样的事情，当时必定有许多原始的目击证词（以及不可避免的细节上的添油加醋和彼此矛盾），随后便掺杂了各种各样的政治宣传、开脱罪责和诡辩，历史学家只能依据其内在的可能性从每种叙述中筛选出每一个细节。没有捷径可走。
22. Arrian 4.9.1-2; QC 8.2.1-5; Plut. *Alex* 51.6; Justin 12.6.7-8, 10-14（全部都是描述他如何悔恨和试图自尽）。
23. Arrian 4 .9.3-5; Plut. *Alex.* 52.1; QC 8.2.6-7（记录了这样的传统说法，即亚历山大现在想起他忘记了向狄奥尼索斯献祭）。
24. QC 8.2.8-10.
25. 关于三天的说法，参见 QC 8.2.11; Arrian 4.9.4。关于四天没有进食的说法，参见 Justin 12.6.15。关于一天半的说法，参见 Plut. *Alex.* 51.2。
26. 布朗（Brown, loc. cit.）过于依赖查斯丁的记载（Justin 12.6.17），认为卡利斯特涅斯此时对亚历山大仍有影响力。
27. Plut. *Alex.* 52.1-4; Arrian 4.9.7-9; QC 8.2.11-12; Justin 12.6.17.
28. 更具体的细节参见 Berve, *APG*, II, pp. 206-8, no. 427。
29. Arrian 4.17.3-4.18.3; QC 8.2.13-8.3.17, cf. 8.1.20.
30. QC 8.4.1-17; Isocrates *Ep.* 3 (*Phil.* II) 5, cf. *Philippus* 113-14, 151.
31. Arrian 4.18.4-4.19.4; QC 7.11 *passim*; Strabo 11.11.4, C. 517; Polyaenus 4.3.29.
32. M. Renard, J. Servais, *Ant. Cl.* 24 (1955), 29-47; cf. G. F. Abbott, *Macedonian Folklore*

(Cambridge, 1903), pp. 158 ff., 173. 至于亚历山大与罗克姗娜的婚姻的总体情况，参见 Plut. *Alex.* 47.4, *Moral.* 332E, 3380; Arrian 4.19.5-6; QC 8-4-22-30; Diod. 18.3.3; Strabo 11.11.4, C. 517; Justin 12.15.9, 13.2.5, 9; cf. Robinson, *MP*, pp. 64-5; Hamilton, *PA*, pp. 129-30; Berve, *APG*, II, no. 688, pp. 346-7。

33. Arrian 4.21 *passim*, 4.22.1-2; Strabo 11.11.4, C. 517-18.
34. 至于亚历山大在东方建立城市的情况，参见 Tarn, vol. II, pp. 234 ff.（这是最为详尽的研究）。至于以各城市作为不满分子的倾卸场，参见 Justin 12.5.8, 13。巴克特里亚希腊雇佣兵的反叛：QC 9.7.1-11; Diod. 17.99.5-6, 18.4.8, 18.7.1-9。
35. 巴克特里亚的援军：Arrian 4.22.3。至于"继承者"，参见 QC 8.5.1（强调他们的人质作用）；Arrian 7.6.1; Diod. 17.108.1-3; Plut. *Alex.* 47.3, 71.1。
36. QC 8.6.6; 至于关于军团的一般叙述，参见 ibid., 2-5, and Arrian 4.13.1。
37. Balsdon, 'The "divinity" of Alexander', *Historia* 1 (1950), 375 (= *MP*, p. 191). 整篇论文都极为有趣且极有说服力。参看 Hdt 1.134; Athen. 10.434d; Arrian 4.10.5 ff.; Plut. *Alex.* 54-5.1; QC 8.5.9-24。
38. Balsdon, p. 376, and reff. there cited. 至于涉及波吕佩孔的事件，参见 QC 8.5.22; cf. Plut. *Alex.* 74.2 and Arrian 4.12.2 for similar episodes。
39. Arrian 4.10.5 ff.; QC 8.5.5 ff. 至于对阿纳克萨科斯和卡利斯特涅斯在匍匐礼方面的冲突的良好分析，参见 Lowell Edmunds, *GRByS* 12 (1971), 386-90。
40. 至于这个小圈子及其对亚历山大的有害影响，尤可参见 Plut. *Moral.* 65C-E; cf. QC 8.5.5-8。
41. See, e.g., Badian in his review of Lionel Pearson's *The Lost Histories of Alexander the Great, Gnomon* 33 (1961), 661-2.
42. Plut. *Alex.* 54.3-55.1; QC 8.5.9-24; Arrian 4.12.3-5; Justin 12.7.1-3; cf. Brown, *MP*, pp. 44 ff., and Balsdon, ibid.
43. 中伤诽谤：Plut. *Alex.* 54.1-2, 55.1-2; Arrian 4.10.1-4; cf. Homer, *Iliad*, 21.107。辩论术的挑战：Plut. *Alex.* 53.2-5; cf. Philip Merlan, *Historia* 3 (1954/5), 76-7。《酒神的伴侣》的译文出自 William Arrowsmith, *Compl. Gk Trag.*, vol. VII, p. 369。
44. QC 8.8.15. 至于侍从们的阴谋，参见 Arrian 4.13-14; QC 8.6-8; Plut. *Alex.* 55.2-5。关于卡利斯特涅斯之死的相关史料的简便概要，见于 Robinson, *HA*, pp. 45-54 (trs. of Jacoby *FGrH* II B 124 T); 尤可参见 Arrian 4.14.3-4; QC 8.8.19-23; Strabo 11.11.4, C. 517。
45. Plut. *Alex.* 55.3-4.
46. Arist. *Met.* 1.13.15, 350a 21 f., 参看 *Pol.* 7.14, 1332b, 此处可以说明他对斯库拉克斯的《环海记》（*Periplus*）很熟悉；Hdt 3.94, 98-106, 4.40, 44; Ctesias (ed. R. Henry) *Indica, passim*, esp. chs. 7, 11, 22-4, 31。亚历山大之后的证据（e.g. Arrian 5.4-6; Diod. 17.90.1-3; QC 8.5.1-4, 8-9 *passim*; Strabo 15.1.5, C. 686）在此不足为凭，因为它们总是掺杂了许多这次远征所收集到的资料。参看 Wilcken, pp. 173-4（还有第 184—186 页，其中他很奇怪地断言亚历山大对斯库拉克斯沿印度河而下的航行一无所知）；Woodcock, pp. 16 ff.; and esp. A. Dihle, 'The conception of India in Hellenistic and Roman literature', *Proc. Camb. Phil. Soc.* 10 (1964), 15-23。
47. 赫拉克勒斯在印度：Arrian 8.8-9。狄奥尼索斯的事迹：Diod. 2.38. 3.63, 4.3; Arrian 8.5;

cf. Strabo 11.5.5, C. 505。赛米拉米斯：Diod. 2.1-20 *passim*。至于亚历山大的雄心壮志，可参见 QC 8.8.15 - '*utinam Indi quoque deum esse me credant*'（"愿印度人也相信我是一位神！"）。

48. 骑兵改革：Brunt, *JHS* 83 (1963), 27-46, esp. 29-31; Griffith, ibid., 68-74。至于侵略军的规模，参见 Tarn, vol. I, pp. 82-4, cf. vol. II, p. 169; Milns, pp. 186-7; and Fuller, p. 124 (quoted here)。

49. Arrian 4.22.3-4.23.1, cf. 4.30.4; QC 8.10.1-4; Strabo 15.1.26, C. 697; cf. Narain, *MP*, pp. 156-7; Cary, *GB*, pp. 197-8.

50. 斯瓦特战役：Arrian 4.23-30 *passim*; QC 8.10.4-8.12.3; Diod. 17.84-6; Justin 12.7。至于对印度雇佣兵的大屠杀，参见 Diod. 17.84; Plut. *Alex.* 59.3-4; Arrian 4.27.3-4; Polyaenus 4.3.20; cf. Narain, p. 157 and reff. there cited。

51. Plut. *Alex.* 28.3, *Moral.* 180F, 341B; Aristobulus ap. Athen. 251a, cf. Arrian 4.26.4; QC 8.10.28; Homer, *Iliad*, 5.340; Tarn, vol. II, p. 358, n. 5; Hamilton, *PA*, p. 74. Cf. Lowell Edmunds, *GRByS* 12 (1971), 363 ff.

52. 尼撒事件：Arrian 5.1-5.3.4; QC 8.10.7-18; Plut. *Alex.* 58.3-5; Justin 12. 7.6-8。菲罗斯特拉托斯（Philostratus *Vit. Apoll. Tyan.* 2.9）说，尼撒的居民否认亚历山大曾经登上山脉（"为了让他的军队保持清醒而只饮水"）。至于现代关于卡拉什人的出色的一手记述，参见 Fosco Maraini, *Where Four Worlds Meet* (London, 1964), pp. 242-71。

53. Milns, p. 205.

54. *On Alexander's Track to the Indus* (London, 1929), p. 154.

55. 占领阿奥尔诺斯：Arrian 4.28-30.4; Diod. 17.85; QC 8.11; Justin 12.7.12-13; Plut. *Alex.* 58.3; Plut. *Moral.* 181C 25, D 27; Strabo 15.1.8, C. 688; cf. Fuller, pp. 248-54, and A. R. Anderson, *Harv. Stud. Cl. Phil.* 39 (1928), 12-25, esp. 18："希腊人自然相信他们的宗教——亦即他们的神话和神灵——是普世而普遍的（所以他们才会如此认识），随着地理视野的拓展，他们的神灵实施权力的范围也同样会扩大。"参看 Edmunds, op. cit., pp. 374-5。

56. 晚至 1967 年，在阿托克同样的浮桥——不久便会被永久的桥梁取代——仍然横跨在冬季的印度河上，然后于春季洪水到来时分解开。参见 *Nat. Geogr. Mag.* 133, no. 1 (January 1968), p. 56。

57. Arrian 4.30.7-9, 5.3.5-5.7 *passim*; Diod. 17.86.3-7; QC 8.12.4-9; Plut. *Alex.* 59.1; Strabo 15.1.28. C. 698, 15.1.32, C. 700 (the breadth of the Indus). 至于塔克西拉的发掘，参看 Sir John Marshall, *Taxila*, 3 vols., Cambridge, 1951。亚历山大所看到的城市是塔克西拉 I，所谓的西尔卡普西北的皮尔丘。

58. QC 8.12.10-18; Arrian 5.8.1-2; Plut. *Alex.* 59.1-3.

59. 他是涅奥普托勒摩斯之子，一位侍友：大约生于公元前 360 年。参见 Berve, *APG*, II, no. 494, pp. 249-50。

60. Arrian 5.8.2-3; QC 8.13.1-5. 至于对波洛斯军队的估计，参见 Arrian 5.15.4; Diod. 17.87.2; QC 8.13.6. 关于大象引起了许多争议：阿里安估其数目为 200 头，狄奥多罗斯估计为 130 头，库尔提乌斯（在其文本中暗示说其他的处于预备中）估计为 85 头。伯恩（Burn，*GR*, p. 151 n. 2）反对说，200 头大象以 100 英尺为间隔会导致战线过长；这很可能是对的。狄奥多罗斯的估计是最有可能的。马其顿人（参见第 399 和第 407 页）被这些巨兽吓坏了，这不可避免地导致对大象数量的夸大，相应地与亚历山大一同渡河的步兵人数后来也被极度缩小，以掩盖他们的巨大损失：参见 Tarn, vol. II, pp. 192-3 and Hamilton, *JHS* 76 (1956), 26，不过二者都没有推测其中的动机，而且塔恩把那缩水了的数据形容为"无法解释的"。亚历山大一方实际参战的军队大约是 20000 步兵和 2000 名骑兵：参见 Plut. *Alex.* 62.1。至于雨季，参见 Aristobulus ap. Strabo 15.1.17, C. 691-2。

61. Arrian 5.8.4-5.
62. Philostratus, *Vit. Apoll. Tyan.* 2.42; Pliny *HN* 6.21.62; cf. Fuller, p. 181.
63. QC 8.13.6, 8-9, 10-11; Arrian 5.9.1, 3-4.
64. Arrian 5.10.1-2.
65. Arrian 5.9.2-3; QC 8.13.12-16; Plut. *Alex.* 60.1-2.
66. Arrian 5.11.1-2; QC 8.13.17; Frontinus, *Strat.* 1.4.9.
67. Arrian 5.10.3-4; QC 8.13.17-19.
68. Diod. 17.87.3.
69. Arrian 5.11.1-2.
70. QC 8.13.20-21.
71. Arrian 5.12.1; cf. Fuller, pp. 186-7, Milns, p. 211.
72. Arrian 5.11.3-4.
73. 参见富勒的精彩分析（Fuller, pp. 188-90, with fig. 14）。
74. Fuller, ibid.
75. Arrian 5.12.2-13.3; QC 8.13.22-7; Plut. *Alex.* 60.2-4.
76. QC 8.14.1-2.
77. Plut. *Alex.* 60-4; Arrian 5.13.4.
78. Arrian 5.14.3-6; QC 8.14.1-2.
79. Arrian 5.14.1-2.
80. Arrian 5.14.4-5.15.1-2; QC 8.14.3-8; Plut. *Alex.* 60.5; Justin 12.7.4.
81. Arrian 5.15.3.
82. Arrian 5. 15.4; Plut. *Alex.* 60.5.
83. Arrian 5.15.4-7; Diod. 17.87.4-5; QC 8.14.10-13; cf. Burn, *GR*, pp. 151-2.
84. Burn, ibid., p. 151.
85. cf. Milns, pp. 213-14.
86. Arrian 5.16.1-3; Plut. *Alex.* 60.5; QC 8.14.14-15.
87. 在此我遵从汉密尔顿（Hamilton, *JHS* 76 (1956), 26-31），而不同意大多数的现代学者，包括从维特（Veith）到富勒、伯恩和米尔恩斯，他们全都假定要么印度骑兵，要么科伊诺斯的骑兵队，要么二者都有，移动到了波洛斯步兵阵线的前面。但（从科伊诺斯的角度看）这种战术无疑愚蠢至极，他得飞奔 4 英里，同时还会使其左翼一直暴露着。
88. Arrian 5.16.3.
89. Arrian 5.16.4; Diod. 17.88.1; cf. Burn, *GR*, pp. 153-4.
90. Arrian 5.16.4.

91. Arrian 5.17.1-3; QC 8.14.18; cf. Fuller, pp. 196-7.
92. Arrian 5.17.3; cf. QC 8.14.19.
93. Arrian 5. 17.3-5; Diod. 17.88.1-2.
94. Arrian 5.17.7.
95. Arrian 5.17.6-7; Diod. 17.88.2-6; QC 8.14.22-29; Plut. *Alex.* 60.6.
96. Arrian 5.18.1-3; Diod. 17.89.1-3.
97. Arrian 5.18.4-19.3, esp. 19.1 (quoted here).
98. Diod. 17.88.6-89.6; QC 8.14.31-46; Plut. *Alex.* 60.6-8; Justin 12.7.5-6.
99. Arrian 5.18.3; Diod. 17.89.3. 更高的估计值反映了两种总数之间的差异，一个是阿里安（Arrian 5.14.1）所给的进攻部队的人数，另一个是通过研究实际参战部队而推断出来的军队数量（相关资料见于 Arrian, 5.12.2, 相关分析见于 Tarn, vol. II, pp. 192-3）。参看上面注释60。
100. 对这一点的详述参见 Milns, p. 215。
101. 杰赫勒姆河（叙达斯佩斯河）战役的一般资料，参见：Arrian 5.9-19 *passim*; QC 8.13.7-8.14.46; Plut. *Alex.* 60; Diod. 17.87-89.3; Justin 12.8; Polyaenus 4.3.9, 22; Pliny *HN* 6.21.62; Philostratus, *Vit. Apoll. Tyan.* 2.42; cf. Fuller, pp. 180 ff.; Hamilton (cf. n. 87), and *PA*, pp. 163 ff。至于是役对马其顿士气的影响，尤可参见 Plut. *Alex.* 62.1；至于军队因长期服役、装备破损和雨季而普遍疲劳，参看 Arrian 5.25.2, QC 9.3.1, Diod. 17.94.1。
102. Diod. 17.89.6; Arrian 5.19.2-3, 5.20.2-4; Plut. *Alex.* 60.8, cf. *Moral.* 332E.
103. Narain, *GR*, pp. 158-9.
104. Arrian 5.19.4-6, 5.20.1-2, 7; Plut. *Alex.* 60.7-8, 61, *Moral.* 332E; Plin. *HN* 8.64.155; Diod. 17.89.6; QC 9.1.1-2, 6, 9.3.23; Strabo 15.1.29, C. 698-9; Aul. Gell. *NA* 5.2.
105. Arrian 5.20.5-6; Diod. 17.90.4; QC 9.1.7-8; Strabo 15.1.28, C. 698.
106. Diod. 17.89.4-5; Arrian 5.24.8.
107. 我不相信德罗伊森（Droysen *Gesch. des Hellenismus*, repr. Basle, 1952, pp. 356-7）或安德烈奥蒂（Andreotti, *Saeculum* 8 (1957), 143）的论点，即当亚历山大还在杰赫勒姆河时就已经知道恒河的存在了。但是，现存史料没有任何一点可以证实这一假设。
108. Arist. *Met.* 2.5, 362b 20-29. 亚里士多德估算从赫拉克勒斯之柱到印度的距离要超过从埃塞俄比亚到迈奥提斯湖和斯基泰最远的部分，其比率要超过5∶3。希罗多德（Hdt 3.98, 4.40）说印度东部是"贫瘠的荒原"，可能指的是信德沙漠。
109. 出自 Mr Philip O. Spann, of the University of Texas at Austin, in an unpublished paper, 'Alexander at the Beas: Fox in a Lion's Skin'，我从中提取了许多有益的信息。
110. H. G. Rawlinson, *India: A Short History* (London, 1938), p. 60.
111. Arrian 6.1.2；当地的线人及时（6.1.5）纠正了这一荒谬无比的谎言。
112. 至于舰队的建造，参见 Arrian 5.20.1-2; Diod. 17.89.4-6; QC 9.1.4; Strabo 15.1.29, C. 698。
113. Philostratus, *Vit. Apoll. Tyan.* 2.42; QC 9.1.6; Arrian 6.1.1-6; Diod. 17.89.5-6; Strabo 2.1.6, C. 69, 15.1.25, C. 696. 至于对亚历山大此时所具有的地理知识的独特见解，可参见

Schachermeyr, *MP*, pp. 123 ff. ('Alexander und die Ganges-Lander'), 附有丰富的参考文献; Hampl, *Nouv. Clio* 6 (1954), 106; Radet, *AG* (Paris, 1931), 300; Tarn, vol. 11, p. 281; Wilcken, pp. 184-5; Snyder, pp. 158-9. 至于更务实的观点，可参看 Milns, pp. 220-21。

114. Arrian 5.20.8-5.24.8; Diod. 17.94.1-2 *passim*; QC 9.1.14-35; Strabo 15.1.30-31, C. 698-700.
115. Arrian 5.25.2; Diod. 17.94.1-2; QC 9.2.8-11, 9.3.1, 10; Plut. *Alex.* 62. 1.
116. Arrian 5.24.5（关于马其顿的损失）; Diod. 17.93.1（关于贝亚斯河的情况）; 至于萨特莱杰河对岸的军队的不同估计，参见 Diod. 17.93.2（20000 名骑兵，200000 名步兵，2000 辆战车，4000 头大象，参看 QC 9.2.3），和 Plut. *Alex.* 62.2（80000 名骑兵，200000 名步兵，8000 辆战车，6000 头大象）。至于关于贝亚斯河对岸的土地的报告，一般参见 QC 9.2.1-10; Diod. 17.93.1-2; Plut. *Alex.* 62.1-3; Arrian 5.25.1。
117. A. V. Williams-Jackson, *Cambridge History of India*, vol. I, p. 341; Tarn, vol. I, p. 98, vol. II, p. 284. 安德烈奥蒂（Andreotti, *Saeculum* 8 (1957), 144）断言没有人知道或在乎这条边界在哪里，这不大可能。
118. QC 9.2.10-11; Diod. 17.94.1-4.
119. Diod. 17.94.4-5.
120. QC 9.3.1（把两次独立的会见混在了一起）。
121. Arrian 5.25-26 *passim*; Diod. 17.94.5; QC 9.2.12 ff.
122. Arrian 5.27.1-9; QC 9.2.31-9.3.15; Justin 12.8,10-15.
123. Arrian 5.28.1-3; Plut. *Alex.* 62.3; QC 9.3.16-18.
124. Arrian 5.28.4.
125. Arrian 5.29.1-2; Diod. 17.95.1-2; QC 9.3.19; Plut. *Alex.* 62.4; Justin 12.8.16-17.
126. *Vit. Apollon. Tyan.* 2.43.
127. Milns, p. 223.
128. 贝亚斯河兵变事件的基本史料: Arrian 5.24.8-5.29.2; Diod. 17.94-5.2; QC 9.2.1-9.3.19; Plut. *Alex.* 62.1-4; Justin 12.8.10-15; Strabo 3.5.5. C. 171, 15.1.32, C. 700; Philostratus, *Vit. Apollon. Tyan.* 2.42-3; cf. Schachermeyr, pp. 357-9, Hamilton, *PA*, pp. 170-73. 关于贝亚斯河对岸领土的问题，参见 Tarn, vol. II, pp. 275-85, and Schachermeyr, *MP*, pp. 137-49。我接受普林尼的记载（Pliny, *HN* 6.62），因为有证据表明河流东岸曾立过一些祭坛：参看（我保留一些看法）Hamilton, *PA*, p. 175.

第十章

1. Plut. *Alex.* 47, *Moral.* 337A (cf. Hamilton, PA, pp. 130-31); QC 9.1.35; Arrian 5.29.2-5.
2. Arrian 6.1, 8.18; Diod. 17.89.4-5, 17.95.3; QC 9.3.20.
3. QC 9.3.21-2; Diod. 17.95.3-4.
4. Ephippus ap. Athen. 4.146c; Arrian 8.18.3-9, cf. Wilcken, p. 188; Plut. *Eum.* 2.2-3.
5. Plut. *Alex.* 35.8; Plin. *HN* 16.62.144 (exotic gardening); Theopompus ap. Athen. 13.586c, 595a-d; Python ap. Athen. 13.586d; Philemon ap. Athen. 13.595c; cf. Radian, *JHS* 81 (1961), 16 ff. = *MP*, pp. 206 ff.; Bellinger, pp. 78-9; Tarn, vol. I, p. 131; Diod. 17.108.5-6; Tod. II, no. 196 (pp. 273-6); Snyder, p. 160, with nn. 24-5.

6. Plut. *Alex.* 41.4; Python as above and ap. Athen. 13.595e-596b; for the *Agen* cf. (with reservations) Bruno Snell, *Scenes from Greek Drama* (Berkeley, 1964), pp. 99-138.
7. Arrian 6.2.1; QC 9.3.2Q-22.
8. Arrian 6.2.2-6.3.5, 8.18-19; Diod. 17.96.1; QC 9.3.24; Plut. *Alex.* 63.1; Plin. *HN* 19.5.22.
9. Lucian, *Quom. Hist. Conscrib.* 12. 这则轶事现代历史学家很少引用，它并不能增加阿里斯托布罗斯的可信度，他和托勒密一起，是阿里安著作的主要资料来源。然而，阿里斯托布罗斯在八十四岁高龄时才创作事件的最后版本，那时他的观点可能已经变得老练一些了。参看 Ps-Lucian, *Macrob.* 22。
10. 在急流中航行一事：Arrian 6.4.4-6.5.4; Diod. 17.97; QC 9.4.8-14; cf. Plut. *Alex.* 58.4; Homer *Iliad* 21.228-382。马利人和奥克西德拉凯的动员集结：Diod. 17.98.1-2; QC 9.4.15。兵变的威胁：QC 9.4.16-23。亚历山大的沙漠突袭：Arrian 6.5.5-6.6.5。对马利人的征讨：Arrian 6.6.6-6.7.6，参看 Tarn, vol. I, p. 103。
11. 占卜师事件：QC 9.4.27-30。袭击婆罗门城市和亚历山大的受伤：Arrian 6.9.11; Diod. 17.98.3-99.4; QC 9.4.26-9.5.18; Plut. *Alex.* 63.1-4; Justin 12.9.5-11; Plut. *Moral.* 327B, 343D-344D。
12. QC 9.5.22-30; Plut. *Alex.* 63.5-6; Justin 12.9.12-13; Plut. *Moral.* 344F-345B.
13. Arrian 6.12-14.3; Diod. 17.99.5-6; QC 9.6.1, 9.7.12-15; Plut. *Alex.* 63.5-6. 关于巴克特里亚的反叛，参见 QC 9.7.1-11; Diod. 17.99.5-6, cf. Badian, *JHS* 81 (1961), 25-7 = *MP*, pp. 216-17; Parke, pp.195-6。
14. QC 9.6.26-7.
15. Diod. 17.100-101; QC 9.7.15-26. 狄奥克西波斯（参见上文第 383 页）就是那个跟亚历山大说从他伤口中流出来的血是神的灵液的人；他似乎生来就很不幸。
16. Arrian 6.14.4-6.17.2; Diod. 17.100-102; QC 9.8.3-16; Plut. *Alex.* 59.4, 64; cf. V. A. Smith, *Oxford Hist. of India*, pp. 88 ff.; Badian, *GR*, p. 179.
17. Arrian 6.15.5, 6.17.3-4; Justin 12.10.1; Strabo 15.2.4-5, C. 721, 15.2.11, C. 725. 至于沾有蛇毒的箭的使用和亚历山大对托勒密的治疗，参见 Diod. 17.103.4-8; QC 9.9.17-28; Justin 12.10.2-3; Strabo 15.2.7, C. 723。
18. Arrian 6.17.1-6, 6.27.2; Diod. 17.104.2; QC 9.8.28-30, 10.1.20; cf. Narain, *GR*, pp. 161-3, and reff. there cited.
19. Arrian 7.1.4-7.2.1. 至于关于赤身哲学家的文献，参见 Arrian 7.3 *passim*; Plut. *Alex.* 59.4, 65; Strabo 15.1.61, 63-5, 68, C. 714-18; cf. Woodcock, pp. 26-7; Narain, *GR*, pp. 160-61. H. Van Thiel, *Hermes* 100 (1972), 343 ff.
20. Arrian 6.18.3-6.20.5; QC 9.8.30-9.10.4; Plut. *Alex.* 66.1-2; Diod. 17.104.1-3; Justin 12.10.4-8; cf. Fredricksmeyer, p. 167 n. 39.
21. Arrian 6.21-22.3, cf. 8.20.1-11, 8.32.11; Diod. 17.104.3-105.5; QC 9.10.5-11; Plut. *Alex.* 66.2; Strabo 15.1.5, C. 686, 15.2.1-3, C. 720-21, 15.2.5, C. 722; Plut. *Eum.* 2.2-3; for mint production in Asia Minor cf. Thompson and Bellinger, *Tale Class. Stud.* 14 (1955), 30 f.
22. 在格德罗西亚行军的一般史料：Arrian 6.22.4-26.5 *passim*; Diod. 17.105.6-7; QC 9-10.11-18; Plut. *Alex.* 66.2-3; Strabo 15.2.3-7, C. 721-3; Pliny *HN* 12.18.34. 在卡尔马尼亚的补给要求：Arrian 6.27.6; Diod. 17.105.7-8; QC 9.10.17; Plut. *Alex.* 66.3。

23. 如果120000人是亚历山大进入印度时最初的军队数量（Plut. *Alex.* 66.2-3），然后我们从中减去(a)克拉特洛斯的部队大约16000人（Arrian 6.17.3-4; 7.12.1-2; Diod. 17.109.1-2），(b)涅阿尔科斯舰队的定编人数，不少于18000（Arrian 6.14.4，参看8.19.2-3），那么通过假定损失与增援的人数差不多正好相抵，我们可以得到亚历山大军队的人数为86000人。至于侍友骑兵，参见 Tarn, vol. II, pp. 162, 166（然而塔恩不接受这里暗示的人数减少）。关于行军，一般参见 H. Strasburger, *Hermes* 80 (1952), 456 ff., and 82 (1954), 251, cf. Brunt, *GR*, pp. 209-10 and n. 6。亚历山大的路线：Stein, *Geogr. Journ.* 102 (1943), 193-227 (against Strasburger)。

24. Plut. *Alex.* 68.7; Arrian 7.4.2; cf. Badian *CQ* ns8 (1958), 147 f. *Contra*, Bosworth, ibid., ns21 (1971), 124 and n. 1, 博斯沃思不认为阿波罗法涅斯是亚历山大的牺牲品，其理由是他一直和列昂那托斯配合，列昂那托斯后来仍然得到重用：博斯沃思推测，托勒密把阿波罗法涅斯和卡尔马尼亚的阿斯塔斯佩斯弄混了。但是，涅阿尔科斯玩忽职守的罪行至少一样严重（参见上文第441页），却仍然得到了国王的重用。

25. Athen. 13.595-6; cf. above, pp. 414 ff., and Diod. 17.108.5-8; Paus. 1.37.5; QC 10.2.1-3; Plut. *Dem.* 25.6.

26. Arrian 6.27.3-5, 6.29.3, 7.4.2 f.; Diod. 17.106.2-3; QC 9.10.19 f., 10.1.1-9; Plut. *Alex.* 68.2, 7; Badian, *JHS* 81 (1961), 19-20 = *MP*, 201-10; Bosworth, CQ ns2I (1971), 124.

27. 至于涅阿尔科斯的残篇，参见 Jacoby *FGrH* 133F *passim* (= Robinson, *HA*, pp. 104 ff.) and especially Arrian's *Indica*, 8.17.6-8.42.10. 值得注意的是，伪卡利斯特涅斯（Ps-Callisthenes 3.31.8）和梅茨史纲（Metz Epitome, c. 97）指出涅阿尔科斯也是反对亚历山大的主谋之一。巴迪安（Badian, *JHS* 81 (1961), 20）认为，科伊诺斯在贝亚斯河兵变中的立场"突然间把贵族和士兵合作的可怕威胁呈现了出来"。但是，这种威胁从一开始就在那里了；（比方说）这就解释了为什么亚历山大决心要清算帕美尼翁及其支持者。

28. Diod. 17.105.8; Arrian 6.27.1, cf. 6.22.3, 7.5.5. 8.23.4-5; QC 9.10.19; cf. Badian *CQ* ns8 (1958), 148, cf. *MP*, p. 211.

29. 克拉特洛斯的报告：QC 9.10.19-20；各行省的麻烦的消息：Arrian 6.27.3-5; Diod. 17.106.2-3; QC 10.1.1-9; Plut. *Alex.* 68; cf. Badian, *JHS* 81 (1961), 16 ff. = *MP*, 206 ff.。卡尔马尼亚的酒神宴会：Arrian 6.28.1-4; Diod. 17.106.1; QC 9.10.22-28; Plut. *Alex.* 67。逮捕阿斯塔斯佩斯：QC 9.10.21, 30；对克勒安德洛斯和西塔尔刻斯的审判和处决：Arrian 6.27.3 ff.; QC 10.1.1 ff., cf. Badian, ibid., and Bosworth, op. cit., p. 124。哈尔帕罗斯的出逃：Diod. 17.108.5-8, cf. QC 10.2.1-3; Paus. 1.37.5; Plut. *Demosth.* 25。至于阿尔塔薛西斯·奥科斯和总督叛乱，参见 Olmstead, pp. 424-5 and reff. there cited。解释雇佣兵的命令：Diod. 17.106.3, 17.111.1, cf. Badian, ibid., p. 211。克莱奥美涅斯和菲罗克塞诺斯：Ps-Arist. *Oecon.* 1352a-b; Plut. *Alex.* 22, *Moral.* 333A, 1099D。

30. 克拉特洛斯的到达：Arrian 6.27.3; QC 10.1.9; Strabo 15.2.11, C. 725。涅阿尔科斯的航行：Arrian 8.21 ff. *passim*, cf. 6.28.5-6; Nearchus ap. Strabo 15.2.5, C. 721-2, 15.2.11-13, C. 725-6; Diod. 17.104.3, 106.6-7. 在古拉什基尔德的庆典：Plut. *Alex.* 67.3-4; Dicaearchus ap. Athen. 13.603a-b; Arrian 6.28.3, 8.36.3-4; Diod. 17.106.4-6; cf. Badian *CQ* ns8 (1958), 141 ff.。克拉特洛斯和赫淮斯提翁的争吵：Plut. *Alex.* 47.5-6, *Moral.*

337A. 尼泽（Niese）令人信服地计算了涅阿尔科斯航程的距离（参见 Welles's note 2 to Diod. 17.106.4, with ref.），即七十五天的航程：普林尼（Pliny, *HN* 6.100）说航行长达六个月，这明显是不可能的。

31. Arrian 6.28.7-29.1, 8.36-37.1; Diod. 17.107.1.
32. Arrian 6.29-30.2; QC 10.1.22-38; Plut. *Alex.* 69; Strabo 15.3.7, C. 730; cf. Badian as above, n. 28. 阿里安、普鲁塔克和库尔提乌斯都特别评说了亚历山大品性的堕落：Arrian 7.4.3; QC 10.1.39-42; Plut. *Alex.* 42.1-2。
33. Arrian 6.30.1-7.4.3; Plut. *Alex.* 68.1-4; Diod. 17.106.4; QC 10.1.17-19.
34. 特别见于 W. W. Tarn, 'Alexander the Great and the Unity of Mankind', *Proc. Brit. Acad.* 19 (1933), 123-66, = *MP*, 243-86。
35. 参见巴迪安的一篇极为重要的论文（E. Badian, 'Alexander the Great and the Unity of Mankind', *Historia* 7 (1958), 425-44），此处我大量利用了这篇文章。
36. Tarn, vol. II, pp. 296-7.
37. See in particular H. C. Baldry, *The Unity of Mankind in Greek Thought* (Cambridge, 1965), chs. I-III, and on Alexander's own attitude (a sceptical analysis of the Tarn theory), pp. 113 ff.
38. Arrian 7.6 *passim*; Diod. 17.108.1-3; Plut. *Alex.* 68.2-3, 71.1-2; Justin 12.11.4-5; QC 10.1.43-5; cf. Hammond, *Epirus*, p. 559; Milns, pp. 245-6.
39. 苏萨婚礼：Arrian 7.4.4-8; Diod. 17.107.6; Plut. *Alex.* 70. 1, *Moral.* 329D-E; Justin 12.10.9-10; 对密提勒涅的指控 ap. Athen. 12.538b-539a; cf. Tarn, vol. I, p. 117, vol. II, p. 166; Badian, *Stud. GRHist.* p. 201 (quoted here)。
40. Arrian 7.5.1-3; Justin 12.11.1-4; Diod. 17.109.2; cf. Plut. *Alex.* 70.3-4, *Moral.* 339C.
41. 流亡者法令：Hypereides *In Demosth.* 18; Deinarchus *In Demosth.* 81-2; Diod. 17-109.1-2, 17.111.1-2, 18.8.2-7; QC 10.2.4-7; Justin 13.5.2-5; Paus. 1.25.5, 8.52.5; cf. the masterly discussion by Badian, *JHS* 81 (1961), 25-31, =*MP*, pp. 215-21。两份与密提勒涅和泰格亚相关的铭文（Tod, II, nos. 201-2）充分表明该法令会引起怎样的混乱。比克尔曼（E. Bikerman, *REA* (1940), 25-35）认为，亚历山大的主要动机可能是想在希腊城邦中扶植支持者。
42. 塔恩是这么论说的 Tarn, vol. II, pp. 370 ff.; Balsdon 很好地驳斥了这点，Balsdon *MP*, pp. 202-4. 巴迪安（Badian ibid., p. 219）写道：" 这种通过亵渎来为伪誓做辩护的尝试，现在（我们可以期待）主要是因为学术上的好奇才值得引用。"
43. Plut. *Moral.* 219E-F, cf. Aelian *VH* 2.19.
44. Badian, *Stud. GRHist.* p. 202.
45. 关于神化法令，现代文献多如牛毛：尤可参见 Balsdon, *MP*, pp. 199 ff. (with reff. there cited)，作者认为亚历山大根本就不曾有过神化的要求。我欣赏但没法接受他的论证。参看 Plut. *Moral.* 219E and Aelian as above, n. 43. 特格尔认为亚历山大自命为神主要是出于自身的想法，而非源自成熟的希腊理念（例如亚里士多德和伊索克拉底的理念），参见 F. Taeger, *Studies in the History of Religions (Numen Supplements)* 4 (1959), 394 ff.。至于亚历山大日渐增长的妄自尊大，参见 J. R. Hamilton, *CQ* ns3 (1953), 156-7。总体情况现在参见 Lowell Edmunds, *GRByS* 12 (1971), 363-91。
46. 从苏萨到欧庇斯的航行和堤堰体系：Arrian 7.7.1-7; Strabo 16. 1.9, C . 739-40。

47. Arrian 7.8.1-2; Plut. *Alex.* 71.2; Justin 12.11.4.
48. 兵变的一般史料：Arrian 7.8-11.7; Plut. *Alex.* 71.2- 4; Justin 12.11.4-12.12.7; Diod. 17.108.3, 109.2-3; QC 10.2.12-10.3.14; cf. Badian, *Stud.GRHist.*, p. 200, and *Historia* 7 (1958), 428 ff。
49. Arrian 7.8.2-3; Diod. 17.108.3, 109.2; Plut. *Alex.* 71.2; Justin 12.11.5; QC 10.2.12-13.
50. Arrian 7.8.3; Diod. 17.108.3; Justin 12.11.6.
51. Arrian 7.8.3; Justin 12.11.7.
52. Arrian 7.8.3; Diod. 17.109.2; Justin 12.11.8; QC 10.2.30, 10.4.2-3.
53. Arrian 7.9-10 *passim*; QC 10.2.15-30; cf. Plut. *Alex.* 71.3.
54. Arrian 7.11.2.
55. Arrian 7.11.1; QC 10.3.5.
56. Arrian 7.11.1-2; QC 10.3.7-14; Diod. 17.109.3; Plut. *Alex.* 71.3; Justin 12.12.1-4.
57. Arrian 7.11.2-3.
58. Arrian 7.11.4; Plut. *Alex.* 71.4; Justin 12.12.5-6.
59. Arrian 7.11.5-7; Diod. 17.109.3; Justin 12.12.7.
60. Arrian 7.11.8-9; cf. Plut. *Alex.* 71.4-5, *Moral.* 329A-D; Badian *Historia* 7 (1958), 428-32 = *MP*, pp. 290-94.
61. Tarn, *Proc. Brit. Acad.* 19 (1933), 123-66 = *MP*, pp. 243-86, cf. his *Alexander the Great*, vol. II, pp. 440 ff.
62. Arrian 7.8.1, 7.12.1-3; Plut. *Alex.* 71.1-3, 5; *Moral.* 339C-D, 180-81, 21; QC 10.2.8-11; Diod. 17.109.1-2; Justin 12.12.7-10.
63. Diod. 17.110.3; Arrian 7.12.1-2; Plut. *Alex.* 71.5.
64. Badian, *Stud. GRHist.*, p. 201.
65. Quoted by Arrian, 7.19.6; cf. Strabo 16.1.11, C. 741. 关于远至大西洋的征服计划，参见 Diod. 18.4.4, cf. Schachermeyr, *MP*, pp. 324 ff; Badian, *Harv. Stud.* 72 (1967), 184-9; Bosworth, CQ ns21 (1971), 127 and n. 5。
66. QC 10.10.4; Arrian 7.12.6, cf. Plut. *Alex.* 39.11, Livy 8.24.17, Bosworth, op. cit., p. 126. 至于奥林匹娅斯挑唆亚历山大除掉安提帕特，参见 Ps-Call. 3.31.1, Metz Epitome 87, cf. Diod. 17.118.1, Justin 12.14.1-3。
67. Arrian 7.12.3-7; QC 10.10.15; Plut. *Phoc.* 18.4-5, 29, *Moral.* 472E (cf. 780, 545A), 180E 17; Justin 12.12.8-9; Aelian *VH* 12.16 (关于亚历山大对安提帕特和其他人的才能的嫉妒——此处即指安提帕特的领导能力); *Suda* s.v. Antipatros*.
68. cf. Bosworth, CQ ns21 (1971), 125-6.
69. 至于毒杀的假说，参见 Justin 12.14; Plut. *Alex.* 77.1-3; Arrian 7.27; QC 10.10.14-17。在这一假说的现代支持者中，最有说服力的是 Milns, pp. 255-8，参看 Hamilton, *PA*, pp. 213-14。现在亦可参见 Bosworth, op. cit., pp. 113-16。
70. Bosworth, op. cit., esp. pp. 134-6; cf. Diod. 18.23.2; QC 10.6.9, 16-18, 21 ff.
71. 至于安提帕特与雅典和埃托利亚的秘密谈判，参见 Plut. *Alex.* 49.8; Diod. 18.8.6-7;

---

* 在 Suda 辞书中作 Ἀντίπατρος。

Justin 13.5.1-8; QC 10.2.2; cf. Badian, *MP*, pp. 223-7, with reff. there cited; Bosworth, op. cit., p. 127。

72. 对哈尔帕罗斯返回雅典以及后来发生之事最好的现代研究著作是 Badian, *JHS* 81 (1961), 131-6 = *MP*, pp. 221 ff。亦可参见 Berve, *APG*, II, no. 143, pp. 75 ff.。关于史料，参见 Plut. *Dem.* 25, *Phoc.* 21.3 [*Vit. X Orat.*] 846A-C, *Moral.* 531A, 845C; Diod. 17.108.7, 17.111.3; Paus. 2.33.3-4; Hypereides *In Demosth.* 3, cols. 8-13, 4(5) cols. 18-19, 7(8) col. 32, cf. fr. A13（有为哈尔帕罗斯辩护的演说辞，可能是伪造的）; Deinarchus *In Demosth.* 68-71, 81-2, 89-90, 112-13, *In Philocl.* 1-2, cf. fr. B12（有拒绝将哈尔帕罗斯交给亚历山大的演说辞，可能是伪造的）。所有出自叙佩雷德斯和戴纳尔科斯（Deinarchus）的段落都可以方便地据此版本进行研究，即 J. O. Burtt, *Minor Attic Orators*, vol. II (Loeb, 1954)。关于萨摩斯事件，参见 Plut. *Alex.* 28, and J. R. Hamilton, *CQ* ns3 (1953), 151 ff., =*MP*, pp. 235 ff.。

73. Tod, II, nos. 201-2, pp. 289-301, cf. Hamilton, op. cit., p. 152 f.; Badian ibid., p. 227; Wilcken, pp. 217-18.

74. Plut. *Moral.* 187E, 804B, 842D; Aelian *VH* 2.19.5-12, cf. Athen. 6.58; Diog. Laert. 6.8, 6.63; Val. Max. 7.2, ext. § 13; Timaeus ap. Polyb. 12.12b.3; Hypereides *In Demosth.* 31; Deinarchus *In Demosth.* 94; cf. Badian, *MP*, pp. 223-4; Balsdon, op. cit., pp. 199-200.

75. Arrian 7.13-14 *passim*, 23.6-8; Diod. 17.110.7-8, 115-25 *passim*; Ephippus ap. Athen. 12.538a-b; Aelian *VH* 7.8; Lucian *Cal.* 17; Justin 12.12.11-12; Plut. *Alex.* 47, 72, *Eum.* 1, 2.4-5, *Moral.* 181D 29, 180D 14; cf. Berve, *APG*, II, no. 357, pp. 169 ff., and Hamilton, *PA*, p. 129 with reff.

76. Diod. 17.108.7-8, 18.19.2; Paus. 2.33.4; Hypereides *In Demosth.* col. 38 (cf. *MAO* II, pp. 167-8); [*Vit. X Orat.*] 846c. 菲罗斯特拉托斯（Philostratus, *Vit. Soph.* 538）认为，亚历山大亲自提供了证据，德摩斯提尼因此被定罪。至于德摩斯提尼与赫淮斯提翁的联系，参见 Marsyas of Pella, *FGrH*, nos. 135-6, fr. 2, cf. Aeschines 3.162, both cited by Hamilton, *PA*, p. 130。

77. Arrian 7.15.1-3; Diod. 17.111.4-6; Plut. *Alex.* 72.3; Strabo 11.13.6, C. 524, cf. 16.1.11（该地区是优良的木材产地）.

78. Arrian 7.15.4-7.17.6; Plut. *Alex.* 73; Strabo 16.1.5; C. 738; Diod. 17.112 *passim*; Justin 12.13.3-5; Appian *BC* 2.153.

79. 使节：Arrian 7.15.4-6, 7.19.1-2; Diod. 17.113.1-4; Justin 12.13.1-2; cf. M. Sordi, Rend. Inst. Lomb, 99 (1965), 435-52. 入侵阿拉伯的计划：Arrian 7.19.3-20 *passim*; Strabo 16.1.11, C.741, 16.4.27, C. 785; Plin. *HN* 16.80.221, 12.42.86-7。亚历山大想要超越狄奥尼索斯的雄心：Plut. *Moral.* 326B.

80. 赫淮斯提翁的葬礼：Diod. 17.114-5 *passim*。其他事件：Arrian 7.21-2 *passim*; Diod 17.116.5-7; Strabo 9.2.18, C. 407; Appian *Syr.* 9.56, cf. Strabo 16.1.11, C.741; Eddy, pp. 108-9; Cary, *GB*, p. 179。

81. Arrian 7.18 *passim*, 7.23.1-24.3; Diod. 17.110.1-2, 116.1-4; Plut. *Alex.* 73.3-4, 75.1-2; Justin 12.13.3-5; Ps-Call. 3.30; cf. Eddy, ibid., Milns, p. 254, and (with reservations) P. J. Derchain and J. Hubaux, *Ant. Cl.* 19 (1950), 367 ff.

82. Bosworth, *CQ* ns21 (1971), 126-7, 134-6.
83. Arrian 7.23.2; Plut. *Alex.* 74 *passim*; cf. Badian, *MP*, pp. 226-7.
84. Arrian 7.23.5; Aelian *VH* 3.23; Plin. *HN* 14.5.58; Plut. *Moral.* 207D 8; cf. Brunt, *GR*, p. 213; and D. Kienast, *Gymnasium* 76 (1969), 430-56.
85. 至于亚历山大的最后时日，参见 A. E. Samuel, *Historia* 14 (1965), 8, citing A. J. Sachs, *Late Babylonian Astronomical and Related Texts* (Rhode Island, 1955), no. 209; Wells, Loeb Diodorus, vol. VIII, p. 467 n. 5, cf. Hamilton, *PA*, p. 210。至于当晚的事情，包括美狄奥斯的聚会，参见 Arrian 7.24.4-25.1; Plut. *Alex.* 75.3; Diod. 17.117.1-3; Ps-Call. 3.31.8; Athen. 10.434a-c, 12.537d. 所谓的"皇家实录"意在解释国王最后的生病和死亡（参看 Arrian 7.25-6, Plut. *Alex.* 76, Jacoby *FGrH* 117），该实录已经得到了许多讨论，而且直到最近一直被学者们过分使用：参见 C. A. Robinson, *The Ephemerides of Alexander's Expedition*（Providence, 1932: 这是一个精巧而新奇的过程再现）。修正性的评价可参见 A. E. Samuel, 'Alexander's Royal journals', *Historia* 14 (1965), 1-12; E. Badian, 'A King's Notebooks', *Harv. Stud. Class. Phil.* 72 (1967) 183-204, and, most recently, A. B. Bosworth, *CQ* ns21 (1971), 117 ff., 博斯沃思把这份实录当作亚历山大谋杀者出于政治宣传而伪造的突出例子。
86. 至于此人的有关情况，参见 Berve, *APG*, II, no. 521, pp. 261-2。
87. 尤可参见 Arrian 7.27.2。唯一的同谋者名单（本质上并非不可信，不过可参见 Bosworth, op. cit., p. 116 and n. 3），是伪卡利斯特涅斯提供的（Ps-Call. 3.31.8）：墨勒阿格、列昂那托斯、卡山德、佩乌凯斯塔斯、医师腓力和涅阿尔科斯。
88. Cleitarchus ap. Diod. 17.117.2, cf. 3-4, and Ephippus of Olynthus ap. Athen. 10.434, 后者认为这是由于试图一口气喝下 12 品脱的酒而导致的晕厥。
89. Plut. *Alex.* 77.1-3; Arrian 7.27; QC 10.10.14-17; Justin 12.14; Paus. 8.18.4. For Apollodorus and Peithagoras cf. Berve, *APG*, II, nos. 101 and 618, pp. 55-6, 310.
90. Bosworth, op. cit., pp. 114 ff.
91. Badian, *JHS* 81 (1961), 36 (=*MP*, p. 226), n. 151.
92. *Alexander the Great*, pp. 256-8.
93. Theophr. *HP* 7.15.4, 9.11.5 ff.
94. Bosworth, op. cit., p. 136.
95. Demetr. *De Eloc.* § 283; Plut. *Phoc.* 22.
96. Lucian, *Quom. Hist. Conser.* 12.
97. On this see now Bosworth, op. cit., pp. 115 f.
98. See the useful article by E. N. Borza, 'Cleitarchus and Diodorus' Account of Alexander', *Proc. Afr. Class. Assoc.* 2 (1968), 25-45; and Hamilton, *PA*, pp. xlix ff.
99. vol. II, pp. 69 n. 1, 96-7, 131; *contra*, Badian, *CQ* ns8 (1958), 153-7 and Borza-Wilcken, pp. xxiv ff.
100. Borza-Wilcken, pp. xxvii-viii. 布朗（Truesdell S. Brown）在为沙赫尔迈尔的亚历山大传写书评时（*AJPh* 72 (1951), 74-7），批评沙赫尔迈尔的"矛盾式"解释是一种"危险的方法"，因为"一个矛盾的亚历山大可能做出任何事情，无论高尚的还是堕落的，而我们没办法从现有史料中去区分相关情节的真伪"。引用这些我想已经足够了。

101. *Sat.* 10.168-172.
102. 至于对德罗伊森的立场的简练而有力的短评，参见 BorzaWilcken, pp. xii-xiii。
103. Ibid. p. xiii.
104. cf. Roberto Andreotti, *Historia* 1 (1950), 599: 'Il profilo più netto é quello del soldato'. Cf. Schachermeyr, pp. 91 ff., 220, 233.

附录

1. 我们的资料来源是托勒密和阿里斯托布罗斯，他们提供了大部分的细节，见于 Arrian, 1.13-16 *passim*, and Plutarch, *Alex.* 16——参看 Hamilton's commentary (*PA*) p. 38, citing Brunt, *JHS* 83 (1963), 27, n. 3——无论其资料还来源于何处，狄奥多罗斯（Diodorus 17.18.2-21.6）在此处可能也是谭从那两人的记载，参见 Borza, 'Cleitarchus and Diodorus' account of Alexander', *Proc. Afr. Class. Assoc.* 2 (1968), 25-45。查斯丁（Justin 11.6.10-13）提供一份非常粗略的概要，而波吕埃诺斯（Polyaenus 4.3.16）则只给了一句含糊得恼人的句子（参见上面第 496 页）。

2. 'The Persian Battle Plan at the Granicus', in *Laudatores Temporis Acti*: Studies in Memory of Wallace Everett Caldwell, Professor of History at the University of North Carolina, by his Friends and Students. Edited by Mary Frances Gyles and Eugene Wood Davis (Chapel Hill, Univ. of North Carolina Press, 1964, = vol. 46 of the *James Sprunt Studies in History and Political Science*), pp. 34-44. 下面简称为"Davis"。

3. Davis, p. 42.

4. Davis, p. 44. 阿里安（Arrian 1.16.3）说得很清楚，阿尔西特斯认为自己要负最终的责任，不仅是为格拉尼科斯河之战波斯的策略，而且也是为该策略的实施负责。在我看来，阿尔西特斯（Arrian 1.12.10）无法给议事会下令：他们只是赞成他而已。但是，即使议事会上没有人指挥，战场也总得有人来指挥，而且格拉尼科斯河处在他的行省辖区内。波斯的贵族政治也并不偏好一种三头的、近乎民主的指挥体制，而且这种指挥体制在西西里远征伊始起了很坏的妨碍作用。阿尔西特斯的地位可能类似于阿伽门农，即一种不甚稳固的 *primus inter pares*（同侪之首）——但毕竟是之首。

5. Davis, p. 34.

6. See above, chapter 5, n. 7, p. 530, with reff. there cited; also Badian, *Stud. Ehrenb.*, p. 43 and n. 32.

7. Arrian 1.12.9; Diod. 17.18.2-3. 关于波斯进军希腊的可能性，参见上面第六章第 212 页及以下，连同注释 47、50 和 51。塔恩提出，门农其实并不支持把战争引到希腊，因为他后来有此机会却并没有利用起来，参见 Tarn, *CAH*, vol. VI, p. 361 = *AG*, vol. I, p. 16. 但正如戴维斯指出的那样，"门农在和希腊人接洽前必须先取得一些胜利，当他去世时正在夺取爱琴海中的岛屿基地"（p. 35, n. 3）。参看上面第 212 和第 216 页。

8. 至于分别给予佩尔科特、兰普萨科斯、科罗奈和普里亚波斯的处置，参见上面第五章第 169 页，以及注释 32 和 33。

9. Arrian 1.12.9-10, 13.2; Plut. *Alex.* 16.1; Diod. 17.18.3-4.

10. F. Schachermeyr, *Alexander der Grosse: Ingenium und Macht* (Vienna, 1949), pp. 141-2, cf. Diod. 17.18.3.

11. cf. A. R. Burn, *Persia and the Greeks* (London, 1962), pp. 62-3.
12. op. cit., pp. 35-6, with n. 4; cf. K. J. Beloch, *Griech. Gesch.*, 2nd edn (Berlin-Leipzig, 1922), vol. III, i, p. 624.
13. 波斯人可能低估了他们对手的技艺、经验和决心。也可能（参见上面第 170 页注释）波斯可用的军队仍被拖在埃及那边：参看 Davis, p. 36; Olmstead, *Hist. Of the Persian Empire* (Chicago, 1948), pp. 492-3, 496。
14. A. Janke, *Auf Alexanders des Crossen Pfaden:* Eine Reise durch Kleinasien (Berlin, 1904), pp. 136 ff. with pl. 5; J. F. C. Fuller, *The Generalship of Alexander the Great* (London, 1958), pp. 147-8; H. and F. Schreider, 'In the footsteps of Alexander the Great', *Nat. Geogr.* 133 (1968), 15.
15. op. cit., p. 148.
16. Arrian 1.14.4, cf. Diod. 17.19.1, 3.
17. op. cit., p. 37.
18. *CAH*, vol. VI, p. 361 = *AG*, vol. I, p. 16.
19. Wilcken-Borza, p. 84.
20. ibid.
21. loc. cit., n. 18 above.
22. *Hellenistic Military and Naval Developments* (Cambridge, 1930), p. 70.
23. Davis, p. 39.
24. Fuller, p. 149.
25. ibid., p. 148.
26. op. cit., p. 143.
27. ibid.
28. See esp. pp. 159 ff. and 170 ff.
29. Xen. *Anab.* 1.8.4 ff.; Plut. *Artax.* 8.
30. cf. Arrian 1.12.10; Diod. 17.18.2-3.
31. 至于对"克雷塔科斯假说"的良好阐述及反驳，参见 E. N. Borza, 'Cieitarchus and Diodorus' account of Alexander', *Proc. Afr. Class. Assoc.* 2 (1968), 25-45。
32. Well refuted by Brunt, *CQ* 12 (1962), 141-55.
33. C. B. Welles, Diodorus Siculus, vol. VIII (Loeb edn), pp. 13-14; cf. Borza op. cit., p. 26. 查斯丁（Justin 11.6.10）认为此战发生在阿德拉斯泰亚平原，也就是说这不是一场渡河战役，因而或许可以支持韦尔斯的假说，即特罗古斯是狄奥多罗斯第 17 卷的一个史料来源——不过正如埃利斯所说（Ellis, *JHS* 91 (1971), 21），特罗古斯"自己与其资料的关系只有天知道"。
34. Plut. *Alex.* 16.2; cf. Arrian 1.13.3-7; Diod. 17.19.3.
35. Arrian 1.14.5 ff.; Plut. *Alex.* 16.3 ff.; Diod. 17.19.3 ff.
36. cf. the remarks by Welles, op. cit., pp. 170-71, n. 1.
37. K. Lehmann, 'Die Schlacht am Granikos', *Klio* 11 (1911), 230-44（不是戴维斯 [Davis, p. 34 n. 2] 所说的第 340 页，他还错误地引证了贝洛赫的发表日期，而且把沙赫尔迈尔的页标题当作正文的一部分来引用）; J. Beloch, *Griech. Gesch.*, vol. III, i (Berlin-Leipzig,

1922), pp. 623-5; Berve, *APG*, II, no. 606, p. 300, and n. 1; Milns, *Alexander the Great* (1968), pp. 56-7.
38. op. cit., p. 625, n. 1.
39. Davis, p. 34; cf. pp. 40-41.
40. Arrian 1.5.5-1.6.9 *passim*；参看上面第四章第 131 页及以下，连同注释 30-32。
41. Arrian 1.13.3-7; Plut. *Alex.* 16.1-3.
42. *Alex.* 16.3.
43. 4.3.16. 巴迪安教授提出，波吕埃诺斯的这段文字其实源自托勒密 - 阿里斯托布罗斯的通行本；和阿里安书中的一样，这里 ἐξ ὑπερδεξίων 仅仅意为"从上方"，而 διαβαίνων 则意味着亚历山大要渡过河流进行攻击，这样一来波吕埃诺斯所说的战斗（包括侧翼包抄）是与格拉尼科斯河平行而非成直角的。前一点无法确证，因为两种用法都存在。后一个问我认为只是意味着"在渡河时"，指的是时间意义上的——而且无论我们相信哪一个版本，河流已经渡过去了这一点仍然是真实无误的。
44. L-S-J s.v. ὑπερδέξιος.
45. Diod. 17.19.6; cf. Arrian 1.14.1-3.
46. Fuller, p. 166.
47. cf. Brunt, *JHS* 83 (1963), 30-34.
48. 但是参见 Plut. *Eum.* 2.2。
49. 可能由佩提涅斯（Petines）和尼法特斯（Niphates）指挥：参见 Arrian 1.14.4。
50. 阿里安所说的 1000 人似乎仅指伊朗人的损失。
51. So Tarn, vol. I, p. 16; Schachermeyr, pp. 140-41 with nn. 84-5; Hamilton, *PA*, p. 39.
52. Diod. 17.17.2; Polyaenus 5.44.4. 至于门农得到全权指挥的任命，参见 Diod. 17.29.1, cf. 23.5-6。
53. Arrian 2.2.2; QC 3.3.1.
54. 伊索斯之战前的重新征募，参见 Diod. 17.29.1; QC 3.2.9. 关于最后的总数 50000 人，参见 QC 5.11.5; Paus. 8.52.5. 至于对这些数据的反驳，参见上面第 229 页和该页脚注。
55. 至于有关细节，参见 Plut. *Alex.* 16.6-7; Arrian 1.16.2, 6。
56. Diod. 17.14.1; Plut. *Alex.* 11.6; Aelian *VH* 13-7.
57. Diod. 13.19.2 (18000 人被杀，7000 被俘), cf. Thuc. 7.83-5.
58. 参见——比如已知的集结名录——Diod. 17.19.5, 21.6; Plut. *Alex.* 16.6-7。
59. Arrian 1.14.1-3, cf. Diod. 17.19.6.
60. Arrian 1.15.1-2; Plut. *Alex.* 16.3-5.
61. Plut. *Alex.* 16.4-5, 7-8; cf. Diod. 17.20.3, 5, 6. 斯特拉波（Strabo, 15.3-18, C. 734）把 σαυνίον 解释为一种狩猎枪，从马背上投出去（这一点我受益于巴迪安教授）。
62. Arrian 1.15.5 and elsewhere, e.g. Xen. *Cyrop.* 4.3.9, 6.2.16.
63. Arrian 1.15.1-3.
64. 有些论者（例如 Bryan）实际上建议把这里的 αἱ πεζαί 校正为 αἱ Περσικαί，或者在 πεζαί 后面增加 Περσῶν：参见 Hamilton, *PA*, p. 41. 他自己的注解是："普鲁塔克没有意识到，波斯人除了雇佣兵以外就没有步兵了"；当然，这只是乞题而已。阿里斯托布罗斯（参看上面注释 58）说他们有步兵（16.6）。这完全基于人们多大程度上相信托勒密的叙述是一致且真实的。
65. Arrian 1.16.2; Diod. 17.21.5.
66. Diod. 17.21.1, with Welles' note *ad loc.*, pp. 176-7. 在现存文本中，这是唯一一处 ἀκοντίζω 与波斯骑兵联系在一起。即使在这里，狄奥多罗斯可能也是在投掷（某种）投射物的意义上使用该词。
67. Davis, p. 41.
68. 汉密尔顿（Hamilton *PA*, p. 39）说，亚历山大"意识到了在对抗对手波斯时强行渡河的宣传价值"。这可能是对的，但我仍然有所怀疑。最好的宣传无疑是一场压倒性的胜利，无论胜利是怎样获得的。那导致最初失败的策略可能会导致根本就不存在宣传了。关于托勒密著作中的系统性的偏见，现在有不错的论文加以论述，参见 R. M. Errington, *CQ* ns19 (1969), 233-42。
69. 对于马拉松战役，近来也有一种类似的假说，非常巧妙（但在我看来却是错误的）：参见 J. H. Schreiner, 'The Battles of 490 B.C.', *Proc. Camb. Phil. Soc.* 196 (ns16) (1970), 97-112。这里有必要说一下，本附录初稿完成时施赖纳的论文我还没有看到。
70. Plut. *Alex.* 14, cf. Diod. 17.93.4; Tarn, vol. II, pp. 338-46, and above, p. 124.
71. 参见上面第 360 页及以下，以及其他地方。
72. 例如在米利都，参见 Arrian 1.19.6, Plut. *Alex.* 17.1。亚历山大在打下米利都之前无法支付雇佣兵薪水的说法依旧不能解释他在格拉尼科斯河战役后近乎残暴的处置方式。可与此相比的事例，我们要一直等到他在马萨伽对印度雇佣兵的大屠杀；参见上面第九章第 383 页及注释 50。
73. Arrian 1.16.6, cf. 2-3, with Plut. *Alex.* 16.6-7.
74. 参见上面第四章第 147 页及以下，连同注释 54—57；至于以同盟为辩护工具，参见 Diod. 17.14.1-4, Arrian 1.9.6-10, Plut. *Alex.* 11.5-6, Justin 11.3.8-11.4.8。
75. Plut. *Alex.* 16.7.
76. Plut. *Alex.* 16.1-2; Arrian 1.13.3-5.
77. So Fuller, p. 149 (wrongly queried by Hamilton, *PA*, p. 39).
78. cf. Badian, *TAPhA* 91 (1960), 327-8.
79. *JHS* 91 (1971), 196.
80. 此时没有什么能阻止这样的计划。亚历山大还没有证明自己富有魅力并且不可战胜；对马其顿贵族们来说他只是一个聪明、危险和坚决的少年，迫使帕美尼翁勉强接受他的继位。参看 Badian, *Phoenix* 17 (1963), 249-50。
81. Plut. *Alex.* 16.3-4; cf. Arrian 1.14.6.
82. 然而，有许多次卡利斯特涅斯或以他的著述为基础的史料特别记载了帕美尼翁对国王提了据说有害的建议，为了全体的利益这些建议总是被忽略，这种情况非常耐人寻味：可参见 Arrian 1.18.6 ff., Plut. *Alex.* 16.3, 29.8, 31.10 ff.。我们很难怀疑这是得到亚历山大授意的：现在相关的不错的注释参见 Hamilton, op. cit., p. 89，至于亚历山大特有的想要"立即把失败补回来"的欲望，参见 Badian, *Stud. Ehrenb.* (1966), p. 47。
83. Arrian 1.14.6.
84. Arrian 1.16-4, cf. Plut. *Alex.* 16.8, Veil. Pat. 1.11.3-4.
85. 很难直接让克雷塔科斯为狄奥多罗斯的版本负责——就像沙赫尔迈尔所做的那样（op.

cit., pp. 504-5, n. 86）——并进而将后者一下子摒弃一边，仅仅因为其有"不可靠的"来源，"我们对当时指挥部里的分歧知之甚少，正如我们对那天下午的大屠杀知之甚少一样"。沙赫尔迈尔继续说道："也许卡利斯特涅斯对于此事什么也没讲。"我倒觉得完全不 *vermutlich*（可能）；这纯属猜测。

资料来源

参考文献（一）：古代史料

(a) 文献

因为本书是面向普通读者的，我在此尽可能列出每位作家在洛布（Loeb）丛书中的贴切的对照译本，但不能据此认为我总是把该版本当作现有的最好版本，或者说最佳译本。如果我知道有更好且更容易获得的版本，我会列出来的。没有列出来的一般作家见于 Jacoby 或 Robinson（参见下面"合集类"条目）。L = Loeb。

埃里安（Aelian，全名 Claudius Aelianus，约公元 170—235 年），定居于罗马的文选编辑家。《轶事集》（*Varia Historia*, ed. R. Hercher (Teubner), 1864），没有可用的英译本。

埃斯基涅斯（Aeschines，约公元前 397—约前 322 年），雅典演说家和政治家。《演说辞》（*Works*, ed. and tr. C. D. Adams, London, 1919 (L)）

亚里士多德（Aristotle，公元前 384—322 年），哲学家和科学家。《政治学》（*Politics*, ed. And tr. H. Rackham, London, 1932 (L)），《优台谟伦理学》（*Eudemian Ethics*, ed. and tr. E. Rackham, London, 1935 (L)）。

阿里安（Arrian，全名 Flavius Arrianus，公元 2 世纪），出身于比希尼亚的希腊人，曾在哈德良（Hadrian）统治时期担任卡帕多基亚总督，在公元 134 年阿兰人入侵期间有过军事行动，后来在爱比克泰德（Epictetus）门下学习。他的《亚历山大远征记》《*History of Alexander*》主要依据托勒密和阿里斯托布罗斯的著作，是研究亚历山大最全面的著作（不过，绝不是异想天开的狂热者所声称的那样全面：其实他巧妙地遗漏了许多史实）。《亚历山大远征记和印度志》（*History of Alexander and Indica*, ed. and tr. E. I. Robson (L), 2 vols., London, 1929-33），无论文本还是翻译都非常不可靠。《阿里安的亚历山大征战记》（*Arrian's Campaign of Alexander*, tr. Aubrey de Selincourt, London (Penguin Classics)），汉密尔顿 1972 年做了修订，且带有导论和注释。

阿特奈奥斯（Athenaeus of Naucratis in Egypt，活跃于约在公元 200 年），现存《欢宴的智者》（*The Deipnosophists*, ed. and tr. C. B. Gulick, 7 vols., London, 1927-41 (L)），其主要价值在于保存了公元前 5 和 4 世纪的作家（特别是剧作家）的无数残篇，这些作家的作品早已失传。相关残篇收集于 Jacoby 和 Robinson（参见下面"合集类"条目）。

克特西亚斯（Ctesias of Cnidos，公元前 5 世纪后期），波斯阿契美尼德王朝宫廷中的希腊医生，写过关于波斯和印度的著作（J. Gilmore, *Fragments of the Persika of Ctesias*, London, 1888; R. Henry, *Ctesias: La Perse, L'Inde, les Sommaires de Photius*, Brussels, Office de Publicité S. C., 1947.）。

德玛德斯、戴纳尔科斯、叙佩雷德斯、吕库古（Demades, Deinarchus, Hypereides, Lycurgus），腓力和亚历山大时代雅典的政治家和演说家。他们现存的演说辞和残篇收集于《阿提卡一般演说家演说辞》（*Minor Attic Orators*, vol. II, ed. and tr. J. O. Burtt, London, 1954 (L)）。

德摩斯提尼（Demosthenes of Paeania in Attica，公元前384—前322年），雅典演说家和政治家。《奥林托斯辞、斥腓力辞等》（*Olynthiacs, Philippics, etc.*, ed. and tr. J. H. Vince, London, 1930），《金冠辞和论辱命之使》（*De Corona* and *De Falsa Legatione*, ed. and tr. C. A. and J. H. Vince, London, 1926 (L)）。

狄奥多罗斯（Diodorus Siculus，公元前1世纪），出身于阿吉里昂的西西里人，著有《历史通志》（*Universal History*）四十卷，保存了相当一部分。这是我们所拥有的与亚历山大统治时期相关的最早记述：狄奥多罗斯把第17卷整整一卷都用在公元前336—前323年上。他所用的资料来源仍然是一个争议非常激烈的话题；尽管他的著作年代混乱且剪切拼凑的手法十分明显，但经常保存有一些非常有价值的资料。第17和第18卷见于洛布本的第8和第9卷，分别由韦尔斯（C. B. Welles, vol. VIII, 1963：有精彩的学术史）和吉尔（R. M. Geer, vol. IX, 1947）编定。

第欧根尼·拉尔修（Diogenes Laertius，公元3世纪早期？），传记文选编辑家。《名哲言行录》（*Lives of Eminent Philosophers*, ed. and tr. R. D. Hicks, London, 1925 (L)）。

希罗多德（Herodotus of Halicarnassus，约公元前485—约前425年），《历史》（*The Histories*, ed. and tr. A. D. Godley, 4 vols., London, 1920-25 (L); tr. A. de Selincourt, London (Penguin Classics), 1954）。

赫叙基奥斯（Hesychius of Alexandria，公元5世纪？），辞典编纂家。可用版本有 M. Schmidt, Jena 1858-68。拉特的版本（Kurt Latte, Hauniae, Munksgaard: vol. I, 1953; vol. II, 1966）更好，但到编者去世时只编到"O"这一字母。

伊索克拉底（Isocrates，公元前436—前338年），雅典的小册子作家、修辞学家和演说家。《伊索克拉底演说辞》（*Works*, ed. and tr. G. Norlin and LaRue Van Hook, London, 1928-45 (L)）。

尤里乌斯·瓦勒里乌斯（Julius Valerius，公元3—4世纪？），著有伪卡利斯特涅斯的亚历山大传奇的拉丁版本。可用版本有 B. Kuebler, Leipzig, 1888。没有可用的英译本。

查斯丁（Justin，全名 Marcus Junianus Justinus，公元3世纪？）文选编辑家；为特罗古斯·庞培（Trogus Pompeius）的《腓力传》（*Historiae Philippicae*）做过摘要，该著作写于奥古斯都统治时期。《特罗古斯·庞培的腓力传概要》（*Abrégé des Histoires Philippiques de Trogue Pompée*, ed. and tr. E. and L. T. Chambry, 2 vols., Paris, 1936）。没有可用的英译本。

合集类（Miscellaneous）：W. W. Boer (ed.), *Epistola Alexandri ad Aristotelem*, The Hague, 1953. F. Jacoby (ed.), *Die Fragmente der griechischen Historiker* (FGrHist), Pt II (Zeitgeschichte) B, pp. 618-828 (Alexandergeschichte) with Commentary (pp. 403-502, nos. 117-53), Berlin, 1929. C. A. Robinson (ed.), *The History of Alexander the Great*, vol.

I (Brown University Studies XVI), Providence R.I. (1953), 其中翻译了 Jacoby 中的所有残篇，包括卡利斯特涅斯、涅阿尔科斯、密提勒涅的卡瑞斯、托勒密、克雷塔科斯以及其他作家。

保萨尼阿斯（Pausanias，公元 2 世纪），旅行作家和地理学家，以其《希腊行纪》（*Description of Greece*, tr. and ed. W. H. S. Jones, H. A. Ormerod, R. E. Wycherley, 5 vols., London, 1918-35 (L)）最为知名。现在有可用的新英译本（Father Peter Levi, S.J., Penguin Classics, 2 vols., London, 1971）。

普林尼（Pliny，全名 Gaius Plinius Secundus，公元 23/24—79 年），将领和博学之士，他的科学求知欲导致他死于那场毁灭庞贝城的维苏威火山喷发。《博物志》（*Natural History*, ed. and tr. H. Rackham, W. H. S. Jones, 10 vols., London, 1938-62 (L)）。

普鲁塔克（Plutarch of Chaeronea，约公元 46—120 年），传记作家、业余学者、德尔菲祭司；哈德良统治时期的行省财政官。他的《亚历山大传》基于许多现在仅存残篇的作家，包括卡利斯特涅斯、阿里斯托布罗斯、卡瑞斯和奥涅西克里托斯；可用佩林翻译和编辑的版本（tr. and ed. B. Perrin, *Plutarch's Lives*, vol. VII, London, 1919 (L)）。亦可参见他的《德摩斯提尼传》（同上）、《福基翁传》和《欧美涅斯传》（第八卷）。普鲁塔克早年写过两篇关于亚历山大的文章：*On the Fortune or the Virtue of Alexander, Moral.* 326D-345B (Loeb *Moralia*, vol. IV, tr. and ed. F. C. Babbitt, London, 1936)，在《道德论丛》还有许多零散的指涉（*Moralia*，特别参见 179D-181F, 219E, 221A9, 522A, 557B, 781A-B, 804B, 970D, 1043D）。至于一流的讨论和注疏，参见汉密尔顿版的《亚历山大传》（J. R. Hamilton, the Alexander Life (Oxford, 1968)）。

波吕埃诺斯（Polyaenus，活跃于约公元 150 年），马其顿修辞学家和文摘编辑家（excerptor），现在为人所知的只有他的战术轶闻类的著作《波吕埃诺斯兵法》（*Strategemeta*, ed. J. Melber, Leipzig, 1887）。没有可用的英译本。

波利比奥斯（Polybius，公元前 203？—前 120？年），希腊政治家和历史学家；后来在西庇阿集团的庇护下移居罗马。对这段历史而言，他的主要价值在于他对作为军事史家的卡利斯特涅斯的细致批判（20.17-22），特别是涉及伊苏斯之战的内容。《历史》（*The Histories*, ed. and tr. W. R. Paton, London, 1925 (L)）。

伪卡利斯特涅斯（Pseudo-Callisthenes），这是对所谓的《亚历山大传奇》的佚名作者的称呼，该书现存许多版本（包括三个希腊语版本），其中最早的可能是公元 2 世纪晚期，不过其依据的可能是在亚历山大死后不久就流传开来的传奇故事。文本：W. Kroll, *Historia Alexandri Magni*, second edition, Berlin, 1958; tr. E. H. Haight, *The Life of Alexander of Macedon*, New York, 1955。亦可参见 P. H. Thomas, *Incerti Auctoris Epitoma rerum gestarum Alexandri Magni cum libro de morte testamentoque Alexandri*, Leipzig (Teubner), 1960。

昆图斯·库尔提乌斯（Quintus Curtius，公元 1 世纪？）。他的《亚历山大传》（*History of Alexander*, ed. and tr. J. C. Rolfe, 2 vols., London, 1946 (L)）丢失第 1 和第 2 卷，第 5 和第 6 卷之间和第 10 卷中间存在阙漏。作为资料来源，库尔提乌斯的地位近几年有所提升：他通常没有考辨且修辞过度，但仔细分析仍可以揭示出一些极有价值的材料（例如与地理方面相关的）。

斯特拉波（Strabo，公元前 64/63—公元 21 年+），出身于本都的阿马塞亚，其人生的很长时间是在罗马和埃及度过的。他的《地理学》（*Geography*, ed. and tr. H. L. Jones, 8 vols., London, 1917-32 (L)）是一座充满有用事实和轶闻的巨大宝库，既有地理的，也有历史的，涉及亚历山大穿过的每一区域。

苏达（Suda）。这不是人名，而是一部辞书的标题（"苏达"即"要塞"或"堡垒"），该辞书于公元 10 世纪左右编成现在的规模，基本上是基于摘要和梗概。不过，其中的许多材料根本上是源于现已失传的一流著作。

瓦勒里乌斯·马克西穆斯（Valerius Maximus，公元 1 世纪），修辞学家和文摘编辑家。他的《言行录》（*Factorum ac dictorum memorabilium libri IX*, ed. C. Kempf, Leipzig, Teubner, 1888）是题献给提比略（Tiberius）的，尽管完全没有考辨，但包含了一两则大有裨益的轶闻。

(b) 铭文

腓力和亚历山大统治时期具有历史意义的铭文收录——带有详尽的注疏解——于 M. N. Tod in *Greek Historical Inscriptions*, vol. II, from 403 to 323 B.C., Oxford, 1948。

(c) 钱币

AULOCK, H. von. 'Die Prägung des Balakros in Kilikien', *JNG* 14 (1964), 79-82.

BABELON, J. *Le Portrait dans l'antiquité d'après les monnaies*, Paris, 1942.

BELLINGER, A. R. *Essays on the Coinage of Alexander the Great* (Numismatic Studies II), New York, 1963.

HILL, G. F. 'Alexander the Great and the Persian lion-gryphon', *JHS* 43 (1923), 156-61.

KLEINER, G. *Alexanders Reichsmünzen* (Abhandlungen der deutschen Akademie der Wissenschaften zu Berlin, Klasse für Sprachen, Literatur und Kunst, Akademie-Verlag, no. 5), Berlin, 1949.

KRAAY, C. M. *Greek Coins*, London, 1967.

NEWELL, E. T. *The dated Alexander coinage of Sidon and Ake,* Oxford University Press, 1916. *Myriandros kat'Isson,* New York, 1920. *Tarsos under Alexander,* New York, 1919.

NOE, S. P. 'The Corinth Hoard of 1938', *ANSMusN* 10 (1962), 9-41.

SELTMAN, C. *Greek Coins,* second edition, London, 1955.

(d) 图像和合集类

ANDREAE, B. *Das Alexandermosaik (Opus nobile* XIV), Bremen, 1959.

BANDINELLI, G. 'Cassandro di Macedonia nella Vita plutarchea di Alessandro Magno', *RFIC* 93 (1965), 150-64. 'Un ignorato gruppo statuario di Alessandro e Bucefalo', *SE* 18 (1944), 29-43, with plates V-VII.

BERNOULLI, J. J. *Die erhaltenen Darstellungen Alexanders des Crossen; Ein Nachtrag zur* griechischen Ikonographie, Munich, 1905.

BIEBER, M. *Alexander the Great in Greek and Roman Art,* Chicago, 1964.

BIJVANCK, A. W. 'La bataille d'Alexandre', *BVAB* 30 (1955), 28-34.

DAUX, G. 'Chroniques des Fouilles en 1961 ', *BCH* 86 (1962), 805-13. 'Chroniques des Fouilles en 1957', *BCH* 82 (1958), 761-5 with figs. 14-16.

DELLA CORTE, M. 'L'educazione di Alessandro Magno nell'enciclopedia Aristotelica in un trittico megalografico di Pompei del II stile', *MDAI(R)* 57 (1942), 31-77.

DEL MEDICO, H. E. 'A propos du trésor de Panaguriste: un portrait d'Alexandre par Lysippe', *Persica* 3 (1967/8), 37-67, plates II-IV, figs. 8-15.

GEBAUER, K. Alexanderbildnis und Alexandertypus. *MDAI(R)* (1938/9), 1-106.

JOHNSON, F. P. *Lysippos,* Durham, N. Carolina, 1927.

JONGKEES, J. H. 'A portrait of Alexander the Great', *BVAB* 29 (1954), 32-3.

LUNSINGH-SCHEURLEER, R. A. 'Alexander in faience', ibid. 40 (1965), 80-83.

MINGAZZINI, P. 'Una copia dell'Alex. Keraunophoros eli Apelle', *JBerlM* 3 (1961), 7-17.

NEWELL, E. T. *Royal Greek Portrait Coins,* New York, 1937.

PFISTER, F. 'Alexander der Grosse in der bildenden Kunst', *Fund F* 35 (1961), 330-34, 375-9.

PICARD, C. 'Le mosaïste grec Gnôsis et les nouvelles chasses de Pella', *RA* I (1963). 205-9.

RICHTER, G. M.A. *The Portraits of the Greeks,* 3 vols., London, Phaidon, 1965.

ROBERTSON, M. 'The Boscoreale figure-paintings', *JHS* 45 (1955), 58-67, plates XI-XIII.

RUMPF, A. 'Zum Alexander-Mosaik', *MDAI(A)* 77 (1962), 229-41.

SCHREIBER, T. *Studien über das Bildniss Alexanders des Grossen,* Leipzig, 1903.

SJÖQVIST, E. 'Alexander-Heracles. A preliminary note', *BMusB* (Boston) 51 (1953), 30-33, figs. 1-5.

SUHR, E. G. *Sculptured Portraits of Greek Statesmen, with a special study of Alexander the Great,* Baltimore, 1931.

UJFALVŸ, C. de. *Le Type Physique d'Alexandre le Grand,* Paris, 1902.

参考文献（二）：现代研究

这份参考文献不敢说是详尽无遗的（关于亚历山大的文献庞大无比，全部列出会使本书的部头极为巨大）；在此我只罗列我觉得特别有用或有趣的条目——经常是因为我与他们所表达的观点截然对立。至于进一步的研究，可以查阅下面这篇指南：

BADIAN, E. 'Alexander the Great, 1948-67', *CW* 65 (1971), 37-56, 77-83.

ABEL, F. M. 'Alexandre le Grand en Syrie et en Palestine', *Rev. Bibl.* 43 (1934), 528-45; 44 (1935), 42-61.

ADCOCK, F. E. *The Greek and Macedonian Art of War,* Berkeley, 1962. 'Greek and Macedonian Kingship', *Proc. Brit. Acad.* 39 (1954), 163-80.

ALTHEIM, F. *Alexander und Asien: Geschichte eines geistiges Erbes,* Tübingen, 1953.

Zarathustra und Alexander, Frankfurt a.M., 1960.

ANDERSON, A. R. 'Alexander's Horns', *TAPhA* 58 (1927), 100-122.

'Bucephalas and his legend', *AJPh* (1930), 1-21.

ANDREOTTI, R. 'Die Weltmonarchie Alexanders des Grossen', *Saeculum* 8 (1957), 120-66.

'Per un critica dell'ideologia di Alessandro Magno', *Historia* 5 (1956), 257-302.

'Il problema di Alessandro Magno nella storiografia dell'ultimo decennio,, *Historia* 1 (1950), 583 ff.

Il problema politico di Alessandro Magno, Parma, 1933.

ATKINSON, J. E. 'Primary sources and the Alexanderreich', *Act. Class.* (Cape Town), 6 (1963), 125-37.

AYMARD, A. 'Le protocole royal grec et son évolution', *REA* (1948), 232-63.

'Sur quelques vers d'Euripide qui poussèrent Alexandre au meurtre', *Ann. Inst. Phil. Hist. Or.* (Brussels) 9 (1949), 43-74 (=Mélanges Grégoire I).

'Un ordre d'Alexandre', *REA* (1937), 5-28.

BADIAN, E. 'Agis III', *Hermes* 95 (1967), 170-92.

'The Administration of the Empire', *GR* 12 (1965), 166-82.

'Alexander the Great and the Creation of an Empire', *Hist. Today* 8 (1958), 369-76,494-502.

'Alexander the Great and the Greeks of Asia', *Ancient Societies and Institutions: Studies presented to Victor Ehrenberg on his 75th birthday* (Oxford, 1966), 37-69.

'Alexander the Great and the Loneliness of Power', *Journ. Austral. Univ. Lang. Assoc.* 17

(1962), 80-91; repr. in *Studies in Greek and Roman History* (Oxford, 1964), 192-205.
'Alexander the Great and the Unity of Mankind', *Historia* 7 (1958), 425-44; repr. in Griffith, *Main Problems* (MP), q.v., pp. 287-306.
'Ancient Alexandria', *Stud. Gr. Rom. Hist.*, pp. 179-191.
'The death of Parmenio', *TAPhA* 91 (1960), 324-38.
'The death of Philip II', *Phoenix* 17 (1963), 244-50.
'The Eunuch Bagoas', *CQ* ns8 (1958), 144-57.
'The first flight of Harpalus', *Historia* 9 (1960), 245-6.
'Harpalus', *JHS* 81 (1961), 16-43.
'A King's Notebooks', *Harv. Stud. Class. Phil.* 72 (1967), 183-204.
'Orientals in Alexander's army', *JHS* 85 (1965), 160-61.
BALDRY, H. C. *The Unity of Mankind in Greek Thought,* Cambridge, 1965.
BALSDON, J. P. V. D. 'The "Divinity" of Alexander the Great', *Historia* 1 (1950), 383-8.
BELOCH, K. J. *Griechische Geschichte,* 2nd edn, vols. III, i-ii; IV, i, Leipzig-Berlin, 1922-5.
BERVE, H. *Das Alexanderreich auf prosopographischer Grundlage,* 2 vols., Munich, 1926.
'Die Verschmelzungspolitik Alexanders des Grossen', *Klio* 31 (1938), 135-68. Repr. Griffith, *MP* pp. 103-36.
BEVAN, E. R. Chapter XV of *The Cambridge History of India* (ed. E. J. Rapson), vol. I (1922), pp. 345-86.
BICKERMANN, E. 'Alexandre le Grand et les villes d'Asie', *REG* 47 (1934), 346-74.
'La Lettre d'Alexandre le Grand aux bannis grecs', *REA* 53 (1940), 25-35.
'A propos d'un passage de Chares de Mytilène', *Parola del Passato* 18 (1963), 241-55.
BIDEZ, J. 'Hermias d'Atarnée', *Bull. Class. Lett. Sc. Mor. Pol. Acad. R. Belg.* 29 (1943), 133-46.
BORZA, E. N. 'Alexander and the return from Siwah', *Historia* 16 (1967), 369.
'Cleitarchus and Diodorus' account of Alexander', *Proc. Aft. Class. Assoc.* 2 (1968), 25-45.
'The End of Agis's Revolt', *CPh* 66 (1971), 230-35.
'Fire from Heaven: Alexander at Persepolis', *CPh* 67 (1972), 233-45.
'Some notes on Arrian's name', *Athens Annals of Archaeology* 5 (1972), 99-192.
See also s.v. WILCKEN, U.
BOSWORTH, A. B. 'Philip II and Upper Macedonia', *CQ* 21ns (1971), 93-105.
'The Death of Alexander the Great: Rumour and Propaganda', ibid., 112-36.
'Arrian's Literary Development', *CQ* ns 22 (1972), 163-85.
BRELOAR, B. *Alexanders Kampf gegen Poros,* Stuttgart, 1933.
BROWN, T. S. 'Alexander's Book Order (Plut. *Alex.* 8)', *Historia* 16 (1967), 359-68.
'Callisthenes and Alexander', *AJPh* 70 (1949), 225-48; repr. Griffiths, *MP,* pp. 53-72.
Onesicritus, Berkeley/Los Angeles, 1949.
BRUNT, P. A. 'The Aims of Alexander', *GR* 12 (1965), 205-15.
'Alexander's Macedonian Cavalry', *JHS* 83 (1963), 27-46.
'Persian accounts of Alexander's campaigns', *CQ* 12 (1962), 141-55.
BUCHNER, E. 'Zwei Gutachten für die Behandlung der Barbaren durch Alexander den

Crossen?', *Hermes* 82 (1954), 378-84.

BURN, A. R. *Alexander the Great and the Hellenistic World,* 2nd rev. edn, New York, 1962.

'The generalship of Alexander', *GR* 12 (1965), 140-54.

'Notes on Alexander's campaigns, 332-330 B.C.', *JHS* 72 (1952), 81-91.

CAROE, O. *The Pathans, 550 B.C.-.A.D. 1957,* London, 1958.

CARY, G. *The Mediaeval Alexander,* Cambridge, 1956.

CASSON, L. 'The grain trade of the Hellenistic world', *TAPhA* 85 (1954), 168-87.

CASSON, S. *Macedonia, Thrace and Illyria,* Oxford, 1926.

CHROUST, A. H. 'Aristotle and Callisthenes of Olynthus', *Classical Folia* 20 (1966), 32-41.

'Aristotle's sojourn in Assas', *Historia* 21 (1972) 170-176.

'Aristotle leaves the Academy', *GR* 14 (1967) 39-44.

CLOCHE, P. *Alexandre le Grand,* Neuchatel, 1953.

Histoire de la Macédoine jusqu'à l'avènement d'Alexandre le Grand (336 av. J.-C.), Paris, 1960.

Un fondateur d'empire: Philippe II, Roi de Macédoine (382/2-336/5 avant J.C.), St-Etienne, 1955.

COLOMBINI, A. 'Per una valutazione dei rapporti delfico-macedoni dalle origini del regno Argeade ad Alessandro Magno', *Stud. Class. E Orient.* 12 (1963), 183-206.

CROSS, G. N. *Epirus: A Study in Greek Constitutional Development,* Cambridge, 1932.

CULICAN, W. *The Medes and Persians,* London, 1965.

DASKALAKIS, A. *Alexander the Great and Hellenism,* Thessaloniki, 1966.

'L'origine de la maison royale de Macédoine et les légendes relatives de l'antiquité', *AM,* pp. 155-61.

DAVIS, E. W. 'The Persian battle plan at the Granicus', *Stud. Caldwell (Laudatores temporis acti,* ed. M. F. Gyles and E. W. Davis), 34-44 (Univ. N. Carolina, 1964).

DELCOR, M. 'Les allusions à Alexandre le Grand dans Zach. IX 1-8', *Vet. Test.* 1 (1951), 110-24.

DELL, H. J. 'The western frontier of the Macedonian monarchy', *AM,* 115-26.

DERCHAIN, P. J., and HUBAUX, J. 'Le fantôme de Babylone', *AC* (1950), 367-82.

DE SANCTIS, G. 'Gli ultimi messaggi di Alessandro ai Greci, I: La richiesta degli onori divini', *Riv. fil.* (1940), 1-21.

DIHLE, A. 'The conception of India in Hellenistic and Roman literature', *Proc. Camb. Phil. Soc.* 10 (1964), 15-23.

DILLER, A. *Race Mixture among the Greeks before Alexander,* Univ. Illinois, 1937.

DROYSEN, J. G. *Geschichte Alexanders des Grossen,* 1833; rev. edn (H. Berve), 1931.

EDDY, S. K. *The King is Dead. Studies in the Near Eastern resistance to Hellenism, 334-331 B.C.,* Lincoln Univ., Nebraska, 1961.

EDMUNDS, L. 'The religiosity of Alexander', *GRBySpS* 12 (1971), 363-91.

EDSON, C. F. 'Early Macedonia', *AM,* 2-44.

EHRENBERG, V. *Alexander and the Greeks,* tr. R. Fraenkel van Velsen, Oxford, 1938: ch. II,

'Pothos', repr. in Griffith, *MP*, pp. 73-83.

Alexander und Aegypten, Leipzig, 1926.

EHRHARDT, C. 'Two notes on Philip of Macedon's first interventions in Thessaly', *CQ* 17 (1967), 296.

ELLIGER, K. 'Ein Zeugnis a us der jüdischen Gemeinde, 332 v. Chr.', *Zeitschr. f. Alttest. Wiss.* 62 (1949/50), 63-115.

ELLIS, J. R. 'The security of the Macedonian throne under Philip II', *AM,* 68-75.

'Amyntas Perdikka, Philip II and Alexander the Great', *JHS* 91 (1971), 15-24.

ERRINGTON, R. M. 'Bias in Ptolemy's History of Alexander', *CQ* ns63 (1969), 233-42.

FAKHRY, A. 'A temple of Alexander the Great at Bahria Oasis', *Ann. Serv. Ant. Egypt.* 40 (1940/41), 823-8.

FERGUSON, W. S. *Hellenistic Athens,* New York, 1911.

FORTINA, M. *Cassandro, re di Macedonia,* Torino, 1965.

FOUCHER, A. 'Les satrapies orientales de l'empire achéménide', *Compt. Rend. Acad. Inscr.* (1938), 336-52.

FOUCHER, A., and E. B. 'La vieille route de Bactre à Taxila', *MéM. Délég. française en Afghanistan* II (1942).

FRASER, A. D. 'The "breaking" of Bucephalas ', *CW* 47 (1953), 22-3.

FRASER, P. M. 'Alexander and the Rhodian Constitution', *Parola. del Passato* 7 (1952), 192-206.

'Current problems concerning the early history of the cult of Sarapis', *Opuscula Archaeologica* 7 (1967), 23 ff.

FREDRICKSMEYER, E. A. 'Alexander, Midas, and the oracle at Gordium', *CPh* 56 (1961), 160-68.

'The ancestral rites of Alexander the Great', *CPh* 61 (1966), 179-81.

The Religion of Alexander the Great, Diss. Univ. Wisconsin, 1958, Resume: *Diss. Abstract.* 19 (1959), 1747.

FRYE, R.N. *The Heritage of Persia,* London, 1962.

FULLER, J. F. C. *The Generalship of Alexander the Great,* London, 1958.

GALLET DE SANTERRE, H. 'Alexandre le Grand et Kymé d'Eolide', *Bull. Corr. Hell.* 71.2 (1947/8), 302-6.

GEYER, F. 'Philippos' (7) in Pauly-Wissowa-Kroll (PWK) *Real. Enc. (RE),* vol. XIX, cols. 2266-303.

'Makedonien his zur Thronbesteigung Philipps II' (Beiheft 19, *Hist. Zeitschrift),* München/ Berlin, 1930.

GHIRSHMAN, R. *Iran: Parthians and Sassanians,* London, 1962.

Perse: Proto-iraniens, Medes, Achtminides, Paris, 1963. (English tr. by S. Gilbert and J. Emmons, London, 1964.)

GITTI, A. *Alessandro Magno all'Oasi di Siwah. Il problema delle fonti,* Bari, 1951.

'Alessandro Magno e il responso di Ammone', *Riv. stor. ital.* 64 (1952), 531-47.

'L'unitarietà della tradizione su Alessandro Magno nella ricerca moderna', *Athenaeum* 34 (1956), 39-57.

GLOTZ, G., ROUSSEL, P., and COHEN, R. *Histoire grecque,* vol. IV: *Alexandre et l'Hellénisation du monde antique,* pt i, 'Alexandre et le démembrement de son empire', Paris, 1938.

GRIFFITH, G. T. 'Alexander and Antipater in 323 B.C.', *Proc. Afric. Class. Assoc.* 8 (1965), 12-17.

'Alexander's generalship at Gaugamela', *JHS* 67 (1947), 77-89.

'Alexander the Great and an experiment in government', *Proc. Camb. Phil. Soc.* 10 (1964), 23-39.

'The letter of Darius at Arrian 2.14', *Proc. Camb. Phil. Soc.* 14 (1968), 33-48.

'The Macedonian Background', *GR* 12 (1965), 125-39.

'*Malcedonika.* Notes on the Macedonians of Philip and Alexander', *Proc. Camb. Phil. Soc.* 4 (1956/7), 3-10.

The Mercenaries of the Hellenistic World, Cambridge, 1935.

'A note on the Hipparchies of Alexander', *JHS* 83 (1963), 68-74.

'Philip of Macedon's early interventions in Thessaly (358-352 B.C.)', *CQ* ns20 (1970), 67-80.

(ed.) *Alexander the Great: The Main Problems,* Cambridge, 1966.

GROTE, G. *A History of Greece;* rev. ed. 12 vols., London, 1888.

GUNDERSON, L. L. 'Early elements in the Alexander Romance', *AM* 353-75.

HADAS, M. *Hellenistic Culture: Fusion and Diffusion,* New York, 1959.

HADLEY, R. A. 'Deified Kingship and propaganda coinage in the early Hellenistic Age', Diss. Univ. Pennsylvania, 1964. Résumé in *Diss. Abstracts* 115 (1965), 5881-2.

HAMILTON, J. R. 'Alexander's early life', *GR* 12 (1965), 117-24.

'Alexander and his so-called father', *CQ* ns3 (1953), 151-7; repr. In Griffith, *MP*, pp. 235-42.

'Alexander and the Aral', *CQ* ns21 (1971), 106-11.

'The cavalry battle at the Hydaspes', *JHS* 76 (1956), 26-31.

'Cieitarchus and Aristobulus', *Historia* 10 (1961), 448-58.

Plutarch: Alexander. A Commentary, Oxford, 1968.

'Three passages in Arrian', *CQ* ns5 (1955), 217-21.

HAMMOND, N. G. L. 'The archaeological background to the Macedonian Kingdom', *AM* 53-67.

A History of Greece, 2nd edn, Oxford, 1967.

Epirus: The geography, the ancient remains, the history and topography of Epirus and adjacent areas. Oxford, 1967.

'The two battles of Chaeronea (338 B.C. and 86 B.C.)', *Klio* 31 (1938), 186-218.

HAMPL, F. *Alexander der Grosse,* Gottingen, 1958.

'Alexander der Grosse und die Beurteilung geschichtlicher Personlichkeiten in der modernen Historiographie', *Nouv. Clio* 6 (1954), 91-136.

'Alexanders des Grossen *Hypomnemata* und letzte Pläne', *Stud. pres. to D. M. Robinson* II, Washington U.P., 1953, 816-29. Repr. in Griffith, *MP*, pp. 307-21.

Der König der Makedonen, Weida in Thuringen, 1934.

HARMAND, L. 'Les rapports entre la Grèce et l'Orient du début du VIIe siècle à la mort de Philippe de Macédoine (336) ', *Inform. Hist.* (1952), 51-6.

HARRIS, R. I. 'The dilemma of Alexander the Great', *Proc. Afric. Class. Assoc.* 2 (1968), 46-54.

HARTMAN, S. S. 'Dionysus and Heracles in India', *Temenos* 1 (1965), 55-64.

HEUSS, A. 'Alexander der Grosse und die politische Ideologie des Alterturns', *Antike und Abendl.* 4 (1954), 65-104.

HOGARTH, D. G. *Philip and Alexander of Macedon,* New York, 1897.

INSTINSKY, H. U. *Alexander der Grosse am Hellespont,* Godesburg, 1950.

'Alexander, Pindar, Euripides', *Historia* 10 (1961), 248-55.

JACOBY, F. 'Kallisthenes', PWK, vol. X, ii, cols. 1674-1707.

'Kleitarchos', PWK, vol. XI, i, cols. 622-54.

JAEGER, W. *Aristotle,* tr. Richard Robinson, 2nd edn, Oxford, 1948.

JANKE, A. *Auf Alexanders des Grossen Pfaden.* Berlin, 1904.

'Die Schlacht bei Issus', *Klio* 10 (1910), 137-77.

JONES, A. H. M. *The Greek City from Alexander to Constantine,* Oxford, 1940.

JONES, T. B. 'Alexander and the winter of 33o-326 B.C.', *CW* 28 (1935), 124-5.

JOUGUET, P. 'Alexandre à l'oasis d'Ammon et le témoignage de Callisthene', *Bull. Inst. Egypt.* 26 (1943/3), 91-107.

'Apropos d'un livre de H. Berve...', *Rev. Phil.* 54 (1928), 361-74.

L'Impérialisme macédonien et l'hellénisation de l'Orient, Paris, 1926.

KAERST, J. 'Alexandros' (10), PWK, vol. I, cols. 1412-34.

Geschichte des Hellenismus, 2 vols., 2nd edn, Leipzig, 1926-7.

KAHRSTEDT, U. 'Das athenische Kontingent zum Alexanderzuge', *Hermes* 71 (1936), 120-24.

KALLERIS, J. N. *Les anciens Macédoniens. Etude linguistique et historique,* vol. I, Athens, 1954.

KANATSOULIS, D. 'Antipatros als Feldherr und Staatsmann in der Zeit Philipps und Alexanders des Grossen', *Hellenica* 16 (1958/9), 14-64.

KEIL, J. 'Der Kampf um den Granikos-Uebergang und das strategische Problem der Issosschlacht ', *Mitt. d. Vereins klass. Phil. in Wien* 1 (1924), 13 ff.

KERN, O. 'Der Glaube Alexanders des Grossen', *Forsch. und Fortschr.* (1938), 405-7.

KIENAST, D. 'Augustus und Alexander', *Gymnasium* 76 (1969), 430-56.

'Alexander und der Ganges', *Historia* 14 (1965), 180-88.

LAMOTTE, E. 'Les premières relations entre l'Inde et l'Occident', *Nouv. Clio* 5 (1953), 83-118.

LARSEN, J. A. O. 'Alexander at the Oracle of Ammon', *CPh* 27 (1932), 70-75, cf. 274-5.

Representative Government in Greek and Roman History, Berkeley, 1955.

LECLANT, J. 'Per Africae sitientia. Témoignages des sources classiques sur les pistes menant à l'oasis d'Ammon', *Bull. Inst. franç. d'Arch. Orient.* 49 (1950), 193-253.

LEHMANN, K. 'Die Schlacht am Granikos', *Klio* 11 (1911), 230-44.

LENSCHAU, T. 'Alexander der Grosse und Chios', *Klio* 15 (1940), 201-24.

LEWIS, D. M. 'Two days: (1) Epicurus' Birthday (2) Alexander's Death-day', *CR* ns19 (1969), 271-2.

MACURDY, G. *Hellenistic Queens,* Johns Hopkins Studies in Archaeology no. 14, 1932.

'The refusal of Callisthenes to drink the health of Alexander', *JHS* 50 (1930), 294-7.

MARAINI, F. *Where Four Worlds Meet,* tr. P. Green, London, 1964.

MARINATOS, S. 'Mycenaean elements within the royal houses of Macedonia', *AM* 45-52.

MARSDEN, E. W. *The Campaign of Gaugamela,* Liverpool U.P., 1964.

Greek and Roman Artillery: Technical Treatises, Oxford.

MARSHALL, J. *Taxila,* 3 vols., Cambridge, 1951.

MCEWEN, C. W. *The Oriental Origins of Hellenistic Kingship,* Chicago, 1934.

MERKELBACH, R. *Die Quellen des griechischen Alexanderromans,* München, 1954.

MERLAN, P. 'Alexander the Great or Antiphon the Sophist?', *CPh* 45 (1950), 161-6.

'Isocrates, Aristotle, and Alexander the Great', *Historia* 3 (1954), 60-81.

MIHAILOV, G. 'La Thrace aux IVe et IIIe siècles avant notre ère', *Athenaeum* 39 (1961), 33-44.

'La Thrace et la Macedoine jusqu'à l'invasion des Celtes', *AM,* 76-85.

MIKROJANNAKIS, E. 'The diplomatic contacts between Alexander III and Darius, III', *AM,* 103-8.

Αἱ μεταξὺ Ἀλεξάνδρου Γ' καὶ Δαρείου Γ' διπλωματικαὶ ἐπαφαί, Athens, 1964.

MILNS, R. D. 'Alexander's pursuit of Darius through Iran', *Historia* 15 (1966), 256.

'Alexander's seventh phalanx battalion', *GRByS* 7 (1966), 159 ff.

'The Hypaspists of Alexander III- some problems', *Historia* 20 (1971), 186-95.

'Philip II and the Hypaspists', *Historia* 16 (1967), 509-12.

Alexander the Great, London, 1968.

MILTNER, F. 'Alexanders Strategie bei Issus', *Jahr. Oest. Arch. Inst.* 28 (1933), 69-78.

'Der Okeanos in der persischen Weltreichidee', *Saeculum* 3 (1952), 522-55.

MITCHEL, F. 'Athens in the Age of Alexander', *GR* 12 (1965), 189-294.

MITSAKIS, K. 'The tradition of the Alexander Romance in modern Greek literature', *AM,* 376-86.

MOMIGLIANO, A. *Filippo il Macedone,* Firenze, 1934.

MOSSÉ, C. *La fin de la démocratie athénienne ...,* Paris, 1962.

MURISON, C. L. 'Darius III and the Battle of Issus', *Historia* 21 (1972), 399-423.

NADELL, J. *Alexander and the Romans,* Ann Arbor, 1959.

NARAIN, A. K. 'Alexander and India', *GR* 12 (1965), 155-65.

NEUFFER, E. *Das Kostüm Alexanders des Grossen,* Giessen, 1929.

NEUMANN, C. 'A note on Alexander's march-rates', *Historia* 20 (1971), 196-8.

NOCK, A. D. *Conversion. The old and the new in religion from Alexander the Great to Augustine of Hippo,* Oxford, 1933.

'Notes on Ruler-Cult, I-IV', *JHS* 48 (1928), 21-43.

OLMSTEAD, A. T. *A History of the Persian Empire,* Chicago, 1948.

PARIBENI, R. *La Macedonia sino ad Alessandro Magno,* Milan, 1947.

PARKE, H. W. *Greek Mercenaries,* Oxford, 1933.

PEARSON, L. 'The Diaries and Letters of Alexander the Great', *Historia* 3 (1955), 429-55; repr. Griffith, *MP,* 1-28.

The Lost Histories of Alexander the Great (Philol. Monogr. 20), New York, 1960.

PERLMAN, S. 'Isocrates' "Philippus" and Panhellenism', *Historia* 18 (1969), 370-74.

PETSAS, P. 'New discoveries at Pella, birthplace and capital of Alexander', *Archaeology* 11 (1958), 246-54.

PFISTER, F. 'Alexander der Grosse. Die Geschichte seines Ruhms im Lichte seiner Beinamen', *Historia* 13 (1964), 37-79.

Alexander der Grosse in den Offenbarungen der Griechen, Juden, Mohammedaner und Christen, Berlin, 1956.

'Studien zur Sagengeographie', *Symb. Osl.* 35 (1959), 5-39.

'Dareios von Alexander getötet', *Rhein. Mus.* 101 (1958), 97-106.

'Das Nachleben der Ueberlieferung von Alexander und den Brahmanen', *Hermes* (1941), 143-69.

PICARD, C. 'Les marins de Néarque et le relais de l'expedition d'Alexandre dans le Golfe persique', *Rev. Arch.* 1 (1961), 6o-65.

PICKARD-CAMBRIDGE, A. W. 'The Rise of Macedonia' and 'Macedanian Supremacy in Greece', chs. VIII and IX of *The Cambridge Ancient History,* vol. VI (1927), pp. 200-270.

PRENTICE, W. K. 'Callisthenes, the original historian of Alexander', *TAPhA* 54 (1923), 74-85.

PRIDIK, E. *De Alexandri Magni epistularum commercio,* Berlin, 1893.

PRITCHETT, W. K. 'Observations on Chaeronea', *AJA* 62 (1958), 307-11, with pls. 80-81.

RADET, G. *Alexandre le Grand,* 2nd edn, Paris, 1950.

'Alexandre en Syrie. Les offres de paix que lui fit Darius', *Mélanges syriens offerts à R. Dussaud* (Paris, 1939), vol. I, pp. 235-47.

'Notes sur l'histoire d'Alexandre, IX', *REA* 43 (1941), 33-40.

RAMSAY, W. M. *Historical Geography of Asia Minor,* London, 1890.

REHORK, J. 'Homer, Herodot und Alexander', *Festschr. F. Altheim* (Berlin, 1969), 251-60.

RENARD, M., and SERVAIS, J. 'Apropos du mariage d' Alexandre et de Roxane', *AC* 24 (1955), 29-50.

ROBINSON, C. A. *Alexander the Great,* New York, 1947.

'Alexander's brutality', *AJA* 56 (1952), 169-70.

'Alexander's deification', *AJPh* 64 (1943), 286-301.

'Alexander's descent of the Indus', *TAPhA* 60 (1929), xviii-xix.
'Alexander the Great and the Barbarians', *Class. Studies pres. to E. Capps on his seventieth birthday,* Princeton U.P., 1936, 298-305.
'Alexander the Great and the Oecumene', *Hesperia* Suppl. 8 (1949), 299-304.
'Alexander the Great and Parmenio', *AJA* 49 (1945), 422-4.
'Alexander's Plans', *AJPh* 61 (1940), 402-12.
The Ephemerides of Alexander's Expedition. Providence, Brown University, 1932.
'The extraordinary ideas of Alexander the Great', *AHR* 62 (1957), 326-44; repr. Griffith, *MP*, pp. 53-72.
ROBINSON, D. M. 'Olynthus - the Greek Pompeii', *Archaeology* 5 (1952), 228-35.
ROEBUCK, C. 'The settlements of Philip II with the Greek states in 338 B.C.', *CPh* 43 (1948), 73-92.
ROSTOVTZEFF, M. *Social and Economic History of the Hellenistic World,* 2 vols., Oxford, 1941.
SALAC, A. 'Alexander of Macedon and AI Iskander Dhu-I-cameiu', *Eunomia* 4 (1960), 41-3.
SAMUEL, A. E. 'Alexander's Royal journals', *Historia* 14 (1965), 1-12.
SCHACHERMEYR, F. *Alexander der Grosse: Ingenium und Macht,* Wien, 1949.
'Alexander und die Ganges-Länder', *Innsbrucker Beiträge zur Kulturgeschichte* 3 (1955), 123-35; repr. in Griffith, *MP*, pp. 137-50.
'Die letzten Pläne Alexanders des Grossen', *Jahr. Oest. Arch. Inst.* 41 (1954), 118-140; repr. in Griffith, *MP*, pp. 322-44.
SCHIWEK, H. 'Der persische Golfals Schiffahrts- und See-handelsroute in Achämenidischer Zeit und in d. Zeit Alexanders des Grossen', *Bonner Jahrb.* 162 (1962), 4-97.
SCHMIDT, E. F. *Persepolis,* 2 vols., Chicago, 1953, 1957.
SCHMITTHENNER, W. 'Ueber eine Formveränderung der Monarchie seit Alexander dem Grossen', *Saeculum* 19 (1968), 31-46.
SCHREIDER, H. and F. 'In the footsteps of Alexander the Great', *Nat. Geogr.* 133 (1968), 1-65.
SCHWARTZ, E. 'Aristoboulos', PWK, vol. II, cols. 911-18.
'Arrianus', PWK, vol. II, cols. 1230-47.
'Curtius Rufus', PWK, vol. IV, cols. 1870-91.
SNELL, B. *Scenes from Greek Drama,* Berkeley, 1964.
SNODGRASS, A. M. *Arms and Armour of the Greeks,* New York, 1967.
SNYDER, J. W. *Alexander the Great,* New York, 1966.
SORDI, M. 'Alessandro e i Romani', *Rend. Inst. Lombard.* 99 (1965), 435-52.
STAGAKIS, G. S. 'Observations on the ἑταῖροι of Alexander the Great', *AM*, 86-102.
STANDISH, J. F. 'The Caspian Gates', *GR* 17 (1970), 17-24.
STARK, F. *Alexander's Path,* London, 1958.
'Alexander's march from Miletus to Phrygia', *JHS* 78 (1958), 102 ff.
'Alexander's Minor Campaigns in Turkey', *Geogr. Journ.* 122 (1956), 294-305.
STEIN, A. *On Alexander's Track to the Indus,* London, 1929.

'An archaeological journey in W. Iran', *Geogr. Journ.* 92 (1938), 313-42.

'Notes on Alexander's crossing of the Tigris and the battle of Arbela', *Geogr. Journ.* 100 (1942), 155-64.

'On Alexander's route into Gedrosia', *Geogr. Journ.* 102 (1943), 193-227.

'Alexander's campaign on the Indian north-west frontier', *Geogr. Journ.* 70 (1927), 417-540.

'The site of Alexander's passage of the Hydaspes and the battle with Porus', *Geogr. Journ.* 80 (1932), 31-46.

STIEHL, R. 'The origin of the cult of Sarapis', *Hist. Rel.* 3 (1963/4), 21 ff.

STRASBURGER, H. 'Alexanders Zug durch die gedrosische Wüste', *Hermes* 80 (1952), 456-93.

'Zur Route Alexanders durch Gedrosien', *Hermes* 82 (1954), 251.

Ptolemaios und Alexander, Leipzig, 1934.

TAEGER, F. 'Alexander der Grosse und die Anfänge des hellenistischen Herrscherkults', *Hist. Zeitschr.* 172 (1951), 225-44.

'Alexanders Gottkonigsgedanke und die Bewusstseinlage der Griechen und Makedonen', *Studies in the Hist. of Religions* (Numen Suppl.) 4 (1959), 394ff.

TARN, W. W. *Alexander the Great,* 2 vols., Cambridge, 1948.

'Alexander the Great and the Unity of Mankind', *Proc. Brit. Acad.* 19 (1933), 123-66; repr. Griffith, *MP*, pp. 243-86.

The Greeks in Bactria and India, 2nd edn, Cambridge, 1951.

'Persia from Xerxes to Alexander', *Cambridge Ancient History,* vol. VI (1927), pp. 1-24.

TARN, W. W., and GRIFFITH, G. T. *Hellenistic Civilization,* 3rd rev. edn, London, 1952.

THOMAS, C. G. 'Alexander the Great and the Unity of Mankind', *CJ* 63 (1968), 258-60.

THOMES, F. C. *Il problema degli eteri nella monarchia di Alessandro Magno,* Torino, 1955.

TIBILETTI, G. 'Alessandro e la liberazione delle città d'Asia minore', *Athenaeum* ns32 (1954), 3-22.

TODD, R. 'W. W. Tarn and the Alexander Ideal', *The Historian* 27 (1964), 48-55.

TRITSCH, W. *Olympias, die Mutter Alexanders des Grossen. Das Schicksal eines Weltreiches,* Frankfurt a.M., 1936.

VARIOUS. *Grecs et Barbares: Entretiens sur l'antiquité classique* 8, Geneva, 1962.

WALSER, G. 'Zur neueren Forschung über Alexander den Grossen', *Schweiz. Beitr. z. allgem. Gesch.* 14 (1956), 156-89; repr. in Griffith, *MP*, pp. 345-88.

WARDMAN, A. E. 'Plutarch and Alexander', CQ49 (1955), 96-107.

WEINSTOCK, S. 'Victor and lnvictus', *Harv. Theol. Rev.* 50 (1957), 211-47.

WELLES, C. B. 'Alexander's historical accomplishment', *GR* 12 (1965), 216-28.

'The discovery of Sarapis and the foundation of Alexandria', *Historia* II (1962), 271-98.

'The reliability of Ptolemy as an historian', *Misc. di studi alessandri in mem. A. Rostagni* (Torino, 1963), 101-16.

Royal Correspondence in the Hellenistic Period, New Haven, 1934.

WILBER, D. N. *Persepolis. The archaeology of Parsa, seat of the Persian Kings,* New York,

1969.

WILCKEN, U. *Alexander the Great,* tr. G. C. Richards; new edn with introduction, notes and bibliography by E. N. Borza (q.v.), New York, 1967.

'Die letzten Pläne Alexanders des Grossen', *Sitzungsb. d. preuss. Akad. d. Wiss. Ph-hist. kl.* (Berlin, 1937), 192-207.

'Philipp II von Makedonien und die Panhellenische Idee', ibid. (Berlin, 1929), 18 ff.

WOODCOCK, G. *The Greeks in India,* London, 1966.

WORMELL, D. E. W. 'The literary tradition concerning Hermias of Atarneus', *Yale Class. Stud. Phil.* 5 (1935), 55-92.

WUEST, F. R. *Philipp II von Makedonien und Griechenland in den Jahren von 346 bis 338*, München, 1938.

注意： 此处似乎适合表达一下我对那些学者的深深的感激之情，他们如此慷慨地把他们涉及亚历山大的书的复本或论文的抽印本寄送给我，并就诸多相关话题与我通信讨论。由于当前的研究远远没有穷尽我对公元前4世纪希腊历史特别是腓力和亚历山大的关注或探究，如果这个领域的学者们能继续让我了解他们的研究和未来的计划，那我定会感激不尽。（在我的参考文献中，还有许多书目依旧难以获得，同样如果得到抽印本，那我也会十分感激的。）正如格思里（W. K. C. Guthrie）教授所说，*当为了一项雄心勃勃的事业而提出类似的适当请求时，"我无法承诺给予足够的回报，只能说我会真心感谢的。"

P. M. G.

---

* *A History of Greek Philosophy*, Cambridge, 1962, vol. I, p. xii. ——原注

译名对照表

A

Abdalonymus 阿布达罗尼摩斯
Abisares 阿比萨瑞斯
Abreas 阿布瑞阿斯
Abu Wajnam 阿布·瓦吉南
Abulites 阿布利特斯
Abydos 阿拜多斯
Academy, Academics 阿卡德米, 学园
Acarnania 阿卡纳尼亚
Achaea 阿开亚
'Achaean harbour' 阿开亚港
Achaemenid dynasty 阿契美尼德王朝
Achilles 阿基琉斯
Ada of Caria, Queen 卡里亚的阿达女王
Adler, A. 阿德勒, A.
Admana I. 阿德玛纳岛
Admetus 阿德美托斯
Adramyttium, Gulf of 阿德拉米提昂湾
Adrasteian Plain, the 阿德拉斯泰亚平原
Adriatic 亚得里亚海
Aeacids 埃阿科斯的子孙
Aegae 埃盖
Aegean, the 爱琴海
Aegina, Aeginetan 埃吉纳岛, 埃吉纳岛人
Aelian (cited) 埃里安
Aeolid, Aeolis 埃奥利亚
Aeropus (I) 埃洛波斯一世
Aeropus (II) 埃洛波斯二世
Aeschines 埃斯基涅斯
Aeschylus 埃斯库罗斯
Aetolia 埃托利亚

Afghanistan 阿富汗
Africa 阿非利加, 非洲
Agamemnon 阿伽门农
Agathon 阿伽通
Agen, the 亚梗
Agenor, shrine of (Tyre) 阿革诺尔神庙（提尔）
Agesilaus (b.o. Agis III, q.v.) 阿格西劳斯（阿吉斯三世兄弟, 参看该条目）
Agis III, King of Sparta 阿吉斯三世（斯巴达国王）
Agrianians 阿格里安人
Ajax 埃阿斯
Ake 阿凯
Alabanda 阿拉班达
Albania, Albanians 阿尔巴尼亚, 阿尔巴尼亚人
Alcimachus 阿尔基马科斯
Aleppo 阿勒坡
Aleuadae, the 阿琉阿代
Alexander of Epirus (the Molossian) 伊庇鲁斯的亚历山大（莫罗西亚人）
Alexander of Lyncestis (s.o. Aeropus, q.v.) 林刻斯提斯的亚历山大（埃洛波斯之子, 参看该条目）
Alexander I of Macedon (the Philhellene 马其顿的亚历山大一世（爱希腊者）
Alexander II of Macedon 马其顿的亚历山大二世
Alexander III of Macedon (the Great) 马其顿的亚历山大三世（大帝）

Alexander IV of Macedon 马其顿的亚历山大四世
Alexander of Pherae 斐赖的亚历山大
Alexander-Romance, the 亚历山大传奇
'Alexander-sarcophagus', the 亚历山大石棺
Alexandretta, Gulf of 亚历山德勒塔湾
Alexandria-of- the-Areians (Herat) 阿雷亚的亚历山大里亚（赫拉特）
Alexandria-of-the-Caucasus 高加索的亚历山大里亚
Alexandria (Egypt) 亚历山大里亚（埃及）
Alexandria-the-Furthest [Eschate] (Leninabad or Khodjend) 极边亚历山大里亚（列宁纳巴德或科真德）
Alexandria-in-Margiane 马吉安纳的亚历山大里亚
Alexandria-in-Susiana (Charax) 苏西安纳的亚历山大里亚（卡拉克斯）
Alexandria-at-Tarmita 塔尔密塔的亚历山大里亚
Alexandropolis 亚历山德罗波利斯
Alinda 阿林达
Alyattes 阿吕亚特斯
Amanic Gates 阿马尼克关
Amasis 阿玛西斯
Amazons, the 阿马宗人
Ambhi (Omphis) 安比（翁菲斯）
Ambracia 安布拉基亚
America 美国
American Revolution 美国革命
Ammon (Amen) 阿蒙神
Ammonium, the 安摩尼乌姆
Amphictyonic Council 近邻同盟议事会（安菲堤奥尼克会议）
Amphipolis 安菲波利斯
Amphissa 安菲萨
Amphoterus 安福特洛斯
Amyntas III of Macedon 马其顿的阿敏塔斯
Amyntas (s.o. Andromenes) 阿敏塔斯（安德洛美涅斯之子）
Amyntas (s.o. Antiochus) 阿敏塔斯（安条克之子）
Amyntas (s.o. Arrhabaeus) 阿敏塔斯（阿拉拜奥斯之子）
Amyntas (s.o. Perdiccas III) 阿敏塔斯（佩狄卡斯三世之子）
Anatolia, Anatolian 安纳托利亚，安纳托利亚人
Anaxarchus 阿纳克萨科斯
Anaximenes 阿那克西美尼
Anchialus 安奇亚罗斯
Ancyra (Ankara) 安库拉（安卡拉）
Andocides 安多基得斯
Andrapodismós 安德拉波狄斯摩斯
Andreotti, R. 安德烈奥蒂，R.
Andromachus 安德洛马科斯
Andromeda 安德洛墨达
Andromenes 安德洛美涅斯
Antalcidas, Peace of 安塔尔基达斯和约
Antigone (Philotas' concubine) 安提戈涅（菲罗塔斯的妾）
Antigonus (s.o. Philip, of Elimiotis, known as 'the One-Eyed') 安提柯（厄利密奥提斯的腓力之子，被称为"独眼的"）
Antilebanon 安提勒巴农山
Antimenes (Berve APG II no. 89) 安提美涅斯
Antipater (s.o. Iolaus) 安提帕特（约劳斯之子）
Antonines, the 安东尼
Aornus (Pir-Sar) 阿奥尔诺斯（皮尔—萨尔）
Aornus (Tashkurgan) 阿奥尔诺斯（塔什库干）
Apelles 阿佩勒斯
Aphrodite 阿芙洛狄特
Apis 阿庇斯
Apollo 阿波罗
Apollodorus of Amphipolis 安菲波利斯的阿波罗多洛斯
Apollophanes 阿波罗法涅斯
Apsus (Devol) R. 阿普索斯河（得沃尔河）
Ara 阿拉
Arabia, Arabs 阿拉伯，阿拉伯人
Arachosia 阿拉霍西亚
Aradan 阿拉丹
Aradus (Arwad) 阿拉多斯（阿耳瓦德）

Aral Sea 咸海
Araxes R. 阿拉克塞斯河
Arbela 阿比拉
Arbupales 阿布帕勒斯
Arcadia, Arcadians 阿卡狄亚
Archelaus (s.o. Amyntas III, q.v.) 阿凯劳斯（阿敏塔斯三世之子，参看该条目）
Archelaus (s.o. Perdiccas) 阿凯劳斯（佩狄卡斯之子）
Archidamus III of Sparta 斯巴达的阿奇达摩斯三世
Archilochus 阿奇罗科斯
Arconnesus 阿孔涅索斯
Areia 阿雷亚
Areté 阿瑞特
Argaeus 阿尔盖奥斯
Argead dynasty 阿吉德王朝
Argives, Argos 阿尔戈斯，阿尔戈斯人
Arimmas 阿里马斯
Ariobarzanes 阿里奥巴扎涅斯
Arisbe 阿里斯贝
Aristander of Telmessus 特尔美索斯的阿里斯坦德洛斯
Aristobulus 阿里斯托布罗斯
Aristogeiton 阿里斯托盖通
Aristomenes 阿里斯托美涅斯
Ariston 阿里斯通
Aristophanes 阿里斯托芬
Aristotle 亚里士多德
Armenia, Armenian 亚美尼亚
Arrhabaeus (s.o. Aeropus) 阿拉拜奥斯（埃洛波斯之子）
Arrhidaeus (s.o. Amyntas III) 阿里戴奥斯（阿敏塔斯三世之子）
Arrhidaeus (s.o. Philip and Philinna) 阿里戴奥斯（腓力和菲利娜之子）
Arrian (Flavius Arrianus) 阿里安（弗拉维乌斯·阿里亚努斯）
Arsaces 阿萨刻斯
Arsamenes (or Arsames) 阿萨梅内斯（或阿萨迈斯）
Arses 阿尔塞斯

Arsites 阿尔西特斯
Artabazus 阿尔塔巴佐斯
Artacoana 阿尔塔科亚纳
Artaxerxes III Ochus 阿尔塔薛西斯三世奥科斯
Artaxerxes IV 阿尔塔薛西斯四世
Artemis 阿耳特弥斯
Artemisia (of Caria) 阿耳特弥西亚（卡里亚的）
'Aryan superman', the "雅利安超人"
Arybbas 阿律巴斯
Asander (b.o. Parmenio, q.v.) 阿桑德洛斯（帕美尼翁兄弟）
Ascalon 亚实基伦
Asclepius 阿斯克勒庇俄斯
Asia 亚洲，亚细亚
Asia Minor 小亚，小亚细亚
Aspasians (Açvakas) 阿斯帕西亚人（阿斯瓦卡人）
Aspendus 阿斯潘多斯
Assibarus R. 阿西巴洛斯河
Assyria, Assyrian 亚述，亚述人
Astaspes 阿斯塔斯佩斯
Atarneus 阿塔纽斯
Athena 雅典娜
Athenians, Athens 雅典人，雅典
Atlantic Ocean 大西洋
Attalus (s.o. Andromenes) 阿塔罗斯（安德洛美涅斯之子）
Attalus (s.o. [?] Antiochus) 阿塔罗斯（安条克之子[？]）
Attica 阿提卡
Attock 阿托克
Audata 奥达塔
Augustus (C. Octavius) 奥古斯都（C. 屋大维）
Austerlitz, battle of 奥斯特利茨战役
Austria 奥地利
Autaratians 奥塔拉提亚人
Autophradates 奥托弗拉达特斯
Axius (Vardár) R. 阿克西奥斯河（瓦尔达河）
Azimilik (King of Tire) 阿齐米利克（提尔国王）

B

Baal 巴力太阳神
Babylon, Babylonians 巴比伦, 巴比伦人
Bacchiad dynasty 巴齐亚德王朝
Bacchylides 巴库利得斯
Bactra: see s. v. 'Zariaspa' 巴克特拉:参见'扎里亚斯帕"词条
Bactria, Bactrians 巴克特里亚, 巴克特里亚人
Badian, E. 巴迪安, E.
Bagoas(I) 巴戈亚斯(I)
Bagoas(II) 巴戈亚斯(II)
Bahçe Pass : see s. v. 'Amanic Gates' 巴塞山口(参见"阿马尼克关")
Bajaur 巴若尔
Balacrus (s.o. Nicanor) 巴拉克洛斯(尼卡诺尔之子)
Balkans, the 巴尔干
Baluchistan 俾路支
Bardylis 巴底利斯
Bargylia 巴古利亚
Barker, E. N. 巴克尔, E. N.
Barsaentes 巴萨恩特斯
Barsine 巴尔西涅
Batis 巴提斯
Beas (Hyphasis) R. 贝亚斯河(叙伐西斯河)
Beilan Pass: see s. v. 'Syria, Syrians' 拜兰山口
Beldibi 贝尔迪比
Beloch, K.J. 贝洛赫, K. J.
Bengal 本加拉
Beqaa Valley 贝卡河谷
Bermius Mts. 贝尔弥昂山脉
Beroea (Verria) 贝罗亚
Berve, H. 贝尔佛, H.
Bessus (satrap of Bactria) 贝索斯(巴克特里亚总督)
Bilisht 比利什特
Bitola 比托拉
Black Sea, the 黑海
Blenheim, battle of 布伦亨战役
Boeotia 波奥提亚
Bokhara 布哈拉
Boleyn, Anne 博林, 安妮
Borza, E. N. 博尔扎, E. N.
Bosch, H. 博什, H.
Bosporus 博斯普鲁斯
Bosworth, A. B. 博斯沃思, A. B.
Bottiaea 波提埃亚
British Empire 大英帝国
Brown, T. S. 布朗, T. S.
Brunt, P. A. 布伦特, P. A.
Bucephala 布凯法拉
Bucephalas 布凯法拉斯
Bucharest 布加瑞斯特
Burdur, L. 布尔杜尔湖
Burma 缅甸
Burn, A. R. 伯恩, A. R.
Byblos 比布罗斯
Byzantium 拜占庭

C

Cabeiroi 卡拜罗伊
Caesar, C. Julius 凯撒, C. 尤里乌斯
Calas (s.o. Harpalus) 卡拉斯(哈尔帕罗斯之子)
Callias 卡利亚斯
Callisthenes of Olynthus 奥林托斯的卡利斯特涅斯
Callixeina 卡利克塞娜
Cambridge Ancient History, the《剑桥古代史》
Cambyses 冈比西斯
Cappadocia 卡帕多基亚
Caranus (s.o. Philip II and Cleopatra) 卡拉诺斯(腓力二世与克里奥帕特拉之子)
Cardaces 卡尔达凯斯
Cardia 卡尔狄亚
Caria 卡里亚
Carmania 卡尔马尼亚
Carmel, Mt. 卡尔迈勒山
Carthage, Carthaginian 迦基, 迦太基人
Carystius 卡律斯提奥斯

Caspian Gates 卡斯比亚关
Caspian Sea 里海
Cassander (s.o. Antipater, q.v.) 卡山德（安提帕特之子，参看该条目）
Castabala 卡斯塔巴拉
Cathay 中国
Caucasus 高加索
Caunus 考努斯
Cebalinus 凯巴利诺斯
Celaenae 刻莱奈
Celtic, Celts 凯尔特
Cephisus R. 凯菲索斯河
Ceramic Gulf, the 刻拉密克湾
Chaeronea 喀罗尼亚
Chakwal 卡克瓦尔
Chalcidice, Chalcidic Peninsula 卡尔基狄刻半岛
Chandir 坎狄尔
Chandragupta 旃陀罗笈多
Charax 卡拉克斯
Chares 卡瑞斯
Charidemus 卡里德摩斯
Chelidonian Peninsula 凯利多尼安半岛
Chenab R. 杰纳布河
Chesterfield, Lord 切斯特菲尔德勋爵
Chiliarch (Grand Vizier) 千夫长（大维齐尔）
China 中国
Chians, Chios 基俄斯
Chitral 吉德拉尔
Choaspes (Kunar) R. 科亚斯佩斯河（库纳尔河）
Choerilus 科伊里罗斯
Chorasmia, Chorasmian 科拉斯米亚
Chorienes 科里厄涅斯
Chroust, A. H. 赫劳斯特, A. H.
Churchill, W. S. 丘吉尔, W. S.
Cibrya 基布里亚
Cicero, M. Tullius 西塞罗, M. 图利乌斯
Cilicia, Cilician 奇里乞亚
'Cinaedopolis' 基奈多波利斯
Cithaeron, Mt. 基泰隆山
City-states, Greek 希腊城邦

Clazomenae 克拉左美奈
Cleander 克勒安德洛斯
Cleitarchus 克雷塔科斯
Cleitus (the Black) 克雷托斯（黑面的）
Cleitus (King of Illyria) 克雷托斯（伊利里亚国王）
Cleitus (the White) 克雷托斯（白面的）
Cleomenes of Naucratis 瑙克拉提斯的克莱奥美涅斯
Cleopatra-Eurydice 克里奥帕特拉—欧律狄刻
Cleopatra (d.o. Olympias) 克里奥帕特拉（奥林匹娅之女）
Climax, Mt. 克利马克斯山
Clodones 克罗多涅斯
Cnidos 克尼多斯
Coenus (s.o. Polemocrates) 科伊诺斯（波勒摩克拉特斯之子）
Coeranus 科厄拉诺斯
Colchis 科尔齐斯
Colonae 科罗奈
Copais L. 科派斯湖
Corinth, Corinthian 科林斯
Corragus 科拉戈斯
Cos 科斯
Cossaeans 科塞奥斯人
Cothelas 科特拉斯
Crassus, L. 克拉苏斯湖
Craterus 克拉特洛斯
Craufurd, Gen. 克劳福德
Crécy, battle of 克雷西战役
Crenides (Philippi) 克瑞尼德斯（腓力比）
Cretans, Crete 克里特, 克里特人
Crison 克里松
Croesus 克洛伊索斯
Ctesias 克特西亚斯
Cunaxa 库那克萨
Curtius Rufus, Quintus 库尔提乌斯·鲁福斯, 昆图斯
Cyclades, the 基克拉迪群岛
Cydnus (Tersus-Tchai) R. 居得诺斯河（塔尔索斯河）

Cynane (Cynna)　库楠妮（库娜）
Cynicism, Cynics　犬儒主义
Cyprus, Cypriots　塞浦路斯，塞浦路斯人
Cyrene　昔兰尼
Cyropolis　居洛波利斯
Cyrus (the Great)　居鲁士大帝
Cyrus (the Younger)　小居鲁士
Cytinium　居提尼翁
Cyzicus　居吉科斯

D

Dahae, the　达海人
Dalaman R.　达拉曼河
Damascus　大马士革
Damghan　达姆甘
Damis of Sparta　斯巴达的达米斯
Danube (Ister) R.　多瑙河（伊斯特尔河）
Dardanelles　达达尼尔海峡
Darius I (the Great)　大流士一世
Darius III Codomannus　大流士三世·科多曼努斯
Dascylium (Eskili)　达斯居利翁（厄斯基利）
Dasht-i-Chol　达什特—伊—科尔
Dasht-i-Kavir　达什特—伊—卡维尔
Datames　达塔迈斯
Davis, E. W.　戴维斯，E. W.
Deccan　德干高原
Deification Decree, the　奉神法令
Deinochares　戴诺卡瑞斯
Deli R.　德利河
Delos　提洛岛
Delphi　德尔菲
Demades　德玛德斯
Demaratus of Corinth　科林斯的德玛拉托斯
Demeter　德墨特尔
Demetrius (s.o. Althaemenes)　德美特里奥斯（阿尔泰美涅斯之子）
Demetrius the Bodyguard　侍卫德美特里奥斯
Democracy, democrats, various　民主政治，民主主义者

Demosthenes (Athenian orator)　德摩斯提尼（雅典演说家）
Derdas (I)　德尔达斯（I）
Derdas (II)　德尔达斯（II）
Diades of Thessaly　塞萨利的狄亚德斯
Didyma　狄迪马
Diodorus Siculus　狄奥多罗斯·西库卢斯
Diogenes the Cynic　犬儒主义者第欧根尼
Dionysius I of Syracuse　叙拉古的狄奥尼修斯一世
Dionysus　狄奥尼索斯
Diopeithes　狄奥佩特斯
Dioscuri, the　狄奥斯库里兄弟
Dioxippus　狄奥克西波斯
Disraeli, B.　迪斯雷利，B.
Dium　狄昂
Dodona　多多纳
Don R.　顿河
Doris　多里斯
Dörtyol　德尔特约尔
Dösheme　德设美
Drangiana　德兰吉亚纳
Drapsaca (Kunduz)　德拉普萨卡（昆都士）
Dreyfus affair, the　德雷富斯事件
Droysen, J. G.　德罗伊森，J. G.
Durazzo (Dyrrhachium)　杜拉左（杜尔哈齐翁）
Dymnus　杜姆诺斯

E

Ecbatana (Ramadan)　埃克巴塔那（拉马丹）
Edessa　伊德沙
Edje Göl　埃德杰湖
Edson, C.F.　埃德森，C. F.
Egypt, Egyptian　埃及，埃及人
El Alamein　阿拉曼
Elatea　厄拉特亚
Elaeum　厄莱翁
Elburz Mts.　厄尔布尔士山脉
Elephantine　厄勒潘提涅
Eleusis　厄琉西斯

Elimiotis 厄利密奥提斯
Elis 厄利斯
Emathia 厄马提亚
Engels, D. 恩格斯, D.
Eordaea 厄奥尔戴亚
Epaminondas 厄帕密农达斯
Ephesians, Ephesus 以弗所人, 以弗所
Ephialtes 厄菲阿尔特斯
Epirus, Epirots 伊庇鲁斯, 伊庇鲁斯人
Erigyius of Mytilene 密提勒涅的厄里吉奥斯
Eristics 厄里斯提克斯
Errington, R. M. 埃林顿, R. M.
Erythrae 厄里特莱
Esther, Book of 以斯帖记
Etesian winds (meltemi) 地中海季风（美尔丹风）
Ethiopia 埃塞俄比亚
Euboea 优卑亚
Eulaeus R. 欧莱奥斯河
Eumenes of Cardia 卡尔狄亚的欧美涅斯
Euphraeus 欧弗莱奥斯
Euphrates R. 幼发拉底河
Euripides 欧里庇得斯
Euromus 欧洛摩斯
Europa (d.o. Cleopatra Eurydice) 欧罗巴（克里奥帕特拉·欧律狄刻之女）
Europe, European 欧洲, 欧洲人
Eurydice (I) 欧律狄刻（I）
Eurydice (II) 欧律狄刻（II）
Eurylochus 欧律罗科斯
Eurymedon R. 欧律墨冬河
Exiles' Decree, the 流亡者法令

F

Firuzkuh 菲鲁兹库哈
Flecker, J. E. 弗莱克, J. E.
Foch, Marshal 福煦元帅
Freedom, notions of, various 自由观念
French Revolution 法国大革命
Freud, S., Freudianism 弗洛伊德, S., 弗洛伊德主义

Fuller, J. F. C. 富勒, J. F. C.

G

Gabala (Jebleh) 加巴拉（杰布莱）
Gallipoli Peninsula 加利波利半岛
Ganges Plain 恒河平原
Ganges R. 恒河
Gaugamela (Tell Gomel) 高加美拉（戈美尔废墟）
Gaza 加沙
Gedrosia, Gedrosian Desert 格德罗西亚, 格德罗西亚沙漠
Getae 格泰
Glaucias 格劳基亚斯
Glycera 格吕凯拉
Golod' naya Steppe, the 饥饿草原
Gordium 戈尔狄昂
Gordius 戈尔狄亚斯
Gor Dzumaja 朱马亚
Gorgias of Leontini 勒昂提尼的高尔吉亚
Gorgias 高尔吉亚
Granicus (Kocabas) R. 格拉尼科斯河（科贾巴什河）
Greece, Greeks (gen.) 希腊, 希腊人
Greek War of independence 希腊独立战争
Grevena 格雷维纳
Griffith, G. T. 格里菲斯, G. T.
Grote, G. 格罗特, G.
Grynium 格律尼翁
Guduk Pass 古都克山口
Guerilla warfare 游击战
Gujrat 古杰拉特
Gurdaspur 古尔达斯布尔

H

Haemus (Balkan) Range 海穆斯山脉（巴尔干）
Haemus R. 海穆斯河
Haliacmon (Vistritza) R. 哈利亚克蒙河（维斯特里扎河）

Halicarnassus (Bodrum) 哈利卡那索斯（波德隆）
Halys R. 哈吕斯河
Hamah 哈马
Hamilton, J. R. 汉密尔顿，J. R.
Hammond, N. G. L. 哈蒙德，N. G. L.
Haranpur 哈兰普尔
Harfleur 阿夫勒尔
Harmodius 哈尔摩狄奥斯
Harpalus (s.o. Machatas) 哈尔帕罗斯（马卡塔斯之子）
Hasanbeyli Pass 哈桑贝利山口
Hassa 哈萨
Hebrus R. 赫布鲁斯河
Hecataeus (liaison officer) 赫卡泰奥斯
Hecatompylus (Damghan) 赫卡通皮罗斯（和椟城）（达姆甘）
Hector 赫克托尔
Hector (s.o. Parmenlo) 赫克托尔（帕门罗之子）
Hegelochus 赫格罗科斯
Helios 赫利奥斯
Hellenic League (League of Corinth) 希腊同盟（科林斯同盟）
Hellenism 希腊主义
Hellespont 赫勒斯滂
Henry V of England 英国的亨利五世
Hephaestion (s.o. Amytor) 赫淮斯提翁（阿米托尔之子）
Hephaestus 赫菲斯托斯
Heracles 赫拉克勒斯
Hermeias 赫尔迈亚斯
Hermione 赫尔密俄涅
Hermocles 赫尔摩克勒斯
Hermolaus 赫摩劳斯
Hermus R. 赫尔摩斯河
Herodotus of Halicarnassus 哈利卡那索斯的希罗多德
Himalayas, the 喜马拉雅山脉
Hindu Kush 兴都库什山脉
Hindu warrior castes 印度武士种姓
Hindush 欣度什

Hipparchus (s.o. Peisistratus) 希帕尔科斯 庇西特拉图之子）
Hippocrates 希波克拉底
Hiram 希拉姆
Hitler, A. 希特勒，A.
Hobbes, T. 霍布斯，T.
Homer, Homeric 荷马
Hormuz 霍尔木兹
Horus 荷鲁斯
Housman, A. E. 豪斯曼，A. E.
Hydarnes 叙达尔涅斯
Hydaspes R. 叙达斯佩斯河
Hyparna 叙帕尔那
Hypereides 叙佩雷德斯
Hyrcania 叙尔卡尼亚

I

Iasus 伊阿索斯
Ichthyophagi 伊克杜奥法吉人
Ida, Mt. 伊达山
Ilium 伊利昂
Illyria, Illyrians 伊利里亚，伊利里亚人
India, Indians 印度，印度人
Indus R. 印度河
Iolaus (s.o. Antipater) 伊奥拉奥斯（安提帕特之子）
Ionia, Ionians 伊奥尼亚，伊奥尼亚人
Iphicrates 伊菲克拉特斯
Iran, Iranians 伊朗
Isis 伊西斯
Isocrates 伊索克拉底
Issus 伊索斯
Italy 意大利

J

Jacoby, F. 雅各比，F.
Jalalpur (?Nicaea) 贾拉勒布尔（尼西亚？）
Jason of Pherae 斐赖的伊阿宋
Jaxartes (Syr-Darya) R. 药杀河（锡尔河）
Jazirat 杰济拉

Jebal-Barez, the 巴瑞兹山
Jerusalem 耶路撒冷
Jews, Judaism 犹太人, 犹太主义
Jhelum (Hydaspes) R. 杰赫勒姆河（叙达斯佩斯河）
Joppa 约帕
Jordan R. 约旦河
Josephus, Flavius 约瑟夫斯, 弗拉维乌斯
Jumna R. 朱木拿河
Justin (M. Junianus Justinus) 查斯丁（M. 尤尼亚努斯·尤斯提努斯）
Juvenal (D. Junius Iuvenalis) 尤维纳利斯（D. 尤尼乌斯·尤维纳利斯）

K

Kabul 喀布尔
Kalash Kafirs, the 卡拉什人
Kalat-i-Nadiri 卡拉特-伊-纳狄里
Kaleköy Pass 卡勒科伊山口
Kandahar 坎大哈
Kandar Kas nullah 坎达尔卡斯峡谷
Karachi 卡拉奇
Karnak 卡尔纳克
Kashaf Rud 卡沙夫河
Kashmir 克什米尔
Kastoria 卡斯托里亚
Kazerun 卡泽伦
Kelif 凯利夫
Kemer Chay 凯梅尔谢
Kérata Pass 凯拉塔山口
Kerman Desert 克尔曼沙漠
Khawak Pass 哈瓦克山口
Khazir R. 哈济尔河
Khonsu 孔苏
Khyber Pass 开伯尔山口
Kipling, R. 吉卜林, R.
Kirkgöz 基尔克戈兹
Konia 科尼亚
Köyeiz L. 科耶吉兹湖
Kshatriyas 刹帝利
Kuh-i-Ramet Mts. 拉美特山

Kuh-i-Surkh Mts. 苏尔赫山
Kunar Valley 库纳尔山谷
Kurdish Mts. 库尔德山
Kushk R. 库什克河
Kutch, Rann of 卡奇沼泽地

L

Labranda 拉布兰达
Lacedaemonia, Laconia 拉凯戴孟, 拉科尼亚
Lade 拉德
Lagnia 拉格尼亚
Lamia 拉米娅
Lampsacus 兰普萨科斯
Langarus, King of the Agrianians 兰伽洛斯, 阿格里安人国王
Lanice 拉尼刻
Laodice 拉奥狄刻
Laomedon of Mytilene 密提勒涅的拉奥墨冬
Larissa 拉里萨
Latmus, Mt. 拉特摩斯山
League of Nations, the 国际联盟
Lebadea 列巴德亚
Lebanon Mts. 黎巴嫩山
Lehmann, K. 莱曼, K.
Lenskigrad 连斯基格拉特
Leochares 列奥卡瑞斯
Leonidas (Alexander's tutor) 列奥尼达斯（亚历山大的家庭老师）
Leonidas (King of Sparta) 列奥尼达斯（斯巴达之王）
Leonnatus 列昂那托斯
Leosthenes 列奥斯特涅斯
Lesbos 累斯博斯
Leucon 琉孔
Leuctra 琉克特拉
Libya 利比亚
Litani, R. 利塔尼河
Lucian of Samosata 萨摩萨塔的卢奇安
Luxor 卢克索

Lyceum 吕刻昂
Lychnitis, L. 吕克尼提斯湖
Lycia, Lycian 吕西亚，吕西亚人
Lycurgus (Athenian statesman) 吕库古（雅典政治家）
Lydgate,John 利德盖特，约翰
Lydia, Lydians 吕底亚，吕底亚人
Lyginus (?Yantra) R. 吕吉努斯河（扬特拉河？）
Lyncestis 林刻斯提斯
Lysander 吕山德
Lysias 吕西亚斯
Lysimachus of Acarnania 阿卡纳尼亚的吕西马科斯
Lysimachus (s.o. Agathocles) 吕西马科斯（阿伽托克勒斯之子）
Lysippus 吕西普斯

M

Macedonia, Macedonians 马其顿，马其顿人
Macedonian army, the 马其顿军队
Maeander R. 迈安德河
Maedi, the 迈狄人
Maenadism 狂热主义
Maeotis L. 迈奥提斯湖
Magnesia (ad Maeandrum) 马格涅西亚（迈安德流域）
Makran 莫克兰
Malakwal 默勒格瓦尔
Malaysia 马来西亚
Malli (Malavas), the 马利（摩腊婆）
Mallus 马罗斯
Mani, the 马尼
Maracanda (Samarkand) 马拉坎达（撒马尔罕）
Marathon, battle of 马拉松战役
Marathus 马拉托斯
Mardians, the 马尔狄安人
Mareotis L. 马瑞奥提斯湖
Margiane (Merv) 马吉安纳（梅尔夫）

Margites 马尔吉特斯
Margus R. 马尔古斯河
Mariamne 马利安纳
Marius, C. 马略, C.
Marlborough, Duke of 马尔伯勒公爵
Marlowe, Christopher 马洛, 克里斯托弗
Marsyas of Pella 佩拉的马尔西亚斯
Marsyas R. 马尔西亚斯河
Massaga 马萨伽
Massagetae the 马萨格泰人
Maurice, F. 莫里斯, F.
Mauryan dynasty, the 孔雀王朝
Mausoleum, the 摩索罗斯王陵
Mausolus of Caria 卡里亚的摩索罗斯
Mazaces 马扎刻斯
Mazaeus 马扎欧斯
Mecca 麦加
Meda (d.o. Cothelas) 美姐（科特拉斯之女）
Media, Medes 米底
Medimnus, the 麦丁努斯
Medism 亲波斯派
Mediterranean Sea 地中海
Medius of Thessaly 塞萨利的美狄奥斯
Megalopolis 麦伽罗波利斯
Megara, Megarians, Megarid 麦伽拉
Meleager (s.o. Neoptolemus) 墨勒阿格（涅奥普托勒摩斯之子）
Melkart 墨尔卡特
Melos 米洛斯
Memnon of Rhodes 罗得岛的门农
Memnon (governor of Thrace) 门农（色雷斯总督）
Memphis 孟菲斯
Menander 米南德
Menapis 墨那匹斯
Menelaus 墨涅拉奥斯
Menes 美尼斯
Mennis (Kirkuk) 门尼斯（基尔库克）
Menoetius 墨涅提奥斯
Menon (satrap of Arachosia) 梅农（阿拉霍西亚总督）
Menon (satrap of Syria) 梅农（叙利亚总督）

Mentor 门托尔
Mercenaries 雇佣军
Mesopotamia 美索不达米亚
Messenia 美塞尼亚
Methone 墨托涅
Metsovo Pass 迈措沃山口
Metz Epitome 梅茨史纲
Midas 弥达斯
Middle Ages 中世纪
Middle East 中东
Mieza 米扎
Miletus 米利都
Milns, R. D. 米尔恩斯, R. D.
Mimallones 密马罗涅斯
Mimas peninsula 米马斯半岛
Mithra 密特拉
Mithridates (Darius III's son-in-law) 密特里达特斯（大流士三世女婿）
Mithrines 密特里涅斯
Mithrobuzanes 密特罗布扎涅斯
Mnesimachus 谟涅西马科斯
Molkte, H. von 莫尔克特, H. 冯
Molossian dynasty 莫罗西亚王朝
Monastir 摩那斯提尔
Moscow 莫斯科
Mosul 摩苏尔
Mulla Pass 穆拉山口
Munich Agreement, the 慕尼黑协定
Murghab (Margus) R. 穆尔加布河（马尔古斯河）
Murison, C. L. 缪里森, C. L.
Muses, the 缪斯
Mycale Mt. 米卡勒山
Mycenae, Mycenaean 迈锡尼, 迈锡尼人
Mylasa 米拉萨
Myndus 闵都斯
Myriandrus 密里安德罗斯
Myrmidons 米尔弥冬
Myrtale 密尔塔勒
Mysia 密西亚
Mysore 迈索尔
Mytilene 密提勒涅

N

Nabarzanes 纳巴尔扎涅斯
Nahr-el-Kalb 犬河
Nandana Pass 南达纳山口
Naoussa 纳乌萨
Napoleon Bonaparte 拿破仑·波拿巴
Naucratis 瑙克拉提斯
Naupactus 瑙帕克托斯
Nautaca 瑙塔卡
Neapolis (Kavalla) 涅阿波利斯（卡瓦拉）
Nearchus of Crete 克里特的涅阿尔科斯
Nebuchadnezzar 尼布甲尼撒
Nectanebo 涅克塔尼布
Negev 内盖夫
Nemea 尼米亚
Neoptolemus (actor) 涅奥普托勒摩斯（演员）
Neoptolemus (s.o. Achilles) 涅奥普托勒摩斯（阿基琉斯之子）
Nereids, the 涅瑞伊得斯
Nestus R. (Mesta) 涅斯托斯河（梅斯塔河）
Neumann, C. 诺伊曼, C.
Nicaea 尼西亚
Nicanor (s.o. Parmenio) 尼卡诺尔（帕美尼翁之子）
Nicanor (of Stageira) 尼卡诺尔（斯塔吉拉的）
Nicesipolis 尼刻西波利斯
Nicias 尼基亚斯
Nicomachus 尼科马科斯
Nile R. 尼罗河
Nineveh 尼尼微
Nine Ways (Ennea Hodoi) 九道（厄涅亚·荷多依）
Numidia 努米底亚
Nurpur 努尔普尔
Nysa 尼撒

O

Ocean, Indian 印度洋
Ocean (world-stream) 奥凯阿诺斯, 大洋（世界环流）

Ochus (s.o. Darius III) 奥科斯（大流士三世之子）
Odrysians 欧德里西亚人
Oedipus 俄狄浦斯
Oeniadae 欧尼亚戴
Ohind 欧印德
Okhrida L. 欧克里达湖
Oligarchies, oligarchs 寡头政治
Olmstead, A. T. 奥姆斯戴德, A. T.
Olympia 奥林匹亚
Olympian Gods, the 奥林波斯诸神
Olympus, (Myrtale) 奥林波斯（密尔塔勒）
Olympic Games 奥林匹亚赛会
Olympus, Mt. 奥林波斯山
Olynthus, Olynthians 奥林托斯，奥林托斯人
Onchestus 昂克斯托斯
Opis 欧庇斯
Orchomenus 奥尔科迈诺斯
Orestes(s.o. Agamemnon) 奥瑞斯特斯（阿伽门农之子）
Orestes(s.o. Archelaus) 奥瑞斯特斯（阿凯劳斯之子）
Orestis 奥瑞斯提斯
Orontes R. 奥伦特斯河
Orontobates 奥隆托巴特斯
Oropus 奥洛波斯
Orpheus 俄尔甫斯
Orsines 奥西涅斯
Orwell, G. 奥威尔, G.
Osiris 奥西里斯
Ossa Mt. 奥萨山
Oxathres 奥克萨特雷斯
Oxus (Amu Darya) R. 乌浒河（阿姆河）
Oxyartes 奥克西亚特斯
Oxydracae (?Kshatriyas or Kshudrakas) 奥克西德拉凯（刹帝利或首陀罗伽？）

P

Paeonia, Paeonians 派奥尼亚，派奥尼亚人
Pagus Mt. 帕古斯山

Pakistan 巴基斯坦
Palestine 巴勒斯坦
Palmyra 帕尔米拉
Paltos (Arab el Melik) 帕尔托斯（阿拉伯的马力克）
Pamir Mts. 帕米尔山
Pammenes 潘美涅斯
Pamphylia, Pamphylian 潘菲利亚，潘菲利亚人
Pangaeus Mt. 潘盖奥斯山
Panhellenism 泛希腊主义
Paphlagonia, Paphlagonians 帕夫拉戈尼亚
Paraetecene (Tadzhik-Badakhshan) 帕莱泰刻涅（塔吉克—巴达赫尚）
Paraetonium (Mersa Matruh) 帕莱托尼鼠马特鲁港）
Paravaea 帕拉淮亚
Paris 帕里斯
Parmenio (s.o. Philotas) 帕美尼翁（菲罗塔斯之子）
Paropamisus 帕洛帕米索斯
Paros 帕罗斯
Parthia, Parthian 帕提亚，帕提亚人
Parthiene 帕提涅
Parvataka 帕瓦塔卡
Pasargadae 帕萨尔加德
Patmore, C. 帕特莫尔, C.
Patroclus 帕特罗克洛斯
Pausanias (s.o. Aeropus) 保萨尼阿斯（埃洛波斯之子）
Pausanias of Lyncestis 林刻斯提斯的保萨尼阿斯
Pausanias of Orestis (Philip II's murderer) 奥瑞斯提斯的保萨尼阿斯（腓力二世的刺杀者）
Pausanias (friend of Attalus s.o. Antiochus) 保萨尼阿斯（安条克的朋友，阿塔罗斯之子）
Pausanias (Companion) 保萨尼阿斯（侍友）
Pausanias (travel-writer) 保萨尼阿斯（游记作家）
Payas R. 巴耶斯河
Pearson, L. 皮尔森, L.

Peisistratus 庇西特拉图
Peithagoras 佩塔戈拉斯
Peithon (s.o. Agenor) 佩通（阿革诺尔之子）
Peleus 佩琉斯
Pelinna 佩林那
Pelium (or Pellium) 佩利昂
Pella 佩拉
Pellene 佩勒涅
Pelopidas 佩罗皮达斯
Peloponnese, Peloponnesians 伯罗奔尼撒
Pelusium 佩卢西昂
Perdiccas I of Macedon 马其顿的佩狄卡斯一世
Perdiccas II of Macedon 马其顿的佩狄卡斯二世
Perdiccas III of Macedon 马其顿的佩狄卡斯三世
Perdiccas (s.o. Orontes) 佩狄卡斯（奥伦特斯之子）
Perga 佩尔伽
Pericles (s.o. Xanthippus) 伯里克利（克珊提普斯之子）
Perinthus 佩林托斯
Peripatetics 漫步学派
Persepolis 波斯波利斯
Perseus 珀尔修斯
Persia, Persians 波斯，波斯人
Persian Gulf 波斯湾
Persis (Parsa) 波西斯（帕尔萨）
Peshawar 白沙瓦
Petra 佩特拉
Peuce (Pine Tree Island) 波刻（松树岛）
Peucestas 佩乌凯斯塔斯
Pharasmenes 法拉斯美涅斯
Pharnabazus 法尔那巴佐斯
Pharnaces 法那刻斯
Pharnuches 法努刻斯
Pharos 法罗斯
Pharsalus 法萨卢斯
Phaselis 法塞利斯
Pherae 斐赖
Phila 翡拉

Philinna 菲林娜
Philip of Acarnania 阿卡纳尼亚的腓力
Philip Arrhidaeus 腓力·阿里戴奥斯
Philip II of Macedon 马其顿的腓力二世
Philippeum, the 菲力佩翁
Philippi 腓力比
Philippopolis (Plovdiv) 菲利波波利斯（普罗夫迪夫）
Philistines 非利士人
Philocrates 菲罗克拉特斯
Philoneicus 菲罗奈科斯
Philostratus, Flavius 菲罗斯特拉托斯, 弗拉维乌斯
Philotas (s.o. Parmenio) 菲罗塔斯（帕美尼翁之子）
Philoxenus 菲罗克塞诺斯
Phocion 福基翁
Phocis, Phocians 福基斯, 福基斯人
Phoenice (Finike) 福尼凯（菲尼凯）
Phoenicia, Phoenicians 腓尼基
Phoenix 菲尼克斯
Phrygia, Central 弗里吉亚（中心）
Phrygia, Hellespontine 弗里吉亚（赫勒斯滂）
Pieria 皮埃里亚
Pillar of Jonah, the 约拿之柱
Pillars of Hercules, the 赫拉克勒斯之柱
Pinarus (?Payas) R. 皮那洛斯河（巴耶斯河?）
Pindar 品达
Pindus Mts. 品都斯山脉
Pir-Sar 皮尔沙尔
Pisidia, Pisidians 皮西狄亚
Pitane 皮塔涅
Pixodarus 皮克索达洛斯
Plataea, Plataeans 普拉塔亚
Plato, Platonism 柏拉图, 柏拉图主义
Pliny the Elder (G. Plinius Secundus) 老普林尼（G. 普利尼乌斯·塞昆都斯）
Plutarch of Chaeronea 凯罗尼亚的普鲁塔克
Polemo (s.o. Andromenes) 波勒摩（安德洛美涅斯之子）
Polyaenus 波吕埃诺斯

Polybius 波利比奥斯
Polycrates 波吕克拉特斯
Polydamas 波吕达马斯
Polyperchon 波吕佩孔
Polystratus 波吕斯特拉托斯
'Poneropolis' 波聂洛波利斯
Pontus 本都
Porus (Parvataka, Paurava) 波洛斯（帕瓦塔卡，保拉瓦）
Porus (s.o. Porus) 波洛斯（波洛斯之子）
Poseidon 波塞冬
Potidaea 波提狄亚
Priam 普里阿摩斯
Priapus (town) 普里亚波斯（城镇）
Priene 普里厄涅
Prilep 普里莱普
Propaganda 宣传
Propontis (Sea of Marmara) 普洛彭提斯（马尔马拉海）
Proskynesis 匍匐礼
Protesilaus 普罗特西劳斯
Prussian nationalism 普鲁士民族主义
Ptolemy of Alorus 阿罗洛斯的托勒密
Ptolemy the Bodyguard 侍卫托勒密
Ptolemy 托勒密
Ptolemy (s.o. Lagus) 托勒密（拉古斯之子）
Punjab, the 旁遮普
Pura 普拉
Pydna 皮德纳
Pyramus R. 皮拉摩斯河
Pyrrho (philosopher) 皮洛（哲学家）
Pyrrho (poet) 皮洛（诗人）
Pyrrhus (grandson of Achilles) 皮洛士（阿基琉斯的孙子）
Pythagoras, Pythagoreanism 毕达哥拉斯，毕达哥拉斯主义
Pythian Games 皮托赛会

Q

Qattara Depression, the 盖塔拉洼地
Quetta 奎达

R

Ravi R. 拉维河
Rawalpindi 拉瓦尔品第
Red Sea 红海
Rhagae 拉格
Rhambacia 兰巴基亚
Rheomithres 雷奥米特雷斯
Rhinocolura 里诺科鲁拉
Rhodes, Rhodian 罗得岛，罗得岛人
Rhodope Mts. 罗多彼山
Rhoeteum 洛埃泰昂
Rhosaces 罗萨刻斯
Romans, Rome 罗马
Rommel, F.-M. Erwin 隆美尔，F.-M. 埃尔文
Roxane (d.o. Oxyartes, q.v.) 罗克姗娜（奥克西亚特斯之女）
Rubicon R. 卢比孔河
Royal Ephemerides, the 皇家实录
Ruschuk 卢楚克

S

Sabazius 萨巴吉奥斯
Sabictas 萨比克塔斯
Sacae, the 萨卡人
Sacred War, Delphic 德尔菲神圣战争
Sagalassus 萨伽拉索斯
Salamis 萨拉米斯
Salang Pass 萨朗山口
Salmacis (fortress) 萨马基斯（要塞）
Salmous (Tepe Yahya) 萨尔摩斯（雅亚遗址）
Salt Range, the 盐岭
Samaria 撒马里亚
Samarkand 撒马尔罕
Samos, Samians 萨摩斯岛，萨摩斯人
Samothrace 萨摩色雷斯
Sangala 奢羯罗
Sangarius R. 桑伽里奥斯河
Sanskrit 梵语
Sarapis 萨拉匹斯
Sardanapalus (Assurbanipal) 萨达那帕罗斯

（亚述巴尼拔）
Sardis 萨尔狄斯
Sasigupta (Sisicottus) 萨西古塔（西西科托斯）
Satibarzanes 萨提巴尔扎涅斯
Satyrus 萨提洛斯
Sauromatae 绍罗马泰
Scamander R. 斯卡曼德河
Scepticism, Sçeptics 怀疑主义
Schachermeyr, F. 沙赫尔迈尔, F.
Schreiner, J. H. 施赖纳, J. H.
Scipio Africanus 西庇阿·阿非利加努斯
Scorched-earth strategy 焦土政策
Scotland 苏格兰
Scylax of Caryanda 卡律安达的斯库拉克斯
Scythia, Scyths 斯基泰
Secunderabad 塞坎得拉巴
Seistan (Phrada) 锡斯坦（弗拉达）
Seleucid dynasty, the 塞琉古王朝
Seleucus (s.o. Antiochus) 塞琉古（安条克之子）
Selga 塞尔加
Semiramis, Queen 赛米拉米斯女王
Serbia 塞尔维亚
Sestos 塞斯托斯
Shikarpore 西卡波拉
Shipka Pass, the 希普卡山口
Shiraz 设拉子
Sicily, Sicilians 西西里, 西西里人
Sicilian Expedition 西西里远征
Sicyon 西库昂
Side 西德
Sidon 西顿
Siege-warfare 围城战争
Sigeum（应为 Sigeium） 西吉昂
Sikandarpur 锡根德尔布尔
Sind Desert 信德沙漠
Sinope 锡诺普
Siphnos 西弗诺斯
Sisines 西西涅斯
Sisygambis 希绪冈比斯
Sitalces 西塔尔刻斯

Siwah (oasis and oracle) 西瓦（绿洲和神谕所）
Smyrna 士麦那
Snakes, maenadic 蛇, 酒神侍女的
Sochi 索契
Socrates 苏格拉底
Sofia 索非亚
Soghdiana, Soghdians (Bokhara and Turkestan) 索格底亚那, 昭武九姓（布哈拉和突厥斯坦）
Soli 索利
Sophocles 索福克勒斯
Spain 西班牙
Sparta, Spartans 斯巴达, 斯巴达人
Speusippus 斯珀西波斯
Spitamenes 斯皮塔美涅斯
Spithridates 斯皮特里达特斯
Stagira 斯塔吉拉
Stalin, J. 斯大林, J.
Standish, J. F. 斯坦迪什, J. F.
Stark, F. 斯塔克, F.
Stateira (wife of Darius III) 斯塔泰拉（大流士三世的妻子）
Stein, A. 斯坦因, A.
Stoicism, Stoics 斯多葛主义, 斯多葛主义者
Strabo 斯特拉波
Stratocles 斯特拉托克勒斯
Straton 斯特拉顿
Strymon (Struma) R. 斯特里蒙河（斯特鲁马河）
Surkhab R. 索尔赫阿卜河
Susa 苏萨
Susia (Tus) 苏西亚（图斯）
Susian Gates 苏西亚关
Sutlej R. 萨特莱杰河
Swat 斯瓦特
Syllium 叙利昂
Syrne, R. 叙尔涅河
Syracuse 叙拉古
Syria, Syrian 叙利亚

T

Taenarum 塔伊那隆
Taganae 塔伽那伊
Tarentum (Taranto) 塔伦敦（塔兰托）
Tarmita (Termez) 塔尔密塔（铁尔梅兹）
Tarn, W. W. 塔恩，W. W.
Tarsus 塔尔索斯
Tashkurgan 塔什库尔干
Taulantians, the 陶兰底人
Tauriscus 陶里斯科斯
Taurus Mts. 托罗斯山
Taxila (Takshaçila, Sirkap, Bhir) 塔克西拉[呾叉始罗]（塔克沙西拉，西尔卡普，比尔）
Tcherna R. 切尔纳河
Tedjen (Ochus) R. 捷詹河（奥科斯河）
Tegea 泰格亚
Tehran 德黑兰
Teiresias 泰瑞西阿斯
Telmessus 特尔美索斯
Tempe 滕比
Tenedos 特奈多斯
Tennyson, A. 丁尼生，A.
Termessus 泰尔美索斯
Tethys 特提斯
Thais 泰伊斯
Thapsacus 塔普萨科斯
Thasos 塔索斯
Thebes, Thebans 忒拜，忒拜人
Thebes (Egypt) 底比斯（埃及）
Themistocles 泰米斯托克利
Theophrastus 特奥弗拉斯托斯
Theopompus of Chios 基俄斯的泰奥彭波斯
Thermaic Gulf 塞尔迈湾
Thermopylae (Hot Gates) 温泉关
Thersites 特尔西特斯
Thespiae, Thespians 特斯匹埃，特斯匹埃人
Thessalonice 特萨罗尼刻
Thessalus 特萨罗斯
Thessaly, Thessalians 塞萨利，塞萨利人
Thrace, Thracians 色雷斯，色雷斯人
Thrace ward regions 色雷斯卫地区

Thracian Chersonese (Gallipoli Peninsula) 色雷斯的凯尔索涅索斯（加利波利半岛）
Thrasybulus 特拉叙布罗斯
Thucydides (s.o. Olorus) 修昔底德（奥罗洛斯之子）
Tigris R. 底格里斯河
Timotheus 提摩修斯
Tiridates 提里达特斯
Titov Velves 铁托韦莱斯
Tod, M. N. 托德，M. N.
Tralles 特拉勒斯
Travels of Sir John Mandeville《曼德维尔游记》
Trebenishte 特雷贝尼什特
Trikkala 特里卡拉
Tripolis (Phoenicia) 特里波利斯（腓尼基）
Troad, the 特洛亚斯
Troas 特洛娅斯
Trogus Pompeius 特洛古斯·庞培
Trojans, Troy 特洛伊人，特洛伊
Trophonius, oracle of 特洛福尼奥斯神谕
Turkestan 土耳其斯坦
Tymphaea 廷法亚
Tyre 提尔

U

Una-Sar 乌纳萨尔
Uranus 乌拉诺斯
Uriah the Hittite 赫梯人乌利亚
Uxians, the 乌克西亚人

V

Vansittart, Lord 范西塔特勋爵
Vatican, the 梵蒂冈
Via Egnatia 厄格那提亚大道
Victor Emanuel III 维克多·伊曼纽尔三世
Victory (Nike) 胜利女神（尼刻）
Vodena 沃德纳

W

Wadi Daliyeh 达利耶旱谷
Welles, C. B. 韦尔斯, C. B.
Wilcken, U. 维尔肯, U.
William I of England 英国的威廉一世
Wingate, O. 温盖特, O.

X

Xanthus 克珊托斯
Xenocrates 色诺克拉特斯
Xenophon 色诺芬
Xerxes 薛西斯

Y

Yanitza L. 雅尼扎湖
Yugoslavia 南斯拉夫

Z

Zab, Greater, R. 大扎卜河
Zachariah 撒迦利亚
Zadracarta (Sari) 扎德拉卡尔塔（萨里）
Zagros Mts. 扎格罗斯山
Zarafshen R. 扎拉夫尚河
Zariaspa (Balkh) 扎里亚斯帕（巴尔赫）
Zeleia (Sari-Keia) 泽莱亚（萨里—凯亚）
Zeus 宙斯
Zeuxis 宙克西斯
Zimmern, A. 齐默恩, A.
Zopyrion 佐皮里翁
Zoroaster 琐罗亚斯德

© 民主与建设出版社，2023

图书在版编目（CIP）数据

马其顿的亚历山大 /（英）彼得·格林著；詹瑜松译. -- 北京：民主与建设出版社，2018.3（2024.2重印）
ISBN 978-7-5139-1842-8

Ⅰ.①马… Ⅱ.①彼… ②詹… Ⅲ.①亚历山大大帝（前356-前323）—传记 Ⅳ.①K835.407=2

中国版本图书馆CIP数据核字(2017)第295542号

ALEXANDER OF MACEDON, 356–323 B.C.:A Historical Biography © Peter Green, 1991
This edition arranged by Peter Green c/o David Higham Associates Limited through Bardon-Chinese Media Agency
The simplified Chinese edition published by 2018 Ginkgo (Beijing) Book Co., Ltd.
简体中文版由银杏树下（北京）图书有限责任公司出版

版权登记号：01-2023-1475
审图号：GS（2020）4232号

马其顿的亚历山大

MAQIDUN DE YALISHANDA

著　　者	［英］彼得·格林
译　　者	詹瑜松
责任编辑	王　颂
封面设计	蔡佳豪　www.behance.net/tsaichiahao
出版发行	民主与建设出版社有限责任公司
电　　话	（010）59417747　59419778
社　　址	北京市海淀区西三环中路 10 号望海楼 E 座 7 层
邮　　编	100142
印　　刷	河北中科印刷科技发展有限公司
版　　次	2018 年 3 月第 1 版
印　　次	2024 年 2 月第 6 次印刷
开　　本	655mm×1000mm　1/16
印　　张	34
字　　数	505 千
书　　号	ISBN 978-7-5139-1842-8
定　　价	118.00 元

注：如有印、装质量问题，请与出版社联系